W0294796

ITINÉRAIRE DES ANDES À JÉRUSALEM

GÉRARD GARRIGUE

ITINÉRAIRE

DES ANDES À JÉRUSALEM

ARIADNE

Ariadné était la fille de Minos, roi de Crète. Grâce à son fil conducteur, elle permit à Thésée de sortir du labyrinthe où l'avait emprisonné Minos.

À mes enfants et petits-enfants

Page web - www.ariadnedit.com
Email - info@ariadnedit.com
83 Avenue Jean-Jaurés - 66170 - Millas

ISBN : 978-2-9506942-2-5

En couverture : Le disque de Phaistos - Musée d'Héraklion (Crète)

"L'histoire est toute géographie"

Jules MICHELET
Historien français

"On comprend mieux le sens d'un mot
lorsqu'on connaît son étymologie"

ISIDORE
Évêque de Séville - VIIe siècle
Étymologies

"On a accordé aux historiens un pouvoir
que même les dieux ne possédèrent jamais :
changer les faits qui ont déjà eu lieu"

Jorge Luis BORGES
Écrivain argentin

Écrire sur les événements du Passé est une entreprise hasardeuse car la réalité des informations qui s'y rapportent côtoie souvent la fiction.

Acceptant les idées reçues à ce jour, le lecteur estimera peut-être que la civilisation grecque est un pur produit indo-européen et que le Christianisme trouve ses racines dans le seul terreau sémite ; qu'Ulysse n'est pas allé plus loin que la Sicile et que l'Atlantide est une utopie inventée par Platon ; que les anciens Grecs ignoraient l'existence de l'Amérique et que jamais des amérindiens n'auraient eu l'impertinence de découvrir l'Europe et de s'y établir avant que des Européens ne s'aventurent à découvrir l'Amérique...

Avec cet ouvrage, nous avons certes conscience d'aller à l'encontre d'un ensemble de croyances fortement affermies par le temps ; nous le considérons comme un *essai historique* dans lequel nous voulons faire participer le lecteur aux constatations et aux hypothèses que suscita en nous une longue réflexion sur les écrits anciens et modernes qui traitent du Passé, depuis les mythes les plus lointains jusqu'aux observations les plus récentes émises à la lumière des dernières connaissances archéologiques et scientifiques ; nous espérons qu'il lui permettra d'aborder avec un regard nouveau l'histoire de la Méditerranée orientale au cours des millénaires précédant l'ère chrétienne, et par suite de mieux comprendre les origines de la pensée grecque et du Christianisme, qui sont les fondements de notre civilisation européenne.

G.G.

SOMMAIRE

PREMIÈRE PARTIE

OCÉAN

Dans cette première partie placée sous le signe du *fleuve Océan* qui, selon les mythes grecs, *coulait aux limites du Monde* et donc symbole de l'aventure maritime, nous analysons le contenu géographique de certains de ces mythes, où il apparaît que les anciens Grecs s'étaient rendus en Amérique à la fin du IIe millénaire a.C., et qu'auparavant, des populations originaires de ce continent-là étaient venues s'établir en Méditerranée entre les VIIe et IIe millénaires a.C.

Chapitre 1

LE CREUSET GREC

Le premier millénaire avant l'ère chrétienne vit s'épanouir en Grèce une civilisation exceptionnelle qui par sa littérature, sa philosophie et ses concepts politiques, marqua profondément jusqu'à nos jours l'évolution de la pensée du monde occidental. Elle dura depuis le début du VIe siècle a.C. jusqu'aux approches de l'ère chrétienne, lorsque les Romains s'emparent de la Grèce.

À l'époque romaine, Diodore de Sicile et Strabon s'appliqueront à établir de vastes encyclopédies historiques et géographiques en s'appuyant sur des documents provenant de la période antérieure dont une grande partie ne nous est pas parvenue, tandis que Ptolémée, un Grec d'Alexandrie, rédigera une *Géographie* qui décrit le monde connu à son époque.

Cette brillante période littéraire fut précédée par une autre, bien moins connue, qui dura deux ou trois siècles, celle de la Poésie orale et de l'Épopée, représentée par les oeuvres d'Homère et d'Hésiode : *l'Iliade, l'Odyssée, et la Théogonie.* C'est donc une période de mille ans d'Homère à Ptolémée qu'embrasse cette "Grèce ancienne" à laquelle doit tant la civilisation européenne.

De nombreux historiens se sont attachés à en découvrir les racines qui plongent dans les millénaires antérieurs et à déceler les raisons d'un tel essor.

Des populations de langues non indo-européennes (1) s'établirent dans les îles Ioniennes, en Crète et en Thessalie dès le VIIe millénaire a.C. Plus tard, probablement à partir du IIIe millénaire, des populations de langue indo-européenne en provenance des plaines danubiennes s'installeront en Grèce septentrionale : en fait, *la Grèce s'est peuplée tardivement.*

Les fresques des palais minoens et mycéniens montrent qu'en Crète et dans le Péloponnèse vivaient côte à côte au IIe millénaire a.C. des populations à la peau blanche et d'autres à la peau brune. On a prétendu qu'il s'agissait d'une convention artistique, la population étant blanche, bien entendu, mais les hommes étant peints avec la peau brune et les femmes avec la peau blanche : on ne voit pas ce qui justifierait une telle entorse au réalisme qui caractérise l'expression artistique crétoise et mycénienne. Qui plus est, cette affirmation est inexacte, car apparaissent sur les fresques des femmes à la peau brune et des hommes à la peau blanche : en témoignent entre autres une peinture murale de *Cnossos* représentant le *saut au-dessus du taureau* (Fig. 1) et la fresque d'un sarcophage d'*Hagia Triada : la procession* (Fig. 2) .

Sur les fresques des palais crétois, les hommes sont munis d'un simple pagne tandis que les femmes sont amplement vêtues : la raison pourrait en être que des marins à la peau brune provenant d'un pays tropical s'établirent autrefois dans cette île et prirent femme dans la population à la peau claire provenant d'une immigration antérieure habituée à se vêtir plus chaudement en raison des froids hivers de la Crète ; il s'agit d'ailleurs sur les fresques de vêtements de cérémonie portés lors des fêtes et non dans la vie courante.

L'archéologie montre que les premiers habitants de la Crète sont des dolichocéphales de petite taille tandis qu'apparaissent ensuite des brachycéphales de taille moyenne, et, sur le tard, des habitants de grande taille. Les sépultures de la fin de l'âge du Bronze contiennent une proportion élevée de brachycéphales. Ces populations développèrent dans la première moitié du IIe millénaire a.C. une brillante civilisation dite *minoenne*, avant d'être soumises par des conquérants en provenance du continent. Le flambeau passera alors au Péloponnèse où se développait la civilisation *mycénienne*, laquelle disparaîtra à son tour dans la tourmente des guerres de la fin du IIème millénaire.

Commence alors pour la Grèce une période de décadence économique qui s'étend sur plusieurs siècles pendant laquelle le pays est fractionné en petits États qui vivent repliés sur eux-mêmes et en proie à de nombreuses difficultés matérielles : cette période est appelée par les historiens *les siècles obscurs* car on sait très peu de choses sur elle. La prédominance passera progressivement à Athènes : ce sera la civilisation *athénienne.*

C'est dans l'adversité des siècles obscurs que se forgera l'unité future de la Grèce : des aèdes parcourent le pays, chantant les exploits guerriers, les voyages audacieux et les prouesses de personnages d'un passé qui n'est pas tellement lointain, et exaltant les mérites des Grecs des époques antérieures, toutes origines raciales confondues. Chacun dans le peuple pouvait retrouver son mode de vie fruste dans le récit de la rencontre entre Ulysse et Eumée et reconnaître l'habitat de ses gouvernants dans la demeure d'Alcinoos ou celle d'Ulysse. Mais aussi, il pouvait rêver en écoutant la description des richesses du palais de Ménélas, vibrer en suivant les exploits de Diomède pendant la guerre de Troie, et admirer la constance de Pénélope...

C'est une véritable communauté de traditions qui se forme, une *"koiné"* selon le vocable grec. Grâce peut-être à ces aèdes, une langue commune est progressivement adoptée dans l'ensemble du pays avec des nuances dialectales, *"le grec"*, dont le corps sera constitué par la langue des immigrants indo-européens avec des apports substantiels des langues des autres populations, tant dans le vocabulaire comme dans les expressions et la syntaxe : car pour chanter le passé, les *aèdes* ont adopté une même forme d'expression, la poésie hexamétrique formée par des vers courts de six pieds faciles à mémoriser, et un même dialecte grec, *l'ionien,* dérivé de celui de l'Attique.

Si l'amalgame linguistique semble s'être réalisé pacifiquement, atteindre l'amalgame politique sera plus traumatique, comme le montreront les guerres entre Cités tout au long du Ier millénaire a.C. "Les Grecs" auront en outre quelques difficultés à mettre en ordre dans leur esprit les héritages culturels fort différents des diverses ethnies fondatrices, d'où le foisonnement de mythes lorsque arrivent des temps meilleurs. Ils auront eu également à discipliner progressivement des tendances héritées de certains groupes raciaux : rapt de femmes, fréquent dans leur mythologie, et sacrifices humains, dont témoigne l'archéologie.

Il est toutefois notable qu'à côté de ces traits barbares, apparaisse dans le domaine politique une composante extraordinaire, la *démocratie*, en fait *la mise en permanente discussion du pouvoir politique, et son attribution temporaire.* Les historiens devraient se demander si le pouvoir royal héréditaire qu'ils imaginent pour la Crète à l'image d'un modèle indo-européen a vraiment existé, ou si la civilisation crétoise n'était pas le fruit d'un autre système de pouvoir propre à certains peuples immigrants et ne portait pas en elle le germe de la démocratie athénienne.

Dès le Xe siècle a.C. des colons grecs en provenance de l'Attique s'installent en Asie mineure sur la rive orientale de la mer Égée, la Grèce ayant du mal à nourrir une population croissante. Cette nouvelle province appelée *l'Ionie* se distinguera par un grand essor intellectuel qui précédera celui d'Athènes : d'Ionie seront originaires les premiers historiens tels qu'Hécatée de Milet et Hérodote, les premiers philosophes, et de célèbres mathématiciens tels que Pythagore. Au IXe siècle a.C. apparaît en Grèce une écriture inspirée de celle des Phéniciens à laquelle les Grecs ont ajouté les voyelles, car leur langue se distinguait par une musicalité qui nécessitait l'emploi de celles-ci dans l'écriture. Une expansion coloniale aura lieu vers la mer Noire et l'Italie méridionale au VIIIe siècle a.C., des structures politiques s'affirment progressivement et aux *siècles obscurs* succéderont *les siècles de lumière,* ceux du plus bel ensemble littéraire qu'ait connu l'Humanité. Les Grecs disposent alors d'une écriture, ainsi que d'une langue magnifiquement structurée et qui bénéficie d'une extrême richesse de vocabulaire due aux apports des diverses langues formatrices. Selon les linguistes, nombreux sont les mots qui ne proviennent pas de l'indo-européen, et ils parlent de *"mots non-grecs de la langue grecque"*.

En ce qui concerne les populations indo-européennes de la Grèce, la thèse établie au XIXe siècle était que les Grecs étaient arrivés du Nord en trois vagues successives étalées sur un millénaire : les *Ioniens* au XXe siècle a.C., les *Achéens* au XVIe et les *Doriens* au XIIe, pour expliquer à la fois les différences observées entre les trois principaux dialectes grecs (l'ionien, l'achéen et le dorien) et les destructions de villes côtières qui eurent lieu dans l'Égée au début, au milieu et à la fin du IIe millénaire.

Mais il n'y a aucune évidence archéologique montrant le trajet suivi par ces hypothétiques envahisseurs, et nous pensons que les populations indo-européennes étaient déjà bien établies en Grèce au IIIe millénaire a.C. Cette thèse donnait aux Indo-européens la paternité de la civilisation grecque, mais nous verrons que *c'est l'hybridation réussie sur le sol grec de divers courants migratoires d'origines fort différentes et à priori peu compatibles entre eux qui donnera naissance à cette civilisation exceptionnelle.*

Chadwick (2) mit en doute l'hypothèse des trois vagues, disant qu'elle supposerait que ces envahisseurs parlaient déjà le grec dans les Balkans ou dans la région danubienne pour le moins durant un millénaire, le temps au cours duquel ces trois invasions se seraient produites, ce qui est peu plausible car il en serait resté des traces linguistiques dans ces régions d'origine, ce qui n'est pas le cas : il suggéra que le grec se serait formé en Grèce même lors de la fusion des langues indigènes avec celle d'une unique vague d'envahisseurs indo-européens arrivés au XXe siècle a.C.

L'archéologue M. Finley (3) constate que vers la fin du IIIe millénaire a.C. d'importantes destructions affectèrent l'ensemble des régions côtières de la Méditerranée orientale : Attique et Argolide en Grèce continentale, îles des Cyclades, et côtes de l'Asie mineure de la Troade à la Palestine ; il estime que ceci pourrait démontrer l'arrivée simultanée, d'une part sur la rive occidentale de l'Égée d'immigrants qui parlaient une forme de grec, et d'autre part sur la rive orientale d'autres immigrants tels que les Hittites. Il estime que le grec se serait formé en Grèce même, entre l'arrivée de ces immigrants vers la fin du IIIe millénaire et l'époque Mycénienne.

L'archéologue Sinclair Hood (4) estime par contre que les premiers immigrants de langue grecque étaient les Doriens, qui auraient pénétré en Grèce vers la fin du IIe millénaire et détruit la civilisation mycénienne.

Donc, aucune thèse ne fait l'unanimité. Toutefois, seules divergent selon ces auteurs les dates éventuelles et le mode pacifique ou non de pénétration des Danubiens en Grèce septentrionale, nul ne mettant en doute l'homogénéité et l'importance de l'apport indo-européen.

D'une manière générale, les *dialectes grecs* tels qu'ils purent exister au début du 1er millénaire a.C. (Carte 1) sont classés en deux familles :
- Le *grec oriental*, constitué par *l'ionien* (parlé dans l'Attique et l'Ionie) et *l'achéen* (parlé dans la Grèce Centrale et le nord-ouest du Péloponnèse).
- Le *grec occidental*, constitué par le *dorien*, parlé dans des régions périphériques (Messénie, Laconie, Argolide, îles ioniennes, Crète et Rhodes).
- Une place à part est occupée par le *thessalien et l'arcadien,* plus influencés que les autres par d'anciennes langues préhelléniques.

Notons que si les Doriens étaient des *envahisseurs terrestres venant du Nord*, il est difficile d'admettre que leur implantation *n'ait affecté que des régions maritimes périphériques méridionales* : il est donc préférable d'envi-

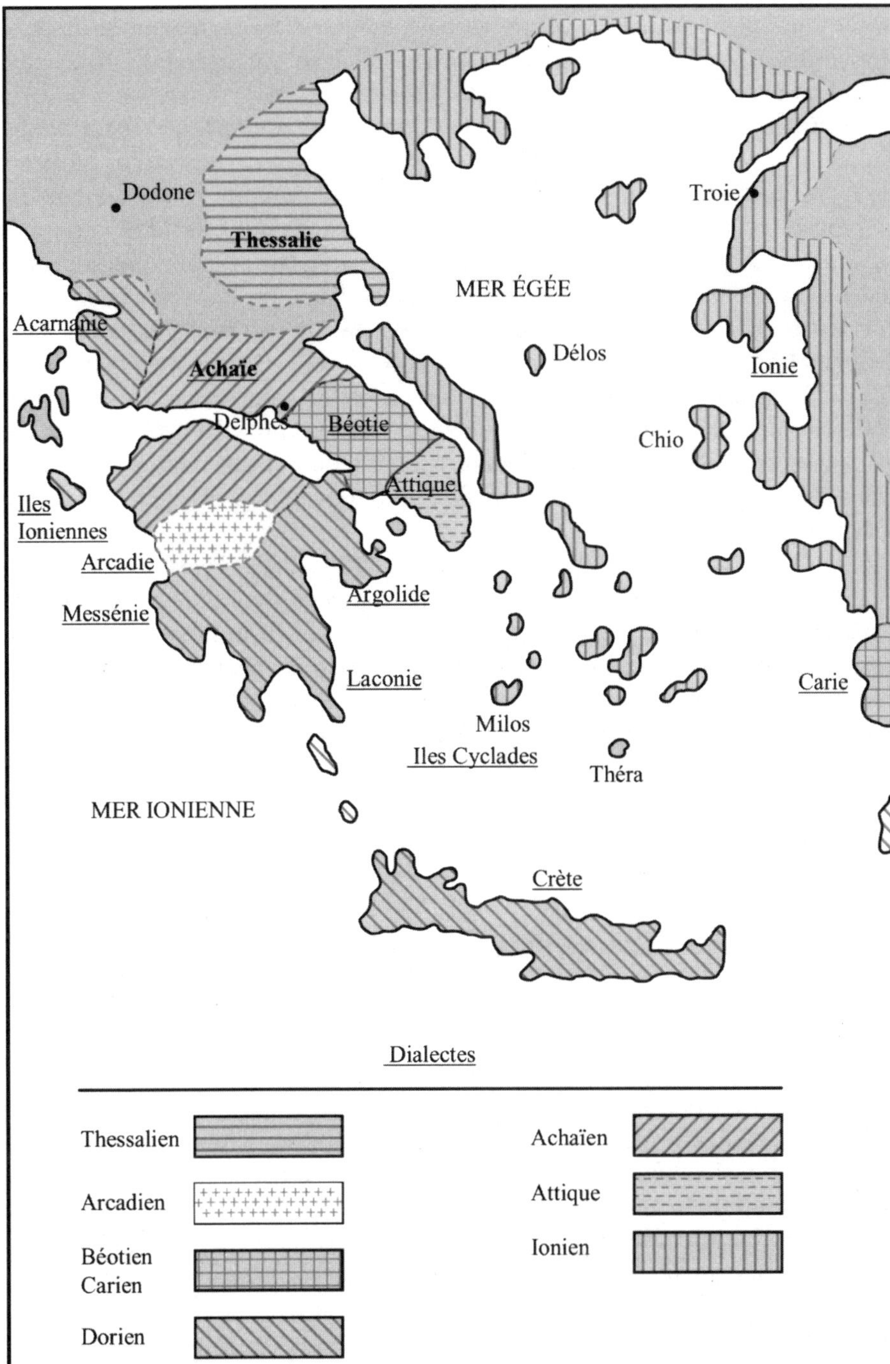

Carte 1 - La Grèce ancienne et ses dialectes

sager une *origine maritime ancienne* pour les populations parlant le dialecte dorien, lequel se serait formé par la fusion de leurs langues et du proto-grec indo-européen à l'époque Mycénienne.

Ajoutons un argument qui confirme que les destructions de la fin du IIe millénaire provinrent d'attaques maritimes et non pas terrestres. Les tablettes de Pylos, palais situé au sud-ouest du Péloponnèse, montrent que l'attaque qui se prépare est *imprévue* et va provenir de *la mer* : des ordres sont donnés pour organiser d'urgence une défense côtière. Le palais sera néanmoins incendié dans les jours suivants, et cette destruction est datée de -1.180 environ. Selon certains archéologues, l'incendie du palais serait dû à l'invasion "dorienne" qui aurait déjà détruit sur son passage Mycènes, Argos et Tirynthe. Mais dans ce cas, c'est depuis *l'intérieur des terres* que Pylos aurait craint l'invasion, et celle-ci aurait été *prévisible* en raison de la chute des villes du nord-est du Péloponnèse. Ses défenses se seraient donc établies sur les collines du nord-est qui protégeaient cette région, et non au dernier moment sur la côte de la mer Ionienne.

En ce qui concerne les *populations de langues non indo-européennes,* la coutume est de minimiser leur apport linguistique, en limitant celui-ci à un certain nombre de noms de plantes et de lieux qui apparaissent comme un résidu ancien dans une langue grecque essentiellement indo-européenne : nous verrons que cet apport fut au contraire d'une grande importance, non admise à ce jour. Nous pensons que *ces populations arrivèrent toutes par la mer* et se divisent en deux groupes :
- Dès le VIIe millénaire a.C. arrivèrent des dolichocéphales de petite taille, généralement *à la peau claire* si l'on en juge par des peintures de vases mycéniens et des fresques minoennes (Fig. 4 - "La Parisienne") qui s'installèrent en Grèce longtemps avant l'arrivée des Indo-européens. Nous les désignerons du nom de *Pélasges,* utilisé par les anciens auteurs grecs à propos de populations arrivées *par la haute mer, pelagos* en grec. Nous verrons qu'il est possible qu'un groupe restreint d'entre eux aient eu au contraire une peau foncée tirant au *rouge-brun*.
- Plus tard, vers le début du IIe millénaire a.C. arrivèrent des brachycéphales de taille moyenne *à la peau brune*, qui s'établirent en Crète et dans le Péloponnèse (Fig. 5 - Aède à la cithare - Pylos). Nous les appellerons *Danaens* (c'est le nom que leur donne un mythe rapporté par Eschyle) pour les différencier des premiers, bien qu'ils soient eux aussi des "pélasges" en ce sens qu'ils étaient également arrivés par la haute mer (voir chap. 6) : il nous paraît essentiel de bien distinguer ces deux courants d'immigration de peuples non indo-européens.

Il y aurait donc selon nous trois composantes fondamentales dans le peuplement de la Grèce : Pélasges, Danubiens et Danaens.

Des établissements néolithiques remontant au VIIe millénaire ont été mis à jour en Crète et en Thessalie. Henri van Effenterre constate à propos de ces derniers : *"La répartition des sites néolithiques est très significative : sont habitées les côtes et les plaines donnant sur la mer (...). Tout se passe comme si les populations néolithiques étaient arrivées par la mer (...). On n'a pas du tout le sentiment d'une invasion par voie terrestre, qui aurait semé ses étapes au long de la grande artère de pénétration traversant la Grèce du nord au sud (...) : l'installation s'est effectuée par mer"* (5).

Une évaluation des *"Débuts du néolithique en Grèce"* (6) souligne que seule une faible présence humaine est attestée en Grèce au mésolithique (VIIIe millénaire) mais qu'un grand changement se produit au VIe millénaire. *"En quelques siècles, les grands bassins alluviaux, notamment de Thessalie, vont se couvrir d'un réseau très dense de villages permanents ; le nord et l'ouest de la Grèce ne sont pas peuplés.*

Délaissant les ressources locales sauvages, qu'il s'agisse de faune ou de flore, ignorant souvent les ressources minérales locales au profit d'importations par voie maritime, ces premières communautés paysannes ont reconstitué autour de leur village un environnement fortement anthropisé et très largement artificiel (...). On pense donc à une origine étrangère de ces populations et vient à l'esprit l'Asie Mineure, mais les éléments de comparaison avec l'Anatolie et le Proche-Orient sont peu nombreux. Dans ces villages, on constate une organisation sociale différente de celle des autres sites de l'Europe néolithique. Les constructions sont rectangulaires et en pierre, parfois à deux étages, avec des toits à double pente ; on constate l'usage unique en Europe de la brique crue séchée, et la disposition de matériels de meunerie et de tissage". Ce matériel suggère une population qui disposait dans son pays d'origine de produits nécessitant une telle transformation : c'est le cas du *manioc amer* dans les pays tropicaux ; il faut, par broyage, lavage et réduction en farine, éliminer l'acide cyanhydrique contenu dans cette racine, sinon le produit, fort nutritif au demeurant, est toxique. Il en va de même pour l'utilisation de fibres naturelles comme le *coton*.

Ceci amène à penser que ces *Pélasges* venaient d'un pays tropical comme l'Amérique Centrale. On s'est étonné de ce qu'ils ne connaissaient pas la céramique alors qu'ils manifestaient un bon niveau de développement, mais cela pourrait s'expliquer par le fait que, dans leur pays d'origine où régnait la forêt tropicale, c'est le bois qui fournissait toutes sortes d'ustensiles.

Le nord de la Grèce sera par contre occupé peu à peu par des *Danubiens*, infiltration pacifique d'éleveurs qui occuperont les zones centrales et leurs vallées humides jusqu'à l'isthme de Corinthe, régions de l'intérieur qui n'intéressaient pas les occupants des plaines côtières, arrivés par voie maritime.

Une coexistence pacifique basée sur des échanges commerciaux s'établira entre ces deux groupes si différents, l'indo-européen, *pasteur* arrivé par voie terrestre, et le non indo-européen, *agriculteur* arrivé par voie maritime.

La population d'origine indo-européenne deviendra rapidement majoritaire ce qui amènera sa langue à prédominer peu à peu. La plupart des Pélasges et les Danubiens étaient peu différents sur le plan physique, les deux groupes étant des dolichocéphales à la peau blanche. Plus tardivement arriveront les Danaens, à la peau brune.

L'influence des diverses langues non indo-européennes des Pélasges et des Danaens sur la langue indo-européenne des Danubiens explique selon nous les différences observables entre les principaux dialectes grecs du 1er millénaire. La diversité des races expliquerait également les innombrables difficultés qu'eut la Grèce à assurer son unité : elle fut longtemps une somme de particularismes qui facilitèrent l'agression des envahisseurs Perses puis Romains. Ainsi, au début du Ve siècle a.C., l'expédition du roi des Perses qui arriva jusqu'aux portes d'Athènes et sera vaincue à Marathon, verra les habitants du centre de la Grèce observer une neutralité favorable à son égard.

Des recherches linguistiques poussées tentèrent en vain de rattacher les mots *non-grecs* de la langue grecque à certaines langues du Proche-Orient. Les archéologues supposaient que les populations préhelléniques de la Grèce provenaient de ces régions, car on décelait en Asie Mineure certains noms de lieux de même facture que ceux qui existaient en Grèce. Mais ces similitudes pourraient indiquer au contraire que des peuples marins en provenance de l'Occident s'établirent non seulement en Grèce, mais aussi à Chypre, sur la côte méridionale de la Turquie et au Proche-Orient. L'immigration des Danaens apportera un substrat linguistique et culturel d'une grande originalité qui, en se greffant sur celui des Danubiens et des Pélasges, donnera à la langue grecque son extrême richesse de vocabulaire et d'expression.

Nous pensons que les peuples de marins qui s'installèrent dans diverses régions côtières de la Méditerranée orientale provenaient non pas de l'Est et de l'Asie, mais de l'Ouest, probablement de régions de l'Amérique Centrale. Et nous verrons que ces populations indo-américaines (ou amérindiennes) provenaient du Sud-Est asiatique par des migrations antérieures longeant ou traversant le Pacifique : *la Grèce ancienne serait donc le résultat de la fusion de peuples indo-européens et de peuples indo-américains de lointaine origine asiatique dans les millénaires précédant l'ère chrétienne.*

Ces liens entre l'Égée et une Amérique fortement liée à l'Asie du sud-est en raison de son peuplement permettraient d'expliquer certaines caractéristiques physiques observées sur des statuettes représentant d'anciennes populations de l'Égée (yeux légèrement bridés) et de comprendre l'existence simultanée de mythes et de coutumes semblables dans des régions aussi distantes que l'océan Pacifique et la Méditerranée orientale.

Il est intéressant de constater que d'éminents mythologues et historiens, comme l'Allemand Otto (7) et l'Anglais Finley (8) ont eu recours au Pacifique pour expliquer certains aspects de la mythologie grecque.

Walter Otto écrit dans *"Les dieux de la Grèce"* : *"A lire les histoires qui précèdent l'instauration du règne de Zeus, on se sent dans un autre monde, on est tenté de dire dans un monde non grec. Se réveillent les souvenirs de récits mythiques appartenant à des cultures archaïques. Les personnages principaux ressemblent aux héros des peuples primitifs, qui apportent les inventions et le salut. Cette parenté spirituelle se remarque à un détail caractéristique : le héros, le sauveur des siens, celui qui est appelé à dominer est le plus jeune ; ainsi Chronos, ainsi Zeus. De même pour ne citer qu'un exemple, Maui, le héros divin de Polynésie, est le dernier-né de la famille..."(II,3).*

Et plus loin : *"S'il est un mythe qui relève de cet esprit archaïque, c'est bien celui de Chronos et Ouranos. Gaia pense accoucher, mais Ouranos ne permet pas aux enfants de naître. Il les repousse dans ses entrailles. Gaia s'afflige. Ses enfants s'effraient à la pensée de porter la main sur leur père. Seul Chronos, le plus jeune des fils, en a le courage. Avec l'arme tranchante que lui a donné sa mère, il sort de sa cachette, se précipite sur Ouranos, (...) lui coupe le sexe et le jette à la mer. Ce mythe remarquable est indiscutablement apparenté aux récits de la Polynésie, qui parlent des ancêtres Ciel et Terre et de la violence avec laquelle l'un de leurs fils les sépara (...). Non qu'il soit possible de faire état avec vraisemblance d'un rapport historique entre ces deux récits (...). La naissance d'Athéna a aussi son équivalent polynésien : un personnage mythique (Tangaros) vient au monde par la tête de sa mère..." (II,4).*

On pourrait ajouter une référence aux *Guaranis* d'Amérique du Sud, chez lesquels des *chamanes* fort semblables aux *aèdes* grecs allaient de villages en villages, apportant leurs récits mythiques et leurs médecines, interprétant les songes et incitant souvent ces villageois à entrer en guerre contre des peuples voisins, en particulier pour le rapt de femmes. Et qui plus est, ces peuples guaranis présentent, pour leur amour du beau langage, une similitude avec cette Grèce archaïque où s'éleva le chant d'Homère. Pierre Clastres (9), dans *"Le grand parler - Mythes et chants sacrés des Indiens guaranis"*, rappelle leur goût pour l'éloquence, qui semble venir du fonds des âges chez des peuples dont la culture était resté néolithique jusqu'à l'arrivée des conquérants castillans et des missionnaires jésuites au XVIe siècle.

Notons que le mythologue Jean-Pierre Vernant, dans *"La formation de la pensée positive dans la Grèce archaïque"* (10) parle du *"chamanisme grec"* en ces termes : *"A l'aube de l'histoire intellectuelle de la Grèce, on entrevoit toute une lignée de personnalités étranges (...) Ces figures à demi légendaires qui appartiennent à la classe des voyants extatiques et des mages, incarnent le modèle le plus antique du "sage" (...). Hallyday avait déjà noté l'existence d'une catégorie de devins publics, qui présentent à la fois les traits du prophète inspiré, du poète, du musicien, chanteur et danseur, du médecin purificateur et guérisseur. Ils possèdent une sorte d'extra-sens qui leur ouvre l'accès d'un monde naturellement interdit aux mortels".*

Au cours des dernières années, l'archéologie a apporté beaucoup de nouvelles connaissances sur le passé de la Grèce, mais elle semble maintenant marquer le pas. Certains historiens comme Finley estiment même que les hypothèses qui permettent à ce jour d'ordonner les découvertes archéologiques doivent être revues, quand il déclare (3) : *"Il n'y a pratiquement pas un seul aspect de l'histoire grecque antique qui ne subisse de nos jours un réexamen".*

Pour apporter des arguments à notre thèse, nous proposerons d'abord une *lecture nouvelle* de certains mythes grecs liés au voyage, en nous attachant à *l'information géographique* qu'ils contiennent, laquelle permet d'affirmer que *les Grecs de la fin du IIe millénaire a.C. se sont rendus à plusieurs reprises en Amérique.* Nous verrons ensuite que si les Grecs connaissaient l'existence de l'Amérique, c'est parce que des populations amérindiennes étaient venues auparavant en Méditerranée orientale, et que leur apport fut essentiel pour l'essor économique et culturel du bassin de la Méditerranée orientale à l'âge du Bronze.

Certes, il faut pour cela *admettre que les hommes du passé purent être de grands navigateurs* : or, dans notre culture européenne, le passé est toujours expliqué par des migrations terrestres, et la mer, oubliée. Faut-il voir là une caractéristique des peuples indo-européens, à savoir *leur incompréhension du monde marin*, qui se perpétue jusqu'à nos jours chez nombre d'historiens européens et américains dont la pensée est typiquement *terrienne* ?

(1) INDO-EUROPÉENS -
Au XIXe siècle, on qualifia d'*indo-européennes* les langues de divers peuples établis dans une région allant de l'Inde à l'Europe occidentale en raison de certaines similitudes, et l'on parle depuis lors de peuples indo-européens, ce qui n'a aucun sens sur le plan ethnique, mais la coutume est là...
(2) John CHADWICK - *Le monde mycénien.* Cambridge. 1976.
(3) M.L. FINLEY - *La Grèce archaïque.* Cambridge. 1981.
(4) Sinclair HOOD - *L'Égée avant les Grecs*. Londres. 1967.
(5) Henri van EFFENTERRE - *Les Égéens aux origines de la Grèce*. Paris. 1986.
Michel MASTORAKIS et Micheline van EFFENTERRE -*Les Minoens.* Paris. 1990
(6) Catherine PERLES - *Les débuts du néolithique en Grèce*. Paris. 1994.
(7) Walter OTTO - *Les dieux de la Grèce.* Francfort. 1929. Paris. 1984.
(8) M. FINLEY - *Le monde d'Ulysse.* Paris. 1986.
(9) Pierre CLASTRES - *Mythes et chants sacrés des Indiens guaranis.* Paris. 1974.
(10) Jean-Pierre VERNANT - *Mythe et pensée chez les Grecs.* Paris. 1965.

Chapitre 2

LA GÉOGRAPHIE DES MYTHES

La mythologie grecque est surprenante à bien des égards : d'abord par la variété de ses thèmes et ensuite, par l'abondance de récits dans lesquels interviennent la mer et les voyages lointains, thèmes qui font pratiquement défaut dans les autres mythologies européennes. De même est surprenante l'avance intellectuelle de près d'un millénaire que le peuple grec prendra par rapport à ses cousins indo-européens d'Europe occidentale. Cette singularité ne peut provenir de l'influence du climat aimable de l'Égée comme l'ont prétendu romantiquement certains auteurs, sinon de l'apport culturel des populations non indo-européennes, bien plus déterminant qu'on ne l'admet à ce jour.

Il importe donc de mieux connaître ces populations, et en particulier leurs origines ethniques et géographiques. Nous pensons que la *mythologie* et la *linguistique* peuvent apporter des réponses susceptibles de compléter les indications de l'*archéologie.*

En grec, *mythos* signifie *récit* et comme tout récit, un mythe se passe "quelque part" : le lieu sera réel ou imaginaire, mais il y aura toujours un cadre géographique décrit avec plus ou moins de précision. Nous verrons l'étonnante exactitude de certaines descriptions géographiques apparaissant dans l'Odyssée et dans les récits argonautiques, ce qui montre que les aèdes s'astreignaient à une *transmission scrupuleuse du contenu géographique des mythes,* même s'ils n'étaient pas à même de le comprendre.

L'action de nombreux mythes se déroule sur le territoire de la Grèce et leur ensemble se situe ainsi dans un cercle géographique restreint et bien connu. Mais un certain nombre se déroulent à l'extérieur de ce cercle : ce sont ceux qui évoquent le *périple d'Ulysse*, *l'expédition des Argonautes*, les *voyages de Persée*, les *errances d'Io* et certains *travaux d'Hercule.*

D'une manière générale, ces voyages ont lieu vers le Couchant, le pays des *Hespérides* (*hespera* signifiant *le soir* en grec). Des noms étranges pour les anciens grecs apparaissent, noms de peuples tels que les *Aithiopeoi,* ou Éthiopiens (mot qui signifie *"visages brûlés"* par le soleil) ; les *Hyperboreoi* ou Hyperboréens (*"ceux qui habitent au delà de Borée"*, le vent du Nord) ; les *Colques* chez qui se rendent les Argonautes au terme d'une navigation riche en péripéties; les *Amazones* et les *Gorgones*, deux peuples exclusivement composés de femmes et qui vivent aux lisières du monde...

Mais aussi des noms de fleuves exotiques, *l'Éridan*, *l'Istros*, *le Phase, l'Égyptos, le Nilos* et, bien entendu, *le fleuve Océan*. Ces fleuves qu'Eschyle nomme *"les fleuves sacrés", "les fleuves éternels",* semblent plus importants que la mer elle-même, *thalassa*, qui apparaît comme un simple espace à franchir pour accéder à ces fleuves et aux populations légendaires qui vivent sur leurs rives. C'est au début de l'ère chrétienne que le nom d'océan sera attribué à l'espace marin que nous appelons l'Atlantique, lorsque Strabon parle de l'*Atlantis Okeanos, l'Océan des Atlantes* : dans la mythologie grecque, *Océan est un fleuve* et non une mer. Selon les philologues, *thalassa, la mer,* n'est pas un mot d'origine indo-européenne.

Tant que les Grecs restent confinés dans la Grèce continentale et les îles de l'Égée, ils se bornent à admettre que ces populations et ces fleuves dont parlent leurs mythes sont voisins d'un *immense fleuve Océan situé aux lisières du Monde*. Mais un temps arrive, à partir du VIIIe siècle a.C., où ils sortent de chez eux, créent des colonies hors de l'espace égéen et visitent l'Égypte : ils croiront trouver dans les régions que bordent la mer Noire et la Méditerranée, ainsi que dans les pays d'une Europe continentale balkanique et alpine bien moins connue, le théâtre des exploits des héros de leurs mythes.

Alors se fixe pour les historiens et penseurs de la Grèce ancienne la vision d'un *monde des mythes constitué par deux cercles concentriques,* le premier limité à la Grèce, et le second allant de Gibraltar au Caucase, et du pays des Scythes à l'Éthiopie. Les errances d'Ulysse sont logées en Méditerranée occidentale ; Ménélas va s'enrichir en Égypte ; l'expédition des Argonautes a lieu en mer Noire puis sur les fleuves d'Europe et les rivages de la Libye ; Hercule (Héraclès) amène des boeufs en Grèce depuis l'Espagne ; le détroit entre l'Europe et l'Afrique devient les *Colonnes d'Hercule*, tandis que les montagnes du Maroc deviennent l'*Atlas*, lieu où celui-ci soutenait la voûte du ciel sur ses épaules ; les *Amazones* vivent à l'embouchure d'un fleuve sur la mer Noire, les *Hyperboréens* habitent le nord de l'Europe dans le pays des Scythes, les *Éthiopiens* vivent au sud de l'Égypte, les *Hespérides* aux îles Canaries et les *Gorgones* aux îles du Cap-Vert à la lisière occidentale du monde connu. Au-delà, le *fleuve Océan* continue à entourer le Monde...

Assurément, un ensemble cohérent, suffisant pour satisfaire l'esprit des Grecs jusqu'aux approches de l'ère chrétienne et qui montre paradoxalement la méconnaissance qu'ils avaient des Balkans et des régions Danubiennes d'où cependant provenaient la plupart de leurs ancêtres. Car sinon, comment pouvoir penser que pour aller d'Espagne en Grèce par voie de terre, Hercule devrait franchir le Bosphore avec ses boeufs, et que les Argonautes, poursuivis par les Colques en mer Noire depuis les rives du Caucase, retourneraient dans leur patrie non pas en empruntant tout simplement le Bosphore, mais en remontant le Danube et en naviguant jusqu'à la mer Adriatique ! Là, qui plus est, les attendait la flotte colque venue par on ne sait où pour leur barrer le chemin de retour, ce qui amènera les Argonautes à parcourir une route encore plus compliquée pour leur échapper, passant par les îles de la mer Adriatique, le Pô, le Rhône, et le désert de Libye pour arriver enfin en vue de la Crète. On sent que l'auteur essaie de rassembler tant bien que mal dans un cadre géographique qu'il croit le bon sans le connaître, les éléments épars d'un puzzle antique.

Mais cette localisation des mythes eut des conséquences "géographiques" au sens exact du terme : l'archipel d'îles volcaniques au nord de la Sicile où Ulysse aurait rendu visite au roi Éole devint les *îles Éoliennes* ; les rives du détroit de Messine séparant la Sicile du continent furent respectivement nommées *Charybde* et *Scylla* ; le détroit entre l'Europe et l'Asie qu'Héraclès aurait franchi avec ses boeufs devint "le passage du boeuf", le *"bosphore"* ; le pays à l'est de la mer Noire où Jason aurait conquis la toison devint *la Colchide*, pays des Colques, l'actuelle Georgie. La terre d'Afrique située au sud de la Grèce et où coulait un grand fleuve fut considérée comme l'*Égyptos* où Ménélas avait acquis ses richesses. En conséquence l'îlot sablonneux situé devant Alexandrie devint *Pharos*, cette île où Ménélas attendait les vents favorables au retour, et c'est ainsi que l'édifice construit par Ptolémée II sur cet îlot, tour garnie de luminaires pour guider les navires la nuit vers le port d'Alexandrie, fut par la suite nommé *le phare,* l'ancêtre de tous les phares du monde. Le bras de mer séparant l'Asie de l'Afrique devint la mer *Érythrée* (la mer *Rouge*) puisque, dans les mythes, elle était proche de l'Égyptos.

Une nouvelle géographie venait de naître, qui résisterait à l'épreuve du temps. Ce n'était pourtant pas faute de doutes, particulièrement en ce qui concerne l'Égypte, et même de critiques : ainsi Ératosthène, qui était au IIIe siècle a.C. le plus célèbre géographe de son époque, déclarait qu'Homère, comme les autres poètes, avait pour seul but de plaire, que ses descriptions géographiques étaient purement imaginaires et qu'il ne fallait donc pas le prendre pour un géographe, ce qui était par contre l'opinion de nombreux Grecs. Il en donnait pour preuve le cas de Pharos, rappelant que cet îlot sablonneux était tout proche de la côte égyptienne et sans relief ni point d'eau (Ptolémée construira une digue pour l'unir à la terre ferme), alors qu'Homère fait dire à Ménélas : *"Il y a, en avant de l'Égyptos dans la mer aux nombreuses houles une île appelée Pharos ; elle n'est éloignée que d'une pleine journée de marche d'un vaisseau creux, s'il a en poupe le souffle de la brise fraîche ; et là se trouve un port au bon mouillage d'où on lance les nefs vers la haute mer quand ils ont fait leur provision à l'aiguade profonde"* (1). Donc, décrète Ératosthène, Homère n'entend rien à la géographie.

Hérodote, pour sa part, écrit : *"Les Hellènes racontent beaucoup d'histoires sans enquête convenable, et parmi celles-ci, le mythe stupide qu'ils racontent sur Héraclès"*. Finley rappelle cette opinion de l'historien grec et commente (2) : *"selon ce mythe, Hercule (Héraclès) se rendit en Égypte et sur le point d'être sacrifié à Zeus, tua au dernier moment tous ceux qui le tenaient captif. Quelle ineptie, note Hérodote, quand l'étude des moeurs égyptiennes montre que le sacrifice humain était impensable chez eux"*...

Donc Hérodote va jusqu'à rejeter un mythe dans sa totalité en raison d'une forte invraisemblance qu'il y relève. Mais ces observations d'Ératosthène et d'Hérodote conduisent à envisager une alternative, à savoir que l'Égyptos était peut-être une autre région que l'Égypte actuelle, une région où se pratiquaient des sacrifices humains et au large de laquelle se trouvait une île dotée d'un bon port et d'un excellent point d'eau. Notons qu'Hérodote sait que des sacrifices humains n'étaient pas pratiqués chez les Pharaons, mais il ignore qu'ils l'étaient en Crète au IIe millénaire, comme dans cet Égyptos inconnu...

Strabon, par contre, croit qu'Homère dit vrai. Il vit deux siècles après Ératosthène et c'est à la fois un historien et un géographe. Dans sa *"Géographie" il* affirme dès l'abord la notion de globe terrestre, disant : *"Il faut partir de l'idée que sphérique est la surface de la terre" (I - 1,19)*. Dans le cours de son ouvrage, il prend la défense d'Homère, mais il n'a pas d'argument très solide à opposer à Ératosthène. Toutefois, il a l'intuition que ce voyage d'Ulysse, qui selon lui correspond à une réalité, a lieu en partie dans l'océan Atlantique, et il écrit (I - 2,7) : *"Polybe affirme qu' Ulysse n'a pu quitter la Méditerranée par les colonnes d'Hercule mais il oublie qu'Homère écrit : "quand le navire quitte le cours de l'Océan", ou encore : "l'île Ogygie, ce nombril des mers", ou encore, à propos des Phéaciens : "Nous vivons à l'écart, battus par le flot marin, si loin que nul mortel n'a commerce avec nous", et il est manifeste qu'il forge tout cela en plein océan Atlantique"*.

Polybe en effet, comme bien d'autres auteurs même de nos jours, pensait que Corfou était l'île des Phéaciens : cette île est si proche de la Grèce continentale qu'il semble difficile qu'un Grec tel qu'Homère ait pu la considérer comme *éloignée du monde,* d'autant plus qu'elle est voisine de l'île d'Ithaque, la patrie qu'il attribue à Ulysse.

Dans l'Odyssée, Homère nous montre Télémaque cherchant des informations sur ce qui put advenir à son père. Pour cela, il se rend auprès de ses anciens compagnons de la guerre de Troie, et d'abord chez Nestor, roi de Pylos en Messénie. Celui-ci lui conseille de se rendre chez Ménélas, roi de Sparte, qui pourrait peut-être le renseigner car, au retour de Troie, *"la tempête porta Ménélas jusqu'en Crète (...). Puis cinq de ses vaisseaux à la proue sombre furent, par le vent et les flots, portés près de l'Égyptos. C'est ainsi qu'en ces lieux, amassant quantité de vivres et d'or, il errait avec ses vaisseaux chez des peuples d'autres langues...* (Sept ans après), *il revint avec toutes les richesses dont ses navires étaient pleins. Je te conseille d'aller le voir, car il y a peu de temps qu'il est arrivé de pays étrangers d'où, en son coeur, il n'espérait guère revenir, égaré par les tempêtes sur une mer si vaste que même les oiseaux n'en reviennent pas en une année, tellement elle est vaste et redoutable"* (Odyssée - chant III) (2). Observons que Nestor, revenu de Troie sur ses propres navires et donc connaisseur des choses de la mer, ne parlerait pas ainsi de la côte égyptienne, relativement proche de la Grèce et dominée par un Pharaon qui ne laisserait pas Ménélas s'emparer de ses richesses pendant tant d'années. Et il sait que les oiseaux migrateurs qui chaque année venaient depuis le delta du Nil dans le Péloponnèse, traversaient la mer en quelques jours... D'où notre conviction que le nom d'*Égyptos* du texte homérique s'applique à une autre région du monde. Celle-ci, à la différence de l'Égypte d'Afrique, est selon ce récit un lieu où vivent au bord de la mer des *peuples de diverses langues...*

Télémaque se rend donc chez Ménélas qui le reçoit dans son palais rempli *"d'indicibles merveilles, or, bronzes, ivoires"*, ce qui amène ce dernier à lui dire : *"Combien ai-je subi d'épreuves, en quels lieux n'ai-je pas erré pour rapporter ces richesses sur mes vaisseaux !"* Et parmi les pays où il s'était rendu, il cite celui des Sidoniens et celui des Éthiopiens. Strabon fait remarquer que *"ce ne peut être les Éthiopiens qui sont au-delà de la Haute-Égypte dans l'intérieur des terres"* car, considérant les richesses rapportées par Ménélas, il écrit : *"rien de tout cela sauf l'ivoire se trouve chez ces peuples qui sont pour la plupart dans une misère extrême, réduits à l'état de nomades"*, et il suggère que Ménélas était allé *"chez les Éthiopiens de l'extérieur, ceux du bord de l'Océan"*. Dans un autre passage, Strabon déclare qu'Homère connaissait l'existence du cercle Arctique quand il dit dans l'Iliade que "(la grande) *Ourse accomplit sa révolution sans toucher l'Océan"*.

Mais il se rend bien compte qu'il y a dans l'Odyssée des choses qu'il n'arrive pas à comprendre et il s'exclame (I - 2 - 31) : *"On verse également au débat la parole de Protée à Ménélas : "Vers les plaines élyséennes aux confins de la terre les immortels t'enverront". Mais quels sont ces confins ? C'est vers l'occident à coup sûr que le poète place cet endroit lointain. Avouons qu'il y a bien des énigmes dans tout cela"*. Strabon cependant ne perd pas l'espoir que cette énigme soit un jour résolue, et pense que la localisation de l'île du roi Éole est d'une singulière importance, car il écrit par ailleurs : *"Vous trouverez le lieu des errances d'Ulysse lorsque vous trouverez le corroyeur qui cousit l'outre des vents"* (*Géogr.* - I - 2, 15).

On peut concevoir que nombre de mythologues aient eu des doutes sur la réalité du contenu géographique des mythes grecs. Aux invraisemblances déjà citées, on peut en effet, dans leur optique, en ajouter bien d'autres. Ainsi, ces *Hyperboréens* qui, selon divers auteurs, *vivaient à proximité du pôle Boréal*, avaient par ailleurs selon Pindare la chance d'habiter *une terre au climat agréable et qui permettait deux récoltes par an* ! Quant aux *Éthiopiens* dont

Strabon souligne la vie misérable, comment se fait-il qu'ils soient considérés comme un peuple *admirable* dont Homère vante les vertus et chez qui Zeus lui-même et son frère Poséidon se rendent pour participer à des banquets ?

Et qu'en est-il des *Pygmées,* cités par Homère dans l'Iliade, qui, pour Hécatée de Milet, sont des agriculteurs de petite taille qui vivent à l'extrémité de l'Égyptos, vers l'Océan ? Aristote précise qu'ils habitent dans des cavernes (3). Si les Grecs connaissent si mal le continent africain à leur voisinage, comment Hécatée et Aristote pouvaient-ils connaître des populations telles que les Pygmées qui vivent dans les forêts du centre de l'Afrique ? Avouons, comme dirait Strabon, qu'il y a quelque énigme dans tout cela.

(1) HOMÈRE - *L'Odyssée* - traduction M DUFOUR et J RAISON. Paris. 1934.
(2) M. I. FINLEY - *Le monde d'Ulysse*. Paris. 1986.
(3) J. RAMIN - *Mythologie et Géographie.* Paris. 1979.

Chapitre 3

PAYS ET FLEUVES SACRÉS

Dans les mythes grecs, deux peuples apparaissent fréquemment, les *Éthiopiens* et les *Hyperboréens.* La localisation erronée de leur pays sera à l'origine de grandes confusions. Les Grecs du 1er millénaire a.C. pensaient que les Hyperboréens vivaient dans *un pays lointain situé au nord de la Grèce* car ce nom signifiait *au-delà de Borée,* et Borée était le vent du nord.

Certes, pour un citoyen d'Athènes sédentaire et terrien, l'interprétation était convenable. Mais pour un marin des époques antérieures, la chose en allait autrement : si lorsque soufflait Borée, il naviguait d'est en ouest, il recevait ce vent par le travers dans la voile de son navire, et il pouvait naviguer des jours et des jours à une bonne allure tant que ce vent soufflerait. Il verrait donc en Borée *la zone ventée qu'il traverse* lorsqu'il navigue, et *au-delà de Borée* signifierait pour lui *loin vers l'Ouest. Les Hyperboréens auraient été en fait un peuple vivant au loin vers le Couchant, comme les Hespérides.*

Deux récits fondateurs revenaient sans cesse dans le chant des aèdes, celui d'une *guerre* que, dans le passé, les Grecs avaient mené contre la ville de *Troie* et celui de *l'expédition des Argonautes.* Le jeune Homère dût attentivement écouter ces récits : Strabon écrit (I, 2 - 10) qu'il connaissait *"de bout en bout"* toute la légende argonautique et en avait transposé certains éléments dans l'Odyssée. Si l'on admet qu'il s'agit de deux événements historiques qui eurent lieu au XIe siècle a.C. comme nous le verrons plus loin, et que c'est au IXe que vécut Homère (1), celui-ci put disposer d'éléments fiables pour composer ses poèmes.

Dès le début de l'Odyssée il projette son récit *"aux extrémités du monde"* disant (2) : *"Or le théos* (Poséidon) *s'en était allé en une terre lointaine chez les Éthiopiens qui, aux extrémités du monde, sont partagés en deux, les uns au couchant, les autres à l'orient d'Hypérion. Il était allé recevoir une hécatombe de taureaux et d'agneaux et goûtait le plaisir d'être assis au festin".* Puis il indique qu'Ulysse, sur l'ordre de Poséidon, est retenu prisonnier par la *déesse Calypso "dans une île ceinte de flots, au nombril de la mer, Ogygie".*

Extrémités du monde et *île perdue au milieu des mers* sont donc les premiers éléments géographiques de la grande fresque dans laquelle il placera le voyage d'Ulysse. Mais avant de décrire celui-ci, il en ajoute trois autres, qui n'auront rien à voir avec le périple de son héros : - *L'Égyptos,* où s'était rendu Ménélas - *Les colonnes qui soutiennent le ciel*, lorsqu'il nous dit que Calypso est *"la fille d'Atlas, cet esprit malfaisant (...) qui veille sur les hautes colonnes qui gardent, écarté de la terre, le ciel"* - *Les Aithiopeoi.*

Nous avons vu que, dès l'époque de la Grèce classique, *l'Égyptos* suscita des polémiques entre géographes. Ménélas décrit ainsi ses tribulations :
"C'était dans l'Égyptos où, malgré mon désir de retour, les dieux me retenaient car je ne leur avais pas offert les hécatombes rituelles. Or il y a en avant de l'Égyptos, dans la mer aux nombreuses houles, une île qu'on appelle Pharos ; elle n'est éloignée que d'une pleine journée d'un vaisseau creux, s'il a en poupe le souffle de la brise fraîche ; et là se trouve un port au bon mouillage, d'où on lance vers la haute mer les nefs bien équilibrées quand elles ont fait leur provision à l'aiguade profonde. En ce lieu, les dieux me retinrent vingt jours : jamais on ne voyait se lever les bons vents du large".

Il commence à désespérer, d'autant plus qu'il ignore le chemin qu'il doit prendre au retour. C'est Protée, le dieu marin *"qui connaît les abîmes de toutes mers"*, qui le renseignera, après que Ménélas ait réussi par ruse à s'emparer de lui, sachant que *"chaque jour quand le soleil atteint le milieu du ciel, l'infaillible vieillard sort de l'onde, couvert par les noirs moutons que soulève le souffle du Zéphyr (...). Autour de lui, des phoques dorment en foule, sortis de la mer grise".*

Notons le cadre géographique du récit : une île rocheuse à une journée de voile de la côte, dotée d'un bon mouillage et d'un excellent point d'eau, et qui n'est pas située dans des eaux bleues sous un ciel sans nuages comme ce serait le cas en Méditerranée, mais sous un ciel aux nuages moutonnants et *"noirs"* chaque jour à midi, au bord d'une mer qui en conséquence sera *"grise"* : bref, une excellente description d'une côte chaude et humide proche de l'équateur, où règne chaque jour aux heures de midi le célèbre *"pot-au-noir"* et où sont fréquentes les périodes sans vent, les *calmes équatoriaux.*

Pour mieux comprendre ce qu'un navigateur ressentait en arrivant dans ces parages, écoutons Lévi-Strauss quand il relate ses impressions de voyage lors d'une traversée vers le Brésil (3) : *"Nous étions parvenus à cette latitude fatidique de 7 degrés Nord. On approchait du Pot-au-noir redouté des anciens navigateurs : les vents propres aux deux hémisphères s'arrêtent de part et d'autre de cette zone où les voiles pendaient pendant des semaines sans un souffle pour les animer (...). De sombres nuages s'abaissent et se désagrègent lentement vers la mer".* Protée dit à Ménélas qu'il aurait dû faire un sacrifice aux dieux avant de s'embarquer et qu'il doit revenir dans l'Égyptos pour le réaliser, sinon les dieux ne lui accorderont pas son retour. Et Ménélas s'exclame : *"mon coeur fut brisé, parce qu'il m'ordonnait d'aller de nouveau sur la mer brumeuse jusque dans l'Égyptos, voyage long et pénible".*

Comment penser qui si Pharos était un îlot sablonneux proche de l'embouchure du bras occidental du Nil d'Afrique, Ménélas s'exprimerait ainsi ? Mais il obéit, et, dit-il, *"revenu au fleuve Égyptos dont les eaux tombent du ciel, j'arrêtai les vaisseaux et sacrifiai des hécatombes parfaites (...), et les Immortels m'accordant un vent favorable, me ramenèrent en la terre de mes pères".*

Il y a un lieu qui correspond à cette description de l'ile de Pharos, et c'est l'*île de Grenade* dans les petites Antilles, île montagneuse dotée de magnifiques baies et d'excellents points d'eau ; elle est caractérisée par les *falaises* de ses côtes, et se situe à une journée de navigation de la côte du Venezuela. Elle est donc manifestement séparée de la Grèce par une mer *"vaste et redoutable"* et Ménélas a absolument besoin que Protée lui indique la direction à prendre pour retourner dans sa patrie.

Pharos serait donc l'île de Grenade et l'Égyptos serait la région côtière occidentale du Venezuela. Quant au fleuve Égyptos, qu'Eschyle appelle le Nilos, ce serait le fleuve Tocuyo, qui arrose la région du *Lara-Falcon* ; il naît à 3.500 m. dans les Andes Vénézuéliennes, mais il est relativement court (ses eaux *"tombent du ciel")* et se jette à travers des marécages dans la mer des Caraïbes. Nous verrons plus loin le texte d'Eschyle qui renforce cette hypothèse. Et si les Grecs qualifient l'Égyptos de *"Terre des brumes",* c'est qu'ils quittaient leur pays au printemps et arrivaient au Venezuela pendant l'été, mais c'est là-bas la saison des pluies, et à leur retour en automne, ils rapportaient chez eux le souvenir d'une région pluvieuse et brumeuse.

Les noms géographiques eurent toujours eu un sens précis pour ceux qui les attribuaient : nous nous sommes donc demandé quel sens pouvait avoir pour les navigateurs grecs celui de *pharos,* et sommes arrivé à la conclusion qu'il pourrait être une déformation du mot *pharax* qui en grec signifie : *escarpements, falaises.* Cette île, qui marquait aux marins l'entrée de la mer des Caraïbes, est caractérisée par ses falaises qui la distinguent des îles voisines, lesquelles en sont dépourvues, ce qui permettait de ne pas les confondre.

Le lieu où se rendaient les navigateurs grecs était en fait une *région sèche* du Venezuela située dans sa partie occidentale, la *péninsule vallonnée du Lara-Falcon* au travers de laquelle serpente le fleuve Tocuyo et où vivaient *"les admirables Éthiopiens".* Cette péninsule est bordée au nord par une région très sèche et très ventée, la péninsule de Paraguana avec au large les îles d'Aruba et de Curaçao, à l'ouest par le lac de Maracaibo, et au sud-ouest, par le massif des Andes Vénézuéliennes (Carte 2).

L'accès à cette région pose un problème au marin qui navigue à la voile : il est facile d'y aller depuis l'île de Grenade, car les vents alizés poussent le navire ; le courant du Gulf Stream, qui naît au large des Guyanes, traverse cette mer jusqu'au golfe du Mexique et aide à naviguer encore plus vite vers l'ouest. Mais au retour vers Grenade, ces mêmes facteurs jouent contre un rapide accès à cette île, et le bateau doit naviguer contre ce courant et contre les vents alizés, tirant des bords en zigzaguant dans la mer des Caraïbes : on comprend la réaction de Ménélas qui, s'il doit aller à nouveau dans l'Égyptos, aura au retour un voyage *"long et pénible".*

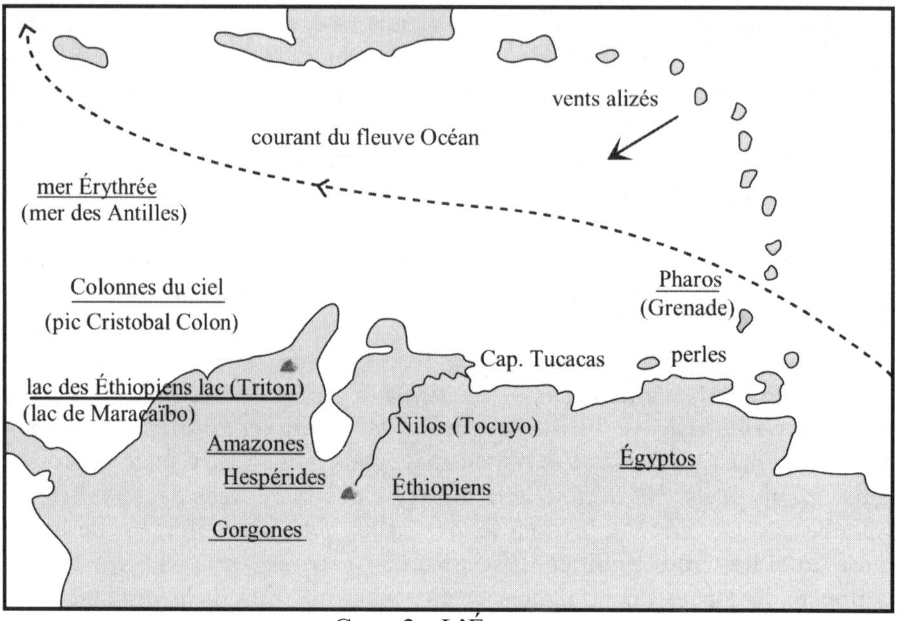

Carte 2 - L'Égyptos

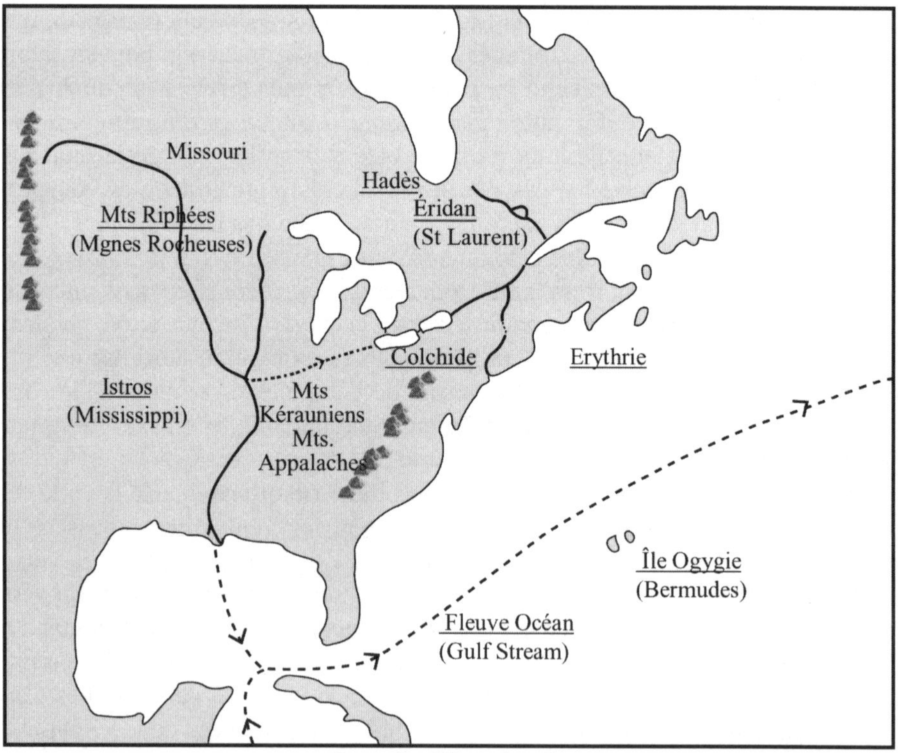

Carte 3 - Hyperborée

Où se situent ces *Éthiopiens* dans la géographie des mythes ? Ils vivent selon Homère à l'extrémité du monde, séparés en deux groupes qui résident l'un à l'est, et l'autre à l'ouest d'*Hypérion* : ce mot a le sens de *très élevé,* et il s'agit d'un peuple amérindien qui vivait de part et d'autre des *hautes-terres* de Colombie, les uns sur la côte de l'Atlantique et les autres sur la côte du Pacifique. Que les Éthiopiens des mythes grecs aient vécu à l'ouest et non au sud de la Grèce est confirmé par Apollonios qui parle *"du soleil qui se couche au-delà des derniers sommets des Éthiopiens" (Argonautiques - Chant III),* les montagnes de Colombie, et non celles d'Afrique Centrale.

Cette localisation a le mérite d'avoir des références dans des textes du passé : au VIe siècle, l'évêque Bili écrivait une *"Vie de Saint-Malo"* lequel, comme Brandan, avait effectué des navigations qui semblent l'avoir amené jusqu'à la côte du Venezuela. Bili écrit en effet (4) qu'il découvre *des perles,* ce qui est une caractéristique unique en Atlantique, où ces perles se récoltent dans l'île de Cubagua, face à la côte du Venezuela. Le récit indique qu'il atteignit une terre (selon nous le cap Tucacas - Carte 6 bis) où un *"Éthiopien"* l'emmena jusqu'à *"sa blanche demeure".* Nous verrons plus loin deux autres références aux *Éthiopiens,* l'une chez Diodore de Sicile, qui semble s'appliquer à la côte du Venezuela, et l'autre chez Ptolémée, qui s'applique à la côte opposée, celle de l'océan Pacifique. De même Brandan était parvenu jusqu'à ce cap calcaire, selon notre interprétation des chap. VII, VIII et IX du *"Voyage de Saint-Brandan"* écrit au XIIe siècle par le poète Bénédeit (5).

Quant aux *hautes colonnes qui soutiennent le ciel,* ce serait faire injure aux marins de la Grèce antique que de penser qu'ils aient pu appeler ainsi les basses collines qui se trouvent de part et d'autre du détroit de Gibraltar. Par contre, si une navigation *aux extrémités de la terre* les avait amenés à pénétrer jusqu'au fond du lac de Maracaïbo puis à longer quelque peu la côte de Colombie, ils pourraient avoir eu l'impression de découvrir ces colonnes en contemplant la chaîne des Andes Vénézuéliennes où plusieurs hauts sommets culminent à plus de 4.700 m. à seulement 50 km. du lac, et en Colombie la *Sierra Nevada de Santa Marta*, où le *pic Cristóbal Colón* culmine à 5.800 m., également à 50 km. de la mer : ces montagnes imposantes ont le plus souvent leur sommet dans la mer de nuages, et ces marins purent penser que là était le lieu où la Terre et le Ciel se rejoignent, unis par ces *"colonnes"* dont parlaient leurs mythes. Dans cette région, selon Homère, avait vécu Atlas qui *"veillait"* sur elles, donc sur ces montagnes de Colombie, jusqu'à ce que l'évolution du mythe nous le présente *"portant la voûte du ciel"* sur ses propres épaules (6).

Dans la grande fresque homérique se trouvent donc loin au Couchant les Éthiopiens et les Hyperboréens, les premiers au bord de la mer des Caraïbes et les seconds sur les rivages atlantiques de l'Amérique du Nord. Et au centre du triangle que ces deux régions constituent avec la Grèce, *"au nombril des mers"* dans l'océan Atlantique, se trouvait l'île *Ogygie* où la nymphe Calypso retenait Ulysse, qui ne pourrait rentrer en Grèce *"qu'après un long trajet sur les flots"*, et cette île était *les Bermudes*. Mais le périple d'Ulysse se déroulera seulement dans des régions septentrionales et l'amènera aux approches du pays des Hyperboréens.

Le *fleuve Océan* occupe une place singulière dans tous les mythes grecs qui évoquent les voyages aux confins du Monde. On peut en reconstituer le cours grâce aux données éparses dans divers mythes. *Il coule à l'occident de l'Europe,* car lorsque arrive le soir, *"le soleil se couche dans le fleuve Océan et y fait boire les chevaux qui tirent son char"* (*"Hymnes homériques"*).

Pour les anciens Grecs, le soleil se couchait *vraiment* au terme de chaque journée, puis se déplaçait sous la Terre pour réapparaître à l'orient au petit matin. Cette idée pût prendre corps au cours de navigations dans l'Atlantique Nord aux approches du cercle polaire : en juin, un navigateur qui suit d'est en ouest le parallèle 60° N qui l'amènera des îles Shetland à la pointe sud du Groenland verra le soleil pendant presque toute la journée, sauf pendant quelques heures quand, ayant disparu dans la mer à l'occident, il réapparaîtra ensuite à l'orient. Nous pensons que, pour les navigateurs grecs, *l'Océan était un fleuve extrêmement long constitué d'abord par les fleuves Missouri et Mississippi qui traversaient l'Amérique du Nord jusqu'au golfe du Mexique, puis par le Gulf Stream, le "courant du Golfe", qui passait dans le golfe du Mexique venant de la mer des Caraïbes et traversait l'Atlantique Nord jusqu'à l'Irlande.* Ainsi l'Océan était le *"fleuve achevé"* selon l'expression d'Hésiode ce qui devait signifier qu'à la différence des autres fleuves, il avait non seulement un cours terrestre, mais aussi un cours maritime qui le complétait. Strabon écrit : *"Le fleuve Océan dont parle Homère est une partie de la mer océane, un fleuve dans l'océan"*.

Le Gulf Stream est une énorme masse d'eau tiède que la rotation de la terre met en mouvement et fait avancer dans les eaux plus froides de l'Atlantique Nord. Ce courant naît quand les eaux chaudes au large des Guyanes entrent dans la mer des Caraïbes. Il longe la côte du Venezuela puis celle de l'Amérique Centrale ; sa vitesse augmente à son entrée dans le golfe du Mexique, où il reçoit les eaux du Mississippi, ce qu'avaient perçu les navigateurs grecs ; puis il entre dans l'Atlantique Nord par le détroit de Floride.

Il possède alors un cours bien défini et *se comporte comme un énorme fleuve dont la vitesse oscille entre 60 et 220 km. par jour* ; sa largeur peut atteindre 275 km. et sa profondeur va de 300 à 2.000 m. Il laisse sur sa droite les Bermudes puis les Açores, et se dirige vers le nord de l'Irlande. Sa force décroît alors sensiblement, mais sa masse d'eau tiède a une influence bénéfique sur le climat de l'Irlande, particulièrement celui de sa côte sud-ouest.

Divers mythes attestent ce parcours maritime : dans l'*Iliade*, la déesse Iris déclare : *"Je repars et m'en vais au bord de l'Océan dans le pays des Éthiopiens"*. Hésiode parle des *"nymphes du soir, les Hespérides, qui vivent au-delà de l'illustre Océan"*. Et Strabon (I - 2 - 26) cite le *"Prométhée délivré"* d'Eschyle évoquant *"le flot sacré de la mer Érythrée roulant sur le sol pourpre l'onde aux reflets d'airain au bord de l'Océan nourricier des Éthiopiens, où le soleil qui voit tout repose son corps immortel et la fatigue de ses chevaux dans les flots tièdes d'une eau délicieuse".* Ce texte évoque l'extrémité occidentale de la mer des Caraïbes et ses eaux tièdes (7).

Dans les *Argonautiques Orphiques* (8), les Argonautes, au retour de la Colchide (que nous identifions plus loin avec la Nouvelle-Angleterre), partent *"du bout de l'Océan"* où ils hissent la voile, et *"à la douzième aurore"*, passent au large de *"l'île d'Ierné"* quand se lève une tempête. Et l'auteur dit : *"ils ne savaient pas où ils étaient sinon aux derniers confins du cours paisible de l'Océan".* Le traducteur dit ne pas comprendre ce "cours paisible" surtout si se lève une tempête... En fait, ils sont au large de l'Irlande (qui plus tard sera appelée Hibernia), et le Gulf Stream ayant pratiquement perdu sa force initiale, son cours est devenu *paisible,* indépendamment d'une tempête fortuite : on observera la précision du récit et la connaissance que les marins grecs avaient de ce courant exceptionnel.

Apollonios de Rhodes (9) nous fait connaître la partie terrestre du fleuve Océan. Il imagine que la nef *Argo* adresse la parole aux marins qui semblent désemparés, ne sachant quelle route prendre pour revenir de la Colchide vers la Grèce, et elle va la leur indiquer, après avoir déclaré :

"Il est un fleuve, bras nordique de l'Océan, large, profond et navigable même pour un vaisseau à fort tirant d'eau : on l'appelle l'Istros et on a tracé son cours fort loin. Celui-ci, sur une grande distance, est absolument seul à traverser un immense territoire car ses sources, par-delà le souffle de Borée, mugissent au loin dans les monts Riphées". Ces monts Riphées que les Grecs de l'époque classique plaçaient dans des régions nordiques de l'Europe étaient en fait pour les anciens navigateurs grecs situés loin vers l'est (au-delà de Borée), et seraient donc la partie septentrionale des *Montagnes Rocheuses* où le *Missouri* prend sa source : ce fleuve coule d'ouest en est, et ses sources sont formées de *grandes cascades qui grondent*, puis il se jette dans le *Mississippi.* Notons qu'en grec, le mot *riphai* est lié à l'idée de *chutes d'eau.* Monts Riphées signifiait donc : *Monts des Cascades* (Carte 3).

Ainsi, le fleuve Océan coulait d'abord d'ouest en est, puis du nord au sud dans sa partie terrestre, que les Grecs appelaient *l'Istros*, et ensuite du sud au nord dans sa partie maritime : Hésiode pouvait donc le qualifier de fleuve *"au cours inverse" (apsoros okeanos),* l'adjectif signifiant : *"qui revient sur ses pas".* Mais les mythographes Grecs ne le comprirent pas ainsi, et parlèrent du *"fleuve qui remonte vers sa source",* contribuant ainsi au *merveilleux* du mythe... Hécatée d'Abdère écrivait au VIe siècle a.C. : *"Les Hyperboréens vivent dans une île située en face du pays des Celtes, non loin des monts Riphées où naissent les grands fleuves".*

Les navigateurs grecs croyaient en outre que l'Océan, initialement le Missouri, se divisait en deux bras dans les plaines nordiques de l'Amérique, l'un étant le bras principal, l'*Istros,* qui s'infléchissait vers le sud (le cours moyen du Mississippi), et l'autre, un bras souterrain qui coulait vers l'est pour réapparaître dans la région de l'*Hadès*. Hésiode (9) écrit à son propos :

"C'est là, dans l'Hadès, qu'habite la déesse Styx, fille aînée du fleuve Océan, sous le couvert de hauts rochers; tout à l'entour, des colonnes d'argent montent les fixer au ciel" (l'eau qui ruisselle des falaises se prend en glace en hiver). *Rarement, mais chaque fois que lutte et querelle ont lieu parmi les immortels qui ont leurs demeures dans l'Olympe, Zeus envoie Iris rapporter, dans une aiguière d'or, ce sur quoi les dieux prêtent leur grand serment, l'eau glacée tant de fois renommée qui s'épanche d'un rocher gigantesque. Longtemps sous le sol aux vastes routes se détachant du fleuve sacré, cette eau coule à travers la nuit noire. C'est un bras du fleuve Océan, sa dixième partie : si pour neuf parts, entourant la terre et le vaste dos de la mer, lové en tourbillons d'argent, il se jette dans l'onde amère, cette part de son eau, seule, ruisselle du rocher".* Ce schéma correspond à l'idée que le Missouri poursuivait une *route souterraine* pour alimenter les Grands Lacs, qui en effet ne reçoivent aucun grand fleuve et se déversent dans le Saint-Laurent. Cette *eau glacée qui s'épanche d'un rocher gigantesque* pourrait correspondre aux *chutes du Niagara* et sa masse était évaluée au dixième du débit du Mississippi, une précision digne d'Archimède !

Pour atteindre le pays des grands fleuves, tout navigateur venant de Grèce devait traverser la partie maritime du *fleuve Océan.* Homère allait s'attacher dans l'Odyssée, au-delà d'un magnifique poème propre à charmer ses auditoires, à faire connaître à mots couverts, comme un secret qu'il n'est pas opportun de communiquer à tous, les chemins d'accès à cet autre monde, et les embûches qu'il fallait éviter si on voulait l'atteindre ... et en revenir.

Avant d'aborder le périple d'Ulysse, nous allons *essayer de comprendre les raisons qui amenèrent les Grecs de l'époque classique à situer le Nilos et l'Égyptos en Afrique.* Il est certain que, devant la nécessité de leur trouver une localisation acceptable, le pays des Pharaons semblait un candidat tout désigné : les dunes de sable dont nous parlerons plus loin, un long fleuve qui aboutit à la mer dans une plaine marécageuse, des richesses dont Ménélas avait pu s'emparer, et une population à la peau brune... Au IIe millénaire a.C., Crétois et Mycéniens avaient commercé avec l'Égypte, mais le souvenir en avait disparu dans la mémoire des Grecs du 1er millénaire : Homère et Hésiode ne manifestent aucune connaissance particulière de ce pays, puisque leurs références au Nilos et à l'Égyptos se rapportent à des lieux mythiques qu'ils se gardent d'identifier (la conversation entre Ulysse et Eumée où l'Égypte est évoquée est apocryphe, comme nous le démontrerons plus loin).

Le VIe siècle a.C. est l'époque où les Grecs vont situer ce pays et ce fleuve mythiques en Afrique du Nord. Hartog écrit : *"Au cours du VIe siècle a.C., l'Egypte devient un objet d'études qui sollicite la réflexion et l'imagination scientifiques des érudits ioniens"* (11). L'identification de l'Égyptos avec le pays des Pharaons provient d'*Hécatée de Milet*, qui le décrit dans son *"Périgèse"*. Quelques années plus tard, *Hérodote* visite à son tour l'Égypte et lui consacre le second livre de ses *"Histoires"* (12).

Hécatée appelle le fleuve : *Nilos*, et le considère comme une dérivation du fleuve Océan ; il restreint l'appellation d'Égyptos à son delta, ce que critique Hérodote, qui affirme que ce terme doit s'étendre à toute la région irriguée par le Nilos. Les Égyptiens, cependant, nommaient leur pays : *Ke-met* et leur fleuve : *Ha-pi* comme le montrent les Hiéroglyphes ; ce sont donc bien les Grecs qui attribuent les deux noms d'Égyptos et de Nilos.

Hérodote écrit : *"Sur la nature du fleuve, je n'ai pu obtenir aucun renseignement des prêtres ni de personne d'autre. Je désirais pourtant apprendre d'eux pourquoi pendant cent jours, le Nil croit et envahit les terres, puis se retire* (II -19). *Certains Grecs ont proposé que ce mouvement des eaux serait dû à l'influence des vents. D'autres prétendent expliquer les inondations par le fait que le Nil proviendrait de l'Océan, lequel coulerait autour de la Terre. La troisième explication est la plus fausse* (celle d'Anaxagore, dit le traducteur), *qui prétend que le Nil proviendrait de la fonte des neiges : il vient de la Libye à travers l'Éthiopie et débouche en Égypte ; comment proviendrait-il donc des neiges, quand il coule des régions les plus chaudes aux plus tempérées ?* (II -22). *Quant à celui qui met en cause l'Océan* (Hécatée de Milet), *comme il a rejeté ce fleuve dans le domaine de l'inconnu, son opinion ne peut être ni prouvée ni rejetée. Je ne connais pas en effet l'existence d'un fleuve Océan. Homère, je pense, ou quelqu'un des poètes précédents, a inventé ce nom et l'a introduit dans la poésie"* (II -23).

Notons qu'Anaxagore, plus au fait des mythes qu'Hérodote, disait avec raison que le Nilos provenait de la fonte des neiges : le vrai Nilos (le Tocuyo) naît en effet dans des sommets des Andes vénézuéliennes couverts de neiges durant une longue partie de l'année. Hérodote continue ainsi : *"Sur les sources du Nil, aucun des Égyptiens, des Libyens ou des Grecs avec qui je me suis entretenu ne s'est targué d'être renseigné. Le cours du Nil est connu jusqu'à une distance de quatre mois de navigation ou de marche, sans compter la partie qui est en Égypte. Il vient de la région du soir et du Couchant"* (II -32). Là, sans s'en rendre compte, Hérodote retombe dans ce qu'affirmaient les mythes ; notons que, cependant, il rejette l'existence d'un fleuve Océan.

À partir de cet historien, poètes et tragédiens disposaient ainsi d'un emplacement cohérent pour le Nilos et l'Égyptos ; la Libye, l'Éthiopie et la mer Rouge prendront naturellement leur place au voisinage de l'Égypte.

(1) HERODOTE affirme qu'Homère vécut quatre cents ans avant lui, donc vers -850.
(2) HOMÈRE - *L'Odyssée* - Trad. M. DUFOUR et J. RAISON. Paris. 1965.
(3) Claude LEVY-STRAUSS - *Tristes tropiques* - Paris. 1955.
(4) BILI, Évêque d'Alet (Bretagne) - *Vie de Saint-Malo* - VIe siècle
(5) BENEDEIT - *Le voyage de Saint-Brandan.* Londres. XIIe siècle.

Les moines hissent la voile au départ de l'Irlande, mais sont capables de naviguer à la rame en cas d'absence de vent. Ils descendent vers le sud (d'autres manuscrits parlent d'un volcan en éruption au large duquel ils passent, le Teide, aux Canaries). Puis *"de l'Orient souffle un vent qui les emmène vers l'Occident* (les vents alizés). *Ils naviguent quinze jours à la voile, puis le vent s'arrête (...). Ils rament alors pendant un mois sans que souffle le vent"* (ils sont dans la zone des calmes équatoriaux).

Les vivres commencent à manquer et ils sont envahis par l'angoisse. Mais Dieu leur vient en aide et leur envoie un vent favorable (...). Apparaît alors une terre haute et longue (la côte centrale du Venezuela). *Le vent les pousse sans arrêt et ils se laissent porter sans le moindre effort, mais ils ne rencontrent aucune baie où leur navire puisse jeter l'ancre".* Cette côte du Venezuela, orientée d'est en ouest, est en effet escarpée et sans embouchures de fleuves jusqu'à ce qu'elle s'infléchisse vers le nord, et la côte devient alors plate et marécageuse, jusqu'à un promontoire de falaises calcaires actuellement appelé *Punta Tucacas,* puis elle redevient plate et marécageuse et y débouche le fleuve Tocuyo (Carte 6, chap.5 et Carte 6 bis, chap. 6).

"Ils rencontrent enfin un port, où ils jettent l'ancre. Ce havre avait été taillé dans la même roche calcaire blanche de la falaise et un seul navire pouvait s'y abriter. Ils suivent alors un sentier qui les amène au haut de la colline jusqu'à un magnifique château, où ils trouvent abondance de nourriture servie dans des plats d'or".

Le *merveilleux* n'est pas absent de ce récit. C'est l'itinéraire suivi par Ménélas et les Argonautes quinze à seize cents ans plus tôt. L'extrémité du cap de Tucacas est une roche calcaire que creuse l'érosion des vagues, et l'on y observe de minuscules anses qui peuvent servir d'abri à une embarcation (Carte 6 bis)

(6) Hérodote (livre IV - 184) dit que *la montagne d'Atlas, à l'ouest de la Libye*, est *"étroite, ronde de toute part, et si haute qu'il est impossible d'en voir les cimes, car jamais elles ne sont libres de nuages, ni en été, ni en hiver. Cette montagne, au dire des gens du pays, serait la colonne du ciel".* Le pic Cristobal Colón, isolé et de forme conique, correspond bien à cette description, et il est toujours caché dans les nuages tropicaux. Par contre l'Atlas marocain est une chaîne longiligne et relativement basse, le plus souvent libre de nuages en raison du climat sec nord-africain.
(7) Eschyle, dans le *Prométhée délivré,* parle du *"lac (limné) des Éthiopiens"* qu'il distingue de la *"mer (thalassa) érythrée."* Ce "lac" serait donc celui de Maracaibo.
(8) *Les Argonautiques Orphiques* - Trad. DOTTIN. Paris. 1930.
(9) APOLLONIOS de RHODES - *Argonautiques .Chant IV.* - Trad. E. DELAGE et F. VIAN. Paris. 1981.
(10) HÉSIODE -*Théogonie, la naissance des dieux*. Trad. A BONNAFÉ. Paris 1993.
(11) François HARTOG - *Mémoire d'Ulysse : récits sur la frontière de la Grèce ancienne.* Paris. 1996.
(12) HÉRODOTE - *Histoires - Livre II.* Trad. Ph. E. LEGRAND. Paris. 1936.

Chapitre 4

LE PÉRIPLE D'ULYSSE

Une tempête vient d'amener Ulysse chez les Phéaciens et il raconte ses aventures à l'assemblée des Nobles de ce pays.

Au terme de la guerre de Troie, Ulysse et ses compagnons retournaient dans leurs îles de la mer Ionienne ; un bon vent soufflait dans les voiles de leurs vaisseaux et ils étaient déjà au sud du Péloponnèse quand *Zeus* déclencha une forte tempête ; pendant neuf jours, ils voguèrent à la dérive puis atteignirent le *"pays des Lotophages"*. Depuis l'Antiquité, on situe cette terre au sud de la Tunisie, dans l'île de Djerba : nous pensons par contre qu'il s'agit de *la côte méditerranéenne du sud de l'Espagne au pied de la Sierra Nevada*. Ulysse dit que cette terre était *"sur le continent"* : ce n'était donc pas une île au sens actuel du terme. Ayant fait provision d'eau, il cherche à savoir qui habitait ces lieux, et envoie trois hommes en mission. Ceux-ci rencontrent des habitants qui leur donnent à manger une plante étrange, le lotos :

"Quiconque en avait mangé ne voulait plus s'en aller mais rester là parmi les Lotophages, à se repaître de lotos dans l'oubli du retour" dit Ulysse qui dût *"ramener de force ces hommes et les attacher aux navires"*. Donc ce peuple récoltait et consommait une plante qui possédait éventuellement les caractéristiques d'une drogue douce.

On trouve dans Strabon une annotation intéressante. Au livre III de sa *Géographie*, il décrit le sud de l'Espagne et dit : *"Près d'Abdera* (l'actuel port d'Adra, à 50 km. à l'ouest d'Almeria), *apparaît dans l'intérieur une région appelée Odiseia, et en elle le sanctuaire consacré à Athéna, selon les écrits de Posidonios, Artémide et Asclépiade. Ce dernier affirme qu'en souvenir du voyage d'Ulysse, des boucliers et des éperons de navires étaient suspendus dans ce sanctuaire et que quelques-uns de ceux qui participèrent à son expédition pénétrèrent dans l'intérieur du pays"* : au nord-ouest d'Adra se trouve le *Cerron de Dalias*, colline proche de la mer au sommet de laquelle existent les ruines d'un ancien temple grec qui pourrait être celui dont parle Strabon.

Celui-ci écrit plus loin : *"Certains disent que ceux qui vivent en Libye au delà de la Maurusie sont appelés Lotophages, car ils s'alimentent de lotos, une espèce d'herbe avec sa racine"* et il conclut : *"Il n'est donc pas étrange que le poète (*Homère) *ait composé sa légende sur les vagabondages d'Ulysse* *de manière à ce que la plus grande part de ce qu'il narre se situe au-delà des colonnes d'Hercule* (le détroit de Gibraltar)" : Strabon prend argument de la région où est censé pousser le lotos pour affirmer que le périple d'Ulysse aura lieu dans l'océan Atlantique.

En recherchant si une plante du sud de l'Espagne ou du Maroc pouvait correspondre à ce lotos, nous avons relevé dans *"Archéologie des plantes"* (1) l'indication suivante : *"Le* Papaverum somniferum s.s.p. Setigerum *est l'ancêtre du* Papaverum Somniferum *moderne* (le pavot) *et son aire de répartition était l'Espagne et le Maroc. On a trouvé des semences de cette plante dans des tombes du néolithique espagnol. Elle était, semble-t-il, utilisée comme additif dans les farines alimentaires".* Ce serait peut-être donc le célèbre lotos, à la fois nourriture et drogue douce suivant la partie utilisée. Ulysse ne dit pas s'il goûta ce lotos, mais il semble oublier de rebrousser chemin vers sa patrie, car, dit-il, *"de là, nous poursuivîmes notre route".* L'Odyssée n'est donc pas un *voyage de retour* vers un foyer terrien comme on l'a si souvent écrit, mais un *voyage d'aller,* une aventure maritime que décrira Ulysse aux Nobles Phéaciens...

Ils arrivent ensuite à *la terre des Cyclopes* : c'étaient *"des géants sans lois qui habitent dans le faîte de hautes montagnes (...) et chez eux tout naît sans que la terre ait reçu ni semences ni labour",* donc une terre montagneuse à la végétation exubérante. Et lorsque Ulysse put se libérer du géant Polyphème et rejoindre ses vaisseaux, celui-ci *"arracha le faîte d'une haute montagne et nous la jeta"* : manifestement, une éruption volcanique. Ulysse dit de lui : *"c'était un monstrueux géant ; il ne ressemblait même pas à un homme mangeur de pain, mais à un pic boisé, qui apparaît isolé parmi les hautes montagnes".* Depuis l'Antiquité, l'interprétation fut toujours qu'il s'agissait d'une île volcanique : le sol riche, des fumées, des bruits, une éruption, et le terme même de *cyclope* qui signifie *oeil en forme de cercle,* donc un cratère. Mais de quelle île volcanique s'agissait-il ?

Les Grecs pensèrent qu'il s'agissait du *Vésuve,* et que depuis la Tunisie, Ulysse avait contourné la Sicile par l'ouest jusqu'à arriver dans la baie de Naples ; cependant, la description d'Homère ne correspond nullement à cette baie. Ulysse dit qu'une île s'étend en *forme allongée* devant le port de l'île des Cyclopes, et en est *"ni proche, ni éloignée ; elle est boisée et des chèvres sauvages y vivent innombrables ; aucun pas d'hommes ne les effarouche ; on ne rencontre aucune trace de chasseurs qui peinent dans la forêt cherchant à atteindre le sommet des monts, car elle est veuve d'hommes. Cependant, elle n'est point stérile et pourrait porter tous les produits en leur saison. Il y a là, tout au long du rivage de la mer grise, d'humides prairies à la terre meuble, où des vignes seraient d'une fécondité inépuisable ; elle contient pour des champs un sol uni ; on pourrait y récolter de hautes moissons, car l'élément nourricier pénètre profondément dans le sol. Il y a là aussi un port au sûr mouillage, où il n'est nul besoin d'amarre (...). Au fond du havre coule une eau claire, une source jaillissant d'une caverne, et tout autour ont poussé des peupliers. C'est là que nous débarquions (...). Douze vaisseaux me suivaient"*

Nous nous trouvons en fait devant une excellente description de *l'île de Faial, dans l'archipel des Açores, qui fait face à l'île de Pico,* qualifiée par Ulysse de *Terre des Cyclopes.* Cet archipel est situé à l'ouest du détroit de Gibraltar. Les îles de Pico et de Faial sont au centre de l'archipel ; le volcan Pico s'élève dans la première, appelée *"l'île de Braise"* à cause de fréquentes éruptions, et de ses flancs s'échappent toujours des fumerolles. L'île de Faial est plus petite ; elle est appelée *"l'île Bleue"* en raison des hortensias qui y abondent de nos jours, et elle dispose d'un magnifique mouillage dans une large baie qui fait face à Pico et où la ville d'*Horta* s'étire toute en longueur.

Ulysse débarque donc sur l'actuel site d'Horta, et va explorer l'île de Pico où il voit *des fumées* et entend *des voix (*grondements annonciateurs d'une éruption), cherchant à savoir à quels habitants ces manifestations correspondent. Mais il sera capturé par *le géant Polyphème*, qui l'emprisonne avec ses compagnons dans une caverne, et mange quelques-uns d'entre eux (il évoque ainsi l'éboulement d'une paroi rocheuse alors que se préparait une éruption volcanique tandis qu'ils grimpaient vers le sommet ; cet éboulement les retiendra enfermés dans une anfractuosité, quelques uns d'entre eux étant tués par la chute de roches). Ulysse et ses compagnons réussissent toutefois à s'échapper en *s'agrippant à des béliers,* ce qui leur permet de sortir de la caverne à l'insu de Polyphème, et ils rejoignent leur navire.

Mais alors qu'ils allaient vers le port de l'île d'en face, le géant *"souleva une pierre beaucoup plus grosse, et la lança avec une force extraordinaire. Elle ne tomba qu'à une faible distance de l'arrière du vaisseau, et peu s'en fallut qu'elle n'atteignit le support du gouvernail".* Donc Homère décrit à sa manière une éruption volcanique qui chasse les navigateurs, et la transforme en une histoire extraordinaire...

Le lendemain Ulysse et ses compagnons quittent l'île de Faial, *"ses marins assis en bon ordre frappant de leurs rames la mer grise d'écumes"*, et, dit-il, *"de là, nous voguions de l'avant, contents certes d'avoir échappé à la mort, mais le coeur serré par la perte de nos chers compagnons".* Ainsi, Ulysse continue *d'aller de l'avant,* toujours vers l'ouest comme nous allons le voir, se souciant apparemment fort peu d'un rapide retour vers la Grèce, qui était dans la direction diamétralement opposée...

Il arrive ensuite à *l'île d'Éole* : *"C'est une île flottante, toute enclose d'un mur de bronze indestructible et où se dresse un rocher lisse".* Éole, le roi des Vents, le reçoit dans sa demeure, et comme Ulysse lui demande de guider son retour, le roi lui donne *"une outre faite de cuir (...) où il avait enchaîné les cours des vents mugissants ; Zeus lui en a confié la garde et lui permet d'exciter ou d'apaiser celui qu'il veut"* : nous sommes donc chez *"le corroyeur qui cousit l'outre des vents"* qui intriguait tant Strabon.

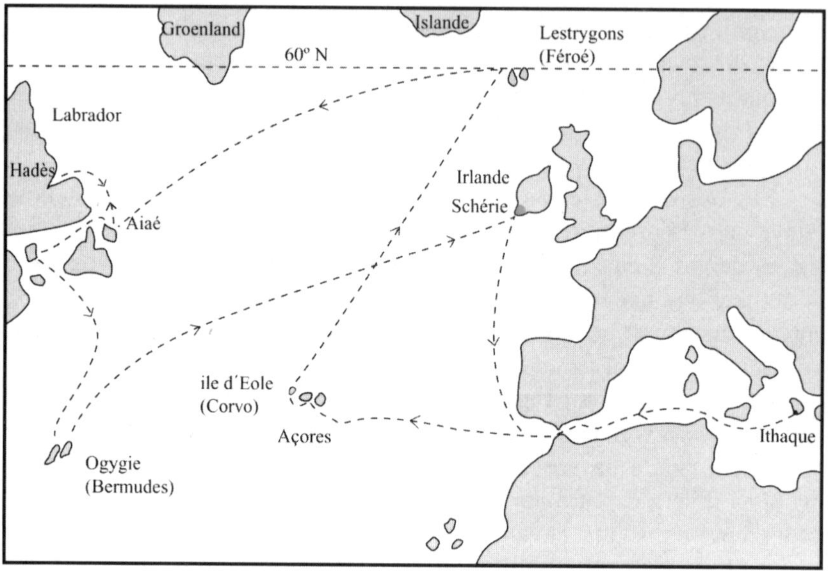

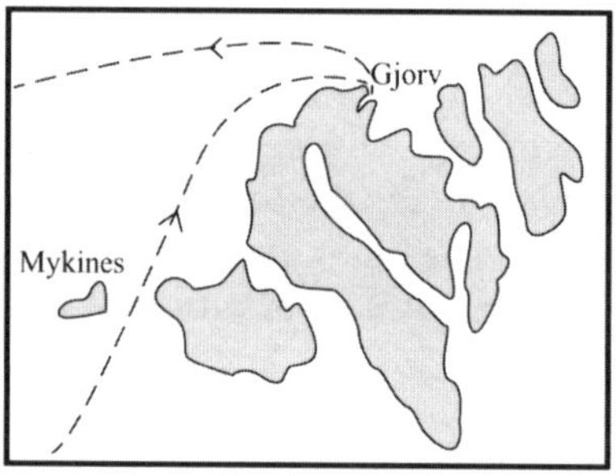

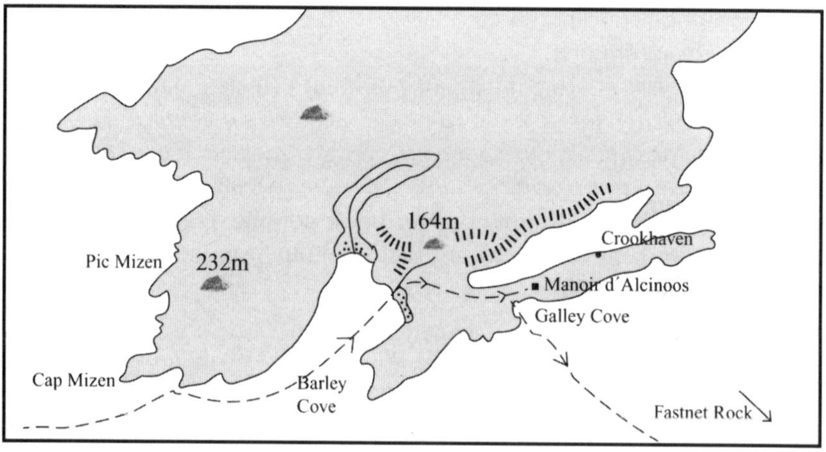

Carte 4 - (I)-Périple d'Ulysse. (II)-Iles Féroé. (III)-Sud-Ouest de l'Irlande

Éole fait alors souffler *Zéphyr,* vent qui vient de l'ouest : donc, les conditions sont réunies pour un bon retour vers la Grèce. L'aventure est-elle terminée ? Ulysse et ses compagnons voguent sans arrêt *"et arrivent en vue du pays natal"*. Mais, dit Ulysse,*"nos propres folies allaient nous perdre"*. L'outre des vents était solidement attachée à fond de cale *"afin qu'aucun vent contraire ne puisse souffler, si peu que ce soit"* ; mais ses compagnons croyaient que l'outre contenait de l'or, cadeau du roi Éole, et décident de s'en emparer. Ils ouvrent l'outre, et *"tous les vents s'échappèrent. La tempête aussitôt les saisit et les emporta vers la haute mer, loin de leur patrie"*.

Les vents ramènent Ulysse vers le royaume d'Éole qui, furieux, les chasse de son île. Les Grecs pensèrent que cette île était celle du volcan *Stromboli* et donnèrent le nom d'îles *Eoliennes* à l'archipel auquel elle appartient. Mais Ulysse venait en fait d'atteindre la petite île de *Corvo,* proche de celle de *Flores*, la plus occidentale de l'archipel des Açores : ces deux îles sont bien connues des météorologues car c'est au-dessus d'elles que se forme *l'anticyclone des Açores* qui domine le régime des vents et des pluies sur les côtes européennes. Éole pouvait donc *exciter ou apaiser les vents.*

L'outre des vents évoque également la *cornemuse* des pays atlantiques, et le *rocher lisse,* un *menhir*. Le "Guide Bleu" consacré au *Portugal* (édition de 1989) indique à propos de Corvo : *"Cette petite île est constituée par le cratère d'un volcan, avec un lac au fond du cratère"*. Donc, de l'intérieur de celui-ci, l'île pouvait paraître entourée par une haute muraille et donner l'impression de flotter sur la mer, comme un bol. Le Guide ajoute : *"Les anciens connaissaient peut-être ces îles (...). Il existait dans l'île de Corvo une mystérieuse statue sculptée dans le roc, qui regardait l'occident. Elle se dressait sur la crête du cratère. Elle intriguait fortement les Portugais (*car ces îles étaient désertes à leur arrivée) *et dérangeait, probablement, car elle disparut un jour mystérieusement"*. Voici pour le rocher lisse.

Les anciens navigateurs grecs avaient donc noté la particularité du régime des vents autour des Açores ; mais l'Odyssée comporte en outre un *enseignement caché,* à savoir *: si l'on veut se rendre dans les terres hyperboréennes, une navigation vers l'ouest depuis les Açores amène à une impasse, et ce n'est pas la bonne route ; il faut naviguer plus au nord (ou plus au sud).* Deux mille cinq cent ans plus tard, Christophe Colomb fera la même observation : pour atteindre les légendaires *"îles d'en face," les ante-ilhas* disaient les Portugais (les Antilles), partir des Açores amenait toujours ceux-ci à un échec, et cela en raison des courants marins et des vents d'ouest qui faisaient obstacle à la traversée ; en conséquence, Colomb comprendra qu'il ne fallait pas répéter ces tentatives, et choisira une route plus au sud, après quelques navigations dans Atlantique nord jusqu'à l'Islande..

Ulysse et ses compagnons quittent l'île d'Éole à la rame, en raison de l'absence de vents: *"De là, nous voguions plus avant, l'âme navrée. L'ardeur des hommes était brisée par la fatigue de la rame (...). Six jours et six nuits nous navigons sans arrêt ; le septième, nous arrivons au bourg élevé de Lamos, à Télépyle dans le pays Lestrygon. Là, un homme qui se passerait de sommeil gagnerait double salaire, l'un en paissant les boeufs, l'autre en menant les blancs moutons, car les chemins du jour et de la nuit sont tout proches. Nous arrivons dans le port fameux que flanque de chaque côté une roche à pic et continue : deux côtes raides se faisant face s'avancent dans la bouche et ne laissent qu'une étroite entrée.*

À l'intérieur de ce mouillage, tous arrêtaient leurs vaisseaux en forme de croissant ; les nefs étaient amarrées à l'intérieur du port encaissé, les unes à côté des autres, car jamais les flots ne s'y enflaient peu ou prou et tout autour régnait la paix sereine des flots. Moi seul, je retenais mon noir vaisseau à l'extrémité du port, ayant attaché des câbles à une roche. Je grimpais et me tins sur une hauteur rocheuse ; je ne découvrais travaux de boeufs ni d'hommes ; nous ne voyions qu'une fumée montant du sol".

La description convient magnifiquement à une île couverte de prairies, puisque l'élevage semble pouvoir y être très propice, et cette île est nordique si l'on interprète l'allusion aux chemins du jour et de la nuit comme différents de ceux qui se présentent en Méditerranée (les longues journées d'été valent pour un double jour). Et les navires achèvent de pénétrer dans *un fjord très étroit*. Ulysse dit que ce port est *"fameux"* : c'est donc qu'il était connu des navigateurs grecs, certainement pour être une étape et un abri sûr lors d'un périple dans les mers septentrionales. Nous pensons que cette description correspond à une île de *l'archipel des Féroé* situé entre l'Écosse et l'Islande, et plus précisément à celle d'*Eysturoy* et à son port de *Gjokv*, situé à l'extrémité nord-ouest de l'île. Le goulet d'accès a ce port est un *fjord étroit et allongé abrité de tempêtes* (Fig. 46) et le village de Gjokv est situé en hauteur au fond du fjord (Carte 4 - II).

Les livres de navigation du XIXe siècle donnent aux Féroé une place de choix car, outre l'abri qu'elles procuraient en cas de tempêtes et la possibilité de ravitaillement qu'elles offraient en eau et en viande de mouton, elles ont une remarquable particularité : un navigateur qui, partant de cet archipel, se dirige droit à l'ouest arrive sur la côte sud du Groenland ; *il suffit pour cela de garder l'étoile Polaire à la même hauteur au dessus de l'horizon pendant la traversée, une planchette de bois étant un instrument suffisant à cet effet pour les observations nocturnes* (les nuits où brille la lune, ce qui permet de distinguer l'horizon...) ; il n'a plus ensuite qu'à descendre vers la côte du Labrador.

C'est le chemin qu'allait tenter de suivre Ulysse au départ de *l'île de Télépyle* dont le nom signifie en grec : *"la porte lointaine"*, une allusion au goulet étroit qui marquait l'entrée du havre. Il est dit que ces îles étaient inhabitées dans le passé : est-ce bien sûr ? Leur nom, *Faeroe*, signifie en norvégien : *îles aux moutons*, et le moine irlandais Dicuil, érudit de la cour de Charlemagne, donne vers l'an 800 une description des îles Féroé dans son ouvrage *"De la dimension de la Terre"*, disant : *"Avant Thulé* (l'Islande) *il existe un ensemble de petites îles, presque toutes séparées par des passes étroites. Dans ces îles, des ermites venus de notre pays se sont installé il y a près de cent ans ; elles sont maintenant désertes, et seuls y vivent d'innombrables moutons et toute sorte d'oiseaux de mer".*

Le mot *lestrygon* en grec signifie *pirate*, et Ulysse semble avoir quelque difficulté avec les populations locales qui *"ne ressemblaient pas à des hommes mais à des géants. Des falaises, ils lançaient des rocs"* sur les navires. Seul put s'échapper celui d'Ulysse, amarré à l'entrée du goulet. Mais il s'agissait peut-être d'un tremblement de terre qui faisait choir les roches des parois du goulet, car ces îles sont volcaniques, et l'éboulement des falaises détruisit les navires des compagnons d'Ulysse : le réalisme d'Homère l'amène à justifier le fait que seul le navire d'Ulysse va continuer le voyage.

Depuis les Açores, Ulysse a navigué vers le nord, s'éloignant chaque jour davantage de la Grèce, et cela volontairement, puisque cette fois *à la rame*, et non emporté par les vents. Puis, quittant l'île des Lestrygons avec un seul navire, il va voguer vers l'ouest, certainement poussé par Borée, le vent du Nord, qu'il recevra par le travers ; mais la force du vent le fera dériver vers le sud et il semble arriver au voisinage de Terre-Neuve, dans *l'île d'Aiaé,* où vivait *la magicienne Circé.*

À ce moment, Homère fait entrer Ulysse et son auditoire dans une zone magique, celle où se situe le royaume des morts, et où le couchant et le levant se rejoignent. Ulysse s'écrie : *"Amis, puisque nous ne savons où est le couchant ni où est l'aurore, ni où le soleil s'en va sous terre, ni où il se lève, hâtons-nous de délibérer pour savoir quelle résolution pourrait encore être prise. Pour moi, je crois qu'il n'y en a aucune"* (2). Il s'abandonne au désespoir et sera prêt à recevoir les instructions de Circé dont il a aperçu la maison au milieu de la forêt. L'île est petite et ronde : il s'agit peut-être de *Belle-Isle*, à l'entrée septentrionale du détroit du même nom.

Le passage dans l'île d'Aiaé est une étape aux confins du Monde là où pour les anciens Grecs, l'Occident devenait Orient, ce qui permettra à Circé d'annoncer à Ulysse qu'avant de retourner chez lui, il doit se rendre dans *"le royaume d'Hadès, où est le séjour des morts".*

L'Hadès est décrit comme un lieu éloigné et lugubre mais n'est pas pour autant souterrain comme l'affirment nombre d'auteurs depuis le passé, faute de pouvoir le reconnaître dans un paysage méditerranéen. Il est *"upo sophon"*, c'est-à-dire *sous la partie obscure du ciel*, donc relégué dans des régions de ténèbres du Septentrion. Quand Ulysse y parviendra, sa mère lui apparaîtra et lui dira : *"mon enfant, comment es-tu venu vivant sous cette brume ténébreuse ? Il est difficile à des mortels de contempler ce monde. Ils en sont séparés par de grands fleuves et d'effroyables torrents, et d'abord le fleuve Océan".* Et le devin Tirésias lui dira : *"pourquoi donc, malheureux, quittant la lumière du soleil, es-tu venu voir les morts et la région sans joie ?".* Nous sommes loin de l'interprétation selon laquelle ce royaume des morts était sous la terre au voisinage du Vésuve, l'entrée en étant une caverne sur le golfe de Naples. C'est la région qui est *"sans soleil et sans joie",* et éloignée du séjour des Grecs ; mais ces morts ne résident pas dans un enfer souterrain, sinon dans des cavernes d'un pays où le soleil semble caché en permanence.

Dans ses instructions, Circé dit à Ulysse : *"N'aie aucun désir ni souci d'un pilote sur ton vaisseau. Plante le mât, déploie les blanches voiles et reste à ton banc : le souffle de Borée portera ta nef. Quand ton vaisseau arrivera au bout de l'Océan, tu trouveras un rivage plat et les bois sacrés de Perséphone, hauts peupliers et saules. Échoue là ta nef, près de l'Océan aux profonds remous. Toi, entre dans l'humide demeure d'Hadès. C'est la région où se jettent dans l'Achéron le Pyriphlégéton et le Cocyte, dont les eaux viennent du Styx".* Ulysse ayant pris la mer, après un jour de navigation *"le vaisseau arriva à l'extrémité de la Terre, au cours profond de l'Océan. Là sont le pays et la ville des Cimériens, couverts de brume et de nuées. Jamais le soleil ne les visite de ses rayons, ni quand il s'avance vers le ciel constellé, ni quand il retourne du ciel vers la terre ; une nuit maudite est étendue sur ces misérables mortels".* Il s'agit donc d'une région bien précise, habitée et parsemée de fleuves, qui avait dû impressionner les anciens Grecs par son caractère lugubre : *il pourrait s'agir d'une région lacustre dans l'intérieur du Labrador.* Pindare écrit : *"de là dégorgent la ténèbre infinie et les fleuves sourds de la nuit opaque"* (Chuvin).

Avant de continuer à suivre le périple d'Ulysse, il nous parait opportun de citer quelques extraits du récit du premier voyage de *Jacques Cartier* lorsqu'il découvrit le Canada, quelques 2.500 ans plus tard. Il part de Saint-Malo avec deux navires de 60 tonneaux ayant chacun 30 hommes d'équipage. Sa traversée dure vingt jours et il arrive le 10 mai en vue de Terre-Neuve. Il longe la côte nord-est, et le 27 mai, arrive au *détroit de Belle-Isle* qui sépare Terre-Neuve du Labrador. Le détroit est encore encombré de glaces et il doit attendre treize jours dans un havre de la côte : le courant froid du Labrador pénètre par ce chenal dans la baie du Saint-Laurent, entraînant des icebergs et provoquant d'abondantes brumes.

Il franchit le détroit et descend le long de la côte du Labrador, qu'il trouve horrible, disant qu'elle devrait s'appeler *"pierres et roches effroyables et mal rabotées",* et que c'est *"la terre que Dieu donna à Caïn".* Continuant vers le sud dans la baie du Saint-Laurent, il longe la côte de Terre-Neuve jusqu'à sa pointe sud-ouest. Pendant dix jours, *"ce ne sont que brumes, obscurité du temps, tourmentes et vents contraires";* il observe *"des montagnes moult hautes et effroyables, hachées et creuses",* puis il atteint *"les rochers aux oiseaux, trois îles escarpées aussi pleines d'oiseaux qu'un pré d'herbes"* :

des multitudes d'oiseaux sont attirés par les poissons qui abondent dans le golfe, et leurs colonies résonnent de leurs cris perçants. Ils abordent enfin une île d'aspect agréable, où ils font provision d'eau et de bois, et les équipages passent la journée à chasser ; ils sont enfin sortis de la brume, et Jacques Cartier vante ses champs de blé sauvage et ses animaux, ours, renards, et des bêtes curieuses *"qui ressemblent à de grands boeufs, avec deux dents en la gueule comme dents d'éléphant, et qui vont dans la mer."* Il s'agit certainement de *morses*, au pelage clair.

Puis ils abordent l'île d'Anticosti, grande île triangulaire située dans l'embouchure du Saint-Laurent. Il rebrousse chemin, repasse par Belle-Isle le 15 août, et arrive à Saint-Malo le 5 septembre. C'est au cours d'un autre voyage l'année suivante qu'il remontera le Saint-Laurent.

Reprenons maintenant le récit d'Ulysse. Celui-ci quitte au plus vite le pays des Cimérient et revient à l'île d'Aiaé. Là, Circé le met en garde contre les trois dangers que présente l'étape suivante de son voyage, selon nous le golfe du Saint-Laurent, et qui sont : - Le chant des sirènes - Le passage du détroit entre Charybde et Scylla - Les boeufs du soleil.

Circé avertit Ulysse : *"Tu arriveras d'abord chez les sirènes, dont la voix charme tout homme qui vient vers elles : leur chant harmonieux le captive ; elles résident dans une prairie et tout alentour le rivage est rempli des ossements de corps qui se décomposent. Passe sans t'arrêter".*

Ces sirènes ont donné lieu à d'innombrables commentaires à toutes les époques. Homère se réfère seulement à leur chant, susceptible d'attirer les navigateurs vers la mort. En fait, il mettait en garde contre le danger qu'il y avait à s'approcher des *îles aux oiseaux*, entourées d'écueils qui facilitaient leur capture de poissons, et avaient dû être funestes à plusieurs navires. *Le chant des sirènes était le piaillement aigu et incessant de ces multitudes d'oiseaux* que le vent module avec plus ou moins de force, et dont l'effet est d'autant plus saisissant que le bateau avance dans la brume...

Le danger suivant est celui que présente *"une passe"* que les Argonautes franchirent *"au retour du pays d'Aiétés"*, dit Homère. La description qu'il en donne est confuse mais se veut terrifiante : il est question *"d'écueils, de roches en surplomb contre lesquelles se brisent en grondant les grandes houles, de roche lisse comme si elle était rabotée, de la caverne de Scylla aux aboiements terribles qui est sur un écueil, et très proche de lui un autre écueil, celui de Charybde, qui, trois fois par jour, engloutit l'eau noire avec un bruit effroyable et un impressionnant bouillonnement d'écume".*

Les anciens pensèrent qu'il s'agissait du détroit de Messine, entre la Sicile et le continent, pourtant le plus souvent bien tranquille ; nous pensons qu'il s'agit du *détroit de Belle-Isle*, dans lequel s'engouffrent les marées océaniques qui amplifient l'effet du courant, le navigateur devant prendre garde à de nombreux écueils sur lesquels s'écrasent à grand bruit de fortes vagues. Le récit de Jacques Cartier est du même ton que celui d'Homère.

Ulysse réussira à passer avec succès ces deux épreuves, mais échouera dans la troisième. Il atteindra bientôt *"l'île de Trinacrie où paissent en grand nombre les boeufs du soleil"* : il s'agit de l'île d'Anticosti, de forme triangulaire, donc conforme au nom que lui donne Homère : *tri + akros = aux trois caps.* Ces boeufs du soleil sont les mêmes mammifères marins décrits par Cartier, *"semblables à de grands boeufs, et qui vont dans la mer".* Les Grecs observèrent qu'ils se couchaient dans la mer, comme le faisait chaque soir le Soleil, et ils suivaient donc leur maître, d'où leur nom de *boeufs du Soleil.*

Circé lui avait bien recommandé de ne pas toucher à ces animaux sacrés, et c'était la dernière épreuve : *"Si tu ne leur fais aucun mal, si tu penses à votre retour, vous pourrez encore, non sans souffrir, atteindre Ithaque, mais si tu les maltraites, alors je prévois la perte de ton vaisseau et de tes gens ; si toi-même tu échappes à la mort, tu rentreras tard et dans un triste état, après avoir perdu tous tes compagnons".* Se souvenant des recommandations de Circé, Ulysse cherche à éviter cette île, mais ses compagnons lui reprochent de ne pas tenir compte de leur fatigue. Ulysse cède, leur fait promettre de s'abstenir de toucher aux boeufs, ne consommant que les provisions qui leur restent à bord, et ils débarquent dans l'île. Mais les vents ne sont pas favorables pour repartir, et au bout d'un mois, les provisions sont épuisées, la chasse est insuffisante, et pendant son sommeil, ses compagnons sacrifient les boeufs du Soleil pour se nourrir.

Celui-ci en est aussitôt informé et s'indigne : *"Ils ont tué dans leur insolence ces bêtes qui faisaient ma joie quand j'allais vers le ciel constellé ou quand, à mon déclin, je me tournais du ciel vers la terre"* ; il réclame à Zeus un châtiment exemplaire. Ulysse et ses compagnons quittent l'île, mais Zeus déclenche une tempête et lance la foudre, qui détruit leur navire. Ulysse est le seul à survivre, agrippé à une poutre, et les flots l'emportent pendant neuf jours, jusqu'à l'île *d'Ogygie* où habitait la nymphe *Calypso*, qui le retiendra longtemps, *"voulant en faire son époux".*

Dans l'Olympe, les dieux tiennent conseil, et Athéna prend la défense d'Ulysse. Zeus accepte de le libérer, profitant de l'absence de Poséidon qui poursuivait Ulysse de sa *"rancune opiniâtre".* Il envoie Hermès à Calypso pour lui faire connaître sa décision. *Ogygie* est *"une île ceinte de flots au nombril de la mer, couverte de forêts"* qu'Ulysse atteint après neuf jours de dérive, une île de l'archipel des *Bermudes* selon nous, isolé dans la mer des Sargasses. Ces îles sont à l'écart du Gulf Stream, et l'on ne peut les quitter que si les vents sont favorables. L'identification d'Ogygie avec les Bermudes est confirmée par la suite du périple d'Ulysse.

Calypso déclare : *"Je suis prête maintenant à te laisser partir. Coupe avec le bronze de longues poutres et construis un large radeau. Fixe dessus des membrures formant un pont élevé, pour qu'il te porte sur la mer brumeuse. De mon côté, j'y placerai de l'eau, du vin rouge, assez pour satisfaire ton appétit ; je te donnerai aussi des vêtements. Je t'enverrai par l'arrière un vent favorable, afin que tu reviennes indemne en ta patrie, si du moins le permettent les dieux qui habitent le vaste ciel et sont plus puissants que moi pour concevoir et exécuter"*.

Ulysse est inquiet et lui répond : *"C'est sans doute autre chose et non mon retour que tu médites là, quand tu m'engages à traverser sur un radeau le vaste gouffre si redoutable de la mer. Même les vaisseaux rapides et bien équilibrés ne peuvent le franchir, fussent-ils aidés du vent favorable de Zeus"*. Homère indique là indirectement que, selon ses informations, la traversée de l'Atlantique Nord se faisait en le contournant.

Les commentateurs anciens et modernes ont eu quelque difficulté à situer en Méditerranée cette île Ogygie, après avoir identifié Charybde et Scylla avec le détroit de Messine et Trinacrie avec la Sicile, d'autant plus qu'Ulysse ne parlerait pas ainsi s'il s'agissait de quelque île en Méditerranée : n'importe quelle traversée de retour à Ithaque depuis cette île ne lui poserait aucun problème. Calypso le rassure, et il commence la fabrication du radeau.

Homère fait montre de connaissances techniques pour la construction d'un radeau qui amènent à penser à une expérience personnelle et non à un récit transmis par des aèdes : *"Calypso donna à Ulysse une hache de bronze affilée des deux côtés* (une double-hache) *pourvue d'un très beau manche d'olivier, bien ajusté. Elle lui donna ensuite un ciseau bien poli. Puis elle prit les devants vers l'extrémité de l'île où de grands arbres avaient poussé, aulnes, peupliers, pins haut comme le ciel, bois depuis longtemps sans sève, très secs, et qui seraient de légers flotteurs (...). Ulysse se mit à couper des planches, et son travail fut vite terminé. Il abattit vingt arbres en tout, les dégrossit avec le bronze, les polit savamment et les dressa au cordeau.*

Cependant, Calypso lui avait apporté des tarières : il fora donc tous les bois, les ajusta ensemble, et à coups de marteau, unit les pièces du bâtiment par des chevilles. Aux dimensions qu'un bon expert en charpentes donne à la coque d'un large vaisseau de charge, Ulysse bâtit son radeau. Il dressa le gaillard qu'il couvrit de planchettes serrées ; et pour finir, il fit un revêtement de longues planches. Il planta un mât, auquel s'ajustait une vergue. Il se fit en outre un gouvernail. Il munit tout le bâtiment d'un bastingage en claies d'osier, rempart contre la vague, et répandit sur le plancher beaucoup de feuillage. Calypso apporta des toiles pour faire la voilure, et Ulysse les disposa savamment comme le reste. Il attacha au radeau drisses et cordages, et pût alors le faire descendre sur des rouleaux dans la mer brillante. C'était le quatrième jour, quand tout l'ouvrage fut achevé".

Calypso *"fait souffler un vent tiède et propice au voyage. Plein de joie, Ulysse déploya les voiles. Assis, il dirigeait avec art le gouvernail, et le sommeil ne tombait pas sur ses paupières. Il regardait les Pléiades, le Bouvier qui se couche tard et l'Ourse qu'on appelle aussi le Chariot, qui tourne sur place en guettant Orion, et seule des constellations, ne se baigne point dans l'Océan. Calypso lui avait bien recommandé de la garder à main gauche en naviguant sur la mer. Dix-sept jours durant, il ne cessa de voguer et le dix-huitième, apparurent les montagnes sombres de la terre des Phéaciens. Il en était tout proche, et elle semblait un bouclier sur la mer brumeuse".*

Il est donc clair qu'*Ulysse navigue pendant dix-sept jours vers l'orient*, puisqu'il garde toujours la Grande Ourse et donc l'étoile Polaire à sa gauche ; et puisque le vent qui le pousse est tiède, c'est qu'il vient de zones plus méridionales : donc, au départ des Bermudes, Ulysse est poussé par un vent du sud-ouest, et c'est vers le nord-est qu'il se dirige, car un radeau, n'ayant pas de quille, ne peut guère naviguer que dans le sens du vent.

Ce vent, par ailleurs, lui permettra d'atteindre le cours du Gulf Stream qui passe au nord des Bermudes, ce qui accélérera son voyage. Dans ces conditions, c'est vers *l'Irlande* qu'il se dirige, et c'est sa côte ouest que réchauffe ce courant, qui lui apparaît : cette côte montagneuse qui s'étend du nord au sud de la grande île est déchiquetée par l'assaut incessant des vagues de l'Atlantique. Sur cette côte de l'Irlande se trouvait le pays des *Phéaciens.*

Il l'atteindra avec quelque difficulté, car le surprendra une des nombreuses tempêtes qui affectent ces parages. Homère en attribue la paternité à Poséidon, *Souverain des mers et des tremblements de terre*, car *"quittant la terre des Éthiopiens, le puissant Ébranleur de la Terre au loin l'aperçut (...). Son courroux en fut accru, et il se dit en lui-même : "malheur, les dieux ont changé le destin d'Ulysse tandis que j'étais chez les Éthiopiens (...), mais je vais le harceler de peines, à bonne mesure". Il dit, assemble les nuées et bouleverse la mer du trident qu'il avait pris en ses mains. Il excitait toutes les tempêtes des divers vents ; il obscurcit de nuages à la fois la terre et la mer ; la nuit était descendue du ciel. Tous les vents se déchaînèrent ensemble, l'Euros, le Nautos, le Zéphyr aux souffles furieux et Borée qui naît au ciel brillant et fait rouler de grandes houles".* Ulysse se sent désemparé, et plus encore quand une grande vague renverse son radeau ; Mais Poséidon cherche encore à lui nuire, et envoie une autre vague pour le détruire. *Ino*, une nymphe des profondeurs marines, vient à son aide ainsi qu'Athéna, qui entrave la marche des vents autres que Borée, et brise les vagues afin qu'il puisse arriver chez les Phéaciens. Il atteint *"l'estuaire d'une rivière aux belles eaux, vide de rochers et abrité du vent"*, et apercevant une forêt proche de la rivière, il s'y abrite, s'étend sur un lit de feuilles, et succombe au sommeil.

Il a donc été amené par le Gulf Stream puis par la tempête sur la côte ouest de l'Irlande. Notons que, sans la tempête, son radeau aurait dérivé au large, vers la Norvège : là encore se manifeste le réalisme géographique d'Homère.

Il est possible de préciser le lieu où Ulysse atteint la côte, et de retrouver ainsi l'emplacement du pays des Phéaciens. Il vient d'atteindre un estuaire abrité du vent pendant que soufflait Borée : donc, cet estuaire donne vers le sud ou le sud-ouest, abrité du vent du nord par quelque montagne.

Le lendemain arrive *Nausicaa* : c'est la fille du roi des Phéaciens, dont la ville est peu éloignée de cette rivière. Athéna lui était apparue en songe pendant la nuit, lui inspirant l'idée d'aller de bon matin y laver ses robes d'apparat, car son mariage était proche, et de demander pour cela à son père de faire apprêter mules et chariot : *"pour toi, Nausicaa, il sied d'aller ainsi plutôt qu'à pied car les lavoirs sont très loin de la ville"*. Cela signifie qu'ils étaient à quelques kilomètres de celle-ci, distance que Nausicaa aurait pu franchir à pied comme ses servantes si elle n'avait disposé de l'attelage de son père.

"Quand elles furent arrivées au beau cours de la rivière, elles trouvèrent les lavoirs, pleins toute l'année, où montait une belle eau assez abondante pour nettoyer le linge le plus sale (...). Elles foulent le linge dans les trous, et quand elles l'eurent lavé, elles l'étendirent en ligne le long du rivage de la mer, là où le flot, battant la grève, nettoyait le mieux les galets".

Les lavoirs sont donc des vasques creusées par l'érosion dans le lit d'une petite rivière à son embouchure, et le rivage, libre de roches, est une plage non pas de sable mais de galets. Plutôt qu'un fleuve important, le cours d'eau en question semble être une petite rivière au faible cours, aux eaux claires *"assez abondantes"* (donc probablement un cours d'eau situé au pied d'une colline boisée arrosée par de fines pluies maritimes permanentes).

"Quand suivantes et maîtresse se furent rassasiées, elles jouèrent à la balle". Mais une balle tombe dans la rivière : *"toutes poussèrent un grand cri et Ulysse s'éveilla. Il sortit du buisson, cassa une branche avec ses feuilles pour s'en couvrir et cacher son sexe et il s'avança vers les vierges aux belles boucles, tout nu qu'il était : effroyable il leur apparut, tout souillé par l'eau salée. Elles s'enfuirent toutes. Seule Nausicaa demeura, car Athéna avait ôté la peur de ses membres"*. Ulysse, à distance, lui demande : *"Es-tu déesse ou mortelle ? Tu ressembles fort, ce me semble, à Artémis, la fille du grand Zeus pour l'aspect, la taille et l'allure"*. La conversation s'engage.

Nausicaa rappelle ses suivantes et les rassure: *"Il n'y aura jamais un vivant qui vienne apporter la mort au pays des Phéaciens (...). Nous habitons à l'écart, au milieu de la mer aux confins du Monde, et nul mortel ne vient se mêler à nous. Celui-ci est un infortuné que ses courses errantes ont poussé jusqu'ici ; il faut maintenant lui donner des soins"*. Homère insiste donc sur l'isolement des Phéaciens, et il est difficile de penser qu'ils habitaient l'île de Corfou à moins d'une journée de navigation d'Ithaque, la patrie d'Ulysse.

Nausicaa prête à Ulysse des habits de ses frères, et lui suggère d'aller jusqu'à la demeure de son père : *"Tant que nous irons par les champs et les terres cultivées, marche d'un bon pas avec les suivantes et le chariot. Quand nous entrerons dans la ville, qu'entoure une muraille flanquée de tours, tu verras des deux côtés de beaux ports à l'entrée étroite ; les vaisseaux en croissant sont tirés à sec le long du chemin, chacun à son abri. C'est là qu'est l'agora autour d'un temple de Poséidon. Elle est dallée de pierres de carrière bien enfoncées dans le sol. On y travaille aux agrès, câbles et voiles des noirs vaisseaux, car les Phéaciens ne se soucient guère d'arcs ni de carquois, mais de mâts et de rames, et de vaisseaux bien équilibrés sur lesquels ils ont joie de franchir la mer grise. Voilà les gens dont je veux éviter les méchants propos : qui est ce grand et bel étranger qui suit Nausicaa ? Où l'a-t-elle trouvé ? Ce sera un errant qu'elle aura ramené de son vaisseau, un homme de loin car nous n'avons pas de voisins".*

Et Nausicaa poursuit : *"Tu trouveras près du chemin le bois sacré d'Athéna, un beau bois de peupliers. Une fontaine l'arrose, une prairie l'entoure ; c'est là que mon père a son clos, un florissant vignoble, à une portée de voix de la ville. Assieds-toi là, attends le temps nécessaire qu'il nous faille pour traverser la ville et arriver à la maison de mon père. Alors, entre dans la ville et demande sa demeure. Elle est facile à reconnaître".* Puis elle prend le chemin de la ville.

Athéna va intervenir pour favoriser le cheminement d'Ulysse : "*Elle répand un nuage épais"* (nous sommes en fin de journée sur les rives de l'Atlantique Nord, à l'heure ou les brouillards sont fréquents), puis lui apparaît sous la forme d'une petite fille, qui lui montrera le chemin et lui dit : *"ne regarde ni n'interroge personne ; ici, on ne supporte guère les étrangers ; on ne fait pas aimable accueil à qui vient du dehors".*

Ulysse arrive au palais d'Alcinoos, franchit l'entrée et atteint une vaste cour, où des servantes travaillent à tisser des toiles ou à actionner un moulin à huile qui presse *"le fruit blond (...), et coule l'huile fluide. Hors de la cour est un grand verger de quatre arpents. Là poussent de grands arbres florissants, poiriers, grenadiers, pommiers aux fruits éclatants, figuiers et luxuriants oliviers. Jamais leurs fruits ne meurent ni ne manquent, hiver comme été : ils donnent toute l'année. Toujours le souffle de Zéphyr fait pousser les uns, mûrir les autres ; sans répit mûrissent la poire après la poire, le raisin après le raisin, la figue après la figue. Plus loin est planté le fertile vignoble. Plus loin, des plates-bandes portent des légumes variés, verts toute l'année. Dans le potager coulent deux sources : l'une s'épand dans le jardin, l'autre envoie ses eaux sous le seuil de la cour vers la haute maison ; c'est là que les gens de la ville viennent chercher l'eau. Tels étaient les dons magnifiques des dieux dans le manoir d'Alcinoos".* Puis il pénètre dans le palais, où l'accueillera Alcinoos.

Le récit d'Homère apporte plusieurs indications géographiques : nous sommes dans le *sud-ouest de l'Irlande*, où les eaux tièdes du Gulf Stream réchauffent l'atmosphère et permettent un miracle en matière de végétation et de cultures, qui reçoivent le vent humide et tiède du sud-ouest, le *zéphyr* ; il y a trois mille ans, le Gulf Stream réchauffait peut-être plus encore que de nos jours cette contrée, car son cours ultime remontait moins vers le Nord.

Il est même possible de préciser l'emplacement de la cité des Phéaciens grâce aux précisions que donne Homère. Ulysse arrive *à l'extrémité-sud-ouest de l'Irlande* (Carte 4 - III) *dans la baie de Barley Cove*, bien abritée du vent du nord par le promontoire montagneux de *Mizen Peak* qui culmine à 230 m. et termine dans l'océan au *cap Mizen Head.* Cette baie est la plus à l'ouest des nombreuses baies de la côte du sud de l'Irlande.

À 2 km. à l'est de Barley Cove se trouve la *presqu'île* de *Crookhaven* : reliée à la terre ferme par un isthme étroit, elle s'étend en longueur vers l'est sur 3 km. parallèlement à la côte, formant ainsi une étroite baie bien abritée, la *baie de Crookhaven*, qui fut au cours des siècles utilisée comme port de relâche ou abri en cas de tempête. Du XVe siècle jusqu'au début du XXe, y faisaient escale tous les navires qui depuis l'Angleterre se rendaient aux Amériques, trouvant là des dépôts de charbon et de vivres pour leurs approvisionnements. Au XIXe siècle, des *pierres de taille* furent extraites des parois des falaises dominant la baie du côté de la terre ferme et expédiées au Pays de Galles. Le port de Crookhaven eut alors jusqu'à 700 habitants.

De part et d'autre de l'isthme étroit, haut d'une dizaine de mètres et large d'une cinquantaine, se trouvaient les deux ports, l'un au fond de la *baie de Crookhaven* et l'autre sur la baie de *Galley Cove*, qui donne sur la haute mer. La résidence d'Alcinoos devait se situer au pied de la colline haute de 36 m. qui se trouve dans la presqu'île, à 500 m. de l'isthme : elle était certainement construite à l'aide de solides troncs de bois qui abondaient dans la région ; Homère parle de la chambre de Nausicaa *"aux belles boiseries"*.

Outre son isolement géographique à la pointe extrême de l'Irlande, la position de la cité la rendait facilement défendable contre des ennemis venus par la terre, la ville étant protégée par des palissades. Le peuple devait habiter entre elles et l'isthme, sur un terrain plat que l'on peut facilement observer et qui est protégé du vent marin par une colline. Puis venait le double port avec *l'agora "dallée de pierres de carrière bien enfoncées dans le sol"* (certainement extraites de la falaise voisine) et ensuite, dans la presqu'île, les jardins et les ateliers, et enfin le manoir.

On peut facilement situer le *vignoble d'Alcinoos* dans un vallon au pied d'un cirque de collines hautes de 160 m. qui durent certainement être couvertes de forêts dans le passé. La baie de Barley Cove comporte deux plages : la première en venant de Crookhaven est une *plage de galets*, tandis que la seconde, plus à l'ouest, est une *plage de sable* où aboutit une rivière ; le tremblement de terre qui détruisit Lisbonne en 1755 provoqua un raz-de-marée qui couvrit cette embouchure de dunes de sable.

Il est possible qu'une petite rivière ait jadis existé au pied de la colline, de nos jours déboisée, qui domine au nord-ouest la *plage de galets*, drainant les eaux de pluie qui arrosaient sa forêt. Elle devait aboutir à l'extrémité occidentale de cette plage, mais dût se tarir en raison du déboisement, ou en conséquence d'un remblaiement provoqué par le raz-de-marée de 1755.

Le pays des Phéaciens, qu'Homère nomme *Schérie,* devait occuper la péninsule qui depuis le port de Schull et le mont Gabriel s'étend jusqu'au cap Mizen. Divers hameaux devaient le former, leurs chefs constituant *l'assemblée des Nobles phéaciens* qui recevra Ulysse. On trouve dans cette région de nombreux vestiges d'habitats du début de l'âge du Bronze, et en particulier des tombes, car des gisements de cuivre de faible importance furent alors exploités au mont Gabriel.

Pour ramener Ulysse dans sa patrie, Alcinoos choisit un équipage de cinquante-deux jeunes gens qui arment un rapide vaisseau avec voiles et rames. Cependant, au cours d'un banquet, l'aéde Démodocos chante accompagné de sa lyre les hauts-faits de la guerre de Troie. Puis Alcinoos rappelle une vieille prédiction : *"Mon père Nausithoos disait que Poséidon nous porterait envie, d'être pour tous d'éprouvés passeurs. Et qu'un jour, quand un solide vaisseau phéacien reviendrait de conduire quelque étranger, Poséidon le briserait sur la mer brumeuse et enfermerait notre cité dans le cercle d'une haute montagne. Il se peut que le dieu accomplisse sa prédiction ou la laisse sans suite".* Puis il engage Ulysse à dire qui il était et à raconter ses aventures.

Homère semble admettre des relations suivies entre les Grecs et les Phéaciens, puisque ceux-ci connaissaient les légendes des Grecs et parlaient leur langue.

Ulysse quitte la ville en fin de journée. Au cours du banquet, *"il tournait souvent la tête vers le soleil éclatant et souhaitait son déclin, car il aspirait au départ".* Après les ultimes libations, *"les vivres et la boisson sont mis au fond du navire"* et celui-ci prend la mer, tandis qu'Ulysse s'étend sur une couche. *"Un sommeil délicieux tomba sur ses paupières, sans sursaut et plein de douceur (...). La nef courait sur la mer d'un mouvement continu et sûr (...). Ulysse dormait, oubliant toutes ses souffrances (...). À l'heure où se leva la brillante étoile qui vient annoncer la lumière d'Aurore, le vaisseau rapide approchait de l'île".* Homère ne dit pas combien de temps dura le sommeil d'Ulysse, préférant certainement maintenir un certain secret sur l'emplacement du pays des Phéaciens par rapport à la Grèce, et rien dans le texte ne permet d'affirmer qu'il dura une seule nuit, comme le font ceux qui situent la Schérie dans l'île de Corfou, voisine d'Ithaque. L'embarquement de provisions avant le départ laisserait supposer plusieurs jours de voyage et non une seule nuit. Homère dit seulement qu'ils arrivent au petit matin, et ajoute : *"Dans l'île d'Ithaque, est le port de Phorcys où entrèrent les Phéaciens (...). Ils déposèrent sur le rivage Ulysse encore dompté par le sommeil, débarquèrent les richesses offertes par les Nobles phéaciens puis s'en retournèrent"*

Mais pendant leur retour, Poséidon dit à Zeus : *"je veux fracasser leur vaisseau dans la mer brumeuse, pour qu'ils cessent désormais ce métier de passeurs d'hommes"*. Zeus accepte l'idée, mais la modifie, disant : *"Quand tous les gens apercevront depuis la ville la nef qui s'avance, je la changerai en un roc voisin de la terre tout pareil à un vaisseau rapide afin que chacun soit étonné du prodige et je cacherai leur cité derrière une gtande montagne"*

Les Phéaciens, qui voyaient au loin revenir le navire, sont surpris par le prodige *"et chacun disait en regardant son voisin : Malheur ! Qui donc a fixé dans la mer le vaisseau rapide qui rentrait au port ? On le voyait déjà tout entier"*. Alcinoos leur rappelle la prophétie de son père, et ordonne : *"Cessez de transporter les mortels quand l'un d'eux viendra vers notre ville, et immolons à Poséidon douze taureaux afin qu'il s'apaise et ne cache pas notre cité derrière une grande montagne"*. Zeus fut sensible à la prière et la cité resta un port ; mais elle perdit son importance et sombra dans l'oubli.

Un rocher *"voisin de la terre"*, le *roc de Fastnet* haut de 24 m., situé à 12 km. au sud-ouest de Crookhaven et que par jour de beau temps, on peut voir au large depuis la presqu'île, évoque la proue du vaisseau figé pour l'éternité.

La ville disparut et les pierres de taille qui devaient constituer le dallage de l'agora furent probablement utilisées au cours des siècles par les habitants de la région, voire exportées. Les maisons des Phéaciens devaient être construites avec des troncs d'arbres, les forêts abondant alors dans cette région.

On peut se demander si Homère n'a pas navigué jusqu'en Irlande et n'a pas observé lui-même ce double port des Phéaciens qu'avait rendu célèbre la légende argonautique : il est difficile de concevoir qu'un récit transmis par des aèdes ait pu avoir de telles précisions, qui s'avèrent en outre d'une grande exactitude. Il est possible que des relations commerciales aient repris au IXe siècle a.C. entre la Grèce et les Iles Britanniques. À l'époque mycénienne, un commerce avait existé entre ces deux régions : en témoigne la découverte de poteries mycéniennes en Angleterre. L'époque où vécut Homère était une période de transition entre l'âge du bronze et l'âge du fer ; le cuivre était alors exploité à Chypre, tandis que le fer l'était en Angleterre : or la Grèce manquait de fer et l'Irlande, de cuivre. On peut donc concevoir un trafic d'échange de ces deux minéraux, des marins grecs portant du cuivre de Chypre (*kupros*) en Irlande et ramenant des lingots de fer d'Angleterre (*kaluves*).

L'archéologie de l'Irlande montre que, pendant une période dite de *Dowris* qui va de -900 à -500, le bronze y est très utilisé alors que le cuivre de ses mines n'est plus exploité, et le fer dédaigné. C'est une *"époque de consolidation de la richesse, pendant laquelle augmente la quantité de métal utilisé et la variété d'objets manufacturés ; les armes d'apparat sont souvent en bronze, en particulier des boucliers ronds, toujours décorés de motifs circulaires repoussés. Le fer commencera à être utilisé vers -500"* (3).

Au chant I de l'Odyssée, la déesse Athéna se présente à Télémaque sous la forme de Mentés qui déclare : *"Je viens d'accoster cette terre avec mes compagnons. Je navigue sur la mer écumante, allant vers des hommes aux langues étranges. Je chargerai du bronze à Temesa, et y apporte une cargaison de fer brillant"*. Temesa pourrait être un port de Chypre où Mentés portait des lingots de fer provenant des Iles Britanniques.

(1) BUXIO - *Archéologie de las plantas*. Barcelone 1997.

(2) Dans cette longue phrase du chant X, Ulysse arrivant dans l'île d'Aiaé affirme ne plus savoir où se couche le soleil et où il se lève. Elle paraît donc en contradiction avec la phrase bien plus courte du début du chant XII quand il revient dans cette île, si est exacte la traduction qui en est généralement donnée, à savoir : *"Quand le vaisseau atteignit l'île d'Aiaé (...) où se lève le soleil"*. Il y a une meilleure traduction proposée par R. Roux, qui est : *"où se trouvent les stèles du soleil"* (*Le problème des Argonautes* - Chap. 5, note 2). Le texte grec dit : *"antolai elioio"*. *Antolai* est un féminin pluriel, et le mot *antolé,* ou *anatolé,* dérive du verbe *anatello* qui signifie : *se lever*, mais aussi : *se dresser. Hélios* est *le soleil.*

Plutôt que *"le lever du soleil",* nous préférons *"les stèles du soleil", en fait des menhirs* ou des *escarpements rocheux* qui devaient se dresser dans cette île.

(3) John WADDEL - *Prehistoric archaeology of Ireland.* Galway. 1998.

Chapitre 5

LES ARGONAUTES

Argo est le nom du navire qui, à la fin du IIe millénaire a.C., amena de jeunes aristocrates de la Grèce ancienne vers de lointaines aventures, et ces navigateurs furent appelés *les Argonautes*. L'expédition était commandée par *Jason* et le pilote du navire se nommait *Tiphys*. De nombreux auteurs anciens ont parlé de ce voyage ; les premiers récits connus datent du VIe siècle a.C. : Minnerme, dans une élégie citée par Strabon, dit que l'expédition avait pour but *"la ville d'Aiétés près de la rive de l'Océan"* et Epiménide compose un poème sur *"la navigation d'Argo et le voyage de Jason en Colchide"*. Les plus anciens récits connus situent donc la Colchide sur les bords du fleuve Océan. Au Ve siècle, Pindare évoque les Argonautes et au IVe, Timée décrit leurs aventures. Le poème le plus célèbre relatant cette expédition fut écrit au IIIe siècle a.C. par Apollonios de Rhodes et s'intitulait *"Argonautiques"* (1), et plus tard le poète Orphée écrira *"Les Argonautiques Orphiques"* (2) : ce titre fait allusion au *magicien* Orphée qui accompagnait l'expédition et non au poète qui écrivit ce récit.

Donc tout au long du Ier millénaire a.C. le thème des Argonautes fut présent dans la littérature grecque : il s'agissait manifestement d'un événement historique ayant eu lieu dans des temps reculés, et ces divers auteurs cherchèrent à interpréter la géographie du mythe, qui faisait naviguer les Argonautes vers une lointaine Colchide où un roi nommé Aiétés régnait sur les Colques et détenait une précieuse *toison d'or* qu'ils devaient récupérer et ramener en Grèce. Le mythe évoquait aussi des navigations fluviales dans des contrées nordiques, ainsi qu'un étrange passage dans des régions désertiques méridionales. Chaque auteur interpréta l'itinéraire à sa manière en fonction de ses propres connaissances géographiques, mais à partir du Ve siècle a.C., tous sont d'accord pour placer la Colchide dans la mer Noire, mer où alors les Grecs navigaient, alors que les premiers mythographes la situaient près des rives du fleuve Océan, donc à une autre extrémité du Monde.

On a beaucoup spéculé sur la signification de cette toison, merveilleuse peau de bélier ou *couverture de laine entremêlée de fils d'or* que détenait Aiétés : ce précieux ornement aurait été emporté en Colchide par un jeune Grec poussé à l'exil, Phrixios, fils du roi de Thessalie, qui avait par la suite épousé une fille du roi Aiétés; mais celui-ci avait fait assassiner Phrixios et retenait la Toison. Selon Eumelos, Aiétés était originaire de Corinthe et beau-frère du roi Minos de Crète ; il s'était rendu chez les Colques dont il était devenu roi. Les mythes faisaient donc allusion à des liens entre la Colchide et la Grèce antérieurs au voyage des Argonautes, lequel, selon nous, avait pour but de *renouer des liens commerciaux qui avaient existé dans le passé.*

Il est illusoire de rechercher un itinéraire acceptable dans le récit d'Apollonios, écrit huit cents ans après les événements qu'il relate ; par contre, le récit postérieur du poète Orphée paraît plus cohérent : il faut noter qu'il s'appuyait sur d'anciennes sources, en particulier les écrits de Timée.

Le problème pour ces deux auteurs résidait dans la localisation des lieux : l'un et l'autre placent la Colchide en mer Noire, mais décrivent le retour selon des itinéraires différents, qui toutefois chez les deux auteurs passent par Charybde et Scylla qu'ils identifient avec le détroit de Messine, et le pays des Phéaciens qu'ils situent dans l'île de Corfou.

Apollonios fera revenir les Argonautes par un itinéraire impossible : remontée en bateau du Danube jusqu'à l'Adriatique, navigation sur le Pô et le Rhône, passage du détroit de Messine, et une traversée de la Cyrénaïque en Afrique du Nord en portant leur navire dans le désert jusqu'à un lac Triton inexistant, tout cela pour revenir de la mer Noire en Grèce. Orphée les fera revenir par le fleuve Tanaïs (le Don) et après un halage de leur navire jusqu'à un fleuve des régions boréales, ils navigueront dans l'Atlantique et reviendront par le détroit de Gibraltar.

Ces deux récits apportent cependant des informations dont la somme permet de reconstituer un itinéraire cohérent, et nous pensons qu'il s'agit d'un *périple amenant les Argonautes, d'abord en Atlantique Nord jusqu'à une Colchide qui peut être identifiée avec les régions de la Nouvelle-Angleterre et du Québec, où ils navigueront sur le système fluvial jusqu'aux Grands Lacs ; au retour, ils feront escale chez les Phéaciens en Irlande et se dirigeront ensuite vers le sud. Ils atteindront le Venezuela et le lac de Maracaibo,* puis reviendront en Grèce. Voyons d'abord la *première partie du récit d'Apollonios.*

Les Argonautes, quittant la Grèce, passent dans l'Atlantique puis remontent vers le nord en longeant les côtes : ils arrivent chez les *Brébyces et les Maryandynes "qui ne cessaient de se combattre pour une terre riche en fer" ;* il doit s'agir des gisements de minerai de fer de la région de Bilbao, dans le golfe de Gascogne. Des luttes existaient donc déjà pour s'approprier les ressources minières.

Ils naviguent ensuite dans la Manche et la mer du Nord le long des côtes d'Angleterre, arrivant chez les *Kalybes "qui fendent un sol rude abondant en fer. Jamais pour eux l'aurore se lève sans qu'ils ne soient au travail, et c'est dans les flammes et les fumées qu'ils s'épuisent à ce dur travail".* Il s'agit donc là encore d'une région minière riche en fer, probablement proche d'un estuaire de fleuve dans lequel ils font relâche et ce pourrait être l'estuaire de la rivière Tees au nord de laquelle se trouvent les importantes mines de fer de la région de Cleveland (3). *Le voyage a donc lieu à l'âge du Fer, qui commence à la fin du IIe millénaire a.C., et en conséquence, il est postérieur à l'époque Mycénienne qui ignorait le fer.*

Ils arrivent ensuite dans *l'île de l'Ours* où des *géants sortis de la terre* attaquent le navire : cette escale doit se situer aux *îles Féroé*, pour les similitudes qu'elle présente avec celle d'Ulysse chez les Lestrygons. Puis ils passent dans la zone des *Symplégades*, littéralement les *"roches qui se heurtent"*, donc des icebergs détachés de la banquise au sud du Groenland ; ces roches sont également appelées les *roches cyanées* (les *"roches bleuâtres"*) ce qui évoque bien leur aspect blanc-bleu translucide. Ils longent ensuite l'île *d'Aria* où les *oiseaux* attaquaient les navigateurs et arrivent à l'embouchure du Phase qu'ils remontent jusqu'à la capitale des Colques : ils sont arrivés en *Colchide.*

Le *Phase* était l'un des grands fleuves mythiques qui, selon le pseudo-Plutarque *(de Fluviis)* s'appelait d'abord l'*Arctouros* : ce nom, qui signifie en grec *"le gardien de l'ours"*, semble lié à la constellation de la Grande Ourse que les Grecs appelaient *arktos, l'ours,* ainsi qu'à l'étoile Polaire, et l'on peut donc supposer que *son cours était dirigé vers le Nord*, *"gardant"* cette étoile exceptionnelle. Nous pensons que ce fleuve était l'*Hudson,* orienté du nord au sud et qui se jette dans la baie de New York : les Argonautes, ayant contourné l'Atlantique, sont descendus vers le sud en longeant Terre-Neuve et ses îles aux oiseaux, puis ont longé le rivage de la Nouvelle Angleterre jusqu'à la presqu'île de Manhattan ; ensuite, ils ont remonté l'Hudson.

La Colchide serait donc le nord-est des États-Unis (Carte 5) et les *Colques,* les ancêtres des *Algonquins* : on observe une ressemblance entre ces deux noms au travers du radical LK.

Qu'allaient faire ces Grecs dans des terres "au-delà de Borée" ? Allaient-ils seulement comme le dit la légende récupérer un précieux ornement, ou étaient-ils désireux de reprendre contact avec une région dont ils connaissaient, par les récits de leurs prédécesseurs, la richesse en or et en cuivre ?

Il se trouve que *la région du Québec au nord du fleuve Saint-Laurent possède de grandes réserves aurifères et cuprifères*, mais les rigueurs de l'hiver empêchent l'accès de ces régions par le fleuve Saint-Laurent, bloqué par les glaces pendant une grande partie de l'année. *Un chemin alternatif idéal était offert par la vallée de l'Hudson que prolonge la vallée du Richelieu*, fleuve qui se jette dans le Saint-Laurent entre Montréal et Québec : il n'y a plus qu'à traverser celui-ci, alors que sa remontée, même au printemps, est rendue difficile par les glaces qu'il charrie. Mais les Colques tenaient le passage, d'où la nécessité d'être en bons termes avec eux.

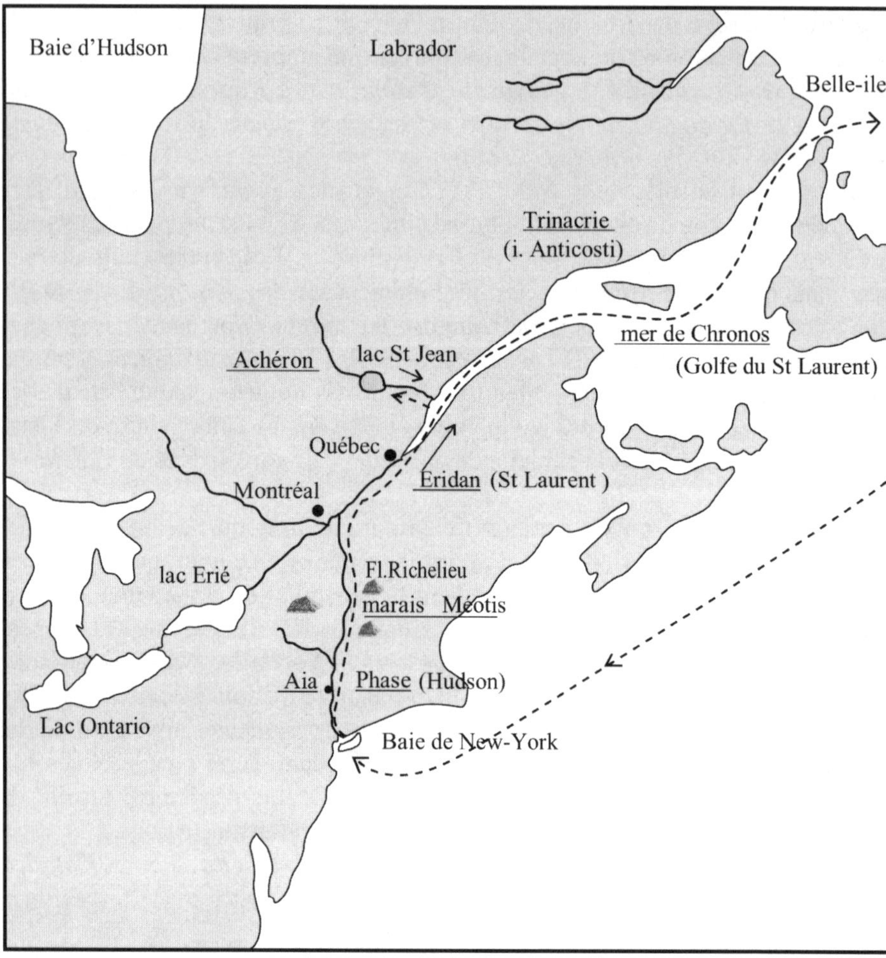

Carte 5 - Le périple des Argonautes en Amérique du Nord

Toujours plein d'intuition, Strabon soupçonnait dans les *Argonautiques,* remarque R. Roux (4), un vieux fonds de mythes métalliques inspirés par *"des gisements d'or, d'argent, de fer et de cuivre"* (*Géogr*. - I, 2), et il voit dans la Toison l'image d'un pactole, but de *"strateiai"*, *d'expéditions coloniales.* Parmi les Argonautes se trouvait *Lyncée*, *"dont le regard voyait sous le sol",* un spécialiste de la recherche minière en quelque sorte…

Les Argonautes remontent le Phase (Hudson) depuis son embouchure jusqu'à la capitale des Colques, *Aia,* où les reçoit le roi Aiétés. Jason demande que lui soir remise la Toison, qui était suspendue dans le bois sacré d'Arès, gardée par un dragon. Aiétés ne la donnera qu'au terme d'épreuves qu'il impose à Jason, la principale étant une lutte contre des taureaux. Jason est victorieux, et il soupçonne que le roi veut lui tendre un piège : il s'empare de la toison en tuant le dragon avec l'aide de Médée, fille d'Aiétés, et dans la nuit, accompagné de celle-ci qui veut fuir son père, il rejoint ses compagnons qui campaient sur l'autre rive du fleuve. Les Argonautes partent au plus vite.

Selon Apollonios, ils redescendent le Phase jusqu'à la mer, sur laquelle les poursuivent les Colques dans un dédale de fleuves et d'îles. Dans les *Argonautiques Orphiques*, par contre, ils remontent le Phase, et la somme des deux récits permet une remarquable identification des lieux parcourus par les Argonautes sur les fleuves d'Amérique du Nord.

Suivons d'abord le récit du poète Orphée. *"Laissant derrière eux la ville des Colques, durant la nuit, les Argonautes remontent le Phase au milieu de la plaine"* : la capitale des Colques, *Aia*, devait se situer au bord de l'Hudson, quelque part dans la plaine d'Albany. *"A l'aube ils abordent une île au gazon fleuri. Là, le Phase puissant et le paisible Saranges divisent leurs cours aux eaux abondantes ; le Saranges est alimenté par le Méotis en crue"*.

L'*île fleurie* aurait donc été au confluent des deux fleuves dont l'union forme l'Hudson : la rivière Mohawk qui arrive de l'ouest et le canal Champlain (le *paisible Saranges*) qui descend du nord, provenant de la région des lacs George et Champlain, les *"Marais Méotis."* Ces lacs étroits sont situés entre les états de Vermont et de New York, au pied des monts Adirondacks.

"Navigant à la rame une nuit et un jour, ils parviennent à la passe du boeuf entre le marais et le Pont-Euxin, là où passa le titan voleur de boeufs". Orphée dit qu'ils sont alors *"dans l'étroite Érythie"* : nous reviendrons sur ce lieu au prochain chapitre, mais notons qu'il s'agirait de l'étroite vallée qui unit New-York à Montréal. *"En peinant une journée entière sur les rames, nous arrivons chez les Méotis aux longues tuniques, puis les tribus innombrables aux longs cheveux, nations opulentes parmi les peuples dont la race habite le bord du marais Méotis"*. Ils sont donc en plein territoire indien, chez les ancêtres des Algonquins et des Iroquois. *"Mais après que nous eûmes franchi les eaux du bout du marais, nous fûmes pris par un tourbillon qui, sur ses larges berges, vomit la mort dans ses remous, cependant que la masse énorme de ses eaux dévale à grand fracas vers les confins arctiques du fleuve Océan"* : du lac Champlain descend vers le nord le Richelieu, fleuve majestueux long de 130 km. qui se jette dans le Saint-Laurent. À mi-chemin, il possède d'importants *rapides*, et c'est certainement à eux que fait allusion le passage précédent (5).

"Emporté par ces tourbillons, Argo en franchit la bouche. Pendant neuf nuits et neuf jours nous laissions ici et là des tribus insolentes de mortels (le texte cite entre autres tribus celle des "Hyperboréens") *(...). Quand parut le dixième jour, nous arrivons au vallon des Riphées"*. Le "vallon des Riphées" est le cours moyen du Saint-Laurent dont ils descendent *les rapides* jusqu'à la plaine de Québec. Le mot *riphai* en grec évoque des *cascades* ou des *chûtes* :

cette partie du fleuve, qui comportait jadis des rapides, est de nos jours canalisée. Le Saint-Laurent va alors s'élargir en un immense estuaire qui est selon Apollonios un *bras nordique de l'Océan*, qui coulait en partie sous la terre : *"de là, Argo, poursuivant sa course à travers une gorge, arriva dans l'Océan. Les Hyperboréens l'appellent "mer de Chronos" ou "mer gelée" ou "mer paresseuse"*. Il s'agit du cours inférieur du Saint-Laurent, que les Québécois appellent "la mer".

Le courant entraîne *Argo* vers le large. Les Argonautes s'en effraient, car ils n'ont plus de provisions : *"Nous pensions ne pouvoir échapper à une fin misérable, si Ancaios n'avait dirigé l'Argo vers le rivage de droite"*.

Ils débarquent sur ce rivage et halent le navire avec un long câble : *"la nef suivait le long des galets polis. Nulle brise sonore, pour leur venir en aide, n'agite cette mer ; c'est en silence que dort sous la Grande Ourse, le flot, l'onde ultime de Thétys"*. Le texte montre sans équivoque que les Argonautes sont dans une *région boréale*. S'ils sont partis de Grèce au printemps, l'automne va maintenant commencer, et le fleuve doit déjà se geler en amont de Québec, ralentissant le courant qui devient *paresseux*. Il semble que le *golfe du Saint-Laurent* ait pu être appelé par les navigateurs grecs *Pontos euxinos*, ce qui signifie *mer opportune,* car il représentait un espace abrité des tempêtes de l'Atlantique Nord ; mais notons pour la suite qu'une population locale, *la tribu des Hyperboréens,* l'appelait *mer de Chronos.*

Lors de son second voyage en 1535, Jacques Cartier s'engage dans l'estuaire du Saint-Laurent et arrive le Ier septembre à l'embouchure du Saguenay, sur sa rive septentrionale ; le Saguenay est un large fleuve qui coule *"entre des montagnes de pierre nue"*, et ressemble à un fjord ; ses guides algonquins lui indiquent qu'il *mène à des régions riches en or et en cuivre.*

Il continue à remonter le Saint-Laurent jusqu'à une île qu'il nomme *île de Bacchus* car elle est couverte de *vignes sauvages* (île d'Orléans). Il passe devant le site de Québec et remonte le fleuve, toujours impressionné par *"tant de vignes chargées de raisins qu'il semble mieux qu'elles aient été plantées de main d'homme qu'autrement ; mais elles ne sont ni cultivées, ni taillées"*.

Il arrive le 2 octobre au confluent de la rivière *Outaouais (Ottawa)* où il trouve le village d'Hochelaga et une colline qu'il nomme Mont Royal, futur Montréal. Mais le fleuve se prend en glace : il sera obligé d'hiverner durant cinq mois et son équipage sera gravement affecté par le scorbut. Les Indiens l'avaient informé qu'en remontant la rivière Outaouais, on pouvait atteindre des régions riches en or et en *"cuivre rouge qu'ils appellent Caignetdaze"* (d'où le nom de *Canada*), mais Cartier n'avait pu remonter cette rivière en raison de son blocage par des tribus hostiles. Il constate la présence de citronniers sauvages sur la colline de Mont Royal : on pourra toujours se demander qui les avait plantés, le citron étant un remède efficace contre le scorbut.

Les Argonautes naviguent vers l'est dans l'estuaire du Saint-Laurent : *"Quand vint la sixième aurore, nous arrivâmes chez le peuple opulent et riche des Macrobies (...) qui vivent de nombreuses années en pleine jeunesse, à l'abri de tous les maux au milieu de leurs prairies"*. Puis ils arrivent *"chez les Cimériens, le seul peuple qui soit privé de la lumière du soleil, car le mont Riphée* (le mont des cascades) *leur ferme le levant (...). L'énorme Plégra, tout proche, suspendu au-dessus d'eux, étend son ombre sur le ciel à midi, pendant que les hauts pics des Alpes dérobent la lumière du soir"* (il y avait donc d'autres *Alpes* outre-Atlantique).

Les Argonautes viennent certainement de remonter le fleuve Saguenay, cherchant à atteindre la région de l'or. La *baie Éternité* sur le fjord du Saguenay, en aval du lac Saint-Jean, pourrait être l'emplacement de cette ville des Cimériens qui ne voient pas le soleil parce que des montagnes le leur cachent : cette baie est encadrée par deux caps imposants de très grande hauteur, alors que le soleil est le plus souvent bas sur l'horizon.

Le récit continue : *"Une fois partis, nous arrivons à un âpre promontoire et à une côte où régnait un calme plat. La jaillit un fleuve dans de profonds tourbillons, l'Achéron, qui court en roulant de l'or à travers une contrée glacée, déversant des eaux argentées que reçoit un noir marais* (le lac Saint-Jean). *Le long des berges du fleuve bruissent à grand fracas des arbres florissants, rangés en file, perpétuellement chargés de fruits"*. La végétation de cette région du Canada est composée de *trembles,* ainsi appelés parce que leurs feuilles s'agitent en permanence, de *bouleaux* et de *sapins* de petite taille chargés de fruits cylindriques ; donc le récit présente une conformité remarquable avec cette forêt nordique. *"À proximité se trouve la Basse Hermione aux beaux troupeaux, solidement assise sur ses remparts, avec des rues bien bâties. Là vivent les races les plus justes des hommes"*.

Dans ce récit, l'*Achéron* n'est qu'un fleuve qui charrie des *paillettes d'or,* et ce nom semble d'origine locale (nous en verrons le sens plus loin) ; dans les mythes postérieurs, il sera *le fleuve qui introduit au séjour des morts,* où règne Hadès. Cela montre comment, en s'appuyant sur les récits argonautiques, les aèdes du Xe siècle a.C., en mal de merveilleux, transformèrent une lointaine zone lugubre en séjour des morts, et Homère utilisa leur version.

Cependant, il n'ignorait pas le mythe selon lequel Chronos avait partagé son empire entre ses trois fils, Zeus, Poséidon et Hadès, et ce dernier avait reçu le pays du froid et de l'obscurité ; mais ce pays était réel et possédait de nombreux troupeaux : Apollodore parle de *"Ménoitès, qui gardait les vaches d'Hadès"* dans *"le parc à bestiaux brumeux au-delà de l'illustre Océan"*.

Ceci amène à penser que si Chronos était le maître de territoires "au-delà de l'illustre Océan", son fils Hadès avait reçu en partage la région septentrionale, celle des Grands Lacs et du Labrador. Il est important de noter que *Chronos* est un nom *hyperboréen* et quand les Indiens parlaient de la *mer de Chronos,* ils devaient s'appuyer sur d'anciens mythes de leur ethnie : Chronos est donc un nom importé d'Amérique du Nord en Grèce, et nous verrons plus loin sa signification, autre que celle d'indiquer l'heure... Dans la *Théogonie* d'Hésiode, la séparation entre la légende et l'histoire est encore imprécise, puisque cet auteur parle à la fois d'*Hadès* comme d'un monarque qui *possède des biens tangibles*, troupeaux et prairies (v. 233), mais également comme de *"celui qui, sous le sol, a ses demeures"* (v. 455).

Les *Argonautiques Orphiques* considéraient que, depuis une Colchide située dans la mer Noire, les Argonautes poursuivis par les Colques remontaient le fleuve Tanaïs (le Don), atteignaient l'océan Arctique et revenaient par l'Atlantique en longeant l'Europe, mais nous venons de voir que le texte de ce récit cadre parfaitement avec l'Amérique du Nord. Les Argonautes atteignent enfin l'Atlantique et, *"à la douzième aurore"*, passent au large de l'île d'*Ierné* quand se lève une tempête : Orphée dit qu'ils ne savaient pas où ils étaient, sinon *"aux derniers confins du cours paisible de l'Océan"*; mais il ne leur fera pas faire une escale dans cette île, puisque comme tous les autres mythographes grecs il situe à Corfou le pays des Phéaciens.

Les Argonautes arrivent ensuite à l'île *de Circé*, puis atteignent la bouche du fleuve *Tartessos* (le Rio Tinto ou le Guadalquivir) et enfin passent les *Colonnes d'Hercule*, le détroit de Gibraltar. Paradoxalement c'est en rentrant dans le monde connu que le récit dérape, car l'auteur se croit obligé de placer l'île de la magicienne Circé devant le Portugal. Revenus enfin en Méditerranée, les Argonautes franchiront le détroit de Messine (Charybde et Scylla) et arriveront chez les Phéaciens à Corcyre, l'île de Corfou.

Considérons maintenant la *suite du voyage depuis Aia selon Apollonios de Rhodes*. Au départ de la Colchide, les Argonautes *descendent* le Phase jusqu'à son embouchure et remontent en Atlantique vers le nord-est, longeant la côte d'une *Paphlagonie* qui serait la Nouvelle-Angleterre, dominée par les *monts Kérauniens* qui seraient les Appalaches. Les Colques les poursuivent et les Argonautes tenteront de leur échapper en remontant le Saint-Laurent. Ils arrivent à une *île triangulaire couverte de prairies* (l'île d'Anticosti) tandis que les Colques arrivent à leur poursuite dans la *"mer de Chronos"*. Les Argonautes remontent le courant *"à force de rames, jusqu'à l'île sacrée d'Electris, la dernière de toutes, près du fleuve Éridan"* (qui serait le cours supérieur du Saint-Laurent) et arrivent chez *"les Hyléens qui n'avaient plus comme autrefois des sentiments hostiles à leur égard"* (ceci confirme qu'il y avait eu des voyages grecs antérieurs, et ce récit correspond peut-être à un voyage différent du précédent). Puis Argo *"est entraîné loin en avant par sa voile, et ils pénétrèrent dans l'Éridan en direction de son cours supérieur. C'est là qu'autrefois, la poitrine frappée par la foudre fumante, Phaéton était tombé à demi brûlé du char du Soleil dans les eaux d'un profond marais. Sur ses bords, les jeunes Héliades pleurent des gouttes d'ambre brillantes qui sont roulées vers l'Éridan (...). Les Celtes disent que ce sont des larmes d'Apollon, larmes innombrables qu'il versait jadis en arrivant chez le peuple sacré des Hyperboréens".* L'ambre est une résine fossile provenant de bois de conifères disparus il y a des millions d'années ; elle porte en grec le nom d'*electris,* qui aurait donné son nom à l'île citée plus haut.

Apollonios estime que l'Éridan est le Pô, fleuve d'Italie, et il fait passer les Argonautes du Pô dans le Rhône : *"De là, ils pénétrèrent dans le cours profond du Rhône, qui se jette dans l'Éridan ; en se mêlant, leurs eaux, au confluent, bouillonnent en mugissant."* Ce Rhône pourrait être le fleuve Ottawa qui se jette dans le Saint-Laurent, lequel serait l'Éridan. Le récit des navigateurs devait faire allusion au lac Ontario comme étant le *marais profond* dans lequel s'était précipité le char solaire de Phaéton, au lieu de se coucher dans le fleuve Océan tout proche, et le mugissement des eaux doit être celui des chutes du Niagara, par lesquelles les eaux du lac Érié se déversent dans le lac Ontario. Il est surprenant de constater combien les chroniqueurs de ces voyages décrivaient avec exactitude en peu de mots une géographie particulièrement complexe, celles des Grands Lacs : Francis Vian note que selon Timée qui semble avoir inspiré le récit d'Apollonios, "*le lac Phaéton est proche du fleuve (sic,* écrit-il*) dans lequel il déverse ses eaux par des affluents".* Cette affirmation surprend donc Vian, car selon l'interprétation classique, le lac Léman et le Rhône sont liés, et non "proches", mais la topographie des Grands Lacs explique parfaitement cette affirmation.

Puis ils arrivent dans les Grands Lacs : *"du fleuve, ils s'avancèrent sur les lacs tempétueux qui s'étendent à l'infini* (les lacs Huron et Supérieur) *sur le territoire des Celtes"* (précise Apollonios en se trompant). *"Là, ils auraient trouvé un destin misérable : en effet un des bras conduisait dans un golfe de l'Océan où ils allaient se jeter à leur insu ; ils n'en seraient pas revenus sains et saufs* (est-ce une allusion à la baie d'Hudson ?). Mais *Héra, qui veillait sur eux,* pousse un grand cri, et les ramène sur leurs pas : *"ils comprirent alors la route qu'ils devaient prendre pour le retour".*

Héra enjoint à sa messagère Iris : *"Va vers les rivages où les enclumes de bronze d'Héphaïstos sont frappées par ses durs marteaux ; dis-lui de mettre en repos ses souffles de feu jusqu'à ce qu'Argo soit passée au-delà"* : il s'agit de l'Islande, et les Grecs devaient craindre l'éruption de ses volcans.

"Va ensuite chez Aiolos (Éole) *qui commande aux vents nés de l'éther et dis-lui ma volonté, qu'il arrête tous les vents sous le ciel ; qu'aucune brise ne soulève la mer et que seul un zéphyr favorable souffle jusqu'à ce que les héros aient atteint l'île phéacienne d'Alcinoos".* Donc *un vent d'ouest* qui les amènera de Terre-Neuve en Irlande. Et auparavant, elle organise le passage à proximité de l'île des Sirènes, qui *"ressemblaient en partie à des oiseaux et en partie à des jeunes filles"*, puis le franchissement de la passe entre Charybde et Scylla : *"D'un côté s'avançait la falaise à pic de Skylla. De l'autre,*

Charybde vomissait avec de furieux hurlements (...). Des deux côtés, des paquets de mer, projetés avec force, claquaient sur les rochers ; ceux-ci tantôt se dressaient dans le ciel, tels des falaises, tantôt, engloutis, reposaient au plus profond de la mer, recouverts par la masse d'un flot sauvage (...).

Puis les héros longèrent la prairie de Trinacrie, qui nourrit les vaches du Soleil (...). Leur gardienne menait leur troupeau en brandissant sa houlette d'orichalque étincelant (...). Les héros pouvaient les voir : elles étaient blanches comme lait portant fièrement des cornes d'or". Les *vaches du Soleil* sont *blanches,* ce qui confirme l'hypothèse de l'identification à des morses, et leurs défenses jaunâtres sont des *cornes d'or.* Enfin Héra envoie *"une troupe de Néréides pour protéger le navire au travers des Planktes, roches qui s'élèvent et s'abaissent",* autre définition des icebergs détachés de la banquise. Passés les dangers, les Argonautes arriveront dans l'île des Phéaciens.

Apollonios écrit : *"Sous cette île vaste et fertile, dit-on (pardonnez-moi, Muses, je rapporte contre mon gré le récit des anciens), repose la serpe avec laquelle Chronos trancha sans pitié la virilité de son père. Drépané (la serpe) est le nom que porte depuis lors la sainte nourrice des Phéaciens".*

Une telle affirmation pourrait paraître pour le moins saugrenue si l'on ne constatait que la presqu'île de Crookhaven sur laquelle était selon nous établie la ville de Schérie *présente la forme d'une faux, d'une serpe*, forme remarquable qui, pour les navigateurs grecs, caractérisait le pays des Phéaciens. Notons que Crookhaven signifie pratiquement la même chose en anglais, *"le havre du crochet"* (Carte 4 - III). Des fêtes ont lieu en l'honneur des Argonautes, puis *"au septième jour, ceux-ci quittent Drépané".* On pourrait donc penser qu'ils sont enfin arrivés au terme de leur voyage, puisque pour Apollonios, le pays des Phéaciens était Corfou. Mais non : *"le destin ne permettait pas encore aux héros d'aborder en Achaïe. Il leur fallait subir d'abord d'autres épreuves aux confins de la Libye"* (v.1226). Apollonios emmène donc nos héros sur la côte d'Afrique, imaginant un itinéraire dans le désert à la rencontre d'un lac Triton qui ne pouvait exister en un tel lieu.

La Libye, pour les anciens Grecs, était toute l'Afrique du Nord, et pas uniquement le pays qui porte aujourd'hui ce nom : il serait donc étonnant que ces *confins de la Libye* correspondent pour des Grecs aux parties de cette région les plus proches de la Grèce, en l'occurence le golfe de Syrte et la Cyrénaïque. Nous constaterons plus loin que la *Libye* était pour les Grecs d'une époque antérieure le nom de la partie septentrionale de l'Amérique du Sud. Apollonios précise que, dans ces confins libyques, au terme d'un portage de l'Argo qui avait duré douze jours et douze nuits *"sur le dos de la terre"*, les Argonautes arrivent au lac Triton, *"parvenant au sol sacré où le dragon gardait les pommes d'or dans le domaine d'Atlas"* avant que ne le tue Héraclès, et où *"officient les nymphes Hespérides".* À ce propos, Apollodore (pour qui la Libye est l'Afrique du Nord) s'insurge contre une localisation du jardin des Hespérides en Libye, disant : *"Ces pommes n'étaient pas en Libye, comme certains l'ont dit, mais sur l'Atlas, chez les Hyperboréens"* (6).

Apollodore savait de quoi il parlait, et pour lui l'Atlas n'était pas en Afrique, pas plus que les Hyperboréens ne vivaient dans le Grand Nord : les deux étaient à l'ouest, au-delà du fleuve Océan. Dans ces pays "au-delà de Borée" devaient, pour les premiers mythographes, figurer pêle-mêle Colques nordiques et Éthiopiens méridionaux : Pindare, dans la IVe Pythique, parle de l'arrivée des Argonautes dans le fleuve Phase, et de leur combat contre *"les Colques au noir visage"*. Il est difficile de penser qu'à son époque, on ignorait que les populations du bord de la mer Noire étaient de race blanche, mais il reprend sans la modifier l'indication issue d'un récit antérieur dans lequel les Colques étaient certainement confondus avec les Éthiopiens, en raison de leur appartenance à un même monde occidental. Dans les *Argonautiques Orphiques,* Jason va chercher le *magicien Orphée* pour lui servir de guide, car il se repose de longs voyages *"à travers la terre immense jusqu'en Égypte et en Libye",* donc des pays lointains.

Il est possible qu'après l'escale chez les Phéaciens, *l'expédition ait poursuivi son périple jusqu'au pays des Éthiopiens* où était allé Ménélas. Celui-ci avait eu un devancier illustre, Persée, et il s'agissait là encore d'essayer de renouer d'anciennes relations. Il semble que c'est Pindare qui est à l'origine de l'affirmation selon laquelle les Argonautes avaient effectué en Libye *d'Afrique* l'ultime étape de leur retour. La raison en est compréhensible : en - 462, Arcésilas, roi de Cyrène, est vainqueur dans la course de chars de Delphes ; Pindare célèbre cette victoire dans une ode, la IVe Pythique, et pour mieux honorer ce roi, il en fait le descendant d'un des argonautes et place l'ultime étape de leur voyage en Cyrénaïque. Au cours de celle-ci, a lieu le célèbre portage : *"Pendant douze jours, depuis le cours de l'Océan, nous avions tiré la nef sur le dos désert de la terre",* écrit Pindare.

Ce texte est emprunté sans changements à un écrit plus ancien, car le fleuve Océan n'avait rien à faire en Méditerranée. Apollonios s'appuiera sur l'information apportée par Pindare, complétée probablement par d'autres sources, et construira un passage important de son ouvrage : l'étape libyenne. Considérons quelques éléments de son récit qui nous paraissent significatifs pour la vraie géographie du mythe.

Après avoir quitté la Phéacie, les Argonautes naviguaient sans problèmes. *"C'est alors qu'une funeste tempête de Borée les entraîna vers la mer de Libye pendant neuf jours et neuf nuits, jusqu'au moment où ils eurent pénétré fort loin à l'intérieur de la Syrte, d'où les navires ne peuvent plus ressortir, dès lors qu'ils ont été contraints de pénétrer dans ce golfe. Là, en effet, il y a partout de la vase, partout un fond couvert de touffes d'algues sur lesquelles l'écume de l'onde se déverse sans bruit (v. 1232-1239)* (...) *Dans un violent déferlement, la marée les jeta jusqu'à la partie la plus reculée du rivage. Ils sautèrent du navire et la douleur les prit au spectacle du dos de cette terre immense qui s'étendait à perte de vue (v. 1244). Mais la marée ayant reflué vers la haute mer, il ne reste plus qu'une nappe d'eau serpentante, où l'on ne peut naviguer tant son niveau est bas. Pour moi, je vous l'assure, tout espoir de navigation et de retour est brisé à jamais",* s'écrie le pilote Ancaios.

Observons que le lieu où ils arrivent est une côte plate et marécageuse affectée par de fortes marées : ce n'est pas le cas du golfe de la Syrte en Libye d'Afrique, bordé de falaises et où les marées sont quasi inexistantes, mais il peut fort bien correspondre à une partie de côte de la péninsule du Lara-Falcon que nous avons décrite au Chap. 3 et qui possède ces caractéristiques.

Pendant le voyage, le navire a été entraîné vers le sud-ouest par une forte *tempête de Borée* vers *la mer de Libye* (la mer des Caraïbes) : on peut imaginer que le vent du Nord les pousse vers les îles Canaries, et que le *courant équatorial du Nord* les amène ensuite jusqu'au au sud de l'équateur aux approches de l'île de Trinidad (comme tous les navigateurs anciens, les Argonautes ont la ressource complémentaire de la rame). Puis le *courant du Golfe* naissant en ce lieu (le fleuve Océan dont parle Pindare) les entraîne dans le grand golfe que semble constituer la mer des Caraïbes, et leur navire s'échoue dans le *delta marécageux du fleuve Tocuyo* (sa caractéristique de fleuve qui serpente, nous le verrons plus loin, est reprise dans ce récit).

Les Argonautes sont désespérés. Mais le lendemain se produit *"le plus extraordinaire des prodiges"* qui leur indiquera le chemin à suivre :

"C'était l'heure de midi ; le soleil embrasait toute la Libye de ses rayons les plus perçants (...). Mais comme ils se consumaient de désespoir, ils firent pitié aux déesses tutélaires de la Libye qui jadis, quand Athéna avait jailli resplendissante de la tête de son père, étaient venues vers elle pour la baigner au bord des eaux du lac Triton". Trois déesses ayant pris la forme de jeunes filles viennent redonner courage à Jason, qui à son tour encourage ses compagnons. *"Alors se produisit le plus extraordinaire des prodiges. De la mer surgit en direction de la terre un cheval énorme, colossal, dont la crinière d'or flottait sur la nuque redressée. Dès qu'il eut secoué de ses membres l'eau de mer ruisselante, il prit la course dans un galop aussi rapide que le vent. Aussitôt Pélée, empli de joie, dit à ses compagnons assemblés : c'est le char de Poséidon, j'en suis sûr, qui vient d'être dételé. Allons, chargeons la nef sur nos épaules, et portons-là vers l'intérieur de cette région de sables, dans la direction où ce rapide cheval a conduit ses pas. Car il ne va pas s'enfoncer dans l'aride désert et je suppose que ses traces nous guideront vers quelque golfe marin" (v. 1364).*

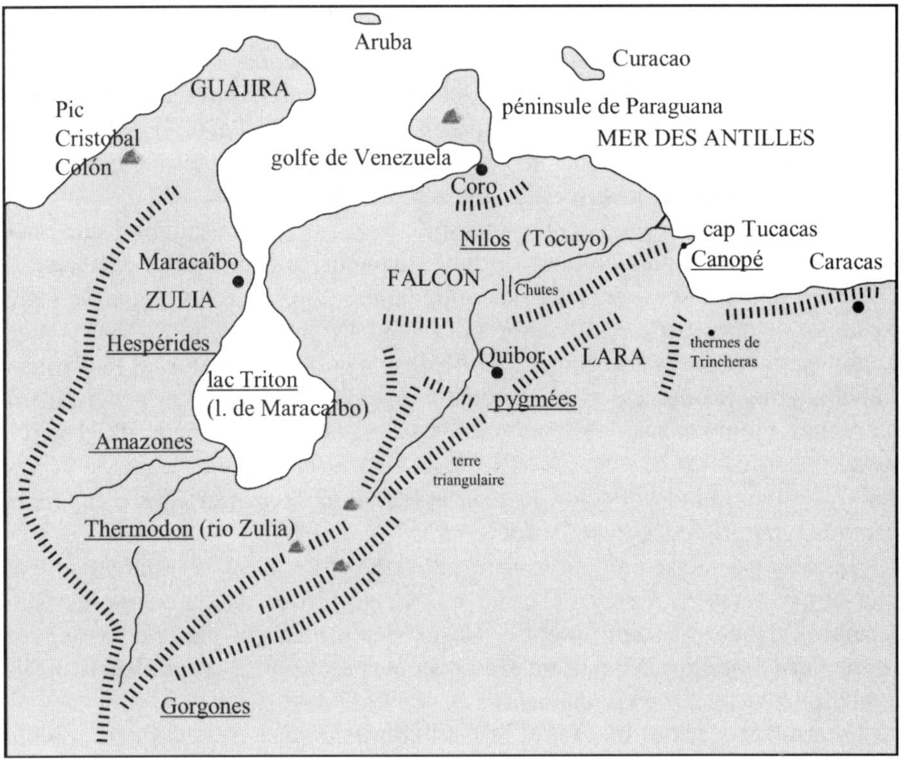

Carte 6 - Hespérides, Amazones, Ethiopiens

Nous avons là une autre confirmation de la région dans laquelle ils se trouvent, car le prodige qui les émerveille semble être un *cyclone*, phénomène fréquent dans les régions tropicales : aux Antilles, leur course est globalement d'est en ouest. L'énorme masse de nuées en mouvement, née de la mer, se déplace donc rapidement vers l'ouest jusqu'à la côte du Lara-Falcon, accompagnée de fortes pluies, sa partie supérieure étant illuminée par le soleil (*la crinière d'or flottant sur la nuque redressée*). Nous avons là *la première description littéraire d'un cyclone dans des mers tropicales* : plus que de grands imaginatifs, les anciens Grecs étaient de fins observateurs dotés d'un esprit poétique... Les cyclones sont dus au réchauffement des eaux superficielles des mers, d'autant plus important que l'été avance, de sorte que la période la plus propice à la naissance de cyclones est le début de l'automne : les Argonautes pourraient fort bien avoir quitté l'Irlande en août et être arrivés dans la mer des Caraïbes à la fin de septembre. Dans le récit, nous trouvons les *trois caractéristiques du récit mythique chez les Grecs : - Le réalisme géographique - L'exagération des faits - L'introduction du merveilleux.*

Les Argonautes viennent d'arriver à l'embouchure du fleuve Tocuyo dont ils connaissaient certainement l'existence, mais son cours inférieur est envahi de sédiments et ils porteront d'abord leur nef jusqu'au lit navigable du fleuve, puis le remonteront (Carte 6). *Nous pensons qu'ils cherchaient à connaître ce pays des Éthiopiens dont parlaient leurs mythes, et voir le célèbre lac Triton, au bord duquel serait né la déesse Athéna.*

Le cours inférieur du Tocuyo serpente d'ouest en est au milieu d'une plaine formée de multiples collines de faible hauteur, apparemment d'anciennes dunes de sables fixées au cours des millénaires, *"les dunes interminables des Nasamons"* dont parle Callimaque (1) (chant IV - Notice de F. Vian). À la remontée, il est navigable sur une partie de son cours, avec un saut facilement franchissable, jusqu'au lieu où le cours s'infléchit vers le sud et pénètre dans la région montagneuse. Ils navigueront alors sur un affluent du Tocuyo jusqu'à Carora : *là commence le portage* vers le lac Triton, le lac de Maracaibo, qu'ils atteindront selon le récit après avoir *"porté le navire sur leurs épaules pendant douze jours et douze nuits" (v. 1387).*

La distance ainsi parcourue sera 120 km. environ, et ils suivent probablement le tracé de l'actuelle route qui va de Carora jusqu'au lac de Maracaibo. Ce lac est en fait un golfe, puisqu'il communique par une passe avec la mer des Caraïbes : Pélée ne s'était donc pas trompé en prédisant qu'ils atteindraient *"quelque golfe marin"*...!

Ils arrivent au bord du lac, et le récit continue ainsi : *"Leurs errances ne furent pas vaines. Ils étaient enfin parvenus au sol sacré où, la veille encore, dit-on, le dragon Ladon gardait les pommes en or massif dans le domaine d'Atlas, tandis que les Nymphes Hespérides officiaient alentour en d'aimables psalmodies. Maintenant terrassé par Héraclès, le dragon était étendu contre le tronc du pommier. Seule la queue remuait encore"*, précise Appolonios (on voit bien qu'en ce qui concernait le merveilleux, il n'y avait pas de limites...). Les Hespérides leur font une description de l'arrivée d'Héraclès qui va devenir célèbre : *"Oui, hier est arrivé un homme, redoutable entre tous par son insolence et sa stature ; ses yeux flambaient sous son front terrible, le sauvage ! Il était vêtu de la peau brute, non tannée, d'un énorme lion* (en fait une peau de puma). *Il tenait un solide tronc d'olivier* (la fameuse massue d'Héraclès) *et un arc avec lequel il fit périr le monstre à coup de flèches".* Quelques argonautes s'élancent pour essayer de le rencontrer, mais en vain. *"Seul Lyncée crut le voir dans le lointain"* : nous savons déjà qu'il avait bonne vue, un *oeil de lynx...*

Après quelques péripéties locales telles que piqûres de serpents venimeux, ils embarquent sur l'Argo : *"le vent du sud soufflant, ils tâchaient de découvrir les passes pour sortir du lac Triton (...). Mais ils ne trouvèrent aucune issue et toute la journée ils croisèrent à l'aveuglette".* Ils décident alors de faire une offrande aux divinités du pays, abordent à nouveau la rive du lac, et portent à terre à cet effet *le grand trépied de bronze* d'Apollon qu'ils avaient emmené dans leur expédition. Alors, *"sous la forme d'un homme dans la force de l'âge, survient le puissant dieu Triton, qui prend une motte de terre et la tend aux héros en présent d'hospitalité"*.

Les Argonautes sur le lac avaient d'abord navigué vers le nord, puisque leur navire était *poussé par un vent du sud*, et étaient donc arrivés sans s'en rendre compte à proximité du passage qui permet de sortir du lac. Le dieu leur indique l'issue (v. 1573) : *"Elle est là-bas, l'issue vers le large, à l'endroit où l'onde immobile des grands fonds est la plus noire (...). C'est là qu'une route étroite mène au-dehors. Là-bas, sous la brume, la mer s'étend jusqu'à la divine terre de Pélops"* (le Péloponnèse). Il leur donne en outre un conseil sur la route à suivre : *"Quand au sortir du lac vous aurez gagné la houle marine, dirigez-vous à main droite en serrant la terre de près aussi longtemps qu'elle remonte vers le nord ; puis, quand la terre fait un coude pour s'infléchir en direction opposée, elle est alors sans danger la route qui s'ouvre à vous depuis l'avancée du cap (...). Telles furent ses paroles bienveillantes. Aussitôt ils embarquèrent, pressés de sortir du lac à la rame (...). Alors Triton, prenant le grand trépied, leur sembla entrer dans le lac..."*.

Quelle magnifique *instruction nautique* ! Que l'on en juge en se rapportant à une carte du Venezuela : à la sortie du *lac* de Maracaibo, suivre la *côte Est* du *golfe* de Maracaibo (ou golfe du Venezuela) en longeant vers le nord la côte du continent puis celle de la péninsule de Paraguaná jusqu'à atteindre la pointe extrême de cette péninsule, là ou la côte s'infléchit vers le sud. Et de là, naviguer en haute mer (vers l'Est, le chemin du retour). Autre détail : les musées archéologiques de Barquisimeto et d'El Tocuyo possèdent d'antiques trépieds de céramique découverts dans cette région ; ils furent peut-être modelés dans le passé à l'imitation du trépied de bronze des Argonautes...

Si l'on admet que des voyages vers la Colchide eurent lieu à diverses reprises durant une période qui pourrait s'étendre sur plusieurs décennies à l'époque Mycénienne, il ne serait pas étonnant que des mots ou des concepts aient pu être échangés entre la Grèce et l'Amérique du Nord. Nous avons déjà évoqué *Chronos*. Prenons un autre exemple, la constellation de *la Grande Ourse* : celle-ci est importante car elle indique la position de l'étoile Polaire, et donc le Nord. Les anciens Grecs la nommèrent : *Arktos, l'Ours,* mais il faut beaucoup de bonne volonté pour voir un ours dans un conglomérat de quelques étoiles qui ressemblerait plutôt à un chariot, comme le note Homère. Or c'est sous ce même nom (l'ours) que les indiens de la région de Boston, les Nasik, appelaient cette constellation, selon une lettre de Mathew Cotton citée par Barry Fell (7) adressée à la Royal Society de Londres en 1696. Cette lettre déclare : *"Je fus surpris de constater qu'ils appelaient toujours cette constellation Paukunnawan, qui signifie l'ours, ce qui est le nom que lui donnent également les européens"*. En 1884, le Dr S. Rand notait que le nom de cette constellation dans la langue des indiens Micmac, appartenant au groupe algonquin, était *maoeen*, qui signifiait *ours*. Cette désignation correspondait peut-être à *l'ours blanc*, animal emblématique des régions polaires que circonscrivait cette constellation dans sa rotation autour du pôle, et l'appellation européenne serait dans ce cas d'origine américaine.

L'*Odyssée* et les *Argonautiques* suggèrent que le voyage transatlantique s'effectuait à l'aller en contournant l'Atlantique par le nord (Manche - Mer du Nord - Féroé - Groenland - Terre-Neuve). Un départ de Grèce à la mi-mars faisait arriver en Nouvelle-Angleterre vers la mi-juin ; la banquise ne permettait pas de trop s'approcher de l'Islande, et au sud du Groenland, la mer était couverte d'énormes icebergs commençant à se détacher de cette banquise (*"les roches qui s'entrechoquent"*), en fait peu dangereux pour la navigation car il suffisait de se maintenir à distance. Mais le péril était bien plus grand à la fin de l'été quand les icebergs s'étaient fragmentés en minuscules îles flottantes émergeant à peine de la mer, présentant de ce fait un grand danger pour la navigation nocturne. Ce sont ces dangers que devaient éviter en automne les navigateurs à leur retour vers la Grèce.

À l'aller, si le détroit de Belle-Isle était obstrué par les glaces, ils avaient l'alternative plus méridionale de la vallée de l'Hudson. Mais au retour du Québec, le temps pressait et il convenait de descendre le Saint-Laurent jusqu'à Terre-Neuve. Et là il y avait deux routes possibles, passant l'une et l'autre par le détroit de Belle-Isle : ou bien, reprendre celle de l'aller, la route nordique, avec les risques que nous venons de signaler ; ou bien, se diriger immédiatement vers l'est et le grand large : cette voie permettait d'arriver directement sur la côte de l'Irlande en utilisant en partie le courant favorable du Gulf Stream. Notons que *Belle-Isle* est exactement sur le parallèle 52° N : en maintenant constante la hauteur de l'étoile Polaire en ce lieu durant la traversée, les navigateurs arrivaient sur la côte ouest de l'Irlande dans la baie de Dingle : un peu plus au sud était le double port des Phéaciens.

Dans les *Argonautiques*, Apollonios fait allusion à cette route différente pour le retour (chant IV - v.255) : *"Jason pensa que Phrinée leur avait prédit qu'ils suivraient une autre voie au retour d'Aia, mais celle-ci leur était inconnue. Alors la nef Argo répondit à leur attente par ces mots..."*, et le navire leur parle, expliquant des faits du passé et en particulier l'existence de cartes marines, quand il dit : (les anciens marins) *"conservaient des inscriptions gravées par leurs pères, des tables sur lesquelles se trouvent toutes les routes et des instructions pour ceux qui veulent faire le tour de la terre et de la mer"*. On a là l'indication d'une longue période de navigations au long cours, antérieure aux Argonautes. En outre la déesse Héra *"leur envoya un prodige favorable : un rayon céleste traça son sillon dans la direction qu'ils devaient prendre"*, et c'est ainsi qu'ils arrivèrent en Schérie.

Dans l'Odyssée comme dans les Argonautiques, *l'Irlande apparaît comme l'étape de retour obligée*. On peut imaginer qu'il en fut ainsi durant une certaine période au milieu du IIe millénaire : l'expédition argonautique ne sera qu'une tentative avortée de renouer avec un passé mémorable situé à l'époque mycénienne..

Après des mois d'aventures et la traversée du retour, l'arrivée chez les Phéaciens d'une flotte mycénienne devait représenter pour ses marins un moment important, l'escale du repos et des réjouissances, où les boissons et le chant de la lyre accompagnaient le récit des bardes. Pendant que durait la fête, les bateaux étaient réparés et des provisions étaient chargées, certainement en échange de pépites d'or qui enrichissaient les Phéaciens.

Mizen Peak, *Mizen Head* : ces noms, déformés au cours des siècles, témoignent encore de nos jours d'un lointain passé, quand des marins nommaient cette montagne et ce cap en souvenir de leur capitale bâtie sur une colline rocheuse. On notera de même l'existence d'une île escarpée nommée *Mykines* qui est la plus occidentale de l'archipel des Féroé (selon Chadwick, le nom initial de Mycènes était *Mikinai*).

D'autres signes de leur passage sont restés dans ces régions, en particulier des poteries de l'époque mycénienne retrouvées dans des fouilles en Angleterre. La *lyre*, instrument musical emblématique des anciens Grecs qui figure déjà sur un sarcophage d'Hagia Triada et que le magicien Orphée emportait sur la nef *Argo*, figure également sur le blason de l'Irlande (8).

Le pays des Phéaciens s'appelait la *Schérie* : faut-il voir dans *Eire,* nom de l'Irlande en langue gaëlique, un rappel de cet ancien nom ? Ajoutons un fait surprenant : lorsque l'Irlande se convertit au christianisme, le monachisme y prit un grand essor et l' *"Histoire de l'Ordre bénédictin"* rapporte qu' *"en ce qui concerne la liturgie, ces moines celtes suivaient les antiques traditions des moines orientaux, ce que Rome voyait d'un mauvais oeil",* et ajoute : *"alors que tout le monde en Occident avait oublié le grec, les moines celtes l'étudiaient avec avidité"*. Faut-il y voir la trace d'anciennes relations ? (9)

Les Celtes n'arriveront en Irlande que vers -600, mais ils recueillirent des légendes venues de l'ancien temps, comme celle qui disait que lorsqu'ils prirent possession de l'Irlande, le peuple mythique des *Tuatha Dé Danaan, les fils divins de Danaan,* dût déplacer son royaume, qui, de visible, glissa dans l'invisible. Et en imaginant ces époques lointaines, le poète irlandais W. Yeats chantait au XIXe siècle *"les enfants danaens qui rient dans leurs berceaux d'or"...*

(1) APOLLONIOS DE RHODES - *Argonautiques*. Traduction E Delage et F Vian. Paris. 1981.

(2) ORPHÉE - *Les Argonautiques Orphiques.* Traduction Dottin. Paris. 1930.

(3) Il pourrait s'agir du golfe de Hull proche des mines de fer de la région de Leeds, dans lequel se trouve la ville de *Cleethorp*, et l'on constate que dans les deux noms Cleveland et Cleethorp, nous trouvons la même racine KL que dans *Kalybe.*

(4) R. ROUX - *Le problème des Argonautes* . Paris. 1949.

(5) Le professeur Vian dit que le tourbillon est "*octesi tama lesin*", et que lui échappe la portée exacte de ces mots. Le contexte géographique permet de préciser qu'il s'agit moins de tourbillons et de remous (selon la traduction de Vian) que de *rapides* et dans ce cas l'on comprend le sens exact de ces trois mots : *tama* signifie *en grand nombre*, *lésin* est un temps du verbe intransitif *lantano* qui signifie *être caché,* et *octési* a le sens de *saillants*. Donc, ces rapides *"cachent des écueils en grand nombre".*

(6) Pierre CHUVIN - *La mythologie grecque , du premier homme à l'apothéose d'Héraclès.* Paris. 1992.

(7) Barry FELL - *America B.C.* New York. 1976.

(8) Le grand philologue irlandais George THOMPSON constata que les rythmes des discours et des écrits des habitants des îles Blackett, situées à l'entrée de la baie de Dingle, étaient semblables à ceux de l'Iliade et de l'Odyssée.

Mme F. BADER effectue pour sa part un parallèle entre "*Rhapsodie homérique et irlandaise*" dans : *Recherche sur les religions de l'Antiquité classique.* Paris. 1980.

(9) Pierre VIDAL-NAQUET - *Le monde d'Homère.* Paris. 2000.

Observant la transmission des textes grecs antiques depuis Byzance jusqu'en Europe occidentale au Moyen-âge, l'auteur observe : *"Après la chute de l'Empire romain le nombre de ceux qui connaissaient le grec se réduisit jusqu'à devenir infime avec la curieuse exception de certains moines irlandais".*

Chapitre 6

D'IO À HÉRACLÈS

Amphitryon et Alcmène vivaient à Argos et descendaient l'un et l'autre de Persée. Amphitryon doit s'exiler en Béotie et il participe à une campagne contre les Taphiens. Pendant son absence, Zeus prend son apparence et s'unit à Alcmène : ainsi naîtra Héraclès. Aucun personnage ne fut plus populaire dans la Grèce ancienne. Sa vie ne sera pas un modèle de vertu et entre autres crimes, il assassinera ses enfants dans un accès de folie.

Pour expier ce forfait, il devra accomplir *douze travaux*, que nous regroupons ici selon leur cadre géographique. Tous paraissent apporter des *éléments de civilisation* à la Grèce archaïque.

Cinq travaux ont pour cadre l'Argolide :

- *Le lion de Némée* symbolise l'élimination des bêtes sauvages.
- *L'hydre de Lerne* évoque l'assèchement des marais.
- *Le sanglier d'Erymanthe* symbolise la domestication du porc sauvage.
- *Les oiseaux du lac de Stymphale* se rapporte à l'élimination des oiseaux qui vivaient au bord de ce lac d'où ils venaient attaquer les cultures.
- *Le nettoyage des étables d'Augias* amène Héraclès à dévier deux fleuves et à creuser un canal pour que leurs eaux nettoient le fumier, symbole de travaux de drainage et de terrassements.

Ces travaux sont liés à la mise en valeur de l'Argolide, et se rapportent à un thème qui revient dans divers mythes : le rôle joué par les Danaens dans l'assainissement d'une contrée initialement insalubre.

Deux travaux ont pour cadre la périphérie de la Grèce continentale :

- Il doit depuis la *Thrace* ramener à Mycènes *les juments de Diomède.*
- Il devra capturer *le taureau de Crète* lequel était probablement le symbole de la présence dans cette île d'envahisseurs étrangers qu'il fallait combattre et dont le taureau était l'emblème (voir chap. 22). Ces deux travaux évoquent de possibles actions militaires aux frontières de la Grèce.

Cinq travaux l'amèneront en Amérique, deux d'entre eux ayant pour cadre le *Venezuela* (Cartes 2 et 6) et trois autres *l'Amérique du Nord* (Cartes 3 et 5):

- Il doit ramener *les pommes d'or du jardin des Hespérides qui* selon Hésiode vivaient au pied de la montagne d'Atlas, *"au-delà du fleuve Océan"*. Héraclès s'empare de ces pommes en tuant le serpent qui les gardait.

Apollodore dit qu'il les remet à Athéna, qui les restitue aux Hespérides. Ces fruits merveilleux pouvaient être des fruits tropicaux observés par les Grecs au cours de voyages antérieurs.

Il avait eu auparavant quelques déboires dans l'Égyptos : fait prisonnier par des habitants de ces lieux, ceux-ci projetaient de le consommer au court-bouillon, mais il avait réussi à s'échapper en massacrant ses gardiens. Fait à nouveau prisonnier par une autre population locale, des *pygmées* cette fois, il avait été ligoté, mais avait pu se libérer et atteindre le lac de Maracaibo.

- Il doit ensuite se rendre chez *les Amazones,* qui, comme les Hespérides, vivaient à proximité de ce lac et s'emparer de *la ceinture d'Hippolyte,* leur reine. Cette ceinture étant certainement le symbole de son pouvoir, ce mythe pourrait rappeler une tentative de domination qui tournera à l'échec.

Que n'a-t-on écrit depuis trois millénaires sur ces Amazones, redoutables guerrières qui pratiquaient, dit-on, l'ablation d'un sein pour mieux pouvoir tirer à l'arc ! Elles apparaissent pour la première fois dans l'*Iliade* et Homère fait d'elles et de leur reine *Mirina* des alliées des Troyens.

Les mythes les situent comme vivant dans le delta du fleuve Thermodon sur la mer Noire. Eschyle parle d'elles comme armées d'arcs et mangeant de la chair crue. Leur célébrité provient du combat qu'Héraclès mena contre elles. Les vases les plus anciens représentant cet exploit datent du VIe siècle a.C. et les montrent comme des guerrières *à la peau brune*, armées d'arcs et portant un bouclier tendu de peaux.

L'historien Diodore de Sicile (1), au Ier siècle a.C, n'est pas d'accord sur la localisation des Amazones au delta du Thermodon. Il écrit (livre III -1) :

"La plupart des gens se figurent que seules ont existé les Amazones qui, dit-on, habitaient le Pont (la mer Noire) *près du fleuve Thermodon. Mais la vérité est bien différente, du fait que les Amazones de Libye sont beaucoup plus anciennes et ont accompli des exploits remarquables (...).*

Nous essaierons brièvement d'exposer ces exploits en nous basant sur Denys qui a rassemblé un recueil de légendes touchant les Argonautes et les époques les plus reculées. On raconte qu'il y eut en Libye dans les régions du Couchant, aux confins de la terre habitée, une race gouvernée par les femmes qui observaient un mode de vie bien différent du nôtre (...). D'après la légende, elles habitaient une île que sa position vers le Couchant a fait nommer Hespera et qui se trouvait dans les marais du lac Tritonis.

Le lac était près de l'Océan qui entoure la terre, et devait son nom à un fleuve Tritonis qui s'y jetait. (Si le lac Tritonis était le lac de Maracaibo, le fleuve Tritonis serait le fleuve Zulia). *Ce lac se trouvait près de l'Éthiopie et de cette montagne qui, proche de l'Océan, est la plus haute de toutes celles de la région qui surplombe l'Océan. C'est celle que les Grecs appellent Atlas" (LIII - 4)* (il s'agit du pic Cristobal Colón, qui culmine à 5.800 m. à 50 km. de la mer des Caraïbes).

Cette configuration de lieux que les Grecs avaient visités un millénaire auparavant sans y retourner depuis est stupéfiante dans sa précision. *"L'île Hespera est de grande taille et couverte d'arbres fruitiers de toute espèce dont les habitants tiraient leur subsistance" (LIII - 5).* Si l'on considère que pour les anciens Grecs, le terme d' "île" s'appliquait également à des terres continentales au-delà des mers, on pourrait identifier cette terre comme étant l'actuelle province du Zulia, située sur le bord occidental du lac de Maracaibo

Les Amazones étaient en fait un peuple envahisseur : *"remarquablement vigoureuses et armées pour la guerre, elles commencèrent par détruire les villes de l'île, sauf une appelée Mini, que l'on regardait comme sacrée, et qui était habitée par des Éthiopiens ichtyophages* (nous rencontrons ici la première mention historique de cette population dont le nom signifie : *"visages-brûlés mangeurs de poissons"*). *Comme armes défensives, elles utilisaient des boucliers faits de peaux de grands serpents, les animaux de cette espèce étant en Libye de taille incroyable, et comme armes offensives, des épées, des lances et des arcs" (LIV 3).* Il s'agit certainement de ces énormes serpents d'eau des fleuves équatoriaux d'Amérique, les *anacondas,* et cela confirme que cette Libye n'était pas en Afrique du Nord mais en Amérique du.Sud (2).

Le récit continue ainsi : *"L'île était sujette à de nombreuses éruptions volcaniques et recélait de grandes quantités de pierres précieuses que les Grecs appelaient escarboucles* (rubis) *et émeraudes".* Nous sommes loin des bouches du Thermodon de Turquie, et proches de la *Colombie,* pays parsemé de volcans et l'un des rares au monde à disposer d'émeraudes dans son sol.

"Les Amazones soumirent un grand nombre de Libyens et fondèrent une grande ville qui fut appelée Chersonesos à cause de sa forme" (LIII - 6). Cette capitale des Amazones pourrait avoir été située sur la côte occidentale du lac de Maracaibo, dans le delta des fleuves Catatumbo et Zulia.

Le fleuve Zulia serait donc le véritable Thermodon ; ce nom est lié à l'idée d'*eaux chaudes,* tandis que celui de *Chersonesos* évoque une presqu'île, qui pourrait être une avancée de terres fermes dans son delta marécageux. Une telle position avait l'avantage de pouvoir être bien défendue, tout en permettant des communications rapides fluviales et lacustres. Quant aux eaux chaudes, nous relevons dans une description géographique du Venezuela (3) datant du XIXe siècle le paragraphe suivant : *"À une lieue de l'embouchure du fleuve Zulia est située la pointe d'*Aguas Calientes *(les Eaux Chaudes), et en face d'elle dans l'intérieur existe un marais du même nom parce que ses eaux sont à une température très haute".*

La région du Zulia est très fertile grâce à un sol riche et d'abondantes pluies : elle put donc offrir toutes sortes de plantes et de fruits aux populations qui l'habitaient. Eschyle dit que *le lac des Éthiopiens (limné aethiopioi)* (selon nous le lac de Maracaibo) est *"fournisseur de toutes sortes de nourritures."* Dans l'Odyssée, Nestor dit à Télémaque que Ménélas ramena de l'Égyptos des richesses et *"des vivres",* probablement des épices.

Euripide, dans sa tragédie *Hippolyte,* évoque les femmes grecques qui rêvent de voyager (comme leurs maris) au bout du monde : *"Si je pouvais atteindre le rivage semé de fruitiers où chantent les Hespérides ! Là, aux marins, le souverain des mers n'accorde plus de route sur les hauts-fonds empourprés touchant au bord auguste du ciel que tient Atlas, et où coulent des fontaines d'immortalité".* Ce texte montre que le thème d'un âge d'or dans de lointains pays du Couchant devait être populaire en Grèce.

Les hauts-fonds empourprés pourraient être le même lac de Maracaibo, peu profond et calme, donc qui reflète le soleil couchant. Notons qu'il existe à proximité de la mer des Caraïbes à l'est du Lara-Falcon de remarquables sources thermales à *Las Trincheras*, qui au XIXe siècle firent l'admiration d'Alexandre von Humbolt, car leurs eaux surgissent à des températures élevées, 90 degrés : réputées pour leurs vertus, ces sources sulfureuses, sans équivalent en Grèce, étaient peut-être considérées dans le passé par les marins grecs comme des "fontaines d'immortalité"...

En ce qui concerne les *pygmées* qui ligotent Héraclès, ils appartiennent eux aussi à une réalité géographique. Des populations de très petite taille vécurent jadis dans cette région du Venezuela, car on a découvert dans les collines au sud du fleuve Tocuyo le cimetière d'une ancienne population dont la taille ne dépassait pas 1,40 m. (Musée archéologique de Quibor). Ces pygmées voisins du fleuve Océan font l'objet d'une légende qui figure dans l'*Iliade* et intrigue les mythologues : *"Les Troyens avancent avec des cris pareils à ceux d'oiseaux. On croirait entendre le cri qui s'élève dans le ciel lorsque les grues fuyant l'hiver prennent leur vol vers le cours de l'Océan. Elles vont porter aux Pygmées le massacre et ses trépas, et leur offrir à l'aube un combat sans merci".* Strabon, commentant ce passage, juge qu'Homère a situé les Pygmées sur les rivages de l'Océan, et donc que ce peuple est de caractère purement mythique. Toutefois, Hécatée de Milet mentionne également la guerre que les grues font aux Pygmées à l'extrémité de l'Égyptos, vers l'Océan, et il dit que ce sont des agriculteurs de petite taille. Aristote précise plus tard qu'ils vivent dans des cavernes près du fleuve Océan (5).

On trouve également chez Hérodote une allusion à ce peuple, lorsqu'il cite une légende évoquant l'expédition des Nasomons à la recherche des sources du Nilos (*Histoire*- 2- II- 32) : *"Après avoir traversé une grande étendue de pays sablonneux (...), ils furent assaillis par de petits hommes, d'une taille inférieure à la moyenne, qui les emmenèrent à travers de vastes marécages. Ils arrivèrent à une ville où tous les hommes étaient de petite taille et noirs de peau, Le long de cette ville coulait un grand fleuve : il venait du couchant et coulait vers le levant* (donc d'ouest en est) ; *on y voyait des crocodiles".* Il s'agit bien du fleuve Tocuyo, qui coule d'ouest en est, et non du Nil d'Égypte qui coule du sud au nord. Le pays des Nasomons n'était donc pas l'Égypte.

La linguistique apporte semble-t-il une explication satisfaisante au mythe de ces Pygmées. Les *proto-Arawaks* sont les plus anciens habitants connus de la région du Lara-Falcon, et leur langue était guaranitique. Sans l'ombre d'un doute pour tous nos contemporains, les Pygmées sont un peuple d'hommes de petite taille vivant dans les forêts au coeur de l'Afrique Équatoriale. Mais comment les anciens grecs auraient-ils connus ces pygmées, puisqu'ils ne connaissaient de l'Afrique que sa côte méditerranéenne ? et comment expliquer un combat entre des oiseaux et un peuple ?

Nous venons de voir que le terme de *pygmées* remonte à trois mille ans, puisqu'on le rencontre chez Homère. Au XIXe siècle lors de l'exploration de l'Afrique Centrale, furent découvertes des populations de petite taille dans la forêt équatoriale et elles furent appelées Pygmées par les explorateurs, en accord avec ce vieux vocable qui apparaissait dans la littérature, de sorte que, de nos jours, *les Pygmées* sont une population africaine... Cependant, la première fois que, dans l'ère chrétienne, des Européens utilisèrent le terme de Pygmées pour désigner des populations de petite taille, ce fut au Brésil au XVIe siècle : en effet, les chroniques de la conquête font état de *"tribus Tapuyas qui vivent dans des cavernes non loin de la côte atlantique (...), hommes bas de corps et dotés de fortes jambes, que les Portugais appellent pygmées"* (6). Des populations de petite taille existent toujours en Amérique du sud, comme les *Motilones* qui vivent dans les montagnes à l'ouest du lac de Maracaibo. Nous allons constater que le terme de *pygmée* découle d'un vocable guaranitique.

Le père Ruiz de Montoya qui au XVIe siècle, rédigea pour les Missions jésuitiques du Paraguay un premier dictionnaire *guarani-espagnol*, indique que le terme *tapîî* signifie en guarani : *génération d'esclaves* ; ce terme était appliqué aux diverses tribus soumises militairement par les Guaranis, tandis que les Tupis au Brésil les nommaient *Tapuyas.* D'autre part, le mot *petit* se traduit par *mini* en guarani et *mirim* en tupi ; or le chroniqueur cité plus haut complète ainsi son récit sur ces Tapuyas de basse stature : *"les portugais les nomment pygmées, et les indiens les nomment tapig-ymirim".* Curieusement nous trouvons dans la même phrase, sans que l'auteur s'en soit rendu compte, le nom grec (pygmée) et le nom guaranitique qui lui a donné naissance (tapig-ymirim, signifiant *petits tapiis*), qui se condensa en *pig-ymi.* Nous aurions là un extraordinaire témoignage de la pérennité de certains mots dans les langues.

Si donc les Pygmées étaient ces populations de petite taille que cherchaient à soumettre les guerriers d'autres peuples, qu'en est-il des grues ? En grec, *grues* se dit *gueranoi*. Ce terme est fort proche du terme guarani *guariniha*, qui signifie *guerriers* : on peut donc penser que la légende, déformée par l'incompréhension du sens véritable des mots qui lui avaient donné naissance, signifiait simplement que dans les terres méridionale du Couchant où se rendaient les Grecs, *les guerriers (guariniha) de l'ethnie Arawak étaient en lutte contre des populations de petite taille (pig-ymi) qu'ils cherchaient à asservir, et cela non loin du fleuve Océan.* Ajoutons que les peuples guaranis expriment leur exaltation en poussant un cri prolongé, i-i-i-i, et que les guerriers de la Grèce antique poussaient également un cri long et célèbre, le *ia* : ce cri rappelle celui des grues.

Les mythes héracléens indiquent peut-être un tournant dans l'intérêt que les Grecs portaient aux régions méridionales du Couchant : dans un premier temps, certainement pour des raisons affectives, celui-ci se portait vers le pays des *admirables Éthiopiens, l'Égyptos* dont étaient issus les Danaens de Crète et d'Argolide. Puis, après quelques déceptions que soulignent les mésaventures d'Héraclès, il se portera vers l'Amérique du Nord, *le pays des Hyperboréens*, pour des raisons commerciales d'abord, mais aussi ethniques à partir de la fin du IIe millénaire, comme nous le verrons plus loin.

- *La biche de Kérinia* est l'imposition faite à Héraclès de ramener une *"biche aux cornes d'or et au dos tacheté"* selon Euripide. Cette quête, dit Pindare, l'amène jusqu'au pays qui est *"derrière les souffles du vent du nord glacial, en Istrie"*. Nous avons vu que cette expression désigne le pays des Hyperboréens et les plaines où coule l'Istros (Carte 3). Pindare imagine les sources de l'Istros *"pleines d'ombre"*, donc loin au couchant selon l'expression classique (Chuvin) (4). Le nom de *Kerinia* rappelle celui des *monts Kérauniens* qui évoque le minerai de fer ou l'ocre rouge (voir Chap. 9) et permet de localiser le lieu de cette chasse dans les *monts Appalaches* qui recèlent d'importants gisements de minerai de fer.

Là où il capture la bête, selon Pindare, il remarque l'olivier sauvage, et il en rapportera un plant en Grèce. Son feuillage sera utilisé pour la couronne des vainqueurs d'Olympie (Chuvin). Pindare parle dans la *IIIe Olympique* de *"la couronne des vainqueurs, le vert feuillage de l'olivier que jadis, des sources ombreuses de l'Istros, le fils d'Amphitryon rapporta. Il l'avait obtenu du peuple des Hyperboréens, serviteurs d'Apollon"*. Cette allusion à un olivier originaire d'Amérique du Nord aurait de quoi surprendre si l'on ne prenait conscience d'une réalité : il existe certes en Méditerranée un olivier cultivé *Olea Europea* dérivé de l'olivier sauvage *Europea Oleastra,* mais il existe également en Amérique du Nord un olivier sauvage, *Olea Americana Mich.* : ses fleurs sont blanches et odorantes, son feuillage est persistant (d'où l'intérêt pour ces couronnes qu'affectionnaient tant les Grecs, bien avant les Olympiades), et son bois très dur est appelé *devil-wood, bois du diable.* Dans certains États comme la Floride ou les Carolines, cet olivier est cultivé comme plante d'ornement. Rappelons que l'instrument que Calypso fournit à Ulysse pour construire son radeau possède un manche d'olivier, et la massue d'Héraclès est en bois d'olivier.

- La capture des *boeufs de Géryon* l'amènera plus au nord, dans la vallée du Phase, donc celle de l'Hudson. Ce thème est abondamment traité par les auteurs grecs depuis Hésiode.

Au terme de son voyage, selon Phérécyde, Héraclès *"aura emprunté toutes les formes de navigation, fluviale, maritime et océanique"* :
- Au cours de la traversée, il rencontre Prométhée enchaîné sur un roc - dont nous situerons plus loin la position dans l'Atlantique Nord - et le délivre en tuant de ses flèches l'aigle qui lui rongeait le foie.
- Puis il traverse le fleuve Océan, en obligeant le soleil à lui prêter le *"bol d'or"* sur lequel il effectue chaque jour cette traversée.
- Il arrive enfin à *"Erytheia où abondent les vaches"* (selon Euphorion cité par Chuvin) : les grandes plaines d'Amérique du Nord regorgèrent de bisons pendant des millénaires, jusqu'à leur extermination il y a quelques siècles.

Cette séquence de voyages est parfaitement résumée par Phérécyde : navigation maritime (Atlantique Nord), navigation *océanique* (traversée du Gulf Stream) et navigation fluviale (Hudson).

Hésiode fut le premier à citer ce mythe, disant : *"Héraclès le violent tua Géryon et le dépouilla de ses boeufs tourne-pieds (helicopodoi) dans Érythie* (la Rouge) *battue des flots. Il poussa devant lui les boeufs au large front jusqu'à la sainte Tirynthe, franchissant le gué du fleuve Océan après avoir tué Orthos et le bouvier Eurythion dans leur parc à bestiaux brumeux au-delà de l'illustre Océan".* Apollodore précise l'événement : *"Arrivé à Érytheia, il trouve un gîte dans le mont Abas. Le chien le devine et s'élance contre lui, mais Héraclès le frappe de sa massue et tue le bouvier Eurytion, qui venait au secours du chien. Ménoités, qui gardait là-bas les vaches d'Hadès, annonça ce qui s'était passé à Géryon. Celui-ci rattrapa au passage du fleuve Anthémoeis Héraclès qui ramenait les vaches, lui livra combat et fut tué à coup de flèches".* On retrouve ici ce style empreint de réalisme merveilleux qui caractérise les récits épiques de l'ancienne Grèce. Notons que le récit d'Apollodore est postérieur de huit cents ans environ à celui d'Hésiode !

Pratiquement contemporain d'Apollodore, le poète Orphée dit que les Argonautes sont alors dans *"l'étroite Érythie"* et, au-delà du confluent du Phase et du Saranges, parviennent à la *"passe du boeuf, là où passa le titan voleur de boeufs (le bosphore)"* : le célèbre Bosphore fut donc un gué aux sources du Richelieu, au pied du mont Abas (mont Adirondak). Ces boeufs *tourne-pieds* au *large front* et au pelage *fauve* comme le précisent d'autres textes sont certainement des *bisons*, dont la démarche dût paraître étrange aux Grecs.

L'étroite Erythie battue par les flots est donc la *Nouvelle-Angleterre* pour certains de ces auteurs grecs, ou pour d'autres une partie de cette région, le sillon glaciaire où coulent l'Hudson et le Richelieu.

Un autre texte de Pausanias dit que le Soleil possédait en Occident d'innombrables troupeaux, et il évoque un mythe qui décrivait ainsi la rentrée des troupeaux : *"Le Soleil, ensuite, tourna ses chevaux vers les ténèbres, amenant le soir. Survinrent les vaches par milliers, allant troupeau après troupeau, semblables aux nuages qui vont dans le ciel, poussés en avant par la violence du Nautos ou de Borée"*. Voici donc datant de trois millénaires, une description de *la grande prairie d'Amérique* et de la *transhumance des troupeaux de bisons*... (7). Le royaume d'Hadès n'est pas loin, puisque ses troupeaux paissent dans la même région. Si les Grecs l'appelèrent *la rouge (Erytheia),* c'est en raison de la couleur qu'elle prend à l'automne quand rougeoient les feuillages de ses forêts. Chuvin cite Pausanias décrivant la mort de Géryon, dont le sang ruisselle: *"de ce sang, naît un arbre à l'aspect changeant qui répand des gouttes de sang ou bien, à la saison des Pléiades, produit des fruits pareils à des cerises sans noyaux"*. Il s'agissait en fait des feuilles rouges qui tombaient à l'approche de l'hiver, transformées en fruits dans le récit des marins.

- Héraclès accomplira un dernier *travail* dans ces terres septentrionales où il reviendra après avoir emmené ses boeufs en Grèce, si l'on en croit la légende. Il ira affronter et vaincre *Cerbère, le chien qui garde l'accès de l'Hadès* où se trouve le royaume des morts. Des rives de l'Achéron, il rapportera le peuplier blanc (que les grecs nomment *akeroîs*), arbre consacré aux morts.

Presque aussi célèbre qu'Héraclès était son ancêtre *Persée* en raison de son combat contre les *Gorgones*. Acrisios, roi d'Argos, avait une fille, *Danaé*, qu'il maintenait prisonnière dans sa chambre, car un oracle lui avait affirmé que, sinon, il n'aurait pas de descendance masculine. Zeus pénètre à travers le toit de la chambre sous forme d'une pluie d'or, et, prenant forme humaine, s'unit à Danaé : l'enfant qui naîtra sera Persée qui, devenu jeune homme, sera envoyé aux lisières du Monde pour ramener la tête de la Gorgone Méduse.

Diodore évoque ainsi les Gorgones : *"La tradition nous enseigne que le peuple des Gorgones, contre lequel, dit-on, Persée fit campagne, était d'une vigueur remarquable" (LI -5)*. La Gorgone Méduse est représentée dans l'iconographie étrusque et grecque (Corfou), toujours coiffée de serpents et tirant amplement la langue (Fig. 6). Hésiode (*Théogonie - v.274*) dit que les Gorgones *"habitent au-delà de l'illustre Océan, aux confins, du côté de la nuit, au pays des nymphes du soir, les Hespérides aux voix sonores"*.

Notons que la Gorgone est amplement présente dans l'iconographie des populations précolombiennes de l'Amérique Centrale : elle figure au centre du célèbre *calendrier solaire aztèque* et sur des *boucliers mayas*.

Au début du Ve siècle a.C. apparut en Grèce *la tragédie* qui, à son tour, allait se nourrir d'anciens mythes, permettant aux auteurs de diffuser des récits qui sans eux se seraient irrémédiablement perdus. C'était un genre théâtral joué sur une scène par plusieurs personnages et un choeur qui dialoguait avec eux. *Eschyle, Sophocle et Euripide* écriront chacun des dizaines de tragédies, dont la plupart sont perdues. Deux tragédies d'Eschyle (8) nous intéressent particulièrement en raison de leur substrat géographique :
Prométhée enchaîné et *Les suppliantes*. L'auteur y évoque le *mythe d'Io*.

Io était la fille d'un roi d'Argos ; Zeus la vit et fut pris d'un ardent désir pour elle, mais son épouse Héra, débordante de jalousie, transforme Io en génisse pour empêcher leur union. Cependant, Zeus se transforme en taureau pour assouvir son désir. La génisse est piquée par un taon envoyé par Héra et, affolée, *"s'enfuit jusqu'aux confins de la terre"*, parcourant le Monde pour arriver enfin dans la *"Terre des brumes"*, où elle trouvera la paix et reprendra forme humaine. Hérodote pensait qu'il s'agissait d'un classique rapt de femme par des pirates. Quoi qu'il en soit, suivons Io dans sa fuite.

Dans le *Prométhée enchaîné,* elle arrive chez les *"Chalybes, charpentiers du fer",* puis se rend jusqu'au roc sur lequel était enchaîné Prométhée d'où elle repartira vers la *"Terre des brumes"*. Ce détour nordique est un prétexte pour lier Io à Héraclès. Ce roc est *"dans une contrée lointaine, au pays des Scythes"* et Héphaïstos a le devoir d'y *"enchaîner ce scélérat selon les ordres donnés par Zeus*". Cependant, il s'écrie : *"Je n'ai pas le courage d'enchaîner à ce pic battu par les tempêtes un dieu du même sang que moi, ce roc désolé où il ne verra la figure d'aucun mortel"*. Mais il exécute l'ordre.

Sur *"ce roc aux limites du monde",* Prométhée reçoit la visite des nymphes filles d'Océan et plus tard celle d'*Océan* lui-même *"qui avait fait pour cela une longue course sur un oiseau aux ailes agiles"*. Prométhée lui reproche : *"Tu es venu pour voir mon supplice ; comment as-tu osé quitter le courant qui porte ton nom et les grottes taillées par la nature pour le pays qui enfante le fer ? "*. La tradition a placé dans le Caucase ce roc où est enchaîné Prométhée, mais il semble d'après le texte d'Eschyle qu'il en aille autrement :

- Il s'agit d'une *région nordique* (le pays des Scythes), plus précisément *l'Europe atlantique du Nord-Ouest* (le pays qui enfante le fer) et ce roc est *dans la mer* (puisque les filles d'Océan et Océan lui-même viennent lui rendre visite) - Toutefois ce lieu est *une île isolée* (roc battu par le tempêtes où il ne verra aucun mortel) et est situé *hors du Gulf Stream*, le courant où vit Océan, lequel habite dans des *grottes taillées par la nature* (la côte de Terre-Neuve)
- Enfin, c'est Héphaïstos (Vulcain) qui est chargé de forger les fers : nous sommes donc *à proximité de l'Islande* et de ses volcans. Il existe en fait un îlot isolé et escarpé en Atlantique Nord qui dût frapper l'imagination des navigateurs passant à son voisinage : il a pour nom *Rockall* et est situé *à mi-chemin entre l'Irlande et l'Islande.*

Io arrive donc à ce roc isolé. Prométhée salue en elle l'ancêtre d'Héraclès qui le délivrera, et lui indique des étapes de son trajet jusqu'à la *Terre des Brumes* : *"Quand tu auras traversé le courant qui sert de limite aux continents, tu arriveras aux plaines gorgoniennes de Kisthène"*. Notons cette surprenante notion de continents à une époque si ancienne : c'est la confirmation de l'antique connaissance, perdue par la suite, du fait que le courant du fleuve Océan ne marquait pas "la limite du monde habité" mais servait seulement de *limite entre deux grandes terres habitées.* Prométhée lui dit qu'elle ira ensuite chez les Amazones et terminera son périple sur les rives de l'*Égyptos.*

Les Grecs du début du Ier millénaire a.C. avaient un problème d'identité : ils se rendaient compte qu'ils étaient d'origines ethniques différentes, mais les immigrants des millénaires antérieurs n'avaient pas laissé d'*Histoire* ; seules des traces dans les dialectes, la couleur de la peau, les morphologies, les coutumes et les légendes indiquaient ces origines diverses. Les mythes apporteront une réponse partielle à ces inquiétudes. Nombre d'entre eux offriront des généalogies compliquées permettant à chaque groupe ethnique d'y trouver son compte. On peut donc se demander s'il y a dans la mythologie grecque des allusions à l'arrivée en Grèce de peuples à la peau brune : il semble que oui, et ce serait le thème des *Suppliantes.*

Cette tragédie évoque le mythe d'*Io,* la "mère" commune aux plus importantes de ces ethnies, les Argiens, les Crétois, les Béotiens et les Thessaliens. Selon ce mythe, le roi Pélasgos régnait en Argolide dans les temps passés, et son pouvoir s'étendait jusqu'en Thessalie ; il était le symbole des *Pélasges,* peuples d'immigrants à la peau claire arrivés par voie de mer, mais cette immigration était suffisamment ancienne pour qu'au milieu du Ier millénaire a.C., les Argiens se croient autochtones. Cependant, leur peau était nettement plus brune que celles des autres habitants de la Grèce, et cela demandait une explication.

Il est notable qu'*aucun mythe ne rappelle une origine indo-européenne des Grecs*, alors que l'on peut affirmer en toute certitude que le tronc principal du peuplement grec provient de régions de l'Europe au nord des Balkans ; de même, aucun mythe ne suggère une origine moyen-orientale ou africaine. La seule région extérieure à la Grèce qui soit citée dans des légendes comme origine d'une immigration est le lointain Égyptos.

Zeus poursuit Io jusqu'à la "Terre des brumes" où elle reprend sa forme humaine. Là, elle aura un fils *"à la peau obscure"*, *Épaphos*, qui naîtra de la *caresse* du dieu, comme l'indique son nom, (*epaphao* signifiant *effleurer*), sans union sexuelle : nous sommes là face à de vieilles légendes typiquement amérindiennes. *Libyé,* fille d'Épaphos s'unira à Poséidon et enfantera Agénor et Bélos. Agénor émigre en Phénicie où il aura un fils *Phoinix,* éponyme des Phéniciens. Bélos n'émigrera pas et aura deux fils *jumeaux*, *Danaos* et *Egyptos.* Danaos, à son tour, quittera la Terre des Brumes pour se rendre en Argolide avec ses filles, *les Danaïdes.* Chuvin rappelle cette généalogie qui lui paraît importante et conclut ainsi le chapitre *Argos et ses légendes* de sa *"Mythologie Grecque"* : *"Nous sommes arrivés ici à un carrefour majeur et pour une fois clairement balisé de l'ensemble de la mythologie grecque. Par sa descendance, Io relie non seulement différents rameaux du peuple grec, mais encore ceux-ci à leurs voisins non-helléniques",* ces derniers étant les Phéniciens. Notons que, selon ces légendes et si l'on adopte notre localisation de la *Terre des Brumes* et de l'*Égyptos* (la région côtière du Venezuela sur la mer des Caraïbes), le terme de *Libye* pourrait à l'origine avoir désigné ces régions et les pays voisins (9). Notons également que les Phéniciens seraient, selon cette généalogie mythique, originaires de ces mêmes régions du Couchant, ce qui confirme notre hypothèse sur l'origine des Cananéens (voir Chap. 10). Hérodote affirme que les Phéniciens venaient de la *mer Érythrée* : certes, il s'agit pour lui de l'actuel océan Indien, mais nous avons vu que cette mer Érythrée était initialement la partie occidentale de la mer des Antilles.

Dans *Les Suppliantes,* Eschyle relate l'arrivée de Danaos et de ses filles en Argolide, patrie de sa trisaïeule Io, alors gouvernée par le roi Pélasgos.

Danaos émigre avec ses cinquante filles, *les Danaïdes*, car il veut éviter leur mariage, souhaité par leur oncle Égyptos, avec leurs cinquante cousins, les Égyptiades. Mais ceux-ci les poursuivent jusqu'en Grèce : les Danaïdes supplient le roi de les recevoir et de les protéger, en raison d'antiques liens de sang, *leur ancêtre Io étant argienne*. Le roi accepte de les accueillir, mais les Égypiades se font menaçants et il est obligé d'accepter le multiple mariage. Danaos donne l'ordre à ses filles d'assassiner leurs maris le soir même des noces et celles-ci obéissent, à l'exception d'une seule, Hypermestra, qui épargnera son mari Lynceus. Plus encore que la légende, c'est la manière dont Eschyle décrit les personnages qui retient l'attention.

Le choeur indique que les Danaïdes sont des *"filles brunies par les rayons du soleil"* qui viennent des *"bouches du Nilos"* ; les Égyptiades ont la peau encore plus sombre. Les Grecs du milieu du Ier millénaire a.C. connaissaient bien l'Égypte des Pharaons et l'admiraient pour sa sagesse et ses moeurs pacifiques. Donc, lorsque Eschyle fait dire au choeur au moment où arrivent les Égyptiades : *"Quelle canaille irrémédiable que cette race d'Égyptiens ! Jamais ils ne se lassent de la guerre (...). Ils sont orgueilleux, ont l'âme impie, sont pervers, audacieux comme des chiens, et n'écouteront pas la voix des dieux",* il est évident qu'il ne peut s'agir des Égyptiens du pays des Pharaons : il s'agit d'*autres* "Égyptiens" à la peau également brune (*"cette race d'Égyptiens",* souligne-t-il).

Le roi, s'étonnant de l'aspect des Danaïdes, demande : *"De quel pays vient cette troupe à laquelle je m'adresse ? Elle n'est pas vêtue à la mode des Grecs ; elle est parée de robes et bandeaux barbares"*. Le choeur répond que ces Suppliantes se disent d'origine argienne, et le roi s'étonne : *"Comment la race argienne pourrait-elle être la votre ? Vous ressemblez à des Libyennes, et rappelez aussi le type cypriote (...). Si vous étiez armées d'arcs, j'aurais certainement conjecturé que vous étiez des amazones sans maris, qui mangent de la chair crue"*.

Alors le choeur supplie : *"Zeus, roi des rois, jette les yeux sur des femmes dont l'antique race remonte à une aïeule qui te fut chère (...). Nous nous honorons d'être filles de Zeus et d'être originaires de ce pays (...). Nous sommes venues sur une trace ancienne au lieu où notre mère paissait les fleurs, à la prairie d'où Io, pourchassée par le taon, s'enfuit éperdue et trave-*

rsa une foule de nations et, passant sur l'ordre du destin le détroit houleux qui sépare deux continents, passa de l'un à l'autre qui lui est opposé. Elle s'élança à travers l'Asie et atteignit les fleuves intarissables et l'illustre terre d'Aphrodite fertile en froment".

Le roi leur pose d'autres questions et, convaincu par les réponses, accepte de les recevoir. Notons qu'elles arrivent *sur une trace ancienne* du pays *des fleuves intarissables* où parvint leur aïeule (la référence à l'Asie provient de la méconnaissance d'Eschyle quant à la localisation de la Terre des Brumes). L'Égypte n'a qu'un seul fleuve dépourvu d'affluents alors que le Venezuela et la Colombie disposent d'un dense réseau de fleuves imposants. Le froment auquel fait allusion le texte pourrait être la farine de manioc : il semble que les danaens aient introduit en Argolide l'art de produire la farine à partir des grains qui alors en Grèce se consommaient cuits (pour Aphrodite, voir chap. 23 - Note 4). Eschyle évoque les femmes cypriotes comme ayant elles aussi la peau brune : cela indiquerait que *l'île de Chypre avait été également peuplée par des Danaens*, comme la Crète et l'Argolide (il existe une ancienne écriture cypriote semblable au linéaire A de Crète).

La fuite d'Io correspond peut-être à une légende encore plus ancienne que celle de l'arrivée des Danaens, provenant de légendes Pélasges sur leurs propres traversées océaniques dans un lointain passé.

Pélasgos s'effacera pacifiquement devant Danaos qui deviendra roi. Selon la légende, c'est un civilisateur, qui enseigne aux Argiens l'art de construire des canaux et des puits. Le fait le plus important est qu'il marie ses filles, "danaéennes brunies par le soleil" à des jeunes argiens - des Pélasges - *de diverses origines sociales*, le choix de ces derniers s'étant effectué par le procédé original, expéditif et démocratique d'une *course à pied* où les premiers arrivés choisissaient leur épouse. Et voilà pourquoi les Argiens du milieu du Ier millénaire étaient bruns ! Mais s'ils descendaient de femmes brunes de peau, celles-ci descendaient d'Io et de Zeus lui-même : tous les Grecs ne pouvaient en dire autant. Les blancs Athéniens, d'origine indo-européenne mais qui eux aussi se considéraient autochtones, ne pouvaient revendiquer que *le protectorat* d'Athéna, fille de Zeus.

Peut-être cette course restée célèbre donnera par la suite l'idée des *jeux sportifs* qui se dérouleront à Olympie, haut lieu des traditions pélasges : cette compétition pacifique aura lieu *tous les quatre ans* : nous verrons plus loin que, pour la race des Danaens, le chiffre *quatre* était celui de la *plénitude*.

La passation de pouvoirs de Pélasgos à Danaos est *pacifique* ; Pausanias écrit qu'à partir de ce moment : *"Ceux qu'auparavant on nommait les Pélasges, de les appeler Danaens, Pélasgos introduisit l'usage en Grèce"*. Il écrit par ailleurs que *"les Arcadiens lui dirent que selon leurs légendes, Pélasgos fut le premier homme qui vécut dans leur terre"*. Pour cette raison, nous avons désigné sous le nom de *Pélasges* les premiers immigrants maritimes à la peau claire qui s'installeront en Grèce dès le VIIe millénaire et appelé *Danaens* les immigrants à la peau brune qui arriveront au début du IIe ; le nom de *Dana* ou de *Hana* est probablement celui que se donnaient ces immigrants (nous verrons plus loin son sens) ; plus tard, au début du Ier millénaire a.C., le nom de *Danaoi*, Danaens, sera donné aux Grecs sans distinction d'origines, lesquelles d'ailleurs n'étaient plus perceptibles.

Il y avait au VIe siècle a.C. en Ionie des *logographes,* qui s'attachaient à étudier les mythes avec un esprit critique et dépouillaient les documents disponibles pour établir des généalogies, de familles ou de peuples. Moins que les dates ou les durées, ce sont *les successions* qui retenaient leur attention : on ne peut donc pas négliger les généalogies relatives aux peuples, car elles peuvent indiquer un ordre d'arrivée des différentes ethnies.

Nous venons de voir qu'Agénor quitte la Libye d'Amérique pour venir en Méditerranée où son fils Phoenix (ce nom grec signifiant *le rouge*) sera l'éponyme des Phéniciens : il inaugure donc la lignée des rouges *Cananéens* (voir Chap. 10). Par contre, “une génération” plus tard (ce qui peut en fait signifier une longue durée dans le temps), émigreront vers la Grèce *Danaos* et ses filles, en fait *les* bruns *Danaens.*

Mais quand étaient arrivés les blancs *Pélasges ?* Les mythes évoquent la déesse *Doris,* fille du Fleuve Océan : de son mariage avec *Nérée,* dieu de la mer, elle eut une fille, *Thétys,* déesse des profondeurs marines, qui sera la mère d'Achille, un Pélasge par excellence (voir Chap. 24). *Doriens* pourrait être le nom que se donnaient les Pélasges établis de longue date sur les rivages de la Grèce quand arriveront les Danaens, et ce nom évoquait leur origine marine et divine.

Une seule danaïde, Hypermestra, avait épargné son mari et cousin égyptiade, Lynceus : leurs enfants seront de souche doublement royale, car descendant d'Io et de Libyé par leur mère et par leur père. Leur fils Abas aura des *jumeaux*, Proïtos et Acrisios ; Acrisios aura une fille, Danaé à qui Zeus donnera un enfant, *Persée* ; celui-ci, au cours d'une expédition contre les Gorgones, délivrera *Andromède*, que son père Kepheus, roi d'Éthiopie, avait, pour conjurer un mauvais sort, livré à un monstre marin en l'attachant sur un roc isolé au milieu de la mer. Persée épousera Andromède et l'emmènera en Grèce. Leur petit-fils sera *Héraclès*, qui n'a donc rien d'indo-européen, puisque Persée, déjà fortement *éthiopien* en raison de ses ancêtres, renforcera cette hérédité chez ses enfants en épousant *l'éthiopienne* Andromède.

Ce caractère exotique d'Héraclès apparaît d'ailleurs dans ses attributs : *la peau de puma, la massue, et l'arc à double courbure.* On voit apparaître ces deux armes dans les signes du *disque de Phaistos*. Plus que la massue, l'arc à double courbure surprenait les auteurs grecs du Ier millénaire a.C. qui l'attribuaient aux Scythes, car l'arc qu'ils connaissaient était l'arc à simple courbure. Mais l'arc à double courbure, utilisé en Crète jusqu'à l'époque Mycénienne, était d'origine sud-américaine : sur des gravures datant de l'époque de la Conquête (10- Le Moyne), des *Indiens de Floride portent des arcs à double courbure semblables à celui du disque de Phaistos, et utilisent également la massue* (Fig. 13). De même, cet arc est présent chez les Indiens *Carios* du Paraguay à cette époque (10- illustration du livre d'Ulric Schmidt).

Il existe dans *Prométhée enchaîné* une remarquable description du cours du fleuve *Nilos*, lorsque Prométhée indique à Io le but de ses errances (Carte 6) : *"Tu arriveras enfin à une terre éloignée ; un peuple à la peau obscure l'habite, proche des sources qui appartiennent au soleil ; c'est le fleuve éthiopien qui l'irrigue. Tu remonteras le cours serpentin sur les berges du fleuve Nilos, jusqu'à la chute ou se précipitent en grondant ses eaux sacrées et salutaires. Cet itinéraire te mènera à la terre triangulaire que le Nilos divise et nomme. Là est le terme de tes courses vagabondes, et en ce lieu tu fonderas une ville, toi et avec toi tes enfants. Est-ce clair ? As-tu des difficultés à comprendre ?"* (Carte 6)

Et, s'adressant au choeur, il déclare : *"Ce qui manque, je vous le dirai à tous, en revenant à mon point de départ. Dans la zone la plus lointaine de l'Égyptos, se trouve une ville, Canope, près de l'embouchure du fleuve sacré et sur ses mêmes sables* (carte 6 bis). *En ce lieu, Zeus fera que tu reprennes la raison, en te caressant seulement de la main, et tu donneras le jour à un enfant à la peau brune que tu nommeras Épaphos, ce nom rappelant la manière comme Zeus l'engendra. C'est lui qui régnera sur les terres que le Nilos arrose. Cinq générations plus tard, cinquante vierges reviendront à Argos, fuyant le mariage avec leurs cousins",* et suit un résumé du mythe des Danaïdes.

Dans *Les Suppliantes,* le récit de l'arrivée d'Io est le même, mais apporte quelques détails complémentaires des précédents :*"Io arriva enfin à la terre de Zeus, champs riches de toutes sortes de fruits, aux grandes prairies que baignent les eaux de la fonte des neiges et envahie par la furie de Typhon quand le Nilos sort de son cours, fleuve aux eaux toujours limpides et salutaires".* Il est manifeste qu'Eschyle dût avoir accès à des textes fort précis si l'on en juge par ces descriptions, car elles caractérisent ce fleuve et sa haute-vallée avec une grande exactitude : le Tocuyo naît à plus de 3.500 m. dans les Andes vénézuéliennes, couvertes de neige pendant l'hiver, et descend au milieu des rochers en une forte pente jusqu'à un plateau situé à 600 m. d'altitude. Homère dit au chant IV de l'Odyssée que les eaux de l'Égyptos *"descendent du ciel"* (v. 581). L'été est fort pluvieux sur ce plateau et dans les montagnes, ce qui amène le fleuve à sortir de son cours, et se produisent parfois de violentes tornades tropicales, des *typhons.* Mais le *climat y est tempéré et la terre très riche* : actuellement, cette plaine est couverte de champs de canne à sucre, et un barrage régularise le cours du fleuve. Cette plaine est *triangulaire,* car les deux montagnes qui enserrent le fleuve dans son cours supérieur s'écartent l'une de l'autre progressivement à l'arrivée sur le plateau, et une troisième montagne en aval semble enfermer celui-ci dans un triangle. Les *eaux* y arrivent *limpides*, car elles n'ont couru que sur des rochers. Puis, par un défilé, le fleuve quitte ce plateau, et son cours comporte *un saut* au moment où il entre dans la plaine (carte 6)

Au XIXe siècle, le Tocuyo était navigable jusqu'au saut : dans un ouvrage local édité en 1870, *"Apuntes estadisticos de Barquisimeto*", est dit que *"le fleuve est navigable jusqu'au saut, sur une longueur de 96 lieues"*. En aval du saut, *son cours va serpenter d'une manière extraordinaire* en contournant de nombreuses collines, jusqu'à son arrivée dans la *plaine côtière couverte de cocotiers*. Son embouchure put changer au cours des siècles, car le fleuve charria parfois des masses d'eau extraordinaires, et elle est actuellement à 20 km. au nord du promontoire de Tucacas. La qualification de *fleuve serpentin* esr la plus précise que l'on puisse lui donner (11). Donc, selon ce récit qui n'a pu être inventé par Diodore, mais devait provenir de sources anciennes, cette Libye où se rendit Io, et plus tard Persée, Héraclès, et enfin les Argonautes, était une région chère au coeur des Argiens, certainement en raison de leur origine danaenne.

Les grecs anciens étaient préoccupés par ce qui se passe après la mort. La religion polythéiste des *Dieux de l'Olympe* n'imaginait pas une réunion des âmes avec Zeus dans un paradis céleste, mais deux états :

- Celui du commun des mortels, aux âmes desquels était assignée une triste résidence terrestre, les cavernes de l'*Hadès,* régies par Hadès et Perséphone dans une région septentrionale sombre et lugubre que les navigateurs grecs avaient entrevue au cours de leurs voyages chez les Hyperboréens.
- Celui de certaines personnes privilégiées, soit en raison de leur naissance (les demi-dieux), soit en raison de leurs mérites, qui iront vivre un séjour sans souci dans une région également éloignée, mais nettement plus agréable, la *plaine élyséenne* (12) ou *Île des Bienheureux.* Nous pensons que les Grecs placeront ce lieu à proximité du pays des Éthiopiens, en le situant toutefois dans une partie désertique inhabitée.

Au chant IV de l'Odyssée, Protée dit à Ménélas: *"Tu n'es pas destiné à mourir à Argos. Non, les immortels t'enverront dans la plaine élyséenne, à l'extrémité de la terre, là où la vie pour l'homme est plus facile : point de neige, jamais de rigoureux hiver ni de pluie ; toujours les brises du zéphyr au souffle clair envoyé par l'Océan y rafraîchissent les hommes"*.

La position proche de l'équateur de cette terre est soulignée par ce qu'en dit Pindare (IIe Olympique) : *"Dans des nuits toujours égales et des jours toujours égaux, jouissant du soleil, les justes bénéficient d'une existence moins douloureuse (...), ayant parcouru le chemin de Zeus jusqu'à la tour de Chronos. Là, les brises de l'Océan enveloppent de leur souffle l'île des*

Bienheureux. Des fleurs d'or y brillent, certaines sur la terre nées d'arbres, tandis que d'autres sont élevées par l'eau (une allusion aux coraux)*".*

La péninsule désertique de Paraguana située au bord de la mer des Caraïbes et reliée au continent par un étroit cordon de sable, pourrait avoir été ce lieu imaginé : elle est en permanence balayée par les vents alizés au point que la capitale de l'état de Falcon, située au sud de cette péninsule, a pour nom *Coro*, nom qui en langue arawak signifie *le vent.* Cette péninsule, bordée en certains lieux de récifs coraliens, est aride et plate, mais en son milieu se dresse une montagne isolée, le *cerro Santa Ana,* qui culmine à 830 m. ; sa partie haute est couverte de forêts, tandis que le pic est souvent dans la brume et les nuages : c'était peut-être la *tour de Chronos* du mythe rapporté par Pindare.

(1) DIODORE DE SICILE - *Bibliothèque historique*. Livre III. Traduction Bibiane Bommelaer. Paris. 1989.

(2) Notons que si le fleuve Amazone porte ce nom, c'est qu'il fut baptisé ainsi à la suite du récit du frère dominicain Gaspar de Carvajal, chroniqueur de la célèbre expédition de Francisco de Orellana qui, en 1542, partit de Quito en Équateur et descendit ce fleuve jusqu'à l'Atlantique.

En aval de Manaus, les explorateurs sont attaqués par des Indiens et Carvajal écrit : *"Nous vîmes des Indiennes avec arcs et flèches qui se battaient autant que les Indiens, et qui plus est les commandaient et les incitaient à se battre ; elles abattaient avec leurs arcs et flèches ceux qui fuyaient, et se comportaient comme des capitaines de bataille, se mettant en première ligne. Je sais que cela pourra paraître une grande nouveauté pour celui qui lira mon récit, mais pour ma défense, je dis parler de ce que j'ai vu. Ces femmes guerroyaient comme des Amazones.*

Elles sont de grande taille, et nues sauf un petit cache-sexe quand elles livrent bataille. Sinon, elles sont vêtues de légères toiles de coton (...). Entre nous, nous les appelions incorrectement Amazones, car ce mot en grec signifie "dépourvue de seins". Mais celles à qui nous avons eu affaire ici, bien que utilisant arcs et flèches, ne se coupent le sein ni le brûlent, et donc ne peuvent être appelées amazones".

Antonio PORRO - *As Crônicas do rio Amazonas.* Petropolis (Brésil). 1993.

(3) Agustin CODAZZI - *Resumen de la geografia de Venezuela.* Paris. 1841.

(4) Pierre CHUVIN - *La mythologie grecque, du premier homme à l'apothéose d'Héraclès.* Paris. 1992

(5) J. RAMIN - *Mythologie et géographie.* Paris. 1979

(6) Fernan CARDIM - *Terre et gens du Brésil. Brasiliana vol. 168.* 1925 b.
(7) À l'entrée de l'hiver, les bisons formaient jadis un immense troupeau qui se déplaçait lentement depuis le Canada jusqu'au Golfe du Mexique. En 1871, le colonel Dodge dit avoir parcouru 40 km. pour traverser un tel troupeau, qu'il évalua à quatre millions de têtes.

(8) ESCHYLE - *Tragédies.* Traduction Emile CHAMBRY. Paris

(9) TERRE DES BRUMES - Il existe au Cabinet des Médailles de la Bibliothèque Nationale à Paris une médaille que Charles d'Anjou fit exécuter vers le milieu du XVe siècle (donc avant la découverte de l'Amérique). Au revers de cette médaille figure un planisphère sommaire formé de quatre continents ainsi nommés :

- Europa - Asia - Africa - Brumae -.

Il y avait donc avant la Découverte des érudits qui identifiaient par ce nom de *Brumae* des terres qui plus tard s'appelleraient l'Amérique.

(10) Gravure de Jacques LE MOYNE illustrant l'ouvrage de Théodore de BRY :
Brève narration de ce qui arriva aux Français en Floride.
Francfort sur Main. 1592.
Gravure illustrant l'ouvrage d'Ulrich SCHMIDT :
Vera Historia. Nuremberg. 1599.

(11) NILOS - Le mot *Nilos* est probablement la déformation par les Grecs du nom qu'avait ce fleuve dans la langue des indiens arawaks qui peuplaient jadis cette région. Ce nom pourrait avoir été *Ni-ho'é,* la particule *ni* indiquant *l'errance* tandis que *ho'é* est un terme qui s'applique à l'écoulement d'un liquide, donc *le fleuve qui court en errant, en serpentant.*

(12) On traduit l'expression *"eluseion pedion"* par *"la plaine élyséenne"*, donc comme formée d'un nom (*pedion = plaine*) et d'un adjectif dont on ne comprend d'ailleurs pas le sens. Le mot *eluseion* semble lié à *lusis* qui signifie : *libération, délivrance*, et nous paraît être ici également un nom, et non un adjectif : nous verrons au chap. 17 que cette expression correspond à une forme pré-grecque de génitif héritée du danaen, et signifierait : *"la plaine de la délivrance"*, celle où *résident les bienheureux*, libérés des tracas du Monde. Voici donc le sens exact de *Champs-Élysées...*

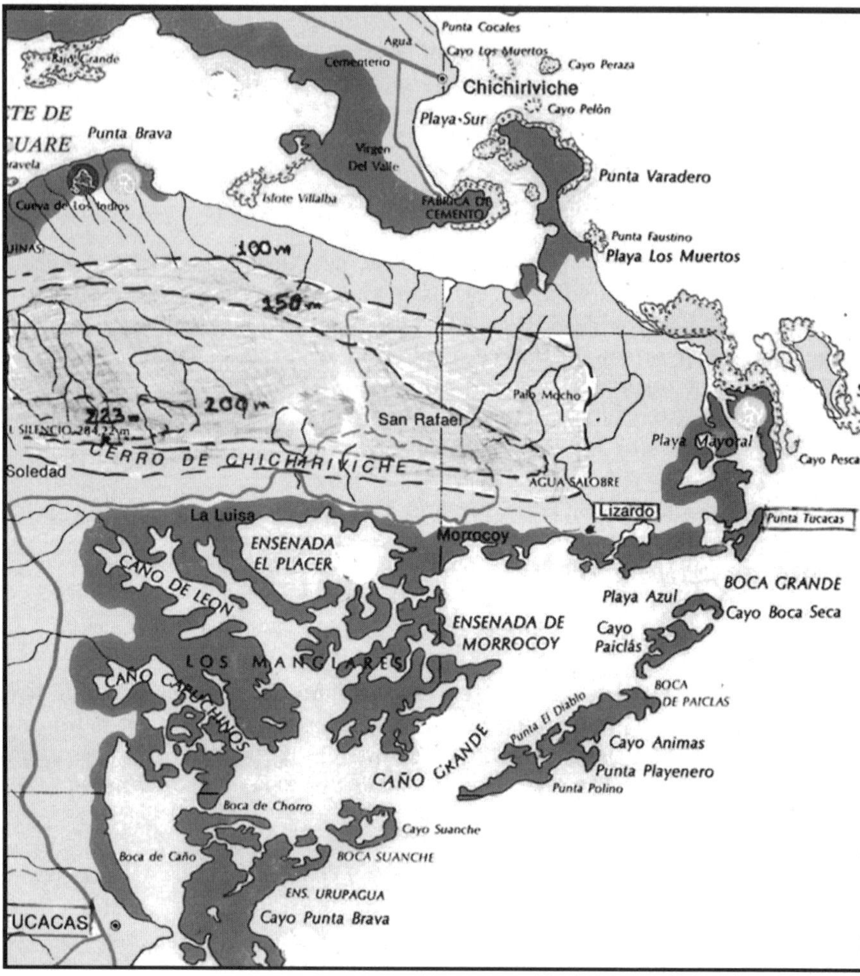

Carte 6 bis - Le promontoire de Chichiriviche et le cap Tucacas

Le promontoire (*cerro*) de Chichiriviche est un plateau calcaire aride haut de 200 m. qui domine la mer des Caraïbes et se termine par le cap de Tucacas (*Punta Tucacas*).

Le relief calcaire a été érodé par la mer et apparaissent des nombres îles, anses de petite dimension et récifs coraliens (*cayos*). La passe de *Boca grande* permet à des embarcations de faible tirant d'eau de se mettre à l'abri dans la baie (*ensenada*) de Morrocoy. Le hameau de *Lizardo* est situé sur cette baie au pied des collines : à sa proximité put se situer le *Canope* dont parlent les mythes grecs ainsi que le port qui apparaît sur une *fresque de Théra* (voir Chap. 14 et Fig. 41) : la fresque montre en arrière-plan un paysage de collines calcaires érodées. Les collines sont habitées par des cervidés, des singes et des ocelots. La partie foncée sur la carte est la basse zone maritime couverte de cocotiers où nichent de nombreux oiseaux de mer (*frégates*).

La ville actuelle de Tucacas est située au sud-ouest du promontoire.

DEUXIÈME PARTIE

PARADIS

Dans cette deuxième partie placée sous le signe du *Paradis terrestre*, nous étudions l'évolution du climat dans le Monde et le peuplement de l'Amérique, afin de mieux connaître les populations qui purent en provenir pour s'établir en Grèce et sur le pourtour de la Méditerranée au cours des millénaires précédant l'ère chrétienne. Nous étudions le mythe de l'*Atlantide*, et évoquons également les premiers prospecteurs de minéraux, à l'avant-garde de la révolution technologique qui changera la face du Monde au IIe millénaire a.C.

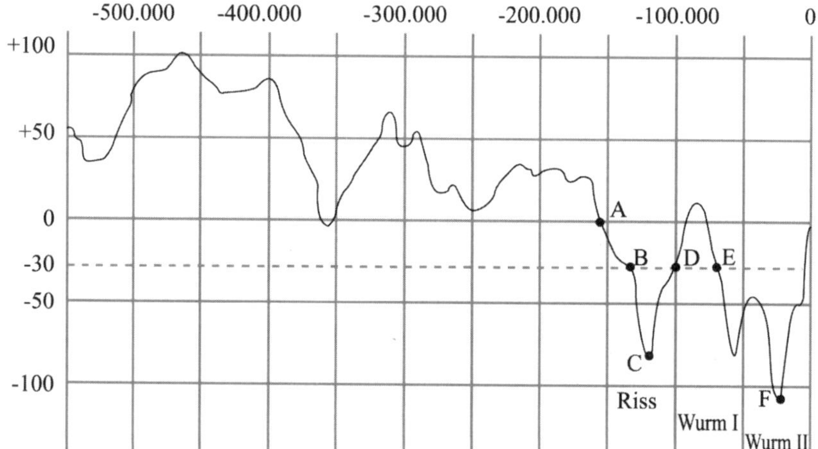

Courbe I - Les glaciations à l'ère quaternaire

En abscisse : années antérieures à l'ère chrétienne
En ordonnées : hauteur en métres du niveau des mers par rapport au niveau actuel

Chapitre 7

LE CLIMAT ET LES HOMMES

Durant les cent millénaires précédant l'ère chrétienne, l'humanité eut à faire face à de grandes variations climatiques puis à la remontée des mers qui poussèrent des populations entières à quitter leurs habitats traditionnels à la recherche de nouveaux lieux d'établissement. L'Homme occupa progressivement l'ensemble de la planète au cours de longues migrations, comme celles qui amenèrent certains peuples en provenance de l'Asie à peupler l'Amérique. Ce continent, isolé des autres par deux grands océans, ne fut peuplé que tardivement, tout au plus au cours des derniers 70.000 ans, et nous sommes arrivés à la conviction qu'au cours des derniers 45.000 ans, l'Amérique vit partir à son tour des populations en direction de l'Europe et du bassin Méditerranéen. La possibilité de ces migrations, de faible importance numérique puisque maritimes, n'a pas été considérée jusqu'à ce jour par les archéologues et les historiens, qui n'envisagent pour le peuplement de l'Europe que des migrations *terrestres* en provenance directe de l'Asie.

La science moderne a acquis récemment une connaissance des climats qui se succédèrent pendant les derniers 500.000 ans : il en ressort que la Terre passa par de grandes oscillations climatiques dont on ne connaît pas la cause, allant de périodes très chaudes à d'autres de glaciations extrêmes, pour aboutir actuellement à une phase tempérée qui dure depuis près de 10.000 ans.

Le niveau des mers à ces différentes époques a pu être déterminé, grâce en particulier à l'étude des coraux ou de coquillages fossiles. Nous utilisons dans ce chapitre les informations apportées dans *"L'homme et les déluges"* par André et Denise Capart (1) et dans *"L'homme et le climat"* par Jacques Labeyrie (2). Nous reproduisons la *Courbe théorique des changements de niveaux marins au cours des quatre grandes glaciations du quaternaire, au cours des derniers 500.000 ans*, donnée par Capart d'après L. Liboutry (C. I)

Nous allons formuler une hypothèse qui nous a été suggérée par l'étude du peuplement de l'Amérique, la géographie physique de l'Asie et l'évolution des climat : elle fait entrer en scène, dans le grand théâtre des hypothèses de l'anthropologie, une population que nous appelons *les Boréides*, dont l'existence dans le passé permettrait d'apporter des réponses satisfaisantes à diverses questions qui se posent en ce qui concerne le peuplement de l'Amérique.

Pendant une longue *période qui va de -500.000 à -160.000,* la Terre fut soumise de fortes chaleurs. Les pôles et les hautes montagnes étaient libres de glaces, et toute l'eau disponible se trouvait dans les fleuves, l'atmosphère et les mers, de sorte que le niveau de celles-ci s'éleva jusqu'à atteindre une côte de +100 m. il y a 450.000 ans et fut, pendant cette période, toujours supérieur au niveau actuel. C'est l'époque du *Paléolithique inférieur.*

L'homme est sorti d'Afrique depuis longtemps pour peupler le Moyen-Orient et les rives asiatiques de l'océan Indien : il a pu atteindre ces régions par voie terrestre à l'occasion d'une glaciation antérieure à -500.000, qui avait créé deux ponts entre l'Afrique et l'Asie aux extrémités de la mer Rouge.

Il y a 200.000 ans, apparaît l'*homo sapiens.* Le climat était alors particulièrement chaud et humide sur les rives de l'océan Indien, mais plus au nord, dans les plaines occidentales de l'actuelle Sibérie irriguées par de nombreux fleuves qui coulaient vers l'océan Arctique, les conditions de vie devaient être fort agréables, grâce en particulier à un climat plus frais dû à une position plus nordique. Or, pour des populations qui transitaient le long de l'océan Indien au sud des montagnes d'Iran et d'Afghanistan, il était facile d'atteindre les régions situées au nord de ces montagnes en passant par *le seuil d'Hérat* ; ces populations qui se déplaçaient à la recherche de terrains de chasse utilisèrent certainement cette possibilité. *Nous pensons que des migrations vers la Sibérie occidentale eurent lieu dès ces époques lointaines, il y a au moins 200.000 ans.* L'anthropologie moderne n'envisageait jusqu'à ce jour qu'un peuplement tardif de la Sibérie, faute d'y avoir rencontré des traces d'activité humaine au Paléolithique inférieur ; il semble que de récentes découvertes modifieraient ce dernier point de vue (3).

Le nord de la Sibérie, comme de nos jours, ne bénéficiait que d'un ensoleillement réduit caractérisé par l'absence de soleil en hiver et un soleil bas sur l'horizon en été : *en conséquence nous pensons que la peau des populations vivant dans les zones boréales se dépigmentera progressivement pendant deux cent mille ans, et qu'une mutation génétique donnera naissance à des populations à la peau blanche* que nous appelons *"les Boréides",* tandis que les peaux resteront plus ou moins claires dans le reste du monde à l'exception de certaines régions d'Afrique, où elles se protégeront par une pigmentation accrue.

Il y a 200.000 ans, le climat global s'est rafraîchi, mais le niveau des mers est d'environ 30 m. plus élevé que l'actuel. La géographie de cette époque-là présente donc des différences marquantes avec l'actuelle :
- L'Afrique et l'Asie sont nettement séparées.
- L'Europe est séparée de la Turquie d'Asie par un large bras de mer.
- L'océan Arctique pénètre dans la Sibérie centrale entre l'Oural et le plateau central, formant un grand golfe qui reçoit les eaux de l'Ob et de l'Ienissei, et sur les bords de ce golfe vont vivre les *Boréides.* À l'extrémité de la Sibérie,

un détroit de Behring bien plus large que de nos jours sépare l'Eurasie de l'Amérique, où l'homme n'a pas encore pénétré.

Entre -200.000 et -160.000, le climat continue à se rafraîchir et la chaleur globale de l'ensemble de la planète décroît ; le niveau des mers baisse progressivement et *en -160.000 atteint l'actuel niveau 0* (Point A de la Courbe). Le golfe intérieur sibérien disparaît et la côte de l'océan Arctique recule vers le nord. Le climat sibérien de cette époque est toutefois bien plus chaud que de nos jours et les glaces permanentes n'ont pas encore fait leur apparition dans l'océan Arctique : il est donc probable que les Boréides peupleront ses rives jusqu'au détroit de Behring sans être affectés par la rigueur du climat et ils développeront des techniques particulières de chasse et de pêche.

Cependant, la situation climatique va se dégrader très rapidement, en termes de millénaires, et commence la *glaciation de Riss* :

En 25.000 ans, les montagnes se couvrent d'une couche croissante de glaces, provenant de l'eau évaporée des mers restées relativement tièdes, et le niveau de celles-ci s'abaisse progressivement, jusqu'à atteindre la côte -30 m. (Point B) en -135.000. Ce niveau est d'une grande importance, car c'est la profondeur maximum du détroit de Behring entre la Sibérie et l'Alaska : *Pour la première fois en cinq cent mille ans, l'Asie et l'Amérique seront unies par un isthme.* Simultanément ou presque, la mer Noire et la mer de Marmara cessent d'être unies, car la profondeur du Bosphore est elle aussi de 30 m. et *un isthme s'établit en Turquie entre l'Europe et l'Asie.* Il est possible qu'à partir de ce moment-là, des populations venues du Proche-Orient aient atteint l'Europe occidentale en empruntant ce pont terrestre : ce seront peut-être les *Néanderthals*, dont on trouve des vestiges en Palestine, dans le nord de la Grèce et en Europe Occidentale.

Le refroidissement de la planète s'accélère alors brusquement et le niveau des mers va descendre jusqu'à -80 m. il y a 120.000 ans, au plus fort de la glaciation de Riss (point C). *Les chaînes de montagnes du Caucase, de l'Iran, du Pamir et de l'Himalaya, et les hauts plateaux de l'Asie Centrale se sont couvert de neiges et glaces permanentes, constituant une barrière infranchissable allant de l'océan Pacifique à la mer Noire, et un énorme glacier s'est établi sur le nord de l'Europe.* Les Boréides seront donc *emprisonnés dans un cercle de glaces* pendant des dizaines de millénaires, mais leurs conditions de vie seront loin d'être aussi défavorables qu'on pourrait l'imaginer, comme nous le verrons plus loin ; par contre, c'est une race aux caractéristiques bien marquées qui se formera dans cet isolement.

Puis s'amorce un réchauffement ; les eaux remontent et atteignent à nouveau la côte -30 m. il y a 100.000 ans (point D) : *l'Amérique est à nouveau isolée de l'Asie.* Le réchauffement continue, et le niveau des mers remonte jusqu'à sa côte actuelle, il y a 95.000 ans. Mais cette situation est de courte durée, dix mille ans environ, et il y a 80.000 ans survient une nouvelle glaciation, celle de *Wurm*, qui s'avérera bien plus rigoureuse que la précédente.

Dans un premier temps, le niveau des mers s'abaisse à -30 m. (Point E) et *l'Asie est à nouveau unie à l'Amérique, cette fois pour une période qui durera soixante mille ans, de -70.000 à -10.000.* Les glaciologues constatent une importante anomalie climatique aux environs de -45.000 qui affecte 25 millénaires, quand la mer, qui avait baissé au niveau de -90 m., remonte brusquement au niveau -45 m., puis redescend à nouveau : la glaciation de Wurm se divise en conséquence en deux périodes, *Wurm I et Wurm II.*

Pendant la glaciation de Wurm II, le froid est tel que d'énormes quantités de glace se fixent sur les régions septentrionales de l'Europe et de l'Amérique et le niveau marin s'abaisse jusqu'à atteindre la côte extrême de -120 m. (Point F) il y a 30.000 ans : *c'est la période la plus froide de la glaciation.*

Puis un nouveau réchauffement s'amorce, accompagné par une brusque remontée des mers : la côte -100 est atteinte aux environs de -25.000, et la remontée des mers continue, s'arrêtant il y a 15.000 ans pendant une assez longue période qui dure deux à trois millénaires : le niveau marin se stabilise alors à -55 m., niveau nettement marqué par le bord de plateaux sous-marins.

Les mers reprennent leur mouvement ascendant il y a 12.000 ans, et, après quelques oscillations, *atteignent leur niveau actuel il y a 7.000 ans,* au Ve millénaire a.C.

La côte -100 des cartes marines permet de connaître la géographie du monde entre -30.000 et -10.000. On peut donc identifier les régions qui n'étaient pas immergées à cette époque, et cette connaissance est primordiale pour étudier les *migrations humaines occasionnées par la remontée postérieure des eaux*, car il est probable qu'au nord du tropique du Cancer, les populations s'étaient établies de préférence dans les plaines maritimes, où la température était plus douce. On connaît également avec précision grâce aux moraines glaciaires la limite des zones occupées alors par les glaciers, et donc inhabitées pendant plus de 100.000 ans.

Constatons d'abord qu'en *Europe*, le *glacier Nord-Européen* (Carte 7) couvre alors toute la Scandinavie, le nord de la Russie jusqu'à l'Oural, le nord de l'Allemagne et la majeure partie des îles Britanniques, éloignant toute vie humaine de ces régions ; la pointe sud-ouest de l'Irlande et le sud de l'Angleterre sont épargnés en raison de l'influence bénéfique des eaux tièdes du *Gulf Stream.* Durant la glaciation, ses eaux sont maintenues au sud de son cours actuel par la banquise qui occupe l'Atlantique Nord de Terre-Neuve à l'Ecosse : le courant arrive alors directement dans le *golfe de Gascogne*, apportant un climat agréable de la Bretagne à la côte Cantabrique, alors que dans la région parisienne toute proche commence *la toundra* et paissent les rennes. Il n'est donc pas surprenant de constater que c'est sur le pourtour de ce golfe de Gascogne que se produiront les premières manifestations de l'évo-

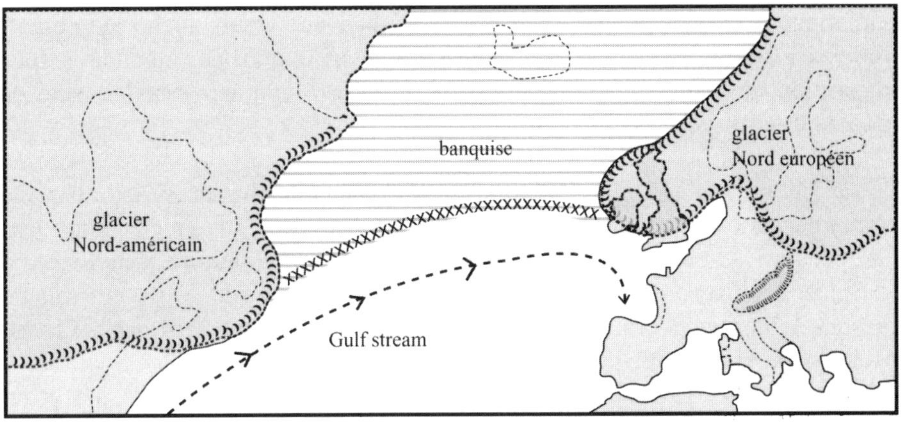

Carte 7 – Limite des glaciers il y a 30.000 ans

lution artistique de l'homme, à Lascaux, Altamira, Brassempouy, montrant l'importance qu'un climat tempéré présente pour la créativité humaine.

Ce golfe est alors plus réduit que de nos jours, et la Loire, la Garonne et l'Adour se prolongent dans une grande plaine qui s'offre aux *hommes de Cro-Magnon*, dont l'arrivée dans cette région est datée de -33.000 (Michel Lepot - CNRS Meudon). C'étaient des *Homo sapiens sapiens*. Les paléontologues admettent que l'*Homo sapiens sapiens* apparaît au plus fort de la glaciation de Wurm II, vers -35.000, donc pratiquement à cette même époque.

On ignore à ce jour la provenance des Cro-Magnon, certains les faisant venir de l'Afrique saharienne et d'autres du Moyen-Orient en longeant la Méditerranée. On pourrait cependant se demander s'ils ne sont pas venus tout simplement d'Amérique du Nord en se laissant porter par le Gulf Stream qui courait d'ouest en est le long de la banquise. Les zones de contact entre mers et banquises furent toujours très poissonneuses et il est possible qu'en les longeant pour la pêche, *des Boréides* installés en Amérique du Nord sur la côte atlantique aient ainsi atteint l'Europe. Naviguer le long de la banquise offrait en outre l'eau douce des glaces et l'abri du pack en cas de tempêtes.

Les *Cro-Magnons pourraient donc être des Boréides venus d'Amérique* et avoir été des *Homo sapiens sapiens* dès avant leur arrivée en Europe occidentale. A cette époque-là, les glaces couvrent les Alpes depuis la Méditerranée jusqu'aux montagnes d'Europe Centrale où elles rejoignent le glacier Nord-Européen, de sorte que *les terres bordant le golfe de Gascogne se comportent comme une île au climat tempéré grâce au Gulf Stream et tournent le dos au reste de l'Europe* dont elles sont séparées par ces massifs montagneux couverts de glace. Les *Néanderthals* vivaient isolés dans cette région depuis -130.000 lorsqu'arrivent les *Cro-Magnon* : or ils vont s'éteindre vers -28.000. Des découvertes récentes effectuées par le CNRS dans le bassin de la Somme ont permis de constater qu'ils ne furent pas victimes du réchauffement climatique, car ils avaient su fort bien s'adapter aux changements de climat. (*Science et Vie* - Mars 2007. J. P. Noel) . On pourrait donc se demander si leur disparition n'a pas été due à l'apport par les Cro-Magnons de maladies alors inconnues en Europe occidentale.

La *Méditerranée,* il y a 25.000 ans, est quasiment divisée en deux bassins réunis par un étroit bras de mer entre la Tunisie et une Sicile unie au continent européen ; *Malte* n'est pas encore une île, mais un promontoire rocheux uni à la Sicile. La Corse et la Sardaigne sont unies en une grande île qui touche presque le continent. La mer Adriatique n'existe pratiquement pas : elle est occupée par une grande plaine que traverse le Pô.

La *mer Égée* est réduite à de larges chenaux entre de grandes îles et ne communique pas avec la *mer Noire* : celle-ci est alors un lac d'eau douce de dimensions restreintes recevant les eaux des fleuves d'Ukraine alimentés par un timide dégel estival. Les Balkans et la Turquie sont unis par un pont terrestre. En *Afrique,* le *Sahara* est une terre fertile parsemée de lacs.

En Asie, c'est le *Sud-Est (Indonésie)* et le *Nord-Est (Behring)* qui présentent les plus grandes différences avec l'époque actuelle :

- Sumatra, Java, Bornéo et les Philippines sont unies à la Malaisie en une *immense presqu'île* entourant une mer de Chine réduite à un grand golfe dans lequel naît le courant chaud du Kouro-Shivo, qui se dirige vers le nord-est (Carte 8). La Nouvelle-Guinée et l'Australie sont unies, mais resteront toujours séparées du continent asiatique.
- L'actuel détroit de Behring est occupé par un *pont terrestre de mille km. de large* qui unit l'Asie et l'Amérique. En conséquence, les eaux froides de l'océan Arctique ne peuvent se mêler aux eaux du Pacifique Nord ; or celui-ci reçoit en permanence les eaux tièdes du Kouro-Shivo et cette situation dure depuis 45.000 ans (de -70.000 à -25.000). Cette immense masse d'eau tiède du Pacifique Nord, d'une part réchauffe les côtes de l'isthme de Behring et d'autre part, évapore en permanence de grandes quantités d'eau que la rotation de la terre fera se refroidir au-dessus de la Sibérie pour se condenser en neiges qui tomberont sur l'Oural, la Scandinavie, le Groenland et le Canada.

Il en résulte un déséquilibre qui va croissant au cours des millénaires : *Un isthme de Behring et l'extrémité nord-orientale de la Sibérie qui restent libres de glaces et jouissent d'un climat relativement bénin pour ces latitudes, tandis que d'énormes quantités de glaces s'accumulent sur la Scandinavie, le Canada et le Groenland.* Le glacier scandinave qui en résultera, épais de deux à trois mille mètres, exercera une pression telle qu'après sa disparition, le socle scandinave remontera progressivement, encore jusqu'à nos jours, cette remontée atteignant 300 mètres ; le glacier groenlandais aura également une hauteur de trois mille mètres.

En conclusion, c'est un monde fort différent de l'actuel que celui d'il y a 25.000 ans, en ce qui concerne les zones favorables au peuplement :

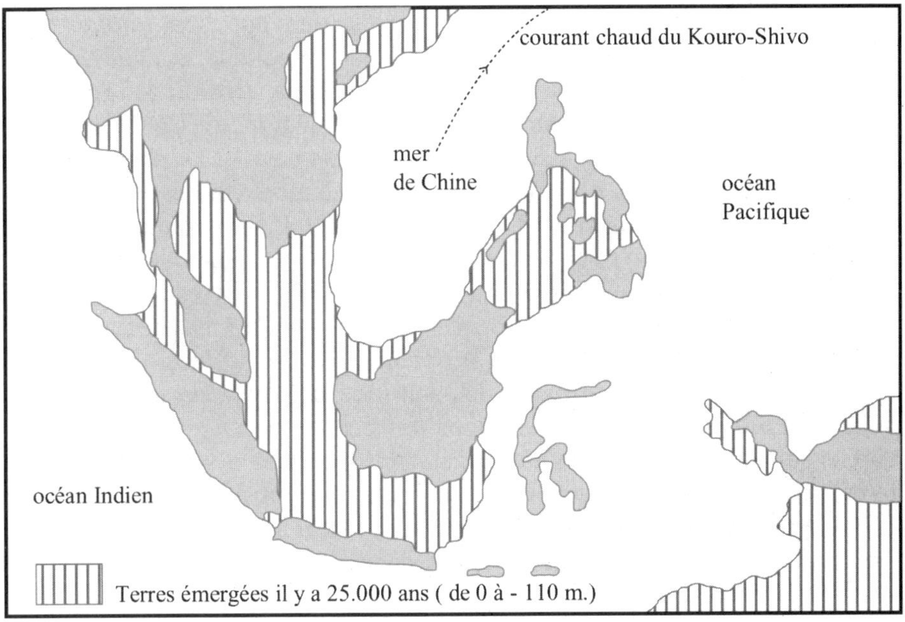

Carte 8 – Le sud-est Asiatique il y a 25.000 ans

- L'*Afrique* l'est dans sa totalité ; le *Sahara* n'est pas le désert actuel, mais possède de grandes plaines fertiles parsemées de lacs. On ne voit pas pourquoi des populations terriennes l'auraient quitté au plus fort de la glaciation pour remonter vers le nord en traversant la Méditerranée : on peut donc penser que les Cro-Magnon ne venaient pas d'Afrique.
- En *Europe occidentale*, un facteur important, outre la température, est la disponibilité d'eau douce, car les pluies y étaient certainement rares durant la glaciation : les piémonts du Massif Central et des Pyrénées bordant la plaine du *golfe de Gascogne* durent à cet égard contribuer à rendre cette région particulièrement attrayante en raison de leurs nombreuses rivières. Par contre en Europe Orientale, les *îles de l'Egée et la Grèce* sont certainement inhabitées en raison de cette absence de pluies.
- Une zone privilégiée est celle des *rives du lac qui deviendra la mer Noire,* et en particulier la plaine d'Ukraine qui reçoit les eaux des faibles dégels estivaux du glacier nordique : eau douce, climat relativement tempéré, abondance de gibier, tout concourt à en faire une zone privilégiée. Il est probable que certains groupes de Boréides qui vivaient en Sibérie occidentale se replieront vers le Caucase et la mer Noire. Leur brassage avec les populations autochtones formera un groupe relativement homogène de taille moyenne à la peau claire qui sera peut-être l'ancêtre des "*indo-européens*".
- Pendant de nombreux millénaires après que se fut amorcé le dégel, la *Scandinavie* resta inhabitée, étant couverte par un énorme glacier dont la masse freinait toute possibilité de fonte rapide. Cette fonte fut progressive, mais vers

-6.700, se produisit un phénomène que les géologues appellent *la bipartition du glacier scandinave* : une partie bascula dans l'Atlantique, et l'autre dans la mer Baltique. D'énormes masses d'eau se déplacèrent à travers les plaines de Pologne et d'Ukraine vers *le lac de la mer Noire* dont le niveau s'éleva fortement : ses rivages seront inondés et leurs habitants devront les abandonner. Il est possible que certains d'entre eux aient émigré alors vers la vallée du Danube, se dirigeant ensuite vers l'Europe occidentale. Le niveau du lac se stabilisera à un niveau inférieur à l'actuel, et il faudra attendre 400 ans pour qu'apparaisse la configuration actuelle : vers -6.300, le niveau de la mer de Marmara, qui s'est unie à la Méditerranée, atteint -30 m. et ses eaux créent une brèche étroite dans l'isthme du Bosphore ; elles se déverseront *lentement* dans la mer Noire, élevant peu à peu son niveau jusqu'à celui de la Méditerranée. Le déluge biblique n'eut donc pas lieu en mer Noire, car les populations qui habitaient ses rives eurent le temps de se replier vers de plus hautes terres sans avoir besoin d'embarcations ; et il est incohérent de penser qu'un navire quelconque ait eu la possibilité d'aller s'échouer à 3.000 m. d'altitude sur le mont Ararat, le niveau des mers au cours des derniers 500.000 ans n'ayant jamais dépassé +100 m.

Certaines populations purent également émigrer vers l'Iran et l'Inde, formant la branche orientale des *"indo-européens"*, de sorte que *des liens linguistiques* existeront entre des populations, de l'Inde à la Baltique.

La température globale du Monde pendant les siècles de glaciation ne fut que de quelques degrés inférieure aux moyennes actuelles, mais cela fut suffisant pour conserver et accentuer le déséquilibre climatique pendant près de 150.000 ans ; les zones équatoriales restèrent à l'abri du refroidissement, qui n'affecta que partiellement les zones tropicales ; le froid sévissait surtout dans l'hémisphère nord au pied des grands glaciers.

- En conséquence, la péninsule que constituait alors le *Sud-Est asiatique* et ses grandes plaines irriguées par le Mékong et les fleuves qui descendaient des montagnes de Bornéo et de Sumatra furent alors sans nul doute un lieu particulièrement agréable à vivre, où abondaient fruits et plantes comestibles, et propices à la pêche et à la chasse. De nombreuses *populations de races diverses* durent venir s'y établir durant les dizaines de millénaires de glaciation, apportant des caractéristiques anthropologiques variées, *dolichocéphales et brachycéphales, moyennes et petites tailles, peaux allant du brun clair au brun foncé (les Négritos).* La montée des eaux jointe à une démographie explosive les expulsera vers les régions voisines de l'Indochine et de l'Australie, ou vers des destinations plus lointaines comme les îles du Pacifique et l'Amérique. Les anthropologues les nomment : *Australoïdes*.
- Les populations de *Boréides* peuplant les rives de l'océan Arctique purent par contre constituer une race de caractéristiques homogènes, telles que la *peau blanche, une grande taille et un crâne dolichoïde* en raison de leur isole-

ment durant les millénaires de glaciations : le refroidissement du climat de l'Ouest sibérien où s'installait progressivement le prolongement oriental du glacier Nord-Européen dût pousser une partie des Boréides à une migration vers l'est et la *plaine de l'isthme de Behringie* bien plus accueillante.

À l'est de celle-ci, le massif montagneux de l'Alaska, couvert par le glacier Nord-Américain, empêchait une progression terrestre vers le sud-est et les grandes plaines de l'Amérique du Nord. *Ces Boréides restèrent donc confinés pendant des millénaires dans la région de Behringie, un pied en Asie et l'autre en Amérique, et certains migrèrent tardivement vers le sud-est en navigant le long de la côte occidentale américaine.*

De nombreuses disciplines scientifiques ont permis d'établir une *Carte du climat et de la végétation au cours de l'été boréal d'il y a 18.000 ans* (2). Elle permet de constater qu'à cette époque, la *Behringie et le Nord-Est de la Sibérie* sont *couverts de forêts* ; le courant du Kouro-Shivo réchauffe sa côte sud, et les climatologues affirment que l'océan glacial Arctique n'était pas pris par les glaces en raison de la salinité de ses eaux. Donc cette région, où la pêche et la chasse devaient être abondantes, dût être paradoxalement une zone favorable au peuplement. C'est peut-être là que se fabriquèrent les premières micro-pointes de silex pour fixer à l'extrémité de javelots, succédant à des pointes faites d'os ; ces micro-pointes se retrouveront dans les plaines de l'Amérique du Nord... et en France, dans le Massif Central (Solutré).

La même carte montre que, par contre, le centre de l'Asie au nord-est de l'Himalaya (l'actuelle Mongolie) est alors une steppe désertique au climat rude et sec, comme de nos jours. Les rares populations qui habitent ce territoire continental auront la vie moins facile : froids intenses et grande réverbération solaire amèneront à une mutation génétique, *le caractère mongoloïde.*

Cette mutation est, selon les spécialistes, relativement récente (on pense qu'elle apparut il y a seulement 15.000 ans), ce qui permet de dater avec une certaine précision l'arrivée en Amérique de populations aux traits mongoloïdes plus ou moins accentués.

Le dégel mettra les populations des rivages maritimes aux prises avec d'énormes problèmes pour assurer leur survie : à mesure que s'élève le niveau des mers, elles doivent quitter un territoire qui leur était familier et partir à l'aventure, migrant vers l'intérieur des terres ou le long des côtes à la recherche de nouveaux lieux de résidence, excitant leur intelligence pour assurer leur survie. Mais certains endroits favorables étant déjà occupés, c'est plus loin qu'il faudra continuer la migration ; et toujours la mer qui monte, lentement mais inexorablement, un mètre environ chaque cent ans, noyant plaines et embouchures, tandis que des masses d'eau tombent sans cesse du ciel, car le radoucissement du climat s'accompagne d'abondantes pluies : ce n'est pas un seul mais *plusieurs déluges* qui, de -10.000 à -5.000, durent affecter diverses régions du Monde et les peuples en garderont la mémoire.

Comment certains historiens peuvent-ils penser que l'Homme dût attendre les derniers millénaires avant l'ère chrétienne pour apprendre à naviguer ?

Bien au contraire, *le radeau et le tronc creusé furent les grands instruments de survie* pour de nombreuses populations pendant la dizaine de millénaires antérieurs - le mythe de l'Arche de Noé en est le témoignage - permettant d'abandonner une plaine ou une île qui menaçait de disparaître, ou de longer un rivage à la recherche d'un nouveau lieu d'établissement. On a constaté que des populations en provenance du Sud-Est asiatique s'établirent en Australie il y a 75.000 ans : or elles ne purent y parvenir qu'en bateau, car l'Australie fut *toujours* une île. *L'art de la navigation* est peut-être la raison déterminante du passage de l'Homme de l'état d'*Homo sapiens* à celui d'*Homo sapiens sapiens,* et la raison de la diffusion rapide de cet état à l'ensemble de la planète à la sortie de la dernière période glaciaire.

Aux nouvelles conditions intellectuelles acquises par l'Homme, s'ajoutera une stabilité climatique dans des conditions optimales, éloignée des excès antérieurs de froid comme de chaud : celle-ci permit aux hommes qui vivaient dans les régions tempérées d'accumuler et de capitaliser à chaque génération depuis quatre ou cinq millénaires le fruit des pensées et des découvertes de ceux qui les avaient précédés, de telle sorte que pût éclore la civilisation actuelle.

(1) André et Denise CAPART - *L'homme et les déluges.* Bruxelles. 1986.
(2) Jacques LABEYRIE - *L'homme et le climat.* Paris. 1985.
(3) Bernard BERDICHEWSKY -*En torno a los origenes del hombre americano.* Santiago du Chili. 1985.

L'auteur indique (note au chap. 6) : *"Suite à une découverte récemment effectuée en Sibérie, Okladnikof écrit en 1982 que ce serait au début du Paléolithique inférieur comme l'indique le nouveau gisement d'Ulalinka découvert dans la région de l'Altai et non vers la fin de cette période comme on le pensait jusqu'à présent, qu'aurait commencé à se peupler la Sibérie. Il s'agirait d'une culture de simples instruments forés, de nodules de galets en provenance du sud de l'Asie".*

Des études effectuées depuis 1960 dans le bassin de la Lena (Serguei Vasiliev) ont fait apparaître au sud de Yakutsh des artefacts qui, datés d'une manière fiable par thermoluminescence, donnent la date de -270.000.

Chapitre 8

LE PEUPLEMENT DE L'AMÉRIQUE

Les peuples amérindiens que découvraient les Européens il y a cinq cent ans vivaient pour la plupart une civilisation de collecteurs-cultivateurs quasi néolithique, donc très en retard par rapport à celle de l'Europe de cette époque ; cependant, les Incas ou les Aztèques disposaient d'une organisation sociale qui n'avait rien à envier à celle de l'Europe médiévale, et excellaient dans la construction de monuments de dimensions cyclopéennes.

L'Amérique montre en fait une longue tradition dans les travaux publics, en particulier les grands travaux d'aménagement hydraulique, certains effectués à des époques où l'Europe n'était pas encore capable d'entreprendre de telles oeuvres : L'anthropologue américaine Betty Meggers attire l'attention sur les grands travaux des bords du Mississippi, en particulier ceux de *Poverty Point,* habité entre -1.200 et -400, qu'elle considère comme *"la plus spectaculaire réalisation de génie civil autochtone en Amérique du Nord"* (1). En amont du fleuve, de nombreux *tertres* de grandes dimensions furent construits plus tardivement, le plus grand d'entre eux, à *Caokia*, ayant une hauteur de 30 m. et pour base un rectangle de : 300 x 200 m. Certains monuments récemment découverts au Pérou ainsi qu'une ville aux environs de Lima datent de -3.000 et sont donc antérieurs aux Pyramides d'Égypte.

On a souvent écrit que la métallurgie avait fait une apparition tardive en Amérique. En fait, cette métallurgie serait de mille ans plus vieille que ce que l'on pensait, en raison de la découverte de minces feuilles de cuivre dorées à l'or fin dans la vallée de Lurin proche de Lima : le travail s'effectuait par martelage à froid avec des marteaux de pierre, et les archéologues Burger et Gordon le datent de -1.400 à -1.100, soit l'époque de la Grèce mycénienne.

Il est intéressant à constater que de nombreuses ethnies amérindiennes semblent vouloir continuer à vivre selon des formes immuables venant d'un lointain passé, et sont insensibles au concept de "progrès" imposé depuis deux siècles, comme si leur mode de vie satisfaisait pleinement leurs espérances.

On peut en déduire que ces populations ont peu modifié leur forme de vie depuis des millénaires : en conséquence, leur mode de vie présent, ou mieux encore celui qui était le leur il y a cinq cents ans quand aucune influence européenne ne les avait encore marqué, nous informent sur leur mode de vie possible dans un lointain passé. Et si certains groupes sont restés volontairement à l'écart et ont gardé un mode de vie immuable durant plusieurs millénaires, il est probable que leur langue aura peu évolué durant cette longue période, car la langue d'un peuple évolue en grande partie en raison de contacts sociaux avec d'autres peuples, ou en raison des modifications économiques et culturelles.

De telles conditions d'isolement volontaire existent encore en Amérique du Sud. Citons comme témoignage de cette attitude de rejet, la phrase d'un sage guarani de la tribu des *Mbyás*, une de celles qui a réussi à se maintenir à l'écart du processus de colonisation de cinq siècles au coeur des forêts du Paraguay. Ce sage disait il y a quelques décennies à peine à l'ethnologue paraguayen Léon Cadogan, qui étudiait leur langue et leurs concepts religieux : *"Pour apprendre ces choses, tu devras rester un an avec moi dans la forêt (...). Tu cesseras de lire car la sagesse de l'écrit t'empêcherait de comprendre la sagesse que nous avons reçue, et qui vient d'en haut"* (2). Donc un refus volontaire de l'écriture et de la civilisation moderne - sans pour autant les méconnaître - considérées comme des obstacles à la transmission de leur sagesse séculaire.

Si le déséquilibre était considérable au XVIe siècle entre les formes de vie des Européens et des Amérindiens, il est possible et même probable qu'il n'en était pas de même il y a 4.000 ans, au début du IIe millénaire a.C., quand les uns comme les autres vivaient des civilisations néolithiques, et cela explique la nature des contacts d'égal à égal qui semblent avoir eu lieu entre eux à cette époque. Et rien n'empêche de penser que certains peuples d'Amérique possédaient alors une culture supérieure à celle des peuples d'Europe.

Pour mieux connaître ces populations amérindiennes, nous allons considérer comment se peuplèrent les Amériques et quelles étaient les caractéristiques physiques de ces immigrants, références qui pourront permettre une comparaison avec d'anciennes populations de la Grèce.

L'Amérique a été peuplée tardivement puisqu'il semble que la présence de l'homme sur ce continent remonte à 70.000 mille ans, et les premiers hommes qui s'y établirent étaient déjà des *Homo Sapiens*. De nombreux archéologues et ethnologues ont cherché à déterminer les séquences de ce peuplement et ses origines : Les ouvrages d'Edgar Ibarra Grasso (3) et de Bernardo Berdichewsky (4) nous font connaître les conclusions des plus marquants d'entre eux, Herdlika, Imbelloni, Rivet, Bormida, Ibarra Grasso. Nous utiliserons donc ici leurs opinions, parfois contradictoires, en essayant d'en faire une synthèse plausible et nous apporterons quelques idées nouvelles que nous suggèrent les données géoclimatiques énoncées au chapitre précédent.

Sur les mappemondes en usage dans les Amériques, ce continent en occupe le centre et apparaît comme une île immense au milieu des océans, le

Pacifique d'un côté avec au loin l'Asie et l'Atlantique de l'autre avec au loin l'Europe et l'Afrique. D'Asie proviendront plusieurs vagues d'immigrations, terrestres via Behring, et maritimes en suivant les côtes ou les courants de l'océan Pacifique : la résultante en sera les populations amérindiennes que rencontreront les Européens. Mais rien n'amène à penser qu'avant le XVIe siècle, des hommes venus de l'ancien Monde aient contribué au *peuplement* de l'Amérique, ce qui n'est pas contradictoire avec le fait que des navigateurs Grecs, Phéniciens et Vikings aient pu dans le passé fréquenter ses rivages.

Jusqu'à il y a quelques décennies, les archéologues nord-américains, à la suite du professeur Herdlika de l'Université de Chicago, estimaient que l'arrivée de l'Homme en Amérique datait tout au plus de *dix à douze mille ans*, quand des immigrants de caractéristiques mongoloïdes venus de Sibérie auraient transité par l'isthme de Behring avant qu'il ne disparaisse sous les eaux. Ils auraient ensuite selon lui suivi la vallée du Yukon étrangement libre de glaces pour parvenir dans les plaines d'Amérique du Nord puis, en un millénaire, occuper l'ensemble de l'espace américain.

Selon ce schéma issu d'une mentalité *terrienne*, une *unique vague d'immigrants* à caractéristiques mongoloïdes aurait apporté un peuplement homogène, représenté par l'*Indien d'Amérique.* Cette thèse confortait la croyance généralisée depuis le XVIe siècle de l'homogénéité raciale des populations indo-américaines, dans la ligne de ce qu'exprimait Buffon, le célèbre naturaliste français du XVIIIe siècle, quand il écrivait à propos des Indiens d'Amérique : *"Il n'y a donc, pour ainsi dire, dans tout le nouveau continent, qu'une seule race d'hommes, tous de couleur basanée plus ou moins foncée. Et si nous exceptons de cette généralisation le nord de l'Amérique, où il y a des hommes semblables aux Lapons et également certains aux cheveux blonds semblables aux Européens du Nord, cette vaste partie du monde est peuplée d'hommes entre lesquels il n'y a aucune diversité"* (3). Cependant un autre français, Alcide d'Orbigny, qui parcourut l'Amérique méridionale au XIXe siècle, s'opposait à cette vision disant : *"un Péruvien diffère d'un Patagon et un Patagon d'un Guarani plus que ne diffèrent entre eux un Grec et un Éthiopien ou un Mongol".*

De nombreuses découvertes archéologiques effectuées au cours des dernières décennies ainsi qu'une analyse approfondie des caractéristiques raciales des différentes ethnies, on montré qu'il fallait envisager un peuplement de l'Amérique plus précoce et plus complexe que ne le pensait Herdlika. Un seul argument, la variété linguistique, aurait dû montrer la fragilité de sa thèse : il existe en effet un nombre fort élevé de langues différentes dans les Amériques, plusieurs centaines, et il serait surprenant qu'elles aient pu se différencier en si peu de temps à partir d'une seule langue originelle commune.

Il apparut rapidement que certaines populations d'Amérique du Sud dans les régions amazoniennes présentaient un type racial fort différent de celui des populations d'Amérique du Nord : il fut donc admis qu'avait eu lieu une *deuxième vague* de peuplement, plus récente et qui remonterait à 5.000 ans, de populations d'origine indonésienne et polynésienne qui seraient arrivées en Amérique Centrale puis se seraient répandues dans les régions équatoriales de l'Amérique du Sud. Notons que les termes *indo-américains* ou *amérindiens* utilisés à propos des premiers peuples d'Amérique conviennent fort bien, puisqu'il est avéré que les différentes vagues d'immigrants qui arrivèrent avant l'ère chrétienne provenaient toutes de l'Asie, que les Européens appelaient autrefois *les Indes*.

Cependant, certains faits restaient inexpliqués :

- D'abord, qu'un nombre croissant de découvertes archéologiques, tant en Amérique du Nord qu'en Amérique du Sud, faisaient état de datations indiquant la présence d'hommes il y a 20.000 ans, et que d'autres découvertes plus récentes, particulièrement dans le Nord-Est brésilien, faisaient état de présence humaine il y a 30.000 ans et plus.
- Ensuite, que les types humains de certaines populations ne concordaient pas avec le schéma binaire indiqué ci-dessus. Il fallait donc admettre la possibilité de peuplements plus anciens.

Les archéologues sont maintenant d'accord sur ce qu'ils appellent un peuplement *pré-mongoloïde* qu'ils qualifient d'*australoïde* car les populations en question présentent de fortes similitudes avec d'anciennes populations déjà identifiées en Australie. Ils admettent qu'il y a plusieurs dizaines de milliers d'années, ces populations arrivèrent du sud-est asiatique après une longue migration terrestre, longeant les côtes de Chine et de Sibérie puis celles de l'isthme de Behring et de la Californie jusqu'à l'Amérique Centrale. Elles se dispersèrent ensuite dans le golfe du Mexique jusqu'en Floride, et en Amérique du Sud jusqu'à la côte atlantique du Brésil et la Terre de Feu.

Les immigrants ultérieurs les repousseront vers des réduits à l'intérieur des terres où survivent encore leurs descendants. Ce *schéma ternaire* était déjà plus satisfaisant pour expliquer la pluralité des races et des langues.

Toutefois, l'archéologie nord-américaine fait état d'anciennes populations de grande taille et de caractéristiques non-mongoloïdes antérieures à l'immigration de peuples mongoloïdes, et notons l'existence de nos jours de populations de grande taille dans diverses régions des Amériques :

- Aux Etats-Unis et au Canada (*Sioux, Iroquois, Algonquins*).
- En Amérique du Sud, sur le plateau central brésilien (*Bororos*), dans le Grand Chaco (*Tobas*) et en Patagonie (*Tehuelches*).

Même légèrement métissées de mongoloïdes, ces populations présentent des caractéristiques qui les différencient largement des petits australoïdes :

c'est ce que montrent les classifications des populations amérindiennes proposées par divers anthropologues modernes. Il nous est donc apparu opportun d'introduire *un autre groupe, celui des Boréides,* car on peut ainsi utiliser avec profit les observations faites par ces anthropologues. Rappelons celle de Buffon sur des populations d'Amérique du Nord aux *cheveux blonds, semblables à des Européens.* Les premiers explorateurs européens firent souvent état de groupes d'*Indiens blancs* dans les Amériques, ce qui alimenta la croyance que ces indiens descendaient d'anciens immigrants venus d'Europe du Nord (Vikings). Nous verrons que c'est en fait les Vikings qui descendent de ces populations amérindiennes.

La séquence d'immigrations successives en provenance de l'Asie fut selon nous la suivante :

Une première vague fut celle des *Australoïdes,* il y a 50 à 60.000 ans, originaires de l'Indonésie. Imbelloni les classe en deux groupes

- *Race Fuégide* :

- Pêcheurs de la Terre de Feu et de l'archipel sud-chilien (*Yamanas* et *Alacalufs*)
- Habitants de forêts et savanes de Colombie et Venezuela (*Guajiros, Motilones*)
- Habitants de la côte atlantique du Brésil avant que les Tupis ne les repoussent vers l'intérieur des terres (*Botocudos, Tapuyas*).

"Hommes de stature basse (1,57 m. chez l'homme, 1,47 m. chez la femme), dolichocéphales, front étroit, figure allongée, nez leptomorphe (pointu). La conformation du corps est peu harmonieuse et les membres inférieurs montrent souvent un développement rachitique". Bormida les décrit disant qu'ils ont *"la figure mince et fine et cependant grossière, anguleuse et au nez très pointu, en forme de tête d'oiseau".*

- *Race Laguide* :

- définie par le *type de Lagoa Santa,* du plateau brésilien.

"Figure large et courte, nez allongé, épaules larges, bras musclés, mollets volumineux. Femmes d'allure gracile, aux cheveux aux reflets châtains, ondulés et même bouclés. Peau de couleur claire, jaunâtre. (Fig. 12 - indien Wai-Wai - Guyane)

Ces populations d'*Australoïdes* qui arrivaient du Sud-Est asiatique constituaient des groupes humains intelligents et dynamiques qui sauront parfaitement s'adapter aux difficiles conditions de l'espace américain.

Il est possible qu'elles soient arrivées par une navigation progressive le long des côtes plutôt que par une longue marche terrestre via Behring comme l'imaginent de nombreux anthropologues, car ce sont ces mêmes populations qui seront les premières à arriver par voie de mer en Australie depuis l'Asie.

Une *seconde vague* fut, selon nous, celle de *Boréides, dolichocéphales de grande taille à la peau blanche et aux cheveux blonds*, qui n'avaient rien de mongoloïde puisque la mutation génétique correspondante n'avait pas encore eu lieu quand ils arrivèrent en Amérique. Ils vivaient de la chasse et de la pêche dans les forêts de Behringie.

Cette migration, qui put avoir lieu il y a 40.000 ans, utilisa probablement la voie maritime depuis l'Alaska, car l'énorme glacier du Yukon empêchait toute migration par voie de terre. Quand les conditions de vie se détériorèrent en Behringie, ils quittèrent ce territoire en suivant le cours extrême du Kouro-Shivo et en longeant la côte canadienne : ils arrivèrent ainsi à l'embouchure du fleuve Columbia. En remontant ce fleuve puis en franchissant les Montagnes Rocheuses peu élevées dans cette région, ils arrivèrent dans la Grande Prairie. Ce seront des chasseurs de grands mammifères herbivores.

À leur poursuite, ils progresseront jusqu'en Amérique du Sud, de sorte que l'on trouve des groupes Boréides depuis les Grands lacs d'Amérique du Nord jusqu'à la Patagonie : ils chassaient le *bison* en Amérique du Nord et le *mammouth*, le *cheval* et le *mégatère* en Amérique du Sud (de récentes découvertes en Argentine montrent qu'y vivait déjà il y a plus de 100.000 ans un cheval du type *Équus* semblable au cheval moderne). Au Venezuela, la région du lac de Maracaibo fut certainement propice à cette chasse.

L'évolution du climat et peut-être une chasse trop intensive entraîneront la disparition de ces espèces sud-américaines vers -4.000, ce qui amènera les chasseurs australoïdes et boréides de ce continent à rechercher des formes différentes de subsistance telles que l'agriculture, laquelle entrainera la sédentarisation de ces populations de chasseurs.

Une *troisième vague* fut celle d'immigrants de caractéristiques *mongoloïdes*, il y a 12.000 ans environ, en provenance de Sibérie via l'isthme de Behring et la vallée du Yukon. Le grand glacier nord-américain était en voie de disparition, libérant des espaces habitables au nord-est des Etats-Unis et du Canada, et ces immigrants s'y établirent dans un premier temps.

Par contre, les grandes plaines du Mississippi, la région des Grands Lacs et les monts Appalaches étaient déjà habités par des populations blanches appartenant à la seconde vague d'immigration, celle des Boréides.

Des luttes mais aussi des croisements se produisirent entre ces deux groupes et les nouveaux venus apportèrent d'une manière surprenante les caractéristiques mongoloïdes faciales aux populations issues de ce métissage : le brassage durant les millénaires qui suivirent uniformisa en apparence *un type indien d'Amérique du Nord*, caractérisé par une taille plutôt grande, un teint cuivré et les traits faciaux mongoloïdes qu'observèrent les européens qui arrivaient au XVIe siècle. Mais il est probable que ce brassage était beaucoup moins avancé trois mille ans auparavant quand les Grecs abordaient l'Amérique du Nord, et peut-être même inexistant dans des régions orientales telles que les forêts des Grands Lacs et les monts Appalaches (Fig. 11 - Indiennes Potawatomi - réserve indienne au Michigan - 1860)

Nous avons signalé qu'une importante et très rapide remontée des mers eut lieu vers -45.000 : l'isthme de Behring, qui avait maintenu une largeur de plusieurs centaines de kilomètres durant des millénaires se réduisit en -40.000 à un étroit corridor terrestre de *quelques dizaines de km. de large seulement*, le niveau des eaux étant monté à -45 m. :

Il est probable qu'intervint alors une séparation des *Boréides de Behringie* en deux groupes :
- Ceux qui vivaient dans la partie orientale de l'isthme, en fait en Alaska, et qui émigreront vers le reste de l'Amérique (les *Boréides américains*).
- Ceux qui vivaient dans sa partie occidentale, en fait en Sibérie, qui resteront en Asie et se déplaceront vers le sud-ouest ou ils se métisseront avec des populations mongoloïdes (les *Boréo-mongoloïdes*). Ce sont eux qui franchiront le détroit de Behring il y a 12.000 ans, et non des populations purement mongoloïdes comme il est généralement admis : ainsi pourrait-on mieux comprendre le rapide croisement de ces nouveaux venus, aux caractéristiques partiellement mongoloïdes, avec les populations déjà autochtones de *Boréides américains,* avec lesquels ils maintenaient une lointaine parenté. Les seuls *mongoloïdes purs* qui parvinrent en Amérique furent les Esquimaux.

Imbelloni distingue les groupes suivants, que nous classons parmi les *Boréides américains* de la *deuxième vague* d'immigration :

-Race Pampide :

Présente en Amérique du sud:

Tobas au Chaco, *Tehuelches* en Patagonie, *Charruas* en Uruguay.

Stature haute au Chaco (hommes : 1,60 m. à 1,70m.) et même très haute en Patagonie (hommes : 1,73m. à 1,83m.). Crâne dolichoïde, de conformation volumineuse, fortes pommettes, figure allongée, nez aquilin, corps puissant et grande harmonie corporelle faisant des pampides un des plus beaux modèles d'organismes humains. Peau d'une pigmentation intense, iris des yeux obscur et cheveux lisses".

- Race Planide :

Présente dans les grandes plaines d'Amérique du Nord.

"Stature haute (hommes : 1,66 m. à 1,76 m.). Crâne légèrement dolichoïde, pommettes saillantes, nez aquilin, construction du corps europeïde. Peau bronzée plutôt claire". Imbelloni divise ce groupe entre :
- *Planides* proprement dits qui occupent la grande plaine centrale (*Sioux*).
- *Appalachides*, qui occupent les monts Appalaches et la région des Grands Lacs (*Iroquois, Algonquins*).

Les Planides verront leurs caractéristiques boréides initiales progressivement modifiées par suite de métissage avec les boréo-mongoloïdes.

Par contre, la région des Grands lacs et des monts Appalaches fut, en raison de son isolement, celle ou ce métissage se produisit le moins, laissant aux populations qui l'habitaient des caractéristiques fortement boréides, probablement jusqu'à l'ère chrétienne, et même au-delà.

Les sagas islandaises disent que le navigateur islandais Ari Marson était parvenu en l'an 983 de l'autre côté de l'Atlantique jusqu'à des terres qu'il nomma *Vitramannaland,* ce qui signifie : *"pays des hommes blancs"*, et nous avons vu plus haut l'allusion que faisait Buffon à des Indiens grands et blonds à côté d'Indiens plus "classiques". Jacques Cartier écrit en 1536 qu'à la confluence du Saguenay et du Saint-Laurent, les Algonquins pourraient être pris pour des Européens, car *"ils sont blancs comme en France"*. De même, le Frère Sagard qui séjourna chez les Hurons des Grands Lacs en 1632, écrit : *"il n'y a aucune différence de physionomie entre Hurons et Européens ; en particulier à la naissance, leurs bébés sont absolument semblables aux nôtres".*

Les boréo-mongoloïdes constituant la *troisième vague* d'immigration se fixeront dans les plaines du nord-ouest des Etats-Unis et du Canada, et la côte canadienne du Pacifique. Pour cela, Canals Frau les nomme :

Race Pacifide :

"Stature entre basse et moyenne : 1,61 m. à 1,67 m., parfois de plus haute taille. Torse court et gros, jambes courtes, brachycéphales. Nez droit et régulier, couleur de peau assez claire".

Une *quatrième vague* d'immigrants fut celle que les ethnologues appellent *les Amazonides.* Elle arriva tardivement, directement en Amérique Centrale il y a 5 ou 6.000 ans en provenance du Sud-est asiatique. Le niveau des mers était proche de l'actuel, et ce sont donc des raisons particulières qui poussèrent ce groupe à émigrer, peut-être la pression démographique ou des guerres. Son niveau culturel semble avoir été élevé.

Ces émigrants suivirent le *courant du Kouro-Shivo* qui longe les côtes de Chine et du Japon puis traverse le Pacifique jusqu'aux approches de l'Amérique du Nord. Ils longeront la côte américaine jusqu'à l'isthme de Panama à la recherche de plaines chaudes et humides parcourues par des fleuves, comme celles qui constituaient leur habitat antérieur. Les Amazonides montreront un tel attachement à la navigation que les ethnologues les qualifieront de *peuples canoëistes.*

Il est possible que ce soit eux qui aient introduit les premières céramiques en Amérique, car leur manifestation la plus ancienne est celle de *Valdivia* sur la côte de l'Équateur (-3.200) qui *"présente de grandes similitudes avec la céramique du style Jomon moyen, manufacturée au Japon aux environs de -3.000, particulièrement dans l'île de Kiushu"* (Meggers).

Certains s'établiront aux Antilles et au Venezuela : ce seront les ancêtres des *Arawaks* et des *Caraïbes (Caribes).* Les autres continueront à naviguer vers le sud et nous pensons qu'ils s'établiront dans un premier temps dans les basses plaines fluviales de l'Équateur. Par un paradoxe de la géographie, les plaines amazoniennes étaient très proches, de l'autre côté des Andes facilement franchissables dans cette région : ils y émigreront et établiront leurs habitats le long des fleuves. Ce seront les *Tupis-Guaranis.*

Par la suite, et assez tardivement, vers la fin du Ier millénaire de notre ère, ce groupe se scindera en deux : les *Tupis* resteront en Amazonie et s'étendront jusqu'à la côte atlantique du Brésil ; appartiennent à ce groupe les *Tupinambas* qui peuplaient le nord-ouest du Brésil quand les Français s'y établirent ; les *Guaranis*, par contre, descendront vers le Paraguay. Des études de gloto-linguistique ont montré que ces deux groupes, Arawaks-Caribes et Tupis-Guaranis possédaient il y a cinq mille ans une langue commune, que nous appelons ici la *langue guaranitique.* Selon certains spécialistes, un foyer initial des langues tupi-guarani semble se trouver en haute-Amazonie dans la région du rio Madeira, ce qui cadrerait avec notre hypothèse du passage direct du Pacifique à l'Amazonie des ancêtres des Tupis-Guaranis.

Ajoutons l'existence dans l'antiquité de vocables guaranitiques sur la côte du Pérou, comme nous le verrons dans l'Épilogue. Nous constaterons plus loin que ces populations semblent être arrivées avec une langue déjà bien formée que nous qualifierons de *proto-guarani,* car c'est *le guarani* du Paraguay qui semble en avoir le mieux conservé les caractéristiques.
Imbelloni décrit ainsi les *Amazonides* :

"Stature moyenne et basse (dans le nord de l'Amazonie : 1,55 m. à 1,58 m. chez les hommes, 1,45 m. chez les femmes ; en Amazonie méridionale :1,61 m. à 1,66 m. chez les hommes). Crâne modérément dolichoïde avec tendance à la brachycéphalie (indice céphalique : Tupis, de 79 à 80 - Caribes, de 81 à 82 - Arawaks, de 81 à 84).

Construction corporelle robuste, qui rappelle la race alpine européenne : larges épaules, cou volumineux, bras aux muscles bien développés, jambes relativement courtes. Le corps des femmes ne présente pas de rétrécissement à la ceinture (5). *Peau basanée".* À ces Amazonides se rattacheraient :

- Les *Centralides,* établis en Amérique Centrale : *Mayas* et *Olméques* .
- Les *Andins,* établis dans les Andes et sur les rives du Pacifique.

Andins et Centralides semblent issus de métissages dans des proportions diverses d'Amazonides et de Polynésiens, dont certains auteurs admettent l'arrivée tardive, mais ceux-ci provenaient également du sud-est asiatique.

C'est en définitive une palette extrêmement variée que présentent les peuples amérindiens, au-delà d'une commune origine asiatique, et cela explique le grand nombre de langues et de cultures autochtones qui existent dans les Amériques.

Le peuplement de l'Amérique étant le résultat de longues migrations depuis la lointaine Asie, on peut se demander si les peuples amérindiens n'avaient pas acquis un *ethos* migratoire, c'est-à-dire *une impulsion atavique qui les incitait à continuer sans cesse leur migration, ce qui amènera certains d'entre eux à franchir l'Atlantique.*

Au coeur de la glaciation de Wurm II, quand le niveau des mers avait baissé à -120 m., une large plaine baignée par le Gulf Stream s'étendait au sud-ouest des monts Appalaches, de la Floride à Terre-Neuve : nous avons vu que des *Australoïdes* semblent s'être établis en Floride et des *Boréides* plus au nord. La tentation put être grande pour certains de suivre ce courant qui les amènerait il y a 30.000 ans dans le golfe de Gascogne (*Boréides* Cro-Magnons) et jusqu'en Méditerranée (*Australoïdes* Pélasges). Plus tard, d'autres Amérindiens iront à leur tour jusqu'en Grèce (*Amazonides* Danaens) rejoindre les Pélasges (6).

Les plus anciens gisements archéologiques d'Amérique du Nord sont ceux du Texas (Louisville) datant de 26.000 ans, et pour l'Amérique du Sud, ceux du nord-est du Brésil datant de 35.000 ans et ceux du Lara-Falcon au

Venezuela datant de 16.000 ans, où les outils rencontrés sont en *pierre polie*, associés à des restes de grands mammifères.

Quand les outils en *pierre éclatée* prirent la relève, on constate en Amérique une évolution semblable à celle de l'Europe, que l'on attribua d'abord à des contacts travers de la Sibérie, bien que cela paraisse difficile à une période où y sévissait une glaciation extrême. Les archéologues ont donc constaté avec surprise les similitudes importantes existant entre les techniques de fabrication des pointes de lance bifaciales du gisement archéologique de *Sandia,* au Nouveau-Mexique (date non précisée, de plus de 10.000 ans), et celles du *Solutréen* en Europe occidentale datant d'il y a 15.000 ans. Aucune explication satisfaisante ne fut donnée car *"le solutréen européen paraissait trop distant* (via la Sibérie) *et la comparaison avec le néolithique sibérien ne paraissait pas convenable" (4).*

Dans un autre domaine reste également sans explication à ce jour l'étrange variété de types raciaux observée dans le sud de la France au paléolithique supérieur : à quelques kilomètres à peine de la caverne où fut trouvé l'*homme de Cro-Magnon,* qualifié d'européide, fut trouvé l'*homme de Chancelade,* de type mongoloïde, tandis que sur la côte de Provence, l'*homme de Grimaldi* était classifié comme négroïde. Cette grande variété de types raciaux à une même époque dans un espace aussi réduit que le Midi de la France pourrait s'expliquer par l'arrivée depuis l'Amérique du Nord d'*Australoïdes* appartenant à des groupes ethniques différents incluant des *Négritos*, et de *Boréides* formant, eux, un groupe ethnique homogène. C'est à ces Boréides que l'on devrait la technique des pointes de lance du solutréen (7). L'*homme de Cro-Magnon* a les caractéristiques physiques d'un *Boréide* ; les cinq squelettes complets reconstitués à Cro-Magnon permirent la description suivante :

"Population homogène, de très grande taille (1,80 m. à 1,90 m.), de force physique remarquable comme en témoigne le développement des insertions musculaires.

Capacité crânienne comparable à celle des hommes actuels. Face large, aux pommettes saillantes et nez effilé" (8).

Nous sommes fort proches de la définition de Bormida citée plus haut à propos des *Pampides* de Patagonie, c'est-à-dire les *Tehuelches*, que les premiers navigateurs espagnols, lors du voyage de Magellan, prirent pour des *géants.* On peut supposer que les Boréides qui arrivèrent dans le golfe de Gascogne trouvèrent convenable le climat frais du sud-ouest de la France et s'y établirent ainsi qu'un petit nombre d'Australoïdes, tandis que la majorité de ces derniers navigueraient plus au sud jusqu'en Méditerranée, à la recherche d'un climat plus chaud.

Les régions côtières favorables de la Méditerranée occidentale où ces populations s'installaient durent progressivement être abandonnées devant la montée incessante des eaux : Il en résulta certainement une migration permanente vers des terres plus hautes comme les régions alpines où la fonte du glacier libérait des vallées habitables, ou plus orientales comme la Grèce qui à son tour devenait habitable.

En Atlantique Nord, on peut penser que lorsque disparut la banquise et que la fusion progressive du glacier libéra des terres habitables au sud de la Scandinavie, ce sont des Boréides venus d'Amérique qui les coloniseront en premier lieu. Ils seront donc à l'origine des populations de *Vikings* de Norvège et du Danemark, et de *Goths* du sud de la Suède, *tandis que des peuples de langue indo-européenne venant de l'est s'établissaient sur la rive orientale de la mer Baltique et en Germanie (Saxons).* Une arrivée directe de Boréides de Sibérie depuis le nord-est aurait été empêchée par le glacier subsistant sur les monts Oural.

Les noms de certains peuples du passé semblent subsister des deux côtés de l'Atlantique : ce sont ceux qui contiennent le radical SK, qui put peut-être signifier *peuple, ethnie.*
- Alaskans, Athabaskans, Saskachewans, Nébraskans, Muskogees et Tabaskes en Amérique du Nord.
- Skères (en Irlande, la Schérie d'Homère), Skanes (en Scandinavie), Polskes (en Pologne), Tuskes (en Allemagne : les Allemands sont appelés Tusks par les Danois, et furent appelés Tudesques par les Français), Baskes (en Euskadi), Taraskes (en Provence), Étruskes (en Toskane), Korskes (en Corse, dont l'ancien nom est Korsika), Skules (en Sicile), Karskes (en Croatie).

On constatera qu'en Europe, ces peuples sont toujours établis dans des zones proches de la mer, le plus souvent le fond d'un golfe. Ces noms sont peut-être les seuls témoignages de lointaines parentés, car les noms de peuples paraissent être ce qu'il y a de plus inamovible dans les langages, ainsi que souvent les noms de lieux : nous en ferons la constatation dans le prochain chapitre.

(1) Betty MEGGERS - *Prehistoric America.* Washington. 1972.
(2) Bartomeu MELIA - *La lengua Guarani del Paraguay.* Madrid. 1992.
(3) IBARRA GRASSO - *Breve historia de las razas americanas-* Buenos Aires. 1989
(4} Bernardo BERDICHEWSKY - *En torno a los origenes del hombre americano.* Santiago (Chili). 1972.

(5) Dans la mythologie grecque, revient fréquemment une expression à propos de certaines femmes, dites : *"à la belle ceinture".* C'était peut-être une manière de différencier les origine raciales, les femmes d'origine indo-européenne ayant la taille fine, à la différence de celles d'origine danaenne.

(6) L'université de Chicago décida il y a quelques années de comparer les ADN de cinq citoyens américains de diverses origines, un amérindien et quatre provenant de l'immigration, dont une femme d'origine grecque : la surprise fut que l'amérindien et la femme grecque possédaient le même ADN.

(7)Récemment, la polémique sur les pointes de lance de la culture Clovis reprit entre anthropologues nord-américains.

Bruce Bradley et Dennis Standford, du Smithsonian Institute, proposèrent une nouvelle hypothèse, en alternative à la classique hypothèse "sibérienne". Affirmant que les régions du Nouveau-Mexique, où se trouvent les gisements de Clovis et de Sandia, n'avaient pu être atteintes il y a 15.000 ans par des populations provenant de l'isthme de Behring en raison du grand glacier infranchissable qui couvrait alors le nord-ouest américain, ils suggérèrent que des Européens étaient arrivés en Amérique du Nord il y a 18.000 ans en navigant jusqu'en Virginie, apportant cette technique fort particulière de pointes de lance. Ils en donnent pour preuve l'existence de gisements de pointes de lance similaires à celles de Clovis, à Meadowcroft et à Cactus Hill sur le flanc méridional des monts Appalaches, qui se trouveraient donc sur le chemin est-ouest suivi par ces immigrants.

Si l'on admet que les migrations humaines se produisent par nécessité : guerres, déluges, vagues de froid, on ne voit pas très bien pourquoi des Solutréens auraient quitté leurs abris des collines de France dans une région passablement épargnée par le froid et auraient navigué vers l'inconnu, et qui plus est, à contre-courant du Gulf Stream.

Dennis Stanford apporte un argument à sa thèse, qui nous parait tout autant convenir à la nôtre. Il déclare (L'Express, 6 - 07 - 2.000) : *"Selon les généticiens, il existe en Amérique* (du Nord) *quatre types de populations issues d'un même tronc originaire d'Asie Centrale* (à caractéristiques mongoloïdes, selon la thèse de Herdlika).

Mais on a découvert récemment deux autres marqueurs génétiques qui ne possèdent pas les caractéristiques asiatiques. L'un, appelé "U" apparaît seulement dans les squelettes préhistoriques. L'autre, baptisé "X", est présent chez les Algonquins et certains Indiens du Nouveau-Mexique, mais aussi en Europe, dans les ossements des hommes préhistoriques solutréens de la péninsule Ibérique et du sud de la France".

Ceci pourrait être cohérent avec notre thèse, de l'existence aux temps de la dernière glaciation d'un isolat génétique en Berhingie, les Boréides, auxquels pourraient appartenir ces caractéristiques U et X. Les Boréides les auraient apportées en Amérique du Nord puis dans le sud-ouest de la France

Selon les idées admises à ce jour, le seul peuplement "asiatique" de l'Amérique du Nord était mongoloïde, d'où la manière de s'exprimer de D. Stanford.

(8) André et Denise CAPART - *L'homme et les déluges*. Bruxelles. 1986.

Chapitre 9

DE LA PIERRE AU MÉTAL

Pendant des centaines de millénaires, l'homme ne connut pas le métal, du moins au sens où nous l'entendons aujourd'hui. Il utilisait le bois, l'os et la pierre : il polissait les *pierres dures* pour obtenir des instruments, et recueillait des *pierres tendres* qui, par broyage, donneraient des *poudres colorées* utilisées en décoration. Vint le moment où il se rendit compte que les pierres réservaient parfois des surprises mystérieuses : en les frappant, certaines se transformaient en poudre, mais d'autres changeaient de forme, comme l'or et le cuivre natif ; certaines, par contre, éclataient sous le choc et, convenablement frappées, présentaient un bord aigu, comme le silex, ou même coupant, comme l'obsidienne. Progressivement, allait se développer une production de pointes de silex pour être fixées à l'extrémité des javelots ou des flèches.

L'obsidienne, une lave vitrifiée, se trouvait uniquement dans les zones volcaniques, et fut désirée plus encore que le silex, car elle fournissait des objets tranchants qui permettaient de mieux travailler le cuir ou le bois.

Autre fait surprenant, magique même : certaines pierres grises et lourdes, chauffées sur un feu de bois, coulaient comme un liquide et se figeaient en donnant un produit différent : c'étaient la galène, minerai de plomb, et la cassitérite, minerai d'étain. Cela incitait à rechercher des températures plus élevées pour voir si tel caillou plus lourd que les autres subirait le même sort. Ainsi probablement s'obtint le premier cuivre fondu à partir du cuivre natif.

D'autres cailloux, enfin, présentaient une caractéristique encore plus étrange, celle de fondre en changeant de couleur : ainsi la malachite (carbonate de cuivre), pierre d'un magnifique bleu qui devenait par chauffage un produit apparemment identique au cuivre natif de couleur rougeâtre.

Les mineurs et les métallurgistes modernes connaissent la complexité, d'abord du choix de minéraux adéquats et de composants pour obtenir tel ou tel métal, et ensuite des méthodes à mettre en oeuvre pour parvenir aux caractéristiques requises de dureté ou de malléabilité : production et maintien d'une certaine température, obtention éventuelle d'une atmosphère réductrice par l'orientation convenable des tuyères de ventilation, etc. Si les techniques de métallurgie sont l'apanage de petits groupes même à notre époque de connaissances généralisées, il faut admettre que lors des débuts de la métallurgie, *seuls quelques groupes spécialisés dans la prospection et la transformation des minerais pouvaient faire face aux multiples difficultés qui se présentaient pour l'obtention de métaux.*

Nous pensons que, pour mieux comprendre le Monde antique du VIe au Ier millénaire a.C., il faut admettre l'existence de *prospecteurs métallurgistes* aux travaux desquels allait se joindre une autre corporation amie du voyage, celle des *commerçants* : il devenait en effet nécessaire d'organiser l'échange du silex, de l'obsidienne, puis des minerais et des métaux contre d'autres biens, céramiques, métaux ouvragés, bijoux... *Héphaïstos* et *Hermès* seront les dieux grecs représentant ces deux professions.

L'*obsidienne* fut historiquement le premier objectif des prospecteurs. Elle abonde en Centre-Amérique, de la Colombie au Mexique, en raison du nombre considérable de volcans qui existent dans cette région ; elle est plus rare en Europe : on ne la trouve guère que dans quelques îles de la Méditerranée, Lipari et Milos. L'archéologie montre que, dès le VIIe millénaire a.C., des navigateurs allaient chercher l'obsidienne à Milos pour l'amener en Crète et en Grèce continentale : les colons du néolithique connaissaient donc l'obsidienne dès ou même avant leur arrivée en Thessalie et en Crète. On la trouve aussi en Turquie dans les monts Taurus : l'exploitation des pentes d'un volcan donna naissance à la ville de Çatal-Hüyük au début du VIe millénaire, car la région possédait en outre du cuivre, dont l'exploitation prendrait la relève.

On peut se demander si les Cananéens n'étaient pas, à l'origine, des prospecteurs d'obsidienne qui entrèrent en Méditerranée provenant de quelque région de l'Amérique tropicale où son utilisation est attestée depuis des millénaires, puis se familiarisèrent avec l'exploitation des minerais de cuivre, connaissant déjà le cuivre natif des Amériques.

Dans *"Métallurgie préhistorique"* (1), J.P. Mohen fait le point des connaissances actuelles sur les premières exploitations de *cuivre.*

Le *cuivre natif* fut exploité dès le VIe millénaire en Turquie et dans les Balkans, mais il n'était pas très abondant et les prospecteurs se rendirent compte que la *malachite* était relativement facile à décomposer par fusion pour donner le même métal. Ce fut le premier minerai de cuivre utilisé dès le début du IVe millénaire. Les *Cananéens* développèrent une civilisation prospère basée sur l'exploitation des *malachites du sud de la mer Morte.*

Cependant en Amérique du Nord se développait une exploitation du *cuivre natif* de la région des Grands Lacs : les archéologues américains parlent de la *"vieille culture du cuivre" (old copper culture). "Elle s'épanouit entre 4.000 et 2.000 ans a.C., mais le cuivre natif resta le métal principal des Indiens jusqu'à l'arrivée des Européens au XVIe siècle de notre ère"* (Mohen). Il se trouve que le recul du glacier qui couvrait la région des Grands Lacs fit apparaître au Ve millénaire d'*énormes champs de cuivre natif à fleur de sol* sur la rive méridionale du lac Supérieur. Cette région montre encore de nos jours un nombre considérable de petites excavations d'où pendant une très longue période, furent extraits des blocs de cuivre natif, obtenus par l'action d'un feu de charbon de bois à l'intérieur de l'excavation suivi par l'arrosage d'eau froide pour éclater la masse, ce qui permit d'effectuer des datations au carbone 14. De nombreux objets de cuivre martelé appartenant à cette *old copper culture* ont été découverts dans tout le bassin du Mississippi, et en particulier des pointes de lances datant de la période la plus ancienne.

La rareté du cuivre natif en Méditerranée amena les prospecteurs à s'intéresser à la malachite, qu'ils apprirent à transformer en cuivre : *la véritable métallurgie venait de naître*. Le cuivre, à ses débuts, ne modifia guère les modes de vie des populations de la Méditerranée orientale, qui restaient liés à l'usage de la pierre, polie ou éclatée.

On observe un certain développement de l'usage de l'*argent* au début de l'âge du cuivre en Méditerranée : il se trouve que les minerais de *plomb* y sont assez abondants et ils contiennent souvent une faible quantité d'argent ; en outre, ils étaient faciles à reconnaître et à fondre. Très vite se développa une métallurgie du plomb, dont le but était moins d'obtenir ce métal que l'*argent* qu'il contenait. L'argent natif est assez rare, et l'on ne le trouve qu'en Amérique. L'argent s'obtient à partir du minerai de plomb par une fusion oxydante au cours de laquelle l'oxyde de plomb est éliminé, l'argent restant au fond de la coupelle.

Peut-être le minerai de plomb argentifère fut-il *le premier minerai à être transformé hors de sa zone d'extraction*. Louis Siret (2) fait part d'une observation qu'il fit en divers lieux de l'Espagne méridionale où le plomb argentifère avait été exploité vers -2.500 : il y a des traces manifestes d'extraction du minerai, mais pas de la transformation de celui-ci en métal. Il en conclut que la population locale n'avait pas pris conscience de la vraie valeur de ce minerai, ignorant que le plomb, qui ne les intéressait guère, cachait un métal précieux, et qu'ils cédaient ce minerai à vil prix à des marchands. Siret pense que ceux-ci venaient de Phénicie, mais nous croyons qu'ils venaient de Sardaigne, où existait cette métallurgie. Les Grecs exploitèrent quelques mines d'argent sur le continent et dans les Cyclades.

L'*or* est peu abondant dans la nature ; dans l'Hémisphère Nord, les seuls gisements et dépôts alluviaux importants se trouvent en Amérique. Très tôt il fut largement utilisé par les Amérindiens, qui firent de l'orfèvrerie un art raffiné, comme le montrent les multiples pièces exposées au Musée de l'or de Bogota. L'or était recueilli dans les alluvions du lit des rivières. L'archéologie montre qu'au IIIe millénaire, il était rare en Mésopotamie et un peu moins en Méditerranée Orientale (or de Carie et de Nubie).

Un produit allait révolutionner l'économie méditerranéenne au IIe millénaire : la *cassitérite*. C'est un oxyde d'*étain* qui se présente sous forme de grains bruns dans les alluvions de rivières des massifs granitiques. En Europe, on le trouve en faibles quantités en Cornouailles, Bretagne et Galice, ce qui amena les auteurs grecs du Ier millénaire a.C. à penser que cette région atlantique était celle des *îles Cassitérides* d'où semblait provenir le minerai au millénaire antérieur : l'étain était nommé *cassiteros* par les Grecs. Il est pratiquement inexistant dans les Balkans et au Proche-Orient, ce qui n'empêche que quelques faibles quantités alluviales purent y être obtenues au début de l'âge du bronze.

Les deux grandes régions du monde où apparaît ce minerai sont l'Extrême-Orient (*Malaisie, Thaïlande, Sumatra*) et l'Amérique du Sud : d'abondants placers stannifères existent dans les fleuves du système amazonien au pied des Andes, et en moindre importance, au *sud du massif guyanais à proximité du delta de l'Amazone*.

L'étain fond à basse température, 232 degrés. Les métallurgistes constatèrent que l'addition d'étain au cuivre en proportion de 10% permettait d'obtenir le *bronze* par fusion de l'ensemble, obtenant ainsi un alliage qui *fondait à plus basse température que le cuivre, se coulait plus facilement dans un moule et une fois refroidi, était plus dur que lui*. Cette découverte put avoir lieu dans les monts du Taurus où existaient simultanément le cuivre et la cassitérite. *Le bronze allait devenir la vedette du IIe millénaire et faire la richesse de l'Egée.*

Le *fer* prendrait la succession, et la garderait jusqu'à nos jours. Ses minerais abondent, particulièrement en Europe occidentale et en Amérique du Nord. La métallurgie du fer était plus difficile que celle du cuivre et du bronze car elle exigeait de plus hautes températures, d'où son apparition plus tardive. Mais cela ne signifie nullement que le fer n'ait été obtenu auparavant en petites quantités, alors que le bronze était à son apogée : les Hittites savaient comment le produire.

Il est curieux de constater que le fer fut utilisé pour réaliser des instruments tranchants avant que ne soit connu le bronze : il s'agit de parcelles d'un fer contenant une certaine proportion de nickel extraites de *météorites,* permettant d'obtenir des instruments tranchants par martelage à froid. Des textes Hittites du IIe millénaire y font allusion, et divers objets en *fer météoritique* datant du IIIe millénaire furent trouvés en Mésopotamie. Mais c'est en Amérique du Nord que se manifeste une utilisation fréquente : les Esquimaux de la baie Melville, au Groenland, ont utilisé un météorite pendant de nombreuses générations, comme l'indique la grande épaisseur de vestiges trouvés à son pied : avec des marteaux de pierre, ils détachaient de minuscules copeaux puis les soudaient par martelage à froid pour former des lames de couteau, insérées ensuite dans un manche en os. Les Amérindiens ont égale-.ment exploité des météorites à l'aide de burins de cuivre : l'extrémité de l'un deux fut retrouvé dans une fissure de météorite au Nouveau-Mexique .

La *serpe d'acier* qui, selon Apollodore, fut confiée par Rhéa (la Terre) à son fils Kronos pour châtrer son père Ouranos (le Ciel) était donc peut-être d'origine météoritique, extraite de quelque roche tombée du ciel : tout restait dans la sphère céleste. Notons que l'acier se nommera *sideros* en grec au 1er millénaire a.C., nom qui évoque les espaces célestes, sidéraux.

Mais comment les Anciens nommaient-ils les métaux et leurs minerais ? Il est peut-être possible de le savoir, en considérant les noms de lieux qui peuvent se rapporter à leur présence. Le fait que des peuples parlent des langues différentes n'empêche nullement que certains vocables deviennent d'usage généralisé dans le Monde face à l'évolution d'une technique, *Internet* en étant le meilleur exemple. Nous pensons qu'il en fut ainsi dans le passé pour les principaux minerais que recherchaient les prospecteurs itinérants.

Initialement, un métal natif ou un minerai n'est qu'*une pierre* que l'on recherche au milieu de bien d'autres et elle sera probablement désignée par sa *couleur* ou par une caractéristique particulière. *Il put arriver que son nom restât attaché à un lieu où on la rencontrait* et, fort de cette hypothèse, nous avons recherché dans les manuels de minéralogie le nom des lieux riches en minerais de cuivre et de fer, et sommes ainsi arrivés au résultat qui suit.

Rappelons d'abord que certaines langues anciennes semblent avoir été pratiquement dépourvues de voyelles à l'exception du A, leur phonétique étant consonantique. Notre recherche nous permit de constater que *les noms de lieux significatifs se situent sur les aires d'influence de l'Atlantique Nord, de la mer des Antilles et de la Méditerranée* : il put donc y avoir un vocabulaire commun à des peuples riverains de ces mers et à des prospecteurs qui les avaient parcourues. Nous pensons que KA ou K se rapportait à *toute pierre qui donnait origine à un métal,* et pour les différencier, s'adjoignait une caractéristique phonétique généralement liée à la couleur.

Admettons que : - AL indique le *blanc* - AR *le blond* - AN le *roux* - LM le *rouge sombre* - RN le *rouge clair ou ocre* - ML le *bleu.* Admettons également que O indique un fleuve (comme Ob, Obi, Ohio, Ottawa, Orénoque, Orne...), et que P indique une montagne (comme dans Pyrénées, Alpes, Parnasse... Par ailleurs, SK pourrait signifier *ethnie*.

Commençons par le *fer*. Un nom fréquent attaché à ses minerais pourrait avoir été K-RN, *la pierre ocre*. Bien longtemps avant qu'on ne se rende compte que ces roches contenaient un métal, elles furent activement recherchées car le broyage de certaines d'entre elles permettait d'obtenir la *poudre d'ocre rouge*, fort utilisée pour la décoration corporelle, les rites funéraires et les peintures rupestres. Ainsi, il y a près de 25.000 ans à Lascaux, les Cro-Magnons utilisaient pour peindre des animaux sur les murs des cavernes un mélange d'ocre et de poudre de charbon unies par de la graisse animale. On rechercha l'ocre en tout lieu, du tropique du Cancer au cercle Polaire.

Des archéologues canadiens ont découvert sur la côte du Labrador, où se trouvent d'abondants dépôts de minerai de fer, des installations néolithiques datant de -5.500 liées à l'exploitation de l'ocre. C'était peut-être l'oeuvre de prospecteurs qui préparaient cette poudre pour la commercialiser plus au sud. Les archéologues les appellent *"les hommes de l'ocre rouge"*. Ces prospecteurs-commerçants naviguaient le long des côtes de l'Amérique du Nord sur des *canoas,* coques monoxyles obtenues en creusant les troncs de grands arbres des Antilles ou de Floride (3). Il est probable qu'ils aient étendu leurs activités de prospection et de commerce à l'Europe du Nord qui se libérait du Glacier scandinave, et lui aient ainsi apporté son premier peuplement : des établissements d'*hommes de l'ocre rouge* sont signalés au Jutland sur la côte occidentale du Danemark, datant de -5.000. Les Vikings arrivaient...

Voyons quelques noms liés aux sources de l'ocre, futur minerai de fer : *Kiruna* (K-RN) en Suède (magnétite) - *Cornouailles* (K-RN) en Angleterre (sidérite, souvent appelée chalybite) ; le mot anglais pour le fer, *iron,* possède le radical RN - *Lorraine* (L-RN) (fer oolithique) - *Orne* (O-RN), petit fleuve de Normandie qui amène à des gisements de sidérite - *Orénoque* (O-RN), grand fleuve du Venezuela qui possède près de son embouchure les énormes gisements de minerai de fer de Cerro Bolivar, près de son affluent le *Caroni* (K-RN) - Les *Pyrénées* (P-RN) où des minerais de fer existent aux deux extrémités, Roussillon et Pays basque - Le nom du petit fleuve italien *Arno* est également lié au fer, qui abondait dans la voisine île d'Elbe - En Crète orientale, les monts *Orno* et une antique cité à leur voisinage, *Gournia*, eurent peut-être à voir avec l'exploitation de l'ocre (on a trouvé à son voisinage, à Montebello, des vestiges de cette exploitation).

En Grèce continentale, les seuls gisements de fer, d'ailleurs de petite importance, étaient en Laconie, là où se trouvent les villages d'*Arna* et de *Kirini*. Par contre, *Parnasse* (P-RN) serait *la montagne de l'ocre* en raison de la *bauxite,* alumine de couleur rouge présente à son voisinage.

Cette hypothèse permet de préciser la localisation de certains lieux cités dans les mythes grecs : les monts *Kérauniens* que longeaient les Argonautes dans leur navigation et la région de *Kérinia* où Hercule allait capturer la biche étaient certainement les monts Appalaches, région riche en minerais de fer : en Alabama se trouve le second gisement en importance de minerai de fer des Etats-Unis (hématite rouge oolithique) après ceux du lac Supérieur.

Dans la langue des Algonquins, ULUM est la couleur *rouge.* Ce mot a pu être conservé depuis un lointain passé. Le radical LUM apparaît dans divers noms de lieux, tels que celui du volcan *Ulumpa* en Bolivie, et... l'*Olympe*, qui serait donc *Ulum-pé,* la *montagne rouge*, certainement ainsi nommée en raison de son sol ferrugineux ou latéritique.

Quant aux noms *Ouranos* (O-RN) et *Kronos* (K-RN), ne serait-ce pas l'indice d'une *identification des Olympiens avec l'ocre rouge* ?. Notons que la *"mer de Cronos"* des récits argonautiques, que nous avons identifiée avec le golfe du Saint-Laurent, est entourée d'énormes gisements de fer (Labrador, Terre-Neuve et lac Supérieur). Dans *Les Argonautiques,* il est dit que le nom de *mer de Chronos* était celui que les Hyperboréens donnaient à ce golfe, ce qui indiquerait l'origine boréide du mot désignant le minerai de fer. Peut-être le nom primitif du Saint-Laurent fut O-RN, *le fleuve de l'ocre* qui menait aux gisements du lac Supérieur : *Ouranos* aurait été l'ancêtre mythique, *le roi de cette région de l'ocre.*

Il est possible que, pour les Boréides, le *fer météoritique* ait été : K-M, M évoquant la couleur sombre ou la dureté du météorite, et que ce mot soit à l'origine de celui de *métal, metallum* en latin (M). Nous verrons dans d'autres exemples que le latin, ou son prédécesseur l'étrusque, semblent éliminer le K initial. Les *Cimériens* (K-M) pourraient être ces habitants proches du cercle polaire qui utilisaient le fer des météorites, et dont les descendants seront les *Esquimaux* (SK-M)

Le minerai de fer répondit également en Europe à un autre nom, K-LB plus spécifique de la production du *fer*, que l'on retrouve dans *Kalybes*, nom donné dans le récit argonautique à ceux qui extrayaient le fer dans une région que nous avons identifiée comme étant proche de la côte en Angleterre.

En Allemagne, l'*Elbe* (LB) amène à des régions riches en fer, non loin de la ville de *Kleve* (Clèves, en français), K-LV ; et l'île *d'Elbe* (LB) possédait des gisements d'hématites. Il y a en Algérie, en Kabylie, d'importants gisements de minerai de fer, et *Kabyles* pourrait être une déformation de *Kalybes.*

Divers noms de lieux en Crète portent ce nom, appliqué à l'idée de *métallurgie* en général.

Voyons maintenant le *cuivre.* Nous pensons que le mot qui le désignait était K-AN qui pouvait signifier la *pierre rousse.* Ce nom aurait pu être attribué par les Boréides aux énormes gisements à fleur de sol de cuivre natif du lac Supérieur : nous avons vu que le mot *Canada* signifierait *le pays du cuivre*, dérivant du vocable algonquin *Caignedatze* : *Atikokan* et *Kanaboka* sont des régions cuprifères près du lac Supérieur. Durant plusieurs millénaires, le cuivre natif des bords de ce lac se répandit en Amérique du Nord jusqu'aux Antilles : des embarcations chargées de ce métal descendaient le Mississippi, dont le cours passe à faible distance du lac Supérieur. Il ne serait pas impossible que ce grand fleuve ait été qualifié pendant des générations de *fleuve du cuivre,* O-KAN, nom qui pour les Grecs deviendra *Okeanos.*

Au Proche-Orient, les *Cananéens* développèrent une des premières industries du cuivre de l'Histoire : c'étaient selon nous des prospecteurs d'origine amérindienne arrivés par voie maritime qui connaissaient le cuivre natif commercialisé dans les Antilles. Le nom de *Canaan* se rattache à celui du cuivre (K-AN) (voir Chap.10).

En Turquie sur le site de *Kan-Hassan*, fut trouvée une masse d'armes en cuivre datant du Ve millénaire ; la ville de *Kanesh* (K-AN) fut un centre important du commerce hittite. Les premières exploitations de minerai de cuivre en Europe eurent lieu en Bulgarie dans le mont *Balkan* (BL-KAN) et en Serbie à *Cuka Dulkan*.

Lorsque *Io* arrive dans la Terre des Brumes, le lieu où elle débarque se nomme *Kanope,* ville proche du fleuve Égyptos : là encore, une signature géographique qui confirme la localisation de ce fleuve. Il existe en effet des *mines de cuivre* à Aroa, dans les montagnes au voisinage du promontoire de Tucacas, et au XIXe siècle, ces mines furent exploitées par une compagnie anglaise qui embarquait le minerai au port de Tucacas, situé au sud du promontoire. Le lieu méritait d'être signalé dans l'Antiquité, car c'est *le seul gisement de minerai de cuivre* existant sur les côtes de la mer des Caraïbes. *Kano-pe* serait donc *la montagne du cuivre*. En linéaire B, selon Chadwick, le cuivre fut désigné par le mot *ka-no*, qui apparaît dans un texte lié aux pointes de lance en cuivre, sur les tablettes de Pylos en Messénie.

Si AN exprimait la *couleur rousse*, on le retrouverait également dans *Skanes* (SK-AN), l'*ethnie rousse,* nom qu'ils devaient avoir adopté (*les Roux*) et leur pays, la *Scandinavie*.

Le premier minerai de cuivre utilisé fut un carbonate riche en cuivre et assez facile à réduire, la *malachite,* qui se présente en cristaux de couleur bleue mauve. On trouve dans ce mot le radical ML-K, ce qui nous amena à penser que ML indiquait initialement cette couleur : il en est resté des traces en grec où *malaké* est le nom d'une plante, la *mauve* (*malva* en espagnol) et il existe en Grèce un cap *Malée*, ces deux noms faisant certainement allusion à la couleur bleue mauve. Depuis les Balkans, les prospecteurs essaimèrent vers l'ouest dans la chaîne des Alpes à la recherche de minerais, qu'ils découvriront en Autriche, ayant parfois la chance de trouver du cuivre natif (4).

Nous pensons que le nom initial de *l'étain* dans le bassin de l'Égée lui fut attribué par les Cananéens installés au Proche-Orient, qui en faisaient le commerce et l'appelaient K-DM (nous en verrons la raison plus loin).

Plus tard, les Grecs donneront probablement un nouveau nom à l'étain, *cassiteros*, formé par K et le radical ST, lié a l'idée de *couler goutte à goutte* : donc K-ST est la *pierre qui coule*, allusion au bas point de fusion du minerai d'étain, nommé de nos jours *cassitérite* (le nom latin *stannum* conserve seulement le radical ST).

Nous avons vu qu'Eschyle fait passer *Io* par la ville gorgonienne de *Kisthène*, nom qui contient manifestement le radical K-ST, et il pourrait s'agir de l'île de Marajo à l'embouchure de l'Amazone, car la cassitérite abondait à son voisinage dans le massif guyanais. Ceci indiquerait que les mystérieuses *îles Cassitérides* n'étaient pas là où l'on a l'habitude de les situer...

L'archéologie de l'île de Marajo est complexe, et selon les spécialistes, la céramique ancienne de cette île parait à la fois orientale et grecque, certains parlant également d'une facture étrusque. De cette région venaient peut-être les jumeaux *Castor et Pollux*, qui étaient considérés en Grèce comme les *protecteurs particuliers des marins* : le nom du premier s'interprète : K-ST, *l'étain*, et celui du second : K-LX, *le silex* (Fig. 7).

Quant à *Cadmos*, fils du roi de Tyr, son nom serait également lié à l'étain, que les Grecs recevaient de Phénicie. Il était parti à la recherche de sa soeur jusqu'en Grèce et, en Béotie, se maria avec Harmonie. Parmi les cadeaux de mariage, il y avait un splendide collier *"offert par Héphaïstos en personne"*, fait en un métal dont le mythe ne dit pas la nature : il n'était donc ni en or ni en argent, ce qui aurait été indiqué. Il se peut qu'il ait été en *étain*, ce rare métal qui venait de son pays natal. Mohen rappelle qu'on a découvert dans l'île de Lesbos un bracelet en étain pur qui est daté de -3.000. Le nom d'Héphaïstos, *dieu de la métallurgie*, est peut-être lié à l'apparition d'un nouveau procédé métallurgique, la *coulée du métal* :

PHAI + ST = *phaino*, *faire apparaître* + *statzo*, *couler goutte à goutte*.

Le procédé de *coulée* faisait suite à l'antique procédé de *martelage*, la forge, qui est cependant donnée comme la caractéristique de ce dieu (les forges de Vulcain, son nom latin).

Le nom de l'*or* était peut-être K-AR, la *pierre blonde*, qui deviendra KR, donnant naissance au nom grec *krusos* et au nom latin *aurum*, dans lequel subsiste seulement le radical R. On trouve le radical KAR dans *Karpates*, la région d'Europe la plus riche en or et que connurent les prospecteurs qui découvraient le cuivre des Balkans. Le nom de *Carie*, antique région du sud-ouest de la Turquie, est lié à l'or car c'était le seul lieu sur les bords de la Méditerranée où il était relativement abondant : là coulait la célèbre rivière de Pactole qui charriait de l'or, et qui fit la richesse du roi *Crésus*, au nom significatif. On retrouve aussi cette racine dans *Achéron* (A-KR), le fleuve qui charriait les paillettes d'or. On le trouve également dans *Carajas*, collines situées au sud de l'embouchure de l'Amazone, d'une énorme richesse en or.

Si AL signifiait la couleur blanche, K-AL pouvait indiquer la *craie*, la *pierre blanche*, d'où dérivera le mot : *calcaire*. Les *Alpes* (AL-P) étaient donc la *montagne Blanche* en raison de l'enneigement permanent de ses sommets (Alpes d'Europe et Alpes du Québec, comme il apparaît dans le récit argo-nautique) ; AL se retrouve dans *Alaska* (AL-SK) qui signifierait l'*ethnie blanche*, ainsi que dans *Algonquin*, peuple qui revendiquait peut-être ainsi la couleur blanche de ses ancêtres.

Il serait cependant normal que les prospecteurs aient différencié la *pierre calcaire*, de *couleur gris jaune*, de la craie, de *couleur blanche* : la pierre calcaire fut peut--être K-RT, qui donnerait un nom à la Crète, aux montagnes calcaires. Le radical NT pourrait être associé à la *pierre de carrière* pour la construction : on le retrouve dans de nombreux noms de lieux, *Corinthe, Tirynthe, Zakinthe*... Dans le grec ancien, *plinthe (plinthos)* était le nom de la brique, ou d'un objet ayant cette forme ; initialement, il aurait pu s'agir d'un bloc de pierre tendre taillée... dans un *labyrinthe.*

Avant le métal régnaient deux pierres, le *silex* et l'*obsidienne.* La première pourrait avoir été nommée K-LX et la seconde K-DN : de ce mot dériveraient selon nous les mots *Kydonia,* chez les Grecs et *obsidienne* chez les Latins. *Adana* (DN) est un port de Cilicie proche de Çatal Hüyük où s'extrayait l'obsidienne. Les *Kydonioi* de la mythologie grecque étaient donc les *hommes de l'obsidienne.*

Lorsque Homère parle des *Kydonioi,* il se réfère à un peuple célèbre par ses *manufactures d'argent ouvragé,* et s'il n'évoque jamais l'obsidienne, c'est qu'elle était tombée dans l'oubli depuis l'avènement des métaux. Une discussion s'installa chez les auteurs grecs pour savoir où vivaient ces *Kydonioi.* Certains déclaraient qu'il s'agissait des habitants de la ville de Sidon en Phénicie, les *Sidoniens,* tandis que d'autres pensaient qu'il pouvait s'agir des habitants de Kydonia, ancien nom de la ville de Kania en Crète. Strabon n'était pas de cet avis, et pensait qu'il fallait les chercher ailleurs.

Télémaque (Odyssée- chant IV), cherchant des informations sur le sort subi par son père au retour de la guerre de Troie, rend visite à Ménélas en son palais de Sparte, dont il admire les richesses. Il dit à son compagnon : *"Vois comme resplendissent dans cette salle le bronze et l'or, et l'électron* (alliage d'or et d'argent) *et l'argent, et l'ivoire."* Et Ménélas lui dit : *"Combien ai-je subi d'épreuves, en quels lieux n'ai-je pas erré pour rapporter ces richesses sur mes vaisseaux ! Il m'a fallu sept ans avant de revenir. J'ai, dans mes courses, visité Chypre, la Phénicie, l'Égypte, Éthiopiens, Sidoniens et Érembles, et la Libye".* L'argent était rare en Méditerranée orientale et il est difficile de penser que la Kydonia de Crète ou la Sidon de Phénicie aient basé leur prospérité sur l'argent : l'archéologie n'apporte aucun argument en faveur de cette hypothèse. Or l'originalité des trésors de Ménélas est que l'argent y abondait, et cela frappait l'imagination des Grecs. Ainsi, Ménélas dit à Télémaque avant son départ :*"Parmi tous les présents qui forment le trésor gardé dans ma maison, je te donnerai ce qu'il y a de plus beau et de plus précieux : je t'offrirai un cratère forgé. Il est tout en argent, mais ses lèvres sont un alliage d'argent et d'or. C'est l'oeuvre d'Héphaïstos. Il me fut offert par Phaedimos, roi des Kydonioi, quand sa maison m'abrita lorsque j'allais là-bas".* Dans l'Iliade, au chant XXIII, Achille offre comme prix d'une course *"un cratère d'argent ouvragé. Des Kydonioi adroits l'ont bien ouvré, et des Phéniciens le menaient dans les ports".* Il serait surprenant que ces Kydonioi soient des habitants de la ville de Sidon, car dans ce cas, l'auteur ne les différencierait pas des Phéniciens. Par contre l'argent était disponible en Méditerranée Occidentale, et nous pensons que ces Kydonioi que visitait Ménélas vivaient en *Sardaigne*, île qui garde encore à ce jour une tradition de bijoux et oeuvres d'art en argent.

Les *Kydonioi* auraient donc été, à l'origine, des mineurs extrayant l'obsidienne des flancs des volcans. On a constaté qu'il n'y avait pas de village néolithique sur le site d'extraction de l'obsidienne à Milos, ni dans l'île de Lipari, signe que l'obsidienne qui provenait de ces îles était commercialisée depuis d'autres lieux. On peut identifier semble-t-il *deux places commerciales de l'obsidienne* en Méditerranée au IIIe millénaire, avant l'avènement du métal (à une époque où la ville phénicienne de Sidon n'existait pas encore, comme le montre l'archéologie) : la *Sardaigne* en Méditerranée occidentale, habitée par les Sardons (SR-DN), qui s'approvisionnait dans l'île de Lipari, et la *Crète* en Méditerranée orientale, qui le faisait dans l'île de Milos. L'emplacement de Kydonia était en Crète le lieu le plus proche de cette île, mais surtout le mouillage le plus sûr grâce au golfe de la Souda.

Trois établissements apparaissent en Crète au début du Néolithique, tous sur la côte nord : - Kydonia, à l'ouest, spécialisé dans *l'obsidienne* (K-DN) - Gournia, à l'est, qui offrait *l'ocre rouge* (K-RN) - et Knossos, au centre, à vocation agricole et peut-être aussi artisanale : on constate qu'y fut connu très tôt le travail de l'argent, lequel provenait de l'île de *Sifnos*, voisine de Milos.

Peut-être avons-nous en Knossos une manifestation de l'ancien nom de *l'argent* : (K-N), que l'on retrouverait dans Kifnos

Lorsque apparaîtra le *cuivre* des Balkans, les Crétois auront déjà acquis les capacités artisanales et commerciales qui leur permettront de prendre une position dominante dans l'Égée pour le travail de ce métal, ce qui amènera à l'essor extraordinaire de leur île au IIe millénaire a.C.

(1) Jean-Pierre MOHEN - *Métallurgie préhistorique.* Paris. 1990.

(2) Louis SIRET - *Orientales y occidentales en España en los tiempos préhistoricos* Almeria. 1994.

(3) On a découvert en avril 2000 au fond du lac Newman près de Gainsville, en Floride, 85 embarcations creusées dans des troncs d'arbres datant de -3.000, signe d'une industrie locale de fabrication de coques monoxyles de navires destinés certainement au commerce maritime, peut-être celui de l'ocre rouge.

(4) PROSPECTEURS NÉOLITHIQUES - OETZI -

Il y aurait de bonnes raisons pour penser qu'*Oetzi*, l'homme du néolithique découvert en 1991 conservé par un glacier des Alpes et qui vécut il y a 5.000 ans était un *prospecteur préhistorique* qui, pendant l'été, parcourait la haute montagne à la recherche de filons cuprifères. On a émis à ce jour de nombreuses hypothèses qui firent de lui soit un pasteur de troupeaux en transhumance, soit un homme sacrifié aux dieux au sommet d'une montagne, et plus récemment (lorsque l'on constata la présence d'une pointe de flèche dans son omoplate et un estomac bien garni par les repas pris avant l'ascension), un chasseur qui partait à la recherche de gibier et abattu par d'autres chasseurs. Il est probable qu'il n'y a pas d'hommes du passé plus étudié que celui-là par des scientifiques de toutes les disciplines.

L'étude des aliments en cours de digestion avait montré qu'il avait quitté vers la fin du printemps à la mi-journée une basse vallée du versant italien du massif de l'Oetzal (d'où le nom qu'on lui a attribué) et avait rapidement rejoint la haute montagne. De nouvelles études sur les pollens contenus dans ses intestins (*La Recherche* - Sept. 2007) ont montré qu'il aurait fait trois repas dans la journée précédant sa mort : le premier, en haute montagne dans la zone des pins et épicéas (2.000 m.), le second en basse altitude, dans la vallée de l'Adige (1.200 m.), zone de bouleaux et de noisetiers, et le troisième à nouveau en haute montagne, avant d'atteindre le col qui permet de passer sur le versant autrichien : son corps fut découvert dans une petit vallon proche du col. Ces allées et venues permettent d'écarter l'hypothèse du berger, lequel aurait fait une ascension bien plus lente en menant son troupeau, et celle d'un sacrifice rituel. L'arc et les flèches qu'il portait étaient certainement destinés à lui procurer son alimentation au cours de son expédition, mais avaient pour lui un rôle secondaire : l'arc, de grande dimension (1,82 m}, était récemment fabriqué et incomplet, et aucune flèche n'était prête pour être tirée. Peut-être sa descente en cours de journée vers la zone des bouleaux et des noisetiers avait-elle pour but de compléter son équipement avant d'entreprendre une longue expédition en haute montagne.

Certains détails nous paraissent faire de lui un *prospecteur de cuivre natif* qui en recherchait d'éventuels filons en haute montagne. On a déterminé qu'il vécut au IVe millénaire a.C., entre -3.100 et -3.300. Or dès le Ve millénaire a.C., le minerai de cuivre (malachite) était exploité dans les Balkans. Le *cuivre natif* était rare, mais pouvait être trouvé par un prospecteur solitaire au prix d'efforts justifiés par sa grande valeur d'échange. Les Alpes autrichiennes s'avéreront plus tard être une zone cuprifère : on a mis à jour dans le massif de Kitzbuhel à une centaine de km. de l'Oetzal un site métallurgique datant de -1.200 où étaient grillés des minerais de cuivre sulfurés dont l'exploitation fut tardive, certainement après l'épuisement des oxydes aux millénaires antérieurs.

Oetzi fut selon nous assassiné par d'autres prospecteurs qui voulurent l'empêcher de pénétrer sur leur territoire. Son habillement et son équipement témoignent d'un homme intelligent et économiquement aisé, car tout était de qualité et judicieusement choisi. Diverses parties de cet équipement indiquent le prospecteur :

- *Un piolet* constitué par une lame de *cuivre natif* martelé (l'analyse a montré que c'était un cuivre pur à 99,7%) fixée par des lanières à un manche de bois : cet instrument, que ce prospecteur avait dû fabriquer lui-même, permettait de détacher des fragments minéraux des parois rocheuses.

- Une *hotte* de toile, le support étant formé de branches de noisetier courbées : portée sur son dos, elle permettait de garder les échantillons recueillis.
- Plusieurs *cornes de cervidés aux extrémités taillées en pointe* : on a retrouvé de nombreux exemplaires de cet instrument dans les tranchées d'exploitation des minerais de cuivre des Balkans ; il servait à détacher la gangue pour ne garder que le minerai pur, cuivre natif ou malachite.
- Une *lame de silex* fixée à un manche de bois, servant de couteau.
- De nombreuses *cordes de fibres végétales* : elles pouvaient l'aider à assujettir ses instruments s'il faisait l'ascension d'une paroi : les rayons X et la tomographie ont permis de constater sur son corps *d'anciennes fractures de la zone nasale et de plusieurs côtes* : ce pourrait être l'indice de chutes importantes effectuées lors de l'ascension de parois abruptes ; de même, le fait qu'*un doigt de pied présentait des indices de congélation* indiquerait qu'il avait pu rester trop longtemps accroché à une paroi glacée pour atteindre un possible filon.
- Deux *récipients cylindriques en écorce de bouleau* contenaient des fragments de charbon de bois conservés dans des feuilles, qui pouvaient lui servir à allumer un feu, les étincelles étant produites par choc de certaines pierres sur le silex de son couteau ou la rotation d'unc tige de bois.
- Un *disque plan de marbre avec une perforation centrale, attaché à une lanière de cuir* : nous pensons que ce pouvait être un *poids* calibré utilisé avec une balance rustique permettant d'évaluer le poids des blocs de cuivre pur pour des échanges.

Nous aurions donc là l'équipement du prospecteur préhistorique.

- L'analyse de ses *cheveux* montra une *concentration en arsenic, cuivre et nickel* très supérieure à la moyenne, qui ne peut s'expliquer que par des activités métallurgiques.
- Une autre caractéristique de son équipement est que, pour les divers instruments, il utilise, toujours à bon escient, *quatorze essences de bois différents* provenant d'arbres des basses vallées alpines : il avait donc de grandes connaissances en matière d'usage du bois.

Oetzi avait entre 35 et 40 ans, et était de stature frêle : 1,60 m. et 45 kg, dolichocéphale. Ses cheveux étaient châtain obscur : on pourrait se trouver en présence d'un prospecteur proto-cananéen (voir Chap.10) d'origine *australoïde* (voir Chap. 8). On a constaté sur son corps des *caractéristiques morphologiques qui le différencient de la norme européenne :* absence de la troisième molaire et *absence de la douzième côte.* On note la présence de *tatouages sur ses jambes.*

Les archéologues ont cherché à déterminer à quelle culture néolithique italienne il pouvait appartenir, mais ils butent sur l'absence du moindre objet en céramique dans son équipement (coupe, tasse...) qui pourrait permettre cette identification. Nous pensons que cette absence pourrait être significative d'une personne appartenant à une *culture du bois* et non de la céramique : c'est là une caractéristique des peuples de l'Amérique tropicale, ce qui renforcerait notre hypothèse.

La Fig. 12 montre un indien australoïde pêchant à l'aide de son arc de grande taille appartenant à la tribu des *Waiwai* qui vivent en Amazonie au pied du massif guyanais : Oetzi pouvait lui ressembler.

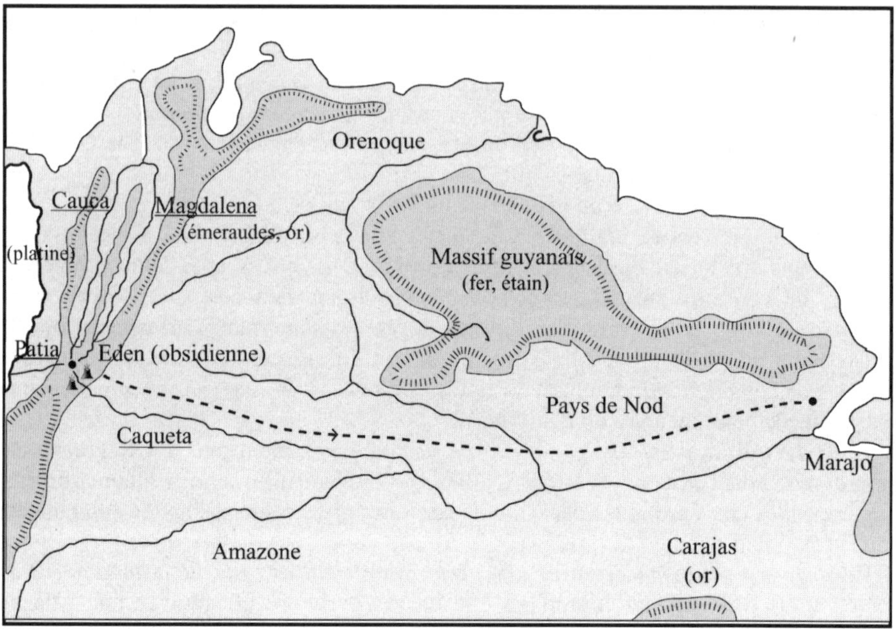

Carte 9 – L'Éden et l'émigration de la tribu de Caïn

Chapitre 10

LES CANANÉENS ET LE PARADIS PERDU

Au IIe siècle après J.C, Pausanias entreprend un voyage à travers la Grèce et décrit ses impressions dans *"Itinéraires"*. Il semble fasciné par deux provinces du Péloponnèse, l'Arcadie et l'Élide, où il recueille des mythes évoquant des sacrifices humains à Zeus, rites qu'il n'a pas rencontrés dans d'autres parties de la Grèce. Il s'intéresse également au culte de Déméter, déesse de la terre productrice, au cours duquel se pratiquaient également des sacrifices humains. De fait, l'archéologie a retrouvé des preuves de telles pratiques au sommet du mont Lycaion, en Élide.

À la fin du XIXe siècle, l'helléniste français Victor Bérard, motivé par la lecture de Pausanias, crut déceler des établissements stables phéniciens dans la Grèce archaïque préhellénique (nous dirions donc des *établissements cananéens)* en étudiant les cultes religieux, particulièrement en Arcadie où il fit de nombreuses fouilles. Ses thèses s'opposaient par trop au modèle généralement accepté à son époque d'une Grèce ancienne exclusivement indo-européenne, donc ne pratiquant pas de tels sacrifices : elles ne furent pas retenues par les historiens, et furent même tournées en dérision. Nous allons voir qu'on ne peut écarter l'hypothèse de la présence parmi les populations d'immigrants Pélasges d'une population "cananéenne" que nous nommons ainsi non parce qu'elle serait venue du pays de Canaan, mais parce qu'elle avait les mêmes origines que les Cananéens et arriva en Grèce à l'époque où ceux-ci s'établissaient en Palestine, ou peut-être même un peu avant.

Dans l'hypothèse que nous allons développer, qui fait des Cananéens des *prospecteurs-métallurgistes* d'origine amérindienne qui arrivent en Méditerranée Orientale à la fin du VIe millénaire a.C., on peut penser que la Palestine ne fut pas le seul endroit où ils s'établirent. Puisque c'est la recherche du *cuivre* et de ses minerais qui paraît avoir été leur objectif principal, considérons en Méditerranée Orientale les quatre zones propices à leur activité et que leurs éclaireurs purent rapidement reconnaître comme favorables. Ce sont : - Les monts Balkans (Serbie et Bulgarie) - Le sud de la Turquie - La partie occidentale de Chypre - Le sud de l'actuelle Palestine, donnant accès aux gisements de minerais de cuivre de la Jordanie méridionale.

Si les Cananéens provenaient des bouches de l'Amazone, ils purent atteindre d'abord les îles Canaries, explorer ensuite la côte Nord-Africaine depuis le Maroc jusqu'en Tunisie puis suivre les côtes de Sicile et du sud de l'Italie sans découvrir grand chose en matière de minerais de cuivre. Arrivant en Grèce, ils entrent dans le golfe de Corinthe et prospectent les montagnes du Pinde ; en longeant cette chaîne vers le nord puis en suivant les vallées du Vardar et de la Morava, ils arrivèrent dans les monts Balkans et en Serbie, régions dont la richesse en minerais de cuivre facilement exploitables dût combler leurs espérances de prospecteurs. Nous pensons qu'un groupe de ces immigrants deviendra agriculteur et s'établira en *Béotie*, région qui tout au long de l'Histoire présentera des différences marquées avec l'Attique pourtant voisine, tant sur le plan culturel que sur le plan racial : nous donnons plus loin quelques arguments en faveur de cette hypothèse. Un second groupe put s'établir directement en *Carie* au sud-ouest de la Turquie, tandis qu'un troisième s'établirait en *Palestine* (Carte 20).

Les minerais de cuivre furent exploités dès le début du Ve millénaire (disons vers -4.800) dans les monts de Serbie, à Rudna Grava, puis quelques siècles plus tard (vers -4.500) dans les monts Balkans de Bulgarie (Mohen). Ces exploitations s'appuyaient sur l'ouverture de tranchées : *"L'aspect des tranchées et des galeries éventuelles, la variété des outils en cornes de cerf et en pierre, le souci de trouver les matériaux de la meilleure qualité sont com--muns à cette recherche de richesses souterraines. Elle exige un rassemblement d'ouvriers spécialisés qui opèrent selon des données géologiques et minéralogiques précises"* (Mohen). En Turquie, les exploitations de minerais de cuivre apparaissent durant le premier quart du Ve millénaire : *les exploitations des Balkans et d'Anatolie sont donc contemporaines.* Un peu plus tard vers -4.200, apparaissent en Palestine les premiers centres d'exploitation à Shiqmin dans le Néguev au sud de Beersheba ; le minerai provenait de montagnes situées au sud-est de la mer Morte.

On a découvert dans une grotte au bord de celle-ci à l'est de Beersheba un *ensemble d'objets en cuivre* ouvragé de magnifique facture, plus de 400, datant de -3.500 ; or on a constaté que *"leur cuivre provenait d'un minerai riche en arsenic et en antimoine, élément qui ne se trouve pas de manière naturelle dans un rayon de 1.250 km. de la Terre Sainte"* (1). C'est dire que ces objets n'avaient pas été fabriqués en Palestine avec des minerais locaux. Or il se trouve que les minerais de Bulgarie contiennent *"un cuivre riche en impuretés (plomb, arsenic, antimoine, or, bismuth, argent, étain) (...) et que d'eux proviennent 55 à 60 % des objets de cuivre se rattachant en Bulgarie à la culture de Gumelnitsa, qui furent exportés tout au long des rives de la mer Noire"* (Mohen). On pourrait donc se demander si ces objets ne provenaient pas de Bulgarie : on note la présence de certains figurant des cornes et des têtes de cervidés, caractéristiques de l'art balkanique. L'existence de relations entre des groupes éloignés de prospecteurs-métallurgistes du IVe millénaire a.C. en Méditerranée orientale plaiderait en faveur d'une origine commune, ces prospecteurs venant selon nous de la lointaine Amérique. La Bible donne le nom de *Cananéens*, nom manifestement lié au cuivre (K-AN), à un *peuple de civilisation avancée* vivant en Palestine au IIe millénaire a.C. Il est généralement admis par les historiens que c'était un peuple sémite autochtone au même titre que les Arabes et les Hébreux, mais c'était en fait selon nous *un peuple d'immigrants qui avaient adopté la langue des sémites.* Ils n'étaient pas de race blanche comme les *Sémites* mais avaient la *peau brun rougeâtre*, comme l'auront leurs descendants Phéniciens : au Ier millénaire a.C., les Grecs nommaient cette population du Liban les *Phoinikoi, les rouges* (d'où le nom de Phéniciens), et les comparaient souvent aux *Cariens* d'Asie Mineure.

Les descendants des "Cananéens" établis en Grèce occidentale au Ve millénaire durent garder longtemps des particularités physiques et culturelles dont il est peut-être possible de retrouver des traces dans l'archéologie et les mythes : considérons le panorama de la Grèce ancienne dans cette optique.

Les anciens Grecs classaient les groupes humains selon la couleur de leur peau : les descendants des Cananéens en Grèce devaient donc être *des rouges* tandis que certaines populations *Pélasges* et les *Danubiens* étaient *des blancs*, et les Danaens *des bruns*. Or, ce sont ces trois couleurs de peau qui apparaissent sur les *fresques mycéniennes*, particulièrement celles de Pylos en Messénie : on observe des hommes et des femmes à la peau blanche conduisant des chars, accompagnés par des serviteurs à la peau rouge, ainsi qu'un aède à la peau brune qui chante accompagné de sa lyre (Fig. 5). *Nous avons là l'indication de l'existence possible d'un fonds racial cananéen dans la Grèce mycénienne au IIe millénaire a.C.*

Un autre indice apparaît dans la *statuaire antique* : à Delphes et à Ptoion, en Béotie, furent trouvées des statues de jeunes gens datant du VIe siècle a.C., exposées au Musée d'Athènes, dont la facture (*yeux légèrement bridés, forte carrure, jambes courtes et chevelure en tresses*) surprit les archéologues, certains d'entre eux parlant à leur propos d'un *style rustique et maladroit.* De fait, elles différaient étrangement des statues de l'Attique voisine datant de la même époque et qui correspondaient au canon classique des statues d'Apollon (Fig. 18). Ces archéologues supposaient un retard artistique chez les auteurs des statues de Delphes et de Ptoion ; ne serait-il pas préférable de reconnaître en ces statues l'expression corporelle d'une race antique en voie de disparition, celle des Cananéens, que devaient exalter certains mythes locaux tels que celui de *Castor et Pollux* (Fig. 7) et le *culte du serpent python* à Delphes ? Il est important de noter que c'est en Grèce occidentale que se situent les deux *centres de culte* les plus célèbres de la Grèce archaïque, celui de *Dodone* en Épire et celui de *Delphes* au pied du mont Parnasse, et la tradition donnait à ces lieux une "atmosphère" non-hellénique, en particulier à Delphes où les oracles de la Pythie étaient prononcés dans *une langue inconnue* des Grecs du

Ier millénaire a.C. (donc différente de celle des Danaens). Le culte initial rendu à Delphes était celui de la déesse Gé, la *"mère terre"* qui se cachait au fond d'un gouffre, où veillait sur elle son fils, *le serpent Python* (un symbole des pays tropicaux) que plus tard le blond Apollon tua de ses flèches, signe mythique d'un changement de civilisation. De même, le culte initial rendu à Zeus à Dodone était pré-hellénique : Homère dit que le Zeus de Dodone est *"pelasgikos", pélasge,* et plus tard Hérodote écrira que les prêtresses qui fondèrent l'oracle de Dodone venaient de *Libye*. Laquelle ?

Dans *"Les Béotiens"* (2), Henri van Effenterre cite une anecdote qui montrerait la communauté de langage qui put exister à l'origine entre des populations de la Grèce septentrionale et d'autres de Carie, région située au sud-ouest de la Turquie, le lien étant selon nous l'immigration cananéenne en Méditerranée. Les Béotiens avaient un sanctuaire réputé, celui du *Ptoion*. Hérodote (livre VIII) raconte qu'avant la bataille de Platée qui allait mettre aux prises Perses et Grecs, le chef perse Mardonios envoya *"Mys, un carien de son armée"* faire le tour des oracles de Béotie pour connaître le sort que lui réservait la bataille qui se préparait. À Ptoion, le prêtre qui interprétait la réponse du dieu aurait parlé *"en carien"* selon ce qu'affirma Mys à son compagnon thébain, au grand étonnement de ce dernier. Cela signifie en fait qu'à cette époque-là, les langues de Carie et du sud-ouest de la Grèce septentrionale présentaient des similitudes, et les prêtres béotiens connaissaient certainement l'ancienne langue. Les Béotiens étaient alors alliés des Perses et non des Athéniens. Au chant II de l'Iliade, Homère dit que *les Cariens parlent "une langue barbare".*

Les Cananéens développèrent en Palestine une brillante civilisation : leur opulence venait de la métallurgie du cuivre aux IVe et IIIe millénaires a.C. dont témoignent les vestiges de nombreux ateliers de fonderie situés dans le Néguev (Carte 20), complétée par de prospères exploitations agricoles et un remarquable artisanat. Cependant, une crise économique frappera le pays à la fin du IIIe millénaire et nous en envisageons les possibles motifs au Chap. 13.

L'exploitation minière fut alors abandonnée, et les Cananéens quittèrent le Néguev pour s'installer plus au nord, où ils vivront de l'agriculture et du commerce au IIe millénaire. Leurs villes fortifiées impressionnaient les Hébreux, éleveurs nomades qui faisaient halte à leur voisinage et admiraient leurs campagnes prospères : ceux de l'époque d'Abraham transmettront à leurs descendants le souvenir de "*Canaan, un pays où coulaient le lait et le miel"*. La religion des Cananéens rendait un culte à plusieurs dieux et elle influencera probablement les premières croyances païennes des Hébreux.

Il est possible qu'en forme indirecte, la Genèse raconte l'histoire des premiers Cananéens telle que la transmettaient leurs mythes, et qu'ils contaient aux Hébreux lors des longues soirées passées ensemble à la belle étoile aux portes de leurs villes.

Plus tard, lorsque les prêtres Hébreux, ayant adapté à leur langue l'écriture des Cananéens, entreprendront de rédiger l'histoire de leur peuple à partir de ses traditions et de la nouvelle foi en un Dieu unique, ils accepteront certainement les mythes cananéens comme étant *l'évocation de l'antique histoire de l'humanité,* car ils respectaient sans nul doute la culture de ce peuple arrivé, selon ses récits, d'au-delà des mers suite à un *déluge.*

Ils placeront ces mythes au début du premier livre, celui de *la Genèse*, en introduisant leur Dieu unique, Yahvé, là où intervenaient les dieux du panthéon cananéen. Nous étudions plus loin au Chap. 25 le substrat géographique des mythes primordiaux recueillis par la Bible.

De nombreux érudits du passé, et parmi eux les *Pères de l'Église,* ont cru à la véracité d'un tel substrat géographique. Ils recherchèrent donc dans les documents dont ils disposaient aux premiers siècles de l'ère chrétienne, certainement plus abondants que ceux dont nous disposons aujourd'hui, le lieu où s'était trouvé le Jardin d'Éden. Or *tous* le logèrent *dans les régions tropicales d'un lointain continent au-delà des mers* dont ils paraissaient admettre l'existence. Il semble qu'avant eux, les prêtres hébreux aient su parfaitement où se situait l'Éden et quelle était l'origine géographique des Cananéens, comme le montre un passage du Livre d'Ézéchiel (3).

Et quand la Bible indique ce qu'elle imagine être "la.descendance de Noé" dans ce Proche-orient, elle constate l'existence de trois races distinctes :
- Les fils de *Sem* (les *Sémites,* hébreux, arabes, égyptiens, assyriens)
- Les fils de *Cam* (les *Cananéens*)
- Les fils de *Japhet,* probablement, les peuples voisins *indo-européens.*

On trouve une première localisation du Paradis Terrestre chez Strabon, qui écrit à la fin du Ier siècle a.C. : *"Au-delà de l'océan qui entoure les quatre côtés du continent intérieur.est située une autre terre qui contient le paradis qu'habitaient les hommes jusqu'à l'époque du déluge".* Ce texte montre que pour Strabon, l'Eurasie et l'Afrique *formaient un continent intérieur* entouré par l'Océan et que les premiers hommes vivaient dans *une terre située au-delà de l'Océan* avant qu'un déluge ne les amène à émigrer vers le *continent intérieur.* Nous avons là l'indice de mythes qui faisaient arriver l'Homme (en fait, les Cananéens et autres Pélasges) d'une terre située au-delà de l'Océan, suite à un grand déluge.

Tertulien dans *"Apologetica",* saint Ambroise dans *"De Paradiso"*, saint Jérome dans *"Epistola ad Oceanum"* s'accordent à placer ce Paradis terrestre au sommet d'une haute montagne dans une région tropicale fort éloignée, au-delà des mers. Dans la *Divine Comédie*, Dante place le Paradis au sommet d'une montagne aux antipodes de Jérusalem, donc pratiquement en Amérique du Sud. Sur la *mappemonde de Walsperger,* moine bénédictin qui la dessina à Constance en 1448 - donc un demi-siècle avant "la Découverte de l'Amérique" - et qui est conservée au Musée du Vatican (Carte 23 - p. 469) apparaît une Amérique du Sud appelée *Inde Inférieure* liée directement à l'Asie sibérienne, l'Amérique du Nord étant absente, et *la cathédrale du Paradis terrestre trône sur les montagnes de Colombie*, avec les quatre fleuves bibliques qui en descendent et dont les noms sont portés su la carte : Phison, Gison, Tigre et Euphrate. Un peu plus au sud figurent les *Montes Auri* (*montagnes de l'or*) qui étaient sans nul doute celles du Pérou, et plus au sud encore, dans un finisterre en forme de triangle qui représente manifestement la Patagonie, on peut lire : *"hic sunt gigantes", ici vivent des géants* (en fait, les Téhuelches).

De même Christophe Colomb place là le Paradis terrestre. Lorsqu'il arrive aux bouches de l'Orénoque, il écrit dans sa relation aux rois d'Espagne :
"De cette région Ptolémée n'eut pas connaissance (...). La sainte Ecriture atteste que Notre Seigneur établit un Paradis terrestre (...). De nombreux indices me disent qu'il est dans cette région du Monde car le lieu semble correspondre à l'opinion des saints théologiens". Notons que depuis le début du Christianisme jusqu'à la fin du Moyen-âge, aucun érudit ne pensa placer le Paradis terrestre en Mésopotamie, ne se laissant pas impressionner par le fait qu'à un certain moment de l'Histoire furent attribués les noms de Tigre et d'Euphrate aux fleuves mésopotamiens (la mappemonde Walsperger montre que les érudits du XIVe siècle faisaient aboutir au Moyen-Orient, en un long trajet à travers l'Asie depuis l'Inde Inférieure, donc l'Amérique du Sud, l'un des fleuves du Paradis terrestre, le Tigre). Ce n'est qu'au XVIe siècle qu'on imaginera un Paradis terrestre situé au Moyen-Orient.

La Genèse donne à propos du jardin d'Éden la *description géographique d'un lieu*, description précise de surcroît car il n'y a pas tellement de lieux dans le Monde d'où puissent partir simultanément quatre fleuves. Mais un tel endroit existe en Colombie : dans la Cordillère Centrale méridionale, se trouve u*n haut plateau de dimensions réduites* situé à près de 3.000 m. d'altitude et enclavé entre trois hautes montagnes qui le dominent : le volcan Sotara (4.580 m.) au nord-est, le volcan Cutanga (3.600 m.) au sud-est, et le Paramo de las Papas (4.200 m.) à l'ouest ; ces trois montagnes forment un triangle d'une vingtaine de km. de côtés, et y naissent *quatre fleuves* : le rio *Magdalena* qui naît *dans un lac* au milieu du plateau (ce lac est évoqué par des gloses médiévales de la Genèse), le rio *Cauca*, le rio *Caqueta* et le rio *Patia* (en fait, un de ses affluents) qui naissent dans ces trois montagnes. Les deux premiers se jettent dans la mer des Caraïbes, le troisième est un fleuve du système amazonien, tandis que le quatrième se jette dans le Pacifique. La description biblique de *la terre d'Evila "où il y a de l'or très fin, des arômes et des pierres précieuses"* convient bien à la Colombie (Carte 9)

Ce haut-plateau dût jadis constituer une zone de passage entre le Pacifique (en remontant le Patia) et le système des fleuves amazoniens, en suivant le cours du fleuve Guaviare qui coule en direction de l'est. Notons que le texte hébreu de la Bible, pour décrire ce lieu, parle d'un *dan,* mot qui signifie *espace fermé par une paroi*, et convient bien à un territoire enfermé dans un *cirque de montagnes*. La traduction grecque utilisa le mot *paradeison,* adaptation d'un mot persan probablement familier aux Grecs depuis les conquêtes d'Alexandre et qui avait le même sens que *dan.* La Vulgate transforma ce mot en *paradisum,* d'où *paradis.*

On peut imaginer qu'une légende cananéenne faisait commencer l'histoire de leur peuple sur ce haut-plateau, d'où les chasserait un jour l'éruption des volcans voisins (Carte 9). Selon une tradition cananéenne rapportée par Bottéro (4), *El,* le premier de leurs dieux, résidait *"au confluent des deux fleuves, à la source des deux abîmes",* lesquels pouvant être les masses océaniques du Pacifique et de l'Atlantique, et ces deux fleuves marquaient une route d'ouest en est via le *dan.* Ce haut-plateau put à l'origine attirer un groupe humain en raison de l'extraction possible d'obsidienne du flanc de ses volcans. Les Cananéens seraient dans ce cas des *prospecteurs miniers* dès leurs origines, et en feraient leur spécialité, recherchant par la suite en Amérique du Sud puis au-delà de l'Atlantique les métaux tels que l'or et le cuivre

La Bible dit que Dieu chassa Adam du jardin d'Éden, *"et l'ayant expulsé, il mit des Chérubins à l'orient du jardin, et un tourbillon qui lançait des éclairs".* Ce tourbillon et ces éclairs pourraient avoir été le signe de l'éruption simultanée des deux volcans situés à l'est du *dan*, et ses habitants l'auraient abandonné pour fuir au-delà des volcans, dont les "éclairs" s'interposent entre eux et le *dan*. Ils s'installeront dans la haute-vallée du Magdalena, donc *restent dans le pays d'Éden.* Ce n'est que plus tard qu'une partie de la descendance d'Adam, Caïn et sa famille, fut chassée par Yahvé du pays d'Éden.

Notons la relation entre *Éden* (E-DN) et l'*obsidienne* (K-DN).

Le mythe du Paradis terrestre se rapporte à un moment exceptionnel de l'évolution de l'Humanité : l'Homme est devenu *homo sapiens sapiens* ; il accède à la connaissance consciente, et dorénavant distingue le bien du mal. Ce mythe rend compte de cette prise de conscience chez l'Homme, ainsi que du début de l'agriculture et de l'élevage : nous serions donc dans les temps néolithiques vers le début du VIe millénaire sur les hautes terres de Colombie que leur position proche de l'équateur préserve d'excès de froidure. Des éruptions volcaniques sur toute la "ceinture de feu" de l'océan Pacifique peuvent avoir marqué cette époque post-glaciaire.

Le texte biblique semble montrer que ce peuple, probablement en raison du progrès de ses connaissances, est inquiet et craint le courroux des dieux pour être devenu - croit-il - trop proche d'eux, ce qui fût jadis selon leurs mythes un motif d'intervention divine (voir Chap. 25). On pourrait se demander si *"l'arbre de la science du bien et du mal"* n'était pas dans le mythe initial *"le bois de la science", en allusion à des tablettes de bois sur lesquelles aurait été gravée une écriture, la première peut-être de l'Humanité* (5).

Ce peuple croit donc mériter un châtiment, et les dieux le lui envoient en le chassant de l'Éden (les éruptions volcaniques) où il vivait de la chasse et de l'extraction d'obsidienne qu'il échangeait avec des populations voisines.

Adam émigrera vers l'orient, la haute-vallée du Magdalena, où il devra vivre du travail de la terre ainsi que du gardiennage de troupeaux (probablement des camélidés andins) mais les premiers essais d'agriculture sont infructueux : Caïn, l'agriculteur, jalouse son frère cadet Abel, l'éleveur, et le tue. En conséquence, il est condamné par Yahvé à une perpétuelle errance : *"Quand tu cultiveras la terre, elle ne donnera pas de fruits ; tu seras un errant et un vagabond sur la terre".* Caïn craint d'être victime des autres hommes, et dit à Yahvé : *"N'importe qui qui me rencontrera me tuera",* ce qui indique que la tribu d'Adam était une ethnie parmi d'autres qui peuplaient cette région et non "les premiers hommes". Mais Yahvé le rassure : *"Alors Caïn s'en fut habiter le pays de Nod, à l'orient du pays d'Éden"* (Genèse-4).

Parmi ses descendants, la Bible cite *"Tubal-Caïn, celui qui forge toutes sortes d'outils de cuivre et de fer"* (Genèse-4) et dans la lignée des descendants d'Adam qui aboutira à Noé, elle cite *Caïnan* (Genèse-5) et dit que, des trois fils de Noé, Sem, Cam et Japhet, *"Cam est le père de Canaan"* (Gen.-9). *Il y a donc une insistance très nette du récit à lier la descendance d'Adam* au *cuivre, Kan* (Caïn, Tubal-Caïn, Caïnam, Cam, Canaan*),* à la *métallurgie* et à *l'errance.* Nous nous trouvons devant lè récit de leurs origines que les Cananéens durent faire aux Hébreux. Ajoutons que les Cananéens, au Proche-Orient, furent d'abord métallurgistes, puis agriculteurs et enfin, commerçants, mais jamais éleveurs : y avait-il un tabou ancestral ?

Le pays de Nod pourrait être la *plaine amazonienne située au pied du massif des Guyanes* riche en or, cuivre, fer et étain, où les proto-cananéens acquirent la connaissance de la métallurgie et apprirent à se déplacer sur les fleuves amazoniens. Le moment venu et *leur atavisme de peuple errant les poussant vers de nouveaux horizons,* ils n'auront aucune difficulté à construire des navires de grandes dimensions, toutes qualités et dimensions de bois étant disponibles en abondance dans cette région, particulièrement des bois très légers tels que le balsa, propices à la construction de grandes plateformes flottantes. Or va se produire probablement vers la fin du VIe millénaire un *extraordinaire déluge* : le niveau des mers avait atteint le niveau actuel vers le début du VIe millénaire, mais le réchauffement de la planète mettait en jeu dans l'atmosphère d'énormes masses d'eau qui, un beau jour, se donneront le mot pour tomber toutes ensemble. Le niveau des eaux dans le bassin de l'Amazone dépassa toute mesure, le transformant en une *immense mer intérieure* dont les eaux se déplaçaient lentement vers l'Atlantique : plus encore que de nos jours, un immense fleuve d'eau boueuse pénétra très loin dans l'océan, et peut avoir porté les radeaux des émigrants jusqu'à un courant marin se dirigeant vers l'est appelé *contre-courant de Guinée* qui prit la relève, de sorte qu'ils atteignirent la côte africaine au Sénégal, puis continuèrent jusqu'en Méditerranée... Notons que la distance entre l'embouchure de l'Amazone et le Sénégal n'est pas plus grande que la longueur de la Méditerranée entre le détroit de Gibraltar et le Liban. La Bible dit que les eaux inondèrent la terre (en fait, *leur terre*, l'Amazonie) pendant 150 jours et que deux mois après émergea le promontoire où l'arche s'échoua.

Il se pourrait que l'arrivée en Méditerranée n'ait pas été fortuite, mais due à leur volonté de *quitter une région transformée en un immense lac et qui ne convenait plus à leur mode de vie,* toute forêt ayant été détruite par la permanence des eaux sur le territoire au milieu duquel ils vivaient. Toujours est-il que Strabon, s'appuyant sur d'antiques légendes, notera une telle arrivée d'immigrants en concordance avec le Déluge.

Si donc on accepte la possibilité que le récit biblique soit inspiré par un mythe cananéen incorporant à la fois les origines de leur peuple et un grand déluge qui l'aurait amené à émigrer, le texte de la Genèse confirmerait que les Cananéens arrivèrent en Méditerranée vers la fin du VIe millénaire a.C.

Ceux qui s'établirent en Béotie seraient à l'origine de certains mythes grecs, comme celui de *Deucalion et Pyrrha* que nous allons considérer, et celui de *la Création selon Hésiode,* que nous abordons au Chap. 25. La Béotie était une région rurale montagneuse où durent rester longtemps vivaces les mythes des diverses ethnies qui formèrent la Grèce septentrionale : il faut donc considérer avec une attention particulière le mythe de *Deucalion et de Pyrrha* qui évoque lui aussi un *déluge* : Ovide le relate dans *Les Métamorphoses*, et auparavant Pindare y avait fait allusion dans la *IXe Olympique.*

Deucalion était fils de Prométhée et Pyrrha était fille de Pandore. Prométhée était ce dieu châtié par Zeus pour avoir apporté le feu aux hommes, tandis que Pandore était la première femme créée par Zeus, façonnée "à partir de l'argile". Belle et menteuse, elle avait en outre le vilain défaut d'être curieuse : elle n'avait donc pu résister à la tentation d'ouvrir une jarre scellée offerte par les dieux qui contenait tous les maux qui pouvaient affliger l'Humanité, et ces maux s'étaient immédiatement répandus.

Le mythe dit que Deucalion avait épousé Pyrrha quand Zeus décida de détruire l'humanité par un déluge *"en raison de la méchanceté des hommes de la génération de bronze"* : c'est donc un mythe tardif. Prométhée conseille à Deucalion de construire un navire et de le remplir de provisions. Celui-ci flotte pendant neuf jours et neuf nuits, puis s'échoue *au sommet du mont Parnasse,* où Deucalion et Pyrrha débarquent et offrent un sacrifice à Zeus pour le remercier de les avoir sauvés. Zeus leur envoie son messager *Hermès* pour leur offrir ce qu'ils désireraient, et ils demandent la possibilité de créer *une nouvelle race*. Il est curieux de constater que ce n'est pas par procréation sexuelle que s'accomplira ce voeu, mais selon un étrange procédé : ils ramassent des cailloux au sommet du Parnasse et les jettent par-dessus leur épaule sans se retourner ; de ceux de Deucalion naîtront des hommes, et de ceux de Pyrrha, des femmes. La encore, on pressent l'influence de mythes très anciens qui évoquent des naissances sans intervention sexuelle. Ce mythe contient des réminiscences d'autres mythes que nous trouvons incorporés plus explicitement dans la Bible au *second récit de la Création* : - la formation de l'homme (*l'argile*) - l'expulsion du Paradis (*l'attitude de Pandore rappelant celle d'Ève*) - un *déluge*.

La présence de "Cananéens" dans la Grèce primitive apporterait donc une réponse satisfaisante au problème des sources du mythe de Deucalion et Pyrrha. Chuvin (Chap. 3- op. cit.) pense que ce mythe cherche à expliquer *l'origine des peuples de la Grèce septentrionale* : il observe que les noms des descendants de Deucalion et de Pyrrha qui apparaissent par la suite dans ce mythe sont les "éponymes", c'est-à-dire les noms emblématiques des diverses tribus du nord de la Grèce et il constate : *"L'arbre généalogique partant de Deucalion embrasse l'ensemble de la nation hellène historique, mais non tous ses ancêtres : des familles importantes restent en effet en dehors du schéma ou ne s'y intègrent que sur le tard ; il s'agit essentiellement de la descendance d'Io, de celle de Pélops, et des Arcadiens"*. Nous retrouvons dans cette remarque les trois composantes du peuple grec : - les *Hellènes* indo-européens - les *Danaens* "descendants d'Io" - et les premiers immigrants *Pélasges* du Péloponnèse.

Nous pensons que ce mythe voulait apporter *une idée fondatrice, la fusion de deux races anciennes pour constituer la nouvelle race des Hellènes*. Les deux protagonistes du mythe ont des noms significatifs : *Pyrrha* évoque le feu et la couleur rouge *(pura)*, tandis que *Deucalion* pourrait être une déformation de *Leucalion*, qui évoquerait la couleur blanche *(leukos)*. Le mythe de *Leucalion et Pyrrha* symboliserait donc l'union de deux races anciennes, les *blancs* et les *rouges*, pour former une *nouvelle race*, celle des habitants de la Grèce septentrionale. Ce serait donc un mythe complémentaire de celui d'Io qui s'appliquait à la fusion des *blancs* et des *bruns* dans le Péloponnèse. Notons que Prométhée, le père de Deucalion, était un Boréide, et donc symbolisait lui aussi une race blanche.

L'arche de Deucalion et Pyrrha s'échoue sur le mont Parnasse, au pied duquel se situe le *sanctuaire de Delphes*. Ce lieu était considéré par les grecs anciens comme *"le nombril du Monde"*, et un monolithe y représentait ce nombril, l'*omphalos*, qui pourrait être lié à l'idée de la naissance d'une nouvelle humanité (cordon ombilical et culte primitif delphien à la Mère Terre).

Le sanctuaire, où existait un *centre divinatoire* qui attirait des pèlerins de toute la Grèce, constituait le point de jonction entre deux mondes qui s'unissaient au lieu de se combattre. Au VIIIe siècle a.C. fut établi à Delphes le culte du dieu olympien Apollon, en substitution à l'ancien culte dont le protecteur était le serpent Python. Selon la tradition, Delphes était *le point de rencontre de deux aigles envoyés par Zeus depuis les extrémités de l'univers* : peut-être une allégorie de la rencontre des deux races, les indo-européens et les cananéens, qui s'uniraient pour former les peuples de la Grèce septentrionale. Il est intéressant de noter la surprenante analogie entre le mythe de Deucalion et un mythe sud-américain recueilli chez les *Indiens Makiritare* qui vivent au Venezuela dans le massif guyanais à proximité des sources de l'Orénoque. Pierre Carnac (op.cit.) rapporte ainsi ce mythe :

Il y eut un déluge universel, assurent ces Indiens. Pendant celui-ci, le dieu Amalivaca sauva un couple d'Indiens, auquel il confia la tâche de repeupler le monde, ce qui eut lieu de la manière suivante : ils durent jeter par dessus leur épaule les gra-nes des fruits d'un certain palmier local : celles-ci, en touchant le sol, dev-naient des hommes ou des femmes, selon que c'était l'homme ou la femme qui les lançaient. La ressemblance flagrante entre ces deux mythes amène à considérer une possible filiation entre eux, une de plus entre des mythes de la Grèce et ceux de l'Amérique.

Le premier nom propre cité au livre de la Genèse est celui d'*Adam,* et les philologues indiquent que ce mot était synonyme d'*homme* en hébreu. Ainsi, dit la Bible, *"Yahvé créa l'homme et lui donna pour nom : Homme"* (!). C'est peu convaincant... Le *"Dictionnaire Encyclopédique de la Bible*" - Maredsous (1987) explique : "- ADAM - *En hébreu, Adam s'emploie au sens de : l'homme. Il paraît vain de chercher l'étymologie d'un vocable qui exprime une notion si fondamentale, et rien ne laisse supposer qu'il soit réellement relié avec* adom *qui signifie* rouge". Est-ce bien sur ?

Assurément, les Cananéens étaient conscients de la couleur particulière de leur peau, et pouvaient en tirer un sentiment de supériorité. Ils peuvent donc avoir appelé leur grand ancêtre : *le Rouge* et le placer à l'origine de leurs mythes. Et les Hébreux, connaissant le sens de ce mot cananéen, tout simplement le traduisirent dans leur langue.

La Genèse indique un étrange procédé utilisé par Yahvé pour créer la femme : pendant le sommeil d'Adam, *il lui retire une côte* à partir de laquelle il façonnera Ève. Donc *Adam aura dorénavant une côte en moins.* Le mythe cananéen voulait-il expliquer pourquoi les proto-Cananéens possédaient cette singularité génétique ? on la retrouvera chez Oetzi, le prospecteur de cuivre, certainement d'origine cananéenne (voir Chap. 9 - note 4).

Au début du Ier millénaire a.C., dit la Bible, une expédition maritime en commun des Phéniciens et des Israélites se rendra à Ophir, - l'Amérique selon nous - via l'océan Pacifique (voir Chap. 28) : le chemin maritime qui donnait accès aux terres d'où venaient les ancêtres des Cananéens - et par extension "les premiers hommes" - était dorénavant celui de l'Orient. Le *Yaviste* en prit acte, disant : *"Yahvé planta un jardin en un lieu de l'Orient appelé Éden, et y plaça l'homme qu'il avait formé".*

(1) National Geographic.- Avril 1999 - *"Voyage à l'âge du cuivre"*
(2) Henri van EFFENTERRE - *Les Béotiens.* Paris. 1989.

(3) Ézéchiel était un prêtre de la religion judaïque qui vécut au VIe siècle a.C. au temps de la captivité à Babylone. Les Hébreux observent alors avec dépit la prospérité des Phéniciens, et c'est dans ce contexte qu'il faut placer la *"Prophétie contre le roi de Tyr"* (Ezéchiel - 28) où on lit ce passage :

"Yahvé m'a envoyé ce message : dis-lui au prince de Tyr, tu es bien orgueilleux au milieu des mers. Tu es intelligent, tu as su bien jouer, et tu as acquis la richesse ; l'or et l'argent remplissent tes coffres (...) Tu étais plein de sagesse (...) Tu vivais dans l'Éden, dans le jardin de Dieu, et sur toi il y avait toutes sortes de pierres précieuses, topazes, diamants, émeraudes (...) Ta conduite avait été parfaite jusqu'à ce que le mal s'installe en toi. Alors je t'ai écarté de la montagne de Dieu, j'ai détruit le chérubin qui te gardait au milieu des pierres de feu".

Ces allusions précises au jardin d'Éden, aux volcans qui l'entouraient et aux richesses minières de la Colombie (en particulier les émeraudes, pratiquement inexistantes ailleurs) démontrent que les prêtres d'Israël connaissaient l'origine géographique des Cananéens, dont les Phéniciens de Tyr étaient les descendants.

(4) Jean BOTTÉRO - *Naissance de Dieu.* Paris 1992.

(5) *L'écriture est-elle née en Amérique du Sud au VIe millénaire a.C. puis fut abandonnée par les populations locales* après un premier moment d'euphorie et d'adaptation à leurs diverses langues ? Il est possible qu'elle ait été considérée *maléfique* comme l'indiqueraient les légendes amérindiennes sur *la jalousie des dieux* qui ne voyaient pas d'un bon oeil tout progrès excessif de l'Homme dans la Connaissance : l'écriture put donc faire l'objet d'un *tabou* chez certaines populations. Nous citons au Chap. 25 le mythe de la Création des Quiché-Mayas, qui apporte quelques lumières à ce sujet et peut être relié au texte biblique suivant : *"Alors Yahvé dit : maintenant l'Homme est comme l'un de nous* (les dieux) *puisqu'il s'est fait juge du bien et du mal ; qu'il n'aille pas se nourrir du fruit de l'Arbre de vie car il vivrait éternellement. Et c'est ainsi que Yahvé l'expulsa du jardin de l'Eden"* (Genèse -3, 37). Il semble que ce texte manifeste deux niveaux, *l'écriture* en soi (le bois de la connaissance), et *ses conséquences* (l'arbre de vie, l'évolution du Savoir).

L'Amérique du sud est un véritable *Jardin aux écritures.* Sans que l'on puisse avancer la moindre datation car il s'agit d'inscriptions gravées sur des parois rocheuses, *diverses écritures y sont présentes en de nombreux lieux.* Ainsi dans le nord du Paraguay, on trouve un extraordinaire *ensemble d'écritures différentes* gravées sur des roches en un même lieu, le *Cerro Polilla*, comme si des tribus de langues différentes s'étaient réunies pacifiquement pour porter un même témoignage, alliance ou paix, et cela bien avant l'arrivée des Guaranis au Paraguay.

Les descendants de ces ethnies sud-américaines qui se rendront en Méditerranée au Ve millénaire a.C. seront des *Pelasges* : c'est peut-être à eux que l'on doit les vestiges d'écritures datant semble-t-il du IVe millénaire trouvés à Tartaria (Transylvanie), à Karanovo (Bulgarie) et à Glozel (France). D'autres écritures survivront ou apparaîtront plus tard : celle dite *hiéroglyphique* en Crète, et la *cananéenne* et la *sinaïtique* au Proche-Orient, au IIe millénaire a.C.

Chapitre 11

L'ATLANTIDE

De nombreux auteurs estiment que le mythe de l'Atlantide fut inventé par Platon pour soutenir sa théorie sur les institutions athéniennes et qu'il ne correspond à aucune réalité. Pour notre part, nous croyons que l'Atlantide a vraiment existé, car on peut fort bien l'insérer dans un contexte géographique et historique à condition d'interpréter correctement le texte de Platon sur trois points fondamentaux : *l'époque - le lieu - les circonstances de la disparition.*

Selon ce mythe, un partage de la Terre entre les dieux avait attribué à *Poséidon* une région que Platon appelle *l'île Atlantide* ; Il la visita et s'unit à une jeune fille du pays, nommée Clito, qui lui donna dix fils, en fait cinq paires de jumeaux. L'aîné d'entre eux, *Atlas,* deviendra le maître de cette région qui par la suite portera son nom, tandis que les autres régneront sur des régions voisines.

Platon affirmant que l'Atlantide était *"une île plus grande que la Libye et l'Asie réunies (...) devant les colonnes d'Hercule*" (le détroit de Gibraltar), la première idée qui vient à l'esprit est qu'il s'agit d'une région située en Amérique : dans les temps anciens, on appelait *île* toute terre au-delà des mers, et dans ce texte, *Asie* se rapporte seulement à l'extrémité occidentale du continent asiatique. Il s'agit donc d'un territoire d'assez grande dimension. Mais d'autre part, il déclare que par suite *"de tremblements de terre effroyables et de cataclysmes (...), l'île Atlantide s'abîma dans la mer et disparut".*

Ce paragraphe étant interprété comme l'effondrement d'une terre au sein de la mer, on en tira la conclusion qu'il ne pouvait s'agir de l'Amérique, car on n'y décèle dans les millénaires passés aucune disparition subite d'une partie de continent. Certains pensèrent donc que l'Atlantide aurait pu être une île située au milieu de l'océan Atlantique dans la zone des Açores, qui aurait disparu par suite d'une éruption volcanique, mais la connaissance que nous avons des fonds marins de cette région disqualifie totalement cette hypothèse.

Diverses autres localisations furent proposées, en Méditerranée orientale (Santorin), dans le sud de l'Espagne, en mer du Nord et jusqu'en Scandinavie, mais aucune ne pouvait satisfaire simultanément les nombreux critères énoncés par Platon dans la description de l'Atlantide. Ainsi, une localisation en Méditerranée serait en deçà et non au-delà des colonnes d'Hercule, tandis qu'une en Europe du Nord n'est pas compatible avec l'affirmation que cette île nourrissait des éléphants. Au terme de nombreux ouvrages, la recherche d'un emplacement cohérent fut abandonnée laissant le champ libre à l'affirmation selon laquelle il s'agissait d'une utopie inventée par Platon pour lui permettre d'établir un parallèle développé dans le *Timée* et le *Critias* (1) entre une Atlantide imaginaire et l'Athènes primitive.

Il nous semble peu plausible que Platon ait inventé ce mythe. D'abord, parce que cela ne serait pas dans la ligne d'un *ouvrage consacré à faire le point sur les diverses connaissances scientifiques de son époque* comme l'est le *Timée* ; ensuite, parce que, s'il y avait invention, il ne serait pas nécessaire pour le propos de l'auteur d'apporter la somme de détails précis qui abondent dans la description, certains même insolites comme l'existence d'éléphants dans cette Atlantide.

Platon naquit vers -428 dans une famille de la noblesse athénienne. À sa naissance, Athènes était une puissante démocratie et le centre intellectuel du monde grec. L'instrument politique par excellence était *l'art de la parole,* que Platon possédait et sut traduire dans de nombreux écrits nommés *Dialogues,* car ils simulent tous un dialogue entre lui-même et d'autres philosophes ou ses disciples. En -388, à l'âge de 40 ans, il se consacre à l'enseignement de la philosophie, fondant la célèbre *Académie* où il réunira jusqu'à sa mort à l'âge de 80 ans les esprits les plus prometteurs de la jeunesse grecque. Son disciple préféré, en raison certainement de sa vive intelligence et de sa curiosité universelle, fut *Aristote,* né en Macédoine en -384 ; Platon l'admet dans son Académie en -367 et Aristote, qui sera plus tard l'éducateur d'Alexandre le Grand sera son disciple pendant 20 ans, jusqu'à la mort du philosophe en -347.

Le *Timée* et le *Critias* sont considérés comme faisant partie des Dialogues écrits par Platon pendant sa vieillesse. Contre toute attente, ce n'est pas Aristote qu'il désigna pour lui succéder à la tête de l'Académie, mais son propre neveu, un personnage assez obscur. On peut donc se demander s'il n'y eut pas un refroidissement de l'estime que Platon portait à son disciple préféré : nous notons un fait surprenant rappelé par Albert Rivaud dans la Notice précédant sa traduction du *Timée* : *aucun texte d'Aristote ne fait allusion à l'Atlantide*, qui est pourtant la pièce essentielle d'un des ultimes *Dialogues* de son maître. Pourquoi ?

Dans le *Timée*, Platon imagine une conversation entre quatre philosophes, Timée, Critias, Socrate et Hermocrate, qui sera l'occasion de *faire le point sur les connaissances scientifiques de son époque* en matière de médecine, astronomie, géométrie etc. et il avance des spéculations philosophiques sur *l'origine du Monde et la nature du Créateur*. Presque en avant-propos, Critias est amené à faire le récit d'*"une histoire singulière mais absolument vraie"* que son aïeul lui avait contée et Platon décide de l'incorporer dans le dialogue. Son aïeul tenait ce récit de Solon le Sage, qui l'avait recueilli des prêtres du temple de Saïs lors d'un voyage en Egypte, donc vers -600.

Voyons d'abord *l'époque* du mythe.

Le récit de Platon nous dit en premier lieu comment un vieux prêtre avait pris à partie Solon dans une discussion sur les antiquités de leurs deux pays, ce qui avait amené le prêtre à lui faire ensuite le récit d'événements lointains et inconnus des Grecs où pourtant ceux-ci avaient joué un rôle important : *"Solon raconte qu'étant arrivé chez eux, il y acquit une grande considération (...). Et une fois, voulant les induire à parler de vieilles choses, il entreprit de leur raconter ce qu'il y avait de plus ancien en Grèce (22 a) (...). Mais l'un des prêtres, qui était très vieux, de dire : Solon, Solon, vous autres Grecs, vous êtes toujours des enfants ; un Grec n'est jamais vieux (...). Vous êtes jeunes car vous n'avez dans votre âme aucune opinion ancienne provenant d'une vieille tradition, ni aucune science blanchie par le temps (22 b). Si quelque chose de grand a été accompli ici ou dans un autre lieu dont nous avons entendu parler, tout cela est ici par écrit depuis l'Antiquité dans les temples et la mémoire en a été sauvée. Mais chez vous et chez les autres peuples, il n'en est pas de même" (23 a)* et se perd la mémoire des faits du passé.

Le prêtre s'enorgueillit donc du savoir des Égyptiens, et c'est dans ce contexte qu'il faut lire la suite qui, selon nous, a été fort mal interprétée depuis l'Antiquité : *"De nos deux cités, la plus ancienne est la vôtre* (Athènes) *et de mille ans car elle a reçu la semence de Gaia et d'Hephaïstos. Celle-ci* (Saïs) *est plus récente. Or depuis que ce pays est civilisé, il s'est écoulé huit mille ans selon nos écrits sacrés. C'est donc de vos concitoyens d'il y a neuf mille ans que je vais vous découvrir brièvement les lois, et, parmi leurs hauts-faits, je vous dirai le plus beau qu'ils aient accompli"* (trad. Albert Rivaud).

L'énormité de la période envisagée - neuf mille ans - devrait amener à rejeter la validité du mythe ; toutefois, nous devons envisager la possibilité que le texte de Platon ait pu être remanié par quelque copiste qui, dans le dessein de le rendre plus clair, l'aurait rendu plus obscur en ajoutant un commentaire tel que : *"d'il y a neuf mille ans"*. En effet, si on élimine ces quelques mots et l'on reconsidère le texte qui le précède, on voit apparaître un tout autre sens. La première phrase ne pose aucun problème : *"de nos deux cités, la plus ancienne est la vôtre, et de mille ans (...). Celle-ci est plus récente"*. Saïs put être fondée vers -1.600, sous la dynastie thébaine qui cherchait à reprendre le Delta aux Hyksos. Athènes aurait donc été fondée vers -2.600 selon les prêtres de Saïs, ce qui est acceptable.

La première et la seconde phrases sont présentées dans la traduction de Rivaud comme une *séquence* qui amène à la conclusion de la troisième phrase, l'ancienneté de neuf mille ans. Mais si nous considérons avec attention le texte de Platon, il ne nous semble pas marquer une séquence, sinon une *opposition* : on trouve en effet au début de la première phrase la particule affirmative *men,* qui se traduit par *certes, certainement,* selon le dictionnaire Grec-Français de Bailly qui ajoute qu'elle est souvent employée en corrélation avec d'autres particules telles que *dé* pour marquer l'*opposition* entre deux phrases, *dé* signifiant *au contraire, cependant.* Or nous trouvons la sucession de ces deux particules dans le texte de Platon, *dé* se trouvant au début de la seconde phrase : *"Proteron men (...) Tes dé...* Il nous parait en conséquence qu'il faudrait traduire ainsi la première phrase : *"Certes, la plus ancienne de nos deux cités est la vôtre, et de mille ans";* c'est en fait une concession qu'un orgueilleux prêtre égyptien fait à son visiteur grec ; mais ils se reprend immédiatement, en affirmant dans la seconde phrase : "*Cependant, depuis que ce pays est civilisé, il s'est écoulé huit mille ans selon nos écrits sacrés,"* montrant ainsi l'écrasante supériorité de leur civilisation sur celle des Grecs en raison de sa durée. Une fois la leçon donnée, la troisième phrase pourrait avoir été tout simplement : *"C'est maintenant de vos concitoyens que je vais vous découvrir les lois, et parmi leurs hauts faits, je vous dirai le plus beau qu'ils aient accompli".* En effet, la particule du début de cette troisième phrase est *di (delta-éta)* qui signifie selon le Bailly : *maintenant*, et non pas *donc*, comme il apparaît dans la traduction de Rivaud.

Le prêtre parle ensuite des classes sociales athéniennes dans le passé, puis en vient à un éloge d'Athènes, disant : *"Nombreux et grands furent vos exploits et ceux de votre cité. Mais un surtout l'emporte sur tous les autres en grandeur et héroisme. En effet, nos écrits rapportent comment jadis votre cité anéantit une puissance insolente qui envahissait à la fois toute l'Europe et toute l'Asie et se jetait sur elles du fond de la mer Atlantique"(24 e).* Le prêtre faisait ainsi allusion à une invasion qui aurait affecté les rives de la Méditerranée orientale en provenance de l'Atlantique ; mais, selon nous *il n'y avait dans le texte.original de Platon aucune précision sur l'époque* où se seraient produits ces événements : seule l'expression *jadis* indiquait une période passée, de telle sorte que la référence aux neuf mille ans serait selon nous apocryphe.

Ce mythe doit se rapporter à une époque antérieure à celle qu'évoque l'ensemble des mythes grecs, qui est le IIe millénaire a.C., et pourrait donc remonter à la fin du IIIe. C'est d'ailleurs la raison pour laquelle il était, *semble-t-il*, ignoré des Grecs du Ier millénaire, comme le manifeste la surprise de Platon face au récit de Critias.

Si Athènes avait été fondée vers -2.600 ainsi que le suggère le prêtre égyptien, elle avait un demi-millénaire d'existence vers la fin du IIIe millénaire. Or l'archéologie montre que *"presque vers la fin du IIIe millénaire, selon l'étude des céramiques, ont lieu de grandes destructions dans plusieurs des principales cités de l'Attique et de l'Argolide, Lerne, Tyrinthe, Asiné, Zigouries, probablement Corinthe, et apparemment aussi, les Cyclades. On n'a pas encore pu évaluer à ce jour avec précision le degré de la dévastation qui marqua la Grèce. Elle ne fut pas généralisée, mais on peut difficilement parler de coïncidence devant le fait que des incendies et des destructions eurent lieu dans toute l'Égée vers -2.100, à Troie, plus au sud à l'embouchure du fleuve Méandre, et jusqu'en Palestine"* (Finley).

Henri van Effenterre commente à ce même propos : *"L'archéologie est formelle : une trentaine d'établissements en Attique et une centaine dans le Péloponnèse, disparaissent ou sont abandonnés pour longtemps. Il est impossible de ne pas mettre en cause une invasion (...). Ce sont probablement des populations parlant grec qui s'installent en ce moment en Grèce".* Une invasion terrestre qui viendrait des Balkans est admise par certains, l'arrivée des *Ioniens* a-t-on écrit. Mais il nous paraît impossible qu'un peuple terrien ait pu attaquer simultanément tant de ports de la mer Égée et de la Méditerranée orientale ; en outre, si l'invasion venait des Balkans, elle aurait dû laisser des traces de destructions sur son passage vers l'Attique, ce qui n'est pas le cas; enfin, dans cette hypothèse, l'Attique aurait dû être plus frappée que le Péloponnèse, or c'est l'inverse qui eut lieu.

Une attaque maritime nous semble plus plausible. Serait-ce à ce moment-là que les Athéniens firent barrage à *"l'insolente puissance,"* serait-ce le tournant de l'histoire où une Athènes terrienne aurait mis frein au flot envahisseur d'une maritime Atlantide ? Avec peut-être quelque exagération de la part des scribes Égyptiens, il pourrait s'agir d'un événement réel.

Voyons maintenant *le lieu.*

Le texte de Platon suggère nettement que l'Atlantide aurait été située en Amérique. Après avoir évoqué l'invasion *depuis le fond de la mer atlantique,* le *Timée* continue par une description géographique qui permettrait de considérer en première approximation que la région dont Platon va ensuite nous parler plus précisément se trouve sur les bords méridionaux de la mer des Antilles : *"En ce temps-là, on pouvait traverser cette mer* (l'océan Atlantique). *Elle avait une île devant ce passage que vous appelez les colonnes d'Hercule : cette île était plus grande que la Libye et l'Asie réunies* (il s'agit de la partie septentrionale de l'Amérique du Sud). *Et les voyageurs de ce temps-là pouvaient passer de cette île sur les autres îles* (Cuba et le Yucatan), *et de ces îles, ils pouvaient gagner tout le continent sur le rivage opposé de cette mer* (l'Amérique du Nord), *laquelle méritait vraiment son nom* (mer des Atlantes, car sur ses rives était l'empire des Atlantes). *D'un côté, en dedans de ce détroit dont nous parlons* (le bras de mer entre le Venezuela et les Antilles), *il semble qu'il n'y ait qu'un havre au goulet resserré* (pour la navigateur qui longeait la côte vénézuélienne, le seul abri sûr, un havre, était le lac de Maracaibo communiquant avec la mer par une passe) et *de l'autre, au dehors, il y a cette mer véritable et la terre qui l'entoure* (Amérique du Nord) *et que l'on peut appeler, au sens propre du terme, un continent" (24 e - 25 a).*

Le récit évoque ensuite l'importance de l'empire des Atlantes et donne d'autres précisions géographiques : *"Or dans cette île Atlantide, des rois avaient formé un empire grand et merveilleux. Cet empire était maître de l'île tout entière et aussi de beaucoup d'autres îles et de portions de ce continent. En outre, de notre côté, il tenait la Libye jusqu'à l'Égypte et l'Europe jusqu'à la Tyrrénie"*. Donc, selon ce récit, l'empire des Atlantes comprenait l'Amérique Centrale, les Antilles et la partie septentrionale de l'Amérique du Sud : Colombie, Venezuela et Guyanes. En outre, comme cela se passera avec les nations européennes au XVIe siècle, cet empire avait conquis un domaine colonial outre-mer, constitué par l'Afrique du Nord, le sud de l'Espagne, la Sardaigne et l'Étrurie (Carte 10).

"Or cette puissance, ayant une fois concentré toutes ses forces, entreprit d'un seul élan d'asservir votre territoire et le nôtre, et tous ceux qui se trouvent de ce coté-ci du détroit. C'est alors, ô Solon, que la puissance de votre cité fit éclater aux yeux de tous son héroïsme et son énergie. Car elle l'a emporté sur toutes les autres par la force d'âme et par l'art militaire.

D'abord à la tête des Hellènes, puis seule par nécessité, abandonnée par les autres, parvenue aux périls suprêmes, elle vainquit les envahisseurs, préserva de l'esclavage ceux qui n'avaient jamais été esclaves, et sans rancune libéra tous les autre peuples et nous-mêmes qui habitons à l'intérieur des colonnes d'Hercule."(25 b).

Cette exaltation de l'héroïsme des Athéniens est probablement due à Platon lui-même : le *Timée* fut écrit vers -360, soit cent trente ans après la *bataille de Marathon* où les Grecs avaient arrêté l'invasion maritime des Perses. Platon utilise le récit de l'Atlantide fait par Critias pour montrer à ses concitoyens que, par le passé, Athènes avait déjà été menacée depuis la mer et avait fait face avec courage. Cet exemple lui vient à point, sans qu'il lui ait été nécessaire de l'inventer de toutes pièces comme d'aucuns le prétendent. Dans la suite du dialogue, Critias affirme que son histoire est absolument conforme à ce qui lui raconta son aïeul, *"tant il est vrai que ce que nous avons appris dans l'enfance demeure dans la mémoire d'une manière surprenante"*.

Socrate déclare à Critias que ce thème est important et doit être inclus dans leur discussion, et ajoute : *"Et surtout, qu'il ne s'agisse pas d'une légende fabriquée à plaisir mais d'une histoire vraie, voila qui est considérable ! "* C'est dire que Platon, par l'affirmation qu'il prête à Socrate, montre sa conviction de la véracité du récit.

Chaque fois que l'on parle des Atlantes, il faudrait se libérer du fatras d'idées reçues, toutes plus ou moins rocambolesques, et *admettre qu'il puisse s'agir d'un peuple peu connu du passé*, qui développa une civilisation en Amérique Centrale à l'époque où les Sumériens développaient la leur en Mésopotamie. Si le récit du *Timée* était exact, il permettait d'attribuer les destructions observées dans l'Égée vers -2.100 à des guerriers venus en partie des rives de la mer des Antilles, et en partie des protectorats atlantes de la Méditerranée occidentale : Afrique du nord, où l'on trouve de singuliers monuments dont nous parlerons plus loin, et Espagne et Italie, d'où surgiront plus tard les Ibères et les Étrusques, aux traits discrètement marqués d'un certain *air oriental* comme le montrent *la dame d'Elche* en Espagne (Fig. 16)

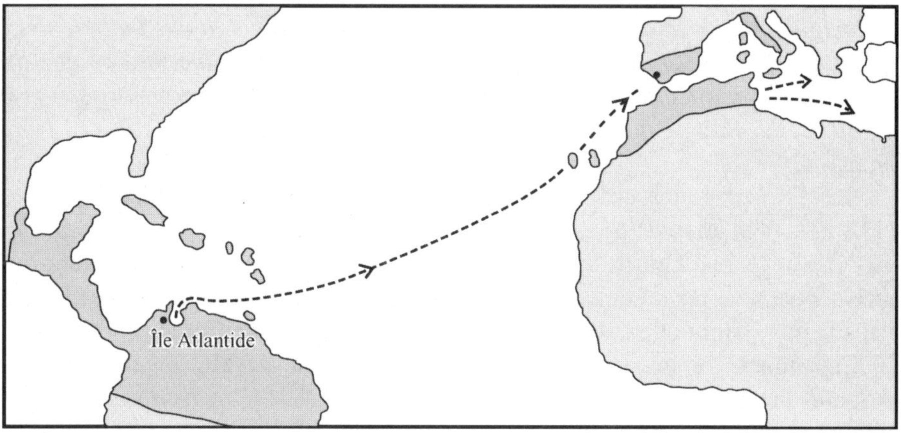

Carte 10 - L'empire atlante

et diverses statues étrusques en Italie (Fig.17) : les envahisseurs atlantes étaient des amérindiens d'origine asiatique.

Certainement, l'essor économique que commençait à montrer la Méditerranée orientale grâce à la mise au point du *bronze* avait fait des envieux plus à l'ouest, et il était facile de lever des flottes pour participer à des pillages. Peut-être les Atlantes pensaient-ils que ce métal nouveau était un produit de la nature dans les régions de la Méditerranée orientale, comme l'or et le cuivre dans leurs Amériques et qu'il fallait s'assurer la possession de ses mines, somme toute peu éloignées de leurs possessions de la Méditerranée occidentale. Il ne s'agissait donc pas d'envahir la Méditerranée orientale directement depuis l'Amérique, mais d'utiliser le relais des colonies atlantes d'Afrique du Nord, d'Espagne (Ibères) et d'Italie (Étrusques).

Le *Critias* évoque avec un luxe de détails la constitution et l'organisation de l'empire des Atlantes, et tout d'abord leur origine et l'emplacement de leur capitale (113 c) : *"Les dieux (les théoi) ayant procédé à un partage de la terre entre eux, Poséidon reçut l'île Atlantide et il installa en un certain lieu de cette île les enfants qu'il avait engendrés d'une femme mortelle. Près de la mer mais à hauteur du centre de l'île tout entière, il y avait une plaine, la plus belle, dit-on, de toutes les plaines, et la plus fertile. Et proche de la plaine et distante de son milieu de cinquante stades environ, il y avait une colline partout de hauteur médiocre".* Il est dit plus loin que la capitale des Atlantes sera bâtie sur cette colline, et qu'elle était également à cinquante stades de la mer : il peut s'agir d'une *colline assez basse émergeant d'une zone marécageuse*, à 50 stades (soit 9 km.) de la terre ferme de la plaine, et à 9 km. également de la mer, donc entre mer et terre ferme : un endroit convenable pour fonder un premier établissement protégé des bêtes sauvages.

Sur cette colline *"habitait alors un des hommes qui dans ce pays-là étaient à l'origine nés de la terre. Son nom était Évenor, et il vivait avec une femme, Leucippe. Ils donnèrent naissance à une fille, Clito. La jeune fille avait déjà l'âge nubile quand son père et sa mère moururent. Poséidon la désira et s'unit à elle. Puis le theos fortifia la hauteur sur laquelle elle vivait et l'isola en cercle".*

Le *Critias.* donne ensuite une description générale du pays des Atlantes (118 a) : *"En premier lieu, le territoire tout entier était élevé et dominait la mer à pic".* Cela signifie que la première impression pour un navigateur qui arrivait dans ce pays était celle de hautes montagnes descendant directement dans la mer, comme la côte du Venezuela aux environs de Caracas.

Cependant, le panorama changeait en arrivant devant la capitale des Atlantes et ses environs, "l'île atlantide" : *"Mais tout le terrain autour de la ville était plat. La plaine entourait la ville et elle était elle-même encerclée de montagnes qui se prolongeaient jusqu'à la mer (...). Cette région dans toute l'île était orientée face au sud et à l'abri des vents du nord. On vantait les montagnes qui l'entouraient, qui dépassaient en nombre, en grandeur et en beauté toutes celles qui existent aujourd'hui. Il y avait dans ces montagnes de nombreux villages riches en habitants, des fleuves, des lacs, des prairies capables de nourrir quantité de bêtes sauvages et domestiques, des forêts en si grand nombre et d'essences si variées qu'elles donnaient en abondance des matériaux propres à tous les travaux possibles"* (118 c). Parmi les animaux, *"l'espèce même des éléphants était très largement représentée. En effet, la pâture abondait pour toutes les espèces (...), même pour l'éléphant, le plus vorace des animaux. En outre, la terre produisait alors toutes les essences aromatiques. Elle donnait également, et les fruits cultivés, et les graines qui ont été faites pour nous nourrir et qui donnent les farines"* (115 a).

Nous avons là une description précise qui pourrait convenir à la région du lac de Maracaibo et plus précisément à la *province du Zulia*, grande plaine alluviale à l'ouest du lac et pratiquement à son niveau, située entre celui-ci et de hautes montagnes : le climat y est tropical, et la plaine bien arrosée par les pluies et les eaux qui descendent des montagnes, parfois trop d'où le risque d'inondations que les Atlantes s'employèrent à endiguer avec succès. De nos jours, ce sont 135 rivières qui descendent en ligne droite des montagnes vers le lac. C'est une terre d'élevage et d'exploitation forestière. Il est fait allusion aux *farines* de cette région (manioc), comme dans certains mythes grecs.

L'indication relative aux éléphants renforce notre hypothèse : la paléontologie montre que certaines espèces animales disparurent assez tardivement en Amérique du sud. Shrobinger (2) donne les dates suivantes pour une probable disparition, tout en disant : *"il faut considérer des cas limités de survie dans certaines régions isolées":*

- Éléphant de Colombie (Mamut Columbi) : 5.500 a.C.

- Cheval (Equus sp) : 5.500 a.C.

Ces deux animaux purent donc exister et même être protégés chez ces atlantes du Zulia ; la mère de Clito se nommait *Leucippe,* ce qui signifie *la jument blanche* (Platon précise que ses noms grecs sont traduits des noms donnés par les Égyptiens), et les courses de chevaux étaient fort prisées chez les Atlantes ; de même le taureau y était à l'honneur. On peut constater chez les Grecs du Ier millénaire quelque réminiscence de ce mythe oublié, car sinon, pourquoi Poséidon-Neptune serait-il le *"dieu de la mer et des tremblements de terre, protecteur du cheval et du taureau"* ? Les tremblements de terre indiquent un lien entre Poséidon et des régions à volcanisme actif. Et l'île Atlantide était *"à l'abri des vents du nord"* synonymes de froidure, ce qui signifie qu'il s'agissait d'une zone tropicale.

Il est probable que se cotoyèrent dans cette région giboyeuse deux groupes d'immigrants : des *Australoides,* arrivés depuis des millénaires et pouvaient donc se considérer comme des *autochtones,* et des chasseurs *Boréides de type Pampide* (voir Chap. 8), arrivés plus tardivement : les premiers seront le peuple d'*Évenor* et les seconds celui de *Poseidon* dont parle le mythe.

La dimension de la plaine a fait l'objet selon nous d'une interprétation erronée du texte de Platon. Nous avons déjà vu à propos d'autres mythes que la méconnaissance des caractéristiques des régions où ils avaient eu lieu amena à de fortes erreurs d'interprétation. Platon écrit (trad. Rivaud) :
"La plaine qui entourait la ville était elle-même encerclée de montagnes ; elle était plate, de niveau uniforme, oblongue dans l'ensemble ; elle mesurait sur les côtés trois mille stades, et deux mille, au milieu, depuis la mer qui se trouvait au bas" (118 b). On en a conclu, et Platon également (ou bien, le texte qui nous est parvenu) qu'elle avait la forme d'un *rectangle* de deux mille sur trois mille stades de côtés, ce qui donnerait une surface excessive d'environ 180.000 km2, le stade mesurant 177, 60 m. Notons que là, déjà, le texte est mal lu, car, si la plaine est *oblongue* et entourée par un *cercle* de montagnes, elle peut difficilement être rectangulaire, *oblongue* indiquant des contours irréguliers d'une surface allongée. Et s'il avait été question d'un rectangle approximatif, Platon aurait simplement dit que ses côtés mesuraient respectivement 3.000 et 2.000 stades, sans évoquer *le milieu* du quasi-rectangle. On observera sur une carte que le lac de Maracaibo et les plaines qui le bordent paraissent enserrés dans un cercle de montagnes, le lac s'étendant au milieu dans une direction générale nord-sud. Il est dit par ailleurs que la colline de Clito était *"au milieu de la plaine* et *proche de la mer"*, ce qui serait surprenant dans le cas où cette plaine serait un immense rectangle.

En fait, il faut entendre qu'ici, *la mer* signifie *le lac,* celui de Maracaibo, qui peut être considéré comme un golfe de la mer des Antilles avec laquelle il communique. On peut donc lire le texte ainsi : *"La plaine mesurait sur les côtés trois mille stades"* (soit 533 km.), mesure effectuée selon nous le long d'une *ligne polygonale* passant au pied des montagnes, à l'est comme à l'ouest du lac, délimitant la plaine fertile. Et nous traduirions la phrase qui suit : *"kata de meson apo tallates ano diskilion"* de cette manière : *"Elle mesurait deux mille stades au milieu, de haut en bas en venant le long de la mer"* (le lac) (soit 355 km.), mesure effectuée le long d'une *ligne polygonale transversale* s'appuyant le long de la côte du lac et passant approximativement au milieu du périmètre polygonal : c'était donc le résultat d'un travail de géomètres plutôt que de spéculations de mathématiciens, et *la plaine* avait la forme générale d'*un fuseau* (Carte 11). Cela fait penser au début du mythe Maya de la Création (voir Chap. 25) : *"Voici l'histoire du moment où furent achevés de mesurer tous les angles du ciel, de la terre, la quadrangulation, sa mesure, la mesure des lignes"*. L'Atlantide devait posséder un corps de géomètres qui savaient mesurer angles et distances, selon d'antiques traditions centre-américaines.

Nous avons porté sur la carte du Venezuela au 1 : 1.750.000 (éditée au Canada par *International Travel Maps*) le périmètre polygonal que suggère le relief du bassin du lac de Maracaibo, en prenant appui sur les saillants de la courbe de niveau des 500 m. d'altitude. Le hasard a fait que 1 cm. sur cette carte représente 17, 5 km. soit pratiquement 100 stades.

En observant le résultat, on a l'impression que les géomètres atlantes avaient une unité de grandes mesures de 50 stades, car avec le périmètre que nous avons retenu, on retrouve exactement, en additionnant les côtés des lignes polygonales, les 2.000 et 3.000 stades du texte de Platon : voir (8) et Carte 11.

Mais, dira-t-on, le Zulia existe toujours et n'a pas disparu dans la mer : voyons donc comment put *disparaître* l'île Atlantide. Selon le récit de Platon, cette catastrophe eut lieu alors que les Atlantes envahissaient la Méditerranée orientale. Lorsque leur parvint la terrible nouvelle, il est probable qu'ils cessèrent le combat, et c'est ainsi qu'Athènes fut sauvée. Ceux qui venaient des protectorats de la Méditerranée occidentale, Étrusques, Ibères et Berbères, repartirent chez eux ; mais les chefs et leurs troupes venus d'outre-Atlantique durent chercher refuge dans des îles voisines ou au Proche-Orient, le temps de décider de leur futur. Platon évoque ainsi la catastrophe dans le *Timée* : *"Mais dans le temps qui suivit* (dit le prêtre)*, il y eut des tremblements de terre et des cataclysmes. Dans l'espace d'un seul jour et d'une nuit terribles, toute votre armée fut engloutie d'un seul coup sous la terre, et de même l'île Atlantide s'abîma dans la mer et disparut. Voilà pourquoi, aujourd'hui encore, cet Océan de là-bas est difficile et inexplorable, par l'obstacle des fonds vaseux et très bas que l'île a déposés en s'engloutissant"* (25 d) (Trad. Rivaud).

En fait, au lieu de : *"l'île Atlantide s'abîma dans la mer et disparut"*, le texte de Platon : *"e te Atlantis nesos osautos kata tes tallates dusa ephaniste"* devrait être traduit ainsi : *"et l'île Atlantide, également, parut se plonger dans la mer"*. Ce texte peut être interprété différemment de l'acceptation classique de l'effondrement de la plaine atlante dans les profondeurs d'une mer :

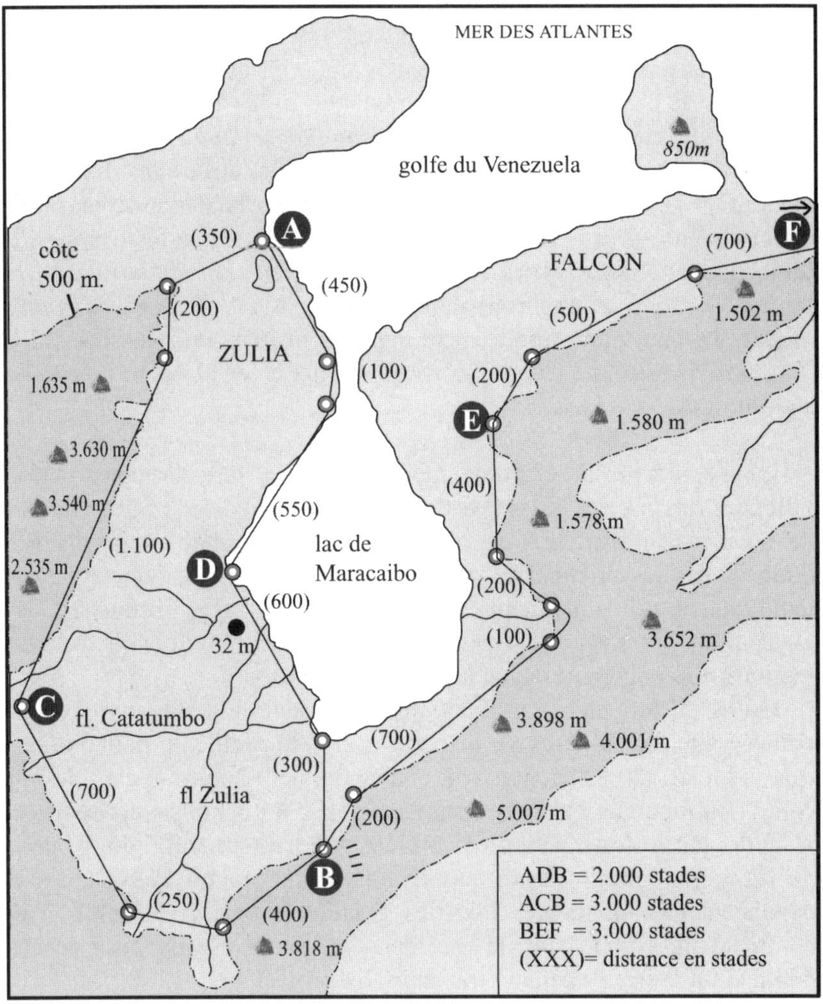

Carte 11 – L'île Atlantide

La région des Antilles est une zone à forte activité sismique, et une *puissante éruption volcanique sous-marine* put provoquer un *raz-de-marée*, un *tsunami* de grandes proportions dont l'effet s'amplifia quand il pénétra dans le golfe du Venezuela. La vague déferlante qui put atteindre une vingtaine de mètres de hauteur ou plus s'engouffra dans le bassin du lac de Maracaibo bordé de montagnes qui la canalisèrent, détruisant tout sur son passage (3). Notons que l'île déposa des *fonds vaseux* peu profonds, donc resta quasiment en surface.

Il est invraisemblable que les Athéniens aient poursuivi les Atlantes jusque chez eux au-delà de l'Atlantique (tout au plus poursuivirent-ils ceux qui repartaient vers la Méditerranée occidentale). Il dut y avoir quelque erreur dans la transmission du texte, mais le paragraphe en question explique par contre comment disparut la capitale des Atlantes : les constructions, édifices de pierre tendre, *seront détruites par la vague déferlante et disparaîtront ensuite sous un flot de boue* quand la mer se sera retirée, des pluies diluviennes ayant dû tomber sur les montagnes et entraîner dans la plaine d'énormes masses d'eau boueuse. Il est fréquent dans les pays andins que les trombes d'eau qui tombent sur les montagnes entraînent de véritables *inondations de boue* (4). Le texte évoque un engloutissement superficiel (*"l'île parut se plonger dans la mer"*) plus qu'un effondrement dans les profondeurs marines. *"L'obstacle des fonds vaseux et très bas"* correspond aux rives plates et marécageuses du sud-ouest du lac de Maracaibo.

La magnifique description que Platon nous fait des constructions de la ville, des travaux des Atlantes et de la topographie de la région (relation fidèle dit-il du récit des prêtres égyptiens), provenait probablement d'informations données par les prisonniers capturés en Égypte après l'échec de l'invasion, témoignages qui pouvaient comporter quelques exagérations (nous envisageons plus loin une autre hypothèse). Constatons toutefois que certaines affirmations sont cohérentes avec la région proposée :

Il s'agit d'une plaine alluviale que traversent de nombreux cours d'eau qui vont vers le lac. Si *dans un premier temps*, le problème pour Poséidon et sa troupe lorsqu'ils se sédentarisent et abandonnent la chasse était de se protéger contre les incursions de bêtes sauvages ou d'autochtones agressifs, ce qui se résoudra par la fortification en cercle d'une hauteur, celui qui se posera *dans un deuxième temps* sera de protéger la plaine contre l'assaut des eaux qui dévalaient des montagnes lors des grandes pluies, et la solution était évidemment un système de travaux dans les cours d'eaux pour accélérer leur débit, et une série de canaux transversaux protecteurs.

Puis, devenu un peuple puissant et bien installé, les Boreîdes baptisés Atlantes dans le mythe platonicien se devaient d'organiser leur commerce et leur port : la topographie du lieu leur permettait grâce à certains travaux de terrassement réalisés par une abondante main-d'œuvre autochtone, d'aménager ce port dans leur ville même, *distante du lac de 50 stades*, soit 9 km. (115 d). Or la plaine ayant un sol alluvial sans roches et donc facile à creuser, tout se réduisait à une question de main-d'oeuvre, de couffins et de temps...

Critias dit bien que *"cette plaine, à la fois par l'action de la nature et par l'oeuvre de beaucoup de rois, avait été aménagée pendant une durée très longue" (118 b).* Il est possible que, pour diriger ces grands travaux, les Atlantes ait fait appel à des spécialistes en construction venus d'une autre partie de l'empire, probablement l'Amérique Centrale.

Les deux étapes que nous venons d'évoquer apparaissent nettement dans le récit de Platon : *"Or la hauteur sur laquelle vivait Clito, Poséidon la fortifia et l'isola en cercle. À cet effet, il fit des enceintes d'eau et de terre, les unes à l'entour des autres. Il en fit deux de terre, trois d'eau" (113 d).*

Ces enceintes étaient circulaires. *"Là, il engendra et éleva cinq générations d'enfants mâles et jumeaux. Il divisa toute l'île en dix parties. Au premier-né des deux plus vieux, il attribua la demeure de sa mère et le lot de terre alentour, qui était le plus vaste et le meilleur. Il l'établit en qualité de roi, au dessus de tous les autres ; il fit de ceux-ci des princes vassaux, et à chacun d'eux, il donna l'autorité sur un grand nombre d'hommes et sur un vaste territoire.*

À tous il imposa un nom, le plus ancien recevant celui d'Atlas qui servit à désigner cette île et cette mer appelée atlantique (114 a)". Cette mer serait donc l'actuelle *mer des Antilles. "Son frère jumeau, qui était né après lui, obtint en partage l'extrémité de l'île du côté des Colonnes d'Hercule* (la région des Guyanes), *en face de la région appelée aujourd'hui Gadirique* (la partie de l'Espagne qui borde le détroit de Gibraltar) *d'après ce lieu-là car ce jumeau s'appelait Gadiros dans la langue de son pays".* C'est Gadiros qui, depuis les Guyanes, avait dû conquérir le sud de l'Espagne. Le texte évoque rapidement les autres rois, et conclut : *"tous se transmettaient le pouvoir de père en fils. De la sorte, ils conservèrent le pouvoir pendant de nombreuses générations"* : les Atlantes étaient donc gouvernés selon le principe *monarchique.* Leur système numérique était *décimal* : les 10 fils de Poséidon, le *stade* de 10 *brasses* (8), l'unité de grandes mesures de 50 stades comme le montrent les polygones de mesure de la plaine, et les *districts administratifs* de *"10 stades sur 10"* dans cette plaine (119 a).

Selon Platon, *"Ils avaient acquis des richesses en telle abondance que jamais nulle maison royale n'en posséda de semblable, et que nulle n'en possédera aisément de telles à l'avenir. Ils disposaient de tout ce que pouvait fournir la ville et aussi le reste du pays. Car si beaucoup de ressources venaient du dehors, du fait de leur empire, la plus grande part leur était fournie par l'île, d'abord tous les métaux qu'on peut extraire des mines (...) et pareillement tout ce que la forêt peut donner de matériaux propres au travail des charpentiers".* Parmi les métaux, il cite l'or mais aussi l'*orichalque,* indiqué comme étant produit dans les mines locales. Sur des plaques d'orichalque *"aux reflets de feu"* étaient gravés les édits royaux : donc, *ils possédaient une écriture.* En fait, l'orichalque n'existe pas à l'état de minerai ; pendant des siècles jusqu'à l'arrivée de Colomb, les Indiens des Caraïbes utilisaient pour leurs parures un alliage d'or et de cuivre obtenu par martelage, plus dur que l'or et plus résistant que le cuivre aux agressions du temps. *Nous pensons que l'orichalque était tout simplement un tel alliage d'or et de cuivre (comme d'ailleurs son nom l'indique) obtenu par martelage et non par fusion.*

"Ainsi, recueillant sur leur sol toutes ces richesses, les habitants de l'Atlantide construisirent les temples, les palais des rois, les ports et les bassins de radoub (...). Ils firent, en commençant par la mer (le lac), *un canal de trois plèthres de large* (88 mètres), *de cent pieds de profondeur* (29 mètres) *et d'une longueur de 50 stades"* (9 km.). Notons que la profondeur apparemment excessive du canal correspondait à une nécessité - bien plus profond est le canal de Corinthe -, car la plaine au pied de la colline pouvait être à un niveau de 10 mètres au-dessus de celui du lac, la colline elle-même étant à 20 mètres au-dessus de la plaine (ce qui aurait donné à la colline une hauteur de 30 m. au-dessus du niveau de la mer). Un raz-de-marée déferlant sur la plaine balaiera sans difficultés les constructions établies sur cette colline.

La terre déposée sur les côtés du canal formait deux terre-pleins plus élevés que la plaine, donc hors inondations, sur lesquels étaient construites les maisons du peuple. De tels terre-pleins seront fréquents bien plus tard dans les vallées de l'Orénoque et du Mississippi. Un autre détail est cohérent avec cette région alluviale : au cours des centaines de millénaires qui suivirent l'apparition des Andes, des dépôts durcis d'argile et de calcaires apparurent en couches successives (et souvent multicolores), emprisonnant sous eux le pétrole qui fait l'actuelle richesse de cette région. Or, pour les constructions, *"ils tirèrent la pierre nécessaire de dessous de la périphérie de l'île centrale et de dessous des enceintes. Il y en avait de la blanche, de la noire et de la rouge"*. Il s'agit de *marnes*, qui sont plus faciles à travailler que la pierre et se coupent sans difficulté en blocs réguliers fort aptes aux constructions. Notons en outre la précision : il y a deux origines des pierres de construction.

Et que la plaine atlante ait eu *"des sources chaudes et froides toutes d'une abondance généreuse, propres à l'usage par l'agrément et les vertus de leurs eaux*" n'est pas pour surprendre, car nous avons vu la présence de sources chaudes proches de l'embouchure du fleuve Zulia (Chap. 6).

Critias continue à décrire les constructions et leurs richesses, temples et palais, avec d'évidentes exagérations dues peut-être a des scribes postérieurs. L'île centrale avait un diamètre de cinq stades (environ 900 m.), et l'espace occupé par cette île et les canaux et terre-pleins circulaires était un cercle de 4.800 m. de diamètre. Notons que de tels travaux de terrassement et de constructions sont cohérents, au IIIe millénaire a.C., avec ceux dont on découvrit il y a peu de temps les vestiges au Pérou, et qui datent de cette même époque.

Platon passe enfin à la description de certaines coutumes : *"Les rois se réunissaient périodiquement, tous les cinq ou six ans. Ils délibéraient et rendaient justice pour les infractions que certains d'entre eux avaient commises"* selon un rituel où intervenait la *capture d'un taureau* lâché dans une enceinte avec pour seules armes *des épieux de bois et des filets*, certainement en souvenir d'une époque ancienne où le métal était inconnu ; le taureau était égorgé au sommet d'une *colonne* située au centre de la grande enceinte du temple de

Poséidon, qui portait des plaques d'orichalque où étaient inscrites leurs lois; puis ils buvaient le sang du taureau. Ce terme de *"colonne"* doit être compris au sens large, comme "les colonnes qui soutenaient le ciel" et qui étaient en fait de hautes montagnes. Il s'agissait certainement d'*un tertre artificiel à gradins avec une plate-forme à son sommet,* comme le seront plus tard les pyramides des Mayas.

"Quand l'obscurité était venue et que le feu des sacrifices était refroidi, tous revêtaient de très belles robes d'azur sombre et ils s'asseyaient à terre, dans les cendres de leur sacrifice sacramentaire. Alors, dans la nuit, après avoir éteint toutes les lumières autour du sanctuaire ils jugeaient et subissaient le jugement". Enfin, *"justice rendue, ils gravaient les sentences sur une table d'or".* Dans les fêtes qui suivaient, il devait y avoir certainement des *courses de chevaux,* car *"au milieu de la plus grande île, ils avaient réservé pour les courses de chevaux un manège large d'un stade et permettant aux chevaux de faire, en course, le tour complet de l'enceinte.*

Il est intéressant de noter que l'on a découvert à *Tenerife,* dans l'archipel des Canaries qui put être une escale importante des Atlantes entre la mère patrie et les protectorats de la Méditerranée occidentale, des tertres à gradins (*pyramides de Guimar*) construits peut-être à l'image de celui de leur capitale, et il existe, en Afrique du nord, deux *tertres pyramidaux à gradins disposant d'une grande plate-forme supérieure* qui purent être construits de même par leurs descendants : l'un est à *Zarzia, en Algérie, dans les montagnes de Kabylie,* non loin des ruines de la ville romaine de Timgad (il est daté du IIIe siècle a.C., mais fut peut-être construit sur un édifice semblable antérieur abîmé par le temps...) ; l'autre est en *Tunisie.* Nous aurions là une confirmation du texte de Platon cité plus haut disant : *"de notre côté, ils tenaient la Libye* (l'Afrique du Nord) *jusqu'à l'Egypte".*

Puis Critias laisse entendre que se produisit progressivement une décadence morale, car au début, *"hors la vertu, ils faisaient peu de cas de leurs biens. Ils portaient comme un fardeau la masse de leur or et de leurs richesses. Mais quand l'élément divin vint à diminuer en eux, par l'effet du croisement répété avec de nombreux éléments mortels, quand domina le caractère humain, alors incapable de supporter leur prospérité, ils tombèrent dans l'indécence".* Malheureusement, *le texte du Critias s'interrompt brusquement* (5) et l'on reste sans savoir la suite de l'histoire, qui allait certainement aborder avec abondance de détails l'invasion elle-même, car le *Critias* en était pratiquement à son début.

En conclusion, nous voyons des aspects très crédibles dans ce récit, et l'on peut se demander quels liens existèrent entre l'Égypte des Pharaons et ces terres d'Occident, car ce récit confirmerait un intérêt que les prêtres égyptiens semblent avoir toujours montré pour les régions du couchant.

Hérodote (6) nous fait part d'une intention de Cambyse, roi de Perse qui conquit l'Égypte vers -525 : *"Cambyse, étant devenu maître de l'Égypte, projeta une triple expédition, contre les Carthaginois, contre les Ammoniens, et contre les Éthiopiens longue-vie qui habitent en Libye sur les bords de la mer du sud".* Il envoya à cet effet des espions chez ces Éthiopiens, car il désirait s'emparer de *"la table d'or".* Le projet ne fut pas mis à exécution, Cambyse étant mort en -521, mais il se pourrait qu'il ait connu, grâce aux archives égyptiennes, la richesse de cette lointaine contrée symbolisée par cette *table d'or*, et ceci confirmerait le récit de Platon.

De toutes manières, restent à expliquer les *feuilles de tabac* trouvées dans la momie de Ramsés II mort en -1.224 et le fragment de *platine* trouvé dans une autre tombe, qui intriguèrent tant les égyptologues : le tabac, originaire d'Amérique, fut introduit en Europe après la Découverte, et le platine, métal fort rare, ne fut connu en Europe qu'au XVIIe siècle, après avoir été découvert dans des alluvions fluviaux en Colombie. Qui plus est, des traces de *nicotine* et de *cocaïne* qui furent trouvées dans des momies égyptiennes *du IIIe millénaire* sembleraient indiquer des relations encore plus anciennes et gardées secrètes entre l'Égypte des Pharaons et l'Amérique Centrale.

Peut-on tirer de toutes ces données la conclusion que l'Atlantide a vraiment existé ? Nous le pensons. Il est certain que le cadre géographique autour du lac de Maracaibo se prête parfaitement au récit, et que cette région, avant même que n'existe le lac il y a 20.000 ans, était un lieu de passage obligé pour les groupes de grands chasseurs ou pour tout groupe d'immigrants venu du nord qui cherchait à pénétrer par voie de terre en Amérique du Sud.

Cette région est celle d'Amérique du sud où existent les plus anciens gisements archéologiques, comme celui de Taima-Taima, datant de -16.000, où des outils de pierre polie se mêlent aux restes de grands animaux, et ceux d'El Jobo et de Camaré datant de -13.000. Les premières céramiques observées en Amérique apparaissent à la fin du IVe millénaire dans cette région : *le terrain était donc préparé pour qu'y surgisse au début du IIIe millénaire un établissement urbain d'une certaine importance.*

On pourrait établir un parallèle entre cette capitale des Atlantes et la ville de *Mari*, en Syrie : celle-ci apparut à la fin du IVe millénaire sur les bords de l'Euphrate, sur la route caravanière entre la Mésopotamie et la Méditerranée. Elle possédait un palais gigantesque qui couvrait plus de 25.000 m2. Elle fut détruite vers -1.700 par Hammourabi, roi de Babylone, et fut progressivement ensevelie sous les sables. Un heureux hasard la fit découvrir en 1933 par un paysan qui labourait son champ. Malheureusement, c'est un raz-de-marée et des fleuves de boue qui auraient détruit la capitale des Atlantes vers -2.100 et dispersé ses vestiges, ce qui rend peu probable leur découverte dans la forêt pluvieuse tropicale, d'autant plus que les constructions utilisèrent des marnes peu résistantes. Pour notre part, nous pensons que cette ville put exister au IIIe millénaire, et que d'elle partit partiellement l'expédition destructrice qui frappa la Méditerranée orientale à la fin du IIIe millénaire.

Sur la carte de la plaine du Zulia, on constate l'existence d'une *unique colline culminant à 32 m. au-dessus du niveau de la mer, proche du milieu de la plaine immensément plate, dans la zone marécageuse du delta des fleuves Zulia et Catatumbo, à une dizaine de km. du port de pêcheurs de Lagunetas.* Là fut peut-être située la capitale des Atlantes, et, un millénaire plus tard, celle des Amazones s'établira non loin de là car, elle aussi, se trouvait *"dans les marais du lac Tritonis"* selon Diodore (voir Chap. 8).

La catastrophe qui détruisit la capitale des Atlantes et leur système politico-économique dût amener les populations des piémonts qui avaient survécu à rechercher des terres plus sûres, et donc à effectuer une migration vers les hautes terres de Colombie. L'empire se désagrégea ; les protectorats d'outre-atlantique initièrent une vie indépendante : ils développeront plus tard des civilisations originales, tels que celles des Ibères, des Étrusques et des Berbères. Nous avons déjà noté que la statuaire des Étrusques et des Ibères fait apparaître des traits de visage que l'on pourrait relier à des immigrants de lointaine origine asiatique venus d'Amérique Centrale ; les *énormes pendants d'oreille* que portent la Dame d'Elche sont caractéristiques de cette Amérique où ils sont appelés *"orejones"* (Fig. 16) ; le *masque gorgonien*, fréquent chez les Étrusques (Fig. 6 - Sicile) l'est également en Amérique Centrale.

Diodore de Sicile parle longuement d'Atlantes qui vivaient à l'époque où les Amazones s'établirent sur les bords du lac de Maracaibo, et qui pourraient être des descendants de ceux qui avaient pu se sauver après le cataclysme.

Son récit montre que le mythe des Atlantes n'était pas limité au seul récit de Platon, mais appartenait à un fonds légendaire plus ample bien que peu connu, ce qui affaiblit l'argument de certains selon lesquels le mythe de l'Atlantide avait été inventé par Platon. Diodore écrit : *"Les Amazones entreprirent de grandes opérations, désireuses d'envahir de nombreuses parties de la terre habitée. Les premières campagnes furent dirigées contre les Atlantes, hommes les plus civilisés de ces régions, qui occupaient un pays prospère et de grandes villes. C'est chez eux que la légende place la naissance des théoi* (les dieux) *dans des régions proches de l'Océan"(LIV - 1).*

Ce texte est en accord avec celui d'Homère, écrit un millénaire plus tôt, dans lequel *Atlas,* éponyme des Atlantes, *surveillait* les colonnes qui soutiennent le ciel, donc était roi d'une contrée où se trouvaient ces montagnes.

Il se peut que, dans cette phrase, Diodore évoque également les mythes relatifs à la naissance d'Athéna, née de la tête de Zeus au bord du lac Triton, et à celle de Dionysos, que les mythes font naître dans ces mêmes régions.

Cette contrée où vivaient les Atlantes évoqués par Diodore est sans nul doute les plateaux du nord-est de la Colombie, où se trouvent des mines de fer (Paz del Rio) : Diodore dit que la capitale des Atlantes se nommait *Cerné*, et ce nom pourrait indiquer la présence de minerai de fer (ocre rouge) K-RN.

"Ayant envahi le pays des Atlantes, elles vainquirent les habitants de la ville de Cerné (...) Elles passèrent les hommes au fil de l'épée, réduisirent les femmes et les enfants en esclavage et rasèrent la ville. Les Atlantes, terrorisés, livrèrent leurs autre villes (...) Alors la reine Mirina les traita avec modération, concluant avec eux des traités d'amitié (LIV- 4).

Comme les Atlantes lui offraient par la suite des cadeaux somptueux, elle les couvrit de bienfaits (...) et comme ceux-ci étaient en butte aux attaques des Gorgones, qui étaient leurs voisines, Mirina envahit le pays des Gorgones. Les Amazones l'emportèrent et firent trois mille prisonnières. Les autres s'enfuirent dans une région boisée" (LIV- 7)

Ces Atlantes n'avaient certainement pas trop de difficulté à faire des cadeaux somptueux, disposant de l'or et des pierres précieuses qui abondent en Colombie, et d'un artisanat raffiné en bijouterie : Diodore semble les loger sur les hautes terres de Colombie, domaine actuel de l'ethnie *Chibcha*, à qui l'on doit la plus grande partie des bijoux présentés au *Musée de l'or* de Bogota. C'est la région où se trouvent d'importantes mines d'or, ainsi que les célèbres mines d'émeraudes de Muzo. Nous reproduisons au chap. 23 d'autres passages de Diodore, où il parle des relations qui existèrent entre Atlantes et Olympiens *"dans les régions qui bordent le fleuve Océan".*

En Amérique Centrale, des régions telles que le *Yucatan* qui appartenaient certainement à cet empire Atlante seront également amenées à développer une civilisation propre, qui aboutira à celle des Mayas deux millénaires plus tard, caractérisée par de fortes connaissances astronomiques, une écriture, et des constructions monumentales. Des découvertes récentes font remonter bien plus loin qu'on ne le pensait les origines de la civilisation maya.

Celle-ci disparut vers 1400 et semblait avoir surgi quinze cent ans auparavant. Mais en 1973 était découvert à Bélize le *site archéologique de Cuello.* Sous le temple maya, furent découvertes des traces de constructions datant de -1.020 et, au dessous de celles-ci, des bases datant de -2.200, elles-mêmes au dessus de vestiges datant de -2.400 (7). La question se posa de savoir s'il s'agissait du début de la civilisation maya qui s'épanouirait trois mille ans plus tard ou d'une civilisation différente : la continuité observée dans les constructions successives sur le même emplacement amena les archéologues à conclure que *les Mayas de l'époque classique étaient les héritiers de cette civilisation datant du milieu du IIIe millénaire a.C.* L'existence de ce site archéologique de Cuello est de grande importance car il apporte la preuve de l'existence d'une *civilisation de constructeurs* en Amérique Centrale 300 ans avant l'invasion atlante en Méditerranée orientale. Les Mayas ont utilisé pour comptabiliser les périodes de temps des cycles longs de 52 ans dont le premier commence en l'an -3.113. Comme cette région fit certainement partie de l'empire atlante, cette date pourrait correspondre à sa fondation mythique ou réelle, lorsque Atlas accède au pouvoir (9) : dans ce cas, cet empire aurait duré mille ans, comme le royaume de France de Charlemagne à la Révolution.

(1) PLATON - *Oeuvres complètes. T. 10 : Timée - Critias*. Paris. 1985. Trad. Rivaud
(2) Le plus important *tsunami* connu est celui qui suivit en 1883 l'éruption du volcan Krakatoa : la vague atteignit 40 mètres de hauteur. Un tsunami ravagea Okushiri au Japon en 1933: la vague fut de 31 mètres.
(3) Juan SCHOBINGER - *Prehistoria de Suramérica*. Barcelone. 1969.
(4) En décembre 1999, au Venezuela, des pluies diluviennes pendant une semaine entraînèrent des inondations accompagnées de torrents de boue qui dévalaient des montagnes longeant la côte : des villages entiers furent ensevelis sous la boue.

(5) *La brusque interruption du texte du Critias* a intrigué tous les historiens. Rappelons l'opinion de Rivaud dans l'Introduction à sa traduction :

"Nous n'avons, du Critias, qu'un préambule dont l'importance nous fait juger de ce qui aurait pu être l'étendue du dialogue achevé. On nous avertit même que le discours de Critias devait être fort long mais il s'arrête à l'instant même où allait commencer le récit qui devait en former l'élément principal.

Par le Timée, nous apprenons que le Critias devait contenir l'histoire de la guerre entre les Athéniens et les Atlantes, et de la catastrophe qui avait suivi. Une partie essentielle de l'oeuvre manque donc. Platon l'avait-il écrite et fut-elle perdue, ou bien avait-il renoncé à son projet (d'en continuer le texte) *pour écrire* Les Lois *? C'est l'opinion généralement admise : la fin du dialogue, dit-on, n'a jamais été composée. La preuve en est que nul fragment ne nous en est parvenu, que nul auteur ancien n'en fait mention et n'en cite un extrait".*

Nous ne partageons pas cette opinion généralisée : si Platon avait décidé de ne pas continuer le Critias, il lui aurait donné une fin raisonnable. Or le texte se termine brusquement sur une phrase incomplète et, qui plus est, fort prometteuse : "*Zeus comprit quelles dispositions misérables prenait cette race et voulut leur appliquer un châtiment, afin de les faire réfléchir et de les ramener à plus de modération. À cet effet, il réunit tous les dieux, (...) et leur dit :*" . Et là s'arrête le récit.

Nous pensons que le texte continuait sur d'autres rouleaux de papyrus en une *deuxième partie*, et qu'il a donc bien existé, mais que la main d'un disciple qui avait accès à la bibliothèque de Platon subtilisa cette partie qui manque, pour l'énorme intérêt qu'elle présentait à ses yeux. On sait que Platon (et plus tard son disciple Aristote) considéraient qu'*une partie de l'enseignement devait être ésotérique,* c'est-a-dire qu'elle ne devait pas être confiée à la connaissance de tous. Serait-ce Aristote ou quelque autre disciple qui se serait approprié cette partie importante de l'oeuvre pour en réserver la connaissance exclusive à un groupe restreint, ne laissant dans la bibliothèque que les rouleaux correspondant à la première partie ? On comprendrait ainsi pourquoi on n'entendit plus parler de la suite, et pourquoi Platon, qui dût se rendre compte du fait, put avoir conçu quelque ressentiment envers son disciple préféré, qui toutefois n'aurait fait qu'appliquer ses préceptes...

(6) HÉRODOTE - *Histoires. Livre III - 17*
(7) Norman HAMMOND - *National Geografic Magazine*. July 1982.

(8) Chaque peuple avait jadis un système de mesures basé, pour les longueurs, sur des éléments corporels : le *pied,* la *coudée* (longueur de l'avant-bras), la *brasse* (distance entre les extrémités des deux mains bras allongés). Il y avait donc peu de différences de mesures de peuple à peuple, mais elles existaient, en raison des tailles moyennes

différentes entre ces peuples. En général *la brasse est à peu près égale à la taille* d'un individu moyen : La *brasse grecque* (1,776 m.) parait donc anormalement longue, la taille moyenne des Grecs étant alors proche de 1,55 m. : la brasse grecque était peut-être une mesure héritée de Mycènes (dont les classes dirigeantes étaient de haute taille) ainsi que le *système décimal*, car un *stade* mesurait 100 coudées (177,60 m.). Nous évoquons plus loin l'origine des maîtres de Cnossos et de Mycènes.

(9) Vers -10.000, le niveau des mers était à -55 m., et la péninsule du Yucatan fut certainement un lieu au climat agréable où s'installèrent des populations de *Boréides* et d'*Australoïdes* bien avant les *Amazonides* desquels descend l'actuelle population Maya. Son massif calcaire est creusé depuis des millénaires par l'infiltration des eaux des pluies tropicales que des canaux souterrains amènent jusqu'à la mer, un équilibre s'établissant entre le niveux respectifs. Les *zénotes*, anfractuosités et gouffres qui le parsèment actuellement occupés par les eaux, étaient alors des cavernes accessibles à l'homme : des archéologues subaquatiques y découvrirent récemment des restes d'ossements parfaitement conservés qui datent de -10.000 environ et semblent correspondre, en raison de leur taille, au groupe Boréide.

Dans les ruines de Chichen-Itza existe une statue (Fig. 14) dont les caractéristiques physiques, grande taille et traits aquilins, différent de celles des princes Mayas apparaissant dans ces mêmes édifices : *c'est manifestement un Boréide*. Les Mayas le nommaient Chacool et le considéraient comme un dieu : ils reconnaissaient peut-être en lui le symbole d'une civilisation qui avait précédé la leur, qui pourrait avoir été l'étape formatrice de la civilisation "atlante" qui s'épanouirait du Yucatan au Venezuela, au IIIe millénaire a.C.

Fig. 1 - Saut au-dessus du taureau

Fig. 2 - La procession

Fig. 3 - Vase des guerriers

Fig. 4 - "La parisienne"

Fig. 5 - Aède à la cithare

Fig. 6 - Gorgone

Fig. 7 - Castor et Pollux

Fig. 9 - Tête d'argile (Palé)

Fig. 8 - Statuette cycladique

Fig. 10 - Fresque de Bonampak

Fig. 11 - Jeunes indiennes Potawatomi
Réserve indienne - Michigan - 1860

Fig. 12 - Indien Wai-Wai (Guyanes)

Fig. 13 - Indiens de Floride

Fig. 14 - Dieu Maya

Fig. 15 -
Vase de Philakopi

Fig. 16 - La dame d'Elche

Fig. 17 - Dame étrusque

Fig. 18 - Jeune athénien

Fig. 19 - Déesse aux serpents

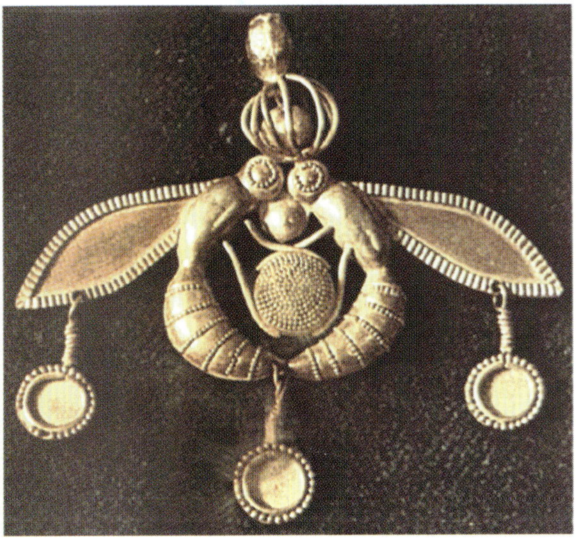

Fig. 20 - pendentif aux abeilles

Fig. 21 -
Prêtresse aux serpents

Fig. 22 - Le col apparent

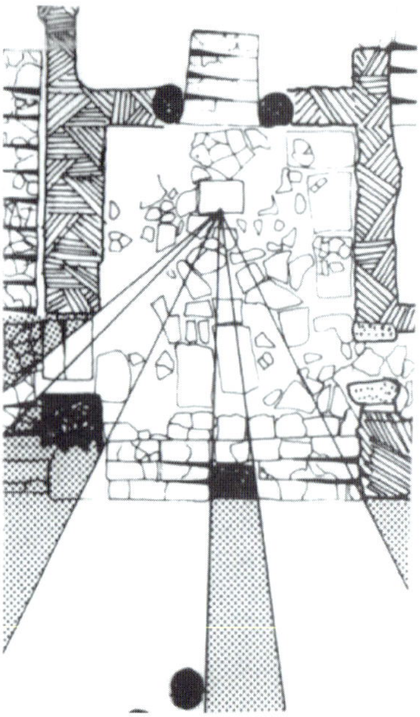

Fig. 23 - La loggia

Fig. 24 - Double-corne

Fig. 25 - Hache Jaguar

Fig. 26 - Le palais de Malia

Fig. 27 - Double-hache

Fig. 28 - Kernos

Fig. 29 - Objet cycladique

Fig. 31 - Frégates

Fig. 30 - Kouros de Thera

Fig. 32 - Courtisane

Fig. 33 - Courtisane

Fig. 34 - Fresque des singes

Fig. 35 - Jaguar (fresque du fleuve)

Fig. 36 - Tête de Jaguar

Fig. 37 - Jeune pêcheur

Fig. 38 -
Le port d'arrivée

Fig. 39 -
Navire de Thera

Fig. 40 -
Le fleuve serpentin

Fig. 41 -
Le port de départ

Fig. 42 -
Le port intermédiaire

Fig. 43 -
Baie de Voidokoilia

Fig. 44 - Falaises de Xi

Fig. 45 - Presqu'île de Lassi

Fig. 46 -
Le fjord de Gjorv

Fig. 47 -
La Vierge et
l'Enfant
(Ecole Crétoise)

TROISIÈME PARTIE

KOÏNÉ

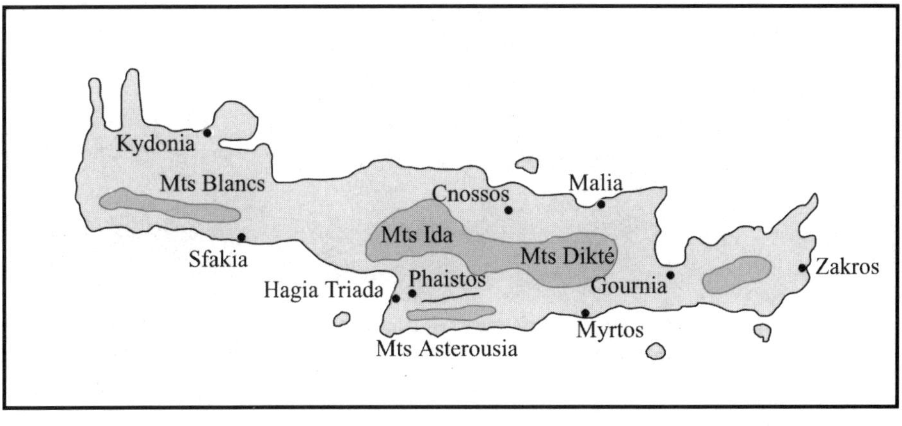

Carte 12 – La Crète ancienne

Cette troisième partie évoque la "mise en commun", sens du mot grec "koiné". Du VIIe au IIe millénaire a.C., des vagues successives d'immigrants arrivèrent en Grèce : Pélasges, Danubiens, Atlantes et Danaens. Malgré les profondes différences qui les séparaient, ils vont pacifiquement mettre en commun leurs compétences au cours du IIe millénaire a.C., en Crète d'abord et sur le continent ensuite, saisissant les chances qu'offrait la révolution métallurgique.

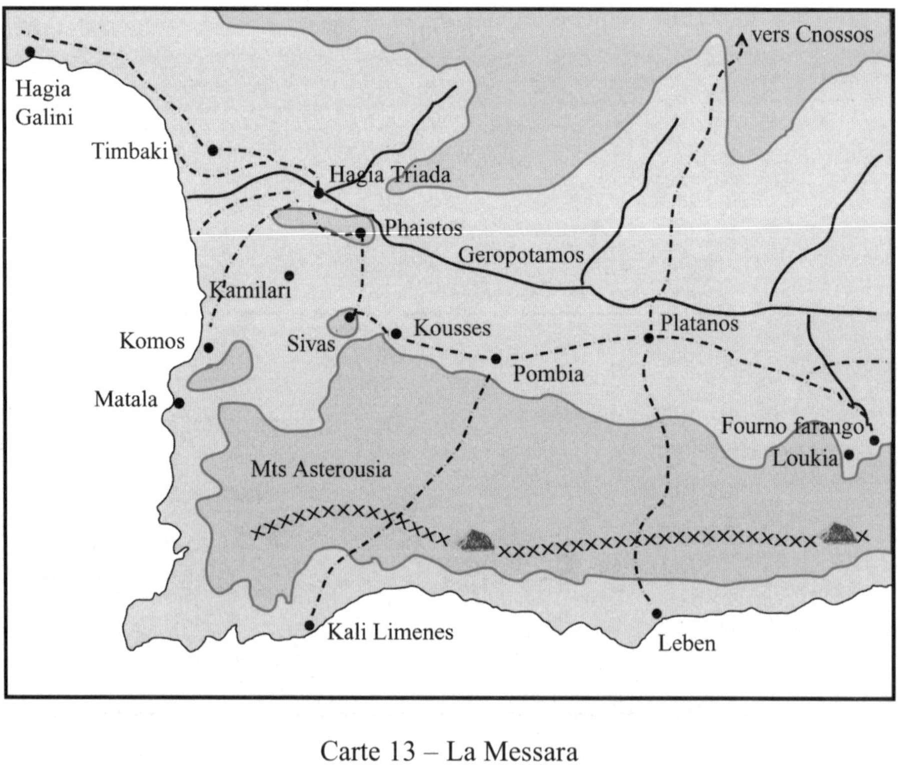

Carte 13 – La Messara

Chapitre 12

LES PREMIERS PALAIS MINOENS

Les immigrants maritimes que nous désignons sous le nom de *Pélasges* sont les premières populations qui peuplèrent la Grèce continentale et la Crète au VIIe millénaire a.C. Comment étaient ces Pélasges ?

Le *"vase des guerriers"* (Fig. 3) découvert à Mycènes montre des soldats de *petite taille, au long nez et aux traits enfantins*, qui pourraient appartenir à ce groupe : ils évoquent le profil en *"tête d'oiseau"*que Bormida attribue aux *australoïdes de type fuégide* (voir Chap. 8). Une caricature poussée à l'extrême expliquerait ces *hommes à tête d'oiseau* qui pratiquent la lutte sur d'autres vases. Et si l'on considère les fresques crétoises, la *"Parisienne"* (Fig. 4) et autres dames sont *graciles, ont la peau claire, le nez pointu, les cheveux châtains et bouclés* : elles semblent parfaitement correspondre à la description que Bormida donne des *femmes australoïdes de la race laguide.*

Mais d'autres types physiques apparaissent au hasard des découvertes archéologiques : ainsi à Céphalonie dans la presqu'île de Palé, fut trouvée une *tête en terre cuite* (Fig. 9) exposée au musée d'Argostoli ; elle est répertoriée "tête d'esclave" car son type ne correspond pas au canon classique grec, mais nous pensons qu'il s'agirait plutôt de la représentation d'un personnage important, chef de tribu ou chamane d'une ethnie pélasge établie jadis dans l'île, et on comparera son profil à celui d'un personnage maya, probablement un grand-prêtre, de la fresque du temple de Bonampak, au Yucatan (Musée de Mexico) (Fig. 10).

Ces immigrants arrivaient dans leurs embarcations monoxyles creusées dans les grands troncs d'arbres tropicaux à l'aide d'un outillage perfectionné en pierre, dont on a retrouvé de nombreux vestiges en Amérique du Nord (*banner-stones*) : gouges, forets, et surtout *haches*, y compris la *double-hache* qui deviendra en Crète un symbole religieux des origines. Ils connaissaient déjà l'agriculture et le tissage, et aimaient les arts décoratifs : le marbre des Cyclades leur permettra d'exprimer leur talent.

Au VIIIe millénaire a.C. le niveau des mers était à -30 m. environ, de sorte que les îles de la mer Egée étaient plus grandes que de nos jours ; nous pensons que c'est alors qu'elles reçurent les premiers immigrants Pélasges. Leur climat était sec non dépourvu de pluies, et elles offraient de belles plaines côtières ainsi qu'une plus grande sécurité que le continent face aux bêtes sauvages. Lorsque au VIIe millénaire les eaux accentuèrent leur montée, la majeure partie des habitants de ces îles dût juger opportun d'émigrer vers la Crète ou la Thessalie (on comprendrait ainsi le brusque afflux de population vers cette dernière région signalé plus haut), tandis que ceux qui restaient s'installaient dans les collines qui constituent les îles actuelles : ils cessèrent d'être agriculteurs pour devenir des marins et des artisans travaillant le marbre.

Les premières manifestations artistiques importantes qui se produisirent en Grèce correspondent à l'archipel des Cyclades vers la fin du IVe millénaire, particulièrement dans la petite statuaire de marbre. H. van Effenterre écrit : *"On se contentera d'admirer la sobre puissance de cet art des Cyclades. Par des moyens très simples, il produit des oeuvres d'une extraordinaire force d'évocation. La pureté des lignes est souvent remarquable (...). Les détails anatomiques sont réduits à l'essentiel (...). Mais cet art se terminera vers la fin du IIIe millénaire, aussi soudainement qu'il était apparu"* (Fig. 8) et (1). Il est en effet admis par les archéologues que les Cyclades se peuplèrent *tardivement*, vers la fin du IVe millénaire, *"d'un seul coup"* dit van Effenterre : la raison de cette affirmation est qu'on n'y trouve pratiquement pas d'établissements néolithiques. Nous sommes d'un avis différent : ils sont probablement à 20 mètres au dessous du niveau actuel de la mer...

Les Pélasges se répandirent progressivement dans l'ensemble de la Grèce, et y laissèrent des traces linguistiques, particulièrement dans la flore et les noms de lieux : *jacinthe, Corinthe, Zakinthe, labyrinthe,* et des noms dont la répétition permet une identification facile. Ainsi, *Samos, Samé, Sami* indiquent un lieu où il y a des *falaises* (un autre nom étant *faraghi*, qui a donné *pharax*).

Il est un groupe de lettres exprimant un son typiquement "pélasge" selon nous, le TS ou le TZ, car on le retrouve dans les noms de nombreux petits villages parsemant la Grèce continentale et les îles (2). On trouve également de nombreux noms de villages comportant ces doubles consonnes au Mexique et au Guatemala (3). Nous pensons que le Z (*dzêta*) représentait ce *son* TZ dans la Grèce ancienne; il apparaît dans *zéphyr* (le vent d'ouest qui amenait les Pélasges), *zophos* (la région nordique des ténèbres), *za* (la vie, la force) et dans *Zeus* : celui-ci aurait-il été un dieu apporté d'Amérique par les Pélasges, et non un dieu indo-européen ?

D'autres lettres-sons de l'alphabet grec ne proviennent ni de l'indo-européen, ni du danaen : elles peuvent donc avoir exprimé des sonorités particulières aux langues pélasges. Ce sont *thêta, etha, phi, ki, xi* et *oméga*, distinctes des sonorités indo-européennes et danaennes exprimées par *tau* (t), *epsilon* (e), *kappa* (k) et *omicron* (o court) : les langues pélasges auraient donc eu une influence importante sur la formation du proto-grec.

La Crète (Carte 12) fut uniquement peuplée par des Pélasges jusqu'aux approches du IIe millénaire a.C., et nous allons dans ce chapitre nous pencher sur la *fin du IIIe millénaire* quand seront construits les *ensembles palatiaux de Cnossos et de Malia* (4).

À la fin du néolithique, les Crétois vivent de l'agriculture et de petit élevage ; ils connaissent une forme rustique de céramique. Leurs instruments sont en pierre polie et en bois, mais ils connaissent l'obsidienne qu'ils se procurent dans l'île de Milos. Avec l'apparition du plomb et de l'argent, puis du cuivre vers -2.600 qui provenait certainement d'Asie Mineure, des relations plus étroites semblent se produire avec les îles de la mer Égée. La Crète s'enrichit progressivement, certainement en raison du savoir-faire commercial des Kydoniens et de sa position géographique dorénavant privilégiée mais aussi grâce à la disponibilité croissante de produits de l'agriculture et de l'artisanat. Des sceaux sont gravés dans la pierre et l'ivoire, et des bijoux élaborés, objets de plus en plus raffinés qui devaient plaire à de riches acquéreurs hors de l'île. Le cuivre est utilisé pour fabriquer de petits poignards.

Il est possible que de cette époque date le début de l'exploitation du *talc* et de l'*albâtre*, les seules ressources minérales qu'offrait l'île, et qui pouvaient être destinées à une exportation vers l'Égypte : le talc broyé est une poudre qui était fort appréciée pour la préparation d'apprêts et d'onguents, tandis que l'albâtre est une *pierre translucide* qui permettait de sculpter des vases et autres objets de luxe. Ces deux produits sont des silicates de magnésium et de calcium qui abondent dans les monts Astérousia, dans le sud de l'île. On pourrait avoir là l'explication du surprenant développement de cette région dépourvue d'eau et de végétation, où cependant abondent les vestiges archéologiques datant du IIIe millénaire. Des inscriptions égyptiennes font état d'importation depuis *Kaphtor* d'une pierre semi-précieuse qui pourrait être cet albâtre. Kaphtor semble avoir été le nom que les Égyptiens donnaient à la Crète au milieu du IIIe millénaire, et ils appelaient les Crétois *Keftiou*. K-FT pourrait avoir été le nom donné à l'albâtre (la *pierre-lumière* : de *photos, FT,* vocable certainement pélasge) et les Égyptiens adopteront ce nom pour l'île. Une tablette d'Assour, en Mésopotamie, mentionne *Kaptara*, ce qui montrerait qu'au début du IIe millénaire, la Crète commerçait avec cette région.

Vers -2.200, les Crétois connaissent la culture de l'olivier, de la vigne et des céréales, ainsi que le montrent les fouilles du site de Myrthos. On peut donc dire que la fin de la période prépalatiale minoenne, qui coïncide avec les premiers temps de l'âge du bronze, est pour la Crète une époque pacifique de bien-être croissant, marquée par des relations maritimes avec l'Asie Mineure et les îles des Cyclades. Jusque-là, la population semble homogène et correspondre aux critères raciaux des peuples australoïdes.

Mais *vers -2100, se produisent de nombreuses destructions d'agglomérations côtières en Grèce continentale et dans l'ensemble du bassin méditerranéen oriental* ; la Crète semble épargnée. La multiplicité des sites portuaires attaqués montre qu'il s'agit d'attaques provenant de la mer et non de la terre. Nous avons cité au Chap.11 les opinions à ce sujet de M. Finley et H. van Effenterre. Ces mystérieux attaquants, qui selon nous sont des Atlantes et leurs alliés méditerranéens, se replièrent une fois accomplis leurs pillages ou avorté leur projet de conquête. *Or, à partir de cette époque, de grands changements se produisent en Crète*, car c'est alors que vont être construits les premiers ensembles architecturaux, les *"palais minoens"*.

Les archéologues s'interrogent, surpris par cette *"soudaine envolée de la construction et la dimension des oeuvres"*, alors que jusque-là l'habitat traditionnel crétois était resté fort modeste. Ainsi, M. Mastroiakis et M. Van Effenterre (op.cit.- Chap.12) constatent : *"l'apparition du système palatial est le premier pas des Minoens hors du commun"*, et se posent la question : d'où sortent ces palais ? *"L'agglomération urbaine a-t-elle en quelque sorte sécrété le palais, ou est-ce le palais qui a entraîné le développement de la ville ? D'où vient l'idée ? S'est-elle formée progressivement ou imposée d'un seul coup ? Questions d'autant plus débattues qu'on ne connaît vraiment en Crète le système palatial dans son fonctionnement complet qu'à un niveau archéologique postérieur, celui des "seconds palais"*.

C'est en effet un problème fondamental. Pour entreprendre de tels ouvrages il fallait pouvoir imposer de longs travaux à une main-d'oeuvre locale, et posséder en outre le goût pour les constructions cyclopéennes ainsi que la capacité pour les mener à bien. De telles caractéristiques, en rupture avec la forme de vie traditionnelle des Pélasges de l'île depuis des millénaires, ne s'expliquent donc pas par une évolution interne mais semblent plutôt indiquer *l'installation en Crète de nouveaux venus qui imposeront leurs décisions* à une main-d'oeuvre locale abondante. Ce pourrait être un groupe ayant participé à l'offensive atlante décrite au Chap. 11.

De fait, on constate à partir de cette époque l'*apparition d'un nouveau profil racial* qui semble circonscrit aux maîtres de Malia et de Cnossos : il se manifeste sur des sceaux et des gravures sur stéatite - donc les objets de prestige d'une classe dirigeante - où apparaissent des *hommes grands et élancés, caractérisés par la finesse de la taille et une musculature puissante.* Par ailleurs, les fresques montrent que ces nouveaux venus ont la *peau brun-rouge* et sont vêtus selon un modèle tropical caractérisé par le port du pagne.

Ce ne sont donc pas des Cananéens, lesquels étaient de taille moyenne et de corps trapu ; de même, ils sont différents des Danaens, également de taille moyenne, qui arriveront un ou deux siècles plus tard en Crète. Nous pensons qu'ils appartenaient à une population d'origine *Boréide* (voir Chap. 8). Leur caractéristique principale semble être le *goût pour la construction monumentale*, trait qui se retrouve à cette même époque en Amérique andine et fut également une caractéristique des Atlantes.

Les "premiers palais" étaient assez frustes en comparaison de ce que seront quelques siècles plus tard les "nouveaux palais", mais ils portaient en germe toutes les techniques nécessaires. Stilianos Alexiou (5) observe : *"l'exécution de travaux majeurs comme le nivellement de collines, la construction de grands édifices sur les aires nivelées, et l'énorme coupure creusée verticalement dans la colline de Cnossos indiquent que la société minoenne avait réussi une division stricte du travail et disposait d'une grande quantité d'ouvriers".* Nous nous trouvons devant un modèle de grands travaux caractéristique de l'Amérique archaïque. En outre, apparaît une *nouvelle forme de vie sociale* où l'individualisme laisse la place au collectivisme : l'activité économique agricole va être dynamisée par le système de concentration de l'offre et de la demande autour des "palais", et durera pacifiquement pendant plus de cinq siècles.

En se libérant des préjugés qui feraient des Atlantes un peuple si étrange qu'il n'aurait pu exister que dans la fiction, il est parfaitement possible de parler d'eux comme on parle des Sumériens ou des Hittites. Et dans ce cas, pourquoi ne pas envisager que le groupe au caractéristiques physiques si particulières qui apparaît en Crète à la fin du IIIe millénaire et dominera rapidement le nord de l'île, ait appartenu à l'expédition atlante en Méditerranée orientale ? Nous allons essayer de voir ce qui pourrait relier ce groupe à l'Amérique Centrale. Si l'empire Atlante s'étendait alors du Yucatan aux Guyanes et était formé de populations diverses, les chefs de l'opération purent attribuer des missions différentes à divers groupes selon leurs capacités, les uns étant des *guerriers*, d'autres des *marins* et d'autres des *savants*, techniciens et astronomes. Le groupe qui s'installera en Crète paraît avoir appartenu à cette dernière catégorie.

Trois ensembles palatiaux importants furent construits en Crète au début du IIe millénaire : *Cnossos*, *Phaistos* et *Malia*. Alexiou constate que les deux premiers étaient les plus imposants, tandis que celui de Malia, bien plus modeste, *"parait provincial"*. Nous pensons cependant que son importance historique est plus grande que celle des deux autres, car ce pourrait avoir été le premier établissement "palatial" de Crète, qui servit de modèle à celui de Cnossos. Le site de Malia est fouillé par l'École Française d'Archéologie à Athènes depuis 1920. En réfléchissant sur les résultats acquis à ce jour, nous nous sommes demandé si les envahisseurs maritimes de la fin du IIIe millénaire n'auraient pas établi en ce lieu au début de leurs attaques une *base arrière temporaire pour leur état-major de chefs et de techniciens*, qui serait devenue un établissement permanent après l'échec de l'expédition et la disparition de leur capitale lointaine. *Son emplacement aurait donc été le fruit de la nécessité, dicté par des conditions stratégiques* : si à l'ouest, la région de Cnossos était déjà largement peuplée ainsi qu'à l'est celle de Gournia, *l'étroite plaine déserte de Malia* était un lieu plus favorable pour cet établissement temporaire.

Cnossos est construit sur une colline dominant une riche région agricole bien pourvue de cours d'eau et un établissement néolithique l'avait précédé ; le palais est en outre suffisamment éloigné de la mer pour se protéger d'incursions maritimes. Celui de Malia, par contre, semble avoir été posé *artificiellement* en un lieu sans antécédents néolithiques et relativement peu favorable :
- Pas d'abondante rivière à proximité sinon un maigre cours d'eau.
- Plateau sans relief au niveau de la mer.
- Absence d'une rade abritée.
- Les constructions sont établies a proximité de la mer (à quelques centaines de mètres) donc sans défenses naturelles, alors qu'une colline propice existait non loin de là dans l'intérieur (Fig. 26).

Les occupants de Malia domineront rapidement le nord de l'île ; ils mettront leurs capacités au service de la construction des *premiers palais* de Malia puis de Cnossos, et de l'organisation économique qui marquera le début de la Crète palatiale. Dans l'hypothèse atlante, le savoir-faire de constructeurs ne devait pas manquer. Étant donné les structures politiques des Atlantes décrites par Platon, on pourrait envisager que ces deux premiers établissements aient été construits en fonction d'*un chef de guerre* et d'*une religion,* ce qui apparaîtrait dans leur plan.

Phaistos par contre, où des constructions pélasges existaient avant l'arrivée des Danaens, sera modifié et agrandi par ces derniers. *L'influence économique croissante des Danaens* sur Cnossos et Malia (voir Chap.13) modifiera les structures politiques et sociales de la Crète, *les Danaens semblant avoir été moins portés à l'autoritarisme et à la religiosité qu'au commerce et à l'hédonisme.* Ceci expliquerait l'agrandissement des palais à des fins commerciales, amenant aux *"seconds palais"* et à leur style composite.

La population crétoise aura dès lors trois composantes : - des *Pélasges, Australoïdes* arrivés de longue date et peuplant l'ensemble de l'île - les maîtres de Malia et de Cnossos, *Boréides,* peu nombreux - des *Danaens, Amazonides,* également peu nombreux. Il semble que Boréides et Danaens mettront en commun leurs capacités pour dominer politiquement et économiquement l'île, et des unions matrimoniales auront certainement lieu entre ces deux groupes, les Boréides adoptant la langue et l'écriture des Danaens.

Il existe dans la cour centrale du palais de Malia deux sculptures de pierre qui intriguèrent les archéologues : l'une est *une sphère* de 60 cm environ de diamètre à demi enterrée dans le sol ; l'autre est *un disque* horizontal de grande taille portant à sa périphérie un couronne de cavités hémisphériques (Fig. 28) : les archéologues français arrivèrent à la conclusion que ce pourrait avoir été une *table d'offrandes,* un *kernos.* Nous supposons qu'elle correspondait à une coutume des envahisseurs, et l'on pense à la *"table d'or des Éthiopiens"* que voulait conquérir Cambyse : Hérodote précise que cette table d'or était une *table d'offrandes* où l'on plaçait des viandes qui étaient à disposition de ceux qui voulaient les consommer (*Histoire*- 3, 17). Quant à la sphère, elle rappelle les sphères de pierre découvertes dans les forêts d'Amérique Centrale et l'on pense au texte de Diodore (LX-2) à propos du roi Atlas : *"On raconte qu'il était expert en astrologie et qu'il fut le premier à répandre chez les hommes la doctrine de la sphère"* (voir Chap. 23). La sphère de Malia était peut-être le rappel de ce savoir. On n'a pas trouvé de sphère semblable en Europe ou au Moyen-Orient.

Les fouilles de Malia firent apparaître en 1960 un curieux ensemble architectural situé à l'ouest du palais, nettement à l'écart et encore plus proche de la mer. Cette fouille est due à H. van Effenterre, et ses circonstances sont rapportées par M. van Effenterre et M. Mastorakis qui en furent les témoins (*Les Minoens*) : *"C'est tout un ensemble dont on retrouve le plan en profondeur ou au sol, quelque chose de totalement imprévu pour le mode de vie des Minoens. Une crypte très soignée, la seule de toute la Crète qui ait eu des colonnes et non des piliers, offrant deux salles à banquettes se faisant vis-à-vis et communiquant avec une série de magasins. Tout à côté, une cour rectangulaire était insérée dans le réseau primitif des rues de la ville. Elle était accessible par une entrée monumentale depuis l'étage aujourd'hui disparu qui surmontait la crypte, et était autrefois bordée de gradins. Mais les trouvailles étaient pauvres, juste de quoi dater les constructions et faire comprendre que, bâties au Minoen ancien II, elles avaient dû cesser d'être en usage quand fut construit le second palais de Malia (...).*

Un problème embarrassant se posait à l'archéologue : quelle avait été la destination d'un pareil ensemble, sans équivalent connu en Crète ?"

Nous pensons qu'il pourrait s'agir du *premier établissement* construit dès l'arrivée vers -2.100, antérieur donc au "premier palais", qui sera construit vers -2.000 et sera plus imposant. On constate que les espaces de la vie quotidienne y jouxtaient deux lieux de cérémonies : - *une crypte* où les chefs tenaient certainement leurs *délibérations* - *une place* où ils accomplissaient peut-être une *cérémonie traditionnelle de combat contre des taureaux.*

Platon évoque ces deux faits qui marquaient la vie publique des chefs atlantes. Des taureaux sauvages devaient exister dans l'île, amenés du continent par les premiers habitants de la Crète : le vase en or trouvé à Vafio, en Laconie, de probable origine crétoise, montre la scène de capture d'un taureau sauvage, avec pour cela *l'utilisation d'un filet,* comme dans le texte de Platon. Notons que *le pilier,* de *section quadrangulaire*, est caractéristique des constructeurs qui utilisent la brique, tandis que la *colonne,* de *section circulaire,* est, dans les premiers temps, caractéristique des constructeurs qui utilisaient des *fûts de bois*, plus rapidement façonnés et mis en place, à condition qu'ils soient de dimensions suffisantes, ce qui était le cas en Amérique tropicale. Ajoutons que des colonnes en bois résistent fort bien aux secousses sismiques : les bases de colonnes du premier établissement pourraient donc être considérées comme indicatives d'un style ancestral importé. Il y avait alors quelques belles forêts en Crète.

L'existence des *fondations d'une construction située sur une éminence dominant la mer*, nommée *Chrysolakkos,* renforce l'hypothèse de l'arrivée maritime des constructeurs de Malia : une enceinte rectangulaire de grandes proportions : 39 x 30 m., contient des ruines de bâtiments et une esplanade. On a daté sa construction de l'époque du grand palais, mais elle pourrait avoir été édifiée pour *protéger un lieu de culte antérieur* de dimensions plus réduites. Les bases font apparaître de nombreuses pièces aux murs construits à angle droit. La photographie aérienne montre qu'une partie de ces murs forme comme un *labyrinthe* et sont nettement plus épais que les autres : ils doivent correspondre à la construction la plus ancienne.

Dans cette enceinte qui put accueillir des cérémonies initiatiques, était peut-être lâché un taureau qu'un jeune chef devait combattre, ce qui aurait inspiré le célèbre mythe du Minotaure. L'absence d'ossements ou d'urnes funéraires fait douter de l'affirmation selon laquelle ce lieu aurait été une nécropole princière. De toutes manières, *"cet ensemble architectural n'a pas de parallèle dans toute la Crète minoenne"* (6) et face à des sépultures introuvables, il est préférable de penser que ces Atlantes pratiquaient l'incinération des corps des personnes notables, et jetaient leurs cendres dans la mer.

Au XIXe siècle, ce lieu fut nommé *Chrysolakkos, la fosse de l'or,* car de nombreuses pièces d'orfèvrerie que s'appropria l'Autorité turque y avaient été trouvées. Toutefois y furent découverts plus tard quelques bijoux parmi lesquels le magnifique *pendentif aux abeilles* (Fig. 20). On a voulu voir dans ce bijou la preuve de la qualité de l'orfèvrerie minoenne; mais celle-ci montre dans d'autres découvertes de la première époque (Mochlos) un art plutôt fruste basé sur le martelage et l'économie de métal, justifiée par la rareté de l'or en Crète à cette époque. Nous pensons que *ce pendentif était une pièce rare qui dût appartenir à l'un des chefs de l'expédition*, qui l'avait amené de son Amérique natale : le musée de l'or de Bogota montre de nombreuses oeuvres d'art dont le style se rattache à celui du pendentif. On pourrait d'ailleurs en dire autant du bijou découvert dans l'île d'Egine (Fig. 19) et exposé au British Museum, qui peut évoquer une déesse centre-américaine.

Un bas-relief de Cnossos, reconstitué, datant du XVIe siècle a.C. représente un jeune homme et sa coiffe à longues plumes multicolores, qui pourraient être des *plumes de quetzal,* un oiseau d'Amérique Centrale dont les plumes bleues et vertes ornaient la coiffe des princes mayas. Cette fresque fait peut-être allusion à un personnage mythique centre-américain.

Quand la communauté prendra de l'ampleur et incorporera à son système les populations autochtones voisines, seront construits les deux "premiers palais" de Malia et de Cnossos, vers -2.000. La plaine du nord de l'île où sont situés ces deux palais est séparée de la plaine de la Messara au sud de l'île par le massif montagneux central, de sorte que ces deux grandes plaines eurent au début des développements autonomes. Le palais de Phaistos, qui dominait la Messara, sera probablement construit vers -1.900. L'archéologie montre que la région nord est riche en objets en plomb et en argent, donc datant du début de la métallurgie dans l'Égée, tandis que la région sud est plus riche en objets en cuivre d'époque plus tardive.

Le "premier palais"de Malia fut construit sur un terrain plat et la base des édifices est parfaitement conservée. La *cour centrale,* rectangulaire, retient l'attention (Fig. 26) :
- Son grand axe fait un angle de 18 degrés avec la direction du Nord, sans que l'exige la topographie.
- Son côté Est comportait une seule ligne de constructions de faible hauteur (un hangar couvre actuellement des fouilles dans cette zone).
- Les bâtiments nobles, à étage, étaient situés sur le côté Ouest et avaient vue sur la place et les montagnes qui s'élèvent à l'horizon et au-dessus desquelles apparaissait le soleil levant (Fig. 22). Un escalier monumental amenant aux étages descendait sur la cour centrale ; il présentait dans sa partie inférieure un palier intermédiaire qui donnait accès, au sud à une *grande salle*, bien visible sur la Fig. 26, et au nord à une petite salle nommée *la loggia.* Ces deux salles semblent avoir eu des fonctions bien différenciées dans la vie sociale et religieuse du palais : *La grande salle* pourrait avoir été la *salle du chef* : elle donnait de plain-pied sur la cour centrale et face à elle, au centre de celle-ci, se trouvait une construction qui pourrait avoir été un autel de sacrifices.

La loggia (Fig. 23) pourrait avoir été une *salle sacerdotale* : c'était une petite pièce rectangulaire donnant sur la place centrale par une ouverture au milieu de laquelle se trouvait probablement une seule colonne en bois, dont on voit encore la base de pierre. Et là, il y a une *asymétrie évidente* : en effet, on s'attendrait à ce que cette colonne soit au milieu de l'ouverture, mais ce n'est pas le cas ; elle est nettement excentrée vers le nord. Dans la loggia, une grande base rectangulaire en pierre est située sur son axe central et pouvait porter un *autel* derrière lequel prenait place une prêtresse. Celle-ci devait accéder à l'autel depuis une pièce qui devait servir de sacristie.

Dans une annexe à celle-ci, furent découverts *"un poignard de bronze, un pommeau en cristal de roche et une hachette en schiste finement travaillé qui s'achève en avant-train de léopard* (Fig. 25). *Ces objets datent de la période des premiers palais"* (6) : il s'agissait d'objets rituels, et la hache de pierre sculptée était certainement un objet précieux amené de la lointaine patrie. En fait, l'animal représenté est un *jaguar,* animal de l'Amérique tropicale qui ne fit jamais partie de la faune crétoise. La hache reproduit les taches caractéristiques de cet animal (Fig. 36).

Cette *hache ciselée* se situe dans une ligne artistique qui se manifestera plus tard chez les *Mayas* : dans leurs objets abondent les haches sculptées dans le *jaspe vert clair*, avec des motifs zoomorphiques où le jaguar apparaît souvent. Plus tard, Dionysos sera relié au jaguar : sur une fresque de Délos, le dieu monte cet animal. Des haches sculptées dans le jaspe furent également trouvées dans les ruines de Troie (7).

Nous nous sommes demandé la raison de l'asymétrie de la colonne de la loggia, car elle semble avoir été ajoutée à la construction initiale. Or à quelques mètres sur la place devant la loggia se trouve *la sphère de pierre* partiellement enterrée dans le sol (visible sur la Fig. 26). Le croquis (Fig. 23) que nous empruntons à l'ouvrage de Mastroiakis-van Effenterre permet de constater un *plan vertical d' alignement* entre le centre de l'autel, le flanc sud de la colonne et l'extrémité nord de la sphère. On peut donc arriver à la conclusion que, un certain jour de l'année, *ce qu'observait la prêtresse debout derrière son autel, c'était l'apparition du soleil levant exactement au dessus de la sphère.* Comme l'astre était déjà à une certaine hauteur quand il émergeait des collines, la colonne permettait de constater l'exacte superposition du soleil et de la sphère, le diamètre apparent du soleil étant pratiquement le même que celui de celle-ci. La colonne et la sphère peuvent avoir été mises en place après la construction du palais, quand fut observé le phénomène du lever apparent du soleil deux fois par an dans *un col que semblent former ces collines* (Fig. 22) et fut matérialisé un alignement entre le centre de l'autel, la sphère, et ce col apparent.

Les deux jours correspondants furent certainement choisis pour marquer les temps de la vie sociale, accompagnés de festivités que l'on peut imaginer ainsi : Depuis quelques jours, une foire commerciale attire les habitants de la région, et le jour attendu, la foule se rassemble à l'aube, l'aristocratie sur la place du palais, et le peuple sur une grande esplanade à l'extérieur.

La *grande-prêtresse* a pris place dans la *loggia* ; bientôt elle verra le soleil apparaître à droite de la colonne au dessus de la sphère de pierre et, se présentant alors à l'assemblée en *brandissant les serpents rituels*, elle annoncera ce moment solennel (fig. 21). La foule observe religieusement le soleil levant, et dans un geste rituel reproduit sur les statuettes d'argile retrouvées sur les lieux de culte, chacun porte la main à son front, pour saluer l'astre du jour.

Un sacrifice sera offert sur l'autel situé au milieu de la place, et alors commencera la fête : les femmes ont revêtu leurs plus beaux atours, réservés pour cette circonstance ; les plus riches d'entre elles, qui ont pris place dans des tribunes qui bordent la place, arborent des coiffures sophistiquées comme le montrent les fresques de Cnossos. Sur la place, les hommes vont présenter des joutes et des spectacles tels que le *saut au dessus du taureau* (Fig. 1) ; ils ont le torse nu et portent le pagne, comme leurs ancêtres quand ils arrivaient en Crète. Résonneront musiques et chants, et la boisson fermentée sera soutirée de grandes jarres et offerte au peuple en liesse, qui, le lendemain, retournera à ses champs ou à ses ateliers.

Nous devons au Professeur Alain Ziserman la détermination de ces deux jours : en tenant compte de la précession des équinoxes, le programme Red-shift 2 appliqué pour l'an 2.000 a.C. à Malia indique les *18 novembre et 14 février* du calendrier actuel pour ces deux levers solaires, dates hivernales propices à des fêtes religieuses et commerciales.

Parmi les symboles crétois se trouvent la *double-hache* (Fig. 27- *double-hache en or d'Arkalokori*), le *taureau* et un curieuse construction qui décore le faîte de murs, particulièrement à Cnossos, que certains nommèrent la *double corne* en raison de son apparence.

Le culte du taureau était peut-être lié à d'antiques traditions amenées d'Amérique où proliféraient les *bisons*, alors qu'il n'y avait pas de taureaux dans la faune naturelle crétoise. De même put être amené d'Amérique la double-hache, sous la forme d'un instrument en pierre polie (banner-stone) : il n'y a pas en effet de *double-hache en pierre* dans le néolithique européen.

Par contre, la *double corne* n'aurait selon nous rien à voir avec le taureau sacré comme on l'affirme souvent, car elle ne ressemble pas à des cornes : les deux flancs externes de part et d'autre de la courbure centrale sont plans et verticaux, alors que pour le moins ils auraient dû être obliques ; mais elle pourraient symboliser ce *col sacré apparent* où se levait le soleil à Malia. Il existe dans une vitrine du musée d'Héraklion (salle V - vitrine 63) une petite "double corne" en pierre qui présente une curieuse particularité : dans le bas de la concavité centrale apparaît une protubérance cylindrique où pourrait avoir été fixé jadis un axe portant un disque d'or représentant le soleil.

À Malia même, se trouve un petit édifice rectangulaire appelé le *sanctuaire aux cornes,* situé à 300 m. au sud-ouest du palais, à la bordure d'une grande esplanade qui put jadis servir de place de marché et de réunions populaires. Sur le toit plat aujourd'hui effondré de cet édifice, étaient placées *deux double cornes* en pierre qui furent retrouvées brisées dans les décombres. Le grand axe de cet édifice semble orienté vers un lieu de la chaîne de collines où devait apparaître le soleil les jours en question. Les deux "double cornes" devaient être alignées de telle manière que le soleil ce jour-là paraisse se lever au milieu des cornes : c'était donc un observatoire destiné à la zone populaire, pour que tous, au palais comme à l'extérieur, puissent communier dans le même instant sacré. Ces "doubles cornes" sur un toit inspireront l'art minoen, et on les retrouvera comme élément de décoration sur les murs du palais de Cnossos (Fig. 24)

Les deux premiers palais, ceux de Malia et de Cnossos, furent donc le fruit de l'action en commun des Pélasges et des Atlantes de Crète ; ils apporteront aux Danaens qui débarqueront au siècle suivant une précieuse infrastructure pour la mise en valeur économique de l'île.

Nous avons constaté divers liens qui pourraient avoir existé entre les constructeurs du palais de Malia et la région d'Amérique Centrale où apparaîtra bien plus tard la civilisation Maya, caractérisée par ses constructeurs et ses astronomes. A la fin du chapitre précédent, nous évoquions le site archéologique de *Cuello* situé dans le Yucatan, où se succédèrent les constructions sur un même lieu depuis la période pré-maya au IIIe millénaire a.C. jusqu'à la fin de la civilisation Maya : ce devait être un *lieu sacré* dès l'origine, qui remonte pour le moins à -2.400, soit 300 ans avant l'expédition atlante en Méditerranée. Etait-ce *leur Delphes, leur "nombril du monde"* ?

Toujours est-il qu'il est situé sur le parallèle 18° nord : nous retrouvons ce chiffre inscrit sans raison due au lieu dans les places centrales des palais de Malia et de Cnossos, dans l'angle que fait avec le Nord le grand axe de la place.

Pour le moins, une curieuse coïncidence.

(1) F. DOCKSTADER - *L'art indien de l'Amérique Centrale.* Neuchâtel. 1965.

Cet auteur constate : *"Chose surprenante, les civilisations les plus primitives du Mexique ont mieux réussi à survivre à l'arrivée des blancs que ne le firent les cultures plus développées. Des caches ont été découvertes avec des figurines présentant des têtes triangulaires pointues dont la forme remarquablement simple mais expressive ne va pas sans faire penser aux statuettes des Cyclades de la Grèce ancienne"* (Indiens Seri - Sonora - Museum of the American indians - New-York)

(2) GRÈCE :
- Crète = Pitsidia - Tsoutsouros - Tsamadis - Koutsouras -Tsikalafia Tsikiana - Tsourouniana - Litsarda - et autres
- Messénie = Katsaros - Hatzis - Tseria - Platsa - Tsikalia
- Arcadie = Tsaja - Dimitsana - Kamenitza
- Laconie = Tsitalia - Varvitsa - Koniditsa
- Epire = Irgoumenitza - Tsumarka, montagne de 2393 m. dominant Dodone. Karamitsa - Tsamandas - Konitsa - Dotsikon (au nord de Dodone).
- Acarnanie = Velutsi (montagne dominant la mer) - Tsukalu (golfe) - Karitsa - Domnitsa - Pitsineika
- Thessalie = Arkitsa - Mendenitsa - Tsuka - Tsani. -Vysitsa - Tsangarada -

(3) MEXIQUE :
- Yucatan = Tzazam - Tzama - Tzabian - Tzacala - Tzitz - Chichenitza
- Vera Cruz = Tzicatlan - Tzimatla - Tzinacapan
- Michoacan = Tzintzingare - Tzintzuntzan (ancienne ville) - Titz - Tzarara - Tzatzio - Tzitzicazapa - Tzitzila.

Le *Tzeltal*, le *Tzotzil* et le *Tzutujiles* sont des langues du Mexique et du Guatemala.

(4) Nous adoptons ici la chronologie suggérée par Nicolas Platon :

N. Platon		chronologie classique
- Période Néolithique	? - 2600 a.C.	
- Période Prépalatiale	2600 - 2000 a.C.	(Minoen ancien I-II-III-Minoen moyen I A)
- Période Protopalatiale	2000 - 1700 a.C.	(Minoen moyen I B - Minoen moyen II)
- Période Néopalatiale	1700 - 1450 a.C.	(Minoen moyen III-Minoen récent I à III A)
- Période Postpalatiale	1450 - 1100 a.C.	(Minoen récent III B-III C)

(5) Stylianos ALEXIOU - *La civilisation minoenne.* Heraklion.
(6) Frieda VANDENABEELE - *Malia.* Athènes.1992.

(7) Les historiens évoquent l'extraordinaire richesse de TROIE II (-2.500. -2.200) car on suppose que les trésors découverts par Schliemann appartenaient à cette période.

Il sc pourrait, certes, que la richesse de Troie II ait été importante en raison des bénéfices tirés de sa position sur la route de la mer Noire jusqu'en -2.300, mais elle ne devait pas être telle qu'elle puisse justifier l'extraordinaire trésor trouvé dans une cache près d'une porte d'accès à l'intérieur des murailles.

Nous pensons que ce trésor fut enfoui plus tardivement vers -1.900 : il est *hétéroclite*, certains bijoux semblant être le fruit de *pillage*s et d'autres, *des possessions personnelles de grande valeur telles que quatre haches de cérémonie en pierre bleue, verte ou blanche, apparemment du jade, et des pommeaux de cristal de roche* : On pense aux pièces semblables découvertes à Malia et l'on peut se demander s'il n'y a pas une parenté d'origine des pièces et du mode d'arrivée dans l'Egée.

Peut-être *un ou plusieurs autres groupes résiduels* des assaillants de -2.100 s'établirent-ils dans l'île de *Lemnos* en face des Dardanelles et s'adonnèrent à la piraterie. On a constaté de curieuses similitudes entre l'archéologie de Lemnos et celle des Étrusques. Deux siècles plus tard un de leurs chefs jugea peut-être opportun de cacher son trésor dans une caisse qu'il enfouit en un lieu alors déserté, les ruines de Troie II.

Un évènement postérieur lorsque la ville se repeupla, probablement l'incendie d'une demeure en bois située à l'aplomb du trésor enterré superficiellement, déforma en partie certains objets, comme le constata Schliemann. Si certains de ces pirates d'origine étrusque s'étaient par la suite établis sur le site de Troie, on comprendrait mieux la *légende de l'Enéide* et le retour vers l'Italie après la chute de Troie.

On pourrait imaginer *un troisième groupe résiduel* de l'invasion atlante qui, ayant participé à l'attaque frustrée contre l'Égypte, s'installera au Proche-Orient où avaient également eu lieu des destructions depuis la mer : ce pourraient être les HYKSOS, connus par leur invasion du delta du Nil depuis la Palestine au XVIIIe siècle a.C, soit quatre siècles plus tard. Ils dominèrent un temps l'Égypte, entre -1.720 et -1.552, établissant leur capitale à Avaris, dans le Delta. On a trouvé dans les ruines de cette ville une fresque montrant un *saut du taureau* qui a amené les historiens à en déduire des relations commerciales entre Minoens et Hyksos. Nous pensons que l'existence de ce type de jeu en Crète comme à Avaris pourrait plutôt être attribué à une *lointaine origine atlante commune entre les Hyksos et les fondateurs de Malia* : on observe sur les deux fresques le même aspect physique des sauteurs, grande taille et corps svelte. Ceci pourrait indiquer que le saut du taureau fut introduit en Crète vers -2.100 par les fondateurs de Malia. Ce pourraient être ces Hyksos qui confièrent aux prêtres égyptiens des informations peut-être exagérées relatives à leur lointaine patrie atlante, que leurs ancêtres avaient quitté 400 ans plus tôt.

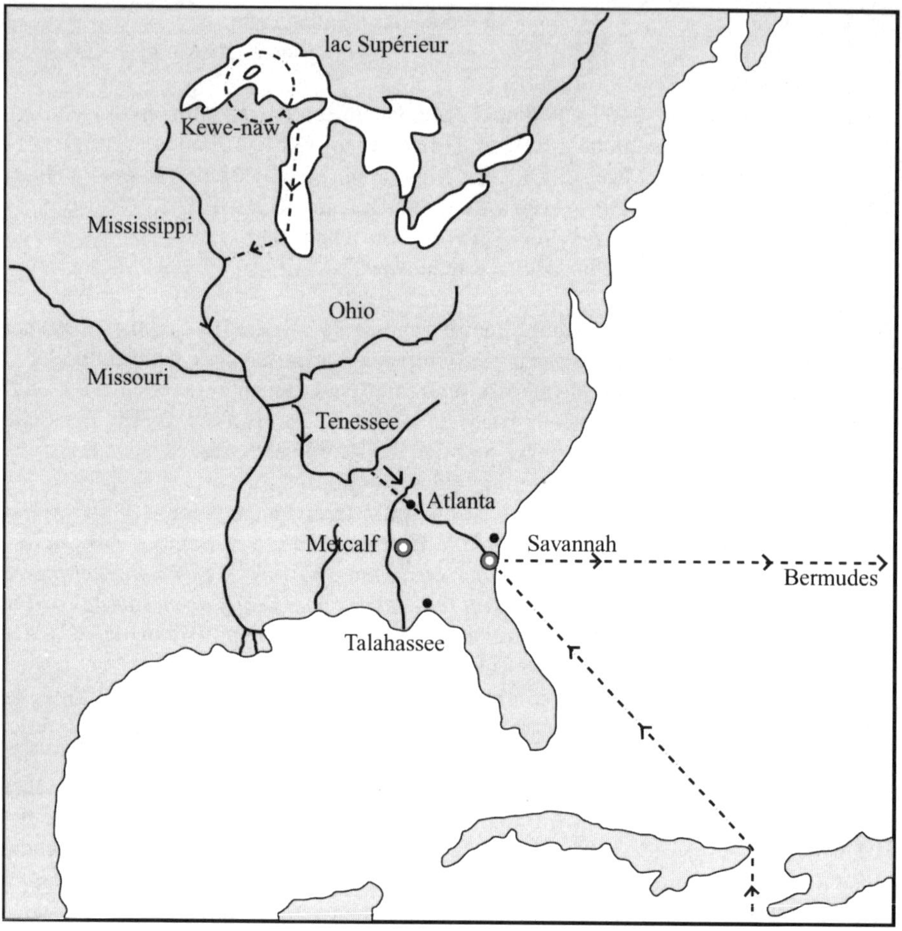

Carte 14 - La route du cuivre en Amérique du Nord

Chapitre 13

LE BRONZE CRÉTOIS

Au début du IIe millénaire, d'autres immigrants arrivent en Crète par voie de mer : ce sont ceux que nous appelons *les Danaens*. Originaires de la région des Caraïbes, c'étaient des *proto-arawaks* qui, ayant eu connaissance de ces pays d'outre-Atlantique, venaient, eux, avec l'intention de *faire du commerce*. Ils s'établirent pacifiquement dans le sud de la Crète et leur arrivée coïncide avec l'expansion de la métallurgie du cuivre dans cette île.

Tout semble se passer harmonieusement entre les diverses communautés de l'île, qui enregistre à partir de cette époque un important essor économique et culturel ; une nouvelle écriture apparaît à Phaistos vers -1.750 qui sera appelée le *linéaire A*. Il existait à la fin du IIIe millénaire une *écriture dite hiéroglyphique* : elle se manifeste à Malia et à Cnossos à partir de -2.100, uniquement sur des sceaux jusqu'à -1.900, puis sur des tablettes d'argile gravées au poinçon, de -1.900 à -1.750. Elle comportait 150 signes, mais on a très peu de documents en hiéroglyphique.

Il est probable que les Danaens voulurent disposer d'une écriture adaptée à leur propre langue pour enregistrer leurs opérations commerciales. Le linéaire A deviendra progressivement la seule écriture employée en Crète, ce qui souligne la croissance pacifique mais irrésistible de l'influence des Danaens dans l'ensemble de l'île. Mais *les trois palais seront incendiés* vers -1.700. Un certain nombre d'historiens expliquent cette catastrophe par un séisme, mais nous voyons plutôt dans ces destructions la marque de pirates qui commençaient à sévir dans l'Égée. Peut-être ceux-ci étaient-ils les descendants d'un *autre groupe résiduel* des envahisseurs maritimes de la fin du IIIe millénaire, qui se serait établi dans l'île de *Milos*. Il y aurait donc eu selon nous *dans l'Egée* trois établissements résiduels de l'invasion atlante de la fin du IIIe millénaire : *Malia - Lemnos - Milos*. Les premières constructions de *Philakopi* sur une colline dominant la mer dans le nord de l'île de Milos datent de la fin du IIIe millénaire, et pourraient avoir été le repaire de ce troisième groupe, une fraction *guerrière* réfugiée là après l'échec de l'invasion, comme ceux de Lemnos et de Palestine.

L'incendie des palais ne semble guère avoir affecté la vie économique en Crète ; bien au contraire, une nouvelle période s'amorce, qui débute par la reconstruction des palais avec une architecture plus majestueuse : ce sera la *période néopalatiale*. Des liens commerciaux avec l'Égypte sont attestés par des fresques de tombeaux de Pharaons. Sur l'une d'elles, ces Crétois *"présentent des traits caractéristiques qui les distinguent des autres étrangers, tels que les Syriens : La coloration de leur peau est brun-rouge, leur visage imberbe présente parfois sous l'oeil, sur l'aile du nez, la joue et le menton, des traces de peinture faciale à l'ocre rouge, leur chevelure noire et bouclée est faite de longues mèches ondulées flottant sur une épaule ou dans le dos. L'oeil est grand et noir"* (1). Ce sont des Danaens.

Comment interpréter les changements qui se produisent en Crète à partir de -1.900 ? Nous pensons que les Danaens vont devenir progressivement les nouveaux maîtres de l'île, non par les armes mais par leur dynamisme commercial, qui va se manifester tout au long de plusieurs siècles. Les "seconds palais" deviennent des *magasins généraux* et leur rôle va s'accroître considérablement ; d'autres s'ajouteront, Gournia et Palakastro à l'est et Kydonia à l'ouest, l'ensemble constituant une structure fort efficace pour l'exploitation des ressources agricoles de l'île et du travail de ses artisans dans les domaines les plus variés, métallurgie, céramique, textile, bijouterie. Les Pélasges fourniront la main-d'oeuvre qualifiée et les Danaens organiseront la production et le commerce. Les ancien maîtres de Malia et de Cnossos seront certainement asociés par les Danaens à cette expansion économique, et il est probable que des unions matrimoniales auront lieu entre leurs aristocraties.

La Crète devient un remarquable centre de production, qui étend même son activité à la *fabrication du bronze, alors que l'île ne possédait ni cuivre, ni étain* : un tour de force donc, que seuls des commerçants maritimes avisés pouvaient réaliser, car il fallait pouvoir acquérir au loin ces deux minerais et les échanger contre des matières produites dans l'île. Ce *savoir-faire* basé sur le commerce maritime n'existait pas alors chez les Indo-européens.

La période néopalatiale sera l'époque de la splendeur crétoise, accompagnée d'un grand rayonnement économique et culturel en Méditerranée orientale. L'écriture *linéaire A* apparaît sur des bijoux, des coupes, des vases, des tables de libations et des tablettes d'argile. D'importants entrepôts voisinent avec les espaces nobles réservés à la religion et à l'administration, témoignant de la vie intense et complexe des ensembles palatiaux, à la périphérie desquels se situent des quartiers fortement peuplés. On a imaginé que ces édifices étaient des *palais royaux* et apportaient donc la preuve que l'île était divisée en plusieurs royaumes, l'un d'entre eux, Cnossos, dominant les autres : c'était admettre des structures de pouvoir "indo-européennes" pour des populations qui ne l'étaient pas. Il s'agissait, non plus de palais, mais de *magasins généraux* situés en divers points de l'île pour centraliser des opérations d'échanges ou d'imposition de fournitures administrées par un pouvoir central situé à Phaistos. En fait, un *système économique d'allure collectiviste et unique pour l'ensemble de l'île.*

La comptabilité des transactions peut avoir été effectuée à l'aide de *quipus* constitués de fils de lin ou de laine (2). Rien ne montre l'existence de papyrus en Crète à cette époque et nous ne pensons pas que les tablettes en linéaire A aient eu alors une réelle importance dans les transactions commerciales de l'île, comme l'auront plus tard les tablettes en linéaire B. De toute manière, elles étaient difficiles à transporter sur de grandes distances. Selon nous, le pouvoir n'était pas détenu par un roi, mais par des structures communautaires de responsables administratifs, la fonction militaire étant absente. *Les femmes semblent avoir eu le pouvoir religieux*, comme le suggèrent la *prêtresse aux serpents* et la *procession* qui apparaît sur le sarcophage d'Hagia Triada.

Ces *Danaens* étaient des *Amazonides proto-arawaks* ou *proto-caribes* : le suggèrent la couleur brune de leur peau manifestée sur les fresques, et l'abondance de *brachycéphales de taille moyenne* dans les sépultures au milieu du IIe millénaire (voir chap. 8) ; nous ajouterons que le prouve surtout *la linguistique*, comme nous le verrons plus loin. On peut se faire une idée de ces deux peuples du passé grâce à des études archéologiques et aux travaux de nombreux ethnologues qui ont étudié leurs descendants ; on dispose également des récits de voyageurs et de missionnaires du XVIe siècle.

L'ethnologue paraguayenne Branislava Susnik a fait la synthèse de ces diverses informations (3) et nous citons ci-dessous des extraits ainsi que les grandes lignes de son ouvrage :

Arawaks et Caribes vivaient au Venezuela et aux Antilles tandis que *Tupis et Guaranis* étaient établis au Brésil, au Paraguay et en Bolivie. Il y eut une *proto-langue commune aux quatre groupes* il y a 4.000 ans, donc au début du IIe millénaire a.C., à l'époque où certains d'entre eux émigrent vers la Méditerranée ; notons que, selon les ethnologues, ces peuples de langue proto-guarani venaient d'arriver un millénaire plus tôt en Amérique Centrale en provenance d'Indonésie par une navigation trans-Pacifique, apportant certainement du Sud-Est asiatique une langue bien structurée.

Le tupi et *le guarani* se différencieront il y a 2.000 ans, donc au début de l'ère chrétienne (4). De nombreux linguistes ont constaté avec surprise que, malgré une longue séparation physique entre les groupes Tupis et Guaranis qui semble avoir eu lieu il y a mille ans, leurs langues restèrent fort semblables. La langue tupi s'est perdue, tandis que *la langue guarani s'est maintenue vivace*, probablement en raison de l'admiration orgueilleuse qu'avaient les Guaranis pour leur propre langue, grâce à laquelle ils pratiquaient un *art oratoire* qui surprit missionnaires et ethnologues. *Les missionnaires jésuites se disaient frappés par la qualité linguistique du guarani, qu'ils comparaient dans leurs écrits aux meilleures langues européennes, latin et grec compris,* alors que c'était la langue de peuples à l'état *"sauvage"* chez lesquels ils ne s'attendaient pas à trouver une langue aussi riche, expressive et remarquablement constituée, disent leurs écrits.

Branislava Susnik se réfère ainsi aux *Arawaks* : les proto-arawaks sont présents au Venezuela dès 2.000 a.C, et ce sont des agriculteurs et des commerçants. *"De tous les néolithiques amazoniens, les proto-arawaks manifestèrent le grade le plus élevé d'adaptation éco-culturelle. Ils se disperseront dans les plaines du Venezuela et entreprendront une émigration maritime vers les grandes Antilles. Ils ne se déplaçaient pas seulement à la recherche de nouvelles terres : ils recherchaient les zones au contact d'autres ethnies, car ils avaient une grande inclination pour l'échange commercial, développant un véritable système de voyages de troc. Ils établissaient des villages numériquement denses, tendant à une production agricole efficace, et recrutaient la main-d'oeuvre nécessaire dans les populations périphériques culturellement inférieures, pratiquant des razzias et le rapt des femmes.*

Leurs sociétés étaient dirigées par une classe de "caciques", qui avaient le pouvoir socio-politique sur la distribution du travail. La densité croissante de la population imposait de périodiques segmentations et départs (...). Chez les Arawaks historiques, on observe des villages avec une maison de cérémonies centrale et plusieurs grandes demeures d'habitat collectif. Ils cultivaient le manioc amer, et disposaient des râpes et des presses nécessaires à sa transformation. Les chefs guerriers jouissaient de prestige social, mais ne dirigeaient pas la production".

Parmi les différents groupes de l'*émigration* arawak dans diverses régions de l'Amérique du Sud et des Antilles, on observe des particularismes qui soulignent leur tendance à la dispersion géographique :

- Les *Paressis-arawaks* étaient des agriculteurs et pratiquaient le *culte de l'esprit-serpent.* Leur agriculture était collectiviste et ils reconnaissaient un chef inter-villages qui représentait leur unité socio-politique ; mais il y avait une classe dirigeante héréditaire de seigneurs *ariti, ari* signifiant *au-dessus* en guarani : les *ariti* étaient donc ceux qui émergeaient du groupe, les *aristocrates* diront les Grecs.
- Les *Chané-arawaks* avaient un goût prononcé pour les *voyages en vue du troc*, obtenant le métal de la région andine contre *"des couvertures de coton (qu'ils produisaient) et les femmes qu'ils enlevaient dans les tribus voisines, leurs deux uniques objets de troc avec le métal".*
- Les *groupes* que formaient les *Mojo-arawaks* pour se déplacer à la recherche de nouveaux habitats s'appelaient des *"onos"* : nous retrouverons plus loin ce terme ... dans le linéaire B, où il signifie *total,* selon Chadwick.

Ils pratiquaient le *culte du jaguar*, et avaient développé un *système socio-politique autoritaire* comme réponse à la nécessité d'organiser la productivité et le travail communal.

- Chez les *Tainos-arawaks* de Haïti, l'excès de production était de libre disponibilité, tant de l'agriculture comme de l'artisanat, et le troc était actif, avec des voyages maritimes à grande distance, vers des lieux où il y avait une production spécialisée : céramiques, cuivre natif, etc...

Lors de la Découverte, Christophe Colomb constata qu'ils disposaient d'un or de basse teneur qui était en fait un alliage obtenu par *martelage d'or et de cuivre*. Ils avaient de l'or sur place, mais devaient obtenir le cuivre des populations du bassin du Mississippi.

L'existence de ces groupes épars sur un vaste territoire allant du golfe du Mexique au Mato Grosso témoigne du goût des Arawaks pour les déplacements lointains : *à peine arrivés en Amérique Centrale en franchissant le Pacifique, certains d'entre eux semblent avoir été immédiatement disposés à la quitter en franchissant l'Atlantique.*

Les *Caribes*, eux, se comportaient en *guerriers obstinés* qui cherchaient à dominer les tribus voisines ; leur orientation psychique les poussait à la guerre et à l'*anthropophagie rituelle* : s'ils mangeaient leurs ennemis, ce n'était pas par nécessité, mais parce qu'ils pensaient ainsi assimiler leur énergie.

Christophe Colomb les appelait *Cannibas,* et le nom *Cannibales* est passé dans le langage courant. Les Français présents aux Antilles dans les siècles suivants le confirment, et signalent que l'opération nécessitait toujours un grand chaudron pour suivre les rites immuables.

Ils pratiquaient des razzias avec constance : *"celles-ci avaient lieu tous les ans. Un rassemblement de guerriers décidait du lieu de l'attaque, Porto Rico ou le continent, de l'Orénoque aux Guyanes. La prise de décision avait lieu au cours d'une cérémonie où la boisson fermentée échauffait les esprits. Au milieu des libations, on procédait à une communication avec les dieux tutélaires et on chantait des poèmes dénigrant les ennemis"* (5). *L'arme préférée des Caribes était la grande massue* (Fig. 13) *décorée d'incisions géométriques : sa longueur indiquait le prestige du guerrier"* (Susnik - II). Voici donc l'origine ethnique de la massue d'Héraclès.

Après la prise de décisions, on procédait au recrutement de troupes et de navires, et au XVIe siècle, une troupe pouvait atteindre 800 hommes. Les Caribes de la côte du Venezuela étaient d'excellents marins guerriers : lors de la Découverte, on constata que leurs *canoas* avaient deux ou trois mâts pour soutenir des voiles faites de tissu de coton ou de feuilles de palmiers tressées. Il n'y a pas de raison de penser que ces formes de vie étaient récentes quand les Européens les observèrent, mais plutôt qu'elles correspondaient à des moeurs ancestrales millénaires.

Dans le domaine des croyances religieuses, les chroniqueurs français du XVIe siècle (de la Borde) constatent que les Caribes croyaient seulement en des divinités élémentaires. Le principe constitutif de leurs croyances était *la crainte* : *"une panique presque continuelle devant les esprits malins"* conditionnait toute leur vie, et en conséquence ils observaient des interdits et des rites. De la Borde rapporte que, selon eux, *le premier homme* fut un Caribe nommé Luquo, que personne ne créa mais *qui descendit du ciel. Les autres hommes sortirent de son nombril ou d'une blessure de ses jambes.*

Luquo expérimente infiniment d'aventures, au travers desquelles il apporte aux hommes des biens culturels appréciés : on pense là encore à Héraclès.

La communauté était gouvernée par un *cacique,* dont cependant le pouvoir était faible : le chef devait faire valoir sa condition en démontrant sa vaillance et *sa charge était élective.* Mais c'étaient les *chamanes.*qui avaient une influence réelle sur la communauté. Tous les chroniqueurs du début de la conquête soulignent le rôle des *chamanes Arawaks*, toujours en voyage de tribus en tribus, les incitant parfois à la guerre mais maintenant toujours le *culte de la parole et du chant tribal.* Ils entraient en relation avec les esprits en interprétant les sons provenant de l'agitation rythmique de la *sonaja,* cucurbitacée desséchée contenant des graines dures. Les hommes utilisaient également la sonaja dans les danses rituelles, pour communiquer avec les ancêtres.

Les Arawaks avaient une préférence pour *de grands villages à forte densité de population, et par suite était nécessaire une intensive productivité manufacturière et un important commerce de troc.* Les Arawaks et les Caribes étaient adeptes des *peintures faciales et corporelles* qui exprimaient leur appartenance à un groupe ethnique : c'était pratiquement une obligation sociale pour se présenter à d'autres hommes. Pour la peinture faciale, *"ceux des Guyanes affectionnaient le rouge extrait d'une plante et le noir de fumée, utilisant une résine végétale comme fixateur"* (6). Nous avons vu que sur des fresques égyptiennes, les Crétois apparaissent avec une peinture faciale rouge.

Les historiens de la Grèce ancienne ne pourront qu'être frappés par les nombreuses similitudes qui ressortent du bref exposé précédent. On peut plus particulièrement fixer l'attention sur quelques points :

- Des structures socio-économiques qui expliquent peut-être certaines caractéristiques de la Crète palatiale et de la Grèce mycénienne.
- Des concepts de naissances extraordinaires semblables : la légende selon laquelle les hommes descendaient d'une blessure de la jambe de Luquo se retrouve dans celle de Dionysos qui naît de la cuisse de Zeus et dans celle d'Athéna, née de la tête de ce dieu.
- Le rapt des femmes est une constante de la mythologie grecque.
- Les rites anthropophages auxquels fait à diverses reprises allusion la mythologie grecque. Ainsi, dès les premières strophes de la *Ière Olympique,* écrite en -476, *Pindare* aborde ce thème. Dans l'ancien mythe de Tantale, celui-ci offre son propre fils en banquet aux dieux. Pindare corrige le mythe, écrivant :

"Fils de Tantale, je dirai des choses différentes de mes prédécesseurs. Quand ton père offrit un irréprochable banquet aux Theoi, alors te rapta le seigneur au brillant trident (Poséidon), *dominé dans son coeur par le désir, et il t'amena dans le palais de Zeus, où arriva peu après Ganimède, destiné au même service. Tu avais disparu et les hommes qui te cherchaient ne purent te*

ramener à ta mère. Mais bien vite des envieux dirent qu'au même instant où l'eau se mit à bouillir, ils te découpèrent avec un couteau membre après membre et sur leur table, en dernier plat, tes chairs se répartirent et se mangèrent. Mais il m'est impossible d'accuser de "ventre fou" l'un quelconque des Theoi bienheureux. Je m'y refuse". Donc, selon Pindare, le fils de Tantale fut, comme Ganymède, rapté par un Théos, mais il ne s'agissait pas d'anthropophagie, sinon de pédérastie...

Considérons maintenant la région où s'installent ces immigrants Danaens, *la plaine de la Messara* (Carte 13) *:* elle est exposée aux vents d'ouest et son climat est humide et chaud ; elle est enserrée entre le massif montagneux central et les monts Astérousia qui longent la mer de Libye, et la traverse un fleuve au cours permanent, le Géropotamos.

Le palais de *Phaistos* est situé sur un éperon qui domine le fleuve. Avant que ne s'installent les Danaens, cette position était déjà occupée par des constructions néolithiques pélasges, car elle commandait le passage le long du fleuve entre la mer et la Messara (où se trouvent des tholos datant de la fin du IIIe millénaire). *Hagia Triada* est situé à l'ouest de Phaistos ; la ligne de rivage actuelle est à 2, 5 km. à l'ouest de ce palais. Nous pensons qu'a leur arrivée, les Danaens respectèrent l'occupation de Phaistos par les Pélasges, établissant avec eux des relations commerciales pacifiques, et ils se fixèrent sur le site d'Hagia Triada, proche de l'embouchure du fleuve. Il est probable que le cours inférieur de celui-ci en aval de Phaistos n'était pas envasé comme de nos jours, et devait présenter un estuaire allant jusqu'à Hagia Triada, qui offrait ainsi une plage permettant de haler les navires sur le rivage à l'abri de la houle marine.

Du XVIIIe au XVe siècles a.C., les palais de Phaistos et d'Hagia Triada furent le centre du pouvoir des Danaens, qui s'étendit sur Cnossos, Malia et le reste de l'île comme le montre la diffusion de l'écriture linéaire A. *Ce que l'on a coutume d'appeler la civilisation minoenne est en grande partie une civilisation commerciale danaenne, avec un fond artistique pélasge et un substrat socio-religieux atlante. Elle est donc typiquement amérindienne, et n'a rien d'indo-européen.* C'est la croyance en l'existence d'un "roi" installé à Cnossos et dominant toute l'île qui amena à penser que Phaistos dépendait de Cnossos et que la construction d'un palais "royal" à Hagia Triada vers -1.600 était la conséquence de cette dépendance. Bien au contraire, l'abondance de documents en linéaire A trouvés dans ce palais prouverait que, malgré une extension plus réduite que Cnossos, Hagia Triada fut le véritable centre du pouvoir de l'île au XVIe siècle a.C.

A propos de l'iconographie minoenne, Mastorakis et van Effenterre observent qu'elle présente *"un monde animal d'une grande richesse, avec une préférence pour les animaux sauvages, en particulier les chèvres des monta-*

gnes de la Crète au détriment des animaux domestique. La question se pose pour les lions, dont on imagine mal qu'ils aient compté dans la faune crétoise ou pour les singes bleus, d'origine sûrement africaine. Les uns et les autres campés avec tant de réalisme et de sympathie que l'on a pensé à des animaux importés pour des parcs royaux, où l'art officiel aurait pu puiser son inspiration. Mais que dire des crocodiles qui ont peut-être suggéré le type du démon minoen à carapace, et des antilopes, qui n'étaient pas natives de l'île ? "

Notons que singes, antilopes, crocodiles, pumas (lions d'Amérique) et jaguars sont la faune représentative de cet Égyptos d'où venaient les Danaens.

Actuellement, la région de Punta Tucacas, au Venezuela, constitue un *parc national* qui protège une abondante faune terrestre ainsi que toutes sortes d'oiseaux migrateurs, et dans sa mer peu profonde formée de lagunes coralliennes, abondent poissons multicolores et poulpes : c'est donc là qu'ils auraient pu puiser leur inspiration.

Dans l'imagerie minoenne, les thèmes relatifs aux personnes sont également significatifs. Citons les observations des auteurs cités ci-dessus :
"La détermination du sexe sur les représentations minoennes est souvent rendue difficile par la similitude des chevelures. Hommes et femmes avaient les cheveux foncés et les portaient longs et bouclés (...). On notera que les hommes étaient toujours imberbes sur les peintures : cela fait une grande différence avec les Grecs (...). On est bien loin du "profil grec" et de tout stéréotype de beauté académique (...). Des têtes rondes, peu de crânes allongés : leurs squelettes étaient majoritairement ceux de brachycéphales et l'art, sur ce point, apparaît encore plus strict que la nature (...). En peinture, les yeux ont toujours un iris foncé, le plus souvent noir". Le caractère imberbe, l'iris noir, les têtes rondes et les cheveux foncés sont autant de signes caractéristiques des Arawaks.

Dans le domaine linguistique, la présence danaenne est encore de nos jours témoignée par des noms de lieux en Messara, dont on peut retrouver le sens grâce à l'hypothèse linguistique guarani (voir Chap. 20). Ainsi :

- *Messara* = *Mé* (*il y a, on rencontre, le lieu de*) + *sara* (*bois, forêt*)
  = *le lieu où il y a des forêts.*

Il y a quatre millénaires, cette plaine était couverte de forêts en raison de son exposition aux vents humides de l'ouest, et c'était une ressource essentielle pour qui voulait développer une métallurgie du bronze.

Autour de Phaistos sont situées un certain nombre de petits villages qui dûrent jadis jouer un rôle dans les approvisionnements des deux palais.

A l'ouest, dans la plaine alluviale certainement propice à l'élevage :

-*Tymbaki* = *Tymba (bétail, vaches et taureaux) + ky (vert, jeune)*
  donc un établissement pour *l'engraissement de jeunes bovins.*

Dans les collines sèches au sud des palais (élevage de moutons) :

- *Kamilari* = *Kama (les mamelles), kamby (le lait)*
  donc, *la laiterie.* Ce village est à 3 km. d'Hagia Triada.

Au pied des monts Astérousia put se développer une zone artisanale utilisant l'habileté manuelle des Pélasges et les ressources en eau et en argile du piémont. Une ligne de villages est située à 4 km. de Phaistos :
- *Koussos = Kysé (couteaux).* On a trouvé en ce lieu un tholos et un établissement dont une pièce contenait *"des lames d'obsidienne, des vases en terre cuite et en pierre, des objets en bronze, des perles de colliers en pierres diverses et de la faïence"* (7) : un lieu spécialisé dans le *travail du bronze.*
- *Popia = Popyha (ourdir,* idée de *tissage)* .Certaines cartes indiquent :
Pombia = Pomomby (fabriquer une corde), donc un centre textile.
- *Sivas.* Ce village est proche de Phaistos, à 3, 5 km. à travers champs. Il est bâti sur une petite colline isolée située au sud du palais. On y fabrique actuellement des poteries et objets divers en céramique, particulièrement des reproductions du célèbre *disque de Phaistos* : nous pensons que c'est là que fut fabriqué l'original.

Le texte de ce disque (voir Chap. 18 - face A-{30}) cite un lieu nommé : *Opy,* qui nous parait être ce même village, dont l'existence remonte à l'époque minoenne. Un historien Crétois écrit : *"Au sud-ouest du village, on a mis à jour en 1910 deux tombes minoennes au lieu-dit* "Platiès Opsès", *qui furent pillées dans l'Antiquité. Parmi les trouvailles, on citera des poignards en bronze, des sceaux et des vases en terre cuite"* (7). En grec ancien, *plateia* indique un plateau, et l'on retrouve le mot *opy* déformé dans *opses (*pour *opyses). Plateia opyses* serait donc : *le plateau d'Opy* ou *de l'Opy.* Nous verrons au Chap. 27 que ce mot signifiait *oratoire.* Une inscription en Linéaire A (Chap.20 -{21}) cite également *Opy.* Ce lieu semble avoir réuni une *collectivité d'artisans* qui modelaient l'argile, sculptaient la pierre et travaillaient l'or et le bronze pour les maîtres de Phaistos, au voisinage d'un oratoire.

Chadwick, étudiant le texte de tablettes en linéaire B trouvées dans les décombres du palais de Cnossos, arrive à la conclusion qu'un groupe d'entre elles correspond à de la *laine* et un autre à du *blé* provenant de la *Messara,* et qu'apparaissent *deux lieux de collecte différents,* le premier nommé *pa-i-to* et le second *da-wo.* Il pense que le premier nom pourrait s'appliquer à Phaistos en raison de la consonance, ou à Hagia Triada puisque Phaistos avait été détruit au moment où arrivent les Mycéniens en Crète.

Nous venons de voir que dans les collines voisines (Kamilari) semble avoir été pratiqué l'élevage de moutons, pour obtenir la laine et le lait : son hypothèse parait correcte et se renforce par le sens du mot en guarani : *Pa-i-to = payto = pa (dernier, ultime) + yto (saut, chute d'eau) = la dernière chute. Paito* était donc le nom de la région proche de *la dernière chute* : le fleuve Géropotamos passe par un défilé entre la colline de Phaistos et une autre qui lui fait face, et ce lieu devait à cette époque posséder un *saut du fleuve* en aval du défilé, qui donna son nom au lieu.

Le fleuve devait alors couler avec force, et son nom pourrait provenir de l'union du vocable grec *potamos, le fleuve* et du vocable guaranitique : *jero = sauvage, puissant.*

En ce qui concerne *Da-wo,* Chadwick constate que la quantité de blé qui en provient est fort importante, et pense qu'il pourrait s'agir d'un lieu de la Messara centrale au climat plus frais et disposant de bons sols. Les consonnes *d* et *w* étaient absentes du danaen et le syllabaire de Chadwick étant phonétique, nous avons pensé à :

- *Hua-vo* = *hua (sommet d'une montagne) + vo (fente, gorge)*
  = *la gorge du sommet, la gorge (proche) du sommet*

le génitif se formant par inversion en danaen comme nous le verrons plus loin. Le sommet du *Marmaron* (900 m.) dans les monts Astérousia domine la plaine de la Messara ; *Huavo* peut avoir été un village situé à l'entrée d'une gorge au pied de cette montagne, peut-être à l'emplacement du village actuel de *Fournafarango,* dont le nom en grec moderne signifie : *le four de la gorge (fournos + farangi).*

Voyons maintenant les bouleversements que l'avènement du cuivre puis du bronze produiront dans l'économie de la région.

Le cuivre en provenance des Balkans apparut progressivement dans le bassin de l'Égée à partir du milieu du IIIe millénaire : les marchands, qui commercialisaient l'obsidienne et l'argent ajoutèrent ce cuivre à leur offre, pour satisfaire des demandes de curiosité et de prestige plus que de nécessité.

Les routes commerciales se modifièrent toutefois, car la proximité de ces régions cuprifères où se trouvaient de nouveaux vendeurs et acheteurs déplaçait le centre d'intérêt, de la Méditerranée Occidentale (l'argent) vers la Méditerranée Orientale (le cuivre) : les marchands de Crète allaient en tirer profit et supplanter ceux de Sardaigne. L'obsidienne fut abandonnée et même oubliée au fur et à mesure que, par martelage convenable du cuivre, pouvaient être obtenus des instruments tranchants.

La période Protopalatiale (-2.000 à -1.700) verra l'économie de la Crète effectuer un bond en avant : les "palais" deviendront des centres d'activités commerciales, religieuses et ludiques. La métallurgie, bien entendu, évolue rapidement, et il semble que la Messara ait pris les devants, car les objets en cuivre y abondent plus que dans le nord de l'île. Le rayonnement de la culture minoenne se fait maintenant sentir hors de Crète : on trouve datant de cette époque des céramiques crétoises dans diverses îles de l'Egée. La destruction des palais vers -1.700, probablement due à l'attaque de pirates. n'eut pas de suites économiques graves : les palais furent non seulement reconstruits mais agrandis. Le commerce reprit de plus belle et l'île s'enrichit encore plus.

Mais qu'est-ce donc qui avait pu dynamiser à ce point l'économie crétoise, au delà de l'aptitude de ses habitants à s'organiser et à s'adapter aux circonstances changeantes d'un commerce régional en expansion ? C'est assurément l'apparition du *bronze*, alliage de cuivre et d'étain qui présentait des caractéristiques de mise en oeuvre et de dureté qui allaient en faire un produit de plus en plus demandé. Les premières fonderies de cuivre s'établirent à Hagia Triada où arrivaient le bois de la Messara par le fleuve et le cuivre par voie maritime. Vers -1.900, un établissement palatial est aménagé sur la colline de Phaistos ; on a constaté que les plus anciennes maçonneries du palais contenaient des *scories de cuivre*, qui devaient donc provenir d'Hagia Triada.

Pour faire face à l'augmentation du trafic, un *nouveau port* fut construit vers -1.600 à *Komos* au pied d'une colline au sud de Phaistos ; il existe dans ses ruines les traces d'un chemin dallé qui devait relier ce port à Hagia Triada en suivant le rivage : sa longueur aurait donc été de 7 km. Ce port était manifestement destiné à recevoir des navires long courriers : un quai longeait le rivage et des bassins bordés de portiques à colonnes permettaient le déchargement des navires, principalement des lingots de cuivre. Ce port avait été enseveli sous les sables accumulés par les vents marins, mais une mission archéologique gréco-américaine eut l'intuition de son existence et le retrouva en 1976. À Hagia Triada, dans le nouveau palais également construit vers -1.600 furent trouvés les magnifiques lingots de cuivre en forme de “peau de vache” actuellement conservés au musée d'Héraklion. Et là, nous arrivons au coeur du problème : *d'où provenaient l'étain et le cuivre nécessaires à la fabrication du bronze* qui allait être transformé par les artisans locaux en objets de toutes sortes où exporté en l'état, puisque la Crète était totalement dépourvue de ces deux métaux ? A supposer qu'il y ait eu quelques rares filons, ils auraient été épuisés très vite, et ne doivent pas faire illusion d'éventuels trous de mines existant dans l'île, car certainement des prospections furent entreprises pour savoir si elle disposait de ces métaux, mais sans succès.

Les archéologues et les métallurgistes sont d'accord sur le fait que les premiers cuivres utilisées dans l'Égée étaient issus de la transformation d'oxydes de cuivre provenant des Balkans, et Chypre possède d'importantes ressources en minerais de cuivre : *la séquence de la provenance du cuivre aurait donc été tout naturellement les Balkans d'abord, et Chypre ensuite*, et de nombreux auteurs se donnent pour satisfaits par cette explication. Il est incontestable que les gisements de cuivre de ces deux régions, convenablement exploités en permanence, auraient pu largement satisfaire les besoins crétois et mycéniens pendant tout l'âge du bronze. Pour obtenir le bronze, il fallait ajouter au cuivre une certaine quantité d'étain, de l'ordre de 10%. A supposer que, vers -1.500, les besoins *annuels* de la Crète en bronze aient été de 300 tonnes, il fallait importer 270 tonnes de cuivre et 30 tonnes d'étain. En volume, étant donné la densité élevée de ces métaux, cela représentait 30 m3 de cuivre natif ou fondu, et 4 m3 d'étain (ou 5 m3 de cassitérite, riche à 80% environ en étain). Le problème du transport se posait donc surtout pour le cuivre.

Pendant tout l'âge du bronze, l'*étain* provint de l'*Orient*. Ce n'est que bien plus tard, au début de l'âge du fer, qu'il put être apporté des régions atlantiques par les Phéniciens. Louis Siret observe que durant le Bronze Moyen, donc à l'époque où le bronze abonde en Crète, le sud de l'Espagne ne connaît pas le bronze mais utilise seulement le cuivre de ses mines ; c'est dire que l'étain destiné à la Crète ne transitait pas le long de ses côtes, car une partie aurait certainement été vendue sur place (et c'est dire aussi que la mythique Tharsis où les Phéniciens iront plus tard chercher l'étain ne pouvait être ce royaume de Tartessos que la légende situe dans le sud de l'Espagne, étant donné l'absence de mines d'étain dans cette région).

Les documents égyptiens indiquent que ce sont des marchands syriens qui apportaient en Égypte les lingots d'étain, les premiers apparaissant dès -2.500. Les Crétois également les importaient de Syrie, des documents mésopotamiens faisant état de la présence de marchands crétois à Mari pour acquérir ce métal. Mais il n'y a pas de minerai d'étain au Moyen-Orient. Mari était donc seulement une *place de transit* de ce produit entre le golfe Persique et la Méditerranée. En Mésopotamie, l'étain était plus abondant. Le bronze y apparaît dès le milieu du IIIe millénaire : le cuivre vient d'Anatolie d'abord et d'Oman ensuite. Des tablettes disent qu'il venait de *Dilmun* et l'on pense qu'il pourrait s'agir de l'ile de Barhein ou se rassemblait le minerai de cuivre venu d'Oman. Selon une tablette akkadienne, l'étain venait de *Melluha* : il s'agit probablement de la *péninsule malaise* (de nos jours, *Malaya).* Des caravanes amenaient les lingots d'étain, fondus à Dilmun, jusqu'a *Mari* et de là ils parvenaient à un port méditerranéen. L'étain put être considéré par les Grecs comme *la pierre de Dilmun,* K-DM, d'où dériverait le nom de *Cadmos*.

L'origine du cuivre pose davantage de problèmes malgré l'apparence satisfaisante du schéma : Balkans, puis Chypre. H. van Effenterre constate : *"Pour le cuivre et le bronze, on se heurte malheureusement à des problèmes de provenance quasi-insolubles, Or ce sont ces matériaux qui constituent la masse du commerce à longue distance aux IIIe et IIe millénaires. Les Égéens auraient trouvé dans la production des mines de Chypre le métal dont ils avaient besoin. Mais il existe une difficulté chronologique : le bronze apparaît à la fin du IIIe millénaire* ; *il abonde entre -1.700 et -1.500, à un moment où Chypre reste encore très agricole, où les relations entre cette île et l'archipel égéen commencent seulement à se développer, où le commerce cypriote est surtout tourné vers le Levant"* (*"Les Égéens").*

Jean-Pierre Mohen est encore plus formel sur l'origine non-cypriote du cuivre importé en Crète jusqu'au milieu du second millénaire, et avance un argument technique : *"L'exploitation du cuivre cypriote semblent commencer vers -1.400 et les archéologues ont posé le problème de l'origine des lingots trouvés dans la Crète minoenne antérieure à cette date. Le cuivre n'a pas été exploité précocement à Chypre parce qu'il s'agit de sulfures sous forme de chalcopyrites à 4% de cuivre que l'on ne savait pas traiter. Les lingots en peau de vache portés par des crétois sur des fresques égyptiennes du temple de Tuthmosis III (-1.504.-1.450) sont en un cuivre qui ne peut venir ni de Crète, ni de Chypre".*

Les *Balkans* paraissent également une origine peu probable, et Mohen n'envisage même pas que le cuivre reçu en Crète entre -2.000 et -1.500 puisse provenir de cette région. Il rapporte les travaux de Tchernykh qui, en 1982, a évalué la production métallurgique de l'Europe du sud-est entre le Ve et le Ier millénaire a.C. Ce chercheur, suite à la datation des objets en cuivre, constate deux apogée : l'une à l'âge du cuivre (IIIe millénaire) avec par exemple en Bulgarie 475 objets, et l'autre, à la fin de l'âge du bronze (fin du IIe millénaire) avec 532 objets. Entre ces deux époques : *rien* au début de l'âge du bronze, puis à peine quelques 80 objets au bronze ancien, et guère davantage, 64, au bronze moyen. Mohen se demande : *"Pourquoi la production de l'âge du cuivre de l'Europe du sud-est* (les Balkans) *a-t-elle été presque interrompue dans les régions où elle s'était épanouie ? La réponse n'est certainement pas simple, mais les observations faites dans les mines de cuivre indiquent que l'abandon des gisements à la fin de l'âge du cuivre est dû à l'épuisement des carbonates (malachite) et des oxydes (cuprite), minerais les plus faciles à réduire, et qui se sont formés à la superficie des filons. Certaines de ces mines sont réouvertes à la fin de l'âge du bronze quand on exploite les sulfures plus profonds que l'on savait alors réduire. L'explication technologique est-elle entièrement satisfaisante ? Ce n'est pas certain".*

Mohen laisse ainsi la porte ouverte à l'hypothèse, qu'il ne formule pas, d'approvisionnements en cuivre plus économiques qui auraient dispensé de rechercher la réduction des sulfures. Ce qui est certain, c'est que le cuivre des Balkans ne put en aucune manière être importé en Crète entre -2.000 et -1.500 car il n'y avait pas de production de cuivre dans cette région pendant cette longue période.

Il se trouve qu'on peut dire la même chose de la *Palestine* : selon une étude de l'Ecole française de fouilles à Yarmouk (8), l'exploitation de la malachite déclenche dès le milieu du IVe millénaire un processus d'enrichissement régional qui se manifeste par *"l'émergence rapide de grands établissements fortifiés et l'épanouissement d'une société complexe, hiérarchisée, culturellement homogène, vivant d'une économie mixte de type méditerranéen et engagée dans des échanges actifs avec ses voisins égyptiens et syriens (...). Le dégagement à Yarmouk d'un complexe palatial témoigne d'une économie des Palais fondée sur une agriculture et un élevage prospères (..), les artisans étant surtout des potiers et des métallurgistes".*

Donc, un millénaire avant la Crète palatiale, existe en *Palestine cananéenne* un système semblable à celui des palais crétois, où la métallurgie sert de moteur à une économie florissante. Cette civilisation dura un millénaire, du milieu de IVe au milieu du IIIe ; mais vers -2.300, *"la Palestine plonge dans un âge sombre dont elle n'émergera qu'au début du IIe millénaire* (soit environ -1800). *Cet effondrement rapide d'une civilisation en apparence si dynamique est l'un des mystères de l'archéologie palestinienne (...). Souvent invoquée, l'hypothèse d'immigrations massives et dévastatrices ne semble pas devoir être retenue : nulle part, on n'a trouvé de traces probantes de destructions généralisées. À Yarmouk, par exemple, le complexe palatial a simplement été abandonné, et la ville désertée".* Ce final précède de deux cents ans les destructions systématiques en Méditerranée orientale de -2.100, et ne peut donc leur être attribué.

L'exploitation des mines de malachite de Palestine fut reprise au XIVe siècle a.C., comme le montrent des fours datant de cette époque découverts à Timna dans le sud du Néguev, et dura jusqu'au VIe siècle a.C. (Mohen) : les mines n'étaient donc pas épuisées quand les Cananéens les abandonnèrent.

La similitude entre la Palestine et les Balkans en ce qui concerne le brusque effondrement à la même époque, vers -2.300, de leur civilisation du cuivre, suggère qu'il y eut peut-être une raison plus forte que l'épuisement éventuel des malachites faciles à exploiter : ce pourrait être le signe que venait d'apparaître en Méditerranée un *cuivre nouveau* qui aura très vite la préférence des fondeurs égéens et égyptiens, qui refuseront dorénavant les cuivres bulgares et palestiniens que leur offraient les marchands. La fabrication du bronze avait rendu les métallurgistes plus exigeants en ce qui concerne le cuivre, car des proportions strictes entre cuivre et étain devaient être respectées, suivant les qualités de bronzes que l'on voulait obtenir. Les cuivres contenant plus ou moins d'impuretés (arsenic, argent, etc.) tels que ceux obtenus à partir de la malachite seront refusés quand pourra être acquis ce cuivre nouveau, qui devait donc être bien meilleur, probablement parce qu'il était de qualité plus pure et plus constante : *ce cuivre nouveau était de toute évidence un cuivre natif*, pur à 99,5 %, et il est possible qu'au début, il ait suffi de modestes quantités de ce cuivre pour substituer les cuivres métallurgiques de la région : au déclin de Yarmouk fait pendant celui de Troie.

Si *ce cuivre nouveau dont la Crète s'assurera un quasi-monopole* à partir du début du IIe millénaire ne provenait ni de Chypre, ni des Balkans, ni de Palestine (laquelle semble même en devenir importatrice vers -1.800), d'où pouvait-il venir, et en abondance telle qu'il puisse assurer des besoins qui iraient croissant durant demi-millénaire ? Bien évidemment, d'un lieu dans le monde où il abondait, et il n'y en a qu'un seul, l'Amérique du Nord.

En 1969 un géologue américain, E. Henrickson, émit l'idée que le cuivre utilisé en Méditerranée pouvait provenir d'Amérique. Il avait entrepris d'évaluer la quantité de cuivre natif qui avait été extrait dans l'Antiquité de la *péninsule de Keweenaw* et de l'*île Royale* du lac Supérieur, dans l'État du

Michigan. Il dénombra environ 5.000 fosses de quelques mètres de profondeur et évalua par des mesures de carbone 14 que cette extraction avait pu commencer il y a cinq ou six mille ans. Il calcula que la quantité extraite au cours de plusieurs millénaires était de l'ordre de *200.000 tonnes de cuivre natif* (une moyenne de 5 m3 extraits par fosse représentent au total 25.000 m3, soit 200.000 tonnes, chaque m3 pesant environ 8 tonnes). Il évalua que seule une partie de ce cuivre extrait, inférieure à 50.000 tonnes, pouvait correspondre à la consommation du bassin du Mississippi et des Antilles pendant l'*Old Copper Culture* ct jusqu'à l'arrivée des Européens au XVe siècle. Où donc étaient passées les autres 150.000 tonnes ?

Dans un exposé publié le 8 juin 1969 par le *Minneapolis Tribune,* il faisait part de ses recherches et avançait l'hypothèse que ce cuivre avait pu être *retiré par les Grecs* au IIe millénaire : l'hypothèse parut relever de la science-fiction et tomba rapidement dans l'oubli (9). Il nous semble, à la lumière des voyages que suggère la mythologie grecque, que cette hypothèse mérite d'être prise en considération, avec la correction que ce cuivre avait été *exporté en Crète par des amérindiens* : elle peut offrir l'explication du mystère de l'origine du cuivre utilisé en Méditerranée orientale pendant quatre ou cinq cents ans, du XIXe au XIVe siècle a.C., et de la chute brusque des civilisations du cuivre des Balkans et de Palestine à la fin du IIIe millénaire.

La dimension réduite des fosses de la région des Grands Lacs semble montrer, non pas une activité de société organisée, mais une "cueillette" qui fait penser à celle de fourmis qui transportent leur brin d'herbe sur de longues distances : un petit groupe entreprenait une excavation, fragmentait au feu de bois et aspersion d'eau le cuivre natif en blocs de quelques kilos, facilement transportables par des individus en de multiples allées et venues jusqu'à un point d'embarquement fluvial sur un proche affluent du Mississippi. De là, une embarcation chargée de 500 kg. environ descendait le fleuve, et le cuivre était commercialisé en aval. Nous avons évoqué (Chap. 8) quelques éléments de cette civilisation des grandes plaines aux époques pré-colombiennes, en particulier les tertres funéraires richement pourvus d'objets de luxe et de *"céramiques de formes exotiques et biomorphes, fréquemment en forme de trépieds"* (Betty Meggers). Les musées américains montrent des collections d'objets de cuivre datant de l'*Old Copper Culture*. On peut donc affirmer qu'à la fin du IIIe millénaire, il y avait déjà une vieille tradition d'extraction et de transport de ce cuivre ; il a été prouvé qu'il était commercialisé dans les îles des Antilles et jusqu'à la côte du Venezuela. Mais qu'est-ce qui l'amena alors à traverser l'Atlantique ?

Nous pensons que cela eut lieu insensiblement, involontairement : des navigateurs arrivant en Méditerranée depuis le golfe du Mexique vers le milieu du IIIe millénaire amenaient avec eux tout naturellement leurs ustensiles et colifichets en cuivre natif, communs dans leur région d'origine : pointes de flèche, épingles, bracelets... Très vite, le désir de disposer d'un tel cuivre à 99,5% de pureté se manifestera chez les artisans bronziers méditerranéens, qui espéraient grâce à lui se libérer des difficultés que leur occasionnait le cuivre issu de minerais, et progressivement, s'organisera vers -2.300 un petit trafic de ce cuivre entre les deux rives de l'Atlantique. Un voyage de Haïti à la Crète et retour immédiat ne devait pas durer plus de quatre mois. Il est probable que des amérindiens spécialisés dans le commerce de troc comme l'étaient les *Tainos-Arawaks* s'intéresseront à ce trafic, puis le monopoliseront : ils étaient bien placés dans l'île de Haïti pour recevoir le cuivre qui descendait par le Mississippi et qu'ils devaient vendre dans les Antilles. Ils inciteront peut-être des membres de leur ethnie originaires du Venezuela qui n'étaient pas des commerçants comme eux mais des agriculteurs, à s'installer en Méditerranée. Le sud de la Crète parût convenable en raison de son climat, de ses ressource forestières et de son isolement : vers -1.950, un premier groupe d'immigrants s'établit dans la baie d'Hagia Triada. Rapidement ils devinrent des métallurgistes du bronze grâce au bois de la Messara, à l'étain du Proche-Orient et au cuivre d'Amérique. L'agriculture et l'élevage développés par les Pélasges de la Messara assurèrent la contrepartie des échanges, surtout dans la phase initiale. Un afflux postérieur d'arrivants de la même ethnie sera dérivé vers l'Argolide : ce seront *"les Danaens"* dont nous avons vu l'arrivée légendaire à Argos.

Etait-il si difficile comme vont l'imaginer un certain nombre de *terriens* de transporter régulièrement vers l'Europe du cuivre provenant d'Amérique ? Certainement pas, et ce transport présentait sans nul doute plus de sécurité et moins de difficultés que n'en présenteront plus tard les caravanes qui, sur des milliers de kilomètres, traversaient déserts et montagnes arides de l'Asie Centrale pour porter des ballots de soie depuis la Chine jusqu'en Méditerranée : mais l'indo-européen qui sommeille en nombre d'entre nous accepte plus facilement l'idée du transport terrestre...

La route fluviale du cuivre put rapidement être modifiée pour réduire les trajets et assurer une meilleure protection des transports. Nous pensons que le cuivre cessa d'arriver au delta du Mississippi, et une route fluviale alternative (10) put permettre d'atteindre la côte de l'Atlantique sans avoir à naviguer dans le golfe du Mexique et contourner la Floride (Carte 14). Nous pensons que, sur les rives du Mississippi, ces blocs de cuivre natif étaient fondus et coulés à même le sol sur des *peaux de bison* de dimension convenable pour atteindre un poids d'environ 30 kg., d'où le nom de *lingots en forme de peau de vache* (aux quatre pattes caractéristiques) que les archéologues leur donneront : ces lingots étaient plats et se manipulaient facilement.

Imaginons donc que des navires chargés de lingots de cuivre quittent en groupe la côte américaine de l'Atlantique depuis l'embouchure d'un fleuve de Georgie dans la région de Savannah. Ils naviguent d'abord vers les Bermudes où ils font escale puis, aidés par les vents et les courants, se dirigent vers les

Açores où ils feront une seconde escale ; ensuite, navigant droit à l'est, ils atteindront le détroit de Gibraltar : u*n mois et demi de traversée tout au plu*s, avec deux escales, pour atteindre la Méditerranée. Ils disposaient de voiles mais aussi de pagaies pour pallier l'absence de vents : nous verrons au prochain chapitre comment étaient conçus ces navires.

Homère semble avoir connu l'existence des Bermudes et des Açores, certainement grâce à une tradition. Lester le fond d'un navire avec des lingots plats d'une trentaine de kilos permettait de charger un peu plus d'un demi-mètre cube par navire, soit 5 tonnes environ, et *une flotte de 40 navires pouvait transporter 200 tonnes de cuivre chaque année en un seul voyage.*

On peut observer au musée Peabody d'Harvard des mini-lingots de cuivre de 10 x 15 cm. trouvés dans la vallée de l'Ohio, de forme semblables aux lingots découverts à Hagia Triada.

Si l'on admet que la quantité annuelle transportée s'accroît considérablement à partir de la construction des seconds palais vers -1.700 et que *pendant trois cent ans la quantité annuelle reçue dans l'Égée est de l'ordre de 330 tonnes, le total représentera 100.000 tonnes de cuivre natif* ; admettons également qu'une autre partie du cuivre américain ait été livrée en Europe du Nord, disons 20.000 tonnes (11) : en supposant que 20% des charges se soient perdues en mer ou dans les fleuves, il aura fallu extraire 150.000 tonnes pour fournir ces 120.000 tonnes, ce qui correspond aux évaluations d'Henrickson. *Pour charger 400 tonnes par an à destination de la Crète, il suffisait de deux flottes d'environ 40 navires faisant chacune un voyage aller-retour.* Ainsi se justifient les structures du port de Komos.

Il ne serait pas impossible que les marins-commerçants qui apportaient régulièrement le cuivre aient à leur tour décidé de s'installer dans l'Egée, pour mieux le distribuer à leurs divers clients de la Méditerranée orientale. Une petite île isolée et montagneuse au coeur de la mer était un emplacement idéal pour ce commerce : c'est ainsi que l'*île de Santorin, l'ancienne Théra,* devint probablement une florissante *communauté de marchands*, jusqu'au jour où la détruisit l'éruption de son volcan. Nous abordons ce thème au Chap. 14.

On n'a manifestement pas attendu la fin du XXe siècle pour découvrir la *mondialisation... La période néopalatiale (-1.700-1.450) sera celle de la splendeur crétoise.* Des relations avec l'Égypte sont attestées sur les fresques et dans les écrits égyptiens. L'Égypte n'avait presque pas de cuivre et les crétois le lui fourniront. Sur les fresques des temples d'Hatschepsout et de Thutmosis III à Karnak (-1.500 -1.450), apparaissent des crétois porteurs de grands lingots de cuivre en forme de peau de vache (12). Des textes égyptiens consignent des formules incantatoires crétoises contre telle ou telle maladie, tandis que d'autres signalent que les scribes égyptiens s'entrainaient à l'écriture *des signes keftiou*, le linéaire A. *Il est donc possible qu'il y ait eu une importante colonie crétoise à Thèbes*, l'opulente capitale de l'Égypte à cette époque, où vivaient de nombreux étrangers.

La prospérité de la Crète aura un temps : vers -1.450, *les palais crétois seront détruits* par des envahisseurs Mycéniens venus du Péloponnèse qui annexeront l'île. Les tablettes d'argile qui, à partir de cette époque, enregistreront à Cnossos les transactions commerciales, porteront en effet les signes de l'écriture mycénienne, le linéaire B. *La Crète deviendra un protectorat mycénien*, le palais de Cnossos sera reconstruit, mais pas celui de Phaistos, signe que le pouvoir se transférait du Sud au Nord, et de la Crète au Continent. Celui d'Hagia Triada continuera toutefois à fonctionner au ralenti.

Comme dans tout bon protectorat, on laisserait aux autochtones le soin de produire des biens provenant de l'agriculture et de l'élevage, mais c'est en Messénie que les Mycéniens développeront alors leur production de bronze. Il est possible que ces événements aient accru l'immigration de Crétois de Phaistos vers l'Égypte, renforçant une colonie danaenne déjà importante.

Certains auteurs pensent que le style crétois put influencer celui d'*Al Amarna,* la nouvelle capitale construite par le pharaon Akhenaton vers -1350. Christian Jacq écrit (13) : *"Après la destruction des cités crétoises, beaucoup de leurs habitants, penseurs et artisans, se virent dans l'obligation de s'expatrier. Un grand nombre d'entre eux décidèrent de s'établir en Égypte et dans la représentation des plantes et des animaux, on reconnaît facilement une certaine prolongation de l'art crétois dans l'art amarnien".*

(1) Paul FAURE - *La Crète au temps de Minos 1.500 ans av. JC.* Paris. 1997.

(2) Les *quipus* sont des faisceaux de cordelettes portant des noeuds : la diversité des couleurs et la disposition des noeuds permet d'exprimer un nombre considérable d'informations. Ce système fut utilisé par les Incas, mais existait bien avant eux dans d'autres régions d'Amérique (Panama). Nous pensons qu'il fut utilisé par les marins et les commerçants danaens. C'était un support d'informations léger et peu encombrant, mais périssable, ce qui expliquerait qu'on n'en retrouve pas trace en Crète.

(3) Branislava SUSNIK-*Interpretacion etnocultural de la complejidad sudamericana antigua. I - Formacion y dispersion etnica* Asuncion. 1994.
II - El hombre, persona y agente ergologico. Asuncion. 1995.

(4) D'ALL'IGNA RODRIGUEZ - *Classification du tronc linguistique Tupi. Revue d'anthropologie* - Sao Paulo

(5) Roberto CASSA - *Los indios de las Antillas.* Madrid. 1992.

(6) Il est probable que les nouveaux arrivants à Argos (Chap.6 - légende des Danaïdes) portaient des *peintures faciales* : Ils purent en donner une justification simpliste aux Argiens en disant : *ha-na,* ce qui dans leur langue signifiait "*qui est peint*" et les Pélasges les nommèrent : *Dana.* Eux-mêmes adoptèrent ce nom qui, par la suite, désignera tous les grecs : *Danaoi*, Danaens.

(7) Antonis VASILAKIS -*Phaistos*. Héraklion. 2002.
(8) Pierre de MIROSCHEDJI - *"Les premières cités-états cananéennes"*
(9) Pierre CARNAC - *Les juifs dans l'Amérique ancienne*. Monaco. 1983.

(10) Après avoir été fondu en lingots plats de 30 kg. environ, le cuivre des rives du lac Supérieur descendait le Mississippi jusqu'a son confluent avec la rivière Ohio où d'autres tribus prendraient en charge ces lingots et les transporteraient vers l'est en remontant l'Ohio puis le Tennessee jusqu'aux environs de Chattanooga. De là, ils seraient transportés jusqu'à l'actuel site d'Atlanta, croisement d'importantes voies commerciales, puis ils descendraient la rivière Alamaha jusqu'à son embouchure sur l'océan Atlantique, où devait exister un entrepôt (Carte 14).

En aval d'Atlanta, à proximité de la rivière Chattahoachee qui aboutit au golfe du Mexique, fut découverte la célèbre *pierre de Metcalf*, qui porte des signes dont certains sont identiques à ceux du linéaire A. Cette pierre aurait pu noter un inventaire de marchandises entreposées sur l'itinéraire de marchands crétois. Notons qu'à proximité de l'embouchure de la rivière se trouve la ville de *Thalahassee* qui fut la capitale des indiens *Appalachees*. Un nom bien proche de *Thalassa* (voir Chap. 21 - Note 6)...

(11) Le cuivre des Grands Lacs parvint-il d'abord en Europe occidentale avant de parvenir en Crète ? C'est fort possible, si l'on considère l'expansion de la *culture des vases campaniformes*, à laquelle est lié un *outillage de cuivre*. Rien n'indique une origine locale européenne de ce cuivre. Cette culture doit son nom aux vases qui la caractérisent, en forme de cloche renversée. Elle se manifeste en Angleterre, en Ecosse, en Allemagne (vallées du Rhin et de l'Elbe) et dans la péninsule Ibérique (vallées du Douro et du Tage). Le point commun entre ces régions est l'appartenance à la façade atlantique de l'Europe et la pénétration fluviale possible vers l'intérieur des terres. Elle se manifeste également en Méditerranée occidentale : Andalousie, Catalogne, Languedoc et Provence.

Selon Collin Renfrew et les nouvelles datations au carbone 14, la période où apparut cette culture s'étendrait de -3.250 (en Angleterre) à -3.000 (en Andalousie) : le flux semble donc affecter d'abord l'Europe septentrionale maritime, puis la Méditerranée occidentale, ce qui pourrait indiquer une origine américaine pour ce cuivre. Notons que c'est seulement un millénaire plus tard qu'il arrivera en Crète.

(12) L'archéologie montre que *les lingots de cuivre produits en Europe occidentale et au Proche-Orient à l'âge du bronze étaient toujours* de *faible poids*, quelques kilos en général, probablement en raison de l'abondance des scories produites lors de la *réduction du minerai*. Ces petits lingots étaient *plan-convexes*. Donc, les grands lingots de 30 kg. ne pouvaient provenir que de la fonte de cuivre natif, ou de la refonte de cuivre issu de minerais.

(13) Christian JACQ - *Néfertiti et Akhenaton* – Paris. 1990

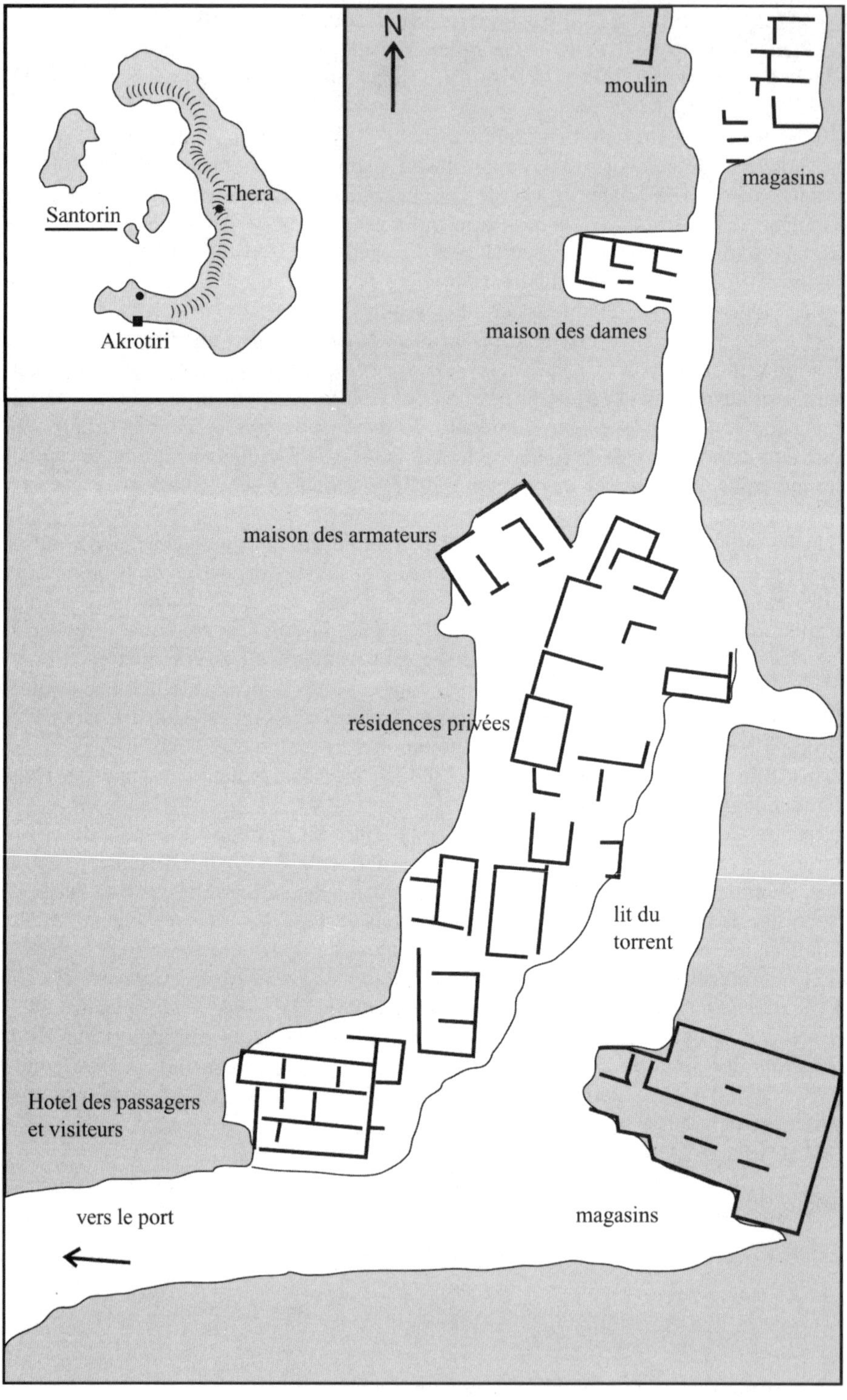
Santorin
Thera
Akrotiri
N
moulin
magasins
maison des dames
maison des armateurs
résidences privées
lit du torrent
Hotel des passagers et visiteurs
vers le port
magasins

Chapitre 14

LES MARINS DE THÉRA

La carte 15 (voir ci-contre) montre l'île de Santorin et le plan des ruines d'Akrotiri. Santorin (Théra) est une île volcanique de l'archipel des Cyclades située à 100 km. au nord de la Crète ; une violente éruption affecta l'île au milieu du IIe millénaire a.C., et des fouilles entreprises en 1960 dans le sud de l'île mirent à jour, ensevelie sous les cendres de cette éruption, une ville de l'âge du bronze proche de la mer que l'on nomme *Akrotiri,* du nom du village voisin. De magnifiques fresques y furent découvertes, qui prouvent qu'une brillante civilisation s'était développée à Akrotiri au début du IIe millénaire a.C. avant que ne la détruise l'éruption du volcan. Les habitants, certainement alertés par des signes avant-coureurs, purent s'enfuir sur leurs navires, car on n'a pas retrouvé leurs ossements dans les ruines. Où partirent-ils ?

Nous pensons qu'ils s'établirent dans le sud du Péloponnèse (Carte 16) où ils pourraient continuer leurs activités de commerce maritime : un groupe put s'installer à *Gythion* sur le golfe de Laconie et un autre en Messénie dans la région de *Pylos* comme le suggèrent certains indices.

Théra se peupla à nouveau au XIIIe siècle a.C., par des "Phéniciens" dit Hérodote, mais nous pensons que ce fut par des descendants de ceux qui avaient quitté l'île quelques siècles plus tôt lors de l'éruption, et qui appartenaient au groupe ethnique danaen. Des récits évoquant la splendeur passée de l'île et ses expéditions maritimes se transmirent certainement de générations en générations car ils apparaîtront dans les récits argonautiques.

Une légende dit que des "Spartiates" s'installèrent dans l'île au IXe siècle a.C., ce qui indique qu'il y eut alors une *seconde vague de retour de Danaens* en provenance du Péloponnèse. Une statue de jeune homme (*kouros*) datant du VIe siècle a.C. trouvée dans le sud de l'île (Fig. 30) présente en effet ce type ethnique.

Deux idées reçues apparaissant dans de nombreux ouvrages sur la *date de l'éruption* et *la forme de l'île au moment de celle-ci* sont dorénavant démenties par de solides études volcanologiques (1) :

- On croyait jusqu'à présent que le cataclysme destructeur avait eu lieu vers -1.500, ce qui amena l'archéologue grec Spyridon Marinatos, découvreur du site d'Akrotiri, à se demander si cette éruption avait été la cause de la fin de la civilisation minoenne, en couvrant la Crète de cendres et en détruisant ses palais. Mais *"de nombreuses études dans les diverses disciplines ont amené à une quasi-conclusion : l'éruption eut lieu précisément en -1.645"* (Friedrich), donc deux cent ans auparavant (1).

- On affirmait que Théra avait la forme classique d'une île volcanique, *un cône émergeant de la mer* comme le Stomboli, et que la violence de l'éruption avait fait disparaître le centre de l'île, qui est actuellement occupé par un immense lagon communiquant avec la mer (d'où certaines hypothèses plaçant l'Atlantide à Santorin !). Mais *"les études géologiques de Ferdinand Fouqué en 1879 permirent d'arriver à la conclusion, confirmée à ce jour par toutes les études volcanologiques, que l'île avait acquis dans ses grandes lignes sa forme actuelle avant cette éruption, au cours d'éruptions précédentes dans les millénaires antérieurs"* (Friedrich) .

Les découvertes faites à Akrotiri permettent d'entrevoir la vie à Théra à l'époque de sa splendeur. Il y a de *nombreuse similitudes entre l'art théréen et l'art minoen de Cnossos*, ce qui amena certains historiens à penser que Théra avait été une colonie crétoise. Cette hypothèse n'est plus retenue car le voisinage des deux îles et les relations qui existèrent entre elles suffisent pour expliquer des influences mutuelles. On a constaté dans les peintures murales d'Akrotiri de la première époque certaines ressemblances avec les fresques du palais de Mari en Syrie (2), qui témoignent de contacts commerciaux ; or Mari fut détruit en -1.760 par Hammourabi : les premières fresques de Théra dateraient donc au moins de -1.800, ce qui amène à estimer que *l'âge d'or de Théra dura deux siècles, les XVIIIe et XVIIe siècles a.C.* Il est important de noter que cette même période est celle de la *puissance économique de Phaistos grâce à l'industrie du bronze.* On a retrouvé à Akrotiri des inscriptions en linéaire A, qui confirment des contacts avec la Crète déjà suggérés par l'art.

Les expressions artistiques de Théra et de la Crète ont en commun le *goût de la nature, des animaux et des plantes*. Dans les deux, on retrouve une *faune exotique*, où apparaissent des *félins* et des *singes* dans un cadre tropical où serpente une rivière Le *dauphin*, symbole de la traversée des mers, est fréquent sur les fresques de Théra. Des *"singes bleus"* apparaissent sur les fresques des deux îles, toujours traités d'une manière amicale. À Cnossos, l'un cueille des fleurs, et à Théra, d'autres gambadent sur des pentes rocheuses (Fig. 34) (maison B-6) ou même *"sont occupés à des activités humaines, l'un jouant semble-t-il de la harpe, et l'autre brandissant une épée"* (Doumas) (2) (bâtiment X - salle 4). Ces singes sont de grande taille ; la couleur bleue intrigue, car il n'existe pas de singes bleus : nous pensons qu'il s'agit d'une convention de peintres, et que ces singes étaient *noirs*. Notons que, sur diverses fresques, les adolescents ont les cheveux coupés très courts à l'exception de quelques mèches : celles-ci sont peintes en noir, tandis que le reste des cheveux courts est peint en bleu. Ces singes si amicalement traités et presque humains rappellent la légende maya de la Création (voir Chap. 25) où les singes seraient une race d'hommes abandonnée par les dieux, malgré tout considérés peut-être comme de lointains cousins par les amérindiens qu'étaient les Danaens.

On constate l'absence à Théra de la représentation de fêtes collectives telles que des processions et le saut au dessus du taureau : tandis que l'art crétois semble soumis à l'influence de rigides structures sociales et religieuses d'allure collectiviste héritées selon nous des constructeurs de Malia et qu'accepteront les Danaens quand ils domineront la Crète, *l'art de Théra, par contre, semble plus individualiste et dégagé de ces contraintes. Aucune forme de religiosité n'y est détectable, ni de domination politique ; il est exclusivement danaen.* Une "double corne" qui apparaît sur une terrasse indiquait probablement la maison d'un personnage crétois.

La femme et l'enfant sont pratiquement absents de l'expression artistique de la vie publique et ce sont des hommes communs qui apparaissent, liés aux activités de marins ou de paysans, mais n'apparaît aucun personnage d'une certaine importance tel que chef ou armateur. Ceci nous amène à penser que les femmes présentes sur les fresques sont des *courtisanes.*acceptées par les moeurs de cette société, et non des épouses de personnages importants : elles sont fardées et légèrement vêtues (Fig. 32 et 33). Ce sont probablement des femmes achetées lors de voyages commerciaux, voire raptées, qui occupent un rang particulier dans la société des armateurs : les fresques montrent qu'elles sont *toutes de race blanche dans une collectivité d'hommes à la peau brune.* Hérodote (Livre I -1) donne une vision prosaïque de la légende d'Io, disant qu'elle avait été enlevée par des marchands "phéniciens", et Strabon pense de même. *Le rapt des femmes avait un certain statut social dans la Grèce du IIe millénaire* puisque selon la légende, il est à l'origine de la Guerre de Troie, et Hélène participait à la vie sociale des princes troyens, apparaissant même sur les murs de Troie à côté du roi Priam.

Io fut peut-être une jeune fille Pélasge enlevée en Argolide par des Théréens qui l'emmenèrent dans l'Égyptos où ils l'installèrent avec un haut rang social (une observation attentive de la *fresque du départ de la flotte* - Fig. 41- amène à le penser : la femme qui préside au départ est blanche, et ses suivantes sont brunes) : nous allons voir que les Théréens, bien avant les Grecs, se rendaient régulièrement dans l'Égyptos.

On peut donc envisager la possibilité que des proto-arawaks, frères de race de ceux de Phaistos, se soient installés dès le XIXe siècle a.C. à Théra, une *division efficace du travail* étant mise en place :

- Ceux de Phaistos organisent en vue du commerce la production agricole dans la grande île de Crète et la fabrication du bronze et de ses manufactures.
- Ceux de Théra assurent les approvisionnements de Phaistos en cuivre et en étain, et le transport des manufactures crétoises vers les divers clients de la Mediterranée orientale.

Les peintures murales de Théra sont d'un grand réalisme et d'une précision minutieuse dans les détails, de sorte qu'elles permettent de connaître le mode de vie des Théréens, et surtout de pressentir leurs voyages maritimes. Nous pensons qu'elles sont l'oeuvre d'artistes cycladiques.

L'Akrotiri antique était édifié dans une vallée étroite qui remontait depuis le port. On ignore ce que furent les installations portuaires, la côte actuelle étant pratiquement rectiligne : nous pensons qu'une baie qui servait de port existait à l'ouest de la ville, là ou aboutit la vallée qui descend des hauteurs où se trouve le village d'Akrotiri, et qu'elle fut comblée après l'éruption du IIe millénaire a.C. par les cendres accumulées dans cette vallée et entraînées par les pluies (1). Le plan de la ville montre la succession des édifices nommés par Marinatos, tous construits en pierre. Observons-le, en allant du haut de la ville vers le bas (Carte 15) :

- Dans la partie la plus élevée, se situait le *"Magasin aux jarres"*.

Ce devait être le lieu où étaient reçus les produits alimentaires provenant de *zones de culture et d'élevage* situées en amont de la ville, sur le plateau qui s'étend à l'est du village actuel d'Akrotiri. Les archéologues sont d'accord pour admettre que, dans la *fresque des navires* dont nous parlerons plus loin, *le port où arrive la flotte est celui d'Akrotiri* (Fig 38). Une population différente de celle de la ville (certainement des agriculteurs pélasges) apparaît au-dessus de celle-ci : des bergers couverts de peaux de mouton, des paysans, et une lagune auprès de laquelle se trouvent des jarres. Il est probable qu'une *retenue d'eau* voisine du magasin approvisionnait la ville par des canalisations : celles-ci apparaissent sur la fresque, dans la vallée du torrent qui traversait la ville.

- A une quinzaine de mètres en aval du Magasin, mais toujours en dehors de la zone habitée, se trouvait la *"Maison des dames",* ainsi nommée parce qu'elle possédait de magnifique fresques représentant des femmes parées de leurs atours. Nous pensons que c'était en fait la *Maison des courtisanes* que fréquentaient les armateurs et leurs hôtes de marque. Cet édifice comportait trois étages, un puits de lumière, un escalier principal donnant accès à diverses pièces de moyennes dimensions (une dizaine par étage), et un escalier de service.

- A une vingtaine de mètres en aval de la Maison des dames, se trouvait la *"Maison Ouest"*. Cet édifice, de dimensions plus réduites que le précédent et haut d'un seul étage, comportait au rez-de-chaussée une grande pièce éclairée par une vaste baie qui était utilisée comme *atelier de tissage*, car de nombreux poids de métier à tisser y furent trouvés. Un escalier latéral amenait au premier étage à une grande salle qui selon nous servait de lieu de réunions ; les murs d'une pièce adjacente portaient des fresques qui ont pu être sauvées en grande partie et présentent une valeur inestimable comme témoignage de l'activité maritime des Théréens. Nous pensons que cet édifice était le *Cercle des armateurs*, et qu'au rez-de-chaussée se tissaient les voiles des navires.

- Une place triangulaire séparait cet édifice d'une série d'immeubles contigus bordant une ruelle longue de 80 mètres en descendant vers le port et qui devaient être les *maisons de famille des armateurs*. Des fresques représentant des fleurs, des oiseaux, des antilopes, des singes, et deux enfants bruns pratiquant la boxe furent mises à jour dans certaines pièces de ces immeubles qui, d'une manière générale, avaient deux ou trois étages, le rez-de-chaussée étant toujours occupé par un magasin où se broyait le grain : ceci montre que dès le XIXe siècle a.C. les Théréens consommaient des farines, trait culturel que nous avons déjà relié à des pratiques de l'Amérique tropicale.

- Deux grands édifices de trois étages chacun étaient situés dans la partie basse sur le chemin qui menait au port. L'un servait probablement de *centre administratif* et de dépôt de marchandises précieuses (bâtiment X3). L'autre (bâtiment X4) comportait un *nombre considérable de petites pièces* ainsi que quelques grandes pièces et une salle d'eau; un escalier permettait d'accéder aux étages. Aucun ustensile d'usage domestique ne fut rencontré dans cet édifice à l'exception de quelques jarres qui purent contenir des boissons ou de l'eau pour ablutions. La décoration murale est abondante, rosettes et spirales, et scènes inspirées de lieux exotiques : oiseaux à queue fourchue semblables à des hirondelles (Fig. 31), singes brandissant une épée ou jouant de la lyre ; trois jeunes femmes à la peau blanche, vêtues avec élégance et couvertes de bijoux, apparaissent dans un cadre champêtre. C/était peut-être un *hôtel pour hôtes de marque* crétois qui prenaient passage sur les navires de Théra.

Venons-en maintenant aux *fresques du Cercle des armateurs*. La restauration fit apparaître dans la grande pièce :

- Mur Sud : *une flotte traverse la mer*, partant d'un port situé à l'ouest (*port de départ* - Fig. 41) et se rendant au *port d'Akrotiri* (Fig. 38).
- Mur Nord : un *port isolé*, probablement une étape intermédiaire (Fig. 42).

Dans ces trois ports, apparaissent des constructions semblables (maisons rectangulaires, toits plats, murs de pierres équarries apparentes), avec des arrière-pays différents.

- Mur Est : un paysage tropical montrant un *fleuve qui serpente parmi des palmiers* (Fig. 40) avec des félins (Fig. 35) qui chassent des chevreuils et des canards. Deux tableaux muraux montrant des *adolescents bruns portant le produit de leur pêche* apparaissent par ailleurs (Fig. 37).

La précision des détails sur les fresques ne doit pas faire oublier la difficulté qu'il y avait à rendre la profondeur du paysage : on peut voir parfois un navire apparemment au-dessus de la mer sur un fond de rochers ; la mer est traitée en gris clair et non en bleu ; les rochers dépourvus de végétation sont peints en beige ou en ocre clair. Le bleu indique, soit une rivière ou une chute d'eau, soit des zones boisées (les feuilles des arbres sont de cette couleur sur le mur Est) ou, au-dessus de la ville d'Akrotiri, des cultures qui pourraient représenter des *champs de lin.* La graine de cette plante produisait une huile siccative qui fut probablement utilisée pour peindre les coques des navires.

Le *port d'arrivée* du mur Sud est celui *d'Akrotiri*, et le signe caractéristique en est la figuration du ravin au bord duquel est construite la ville. Notons dans la rue qui mène au port des hommes qui attendent l'arrivée de la flotte, probablement pour assurer le déchargement ; à l'ouest de la ville apparaît sur une hauteur une *tour de guet*, qui permettait d'annoncer l'arrivée d'une flotte, certainement située sur la colline dominant l'actuel village d'Akrotiri.

Plus discutée est l'interprétation de la localisation du *port d'où part la flotte.* Certains l'ont situé en Afrique du Nord, plus précisément en Égypte, et voient, dans la fresque, un bras du Nil bordé de palmiers. Mais selon nous il ne s'agit pas exactement de palmiers, sinon de *cocotiers* si l'on en juge par leurs fruits qui jonchent le sol à leur pied et il s'agit donc d'un *fleuve tropical.* Pour un navire qui partirait de Méditerranée, les cocotiers ne se rencontrent que sur la côte d'Afrique Occidentale ou celle de la mer des Antilles : nous optons donc pour cette dernière. Les félins qui apparaissent sur la fresque du fleuve sont des *jaguars* caractérisés par les nombreuses taches rondes de leur pelage (Fig. 36), animaux de l'Amérique tropicale mais pas du delta du Nil. L'un d'eux a le pelage de couleur sable, ce qui est la couleur habituelle, tandis qu'un autre a le pelage doté de ces taches caractéristiques, mais est de couleur bleue comme celui des singes : or il existe des *jaguars noirs*, beaucoup plus rares, ce qui confirmerait que les singes avaient la peau noire.

Il existe en Amérique Centrale plusieurs races de singes au pelage noir qui pourraient bien correspondre à ceux des fresques : ce sont des singes de la famille des *Alouatta,* appelés singes hurleurs car ils poussent des cris pour communiquer entre eux, comme s'ils se parlaient. Ils sont de forme élégante, assez grands, de la taille d'un enfant de huit ans, et possèdent une queue longue et préhensile ; *"ils se nourrissent de pousses de plantes et de fleurs"* disent certains ouvrages de zoologie : or sur des fresques, les singes bleus cueillent des fleurs...

Quand aux oiseaux qui ressemblent à des hirondelles (Fig. 31), il s'agit de *frégates*, telles que la *fregata magnificens* que l'on observe dans la mer des Antilles : ce sont de grands oiseaux aux plumes blanches et noires dotés d'une longue queue en ciseaux ; les mâles possèdent un *jabot fort apparent de couleur rouge vif,* rappelé par la tache rouge que portent sur leur cou les oiseaux des fresques ; ils signalent aux marins la proximité de la terre, car ils dorment dans les grands arbres du rivage. Le *Guide du Venezuela* (Editions Ulysse - Québec 1997) dit à propos du Parc National de Tucacas : *"Cette région sert d'habitat aux frégates, qui nidifient sur l'ile aux Oiseaux entre décembre et janvier (...). Au sud du promontoire calcaire de Tucacas, une région chaude et sèche de broussailles regroupe des ocelots et des singes. Par contre la région humide au nord du promontoire est un des derniers lieux de retraite des crocodiles"* : il y a donc de fortes chances que le port lointain ait été situé sur le promontoire de Tucacas (Carte 6 bis)

Le port isolé de la paroi Nord était *une étape* à l'aller comme au retour lors de ce périple ; il est traité à part car c'était une destination privilégiée des Théréens pour des raisons de commerce et de proximité : il s'agit selon nous d'un *port situé sur la côte de la Messénie,* au nord de la baie de Navarin, à l'emplacement du village de *Romanou* ; sur sa plage aboutit une rivière qui descend de la colline d'Englianos sur laquelle sera plus tard construit le "palais de Pylos" (Carte 16). Le mauvais état de l'extrémité gauche de la fresque empêche d'en saisir tout l'environnement.

Au premier plan, figure un *édifice de garde* d'où sortent des guerriers armés de lances, caractérisés par le casque fabriqué avec des défenses de sangliers et l'antique bouclier rectangulaire en peau de vache tendue sur un cadre, l'un et l'autre typiques du Péloponnèse. Ces guerriers semblent effectuer un mouvement de parade pour recevoir amicalement les marins : ce sont des Pélasges appartenant à une population autochtone dont les Théréens utilisaient les services. Les sangliers abondaient dans les collines de Messénie.

À l'arrière-plan, trois scènes définissent l'arrière-pays :

- Des bovins, des chevaux, des chèvres et des moutons, qui symbolisent un *pays d'élevage,* donc disposant de collines herbeuses, ce qui est le cas de la région au nord de la baie de Navarin.
- *Un village* situé sur la colline (peut-être l'actuel village de Tragana) où des femmes vont chercher l'eau à un puits ; un travailleur revient de cultiver un champ, et quelques hommes observent l'arrivée d'un navire.
- *Une scène de montagne* où des visiteurs semblent se purifier dans l'eau d'une source (un flot bleu qui descend du rocher), probablement celle de la rivière qui descend le long de la colline d'Englianos.
- Dans la mer, une scène de naufrage montrant un bateau abîmé sur des rochers : des falaises rocheuses s'alignent de part et d'autre de l'entrée de la baie de Voidokoilia (Fig. 43), au sud de Romanou. Cette baie, de forme caractéristique, semble apparaître sur la fresque, ainsi que le goulet qui, plus au sud, mène au golfe de Navarin.

Cette escale offrait des *approvisionnements en eau douce et vivres frais* ainsi qu'un *abri sûr* dans l'anse de Voidokoilia en cas de tempête ; l'intérieur du pays fournissait des *cuirs* de bovins et certainement de la *viande*, qui serait conservée par séchage au soleil ou par salaison. Cette partie plate de la côte permettait l'établissement de *salines,* et le sel aurait pu constituer un des produits que commercialisaient les Théréens : il existe à Romanou les traces d'un bassin rectangulaire proche de la mer (3) qui aurait pu être alimenté en eau provenant de celle-ci pour l'obtention du sel. Nous avons pensé qu'après la catastrophe, certains Théréens purent s'établir en Messénie.

Les fresques témoignent d'un périple qui amenait la flotte une fois par an de Théra aux Amériques, où elle apportait des produits de Crète : poignards et épées en bronze, vases et poteries, colliers et bijoux. *Elle se rendait d'abord au Venezuela* par la route des alizés, descendant depuis Gibraltar jusqu'aux îles du Cap-Vert puis traversant l'Atlantique, jusqu'à l'île de Trinidad pour atteindre enfin le célèbre Égyptos : ce voyage pouvait avoir des connotations ethniques (maintien du contact avec l'ancienne patrie) autant que commerciales. *Elle repartirait ensuite vers la Floride puis reviendrait en Méditerranée.* Selon Hérodote, le Pseudo-Scylax (*Périple, 112*) écrit : *"Les marins phéniciens qui faisaient escale à Cerné proposaient aux Éthiopiens qui habitaient le continent en face de l'île, de l'huile, des parfums, de la céramique et des pierres d'Égypte".* Ce texte fait certainement allusion à des voyages de Théréens considérés comme étant des Phéniciens, Cerné étant le nord-est de la Colombie.

Le port où se rendaient les navires de Théra (Fig. 41) a toutes les caractéristiques d'une *ville bâtie au pied du promontoire de Tucacas, au sud-est, à proximité de l'actuel hameau de Lizardo* : Ce pouvait être la célèbre *Kanope* proche des bouches de l'Égyptos où la légende fait parvenir Io. Les basses collines ondulées qui, sur la fresque, dominent la ville et où apparaissent plantes et animaux, laissent deviner en arrière-plan des montagnes plus hautes, blanchâtres et profondément érodées : ces caractéristiques se retrouvent à la perfection sur le promontoire calcaire de Tucacas, qui émerge de la basse plaine alluviale et culmine à 250 m. ; il est donc bien visible depuis la haute mer (Carte 6 bis). Sur la fresque (Fig. 41), une femme blanche à la coiffure sophistiquée préside au départ de la flotte sur la plus haute terrasse, avec derrière elle cinq suivantes toutes brunes : une évocation d'Io ?

En avant du promontoire, des rochers coralliens à fleur d'eau offraient des zones de mer calme où la flotte pouvait jeter l'ancre : les petites embarcations qui apparaissent sur le plan d'eau au pied de la ville devaient servir au transbordement des personnes et des marchandises entre la flotte et celle-ci en raison de hauts-fonds coralliens. De nos jours, le promontoire de Tucacas et la plaine marécageuse qui le flanque au nord constituent une réserve qui cherche à protéger une faune extraordinaire d'oiseaux, de félins et de cervidés. Les tableaux des *jeunes pêcheurs bruns portant des poissons multicolores* sont caractéristiques de la pêche dans les récifs coralliens à l'extrémité du promontoire (4).

Deux plantes apparaissent sur les collines qui dominent la ville : l'une nous semble être du *coton sylvestre*, et l'autre du *ricin,* deux plantes tropicales de zones moyennement sèches. À ce propos, nous pensons que *"l'arbre sacré"* qui apparaît sur des sceaux et des gravures minoennes protégé par un enclos, a toutes les caractéristiques de la plante de *ricin,* qui aurait pu être importée en Crète : grandes feuilles caduques et fruits en grappe. Sa graine est riche en une huile qui devait être utilisée dans les luminaires ; mais elle contient un *alcaloïde toxique, la ricine*, capable d'empoisonner les enfants ou les animaux qui la consommeraient, d'où la protection de l'arbuste par une clôture devant chaque maison.

La plaine tropicale qui apparaît sur le mur Est (Fig. 40) est selon nous une représentation des rives du *fleuve Tocuyo* dont l'embouchure est plus au nord. Le fleuve *serpente* comme le veut la légende et le montre la réalité, et il est bordé de *cocotiers,* autre caractéristique de la basse région où abondent ces arbres ; leurs fruits ronds et bruns jonchent le sol, entiers ou éclatés dans la chute et laissant alors apparaître leur pulpe blanche, comme le montre la fresque.

Nous avons recherché quels produits de cette région pouvaient intéresser les Théréens pour leurs besoins propres ou commerciaux, et il en apparaît trois : - le *coton sylvestre* (un ballot volumineux qui pourrait contenir des fibres de coton apparaît à l'avant d'un des navires d'une fresque) - des cordages de *cocuy*, une espèce de *sisal* qui abonde dans les collines de l'arrière-pays ; il permet de tresser de longs cordages très résistants utilisés jusqu'au siècle dernier sur les navires - des *épices* provenant de la zone de cultures située sur le cours moyen du Tocuyo. Notons que de nos jours, la petite île de Grenade où se morfondait Ménélas est une grande productrice d'épices : noix muscade, cannelle, clous de girofle, etc. Les Danaens de Crète, de Théra et du Péloponnèse devaient être friands d'épices provenant de leur pays d'origine, et paieraient un bon prix pour elles.

La flotte quittait le port du promontoire de Tucacas en grande cérémonie, et la fresque nous la montre accompagnée par de nombreux dauphins. Nous pensons qu'elle *mettait le cap au Nord et se rendait vers les côtes de Floride et de Georgie*, où elle apportait des produits pondéreux de Crète, qui lestaient les navires et occupaient peu de volume tels que des *armes et autres objets en bronze*, dont certains seront retrouvés dans des tertres funéraires proches du Mississippi, mais aussi des produits tropicaux de l'Egyptos : *cordages et épices*. Elle chargerait des *lingots de cuivre* échangés contre ces marchandises et repartirait vers la Méditerranée, via les Bermudes et les Açores : la fresque du retour laisse entrevoir le passage de la flotte entre des îles rocheuses.

La partie la plus fascinante de la "fresque du voyage".est celle qui se rapporte aux navires. Ceux-ci apparaissent répartis entre deux catégories, ceux de *cabotage* et ceux de *haute mer*. Les premiers sont, pourrait-on dire, conformes à notre attente : relativement courts, coque de couleur rouge-brun, nombre réduit de marins qui manoeuvrent le navire *à la rame*, assis sur leur banc. Mais la surprise provient des navires de haute mer (Fig. 39).

Si ces fresques n'avaient pas été découvertes, on continuerait, à propos des marines anciennes, à ne parler que de *"noirs vaisseaux"* selon les récits d'Homère, qui faisaient allusion à leurs coques peintes en noir à l'aide de goudrons. Ces vaisseaux étaient ceux de la fin du IIe millénaire a.C. utilisés par les marins Phéniciens et Grecs ; ils étaient *ventrus*, afin de pouvoir porter un plus grand tonnage de marchandises dans leur cale, et leur coque était faite de *planches assemblées et calfatées* ; *ils navigaient exclusivement à la voile* mais étaient assez difficiles à manoeuvrer en raison de leur forme, et étaient susceptibles de naufrage en cas de tempête : on a retrouvé des épaves de ces navires sur les côtes d'Asie Mineure. Ils n'étaient pas capables de grandes vitesses, leur finalité étant le commerce à moyenne distance. *Les lourds et lents navires du Moyen-âge* sont leurs héritiers directs, d'où l'opinion manifestée dans tous les ouvrages sur la Découverte de l'Amérique, selon laquelle c'est l'invention de *la caravelle* qui permit cette découverte. Les caravelles étaient des navires plus fins et plus maniables, à faible tirant d'eau, mis au point par les Portugais qui exploraient la côte d'Afrique et pouvaient ainsi s'en rapprocher sans craindre les récifs.

Homère parle du *vaisseau rapide* des Phéaciens qui ramène Ulysse dans sa patrie, mais cela est mis sur le compte du merveilleux nécessaire au récit poétique *alors qu'il s'agissait du souvenir qui s'estompait de navires plus anciens et différents*, caractérisés par leur vitesse sur la mer. Il dit à son propos : *"Comme dans une plaine quatre étalons sous les coups du fouet s'élancent à la fois et, le pied haut, parcourent le chemin à toute vitesse, la nef ainsi dressait la poupe, et derrière elle se soulevait bouillonnant avec force le flot de la mer aux mille bruits. Elle courait d'un mouvement continu et sûr ; l'épervier même, le plus rapide des oiseaux, n'aurait pu la suivre. Courant à toute vitesse, elle fendait les vagues de la mer..."*

La surprise, donc, est grande lorqu'on observe les navires de la flotte de haute mer qui figurent sur la fresque de Théra : *navires longs, élancés et bas sur l'eau, coques peintes en blanc* et décorées d'oiseaux et de félins symboles de rapidité, *mât amovible capable de porter une voile rectangulaire*, marins qui ne disposent pas de bancs pour naviguer à la rame comme sur les galères, mais qui, debout sur le fond du navire, se penchent sur ses flancs pour utiliser de *courtes pagaies* lorsque la voile n'est pas hissée (Fig. 39). *Donc, une somme de caractéristiques contraires aux idées reçues en matière de navigation antique.* Et alors, se poserait la question : comment ces navires auraient-ils pu traverser l'Atlantique ? Mais nous avons déjà répondu, en évoquant dans les chapitres antérieurs les *coques monoxyles creusées dans de grands troncs d'arbres tropicaux* : c'est justement pour posséder ces caractéristiques *hétérodoxes* par rapport aux navires construits en Méditerranée à la fin du IIe millénaire qu'ils pouvaient traverser l'Atlantique, rapidement et sans problèmes. Il y eut certainement un *moment d'inflexion* dans la conception des navires lorsqu'au milieu de l'âge du bronze, vers -1.500, apparurent dans l'Egée des outils de menuisiers tels que la *scie en bronze actionnée par deux hommes* permettant de débiter des troncs d'arbre rectilignes de bois tendres (tels que le pin de Céphalonie) en planches d'épaisseur régulière qui pourraient facilement être assemblées par clouage pour constituer des coques de navires (on a trouvé au palais de Zakros en Crète une scie en bronze de 1, 20 m. de long datant de cette époque). *La technique du navire assemblé* qui naquit alors permit la construction de navires de plus en plus grands. Mais avant le milieu du IIe millénaire, on devait se contenter en Europe de *radeaux* constitués par des troncs secs de pin ou de peuplier émondés à la hache et unis par des cordages, qui pouvaient porter un mât et une voile, ainsi qu'un bastingage et un habitat, comme le radeau que construisit Ulysse pour quitter l'île de Calypso. On pouvait franchir avec eux de bonnes distances si le vent était favorable. Éventuellement, si on avait la bonne fortune de rencontrer un tronc suffisamment volumineux, on pouvait fabriquer une *chaloupe* constituée d'une seule pièce de bois creusée au feu et à la hache, mais la forêt méditerranéenne n'était guère généreuse en troncs exceptionnels. Des figures de telles chaloupes apparaissent sur des sceaux dans les Cyclades et en Crète *à la fin du IIIe millénaire* ; certaines portent un ou deux marins, et elles sont de petite dimension et dépourvues de mât. Ces caractéristiques amenèrent les archéologues à affirmer que la navigation dans l'Égée était alors à ses débuts, et ils en conclurent que tout peuplement de la Grèce ne pouvait se concevoir que par des *migrations terrestres* depuis les Balkans ou l'Asie Mineure.

Il en allait autrement à cette époque en Amérique Centrale : la forêt tropicale y abonde en espèces de grand port, allant jusqu'à cinquante mètres de hauteur, avec des diamètres souvent en rapport allant jusqu'à deux et même trois mètres pour certaines espèces. En conséquence, depuis des millénaires, les amérindiens avaient la possibilité de creuser à l'aide du feu et d'outils en pierre des *coques monoxyles de toutes dimensions*, et ils ne s'en privèrent pas. Ces embarcations surprirent et émerveillèrent les Européens arrivant aux Antilles au XVIe siècle. Ainsi, le capitaine Jean Ribault, parti de France en 1562 pour reconnaître la côte de Floride sur ordre de l'amiral de Coligny, écrit dans son rapport de voyage (5) : *"Leurs barques sont faites d'un seul tronc d'arbre, si habilement creusé que peuvent y prendre place quinze ou vingt personnes navigant très rapidement. Les rameurs se mettent debout dans leur embarcation et utilisent des rames très courtes semblables à des pelles".* Lors d'une expédition suivante, en 1564, un autre Français, Jacques Le Moyne de Mourgues, trouva la matière d'un livre comportant de nombreux croquis sur le mode de vie des Indiens et écrit à propos de leurs navires : *"Ils sont creusés comme une auge dans une espèce particulière de cèdre rouge et leur construction détermine entre les indigènes des périodes de jeûne et d'abstinence"* (6). À trois mille ans près, on retrouve les techniques de construction et de manoeuvre des navires de Théra, coque monoxyle et courtes pagaies. C*e sont les caractéristiques de ces navires qui permirent aux Amérindiens de traverser l'Atlantique, et donnèrent aux Arawaks et aux Caribes une supériorité technologique qui leur permit de dominer le commerce transatlantique au IIe millénaire a.C.* Les Atlantes durent arriver sur des bateaux semblables et de même les Tereshs et les Peleshs (voir Chap. 21).

Nous avons cherché à savoir quel arbre en particulier avait pu être utilisé pour creuser les navires qui apparaissent sur les fresques, les uns peints de couleurs claires et les autres, plus modestes, semblant avoir gardé une couleur naturelle brun-rouge. Parmi les nombreuses espèces décrites (7), il y en a deux qui pourraient convenir par leurs dimensions exceptionnelles : le *Jatoba* et l'*Angelim pedra* ; l'une et l'autre ont un port immense, pouvant atteindre 40 à 50 m. de hauteur, et un tronc droit dont le diamètre peut atteindre 3 m. Mais le premier nous semble devoir être écarté en raison de sa densité (0, 97), qui fait que le navire pourrait couler facilement. Le second est nettement plus léger (densité 0, 75) et qui plus est sa couleur brun-rougeâtre clair est celle des petites embarcations de la fresque ; celles-ci étaient creusées dans des troncs plus minces, 1, 50 à 2 m. de diamètre, et avaient pu être amenées à la traîne jusqu'en Méditerranée avec une charge légère de coton ou de sisal.

L'Angelim Pedra (*Hymenolobium excelsum Duke*) est un bois disséminé dans la région orientale de l'Amazone et devait se trouver également dans le delta de l'Orénoque. Il est caractérisé par de faibles contractions et une grande résistance mécanique ; il est assez dur à travailler, mais les Arawaks et les Caribes disposaient de haches de pierre plus dures que le cuivre dont on a retrouvé de nombreux exemplaires Des secrets de fabrication devaient être liés à la construction de tels navires : ainsi, comment obtenir une coque de même épaisseur en toutes ses parties ? (8). Les mythes grecs parlent d'une corporation mystérieuse de constructeurs de navires, *les Cabires,* qui vivaient dans l'île de *Lemnos* (les Argonautes leur rendront visite au moment du départ), et certains mythes leur donnaient comme pays d'origine *"une île dans le courant de l'Océan"* : c'étaient peut-être les descendants de *marins Caribes* établis dans l'île avec d'autres troupes d'invasion déjà évoquées, des Étrusques…

La coque pouvait être taillée dans un segment de tronc de 25 à 30 m. de long et de 2, 50 à 3 m. de diamètre, le creux central ayant donc environ 15 à 20 m. de long. Imaginons quelques caractéristiques possibles :

- Trois parois transversales divisant la coque évidée en quatre secteurs étaient conservées dans l'épaisseur du bois, donnant ainsi une grande solidité à celle-ci ; la paroi du milieu, plus épaisse que les deux autres, était perforée de manière à recevoir le mât amovible. Le fond des deux secteurs centraux devait recevoir les lingots plats de cuivre formant une couche mince de 30 cm environ sur laquelle était disposé un plancher.
- La coque devait être soigneusement polie à l'extérieur puis peinte, ce qui augmentait sa *capacité de glisse* dans l'eau en offrant une moindre résistance. Le *bateau était peu profond*, un mètre de tirant d'eau seulement, et 50 cm hors d'eau en moyenne, la stabilité étant assurée par cinq tonnes de lingots disposés dans la partie la plus basse au retour, et un lest (objets de bronze) à l'aller. Donc une *ligne effilée comme celle d'une fusée ou d'un cigare.*

L'étroite largeur du navire permettait de protéger les secteurs creux par des toiles huilées tendues temporairement en surface en cas de forte mer, comme dans les kayaks qui seront une autre embarcation typique des amérindiens du Nord : ces toiles permettaient en outre de recueillir l'eau de pluie.

Le *gouvernail* était amovible, des harnais bien apparents sur la fresque le fixant à la corne arrière. Il était certainement constitué par un assemblage de peaux lisses et dures telles que celle du serpent *anaconda*, et maintenu rigide par une barre de bois lourd située à sa partie inférieure (il existe des bois tropicaux plus lourds que l'eau). Le pilote déplaçait celle-ci à l'aide d'une gaffe comme le montre la fresque (la gaffe devait posséder un crochet qui s'encastrait dans un anneau à l'extrémité de la barre).

En haute mer, était hissée la *voile carrée*, raidie par deux perches horizontales, et la fresque montre que des manoeuvres complexes pouvaient être effectuées depuis l'arrière par le pilote et son assistant, à l'aide de plusieurs drisses qui, grâce à des poulies situées toutes en haut du mât, commandaient simplement la hauteur, l'amplitude et l'orientation de la voile. Celle-ci était répartie également de part et d'autre du mât. Le gouvernail était enlevé lorsque la voile était hissée, afin de maximaliser la glisse.

Le mât était maintenu vertical pour assurer un maximum de poussée du vent en faisant se placer la vingtaine de marins du côté d'où venait le vent, pour compenser la poussée perpendiculaire à la coque. Assis sur le bastingage que constituait la coque, éventuellement rembourrée par un matelas de coton pressé, ils s'inclinaient vers l'extérieur si besoin était comme le font les marins sur les actuels voiliers de course. La charge d'objets lourds pouvait également être excentrée si la direction du vent était constante, vent du nord ou alizés. À l'arrivée au port, ou par calme plat, la voile était amenée, le mât désarmé, le gouvernail mis en place et actionné par le pilote, tandis que les marins, debout sur le plancher et penchés sur le bastingage, faisaient avancer le navire à l'aide de pagaies.

La dotation en marins devait être de 18 à 20, si l'on en juge par le nombre de pagaies apparentes sur une fresque ; avec le commandant, un pilote, un copilote et quelques passagers, le navire portait au maximum *une trentaine de personnes* (nous avons envisagé que le navire des Argonautes pouvait n'avoir porté que trente marins). A l'arrivée à Théra, les navires pouvaient être facilement halés sur la grève grâce à des rondins, puisqu'ils n'avaient pas de quille, et soumis à un entretien, surtout la peinture des coques.

Le faible tirant d'eau, la coque soigneusement peinte, et la forme de fusée ou de cigare devaient garantir une bonne vitesse en limitant au minimum le freinage par frottement de la coque, qui est l'un des grands facteurs de réduction de vitesse. Sans nul doute, un navire performant. Si le chef de la flotte avait prévu correctement le temps, il pouvait a l'aller *traverser l'Atlantique des Canaries à l'île de Grenade en une vingtaine de jours,* car, si le vent cessait, la voile était amenée, les hommes prenaient les pagaies, et la marche continuait.

Il est possible que la flotte de Théra ait eu à satisfaire des demandes exceptionnelles. Les descendants des constructeurs des palais de Malia et de Cnossos faisaient certainement une fixation mentale avec les taureaux dont parlaient les récits de leurs anciens, *les bisons,* taureaux puissants et farouches si différents des taureaux plutôt chétifs qu'ils trouvaient dans leur nouvelle patrie... Etait-il impossible de charger exceptionnellement sur quelques uns de ces navires un taurillon ou une vachette de bisons pesant 200 kg., et de garder l'animal un mois et demi dans un enclos de 2 x 2 m. avec la nourriture suffisante pour le voyage ? Certainement pas, d'autant plus que plusieurs escales, aux Bermudes, aux Açores et dans le sud de l'Espagne permettraient de s'approvisionner en herbe et en eau. Ces animaux seraient fort bien payés en Crète où on les ferait se reproduire pour fournir les jeux taurins.

Si l'on observe le profil des taureaux figurant sur les fresques de Cnossos, on constate un *profil trapézoïdal caractéristique du bison*, différent du profil rectangulaire du taureau européen. *Peut-être quelques uns seront vendus dans le sud de l'Espagne,* où ils se croiseront avec les races locales : ainsi se justifierait la légende selon laquelle Héraclès aurait ramené en Grèce des taureaux de Tartessos, et s'expliquerait la race des taureaux d'Andalousie.

A son retour d'Amérique, la flotte faisait certainement relâche en Messénie pour acquérir des vivres frais et décharger les lingots de cuivre destinés à Komos où les amèneraient d'autres navires, afin de ne pas retarder le retour à Théra. Après l'éruption de -1.645, les voyages purent continuer depuis le Péloponnèse jusque vers -1.500.

De tels exploits maritimes ne furent pas oubliés, et la légende de Théra apparaîtra au Ier millénaire a.C. dans le mythe des Argonautes, qui associera Théra à l'Égyptos. Dans la IVe Pythique, Pindare évoque la prophétie faite par Médée au bord du lac Triton : *"La prêtresse a prophétisé que Batos* (un marin Théréen)*, colonisateur de la fructifère Libye, laissant l'île sacrée* (de

Théra) *fonderait une cité au sommet d'un blanc coteau, et que la prophétie de Médée à la dix-septième génération s'accomplirait, l'oracle qu'elle avait prononcé sur Théra. Elle avait prédit aux demi-dieux qui accompagnaient Jason : je vous dis que, depuis cette terre battue par les flots, un jour la fille d'Épaphos* (Libyé, petite-fille d'Io) *sera à l'origine de nombreuses cités que cultiveront des mortels dans la terre sacrée de Zeus* (le Péloponnèse), *échangeant les dauphins aux courtes nageoires contre de rapides juments, et les rames contre des brides. Ainsi s'accomplira l'augure, que Théra arrivera à être la métropole de grandes cités. Cet augure le reçut jadis Euphémos là où le lac Triton débouche dans la mer".* (il y a dans cette légende une confusion des temps, puisque les navigations des Théréens précédaient celles des Argonautes). Notons la référence à la *ville bâtie sur un blanc coteau* en Libye : c'est la ville batie sur une colline calcaire qui figure à l'ouest de la fresque et d'ou partent les navires qui retournent à Théra. Ces fondateurs de cités qui échangent les dauphins contre des juments sont les Danaens qui iront s'établir en Crète et dans le Péloponnèse. Mais Pindare affirme, pour flatter un roi, que les Théréens étaient allés fonder la ville de Cyrène, en Libye d'Afrique.

Dans *"Argonautiques"* au Chant IV (v. 1.550 et suivants), Apollonios dit que le dieu Triton, sortant de l'onde du lac, prit *une motte de terre* et l'offrit aux Argonautes en signe de bienvenue : c'est Euphémos qui tendit la main pour recevoir la motte. De retour en mer Egée, et à la suite d'un songe, il jette la motte dans la mer (v. 1.750) et les Dieux en feront surgir une île, Théra, appelée *Callisté, la très belle*, où s'établiront plus tard ses descendants, amenés de Sparte par Théras, qui donnera son nom à l'île. L'île de Théra était donc pour les anciens Grecs intimement liée à l'Égyptos.

(1) Walter L. FRIEDRICH -*Fire in the sea : the Santorini volcano.* Allemagne 1994
Cambridge. 2000

"L'éruption se passa de la manière suivante : le volcan existant situé au milieu du lagon entra en éruption, projetant une énorme colonne de cendres haute de 36 km. et des bombes volcaniques qui retombaient sur certaines parties de l'île. Le vent soufflait alors de l'ouest, de sorte que la majeure partie des cendres et des pouzzolanes fut entraînée vers l'est et la côte de l'Asie mineure, et pratiquement pas vers la Crète. La zone sud de l'île fut relativement peu affectée, et les cendres s'y accumulèrent surtout sur les hauteurs où se trouve de nos jours le village d'Akrotiri.

La ville de l'âge du bronze fut détruite par les tremblements de terre qui précédèrent l'éruption, les habitants ayant eu ainsi le temps de fuir en emportant leurs biens. Toutefois, une partie de la population resta dans l'île et put se sauver.

Il n'y eut apparemment pas de raz-de-marée affectant la mer Égée. L'effet géologique majeur sur la forme de l'île fut l'effondrement de deux parties de l'anneau circulaire que formait l'île avant l'éruption".

Nous pensons qu'une confirmation de la date de -1645 pour l'éruption et du fait que le vent ait entrainé les cendres globalement *vers l'est* (formant donc un cône qui atteignit la côte sud de l'Asie Mineure et celle du Proche-Orient) est donnée par le fait que dans les *ruines d'Avaris*, la capitale des Hyksos située dans le delta du Nil, furent trouvées des cendres volcaniques que les vulcanologues ont relié à celles de l'éruption de Santorin. Or les Hyksos dominèrent l'Égypte de -1.720 à -1.552 et établirent leur capitale à Avaris vers -1.700 (voir Note 7 - Chap. 12)

(2) Christos DOUMAS - *The wall-paintings of Thera.* Athènes. 1999.

(3) Carl BLEGEN et M. RAWSON - American School of Classical Studies at Athens *The Palace of Nestor* – Princeton N.J. 2001.

(4) Nous avons cherché à identifier les poissons que portent les jeunes pêcheurs : ce sont des poissons des mers tropicales nommés *Coryphaena hippurus Linneum,* décrits par Okada en 1955 : leur description concorde d'une manière incroyable avec les poissons des fresques : *"Corps allongé, petites écailles, menton légèrement proéminent, longue nageoire dorsale en nappe allant de la tête à la queue. Queue fortement fourchue, aux lobes très longs. Couleur de la partie supérieure d'un bleu ou vert brillant, évoluant en blanc d'argent ou jaune brillant à la partie inférieure. Des points bleus et gris accompagnent la nageoire dorsale qui est bleu sombre*".

Tim MARSHALL - *Fishes of the Great Barrier reef and coast of Queensland. (Poissons de la Grande Barrière australienne).* Sydney. 1965 (p. 188)

Y. OKADA - *Fishes of Japan.* Tokyo. 1955 (fig. 141)

(5) Jean RIBAULT - *Découverte de la Terre Fleurie.* 1563.

(6) Jacques Le MOYNE de MORGUES - *Brève narration de ce qui arriva aux Français en Floride.* Francfort. 1592.

(7) I. JANKOWSKY - *Madeiras brasileiras (Bois du Brésil).* Caxias do Sul. 1990.

(8) De nos jours, pour construire leurs pirogues monoxyles et donner à la coque une épaisseur constante, les Indiens d'Amazonie conforment en premier lieu la surface extérieure du futur bateau, puis y effectuent des perforations d'une profondeur déterminée, entre 10 et 15 cm. Ensuite, ils creusent le tronc, arrêtant leur travail quand apparaissent ces perforations, qu'ils boucheront ensuite par des coins de bois dur.

Notons que *pirogue* est un vocable arawak, *pira* signifiant *le poisson*, et *gua,* l'idée de *marche* : donc, *piragua, le poisson qui marche*, probable allusion aux nombreuses pagaies qui le faisaient ressembler à un mille-pattes progressant sur l'eau.

Chapitre 15

L'ÉTAT MYCÉNIEN

L'*État Mycénien* (Carte 16) fut au milieu du IIe millénaire a.C. un ensemble politique qui englobait le Péloponnèse, l'Attique, la Thessalie, la Béotie, Céphalonie et s'apprêtait à conquérir la Crète. Sa population était formée de Pélasges, de Danaens et d'Indo-européens..

Nous pensons que parmi les populations pélasges de la Grèce ancienne, un groupe établi dans le Péloponnèse portait le nom de *Doriens,* se considérant descendant d'une mythique ancêtre, la déesse Doris. La première référence aux Doriens apparaît dans l'Odyssée au chant XIX quand Homère dit à propos de la Crète : *"Nombreux sont ses habitants. On ne saurait les compter. Elle a quatre-vingt dix villes. Toutes les langues s'y rencontrent car on y trouve des Achéens, des Étéo-crétois au grand coeur, des Doriens formant trois tribus et des nobles Pélasges".* En fait, Homère appelle *Etéo-crétois* (mot qui signifie *les vrais crétois,* les plus anciens) une population que dans cet ouvrage nous appelons les *Pélasges*, et appelle *nobles Pélasges* les *Danaens de Phaistos* dont il connaît l'*arrivée par la haute mer*. Ceux qu'il appelle *Doriens* seraient ceux que nous appelons de nos jours *les Mycéniens,* qui étaient arrivés en Crète au XVe siècle a. C. venant du Péloponnèse ; ensuite au Xe siècle a.C., des *Achéens* s'étaient établis dans l'île.

Homère distingue ces quatre populations par la différence de leurs langues mais il apporte une information complémentaire pour ses "Doriens" quand il dit qu'ils *forment trois tribus.* Puisque ils parlent une même langue comme le sous-entend Homère, les "trois tribus" qu'ils forment doivent répondre à une classification habituelle chez les anciens grecs, celle de la couleur de la peau : nous aurions là l'indication que *"les Mycéniens" étaient une population parlant une même langue,* qui s'exprimera dans le linéaire B, *mais racialement composite,* formée par les *bruns* Danaens d'Argolide, les *rouges* Proto-Cananéens *et* les *blancs* Pélasges et Achéens.

En fait, le terme utilisé par Homère et que l'on traduit par "formant trois tribus" est *trihaikes,* mot qui ne s'explique pas par l'indo-européen mais qui comporte le mot danaen *haï* qui signifie *mère* ; on devrait donc traduire : "aux trois mères", ce qui exprime mieux les trois "races", la rouge, la brune et la blanche.

L'arrivée des Danaens au IIe millénaire a.C. avait apporté d'importantes modifications dans l'espace égéen. D'abord sur le plan racial : l'installation de ces immigrants en Crète méridionale et en Argolide fit que dorénavant, la Crète et la plus grande partie du Péloponnèse (l'Achaïe exceptée) auraient l'une et l'autre en grande partie une population mixte de Pélasges et de Danaens, tous d'origine amérindienne. Ensuite, dans le domaine économique et culturel : les Danaens introduisirent un dynamisme commercial, des structures sociales et une langue remarquablement formée qui favoriseraient l'essor de la Crète mais aussi celui de l'Argolide : dans cette province, ils entreprirent des travaux d'aménagement rural, assèchement de marais, détournement de rivières et création de retenues d'eau. Des contacts commerciaux suivis ayant eu lieu entre ces deux régions comme l'atteste l'archéologie, il est probable que l'écriture linéaire A qui apparaît chez les Danaens de Crète vers -1.800 sera immédiatement connue des Danaens d'Argolide.

Enhardi par le résultat spectaculaire de ses fouilles sur le site de Troie en 1874, Henri Schliemann décida d'entreprendre d'autres fouilles sur le site de Mycènes, sûr d'y trouver le trésor d'Agamemnon, puisque l'Iliade disait que cette ville fortifiée avait été la capitale de ce roi. Mycènes était une citadelle en ruine occupant le sommet d'une colline dans les montagnes au nord d'Argos, mais Homère ne l'avait-il pas qualifiée de *"riche en or"* ?

La chance le servit et en 1876, il découvrait à l'intérieur de l'enceinte fortifiée un ensemble de sépultures creusées dans le sol, les *Tombes à fosse*, rassemblées dans une enceinte circulaire de 28 mètres de diamètre formée de pierres dressées, appelée *"Cercle A"*. Ces fouilles mirent à jour une quantité impressionnante de bijoux, d'armes et d'objets de valeur qui étaient enterrés avec ces personnages, le plus célèbre étant le "masque d'Agamemnon" comme le nomma Schliemann, en fait le masque mortuaire en feuille d'or de l'un des seigneurs mycéniens d'une époque bien antérieure à Agamemnon. Dans ces fosses, de l'*ambre* apparaissait en quantité surprenante.

En 1951, un autre cercle de tombes à fosse fut découvert hors de l'enceinte de Mycènes, sur le plateau en contrebas ; ses tombes étaient plus frustes et moins richement dotées que celles du Cercle A, et il fut appelé *"Cercle B"*. Il datait de -1.650 et était donc plus ancien que le Cercle A, lequel datait de la période allant de -1.600 à -1.500.

La grande question qui se posa fut de savoir d'où venaient ces personnages enterrés sur la colline de Mycènes, et où ils avaient vécu avec leur peuple, car il n'y a aucune trace de ville à Mycènes à ces hautes époques : la ville, sa citadelle et ses remparts furent en effet construits trois cents ans après les sépultures du Cercle B. L'aspect physique de ces chefs mycéniens était différent de celui des Pélasges ou des Danaens, lesquels étaient de moyenne et même de petite taille, mais ils différait également de celui des Danubiens, eux aussi de taille moyenne, car les corps retrouvés dans ces tombes appartenaient à des *hommes de haute taille pour cette époque*, supérieure à 1, 70 m. (l'un d'entre eux atteignant 1, 80 m). La profusion d'armes les accompagnant suggérait qu'il s'agissait d'un *peuple guerrier*, et surprenante était la variété des styles et des origines des bijoux, certains étant nettement d'origine crétoise. En ce qui concerne le lieu où ils vivaient, règne le mystère. Mais qu'est-ce qui les avait poussé à venir se faire enterrer sur la colline de Mycènes ? Quant aux *richesses hétéroclites* qui apparaissent dans les tombes, nous pensons qu'elles étaient le *fruit de pillages*.

Et ces pillards, étaient-ils terriens ou marins ? La position géographique de Mycènes et l'hypothèse d'une origine indo-européenne pouvait faire penser à des terriens, mais alors, où auraient-ils obtenu tant d'objets provenant de Crète, des Cyclades et d'Asie Mineure ? Et où se procuraient-ils l'ambre qu'ils semblaient particulièrement apprécier ? La réponse pourrait être : c'étaient des *pirates*, qui, vers les années -1.700 avaient installé leur repaire dans un port du golfe d'Argolide et établi des rapports de bon voisinage avec les Danaens récemment installés, lesquels pouvaient leur fournir les produits alimentaires nécessaires à leur subsistance.

Nous pensons que ces pirates avaient leur établissement principal sur le site de *Tirynthe* : c'était une étroite butte calcaire de forme oblongue haute d'une vingtaine de mètres qui émergeait de la plaine alluviale d'Argolide en bordure d'un golfe aujourd'hui comblé de sédiments ; elle était longue de 750 m. et sa largeur allait de 30 a 60 m. C'était une position quasi-inexpugnable à condition qu'un siège ne soit pas trop prolongé. Les murailles de Tirynthe datent de -1.250 environ et furent donc construites presque à la même époque que celles de Mycènes, probablement en raison de signes avant-coureurs de l'invasion des Peuples de la mer. Mais on a découvert sous le palais de Tirynthe datant du XIIIe siècle a.C. les vestiges d'une colossale structure circulaire, de 28 m. de diamètre intérieur aux murs larges de 1, 85 m. reposant sur une base de largeur impressionnante, 4, 70 m. (1). Il ne fut pas entrepris de fouilles, pour éviter de mettre en danger le palais élevé plus tard sur ces ruines. On a écrit qu'il s'agissait peut-être de la base d'un antérieur palais à coupole, mais il semble difficile qu'ait été construite une coupole en pierre d'une telle envergure, qui aurait présenté en outre des dangers évidents pour ceux qui auraient vécu dans ce palais, la région étant soumise à des tremblements de terre. Pour notre part, nous pensons que cette base portait seulement un *épais mur d'enceinte* de cinq ou six mètres de hauteur, sa stabilité venant de cette forte base ainsi que de son épaisseur et de sa forme annulaire ; à l'intérieur de l'enceinte fut certainement construit un simple édifice à toiture de tuiles : notre hypothèse est que, à l'origine de l'État mycénien, il y eut des marins guerriers qui établirent leur repaire sur cette butte, d'où ils lançaient des expéditions de pillage contre diverses villes portuaires du bassin de la mer Égée. Leur butin s'accumulait donc à Tirynthe, et la construction circulaire aurait constitué une enceinte inexpugnable à l'intérieur de laquelle étaient gardées les richesses provenant de ces pillages.

Lorsque les combattants partaient en expédition, laquelle pouvait durer de nombreuses semaines, la ville restait occupée par femmes et enfants défendus par une faible garnison, donc vulnérable à des attaques : l'enceinte de hautes murailles pouvait servir un temps de refuge à cette population, outre son rôle permanent de protection du trésor. Il ne serait pas impossible que cette structure ait été édifiée sur un premier cercle de tombes à fosses, donc antérieur aux tombes du cercle B : il est symptomatique que le cercle A de Mycènes et cette enceinte aient un même diamètre proche de 28 mètres. La butte de Tirynthe étant progressivement occupée par des habitats et des magasins, sa surface exiguë ne permettait pas d'envisager une deuxième étape de tombes à fosse, lesquelles correspondaient certainement à une impérative tradition ancestrale. Il fallait donc les placer ailleurs, mais la plaine alluviale et inondable au pied de la butte n'était pas favorable : la solution trouvée fut la colline de Mycènes haute de 280 m. à 15 km. de Tirynthe, et il est probable qu'une protection de ces sépultures était assurée par une garnison établie sur ce qui plus tard serait la citadelle de Mycènes.

Progressivement, ces nomades de la mer s'embourgeoisèrent au fur et à mesure qu'ils s'enrichissaient, et le commerce leur parut plus sûr et plus rémunérateur que le pillage. *Tirynthe put devenir dans ce cas la première capitale d'un État* où ces seigneurs de la guerre partageaient le pouvoir économique avec les habiles danaens d'Argos, situation comparable à celle existant entre les villes crétoises de Malia et Cnossos d'une part, et de Phaistos de l'autre. Après quelques conflits initiaux dont nous allons parler, ils établirent avec les Crétois des rapports pacifiques facilités par l'existence de Danaens en Crète comme en Argolide.

Il est possible qu'avant Tirynthe, ces pirates aient eu leur premier repaire dans *l'île de Milos* située à mi-chemin entre l'Argolide et la Crète et dont le sol fournissait l'obsidienne aux populations néolithiques de l'Égée. Le site de *Philakopi,* situé sur la mer au nord-est de l'île, possède les vestiges de trois villes établies l'une au dessus de l'autre ; selon H. van Effenterre, la plus ancienne date de la fin du IIIe millénaire et était fortifiée : *ses maisons de pierre constituent l'une des premières manifestations d'urbanisme dans les Cyclades,* et leurs fresques, conservées au Musée National d'Athènes, sont l'expression du style "cycladique ancien". Cette première ville fut détruite, et sur son emplacement vit le jour vers -1.600 une ville de style crétois qui était dépourvue de fortifications et possédait un palais doté de fresques comparables à celles de Cnossos, donc un établissement minoen.

Nous pensons que la petite bourgade cycladique de pêcheurs de la fin du IIIe millénaire située au fond de la crique de Philakopi vit arriver une flotte de marins guerriers qui s'installa sur la butte dominant la mer et la plage, et la fortifia (Philakopi I). Ces nouveaux venus étaient probablement, comme ceux de Malia et de Lemnos, des rescapés de la tentative d'invasion de la fin du IIIe millénaire : ceux de Malia deviendraient des constructeurs tandis que ceux de Philakopi seraient d'abord des pirates, et ce sont les caractéristiques physiques de leurs chefs qui apparaissent dans les tombes de Mycènes. Dans ce cas, selon notre classification, ce pourrait avoir été des *Boréides* recrutés aux limites de l'empire Atlante.

Leur opération la plus spectaculaire fut peut-être le pillage des riches villes crétoises : Milos, peu éloignée de la Crète, constituait une bonne base de départ pour une opération contre Cnossos, telle que celle qui put avoir lieu vers -1.700, lorsque fut incendié le premier palais. Le butin aurait pu être mis à l'abri dans l'enceinte de Philakopi. Les Crétois décidèrent probablement de venger l'affront en attaquant cette ville. Mais elle était difficile à prendre, étant donné sa position fortifiée en surplomb au dessus de la mer : les pirates repoussèrent l'assaut, mais jugèrent prudent de déplacer sans tarder leur repaire vers un lieu plus éloigné de la Crète d'où pouvaient provenir de nouvelles attaques punitives, et choisirent la butte de Tirynthe, sur le continent. Les Crétois occupèrent alors le site abandonné de Philakopi.

E Vermeule (2) observe à propos de Mycènes : *"Un aspect déconcertant de la céramique du Cercle B est la grande ostentation de motifs cycladiques: oiseaux, roses, vignes rampantes, lys, lierres et spirales. En général, on considère Philakopi, la ville contemporaine la plus importante des îles, comme la source de ce style"*. Les objets trouvés dans les tombes du Cercle B étaient surtout des vases et quelques bijoux ; les véritables trésors furent trouvés dans les tombes du Cercle A : il est possible que l'idée d'enterrer les chefs avec leurs trésors fut postérieure aux fosses du Cercle B, et ces trésors provenaient en partie de l'ancien pillage de Cnossos.

Cette observation d'E. Vermeule établit un lien archéologique entre les chefs mycéniens et Philakopi ; mais il en existe d'autres :

- À côté de l'or, de l'ambre et du bronze, on trouva dans les tombes de nombreux couteaux en *obsidienne*, instruments appartenant alors à une époque révolue depuis un millénaire, et donc souvenir probable de l'île de Milos.
- Dans une tombe du Cercle A fut trouvé un vase en *argent* évoquant le siège maritime d'une ville perchée sur une falaise : c'est peut-être une oeuvre que fit exécuter un chef pour rappeler le siège de Philakopi où ils repoussèrent l'assaut crétois. On voit des femmes sur les murailles de la ville encourager ses défenseurs, et ceux-ci, archers et frondeurs, repoussent les envahisseurs dans la mer. Le fait que ce vase soit en argent est un indice supplémentaire : l'argent, peu abondant dans l'Égée, était extrait des îles de Sifnos et de Kimolos, proches voisines de Milos.
- Un vase cylindrique (Fig. 15) trouvé à Philacopi I représente des pêcheurs au *corps mince et de grande taille,* donc semblable au type humain des

tombes de Mycènes ; on y a trouvé également des masques d'or en miniature comparables au "masque d'Agamemnon" découvert dans ces tombes.

L'archéologue anglais Duncan Mackensie, qui effectua des fouilles en 1878 quand de nombreux murs de Philakopi I étaient encore en place, observe à propos des murailles cyclopéennes : *"Il est difficile de penser qu'un tel style de fortifications ait pu avoir la civilisation égéenne comme origine".* Et l'archéologue grec Tsountas note :*"les oeuvres de soutènement de ces murailles contiennent les rudiments, dans d'autres conditions, de la rampe d'accès de ce qui sera la forteresse de Tirynthe".* Ces diverses observations paraissent confirmer l'hypothèse d'une filiation entre Philakopi I et Tirynthe.

La Messénie offrait des sites convenables pour le travail du bronze, et au moment de la destruction du palais d'Englianos, Chadwick y recense 400 artisans bronziers. Exposée aux humides vents d'ouest, elle était couverte de collines boisées et y coulaient de petites rivières ; elle était habitée par une population de Pélasges capable de fournir une main-d'oeuvre qualifiée, apparemment de même origine que ceux de la Messara, comme le suggèrent les *tholos* dispersés dans les collines proches de la mer ; les seigneurs Pélasges se feront enterrer dans ces tholos aux XVIIe et XVIe siècles a.C. avec des objets précieux qui témoignent du bon moment que vécut alors la Messénie, laquelle bénéficiait certainement de l'activité des Théréens.

Les maîtres de Tirynthe durent progressivement établir leur emprise sur cette province, et ils se rendirent compte que le type de construction funéraire des tholos pouvait mieux servir de sépulture que leurs rustiques tombes à fosse que détruisaient les réouvertures fréquentes pour déposer de nouveaux corps. Le tholos fut amélioré dans sa conception, évoluant vers un compromis entre le tholos initial et les tombes à fosse, et devint le *mausolée funéraire officiel des chefs Mycéniens à partir de -1.500*, le système de tombes à fosse étant abandonné. L'existence de tholos tardifs hors du Péloponnèse permet de constater l'expansion de l'État Mycénien au nord de l'isthme de Corinthe, et montre que son autorité, ou pour le moins son influence économique et culturelle, s'étendit à des populations de langue indo-européenne hors du Péloponnèse.

Les seigneurs Mycéniens, peu nombreux, avaient certainement adopté la langue des Danaens d'Argolide ; les populations de langue indo-européenne vivant dans l'Etat Mycénien représentaient toutefois un poids linguistique dominant : *il est probable que la langue mycénienne deviendra peu à peu le proto-grec d'origine indo-européenne que parlaient ces populations, émaillé de nombreux termes empruntés aux langues des autres populations de l'État, celle des Danaens dans le domaine de l'administration et des techniques, et celle des Pélasges dans le domaine de l'environnement.* C'est ce qui devrait se refléter dans l'écriture linéaire B, que les Mycéniens utilisèrent pour enregistrer leurs transactions commerciales.

Il est généralement admis que lorsque les Mycéniens établirent leur pouvoir sur la Crète vers -1.450, ils découvrirent l'écriture linéaire A utilisée par les Crétois, et l'adaptèrent à leur langue, créant ainsi le linéaire B. Mais nous avons suggéré que le linéaire A fût connu sinon employé en Argolide dès son invention en Crète et préférons penser que *le linéaire B fut créé en Argolide bien avant l'invasion de cette île,* disons vers -1.600, car les comptables danaens d'Argos avaient besoin d'un instrument pour enregistrer les transactions commerciales dans l'Etat mycénien. Nous croyons même que c'est dans le Péloponnèse que surgit l'idée d'utiliser une écriture à cette fin.

Il y a abondance de tablettes en linéaire B en Messénie et en Crète mycénienne qui montrent leur utilisation administrative et commerciale ; certes, on a trouvé dans l'intérieur de la Crète quelques tablettes en linéaire A qui s'appliquaient à des enregistrements commerciaux, mais on peut se demander si elles ne correspondraient pas à l'époque de la Crète mycénienne, le linéaire B étant resté confiné au palais de Cnossos, et le linéaire A paraissant aux nouveaux occupants plus convenable pour enregistrer des transactions dans les villages éloignés de la capitale de l'île, où les scribes ne connaissaient que cette écriture. Auraient alors été introduits dans l'écriture en linéaire A les idéogrammes du linéaire B faciles à interpréter par les scribes locaux, indiquant : chèvres, moutons, blé, figues, etc. qui apparaissent sur les tablettes en linéaire A dans le même ordre que sur les tablettes en linéaire B.

Le linéaire B se serait donc formé chez les Danaens d'Argolide dès le début de l'expansion économique mycénienne pour des besoins purement commerciaux, en s'inspirant du linéaire A des Danaens de Crète. Mais si un certain nombre de signes sont identiques entre les deux écritures, d'autres diffèrent amplement.

Le linéaire A était une *écriture syllabique* qui avait été créée pour exprimer les sonorités d'une la langue non indo-européenne, celle des Danaens, laquelle était une *langue agglutinante accordant une grande importance aux voyelles*. Le problème qui se posait aux Danaens d'Argolide, attachés à créer une écriture syllabique semblable pour la langue mycénienne, était de tenir compte des sonorités et des formes d'une langue de conception fondamentalement différente, car l'indo-européen dont dérivait la langue de la majorité des Mycéniens était une *langue à flexion donnant une grande importance aux consonnes*. Le résultat ne put être que partiellement satisfaisant, ce qui explique que l'écriture linéaire B ne fixât pas de racines en Grèce et disparut lors de la décadence qui suivit l'invasion des Peuples de la Mer. Il faudra attendre plusieurs siècles pour que les Grecs empruntent l'*écriture phénicienne*, laquelle était une *écriture syllabique consonantique qui ne tenait pas compte des voyelles* : ils gardèrent la majorité de signes représentant des consonnes et en adoptèrent d'autres pour représenter les voyelles. Le linéaire B, écriture syllabique, convenait mal à l'indo-européen : il ne fut qu'une manière pratique de répondre à un besoin commercial.

À l'appui de notre hypothèse s'inscrivent les observations d'Henri Van Effenterre (2), doutant lui aussi du fait que le linéaire B ait été postérieur à l'arrivée des Mycéniens en Crète : *"Des études très fines des écritures et du graphisme du linéaire B ont été poursuivies notamment par les deux spécialistes que sont J.P. Olivier et L. Godart ; elles ont établi que le linéaire B dérivait de formes de linéaire A bien antérieures à -1.450 (...). Le fait serait là : pour transcrire le grec mycénien à la manière dont le minoen était écrit en Linéaire A, le Linéaire B a été inventé dès le XVIe siècle, bien avant la conquête de Cnossos (...). La remarquable unité de la paléographie des tablettes continentales, bien différente de la diversité des graphies crétoises, favoriserait l'hypothèse d'une introduction à partir d'un seul centre, d'une sorte d'hégémonie au moins culturelle à une certaine époque. Mycènes serait dans cette hypothèse un candidat tout trouvé"*. Nous dirions plutôt : Argos.

Avec l'outil que constituait l'écriture en linéaire B appliquée à des tablettes d'argile, les Mycéniens créèrent à partir du XVIe siècle a.C. un véritable empire économique en Méditerranée orientale, en harmonie ou en concurrence avec les Crétois. Le paradoxe est qu'à la domination de seigneurs d'origine guerrière, amateurs d'armes, de chasses et de courses de chars comme le montrent les fresques des nouveaux tholos, correspond *"l'époque la plus pacifique de toutes les périodes innovatrices qu'ait connu la Grèce"* (E. Vermeule). Il est probable qu'au XVIIe siècle a.C. ils avaient comme les Crétois confié aux armateurs de Théra le transport maritime des biens de leur commerce, et une petite industrie de transformation du bronze crétois avait pu se créer en Messénie, où selon nous s'installèrent vers -1.640 des rescapés de l'éruption du volcan de Théra. Mais il semble qu'un siècle plus tard vers le milieu du IIe millénaire, un événement se soit produit, qui aura une grande influence sur l'évolution du commerce du cuivre.

Nous avons vu au Chapitre 13 que vers -1.500 sera reprise l'exploitation des minerais de cuivre des Balkans, et que vers -1.400 commencera celle des minerais de Chypre. Egalement sera reprise l'exploitation des mines de Palestine et l'on situe à cette époque le début de l'exploitation des mines de cuivre d'Irlande : notre hypothèse est qu'*il y eut des problèmes avec l'approvisionnement en cuivre natif provenant de la région du lac Supérieu*r via le Mississippi. Or l'archéologie américaine nous apprend que ce même problème affecta le bassin du Mississippi, car *l'Old copper culture* s'éteignit vers cette même époque. Alwin M.Josephy (1) dit que *"pour des raisons inconnues, l'usage du cuivre déclina vers 1.500 a.C." ;* il relate par ailleurs que *"vers cette époque on constate l'abandon de nombreux établissements agricoles dans la grande plaine centrale" et* se pose la question : *"sécheresse ou guerres ?"*. Il est possible que des conflits entre tribus indiennes pour la suprématie dans le bassin du Mississippi aient coupé la route du cuivre ; mais on pourrait aussi envisager que se soient congelées pendant une longue durée les rivières qui donnaient accès au lac Supérieur en raison d'une important retour du froid, interrompant un trafic qui ne sera pas rétabli par la suite.

Il fallut en Grèce se tourner vers les anciennes mines, et d'abord les plus proches, celles des Balkans. Les techniques avaient progressé, et l'exploitation de minerais de cuivre autres que la malachite pouvait être entreprise avec succès. Deux voies maritimes étaient possibles : *mer Egée - mer Noire* pour les minerais de Bulgarie, et *mer Ionienne - mer Adriatique* pour les minerais de Yougoslavie. Ces derniers étaient plus proches et libres de contrôles, tandis que les premiers pouvaient dépendre du bon vouloir des Troyens au passage des Dardanelles. *Il est donc probable que ce sont les minerais yougoslaves qui seront exploités.*

Mais alors, la Messénie allait jouir d'une position privilégiée en raison de sa proximité de la mer Adriatique : il est possible que les Mycéniens aient alors décidé de *produire le bronze en Messénie.* Il nous paraît que le lieu choisi fut *Péristéria,* village proche de la mer Ionienne situé au nord de Kyparisia (Carte 16). Des ruines de constructions datant de l'âge du bronze y occupent une petite éminence dominant un fleuve qui, à cette époque, devait avoir un cours permanent ; il descend des pentes boisées des monts Aigaleos et son estuaire pouvait alors remonter jusqu'aux pied de Péristeria. Le site est dominé par des collines qui devaient alors être couvertes de forêts, dont le bois permettrait le travail de fonderie. La construction du village est tardive, -1.500 environ, et n'est pas de grande qualité. E. Vermeule écrit : *"le sol du village est jonché de restes de creusets pour fondre le bronze, de morceaux d'obsidienne, de silex, de restes de marteaux de pierre, de jarres, de métiers à tisser".* Il existe à Péristéia une enceinte contenant trois tholos *"utilisés pendant trois siècles à partir du début du XVe siècle a.C.".*

Une Crète affaiblie par la perte de ses approvisionnements traditionnels en cuivre sera une tentation pour les Mycéniens, qui prendront sans difficulté le contrôle de l'île vers -1.450, au prix de la destruction de quelques palais. Celui de Cnossos sera réorganisé selon les critères des Mycéniens, qui imposeront le linéaire B dans ses transactions commerciales : *la laine* est l'un des produits qui semble le plus les avoir intéressé.

Ils s'assurent également le *contrôle de Chypre et de ses mines de cuivre jusqu'alors inexploitées.* On constate que les établissements mycéniens dans cette île vont aller en nombre croissant à partir de -1.400 ; H. van Effenterre observe (2) : *"Le bronze devient abondant* (dans l'Égée) *à la fin du IIIe millénaire. Il surabonde entre -1.700 et -1.500, à un moment où Chypre reste très agricole, où ses relations la Grèce commencent à peine à se développer et où le commerce cypriote semble surtout tourné vers le Levant. Quand au milieu du IIe millénaire les villes de Chypre s'industrialisent, quand les Mycéniens s'intéressent de plus en plus à l'île et vont y faire pénétrer en quantité leur production céramique, le bronze se fait rare de leur côté de l'Egée. Un bon connaisseur comme H.W. Catling n'a pas de peine à relever l'incohérence d'une telle reconstitution de l'histoire. On n'en voit pourtant guère d'autre".* L'explication est que le cuivre de Chypre commence seulement alors à être exploité (3).

C'est également au XIVe siècle a.C. qu'est reprise l'exploitation des *mines de cuivre situées au sud de la mer Morte,* abandonnées par les Cananéens vers la fin du IIIe millénaire a.C., en particulier celles de *Timna,* à proximité de la mer Rouge, et celles de la vallée du *wadi Dana (*ou *wadi Feidan)* qui descend des *montagnes d'Edom.* La proximité de l'Égypte fit que cette région fut toujours soumise au contrôle des Pharaons, qui exploitaient des *mines de turquoise* dans la péninsule du Sinaï : cette exploitation de pierres précieuses était simple, car il suffisait de contrôler étroitement les ouvriers qui les découvraient. L'exploitation des minerais de cuivre était bien plus délicate et nécessitait des techniciens car *diverses opérations de métallurgie* étaient nécessaires pour obtenir sur place par grillage un *cuivre brut* que des caravanes d'ânes apporteraient en Égypte. Ce pays avait de gros besoins en cuivre et en étain, produits qui lui étaient traditionnellement fournis par les Crétois de Phaistos, d'où l'importance de la colonie danaenne en Égypte, et les Mycéniens prirent naturellement le relais.

Nous pensons que cette nouvelle exploitation des mines du sud de la mer Morte sera, à la demande des Égyptiens, confiée par les Mycéniens déjà engagés dans l'exploitation du cuivre cypriote, à des *métallurgistes danaens amenés de Phaistos* où la métallurgie avait pratiquement disparu. Ces spécialistes appartenant certainement à la classe supérieure danaenne s'installeront avec leurs familles dans la haute vallée du wadi Dan, dotée d'eau abondante, de forêts et d'un climat agréable : ils organiseront pour les Egyptiens l'exploitation des mines de malachite grâce à la main-d'œuvre locale qu'ils dirigeront : ce sont ces Danaens que les Hébreux de la région d'Hébron et les Madianites du Néguev nommeront les *Édomites,* en raison de la couleur brun-rougeâtre de leur peau, *edom* signifiant *rouge* en langue hébraïque.

Les Égyptiens adopteront cette appellation, comme le montrent certains documents. *Pour satisfaire leurs besoins en étain ainsi que ceux de l'Égypte, les Mycéniens établirent probablement un comptoir commercial sur le port de Jaffa en Palestine avec l'accord des Égyptiens qui dominaient également cette région.* E. Vermeule fait état d'une forte présence de poteries mycéniennes en Égypte et en Palestine au XIVe siècle a.C. Nous pensons que ce comptoir mycénien de Jaffa sera considéré plus tard par les Grecs comme un *Minoa* fondé par le roi Minos.

La route de l'étain venu de Mésopotamie aboutissait à Jaffa pour repartir vers diverses destinations maritimes : Égypte, Chypre, Messénie... Les caravanes remontaient l'Euphrate jusqu'à l'ancien site de Mari, puis traversaient le désert jusqu'à Palmyre et Damas. Ensuite, l'étain franchissait le Golan et une étape était la ville de *Laïs* (plus tard appelée *Dan)* au pied du mont Hermon, aux sources du Jourdain, puis la ville de *Hazor* où furent trouvés des dépôts de ce métal. Laïs et Hazor sont cités simultanément dans des textes égyptiens et dans d'autres assyriens.

Il est probable que les *Danites* - que les prêtres hébreux du VIe siècle a.C. considéraient comme l'une des douze tribus d'Israël existant au temps de Josué à proximité de Jaffa, donc cinq siècles auparavant - étaient en fait des *Danaoi,* grecs mycéniens établis autour de Jaffa (4). Laïs, dont le nom est de consonance grecque, fut probablement une dépendance du comptoir de Jaffa car de récentes fouilles effectuées par Avraham Biran y ont fait apparaître dans une tombe une *"trouvaille impressionnante du point de vue artistique : un groupe de bols et de cruches décorés de type mycénien et chypriote datant du XIVe siècle a.C."*.

Les Mycéniens semblent avoir également entretenu des relations continues avec l'*Europe atlantique septentrionale* : l'ambre est abondant dans leurs premières tombes alors qu'on ne le trouve pratiquement pas dans les sépultures crétoises. Au XVe siècle a.C., ils peuvent avoir organisé un commerce lucratif avec cette région en *offrant à ses bronziers l'étain qu'ils obtenaient au Proche-Orient.* Le minerai d'étain était relativement peu abondant en Europe occidentale à l'exception de la Cornouailles, mais Mohen constate qu'il n'y a aucune évidence que ses mines d'étain aient été exploitées à cette époque : elles semblent ne l'avoir été que plus tard. Une présence mycénienne dans les îles Britanniques est attestée par l'archéologie (vases et épées) au milieu du IIe millénaire. Les Mycéniens peuvent avoir à cette même époque commencé à établir des liens commerciaux avec les Algonquins du *Canada.* Ce n'était plus le cuivre des Grands Lacs mais *l'or* du Québec qui les intéressait, et ils l'échangeront contre des *couvertures de laine,* d'où l'intérêt pour eux de contrôler la production crétoise de ce produit. La mythologie grecque indique que ce sont des Corinthiens et des Thessaliens qui géreront ces contacts.

La côte occidentale de la Grèce était donc devenue importante pour les Mycéniens : accès à l'Occident et au cuivre de Yougoslavie, abondance de bois et d'eau pour les processus métallurgiques, possibilité de plantations de lin pour fabriquer voiles et cordages, disponibilité d'argile pour fabriquer toutes sortes de récipients, élevage de bovins... Qui plus est, dans l'île de Céphalonie abondait une espèce unique de *pins de grande taille*, essentielle pour la construction de navires, et un *gisement d'asphalte* existait dans l'île de Zakinthe, fort utile pour protéger les coques des "noirs vaisseaux" : il est normal qu'y soit alors construit un important établissement commercial.

En 1939 fut mis à jour en Messénie par les archéologues américains Blegen et Rawson un important *établissement palatial situé sur la colline d'Englianos,* qu'ils nommèrent *le palais de Pylos* (Note 3 - chap. 14).

Bâti dans un site agreste sur la croupe de la colline à 150 m. d'altitude avec au sud une vue superbe sur la mer et le golfe de Navarin, c'était une construction tardive (-1.300) si on la compare aux ensembles similaires de Crète. L'activité économique de ce palais correspond donc au XIIIe siècle et au début du XIIe a.C., puisqu'il fut détruit lors de l'invasion des Peuples de la Mer vers -1.180. L'incendie du palais durcit les tablettes temporaires d'argile crue sur lesquelles étaient portées les transactions commerciales des jours antérieurs ; l'écriture de ces tablettes fut appelée linéaire B et fut déchiffrée vers 1950 par deux anglais, l'architecte Michael Ventris et le professeur John Chadwick. On a retrouvé dans les ruines de nombreuses poteries prêtes à être commercialisées. Lorsque fut entreprise la construction de cet établissement, les Mycéniens dominaient la Crète depuis 150 ans : c'est donc qu'il correspondait à un besoin économique nouveau. Nous pensons qu'il fut construit sous l'impulsion des réfugiés théréens pour gérer les nouveaux flux du commerce extérieur. Ce n'était pas le *Palais de Nestor*, roi de Messénie qui vécut selon nous bien plus tard, au XIe siècle a.C.

Le début du XIIIe siècle a.C. coïncide avec l'expansion mycénienne vers Chypre et le Proche-Orient (le cuivre et l'étain), et les relations nouvelles avec les pays riverains de l'Atlantique nord : Angleterre et Canada. *Il est possible qu'aient existé alors deux types de navires* : - *Les anciens vaisseaux* longs et rapides, provenant de l'Amérique tropicale, qui permettaient des échanges à grande distance de produits de faible volume et grande valeur - *Les nouveaux navires* ventrus construits à l'aide de planches de pin assemblées et calfatées, les *noirs vaisseaux,* navires qui convenaient au trafic méditerranéen, fait de charges lourdes : grains, amphores, poteries...

Les Mycéniens feront preuve d'un impérialisme économique qui gardera un visage humain. On ne voit pas qu'ils aient asservi violemment des populations, ou attaqué inconsidérément des voisins : les descendants de pirates étaient devenus des hommes d'affaires ; ils collectionnaient bijoux, vases finement décorés et belles armes ; ils aimaient la chasse et pratiquaient avec passion un sport qui était les courses de chars. Par contre, ils étaient trop avisés pour faire participer ces fragiles attelages à quelque guerre que ce soit, sachant qu'ils n'auraient pas supporté plus de quelques heures le transit rapide dans la pierraille des collines de la Grèce. L'hypothèse de l'utilisation guerrière de ces chars par les Mycéniens, fréquemment suggérée par divers historiens, nous semble peu probable ; des chars étaient par contre affectés au transport de chefs lorsque apparut le danger d'une invasion, comme le montrent les tablettes de Pylos.

Carte 16 - L'Etat mycénien

Les tablettes de Pylos indiquent les titres de dignitaire smycéniens, et pourraient donc permettre de comprendrer enfin les structures politiques et religieuses de la société mycénienne. Jusqu'à ce jour, selon l'hypothèse d'un modèle indo-européen, et en appliquant à l'époque mycénienne des conclusions tirées hâtivement des oeuvres d'Homère, certains historiens considèrent qu'un roi régnait alors dans chacune des provinces de l'État mycénien : nous proposons plus loin un autre point de vue apporté par la linguistique.

Par ailleurs, un certain nombre d'historiens, *admettant que la guerre de Troie avait eu lieu à l'époque mycénienne,* affirment qu'Homère connaissait très mal cette période, car il ignorait qu'à cette époque-là : - On enterrait les morts au lieu d'effectuer la crémation, alors que celle-ci est pratique courante dans l'Iliade - Le bouclier rectangulaire et le casque fait de défenses de sanglier n'étaient plus utilisés - seul était connu le bronze, alors qu'il attribue des armes en fer à certains combattants - Les villes étaient opulentes alors que ses descriptions montrent des villes plutôt pauvres. *Homère n'est donc pas, selon eux, un témoin fiable de l'époque Mycénienne.*

Mais jamais Homère ne donne le moindre indice de vouloir situer la guerre de Troie à cette époque-là dont manifestement il ignore jusqu'à l'existence : il situe en fait cette guerre à une époque où le fer a déjà fait son entrée dans le monde égéen, où l'on pratique la crémation des morts, où des seigneurs règnent sur des fiefs appauvris et sont prêts à participer à toute guerre qui les enrichira par le pillage avec un équipement militaire hétéroclite datant de structures ancestrales, où les codes d'honneur ne sont pas ceux d'une société bourgeoise enrichie par le commerce comme l'était la société mycénienne au XIIIe siècle : *bref, dans l'Iliade, les événements paraissent se passer à une époque tardive que nous situons au XIe siècle, après la destruction de l'État mycénien, quand la Grèce se relève péniblement de ses ruines.*

On connaît, grâce aux travaux de Blegen puis de Korfmann, les villes successives qui existèrent sur le site de Troie :

- À l'époque mycénienne existait Troie VI (-1.700 -1.250). ville ceinte de hautes murailles et qui semble bénéficier de la prospérité qui règne alors dans la région. Selon Korfmann, tout indique que cette ville fut détruite, non par une guerre, mais par un séisme.
- Troie VII (-1.250 -1.000), ville reconstruite sur les ruines de Troie VI après le séisme et semblable à la précédente, sera par contre *détruite par un incendie vers la fin du IIe millénaire*, donc longtemps après la fin de l'État mycénien.

On n'a relevé aucune trace de guerre sur le site de Troie dans la dernière période de Troie VI, ni au début de Troie VII ; et d'autre part, on ne voit pas pourquoi les Mycéniens, plus commerçants que militaires, auraient attaqué une ville prospère avec laquelle ils commerçaient activement comme le montrent les poteries mycéniennes retrouvées dans ses ruines. *Il n'y a donc aucune raison pour situer la Guerre de Troie à l'époque mycénienne, et nous abordons ce thème plus loin.*

À la fin du XIIIe siècle a.C., l'économie mycénienne paraissait être au "beau fixe". Mais des nuages s'amoncelaient au Nord, annonciateurs d'un orage : plus qu'un orage, c'était une tourmente qui allait s'abattre sur la Grèce mycénienne et entraîner sa disparition.

(1) Alwin M. JOSEPHY -*The indian Heritage of America*. New-York. 1973.
(2) Henri van EFFENTERRE - *Les Égéens.*

(3) D'abord appelé *kano* (mot dérivant de kan, le cuivre) puis *kalkos* (mot peut-être lié aux Colques), le cuivre deviendra *kupros,* en identification évidente avec l'île de Chypre. Entre-temps, constate Mohen, le cuivre est appelé *ka-kewé* sur des tablettes de Pylos, ce qui pourrait vouloir signifier : le minerai de *kewé*. Cette appellation serait-elle liée à l'ancienne provenance du cuivre natif, reçu du lac Supérieur et plus particulièrement la péninsule de *Kewe-naw* où s'effectuait l'extraction ?

(4) DANITES - Curieusement, Dan fut la seule des douze tribus qui ne put conquérir le territoire qui lui était assigné (Josué-19- 46, 47). Qui plus est, les Danites apparaissent dans la Bible comme des Hébreux de deuxième catégorie, descendants d'une esclave. Leur épopée - aller conquérir une ville dans le lieu le plus éloigné qui soit pour des tribus nouvellement arrivées dans le pays de Canaan - paraît d'autant plus invraisemblable qu'ils furent, selon la Bible, incapables de conquérir le petit territoire que Josué leur avait assigné au sud de Jaffa.

Cette tribu n'exista probablement pas, ou fut un clan Hébreu qui s'intégra aux Danaens de Jaffa, et les suivirent dans le Nord lors de la reconstruction de Laïs/Dan.

I

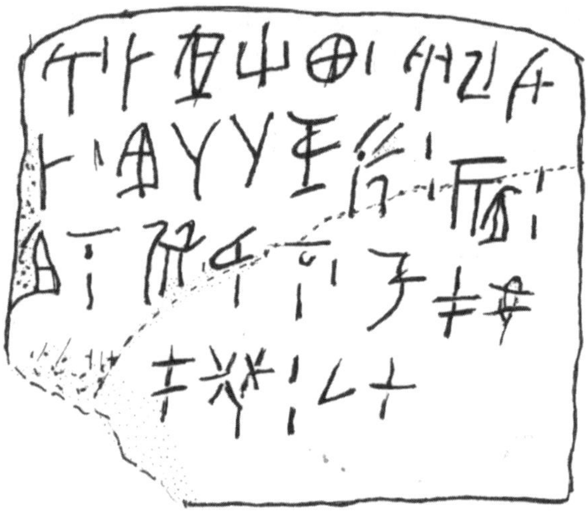

II

III

Planche d'inscriptions en linéaire A

QUATRIÈME PARTIE

LES ANCIENNES ÉCRITURES DE LA GRÈCE

Cette quatrième partie propose une interprétation de *l'écriture du disque de Phaistos* et des *inscriptions en linéaire A* dans l'hypothèse d'une concordance avec une ancienne langue encore parlée au coeur de l'Amérique du Sud, le guarani.

Chapitre 16

L'ORAL ET L'ÉCRIT

Un nombre considérable de langues sont de nos jours parlées dans le Monde, et la plupart des linguistes pensent qu'à l'origine n'en existèrent qu'un nombre restreint, qui donnèrent progressivement naissance à toutes les autres. Certaines ont disparu, mais d'autres, comme l'araméen au Moyen-orient ou le guarani en Amérique du Sud, semblent s'être maintenues intactes dans des réduits linguistiques depuis un lointain passé.

Les linguistes constatent l'existence de *familles de langues*, et adoptent deux formes de classification :
- L'une prend acte des *similitudes de vocabulaire et de syntaxe* observées entre diverses langues et les regroupe en conséquence : ainsi, on parle de langues *indo-européennes* (français, allemand etc.), de langues *sémitiques* (arabe, hébreu, akkadien), de langues *ouralo-altaïques* etc. ; nous avons vu que quatre langues sudaméricaines, le guarani, le tupi, le caribe et l'arawak pouvaient se classer dans un même groupe, celui des langues *guaranitiques*. qui couvraient il y a quelques millénaires une grande aire géographique en Amérique du Sud et îles des Antilles.
- L'autre se réfère à la *structure même des langues,* et on parle de langues *à flexion,* de langues *agglutinantes* et de langues *isolantes*.

Les langues indo-européennes et sémitiques sont des langues à flexion ; de nombreuses langues asiatiques et amérindiennes sont des langues agglutinantes ; le chinois est une langue isolante.

L'écriture n'apparut que fort tard dans l'Histoire de l'Humanité, il y a six mille ans environ. Nous pensons que ce fut initialement pour des raisons commerciales, et qu'elle s'étendit ensuite aux concepts religieux et à la littérature. Certains peuples se sont refusé à élaborer ou à adopter une écriture, alors que d'autres se sont empressés de saisir cette opportunité. On distingue trois systèmes d'écriture : *Idéographique - Syllabique - Alphabétique.*
- *Une écriture idéographique est composée de signes qui représentent des idées* (la maison, la guerre, le mariage etc.). Le dessin est évidemment la manière la plus simple de transmettre un message, et surgira progressivement une écriture formée d'une somme de dessins qui se schématiseront pour for-

mer des signes conventionnels. En conséquence, une telle écriture nécessite *plusieurs milliers de signes*, simples ou composés, pour exprimer toutes ses nuances : l'exemple le plus connu est l'écriture chinoise.

- *Une écriture syllabique est composée de signes qui représentent des sons*, ceux des consonnes, des voyelles et de leur association en syllabes qu'utilise une langue déterminée. Nous verrons plus loin comment se forment ces signes. L'avantage d'une écriture syllabique est qu'il suffit de 80 a 100 signes environ pour représenter les sonorités diverses d'une langue déterminée. Une telle écriture est donc simple, mais elle a le grand inconvénient de ne pas être universelle, car elle est *adaptée à une seule langue*. L'écriture hiéroglyphique égyptienne et les écritures linéaires de l'ancienne Grèce et de Chypre sont syllabiques.

- *L'écriture alphabétique* ne tient compte, ni des idées, ni des sons : elle utilise des signes artificiels, les *lettres*, qui permettent de construire des mots, avec une énorme capacité de composition, et 22 à 27 lettres suffisent pour former un alphabet. *Toute langue peut donc utiliser un alphabet.*

Les langues à flexion tireront un grand parti de l'écriture alphabétique : elles sont en effet caractérisées par des modulations qui permettent d'exprimer le temps des verbes (je *fais*, je *fis*, je *ferai*), la personne (*je* fais, *tu* fais, *il* fait, *nous* faisons), le singulier et le pluriel, le masculin et le féminin, et parfois des déclinaisons (nominatif, génitif, datif, accusatif). Dans les langues à flexion, un radical phonétique n'a généralement pas un sens propre (par exemple, en français, *pu* dans : *pur, putride, pubère,* ou *sa* dans : *savon, satin, sale*...) ; en outre, des mots ou des syllabes qui ont une même sonorité ont généralement des sens différents, et s'écrivent différemment, par exemple: *sain, seing, sein, saint*. Le mot écrit (ou la visualisation que l'esprit se fait du mot écrit), ainsi que le contexte, plus que la sonorité, permettent de retrouver le sens exact d'un mot. En fait, une langue à flexion comme le français n'attachera qu'une importance relative aux sonorités des mots, d'où la prolifération d'accents régionaux, ce qui n'empêche pas de se comprendre... Mais il y a en cela, comme dans la possibilité de former des mots à l'infini et d'adopter ceux d'autres langues en les francisant, de puissants facteurs d'évolution de la langue, et il suffit pour s'en convaincre de lire un texte en *vieux français,* qui date d'à peine quelques siècles. D'où notre opinion sur *l'intérêt fondamental de l'écrit comme facteur de stabilisation des langues à flexion.*

Les *langues agglutinantes* partent d'un *concept diamétralement opposé*. Les *particules* (syllabes et voyelles isolées) qui forment les *mots* sont souvent *chargées d'un seul ou d'un nombre limité de sens précis*, qui se conserveront et seront utilisés quand deux ou plusieurs particules s'uniront, s'agglutineront pour former un mot. Ainsi, par exemple, *en guarani*, la syllabe *pu* est pratiquement toujours associée à l'idée de *bruit,* de *son,* la syllabe *sa* à l'idée de quelque chose de linéaire, de long, *une corde, la vie... etc.* Diverses particules, utilisées comme *suffixes* ou comme *préfixes*, complètent d'une manière bien précise et conventionnelle le sens des mots, qu'ils soient verbes ou substantifs, permettant d'indiquer le passé (*ré*), le futur (*ra*), la pluralité (*kuera*), le gérondif (*vo*), le désir, la crainte, etc. Nous allons nous attarder quelque peu sur le *guarani.*

Les sons des diverses particules de cette langue sont extrêmement précis et ne supportent pas l'à-peu-près comme dans le français par exemple, où l'on comprend le sens des mots malgré des différences parfois considérables de prononciation. En guarani, de telles variations sont impossibles, car *une modification de son entraînerait une modification de sens*, amenant le plus souvent à l'incompréhension ou au contresens. Chaque individu, grâce à un atavisme complété par l'éducation familiale, saura *prononcer d'une manière précise et pratiquement immuable* les divers sons correspondant aux particules utilisées dans sa langue, et à connaître leur sens et leur utilisation : une telle langue peut donc se passer d'écriture, et a peu de raisons internes d'évoluer avec le temps, ne pouvant pratiquement pas être influencée par d'autre langues.

Dans une tribu, une personne du peuple peut connaître *quelques centaines de mots* nécessaires à la vie courante, disposant ainsi d'un vocabulaire limité mais efficace, tandis qu'un nombre restreint d'individus, tels que poètes ou chamanes, peut, à partir de la connaissance de *deux mille mots* environ provenant de l'art d'associer les particules en fonction de leur signification, et des modifications apportées par une *vingtaine de préfixes et de suffixes*, disposer de *plus de vingt mille mots possibles* : ils peuvent atteindre ainsi une expression raffinée capable d'exprimer les sentiments les plus sublimes (voir Chap. 26).

Ces populations aiment leur langue et en considèrent l'usage comme un art. Le père d'Abeville écrivait à propos des Tupinambas du Brésil : *"Ce sont de grands discoureurs, et ils prennent un grand plaisir dans leurs discours qu'ils tiennent parfois deux, trois heures et plus, sans qu'ils hésitent ou ne se perturbent aucunement".* Plus récemment, Bartolomé Mélia écrivait (1) à propos des tribus guaranis qui vivent encore loin de la civilisation tels que les *Mbyá* : *"L'homme guarani essaiera d'atteindre par tous les moyens possibles les belles paroles, qui sont en même temps la perfection de son être. L'art de la parole est son art de vivre (...). L'idéal de l'homme et l'édification de son prestige s'identifient avec une création poétique : tout guarani est en puissance un chamane, un prophète et un poète. La classification et la valorisation de l'homme guarani n'est pas basée sur ses qualités physiques ni ses biens matériels, mais sur les "chants" qu'il possède... Se mettre en état d'écouter les belles paroles, même au prix de jeûnes, d'abstinence sexuelle et de formes austères de vivre, de manger et de dormir, est une pratique encore constante chez les guaranis contemporains, particulièrement les Mbyá".*

Les missionnaires jésuites, franciscains ou capucins qui apprenaient le *guarani* ou le *tupi* pour pouvoir christianiser les populations parlant ces langues ne cachaient pas dans leurs écrits l'étonnement et l'admiration qu'elles provoquaient en eux au fur et à mesure qu'ils en découvraient la richesse. Selon eux, ces deux langues étaient fort semblables entre elles malgré une séparation physique des deux peuples vieille d'un millénaire dans le temps et de quelques milliers de kilomètres dans l'espace sud-américain.

Au XVIIIe siècle, un polyglotte, le père Ignace Chomé écrivait à propos du guarani : *"Je confesse qu'après m'être initié quelque peu aux mystères de cette langue, je reste surpris de trouver en elle tant de majesté et d'énergie. Chaque mot est une définition exacte qui explique la nature des choses que l'on veut exprimer. Jamais je n'aurais imaginé que dans un règne barbare, on parle une telle langue qui, à mon opinion, par sa noblesse et son harmonie, ne cède en rien à celles que j'ai apprises en Europe".*

Et le père Lozano renchérissait : *"C'est sans discussion une des langues des plus copieuses et élégantes que connaisse le Monde, et avec juste raison elle peut soutenir la comparaison avec celles qui ont plus de renommée, car selon ceux qui sont experts en ces langues, à peine cède-t-elle au grec, et elle dépasse bien d'autres estimées à juste titre, provoquant l'admiration à constater qu'au milieu de tant de barbarie que montrait la nation guarani, il y eut un art oratoire aussi admirable, et tant de propriété pour exprimer les concepts de l'esprit".* Ce sont ces missionnaires jésuites qui, au XVIe siècle, avant d'être expulsés du Paraguay par les rois d'Espagne, créérent une écriture alphabétique *pour pouvoir exprimer par l'écrit* cette langue guarani, déjà vieille de plusieurs millénaires. On verra plus loin qu'elle s'était parfaitement exprimée trois millénaires plus tôt dans deux écritures syllabiques, le linéaire A et celle du disque de Phaïstos.

Langue étrange dans son concept, qui vient peut-être du fonds des âges - les Amazonides pourraient l'avoir amenée du Sud-Est asiatique (2) - dans laquelle chaque individu trouve dans les *particules* une somme *d'outils* lui permettant, s'il en avait la capacité et le désir, d'élever son âme et d'atteindre l'extase en créant ou écoutant de *belles paroles.* Mais langue en voie d'extinction si disparaissent les quelques milliers de guaranis authentiques vivant au coeur des forêts ; le guarani parlé dans les villes et même dans les campagnes du Paraguay est de plus en plus abâtardi par mélange avec l'espagnol, et le tupi du Brésil a disparu.

Voici donc une langue assurément admirable, et que l'isolement et sa nature ont permis de conserver apparemment intangible ou presque depuis un lointain passé : ainsi, dans les temps modernes, on n'observe que d'infimes différences avec la langue relevée par les Jésuites il y a quatre siècles. Le grec ne démériterait pas s'il s'avérait que cette langue put figurer parmi celles qui furent à son origine. Mais ne serait-ce pas une utopie que de l'affirmer ?

Il y a une dizaine d'années, écrivant un ouvrage sur Christophe Colomb, nous étions arrivés à la conviction qu'avant de découvrir physiquement l'Amérique, Colomb l'avait découverte dans les textes du passé. Cela nous avait amené à nous demander qui, avant l'ère chrétienne, avait pu depuis la Méditerranée se rendre en Amérique, et quelles traces pouvaient en rester dans les littératures anciennes ou la cartographie : d'où la *Première partie* de cet ouvrage se rapportant aux mythes grecs, et sa *Conclusion* traitant de la *Géographie* de Ptolémée.

Cependant, on pouvait se demander pourquoi les Grecs seraient allés en Amérique : question dont on pouvait certes se débarrasser en évoquant le goût de l'aventure et du voyage lointain, inné en tout navigateur et dont Ulysse semblait largement pourvu. Mais si les Grecs étaient des terriens indo-européens provenant des plaines de l'Ukraine comme l'affirment les historiens, étaient-ils conditionnés pour une telle entreprise ? Certainement pas, comme ne le seront pas davantage durant plusieurs millénaires les Indo-européens installés en Europe occidentale.

L'idée que les hommes bruns portant un pagne qui apparaissent sur les fresques crétoises pouvaient venir *réellement* d'un lointain pays tropical qui serait l'Amérique Centrale nous parut apporter une réponse possible à cette question : *les Grecs étaient allés en Amérique parce qu'auparavant des amérindiens étaient venus en Europe*, événement plus facilement explicable pour des raisons maritimes, courants et vents qui, en Atlantique Nord, facilitent le voyage d'ouest en est, et l'entravent d'est en ouest. Dans ce cas, on pouvait se demander si leurs langues n'auraient pas laissé des traces dans la langue grecque. Mais il existe de nos jours une bonne centaine de langues amérindiennes : laquelle pouvait-elle être candidate ?

L'ouvrage de John Chadwick sur le *déchiffrement du linéaire B* (3) nous apporta une perspective nouvelle . l'auteur qui est un linguiste anglais versé dans le grec ancien, tente, à partir d'un *syllabaire mis au point par Ventris* (un architecte anglais spécialisé dans le chiffrage des documents pendant la dernière guerre), et de la traduction qu'il propose lui-même du texte des tablettes de Pylos et de Cnossos, de donner un aperçu de la forme de vie dans la Grèce mycénienne. Cependant, de temps à autre, il déclare que tel ou tel mot (qu'il écrit selon les sons que Ventris attribue aux syllabes du linéaire B), est incompréhensible car il n'appartient pas à la famille de mots indo-européens, mais semblerait, en raison du contexte, avoir telle ou telle signification : c'est alors qu'il nous apparut que *certains de ces mots pouvaient s'expliquer par le guarani*, langue dont nous possédions le dictionnaire du père jésuite Antonio Guasch (4) et dont les sonorités et quelques uns de ses mots nous étaient familiers, pour avoir vécu au Paraguay, au Brésil et dans le nord de l'Argentine. La surprise fut d'autant plus grande que, dans la liste que nous avions établie des langues amérindiennes qui auraient pu avoir une influence sur le grec ancien, ne figurait pas le guarani car sa zone linguistique actuelle est le cœur de l'Amérique du Sud, loin de la région maritime des Antilles (nous ignorions alors la communauté d'origine entre le guarani, l'arawak et le caribe). Mais les faits étaient là : ce qui pouvait paraître des coïncidences cessait éventuellement de l'être devant la répétition des cas.

Nous allons seulement signaler ici les deux premiers mots qui fixèrent notre attention dans l'ouvrage de Chadwick, ce qui nous amena à entreprendre les recherches dont nous présentons les résultat dans les chapitres qui suivent. Chadwick écrit :

SA - *"Un grand nombre de tablettes de Pylos s'occupent d'un produit désigné par le signe syllabique SA. Or une tablette intitulée SA montre qu'un certain nombre de communautés figurant sur la liste n'ont pu fournir la quantité qui leur était assignée de "linon", mot grec pour le lin et le tissu de lin. Or le lin se cultive encore à grande échelle dans le sud-ouest du Péloponnèse. Donc, SA pouvait signifier: le lin".*

Mais il doutait de cette équivalence, pour plusieurs raisons : d'abord parce que les quantités de SA exprimées en poids semblaient minimes s'il s'agissait de la matière première que constituaient les *tiges de lin* récoltées ; ensuite, parce que diverses corporations non agricoles telles que les bronziers ou les charpentiers devaient fournir des quotas de SA ; enfin, les tablettes en question étaient apparemment établies au printemps, alors que le lin se récoltait en automne, de nombreux mois plus tôt. Chadwick pensa donc qu'il s'agissait là du temps écoulé entre la récolte et le tissage, mais hésitait à considérer qu'il était question de *tissu de lin* (il ne serait pas fabriqué par les bronziers). Le guarani apportait la solution, SA signifiant *corde, cordage* dans cette langue. Donc, il s'agissait ni de matière première, ni de toile de lin, mais d'un produit intermédiaire, des *cordes*, que les divers corps de métiers étaient obligés de fabriquer par torsion de fibres de lin obtenues après un processus de rouissage de plusieurs mois.

O-KA - Selon Chadwick (Chap. 2 et 9 de son ouvrage) un certain nombre de tablettes de Pylos-Englianos se rapportent à un dispositif militaire qui semblait s'étendre sur la côte de part et d'autre du Palais. Rappelons que celui-ci ne disposait pas de fortifications et fut pillé puis détruit par un incendie qui durcit les tablettes d'argile établies les jours antérieurs. Un certain nombre d'entre elles portent en en-tête l'inscription O-KA que Chadwick dit ne pas pouvoir déchiffrer, et toutes donnent des listes de groupes d'hommes qui semblent affectés à cette défense côtière. Il note : *"aucun des divers termes utilisés pour décrire ces groupes d'hommes ne peut être identifié avec des mots du vocabulaire grec postérieur, certains paraissent dérivés de toponymes, et une solution possible est qu'il s'agisse de désignations tribales de populations pré-grecques"* établies en Messénie. Citons quelques uns de ces noms: *A-ko-ta, A-re-ko, Ro-u-ko, Pe-re-ko-ni-jo...* En guarani, OKA signifie :

l'extérieur et OKARA signifie : *rural, de la campagne.* Ce titre se rapportait donc à la campagne voisine du palais dont on préparait la défense.

En introduction à son ouvrage sur la langue guarani (5) qui, dit-il, est le fruit de trente ans de travaux, Le père Antonio Ruiz de Montoya écrit en 1639 : *"cette langue possède les huit parts de la phrase : nom, pronom, verbe, participe, suffixe, adverbe, interjection et conjonction",* et il établit une grammaire en complément du vocabulaire qu'il a recueilli. Notons quelques caractéristiques de cette langue :
- *Le verbe* ne se conjugue pas et reste à l'infinitif. Il est éventuellement précédé par un pronom personnel, pour indiquer la personne.
- *Les temps* des verbes ainsi que le gérondif sont indiqués par des suffixes tandis que des préfixes indiquent la forme impérative.
- *Les noms* sont neutres, sans singulier ou pluriel.
- *L'article* n'existe pas.
- Le *privatif* existe, comme en grec, mais en suffixe : *a* privatif en grec, *o* privatif en guarani.
- *Suffixes et préfixes* permettent de modifier le sens des mots.
- *La possession* s'indique par la juxtaposition *possédant-possédé*, par exemple *arbre-racine* pour : *la racine de l'arbre.*

La *Grammaire* du père Antonio Guasch, S.J. (6) consacre un long paragraphe aux : *"Participes actifs en guarani à la manière du grec"* (tel est son titre), et donne de nombreux exemples de *noms verbaux* en *ha* :

Ainsi, avec le verbe *(a) po* (faire), *a po* (je fais) donne *apoha* (artisan, et aussi poète). Comme exemple en grec, il indique justement *poiétés,* le poète, dérivant du verbe *poeio* (faire). Mais il n'en tire aucune conclusion. En guarani, *po* signifie : la main.

Comme un verbe, tout *nom verbal* peut s'exprimer au passé ou au futur à l'aide de suffixes : - qui a été poète : *apoharé* - qui sera poète : *apohara.-*
- qui aurait pu être poète : *apoharangue* - le poète qui est parti : *apohakue.*

De même, il se réfère au Grec pour le *participe passif* : *"Le guarani offre, comme en grec, trois participes passifs, grâce aux suffixes : py - pyre - pyra"* Par exemple : - ce qui est attaché : *jokuapy* - ce qui a été attaché : *jokuapyre* - ce qui sera attaché : *jokuapyra.*

On constate là le caractère extrêmement concis de cette langue, face à la prolixité et les périphrases fréquentes de certaines langues européennes...

Le père Guasch observe que *"le temps exprimé par un substantif, comme cela se fait en guarani, est conforme à merveille avec la théorie d'Aristote selon laquelle "le temps est un accident des choses, et non quelque chose séparé d'elles. S'accomplit ainsi ce que dit Aristote en référence au temps : "c'est quelque chose de réel, qui se rencontre dans les choses".*

Le guarani comporte :

- 6 voyelles : A - E - I - O - U -Y , chacune pouvant avoir un son normal ou un son nasal
- 12 consonnes: G - H - J - K - M - N - P - R - S - T - V - X (ch)..
- 4 doubles consonnes: GN (Ñ) - MB - ND - NG.
- (les lettres : B isolée, L, F, Q et Z sont absentes).
- Montoya note l'existence dans le guarani ancien de *la demi-voyelle W, qui se prononce* ou, *et les doubles consonnes KW et GW.*

Notons en ce qui concerne le W, qu'au XVIIe siècle, les pères Capucins français, interprétant le mot tupi *guyno* (identique en guarani), écrivaient *caouin* tandis que les linguistes modernes écrivent *kwin. Guyno* signifie *fermenter,* et c'était le nom que les indiens Tupinambas donnaient à la boisson alcoolique à base de manioc qui agrémentait leurs réunions. On reconnaîtra dans *guyno* l'origine probable du mot grec *oinos, le vin,* qui donnera, par dérivation, *vino* en espagnol et *vin* en français.

Si, outre l'apport de vocabulaire, une langue proto-guaranitique eut quelque influence sur la formation du grec ancien, on pourrait comprendre pourquoi *le grec primitif n'utilisait que l'infinitif* et présentait des similitudes avec la formation des temps observée en guarani. Michel Malherbe écrit (7) :

"Le grec est une langue de longévité remarquable : les premiers écrits datent de vingt-cinq siècles, et la continuité peut être observée sur toute cette période (...). En ce qui concerne les verbes, les notions de temps que nous connaissons ne s'expriment pas en grec, mais plutôt les notions d'action en train de se faire, ou d'action considérée de façon indépendante de la durée, c'est-à-dire un état définitivement acquis (...). La tendance à conjuguer le verbe est plus tardive".

On comprendrait aussi pourquoi la langue d'Homère présente des adjectifs composés : *Nausicaa leucolenos* (Nausicaa aux bras blancs), *Akileus podokès* (Achille aux pieds agiles), *Eos rododactulos* (l'aurore aux doigts de rose), etc... : Homère, fidèle peut-être à quelque atavisme danaen, pratiquait l'*agglutination*, phénomène inconnu en indo-européen.

Nous avons relevé dans le dictionnaire guarani-espagnol de Guasch une liste considérable d'adjectifs composés de cette manière, et nous en donnons quelques exemples proches des précédents :

hesava : au regard torve (hesa = les yeux)
hesati : au regard pur
pyguasu : au grand pied (py = le pied)
ko'embora : la belle aurore (*ko'é* ; l'aurore - *pora :* beau)
ko'épyta : l'aurore couleur de rose (*pyta* : rose, rouge)

On peut ajouter aux similitudes la tendance à utiliser la contraction de mots. Montoya cite le père Francisco de San Martin qui écrivait en 1610 :

"J'ai étudié l'Art du Brésil (relatif à la langue tupi), *conforme en presque tout à la langue qui s'utilise ici* (le guarani) (...). *J'ai été fortement aidé par une règle du grec, car dans la langue grecque il y a beaucoup de contractions et dans le guarani, encore plus ce me semble".* Ainsi le Grec aida les missionnaires Jésuites à comprendre le guarani : un prêté pour un rendu...

Langue poétique comme le guarani, le grec ancien fit comme lui peu de cas de l'écrit. L'écriture alphabétique, dédaignée jusqu'au VIe siècle a.C. par de nombreux penseurs, ne s'utilisa que progressivement, alors qu'elle était connue depuis le VIIIe siècle. Pierre Vidal-Naquet observe (8) :

"La civilisation grecque n'est pas une civilisation de l'écrit, ou pour le moins une mutation dans cette direction ne s'amorcera qu'au IVe siècle a.C. Elle est une civilisation de la parole. Il n'est pas paradoxal de dire que l'écriture est désormais une forme de la parole".

C'est pour cette raison que nous pensons que l'écriture grecque fut à l'origine créée par un aède au IXe siècle a.C. pour mieux conserver la mémoire de ses chants. Et Socrate, qui vivait quatre siècles plus tard, donnait ses cours de philosophie sans jamais s'être préoccupé d'en laisser le moindre texte écrit.

Si nous nous penchons sur le panorama linguistique de la Méditerranée Orientale et du Moyen-Orient dans les millénaires précédant l'ère chrétienne, nous observons que seules deux régions bordant des fleuves, la Mésopotamie et l'Égypte, possèdent des écritures dès le IVe millénaire a.C, l'écriture *cunéiforme* mésopotamienne, formée de signes abstraits, et l'écriture égyptienne dite *hiéroglyphique*, formée de signes descriptifs. Par la suite, c'est dans des régions méditerranéennes où arrivèrent des peuples marins en provenance de l'Occident tels que les Pélasges, les Cananéens et les Danaens, qu'apparaîtront de nouvelles écritures indépendantes des précédentes :

- La première en importance sera l'écriture *linéaire A* de Crète, dès le début du IIe millénaire a.C. Elle fut certainement créée pour des raisons commerciales par les Danaens de Crète et était connue en Égypte puisque des textes égyptiens du milieu du IIe millénaire a.C. disent que leurs scribes *"s'entrainaient à l'écritue keftiou", Kaphtor* étant le nom que les Égyptiens donnaient à la Crète. C'est une *écriture syllabique* qui fut certainement constituée par une centaine de signes abstraits, souvent formés de lignes qui s'entrecroisent (d'où : linéaire). Elle était adaptée aux langues guaranitiques, agglutinantes et très vocalisées.
- La seconde fut l'*écriture cananéenne*, certainement créé par leurs descendants phéniciens vers la fin du IIe millénaire a.C. , également pour des raisons commerciales. C'était une *écriture alphabétique consonantique* adaptée aux langues sémitiques, peu vocalisées. En dérivera l'*écriture hébraïque* qui apparaîtra au début du Ier millénaire a.C. et dont l'usage sera essentiellement littéraire et religieux.

(1) - Bartomeu MELIÁ, S.J. - *La langue guaraní del Paraguay.* Madrid. 1992.
(2) - Les double consonnes NG et MB, spécifiques du guarani, sont présentes dans de nombreux vocables du Sud-Est asiatique: Angkor, Bangkok, Rangoon, Singapour Padang, Bangka, Battambang, Palembang...
(3) - John CHADWICK - *El mundo micénico.* Madrid. 1993.
(4) - Antonio GUASCH, S.J. -*Diccionario Castellano-Guarani - Guarani-Castellano* Asuncion 1996 (828 pages.)
(5) - Antonio RUIZ de MONTOYA, S.J. -*Tesoro de la lengua guarani.* *Arte de la lengua guarani.* Leipzig. 1640 et rééditions
(6) - Antonio GUASCH, S.J. - *El idioma Guarani (gramática).* Asuncion. 1996.
(7) - Michel MALHERBE - *Les langages de l'humanité.* Paris. 1983.
(8) - Pierre VIDAL-NAQUET - Jean-Pierre VERNANT-*La Grèce ancienne (op .cit.)*

Chapitre 17

DU LINÉAIRE B AU GREC ANCIEN

Deux écritures existèrent en Grèce au IIe millénaire a.C., le linéaire A qui fut spécifique de la civilisation crétoise et le linéaire B qui le fut de la civilisation mycénienne. Un nombre important de tablettes d'argile portant des inscriptions en linéaire B furent découvertes au début du XXe siècle dans les fouilles de Pylos et de Cnossos. Après un long travail de reconstitution des tablettes, fort abîmées et brisées pour la plupart, effectué par Bennett à l'Institut de Madison, Wisconsin, USA, on disposa vers 1950 d'un *Corpus des inscriptions en linéaire B* : 3.500 mots environ purent être identifiés, constitués par des signes dont 70 environ représentaient des syllabes et quelques autres étaient des idéogrammes. C'était donc une *écriture syllabique.*

L'Anglais Michael Ventris, spécialiste du Chiffre, établit une statistique de la fréquence et de la position des signes dans les mots, et arriva progressivement à identifier les voyelles puis les syllabes. À partir de 1953, il fit connaître le résultat de ses travaux et, avec l'aide du linguiste John Chadwick, publiait : *"Evidences du dialecte grec dans les archives mycéniennes".* Dans cette étude, était proposé un *syllabaire* pour les signes du linéaire B et la traduction d'un certain nombre de mots des tablettes dont la consonance laissaient penser qu'il s'agissait de *proto-grec.*

Chadwick publia en 1976 : *"Le monde mycénien "* où il confirmait que, selon lui, le linéaire B était du grec, accompagné d'un certain nombre de *mots "non-grecs".* Mais plus de la moitié des mots qui figurent sur ces tablettes apparaissent en *en-tête* de celles-ci et seraient selon lui des *noms de lieux ou de personnes* auxquels se référait la tablette, et il constatait que la plupart de ces noms ne signifiaient rien en grec, et devaient correspondre à des ethnies autres que celle des Achéens de langue indo-européenne qui vivaient dans l'État mycénien. Ainsi, il cite les noms de propriétaires de terres : *A-ma-ru-ta, A-ti-jo-ko, Pi-ke-re-u, Qe-re-ko-ta, A-ka-ta-jo...* On est loin de l'Europe et plus proche des Amériques, car nous verrons que ces noms ont une signification dans une langue amérindienne... Le texte des tablette, donc réduit à quelques 1600 *mots* environ, traitait de produits reçus ou distribués par les magasins du palais, et de personnel ou de soldats affectés à certaines tâches.

Dans *Le monde mycénien,* Chadwick tente une description de la société mycénienne à la lumière des renseignements qu'apporterait le déchiffrement de ces tablettes. Il constate qu'à côté des mots qui seraient du proto-grec, il en existe un grand nombre qu'il ne peut traduire. Toutefois, il attribue un sens possible à certains d'entre eux en raison du contexte : ce sont ces mots-là que nous avons essayé d'interpréter en premier lieu, dans l'hypothèse où ils seraient les *témoins* de la présence de la langue des Danaens (selon nous, proche du guarani) dans la langue mycénienne.

Certains archéologues n'acceptèrent pas le déchiffrement de Ventris, Hood entre autres, qui continua de penser que le linéaire B correspondait à une langue non-grecque. D'autres, tout en l'acceptant, constatent que le grec archaïque qui apparaît dans les tablettes semble schématique, avec peu de phrases d'une certaine importance et un vocabulaire souvent assez éloigné du grec ancien qui lui succédera quatre à cinq cent ans plus tard. Ils émettent des doutes sur les traductions proposées, insistant sur le peu de mots des tablettes attestés en grec ancien (200 à 300 tout au plus) dans un vocabulaire relevé de 1600 mots environ. Dans ce cas, on pourrait éventuellement mettre en doute le fait que cette langue soit du "proto-grec" ; ou bien, on pourrait penser que le syllabaire proposé par Ventris n'est pas correct. *Il est donc paradoxal d'affirmer que ce syllabaire pourrait trouver la confirmation de son exactitude phonétique dans les mots "non-grecs" à la lecture desquels il amène, si un sens cohérent pouvait leur être trouvé par le truchement d'une interprétation linguistique telle que celle que nous offrons.*

Donnons d'abord une liste de quelques mots rattachés par Chadwick au grec ancien, pour que le lecteur se fasse une idée de leur approximation :

linéaire B	grec ancien	sens
do-e-ro	doulos	esclave
a-to-ko-ro	anthropos	homme
ku-na-ja	gunaikeios	d'une femme
ko-wo	kouros	jeune homme
ko-wa	koré	jeune fille
me-ri	meli	miel
ku-ru-so	krusos	or
po-ti-ni-ja	potnia	nom donné à certaines déesses
qa-si-re-u	basileus	roi
wa-na-ka	anax	roi, haut personnage
e-ra-wo	elaion	huile d'olive
wo-i-no	oinos	vin
i-q-q-o	ippos	cheval
o-no	onos	âne

Notons que, parmi les 300 mots environ attestés en grec ancien et présents dans le mycénien, un certain nombre ne sont pas pour autant des mots de "proto-grec" au sens ou l'entendait Chadwick, c'est-à-dire appartenant à une langue d'origine indo-européenne : en référence à la liste précédente, nous le montrerons plus loin pour *atokoro, kunaja, qasireu, wanaka* et *woino.*

Chadwick attire l'attention sur le fait qu'en linéaire B, *"les graphies syllabiques sont seulement approximatives, car cette écriture ne fait pas des distinctions sonores qui sont importantes en grec",* et il observe qu'il existe plusieurs sons possibles pour le A. Les consonnes B, C, F ne figurent pas dans son syllabaire, et il dit que la lettre L est douteuse, mais qu'existe la semi-voyelle W (prononcée : *ou*) et que *"la lettre Z a probablement la valeur de TZ et de DZ".* Cela signifie que Ventris attribuait à cette langue inconnue qu'il essayait de déchiffrer un *alphabet fort semblable à celui décrit au chapitre précédent concernant le guarani ancien*, ce qui est d'autant plus remarquable qu'il était loin d'imaginer la possibilité d'une telle concordance.

A propos du possessif ou plus généralement du génitif, Chadwick fait la remarque suivante (chap. 6) : *"A Pylos, nous rencontrons trois fois* u-po-jo po-ti-ni-ja. *Clairement,* u-po-jo *est un génitif, mais on ne voit pas bien de quelle manière il l'est".* Au chapitre précédent, nous avons signalé qu'en guarani, le génitif se marque par la simple juxtaposition de deux noms, l'ordre définissant la relation de dépendance (ordre inverse du notre), et ici on dirait : *la Potnia (déesse) d'Upojo.*

Mais à ces similitudes s'ajoute le fait suivant : de nombreux mots qui, pour Chadwick, ne sont pas du grec archaïque mais une autre langue, ont grâce au guarani une signification compatible avec le contexte qu'il propose et apportent souvent d'intéressantes précisions. Nous allons en voir quelques exemples en suivant l'ordre qu'il adopte dans ses chapitres. Nous constaterons dans quelques cas son admirable intuition pour interpréter des mots dont il ne connaissait pas le sens.

Structures sociales et système administratif (Chap. 5- Chadwick)

A partir du moment ou Evans à Cnossos et Blegen à Pylos découvrirent les importantes structures de ce qu'ils appelèrent des "palais", tous les archéologues étaient dans l'attente du moment où l'on pourrait montrer l'existence d'un roi, maître du palais et du territoire environnant. Cette attente était logique dans la mesure où il était admis depuis le XIXe siècle que le peuplement de la Grèce était dû presque exclusivement à des vagues successives de tribus indo-européennes : en conséquence, leurs chefs devaient être des rois héréditaires.

Chadwick crut trouver ce roi dans le mot WANAX. Il écrit : *"Ce ne fut pas une surprise de constater que le seigneur d'un état mycénien soit appelé* wanax *(wa-na-ka)* puisque ce mot, avec la normale omission du w, se ren-*

contre dans Homère pour "roi" (anax) *; ce qui fut plus surprenant est que guasileus* (qa-si-re-u), *forme originaire de basileus, l'autre mot pour "roi" dans Homère et le seul terme du grec classique ayant ce sens, ait une signification moins élevée pour les Mycéniens : ce mot parait en effet avoir été employé pour désigner le "chef" de n'importe quel groupe, même le contremaître d'une équipe de métallurgistes".*

Cependant, Chadwick émet des doutes sur le rôle exact du *wanax*, car *"ce nom est toujours associé à un autre qui fonctionne comme adresse"* (nous pensons que Chadwick se réfère à la forme : "le wanax de..."). *Bien que jamais n'apparaisse le nom du roi de Pylos, existe un individu nommé* E-ke-ra-wo *dont la position dans la hiérarchie parait tellement élevée qu'il est difficile de penser qu'il ne soit pas le wanax".*

Notre opinion est la suivante : *aucun de ces trois noms se réfère à un roi* tel que nous entendons le terme dans le monde indo-européen, et la structure de pouvoir à Pylos (et en Crète minoenne) peut être expliquée par celle des amérindiens Arawaks décrite au chap. 9, c'est-à-dire :

- Dans le domaine économique : *"établissement de villages numériquement denses, avec maison de cérémonies centrale, tendant à une production agricole efficace, avec recrutement de la main-d'oeuvre nécessaire dans les populations périphériques culturellement inférieures".*
- Dans le domaine politique : "*sociétés dirigées par une classe de caciques qui avaient le pouvoir socio-politique sur la distribution du travail".*
- Dans le domaine militaire : *"chefs guerriers jouissant de prestige social mais ne dirigeant pas la production".*
- Dans le domaine religieux : *"chamanes très influents sur la communauté".*

Notons au passage la similitude entre le *mégaron* mycénien et la *maison centrale de cérémonie* des Arawaks. Essayons donc de voir si les titres politiques relevés par Chadwick ont un sens en guarani.

- WA-NA-KA, mot dans lequel *w* a le son *ou,* se prononce *ouanaka,* et correspond exactement à l'association de deux mots :

kuaa (le savoir) + aka (la tête) = kuaa(n)aka = le sommet du savoir.

(le *n* intermédiaire est euphonique, procédé qui existe en guarani)

Le *wanaka* serait selon nous un *chef religieux*, le *chamane*, *le détenteur de la connaissance et du dialogue avec les morts et l'au-delà.* Les chamanes étaient supposés venir de tel ou tel lieu où était leur résidence principale ; mais ils étaient toujours en route, et se montraient particulièrement actifs en période de crises, car leur mission, dans les peuples guaranitiques, était de prêcher la guerre, d'où l'expression : *"le wanax de".* Il n'est donc pas étonnant de constater la venue d'un certain nombre de chamanes depuis l'intérieur des terres pour inciter la population au combat.

- QASIREU - Ce pourraient être des chefs, les *caciques (qa-si-re-u),* le terme (toujours en vigueur de nos jours) s'appliquant à des fonctions politiques ou économiques.
- EKERAWO - ce mot pourrait se composer de : *hekuai (commander) + raé (qui va devant) + vo*, suffixe marquant le gérondif. = *hekuairaévo.*
Ce serait donc le *commandant (en chef, en premier)* des forces militaires de la région : c'est le même sens que : *adelantado* dans l'Espagne médiévale, mot signifiant qu'il allait "au devant" des troupes.

Chadwick constate que ce personnage, qui est unique dans la société de Pylos, dispose de 40 hommes qui servent de rameurs en mer, et possède une propriété de très grandes dimensions, trois fois plus que celle d'un wanax, et il se demande : *"Il est difficile de voir comment cet important personnage pourrait s'imbriquer dans la société pylienne, à moins d'en être à la tête".*

En fait, il correspondait probablement à une *noblesse militaire héréditaire.* Cette hypothèse montrerait que les structures mycéniennes n'étaient pas de type indo-européen et que le groupe danaen assurait le gouvernement réel, même s'il existait une caste de chefs militaires descendant des premiers chefs mycéniens et possèdant de grands domaines.

D'autres noms se rapportent à l'exercice du pouvoir :
- HEKETA (e-qe-ta) - on retrouve le verbe *hekuai (commander)* avec un suffixe de futur *ta*, donnant *hekuaita = celui qui commandera,* donc le chef d'une unité militaire par délégation du commandant en chef (nous dirions de nos jours un *lieu-tenant*). Les tablettes de Pylos font état de plusieurs *hékétai* à la tête des troupes *oka* de défense côtière.
- LAWAGETAS est un titre qui, selon Chadwick, se rencontre à Pylos et à Cnossos, et qui semble signifier "conducteur du peuple." A Pylos, son domaine privé était le tiers de celui du wanax : Ce terme, pour lequel nous ne trouvons aucune correspondance en guarani, pourrait appartenir à la langue des Pélasges, et désigner un *chef territorial* ayant autorité sur les populations soumises dont il est issu.
- KORETE (ko-re-te), *gouverneur,* et POROKORETE (po-ro-ko-re-te), *vice-gouverneur* selon Chadwick, car chaque district possède ces deux personnages. Ces titres pourraient être également d'origine danaenne, car existe en guarani le verbe *porokuai = gouverner.*

<u>Religion (Chap. 6)</u>

De même que celle d'un roi, fut anxieusement recherchée dans les tablettes la présence des dieux. La formule *pa-si-te-o-i* suivie de listes de produits tels que *une jarre de miel* etc., qui se répète dans plusieurs tablettes de Cnossos, fut donc accueillie avec satisfaction, puisqu'on la traduisait *"pour tous les dieux",* alors qu'en toute rigueur il faut traduire *"pour tous les téoi".*

Nous donnons au Chap. 23 notre point de vue, à savoir qu'il ne s'agissait pas de dieux mais de personnes physiques, en l'occurrence ceux que les Égyptiens appelaient les *Téreshs,* et que les Mycéniens appellent les *Téoi* : c'étaient probablement les pirates qui menaçaient Pylos et Cnossos.

Les cadeaux qu'on leur faisait à l'heure du danger, or, miel et concubines (voir plus loin) ne les empêcheraient pas quelques jours plus tard de piller ces deux villes et d'incendier leurs palais.

Par contre apparaît à diverses reprises le mot POTINIJA (po-ti-ni-ja) dans lequel Chadwick voit le mot grec POTNIA. On lit sur une tablette : *a-ta-na po-ti-ni-ja*, et il remarque que c'est *"un fidèle écho de la formule homérique "Potni(a) Athénaié" qui peut se traduire par "la dame Athéna".*

Que signifierait *Potinija* ? Observons d'abord que le syllabaire proposé par Ventris pourrait avoir une confirmation globale dans le fait que de nombreux mots qu'il permet de construire ont un sens très clair dans une langue dont il ne soupçonnait aucune participation dans le mycénien. Toutefois, nous pensons que certaines corrections mineures pourraient être apportées avec profit à ce syllabaire tout en gardant la phonétique, telles que :

- JA	au lieu de	DA
- KUA	"	JA
- HA	"	A2
- HÉ	"	E
- RAÉ	"	RA2
- VE	"	WE
- NEI	"	NI
- VO	"	WO
- JU	"	SU

Et, sans corrélation auditive,

- QE	"	GUA (voir chap. 20 - Note 4)

Cela rendrait pour le moins bien plus lisibles certains mots explicables par le guarani. Ainsi, *po-ti-ni-ja* deviendrait: *po-ti-nei-kua = poti (pur) + nei (bon) + kua'a (le savoir) = Le savoir de ce qui est pur et bon. Potineikua* serait le titre donné à diverses divinités féminines. Cependant, *a-ta-na po-ti-ni-ja* ne serait pas *la Potnia Athéna* mais *la Potnia d'Atana* (une forme de génitif) : *a-ta-na* serait un lieu (il ne serait pas impossible qu'il s'agisse d'Athènes). À Pylos, on trouve à plusieurs reprises *u-po-jo po-ti-ni-ja.* U-pojo peut signifier : *offrande de nourritures (u = manger, boire + pojopoi = offrir),* donc *la déesse de l'offrande des nourritures.*

Notons que chez les Mbyá du Paraguay, ainsi que le signale Cadogan, existent des patronymes sacrés inspirés par les dieux, et parmi eux, comportant le mot *poti* et venant du *paradis féminin* : *Ara Poti* et *Para Poti,* deux formes au géniti *; ara* signifie *le temps*, et *para, la mer*.

Le mot *wanasoi* est interprété par Chadwick en raison du contexte comme signifiant : *"les deux déesses". Koi* signifiant *jumeaux* en guarani, il s'agirait selon nous de *wanakoi* qui serait un doublet de chamanes : *prêtre-prêtresse,* fréquent dans les religions amérindiennes (Aymaras de Bolivie).

Selon Chadwick apparaissent à Cnossos *"un bon nombre de noms obscurs qui sont probablement des divinités de diverses classes* : qe-ra-si-ja, pi-pi-tu-na, a-ju, ma-na-ke... *La conquête mycénienne aurait donc laissé en place d'anciens cultes".* Ces noms ont un sens en guarani, assez trivial à vrai dire pour se référer à une divinité : *karasy* signifie *insomniaque ; pipi* signifie *qui brandit* (dans ce cas, *qui brandit la tuna, le cactus) ; aju* signifie : *ennuyé, agacé ; manayké* signifie : *qui regarde de côté.* Voila donc éventuellement les caractéristiques curieuses de quelques divinités populaires de la Crète.

Apparaît *do-po-ta* comme destinataire de vases en or. *Pota* signifie *volonté* en guarani, et *jo* (qui pourrait substituer un *do* qui ne devait pas exister en danaen) est un préfixe indiquant la réciprocité. *Jopota* signifierait *volonté mutuelle,* nom donné peut-être à une déesse, la *déesse de l'échange* (on devait espérer qu'elle rétribuerait largement l'ofrande...)

Agriculture (Chap. 7) et vocables divers

Avec la modification suggérée plus haut, le mot *o-da-a2* deviendrait : *o-ja-ha* ; ce mot revient fréquemment dans les tablettes, et Chadwick écrit : *"il doit vouloir dire :* et également comme suit. *Cette forme non seulement unit le nouveau paragraphe avec celui qui le précède, mais en outre évite de répéter la formule d'introduction à chaque occasion".* En guarani, *ojaha* signifie *assemblage ;* l'interprétation de Chadwick est en accord avec ce sens.

Une terminaison fréquente de mots est : *-we;* elle pourrait être rapprochée de la terminaison guarani *-ve*, qui indique la *quantité* ou la *répétition.*

Apparaît également la formule *o-pe-ro* indiquant selon Chadwick *une quantité manquante*, un déficit : un terme proche de celui-ci est *oje'hoi,* verbe défectif signifiant : *s'en vont, se retirent.*

Pu-ro semble se référer selon Chadwick à une construction antérieure au palais d'Englianos sur le même site. *Puro = pu (musique) + ro, roga (maison) = la maison de la musique.* Dans les ruines de ce "palais" apparaît sur une fresque un aède à la peau brune jouant de la cithare (Fig. 5).

Chadwick cite d'autres noms de lieux, qui ont un sens en danaen : ainsi,

- *a-pu2* : il rappelle qu'Homère parle d'un lieu de Messénie appelé *Aipu.* Notons qu'en grec, *aipos* signifie *escarpement, montagne.* En guarani, *apy = sommet pointu,* donc un pic.
- *ro-u-so = ro (maison) + usu (grand,* en suffixe*) = la grande maison.*
- *pa-ki-ja-ne = pa (beaucoup) + kyja (loutres) + né (malodorantes).*

probablement un emplacement sur une rivière où abondaient les loutres.

- *ri-jo = ry (*ancien nom pour : *oiseaux) + jo'o (excavations).* Chadwick pense qu'il s'agit d'une agglomération côtière du sud de la Messénie : en effet, le nom indiquerait qu'il s'agit d'une région de falaises dans lesquelles nichent des oiseaux de mer.

Dans une liste de propriétaires terriens, on constate que ces noms propres ont un sens en guarani. Ainsi :

- *a-ma-ru-ta = ama (pluie) + ru (apporter) + ta (indication de futur)* *= qui apportera la pluie, faiseur de pluie.* Un chamane, probablement.
- *pi-ke-re-u = pike (petit poisson) + re (de mauvaise odeur) + u (manger* *= qui mange des poissons malodorants* (probablement un condiment)
- *a-ti-jo-ko = ati (mouette) + jo (infixe de réciprocité) + ko (habiter)* *= qui habite avec les mouettes* (ces deux appellations sont cohérentes avec une région maritime comme Pylos).

Une tablette de Pylos (Tn 316) attire particulièrement l'attention de Chadwick, qui pense qu'elle a un caractère religieux. Il constate sa calligraphie déficiente, avec de nombreuses ratures, et l'attribue au fait qu'elle fut écrite dans un moment de panique, précédant l'invasion maritime qui se préparait. Deux mots principaux apparaissent dans l'en-tête *po-ro-wi-to-jo* et *po-re-na* ; puis viennent des listes d'offrandes, telles que : *un vase d'or, une femme...* Chadwick envisage qu'il puisse s'agir d'offrandes à des divinités pour des sacrifices humains. Le guarani apporte un autre éclairage : *porena* signifie *cohabiter, forniquer.* Il s'agit donc de l'attribution de *concubines*, probablement pour les chefs de la flotte qui vient d'apparaître au large. Mais ce n'était peut-être pas une pratique exceptionnelle, sinon une coutume respectable d'hospitalité envers des "visiteurs", car *po-ro-wi-to-jo* contient les mots : *poro (aux autres) + vy (un peu) + ojo (réciprocité),* donc : une *offrande* qualifiée pudiquement d'*entraide.* Il existe un mot fort voisin en guarani, le verbe *(a) poropytyvo* qui signifie : *aider, accorder une faveur.*

Sur une tablette apparaît le mot *ti-ri-po-de,* suivi du signe représentant un chaudron à trois pieds (*tripous*, en grec), et Chadwick traduit *ti-ri-po-de* par *tripode, trépied.* Des confrères lui firent remarquer qu'il serait étonnant qu'apparaisse dans une tablette le même mot sous deux formes, écrite et dessinée. En fait, *po* signifie *main,* ou *patte,* et *tiri* a le sens de *fêlure, brisure* : il s'agirait donc d'un *chaudron* (selon le dessin) *aux pieds brisés.*

Mais prendre pour du grec des mots pouvant être non-grecs peut amener à des erreurs d'interprétation. Ainsi, au chapitre 9, Chadwick étudie un lot de tablettes qui se rapportent à des *tuniques* de guerriers, des *chevaux* et des *chars*, accompagnés selon lui des nombres *un* ou *deux* suivant le cas. C'est ainsi qu'il interprète les signes MO et ZE, estimant raisonnablement que le premier est mis pour *monwos*, c'est-à-dire *un* et le second pour *dzeugos, deux,* mots grecs bien connus. Cependant, il constate quelques faits curieux :

d'abord, qu'*"au moins 18 fois le signe MO est écrit puis remplacé"* (ce qui est un indice certain de confusion du scribe entre deux langues) ; en outre, il observe avec surprise que *"le nombre de chevaux peut être l'unité, mo"* : or les chars étaient toujours tirés par *deux* chevaux.

Nous pensons que l'explication est la suivante : en guarani, l'unité est *petei* et la paire *mokoi* ; il s'agirait donc de mots danaens et non pas grecs, ZE étant pour PE et signifiant l'unité, et MO signifiant la paire.

Les tablettes montrent un régime complexe de possession de la terre, et apparaissent les mots : *ko-to-no-o-ko, ko-to-na ki-ti-me-na, ko-to-na ke-ke-me-na.* Chadwick constate que le terme *ktoina* existait sans être utilisé en Grèce classique pour une *parcelle de terre* : il pense que *kotonooko* était un grand propriétaire, que *kitimena* pourrait se rapporter à une terre occupée par un locataire, un fermier et donc, le sens de *kotona kitemena* serait selon lui : *propriété privée.* Par contre, tout en disant que le terme *kekemena* est encore plus obscur, il pense qu'il pourrait signifier : *abandonnée, mise hors de distribution,* et cela signifierait selon lui que *kotona kekemena* est une *terre publique.*

Les mots *kotono* et *kotona* ne s'expliquent pas en guarani, et ils ont certainement comme origine le mot *khtoon,* qui devait signifier *la terre* dans une langue des Pélasges. Ce mot passera au grec ancien avec une écriture compliquée qui témoigne d'une difficulté d'adaptation aux oreilles indo-européennes: *ki, théta, oméga*, au lieu de *kappa, tau, omicron* (ce mot apparaît encore de nos jours en français quand on parle de *forces chthoniennes*).

Kotona pourrait être un singulier et signifier *parcelle de terre*, tandis que *kotono* pourrait être un pluriel et signifier un groupe de parcelles de terre, un *domaine.* Cependant, o-ko a une signification en guarani : *o-ko = oiko = oi (tous) + ko (habiter).* et *kotono oko* serait une forme au génitif signifiant : *tous les habitants du domaine.* Il pourrait s'agir d'*une propriété collective.*

À Sparte, les *Périèques (perioikoi)* étaient une classe sociale structurée en petites communautés qui vivaient de l'agriculture. Ce mot est formé en grec de *peri (autour)* et du verbe *oikeo (résider)*, l'idée étant qu'il s'agit des habitants de la campagne autour de la ville ; mais *perioikoi* pourrait être un mot danaen ainsi formé : *jere (autour) + oi (tous) + ko (habiter) = jereoiko, "tous ceux qui habitent autour".*

- kekemena = ké (en sommeil, en repos) + kué (suffixe indiquant le passé) + *mé (exister) + na* (explétif). *Kotona kekuemena* serait une *parcelle qui a volontairement été laissée au repos, en jachère.*

- kitimena = kity (faucher). Kotona kitimena serait une *parcelle travaillée (fauchée).*

ki-ti-ta, mot qui apparaît à diverses reprises, serait *le fermier, celui qui fauchera, ta* étant un suffixe indiquant le futur.

On voit là un exemple de l'*extraordinaire capacité de cette langue de former des mots et d'exprimer des idées sans s'embarrasser de longues phrases.* Elle convenait donc (et convient toujours) à une population fruste qui se débrouillera avec une centaine de vocables bien précis par le son et le sens : il est surprenant de voir que de nos jours au Paraguay des habitants d'origine européenne parlent souvent entre eux en guarani de préférence à l'espagnol.

- Des parcelles de terre plus petites sont citées, *o-na-to* et *ka-ma.*

Ono, en guarani ancien, a le sens d'*ensemble, groupe.* Un *onato* pourrait donc être une *terre travaillée en commun.*

Chadwick dit de *kama* : *"ce mot est lié à une forme spéciale de possession de la terre mais sa signification est obscure".* En guarani, *kama* signifie *le sein* : il s'agissait peut-être de terres allouées à des femmes seules avec enfants, que travaillait la communauté en échange d'une autre prestation sociale de ces femmes, dans un atelier de tissage par exemple, donc une manière de rémunérer un service puisque, apparemment, il n'y avait pas de monnaie.

Chadwick considère ensuite divers produits agricoles qui apparaissent sur les listes mycéniennes : parmi eux, on notera *wo-i-no (le vin),* déjà cité comme ayant une probable origine danaenne. Il observe qu'un groupe de tablettes de Cnossos donne la liste de divers lieux qui apportent des chèvres, et un genre animal non identifié, les chèvres-*ra*; il pense qu'il pourrait s'agir des *agrimi,* chèvres sauvages de Crète au longues cornes : de fait, le radical *ra* se retrouve en guarani dans *rari,* qui signifie *farouche, sauvage,* ainsi que dans *ra* qui signifie *corne*, ce qui justifie l'intuition de Chadwick.

Une *jarre d'Hagia Triada* datant de -1.450 environ porte une inscription en caractères qui ont la facture du linéaire A (voir : *Planche - Inscriptions en Linéaire A - I),* mais il se pourrait que le texte soit en linéaire B, et peint à la demande des nouveaux maîtres mycéniens par des scribes minoens. On lit ainsi : *su-ki-ri-te-i-ja* en linéaire B, et certains archéologues pensent que cette inscription signifierait que cette jarre provient de *Sugrita,* village de l'intérieur de la Crète. Il nous paraît plus logique de penser que l'inscription se rapporte à un produit contenu dans la jarre. Si donc on lit cette inscription avec les modifications suggérées plus haut, on obtient : *ju-ki-ri-te-i-kua.* Ce mot a un sens très clair en guarani : *juky (sel) + ry (avec de l'eau) = jukyry (eau salée) + te (très) = eau très salée, saumure + ykua (récipient)*

L'inscription indiquerait donc en grandes lettres qu'il s'agit d'une *jarre à saumure.* Avis à ceux qui voudraient y verser du miel... Mais nous verrons plus loin un tout autre sens, si l'inscription est votive et en linéaire A.

Un autre exemple de confusion possible entre les linéaires A et B apparaît sur un tholos à Cnossos : on y relève une inscription (ou un graffiti) qui semble être du linéaire A, mais qui en linéaire B se lit : *a-pi ;* ce mot signifie en guarani: *émoussé, arrondi* . Un plaisantin faisait ainsi allusion à la forme caractéristique d'un tholos. Mais nous verrons plus loin un autre sens en linéaire A.

Industrie, commerce et construction (Chap. 8)

L'industrie textile occupe un lieu privilégié dans les tablettes. Le contrôle du lin à Pylos et de la laine à Cnossos est une affaire d'État. De nombreuses spécialités artisanales sont répertoriées, généralement réservées aux femmes. Leurs noms semblent danaens ; on trouve selon Chadwick des fileuses *a-ra-ka-te-y-a* et des tisseuses *i-te-y-a* : ces mots semblent dérivés de *he'y* qui signifie en guarani : *fuseau de tissage.*

Il signale aussi les *pe-ki-ti-rya,* qui seraient selon nous des *cardeuses de laine.* En effet : *pe (rompre)* + *kyty (frotter, peigner)* + *ry'ai (suer, s'efforcer).* Il dit que la catégorie dénommée *a-ke-ti-ri-ja* correspond au grec *asketriai,* les *tondeuses*, qui donnaient le fini à la toile brute sortie du métier à tisser : il semble qu'il soit encore dans le vrai, car en guarani, *ague* signifie : *poil, duvet* et *tiri* : *briser.*

A propos du fuseau de tisserand, nous pensons que l'Histoire lui doit le nom célèbre qui désigne un peuple de la Grèce, les *Achéens.* Pour les Danaens, brachycéphales et dotés d'un fort sens de l'humour, ces indo-européens dolichocéphales avait une tête vraiment risible, allongée, ovoïde, et ils les surnommèrent peut-être : *aka he'y = aka (tête) + he'y (fuseau) = têtes en forme de fuseau.* Quant aux *Acarnaniens,* riverains de la mer Ionienne et contre lesquels luttaient les Achéens, leur nom leur aurait également été donné par les Danaens : *aka-rn-na = aka (tête) + rn (l'ocre rouge) + na (peindre, enduire) = têtes peintes à l'ocre rouge.*

Chadwick signale le mot : *o-no,* disant : *"Le texte fait référence à un* ono *consistant en blé et en figues ; et ensuite viennent des tissus. Il est difficile de voir ce que cela signifie";* en fait, *ono,* déjà rencontré, signifie ici *un ensemble* de biens de natures diverses. Ce mot vient de *no'o (réunion, ensemble).*

Dans deux tablettes, l'expression: *tu-ru-pte-ri-ja o-no* revient dans une liste plus compréhensible de produits divers, tels que laines, vin, et figues : manifestement, il s'agit de produits d'une même provenance. On pourrait peut-être interpréter : *turu peteinxa ono = turu (cornes de forme particulière servant à produire des instruments de musique) + peteinxa (égal, du même type) + ono (ensemble) = un ensemble de cornes du même type, pour instruments de musique.*

Dans des listes de victuailles, apparaît en en-tête le mot *pa-da-ye-u*, et certains estiment qu'il s'agit d'un fournisseur ou d'un bénéficiaire. En fait, ce mot se lit probablement ainsi : *padaye'u = paha (fin) + je'upy (comestibles) = excédent de comestibles.*

Citons quelques autres termes interprétés par Chadwick, et leur possible étymologie :

- *Pa-ra-ku* serait selon lui un matériau utilisé pour des incrustations ornementales : en effet, *para = bigarré, polychrome.*
- Dans une liste de vaisselles, un plat *"porte un nom obscur, po-ka-ta-ma" ;* or le verbe *(ai) poka = tresser* et *essorer ;* donc un *tamis.*
- *qi-si-je* se rapporte selon Chadwick à une épée. En effet *kyse = couteau.*
- *ku-ro* signifierait *total* : ce.mot est proche de *kuera,* indicatif de pluriel.
- *pisa* serait la poix, selon Chadwick ; en guarani, *pysa = filet de pêche,* et il pourrait s'agir d'un cordon enduit de poix pour calfater les navires.
- *a-re-pa-zo* est, selon Chadwick, le nom des *bouilleurs d'onguents.* Serait-ce que la caractéristique de ces onguents était un odeur désagréable, signe indubitable de leur pouvoir curatif ? en guarani, *are* signifie *fétide.*

Il est surprenant de rencontrer le nom *pe-te-re-wa* que Chadwick identifie avec celui d'un arbre : il existe en effet en Amérique tropicale un bois clair fort utilisé pour la construction de portes et fenêtres, et au Paraguay, il porte de nos jours le nom de *peterebi.*

- *to-ro-no* serait selon Chadwick *une chaise,* mot duquel dériverait en grec *thronos.* On trouve en guarani *(a) torore = se balancer dans un fauteuil.*
- *te-ko-to-ne* serait un ouvrier du bâtiment et *to-ko-so* serait une grande fenêtre selon Chadwick. En effet, *tekoa = village* et *toko = porte.*

D'autres mots "grecs" nous ont paru, au hasard de lectures, avoir eux aussi une origine danaenne, et nous indiquons certains d'entre eux :

Dans l'ouvrage de R. Roux, apparaissent des noms de navires de ces hautes époques. Il cite (Chap. II) une nomenclature de vaisseaux égéens transmise par Pline, entre autres le *kymba* et le *lembos.* Notons qu'en guarani, *kymbu* est le charançon, qui attaque les grains, et *lembu* est le scarabée, allusions probables à la forme ventrue de ces navires de cabotage : autre manifestation de l'humour danaen. Par ailleurs, au Chap. III, il cite les *Argonautiques Orphiques* qui indiquent qu'avant leur départ, les Argonautes *"participent à un rite effrayant de sortilèges déchaînés par les magiciens Orphée et Chiron : c'est la cérémonie de* tambos, *mot religieux crétois."* Or en guarani, *tambo* signifie *fort, résistant.* Il s'agissait certainement d'une épreuve initiatique d'endurance héritée de la Crète.

De *para (la mer*), semble dériver le mot grec moderne *paralia (la plage).* De *akua : pointu*, dérivent certainement le mot grec *akon (javelot).* Le verbe guarani *(ai) karai* qui signifie *griffer* est à rapprocher du mot grec *karacter*, qui signifie *signe gravé.*

Par ailleurs, le mot guarani *karai* signifie à la fois *seigneur* et *béni, oint..* La mythologie grecque parle de *l'île des bienheureux, makaron nesos* qui pourrait s'interpréter ainsi :

ma'é (protection, contemplation) + karai (béni) = contemplation bénie.
Makaron nesos aurait été *l'île de la contemplation bénie,* car *nesos =île.*

Le mot grec *guné* (la femme) correspond au guarani ancien *kuna* (la femme), actuellement *kugna.* Le mot *gunaïkon* (gynécée) est l'*habitation des femmes*, et dérive de *kuna* (femme) + *ko* (habiter). Le mot grec *oikos* : la maison, dérive certainement de : *oi* (tous) + *ko* (habiter).

Aggos qui se prononce *angos* et signifie *urne, vase,* est à rapprocher du guarani *angu'a* qui signifie *mortier,* ustensile creusé dans un tronc d'arbre.

Citons quelques autres analogies :

français	grec archaîque	guarani
Le pied	*pous*	*py*
L'oeil	*ossé*	*hesa* .

Le mot grec *udor (l'eau)* pourrait avoir une origine danaenne : en guarani, *y* (qui se prononce comme un *u français guttural*) signifie *eau.*

En guarani, *po* signifie *la main* (ainsi que la patte d'un animal ou d'un objet). En dérivent le verbe *po (faire)* et aussi le substantif verbal *apoha,* qui signifie *artisan* mais aussi *poète.* En grec ancien *poieo* signfie *faire* et *poiétés* est, comme en guarani, à la fois l'*artisan* et le *poète.* Le mot grec *poikilia,* broderie, inclut l'idée de travail à la main ; au Paraguay, l'*ao'poi* est une *broderie, un tissu de fine trame = ao (tissu) + po (la main) + i (*diminutif*). fin, délicat.* On a déjà rencontré les deux mots guaranis :

- *ari = situé au dessus*, que l'on retrouve en grec dans *aristos = le meilleur.*
- *été = très,* indication du superlatif. que l'on retrouve dans l'expression : *étéo-crétois,* qui signifierait *les crétois par excellence.*

En guarani, *arété (la fête) = ara (le temps) + été = le temps le meilleur, le temps par excellence* : tout un art de vivre se condense dans ce mot.

Mbarété signifie actuellement *la force physique,* mais en guarani ancien, selon Montoya, ce mot signifiait aussi *la force intellectuelle.* Il est formé de : *mba'é (la chose de) + arété (la fête)*, donc, un mot assurément lié aux festivités, évoquant à la fois les joutes physiques et les joutes oratoires.

En grec ancien, *arété* signifie *le mérite, la qualité par laquelle on excelle,* et par extension *le courage, l'honneur.* Les Jeux Olympiques en étaient la manifestation, qui *unissaient la fête et l'excellence*, laquelle se prouvait dans les joutes physiques et les joutes oratoires.

Dans l'ancienne Grèce, les *thètes* étaient des ouvriers, des citoyens libres de la quatrième classe ; ils devaient donc représenter la part populaire de cette société et le mot est à comparer au mot guarani *teta = la foule.*

Le mot grec pour *froment* est : *puros* (Eschyle, à propos de l'Égyptos, parle de *"la terre du froment (puros) et d'Aphrodite."* En guarani ancien, *typyra* est la *farine* de manioc : il est probable que les Danaens aient introduit en Grèce la mouture des grains, orge et blé, pour remplacer leur farine de manioc. Le mot grec *puros* (la farine) dérivé du mot *typyra,*confirmerait donc cet apport des Danaens au monde méditerranéen (1).

Ces quelques exemples montrent, à n'en pas douter, la part importante qu'une langue amérindienne que parlaient les Danaens occupa au sein de la langue des Mycéniens, à côté du proto-grec des Achéens et de la langue des Pélasges : *le brassage de ces trois langues pendant plusieurs siècles aura pour résultante la langue des Mycéniens, qui se manifeste sur les tablettes en linéaire B.*

L'état mycénien fut semble-t-il un état fortement structuré mais sans roi à sa tête, la répartition des tâches étant tripartite : - *Une caste militaire héréditaire* descendant des fondateurs de l'État, chargée de veiller à sa sécurité et de faire régner l'ordre - *Une classe d'administrateurs et de marchands*, constituée par les Danaens, à qui l'on doit l'écriture linéaire B - *Une classe d'artisans et de paysans,* formée par les Pélasges chargés de produire les biens nécessaires aux besoins des communautés et du commerce. Le système semble avoir fonctionné d'une manière satisfaisante, assurant sécurité et bien-être à tous, et richesse aux membres des deux premiers groupes.

Il nous semble que dans la langue mycénienne, la part du "grec indo-européen" fut moins importante que celle du danaen, mais après la chute de Mycènes, c'est Athènes qui aura la prédominance, et la part indo-européenne ira croissant dans le grec ancien jusqu'à conformer la langue d'Homère et d'Hésiode, tandis que disparaîtront progressivement un certain nombre de termes provenant du pélasge et du danaen, évolution qui dura quatre cent ans.

Les Grecs hériteront du goût atavique des Danaens pour le chant et l'art oratoire, et lorsque déclinera la *poésie épique* (déclamée ou chantée par *un seul personnage*, l'aède) apparaîtra au VIIe siècle a.C. la *poésie lyrique* destinée à être chantée par *un groupe choral.* Le danaen offre une étymologie pour *aède* et pour *dithyrambe* : en guarani *ha'é =dire,* et ce verbe pourrait être à l'origine du mot *aède*, celui qui allait par les chemins, *disant* les hauts-faits des ancêtres. Le mot dithyrambe est plus complexe. Les philologues reconnaissent qu'on ne lui a trouvé aucune étymologie en grec. Nous proposerions : *dithyrambe = tyty'i (battements du coeu*r, d'où : *émotion) + ra* (suffixe indiquant le futur) + *mbo'é (enseigner, instruire) = tytyramboé = l'enseignement de l'émotion.* Ceci montrerait que, au-delà de l'aspect ludique, le dithyrambe cherchait à amener le spectateur à une émotion collective.

Un jour vint au VIe siècle où certain penseurs estimèrent que le moment était venu d'*ordonner* tant de faits issus du passé que relataient les mythes, toujours présentés dans le désordre et une certaine confusion. Allant plus loin, le philosophe Xénophane *dénonçait* les récits d'Homère et d'Hésiode disant que de tels événements miraculeux étaient impossibles face à la régularité des lois naturelles; s'ajoutait donc ainsi l'idée de *critique* : le concept d'*Histoire* venait de naître chez les Grecs.

Selon J.T. Shotwell (2) le mot *istoria* apparaît à cette époque avec le sens d'*enquête* relative aux événements du passé, guidée par l'esprit critique : c'est le sens que lui donne Hérodote. Toutefois, Shotwell signale que dans l'Iliade, trois siècles plus tôt, apparaît déjà le mot *histor* lorsque, dans une discussion entre Grecs, les deux parties décident : *"faisons d'Agamemnon notre histor".*

Dans ce contexte, il semblerait que le mot se rapportait seulement à une *mise en ordre des arguments* avancés par les parties en dispute, un arbitrage pour déterminer laquelle avait la préséance, sans porter de jugement de valeur. De nos jours, le philosophe italien Furcio Colombo donne la définition suivante : *"L'histoire est un inventaire fait sur la base de critères de classification".* Donc, chez lui comme chez Homère près de trois mille ans auparavant, prime l'idée d'*inventaire*, de *mise en ordre* sur celle de *critique* des faits. Les penseurs grecs qui précédaient de quelques siècles Hérodote semblent avoir été du même avis, car le mot *historia* venait sans nul doute du danaen : *hysyi (mettre en ordre) + téréi (beaucoup) = hysyi térei (beaucoup de mise en ordre) = historia.*

La langue grecque n'est donc pas exclusivement indo-européenne : son élégance et sa richesse proviennent en fait d'une *hybridation réussie* entre des langues d'origines fort différentes et *là est le miracle grec*, d'avoir su *mettre en commun* ces langues sans qu'aucune n'élimine les autres. C'est encore un mot d'origine danaenne, *koïné,* qui, dans sa simplicité, résume le mieux cet exceptionnel événement : *Koï (en commun) + né'é (langue) = koïné = une langue en commun.* Le grec ancien, toutefois, oubliera ce sens précis et conservera pour *koïné* l'idée plus générale de *mise en commun* (3)

(1) On trouve chez Diodore de Sicile, au début du Livre II, une phrase qui montre que les anciens Grecs (ou du moins certains d'entre eux) eurent une connaissance précise de ce qu'était la plante de manioc, laquelle se présente comme une tige dont les tubercules de la racine sont utilisés pour produire une farine : "(dans les îles du soleil) *on fabrique un pain délicieux avec les fruits d'un roseau que cette terre d'âge d'or produit spontanément et en abondance"* (texte cité par Ballabriga).

Manioc est un mot d'origine guaranitique, actuellement, *mandi'o* en guarani et *manioch* chez les Tupinamba au XVIIe siècle, selon d'Abeville qui dit que l'on faisait une "liqueur excellente" avec les tubercules de cette plante.
(2) J. SHOTWELL - *Histoire de l'Histoire dans le monde antique* - New York. 1939
(3) Tous les mots guaranis qui apparaissent dans cet ouvrage sont présents avec le sens que nous indiquons dans le *Dictionnaire castillan-guarani et guarani-castillan* du père Antonio Guasch, S.J., édition de Séville. 1961.

La hache d'Arkalokori (Crète)

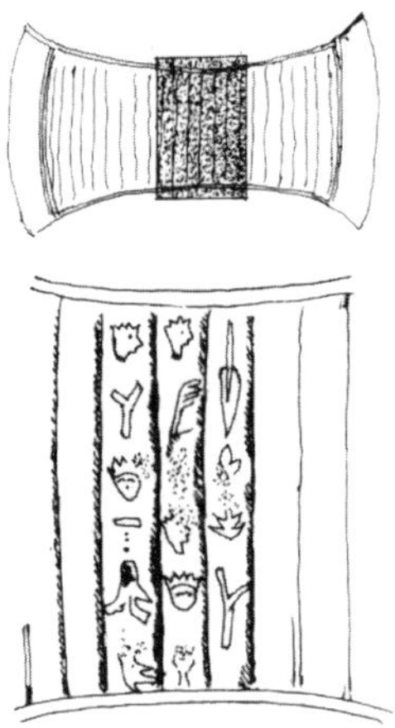

(agrandissement de la partie centrale)

Chapitre 18

LE DISQUE DE PHAISTOS

Une première écriture appelée *hiéroglyphique* apparut en Crète vers -2.100 et fut utilisée sur des sceaux et des tablettes jusqu'à -1.700 environ : mais on dispose de très peu de documents et elle n'a pas été déchiffrée. Elle correspondait probablement à la langue des maîtres de Malia et de Cnossos. Les Danaens, établis à Phaistos vers -1.900 l'utilisèrent avant de mettre au point une autre écriture, syllabique, que l'on appellera le *linéaire A.*

En 1908 fut trouvée à Phaistos dans des décombres datant de l'époque des palais une *galette d'argile de forme circulaire* de 2 cm d'épaisseur et 16 cm de diamètre portant des signes imprimés à l'aide de sceaux, disposés sur chaque face en une séquence en spirale allant de l'extérieur jusqu'au centre du disque. Au total, 241 signes réalisés à l'aide de 45 sceaux différents : on l'appelle *le disque de Phaistos* (reproduit en *Couverture* de cet ouvrage).

D'où provenait cet objet ? Etait-il de fabrication locale comme le pensait son découvreur, l'archéologue italien Luigi Pernier, ou provenait-il d'Asie Mineure comme le pensait Evans ? Et à quelle langue correspondait cette écriture ? Certains pensaient à d'anciennes langues de l'Asie Mineure, tandis que d'autres suggéraient une langue d'origine indo-européenne. Cependant, aucun argument valable ne vint étayer ces hypothèses, et les nombreuses traductions proposées depuis près d'un siècle ressortent du volontarisme de leurs auteurs, les uns voyant dans ce texte *une proclamation royale*, d'autres *une prière aux déesses minoennes,* d'autres l'indication du *débarquement en Crète de navigateurs en provenance du Danube*, et d'autres enfin la *prophétie d'une grande catastrophe...*

Pour notre part, nous avions considéré d'un oeil distrait les représentations de ce disque exposé au musée d'Héraklion, estimant qu'on ne connaîtrait jamais sa signification et qu'il faisait partie du "décor" de la Crète ancienne, au même titre que la prêtresse qui brandit des serpents et les acrobates qui sautent au-dessus d'un taureau. Toutefois, le fait d'avoir constaté l'existence de mots d'origine guaranitique dans le vocabulaire proposé par Chadwick pour le linéaire B nous mettait sur une piste possible pour le disque de Phaistos et elle s'avéra fructueuse : *le disque est une des premières tentatives d'exprimer par une écriture la langue guaranitique des Danaens.*

Cette écriture, comportant dans ce texte 45 signes différents, était certainement une *écriture syllabique* qui pouvait comporter au total une soixantaine de signes, en admettant que tous n'aient pas été utilisés sur ce disque. Nous pensons qu'il fut fabriqué au voisinage du palais par un artisan pélasge qui connaissait la langue des danaens de Phaistos.

Au chapitre 13, nous avons situé Phaistos dans son cadre régional. L'archéologie montre (1) que les Danaens, arrivés selon nous à Hagia Triada vers -1.950, construisirent vers -1.900 le premier "palais" de Phaistos sur la colline dominant le fleuve, déjà occupée par un établissement pélasge plus ancien. Le disque peut avoir été fabriqué vers -1.850. Les archéologues estiment qu'un sanctuaire fut bâti par les Danaens au nord-est du palais ; dans ses ruines fut trouvé le disque, et certains pensent qu'il était conservé initialement dans une pièce à fonction liturgique située au premier étage qui s'effondra par la suite.

Avant d'aborder l'étude de ses signes, il nous paraît opportun d'évoquer les célèbres *"poêles à frire",* curieux nom donné faute de mieux à des objets en céramique trouvées dans les Cyclades et datant également du début du IIe millénaire a.C. (2). Ces objets sont constitués par une galette d'argile ovoïde et un prolongement en forme de manche permettant de saisir l'objet. Leur partie supérieure est lisse et présente un petit rebord sur le pourtour, tandis que la partie inférieure porte un dessin complexe, incisé ou gravé à l'aide de sceaux comme sur le disque de Phaistos. Sur certaines d'entre elles, ce dessin montre un nombre considérable de spirales qui s'unissent entre elles (certains y ont vu la représentation des *vagues de la mer*) et une figure centrale ou tous voient un *navire égéen* (Fig. 29). Nous ne pensons pas qu'il s'agisse d'un navire, et donnons plus loin une autre interprétation, suggérée par celle d'un signe semblable qui figure sur le disque de Phaistos. Ces objets portent tous au dessus du manche le signe féminin de la vulve, et l'on a suggéré qu'il pouvait s'agir de *miroirs*, grâce à une mince lame d'eau réfléchissant l'image, versée sur la partie supérieure et maintenue par le rebord.

Les archéologues se mirent d'accord pour répertorier en une liste officielle les 45 signes du disque de Phaistos, en leur donnant un numéro d'ordre [..], les signes étant, faute de mieux, rassemblés par "familles" : personnages - animaux - plantes - objets ; une face fut appelée A et l'autre B. *Ces signes représentaient d'une manière réaliste des personnages et des instruments de la vie courante d'un peuple* ; en outre, l'écriture du disque pouvait être mise en relation avec une écriture semblable contemporaine, malhabilement gravée sur une *hache en bronze* découverte dans une caverne de l'intérieur de l'île, à *Arkalokori* : on était donc en présence d'une véritable *écriture en formation* et non d'une simple expression artistique. Les deux tentatives, manifestées sur la hache et sur le disque, montrent qu'il avait fallu trouver des mots du vocabulaire courant qui représenteraient par une image les diverses syllabes de la langue : l'image devait être facilement identifiable et la première syllabe (ou sinon la seconde) de son nom devait avoir le son que représenterait ce dessin. Pour donner un exemple avec le français, le dessin d'un *bateau* pourrait représenter le son *ba*, et celui d'un *cheval* le son *che,* l'apposition des deux signes signifiant *bâche,* une toile épaisse. Par la suite, le linéaire A se débarassera de cette servitude en construisant souvent arbitrairement un signe pour représenter un son.

Nous sommes de nos jours habitués en Europe à des écritures *rectilignes horizontales* allant de gauche à droite, et *à la ligne* suivante en commençant à nouveau à gauche : ce système interrompt la continuité de la ligne d'écriture, mais notre esprit s'en accommode. Dans les premières écritures, la continuité de la ligne dut être considérée comme importante, ainsi que le montent l'écriture *en spirale* du disque de Phaistos, et les écritures dites *en boustrophédon,* c'est-à-dire qui imitent le parcours du boeuf quand il laboure : arrivé à la fin d'une première ligne, il aborde la ligne suivante à son point d'union avec la fin de la première ligne et la parcourt en sens inverse, de sorte qu'il décrit un parcours sinueux, de gauche à droite puis de droite à gauche, et ainsi de suite.

Des détails de graphie montrent que l'écriture du disque se lit de l'extérieur vers l'intérieur, et de droite à gauche. Nous verrons que l'inscription de la hache est en boustrophédon, également de droite à gauche.

En observant les signes du disque, se confirma la possibilité de liens avec une ethnie sud-américaine qui nous était familière, car de nombreux signes évoquaient l'environnement des Guaranis du Paraguay, semblable à celui des Arawaks des Antilles. Plus que la "tête d'indien" [2], c'est l'arc à double courbure [11], le mortier [22] et son pilon [23] qui retinrent notre attention : *le mortier* fait d'un tronc d'arbre évidé appuyé sur trois pieds se rencontre dans toutes les campagnes du Paraguay, accompagné d'un *pilon* identique à celui du disque, fait d'un bois partiellement dégrossi ; *la massue* et *l'arc à double courbure* était l'attribut guerrier des indiens *Carios* du Paraguay lors de la Conquête (3) ainsi que des indiens de Floride (Fig. 13) ; par ailleurs, les signes [42] et [43] étaient caractéristiques de *râpes pouvant servir à la production de farine de manioc.* Apparaît même le *balai de branchages* typique de tous les habitats de l'Amérique tropicale. Quant au signe [21], il est fort semblable à certains bijoux en or d'origine chibcha que l'on trouve au Musée de l'or de Bogota.

On pouvait donc arriver à une première conclusion, à savoir que cet ensemble de signes était *caractéristique d'une population récemment installée en Crète, encore imprégnée de ses coutumes ancestrales, et qu'elle pouvait appartenir au groupe Amazonide des Antilles ou du Venezuela.*

LES 45 SIGNES DU DISQUE DE PHAISTOS

[1] - PA - (10)		- PAreha = courrier, coureur
[2] - A - (15)		- Aka = tête - Ava = homme - Ava = cheveux
[3] - AI - (1)		- Aikaru = pustule
[4] - MBO - (1)		- MBO'E = enseignant
[5] - MI - (1)		- MIta'i = enfant
[6] - HA - (4)		- HA'i = femme
{7} - VY - (15)		- pire VYvy = outre (peau d'animal cousue)
[8] - JU - (5)		- JUapy = attaché, joint
[9] -HO - (2)		- akaHOja = casque
[10] - TY - (2)		- TYpaixa = balai
[11] - GUY - (1)		- GUYrapa = arc
[12] - GUA - (14)	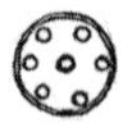	- GUArakapa = bouclier
[13] - NU - (6)		- NUpaha = massue
[14] - HE'Y - (1)		- HE'Y = fuseau
[15] - HY - (1)		- HYra = pic pour cultiver le manioc
[16] - KY - (2)		- KYse ryru = étui du couteau
[17] - XU - (1)		- XU'uha = hachoir
[18] - TA - (10)		- TAkamby = équerre
[19] - U - (3)		(donné par le contexte)
[20] - PE - (2)		- jaPEpo = jarre
[21] - NA - (1)		-(donné par le contexte)
[22] - ANG - (5)		- angu'a = mortier
[23] - SO - (9)		- joSOha = piler, moudre (pilon)
[24] - O - (5)		Oga = demeure

[25] - TE - (6)  - TEnimbo = fil

[26] - RA - (4)  - RAti = corne

[27] - RE - (12) 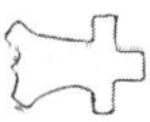 - piRE = peau d'animal

[28] - PO - (1)  - PO = patte d'animal (coupée)

[29] - JA - (10)  - JAgua = jaguar

[30] -SU - (1)  - guaSU = grand animal à cornes

[31] - KUI - (3)  - pyKUI = tourterelle

[32] - KO - (3)  - KOgue = perdrix

[33] - PI - (6)  - PIra = poisson

[34] - RU - (3)  - mbeRU = mouche

[35] - KA - (10)  - KAabo, taKA = branche

[36] - Y - (3)  - Yvyra = arbre

[37] - I - (3)  - kaa'vo tenImbora = plante de lin

[38] - RO - (3)  - (a) ROpojai = offrir

[39] - VO - (4)  - iVOty = fleur

[40] - PY - (6) 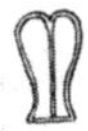 - PYaha = tissage

[41] - HU - (2)  - HUgare = dépot de sédiments

[42] - HAI - (1)  - (a) HAI = égratigner

[43] - SY - (1)  - SYsyi = vibration, criblage

[44] - HE - (1)  - HE'yi = gratter

[45] - KUA - (6)  - KUA = ceinture

Le chiffre ( ) indique la fréquence du signe [ ] dans le texte (face A + face B) en ne tenant pas compte des répétitions de mots-phrases

Nous pensons que les Danaens étaient arrivés sans posséder d'écriture, mais que celle de Malia les amena à l'idée de créer des signes propres à leur langue pour exprimer celle-ci par une écriture, et qu'ils confièrent ce travail à des artistes Pélasges.

Sur le disque, des *ensembles de signes* apparaissent séparés par des barres : ils sont répertoriés de l'intérieur vers l'extérieur du disque, de [A.1] à [A.31] et de [B.1] à [B.30]. En fait, il ne s'agit pas toujours de mots, mais le plus souvent de *courtes phrases formées par agglutination*, certaines d'entre elles se répétant au fil du texte soit pour des raisons incantatoires, soit par simple mesure de remplissage de l'espace disponible. Nous pensons que l'auteur du disque voulait montrer sa capacité de traduire en écriture des faits de la vie courante, et il exista certainement diverses pièces d'argile portant cette écriture : un heureux hasard permit d'en récupérer un exemplaire votif.

Un premier objectif était d'identifier quelques mots du guarani qui pouvaient correspondre sans ambiguïté à l'image d'un signe, puis de tester les syllabes correspondantes sur des ensembles de deux ou trois signes apparaissant sur le disque pour voir s'ils amenaient à des mots compréhensibles dans cette langue. L'identification de l'image paraissait assez simple pour un certain nombre de signes, par exemple :

- que ce soit l'homme (*ava*) ou une tête (*akã*) que montrait le signe [2], il s'agissait certainement du son A, d'autant plus qu'il revenait très fréquemment, comme en guarani. On obtenait ainsi : [2] = A
- un seul mot correspondait à ce qui paraissait être une outre de cuir [7] : (*pirevyvy), pire* étant le cuir et *vyvy* signifiant : cousu. Par ailleurs, le signe [27] représentait une peau d'animal (*pire*) et le signe [33] un poisson (*pira*) tandis que le signe [26] était manifestement une corne (*rati*) : un arbitrage entre ces divers sons permettrait d'admettre :

[7] = VY - [26] = RA - [27] = RE - [33] = PI

- le signe [45] pouvait être une ceinture *(kua),* amenant à : [45] = KUA

Un test sur le groupe [B.1] formé de deux signes : [45] + [7] donnait : KUA-VY ; or, il y a un mot et un seul qui lui est semblable en guarani, et c'est : *kuave'é* qui signifie : offrir, *offrande*. Nous étions sur la bonne voie.

D'autres signes pouvaient être facilement identifiés, ainsi :

- Le signe [5] représentait un enfant (*mita'i)* [5] = MI
- Le signe [6] représentait une une mère *(ha'i)* [6] = HA
- Le signe [10] pouvait être un balai *(typaixa)* [10] = TY
- Le signe [11] était un arc *(guyrapa,* en guarani ancien*)* [11] = GUY
- Le signe [12] pouvait être un bouclier *(guarakapa)* [12] = GUA
- Le signe [13] pouvait être une massue *(nupaha)* [13] = NU
- Le signe [22] semblait être un mortier *(angu'a)* [22] = ANG

Une vérification progressive avec des groupes de signes du disque permettait d'affirmer ou d'infirmer un choix.

Plus délicate s'avérait l'identification de certaines syllabes, en raison des alternatives possibles. Ainsi, le signe [1] montrait-il un marcheur (*guataha*) ou un messager (*pareha*) ? Nous avions initialement choisi GUA pour [1], mais ce choix amenait vite à de trop nombreuses difficultés. Le choix ultérieur de GUA pour [12] amenait à : [1] = PA

Encore plus incertaine était l'assignation d'un mot pour identifier certains signes en raison du doute sur la chose représentée, et le problème se posait particulièrement pour les signes présents une seule fois dans le texte du disque, ce qui ne permettait pas d'effectuer un recoupement de l'hypothèse.

Des essais d'application à divers mots du disque permirent de lever une grande partie des incertitudes, mais avec le risque que le choix erroné d'un mot entraîne une cascade d'autres choix erronés.

Un signe qui nous intrigua longtemps est le [25] : certains pensaient qu'il s'agit d'un *bateau*, mais le mot correspondant : *ygara* n'apportait aucune syllabe qui ne soit prise par ailleurs avec plus de propriété, et en outre le contexte n'acceptait aucune des trois syllabes *y, ga,* ou *ra* pour les divers mots contenant ce signe. Nous sommes arrivés à l'hypothèse que ce signe représentait un *instrument destiné au tissage* : une observation attentive du dessin amène à constater, à la partie supérieure du grand bras vertical, un moulinet permettant de constituer un fuseau à partir d'un fil de laine ou de lin guidé par le petit bras émergeant du corps central. Nous avons donc estimé que le signe [25] représentait l'idée générique de *fil*, *tenimbo* en guarani, d'où [25] = TE

Constatant une similitude entre l'objet représenté en [25] et ceux qui apparaîssent sur les *"poêles à frire" cycladiques* (Fig. 29) nous proposons une nouvelle interprétation de leur usage (3).

Le contexte nous amena à attribuer au signe [40] la représentation du son PY. En recherchant un mot qu'il aurait pu interpréter, nous avons trouvé celui de *pyaha,* lié lui aussi au *tissage* : le curieux instrument pourrait donc avoir eu peut-être un rôle de séparateur dans d'anciens métiers à tisser. [40] = PY

Les signes [37] [38] et [39] représentaient une fleur, mais laquelle ?
Nous sommes arrivés à la conclusion que le nom générique pour *fleur (ivoty)* s'appliquait au signe [39] tandis que le signe [37] représentait une tige de la plante de lin avec sa fleur au sommet de la hampe. *Le lin* correspond au mot : *kaa'vo tenimbora*, littéralement "plante herbacée (*kaa'vo*) qui produira (*ra*, indication de futur) du fil (*tenimbo*)". TE et MBO et KA étant pris par ailleurs, nous avons choisi : [39] = VO [37] = I

Quant au signe [38], il nous apparut qu'il ne s'agissait pas d'une fleur, mais d'un *plat circulaire en forme de fleur*. À la différence des deux autres signes, celui-ci présente un contour marquant un rebord qui semble dessiner des alvéoles plutôt que les pétales d'une marguerite. Il pouvait s'agir d'un *kernos*.

Ce genre d'objet servait à recevoir des offrandes, fruits ou viande séchée.

Le verbe *(a) ropohai* signifiant *offrir*, nous avons pris : [38] = RO

Ce signe se retrouve trois fois dans le texte, et RO parait un choix en accord avec le sens des ensembles qui le contiennent. Le dictionnaire de Guasch donne deux mots fort différents pour un même concept : le fait *"d'offrir quelque chose à quelqu'un"* (*ropohai*), et *"offrande"* (*kuave'e*) : ce second terme correspondait peut-être à un acte religieux.

Le signe [29] était manifestement une tête de *félin* vue de profil ; nous avons pensé qu'il s'agissait d'une autre image importée d'Amérique, celle du *puma (jagua pyta)* ou du *jaguar (jaguarété)*. Donc on pouvait prendre :

[29] = JA

Une remarque sur les signes représentant branchages et arbre : Nous avons adopté le signe [35] comme représentant une *branche (taka, raka)* et le signe [36] comme représentant un *arbre (yvyra)*, soit : [35] = KA - [36] = Y réservant TA pour le signe [18] montrant une *équerre (takamby)* [18] = TA

Le signe [19], une fourche, correspondrait également au mot *takamby,* qui put se prononcer *takambu* : la troisième syllabe disponible de ce mot, réduite au son U, pouvait correspondre à ce signe comme le suggérait le contexte du disque, d'où : [19] = U

Quant au mot *raka :* le tronc, la branche, nous l'utilisons de nos jours, sans nous rendre compte de son origine, dans le mot *ouragan*, qui apparut dans le français du XVIe siècle pour parler d'une *tornade*, d'un *cyclone*. Dans ces deux derniers mots prévaut l'idée scientifique de *rotation* qui se manifeste dans ce phénomène météorologique. Les Arawaks l'appelaient par contre : *huraka,* privilégiant l'aspect visuel, car la tourmente qui se voyait au loin évoquait un *tronc noir = hu (noir) + raka (tronc),* une allusion au noyau central obscur et plus ou moins vertical d'un cyclone. Au XVIe siècle aux Antilles, les Espagnols adoptèrent le mot *huracán,* les Anglais *hurricane,* et les Français *ouragan.*

Parmi les instruments présents sur le disque, qui témoignent de la forme de vie de ces immigrants danaens du début du IIe millénaire a.C, se trouvent leurs *armes* et *armures* : *l'arc* à double courbure [11], le *bouclier* [12], la *massue* [13], le *casque* en cuir [9], et l'*étui* pour poignard [16]. Donc, une panoplie plus caractéristique d'une époque néolithique qui se termine que d'un âge du bronze qui commence. Nous avons là une communauté d'immigrants agriculteurs qui se sédentarise dans la Messara, tout en gardant un temps les instruments, les armes et les totems spécifiques de son ethnie.

En particulier, divers instruments qui apparaissent sur les signes [41] [42] [43] [44] et [17] sont représentatifs de la *préparation de la farine de manioc* : [44] représente un *racloir*, [43] un *crible*, [42] une *râpe*, [41] est peut-être un *plat de sédimentation*, le liquide de lavage du produit râpé s'évacuant par la fente centrale, et [17] un *hachoir*. On est amené à penser que ces immigrants amenèrent avec eux des tubercules de manioc pour leur nourriture pendant le voyage et qu'ils plantèrent l'excédent avec succès ; ils disposèrent ainsi dès l'arrivée en Crète de la base traditionnelle de leur nourriture et de leur boisson fermentée. La plaine de la Messara, chaude et humide, devait permettre la culture de cette plante, qui procure rapidement une nourriture abondante (Note 1- Chap.17).

Sur le tableau que nous présentons des 45 signes du disque de Phaîstos avec notre interprétation syllabique, chaque signe est accompagné du mot guarani qui l'explique selon nous. Tous ces mots sont extraits du dictionnaire du Père Antonio Guasch, lui-même dérivant du dictionnaire ancien du Père Montoya datant du temps des Réductions jésuitiques du Paraguay au XVIe siècle. Nous donnons plus loin une traduction littérale du texte du disque en fonction de ce syllabaire, en indiquant les mots qui le composent et leur traduction. On ne peut que rester stupéfait devant cette réalité tangible, à savoir qu'il est possible de proposer une traduction cohérente d'un texte vieux de 3.800 ans grâce à une langue actuelle, le guarani, qui semble avoir traversé le temps sans modifications sensibles, sans une ride...

Ceux qui s'attendraient à un texte permettant de mieux connaître l'histoire de Phaistos, une proclamation royale, un édit, un fait de guerre ou autre événement historique important seront déçus : *il s'agit en fait de la relation simpliste, enfantine, d'une histoire personnelle que l'auteur, un artisan d'Opy apporte au lieu de culte de Phaistos.* Nous pensons que c'était un graveur de sceaux en pierre ou en bois qui voulait simplement manifester aux maîtres de Phaistos sa capacité de participer à l'essor d'une écriture nouvelle qui était apparue dans la région. On constate une certaine incohérence dans la séquence des phrases : elle découle peut-être du fait que l'artisan voulait incorporer un maximum de signes.

Le texte relate les démêlés de l'auteur avec un esprit qui le tourmente pendant la nuit, et dont il réussit à se libérer grâce à un rituel ; mais il ne semble pas le craindre outre mesure et exerce même une certaine ironie à son égard. En remerciement, il vient depuis son village, coiffé d'une couronne rituelle, apporter une offrande sur le lieu de culte de Phaistos, occasion d'une réunion sociale où se mêlent chants, rires et réjouissances. Mais, tout compte fait, ce texte est plus représentatif de ce peuple crétois en formation, tel qu'on le découvre au travers de ses expressions artistiques, que ne l'aurait été une proclamation royale qui resterait sans autre justificatif. Par contre les couronnes de branchages qui se perpétueront dans la Grèce ancienne, les offrandes, les chants et les libations, tout cela est cohérent avec ce que nous savons de la civilisation dite "minoenne".

Deux *choses* apparaissent dans le texte comme étant des offrandes apportées par l'auteur du disque, *la couronne* de rameaux qui fera l'objet d'un rite d'apport et de destruction, et une autre *offrande* plus imprécise. De quelle nature était cette seconde offrande ? Elle semble être traditionnelle, et s'y réfèrent les ensembles B-9-8-7-6. Si notre interprétation est correcte, il pourrait s'agir de *viande séchée au soleil*. C'est encore de nos jours une pratique courante en Amérique du sud : la viande crue est découpée en fines lanières qui seront séchées au soleil (le *charqui*) et pourront ensuite se conserver durant des mois ; si par contre elle est mal séchée, elle se décompose rapidement et est perdue. Le texte semble montrer que l'offrant aime plaisanter à ce sujet, peut-être une habitude de son peuple...

Le disque de Phaistos nous apporte aussi une confirmation de la dualité du peuplement de la Crète au début du IIe millénaire a.C. Lorsque les proto-Arawaks s'installent en Messara, ils établissent des liens commerciaux avec les populations Pélasges qui vivaient dans les collines voisines. Le disque témoigne de ces deux ethnies : l'artisan, qui appartient à une race dolichocéphale de stature grêle, en reproduira les caractéristiques sur les individus qui apparaissent sur certains signes, ainsi que certaines coutumes (abondance de jupes de la mère-épouse), tandis qu'il représentera sur d'autres signes des objets spécifiques du groupe proto-arawak qui exerce le pouvoir à Phaïstos.

Pour être complet, le syllabaire aurait du offrir, outre les 45 existants, une vingtaine d'autres signes : JE, JO, JY, KE, KU, MA, ME, MU, ND, NI, PU, SA, SE, TO, TU, VA, VE, mais ils ne figurent pas sur le disque ; il est possible qu'ils aient figuré sur d'autres plaques d'argile. Nous pensons que le texte commence en B-30. De nombreuses répétitions d'ensembles apparaissent vers la fin de la face A.

Disposant d'un syllabaire et d'une hypothèse linguistique, un test préliminaire était de voir s'ils permettaient de comprendre *l'inscription de la hache d'Arkalokori*. Cette hache de bronze fut trouvée dans une grotte du centre de l'île, avec un lot de haches plus récentes en or et en argent portant des inscriptions en linéaire A ; dans le cas d'un résultat positif, nous aurions là une confirmation de l'exactitude approximative de notre syllabaire. Les deux écritures paraissent un peu différentes, mais nous étions convaincus qu'il s'agissait d'une même langue.

L'écriture de la hache est manifestement plus fruste et malhabile, mais il faut considérer que la gravure sur le bronze était plus difficile que l'impression de sceaux dans l'argile. Qui plus est, pour la hache, il n'y avait pas de seconde possibilité, tandis que rien ne dit que le fabricant de sceaux qui produisit le disque ne s'y est pas pris à plusieurs reprises avant de produire le magnifique exemplaire que constitue le disque de Phaistos.

Il est probable que la gravure de la hache est antérieure de plusieurs décennies à l'élaboration du disque, et constituerait de ce fait une *première en matière de texte écrit en Grèce* (il n'y a apparemment pas de séquence représentant un texte en hiéroglyphique de Malia).

Le syllabaire s'est un peu modifié entre l'époque de la hache et celle du disque, preuve de tâtonnements pour le choix des signes.

Ceux qui apparaissant sur la hache sont au nombre de 13, disposés en trois colonnes verticales. Notre interprétation est la suivante :

- La *tête de profil* représente une tête d'homme *(ava)* = A
- La *tête de face* représente, certainement suite à une convention de l'époque, une tête de femme *(ha' i)* = HA
- Le *mortier* est présent *(angu' a)* = ANG
- De même son *pilon,* en forme de *bras (jyva)* = JY
- Une *peau d'animal (piré)* = RE
- Un *arbre* apparaît dans la première colonne *(ivyra)* = I
- Une *branche* touffue dans la troisième colonne *(kaabo, taka)* = KA
- Une *feuille d'arbre (hogue)* dans la troisième colonne = HO
- Une *fourche (takamby)* dans la première et la troisième colonnes = TA

Certains signes sont inintelligibles ou effacés par grattage = (x)

Avec cette interprétation, on lit:

A	A	HO
TA	JY	(x)
HA	(x)	KA
(x)	A	TA
I	HA	
RE	ANGA	

La lecture verticale de chaque ligne de haut en bas ou de bas en haut ne donnait rien de compréhensible. Par contre, en admettant une écriture en boustrophédon commençant au bas de la troisième ligne et la remontant, descendant ensuite la deuxième puis remontant la première (donc tout à fait étrangère à notre manière de concevoir l'écriture), on lisait :

-------TA - KA - (x) - HO --------- -A - JY - (x) - A - HA - ANGA-------
---------RE - I - (x) - HA - TA - A ----------.

Les signes effacés (x) correspondant à des signes que l'on peut imaginer dans le contexte d'une phrase intelligible, ce texte pourrait se lire :

TAKA ' O -- AJYRA -- A HAANGA -- RE I -- PE -- HATA -- A

TAKA'O = couper : (apostrophe + O) signifie : ablation, privation.
AJYRA = le cou
A HAANGA = je menace
REI = sans explications, gratuitement
PE = en, avec
HATA = rapidité A = ici

"Je menace de couper le cou ici-même sans explications et rapidement".

Tout un programme, qui montre que cette hache devait être utilisé pour des châtiments ou des sacrifices.

DISQUE DE PHAISTOS -- FACE B

{30} ---- [2] - [12] - [22] - [40] - [7]
A GUA ANG PY VY
(agua angapyvy'a)
Une couronne qui est la joie du plus profond de l'âme.

agua = couronne
angapy = l'intérieur de l'âme
vy'a = le bonheur

{29} ---- [27] - [45] - [7] - [35]
RE KUA VY KA
(re kuave'e ka)
(J'apporte) une offrande par les chemins

re, rehe = par les chemins
kuave'e = offrande
ka = suffixe indiquant la 1ère pers.

{28} ---- [2] - [37] - [23] - [5]
A I SO MI
(ai somi)
(car) se termine une blessure.

ai = blessure
(a) so = se rompre, se terminer
- mi = suffixe verbal de passé

{27} ---- [22] - [25] - [27]
ANG TE RE
(angu'e tere)
Un esprit véritable

angu'e = fantôme, esprit
te, tere = superlatif

{26} ---- [33] - [24] - [20] - [12]
PI O PE GUA
(pi'o pegua)
qui vient du trouble (le non-calme)

pi = le calme
- 'o = suffixe de négation, d'absence
pegua = indique la provenance

{25} ---- [16] - [23] - [18] - [43]
KY SO TA SY
(ky'a so tasy)
immonde, démuni de tout, irrité,

ky'a = impur
so = démuni de tout
tasy = maladie, irritation

{24} ---- [13] - [1] - [39] - [33]
NU PA VO PI
(nupavopi)
frappant au dessus de moi.

(ai) nupa = frapper
-vo = suffixe indiquant le gérondif
pi = au dessus de moi

{23} ---- [15] - [7] - [13] - [1] - [18]
HY VY NU PA TA
(hyvy nupata)
Je vais frapper le sol.

hyvy = le sol. la terre
-ta = suffixe indiquant le futur immédiat

{22} ---- [22] - [37] - [42] - [25]
ANG I HAI TE
(angai hai te)
Je suis malheureux et très aigri.

angai = malheureux
hai = acide, aigre
te = superlatif

{21} ---- [7] - [24] - [40] - [35]
VY O PY KA
(vy'a'o py'a ka)
<u>sans joie et oppressé</u>

vy'a = joie, allégresse
(ai) py'aka = couper le souffle
-'o = négation

20} ---- [2] - [26] - [36] - [40]
A RA Y PY
(araypy)
<u>A l'approche du jour,</u>

ara = le jour
ypy = l'approche, le début
(inversion caractéristique du génitif)

{19} ---- [27] - [25] - [38] - [1]
RE TE SO PA
(re tesopa)
<u>j'ordonne au malfaisant de disparaitre.</u>

(a) so = se rompre
(a) pa = se terminer
te- = préfixe impératif
re = rancunier, malfaisant

{18} ---- [29] - [24] - [24] -[20] - [35]
JA O O PE KA
(ja' o oipeka)
<u>Il abandonne les insultes.</u>

ja'o = insulte(s)
(ai) peka = écarter
oi = 3ème pers. singulier

{17} ---- [16] - [14] - [8]
KY RY JU
(kyry'i ju)
<u>Vient l'apaisement</u> (venue de l'apaisement)

kyry'i = tendresse, pitié
ju = venue
(génitif)

{16} ---- [29] - [31] - [33]
JA PI PA (japi pa)
<u>Fin des blessures</u>

japi = blessure(s)
pa = fin

{15} ---- [6] - [35] - [32] - [39] - [33]
HA KA KO VO PI
(haka.kovo.pi)
<u>un rameau étant placé au dessus de moi.</u>

haka = rameau, branchage
(ai) ko = être situé
-vo = suffixe de gérondif
pi = au dessus de moi

{14} ---- [2] - [9] - [27] - [1]
A HO RE PA
(aho.re.pa)
<u>Le souvenir désagréable se termine.</u>

aho = soupir, souvenir
re = désagréable
(a) pa = se terminer

{13} ---- [29] - [36] - [7] - [8]
JA Y VY JU
(jayvy ju)
<u>Vient une inclinaison,</u>

jayvy = inclinaison, salut
ju = venue

{12} ---- [29] - [8] - [13]
JA JU NU
(jaju nu)
<u>un frisson réciproque</u>

jaju = préfixe indiquant la réciprocité
nu = tremblement, frisson

{11} ---- [29] - [45] - [7]
JA KUA VY
(ja kuavé'e)
Il convient de faire une offrande.

ja - = il convient de
kuave'e = offrande

{10} ---- [22] - [29] - [36] - [7] - [8]
ANG JA Y VY JU
(angu'e jayvy ju)
l'esprit s'incline (vient une inclinaison de l'esprit)

angu'e = esprit. fantôme
(a) jayvy = s'incliner
ju = venue

{9} + {8} [27] - [34] - [23] - [25] - [7] - [18] - [25]
RE RU SO TE VY KA TA
(reruta so'ote vyka)
Par les chemins, j'apporterai
une viande excellente, si possible sèche

(a) ru = apporter
re = par les chemins
-ta (suffixe de futur)
so'o = viande
te (superlatif) = très
ka = sec vy = si possible

{7} ------ [7] - [45] - [7]
VY KUA VY
(vy kuavé'e)
comme offrande (c'est peut-être une phrase qu'il adresse à l'esprit)

kuavé'e = offrande

{6} ------ [7] - [23] - [18] - [24]
VY SO TA O
(vy so'o ta'o)
il est possible que la viande ne soit pas en bon état.
(se dit-il en lui-même)

vy- (en préfixe) = il est possible
ta'o = décomposition, altération

{5} --- -- [22] - [29] - [36] - [7] - [8]
L'esprit s'incline

idem {10}

{4} ------ [9] - [30] - [39] - [18] - [7]
HO SU VO TA VY
(ho.su'uvo.tavy)
et s'en va ; je sais qu'il est ignorant

ho = s'en aller
(ai) su'u = savoir
-vo = suffixe gérondif
tavy = ignorant, stupide

{3} ------ [2} - [6] - [35] - [23] - [7]
A HA KA SO VY
(a ha.ka so'o vy)
voici donc.une viande pas très sèche

a = ici, voici
ha = cependant, cette fois
vy = en suffixe, indique l'atténuation
ka = sec

{2} + {1} [29] - [34] - [23] - [25] - [45] - [7]
JA RU SO TE KUA VY
(jaru so'o te kuavé'e)
c'est une moquerie: la viande est excellente pour une offrande.
La viande offerte n'est peut-être pas en bon état, mais l'esprit est ignorant au point de ne pas s'en rendre compte, et sa victime se moque de lui.

jaru = moquerie, blague

FACE A -

{31} ---- [2] - [12] - [13] - [1] - [18]
A GUA NU PA TA
(agua nupata)
Une couronne qui aura de l'influence.

agua = couronne
(a) nupa = être important, avoir de l'influence
-ta = suffixe de futur immédiat

{30} ---- [24] - [40] - [12]
O PY GUA
(Opygua)
Celui qui vient d'Opy (de l'oratoire)

-gua = suffixe indiquant la provenance

{29} {28} [29] - [45] - [7] [29] - [29] - [34]
JA KUA VY JA JA RU
(ja kuavé'e jajai ru)
Il convient d'apporter une offrande resplendissante

(i) ja = il convient de
(a) ru = apporter
jajai = resplendissant

{27} ---- [2] - [12] - [4] - [40] - [33]
A GUA MBO PY PI
(agua mbo'apy pi)
une couronne placée au dessus de moi

(a) mbo'a = pondre
(a) mbo'ape = couvrir
-py = suffixe de présent passif
pi = au desus de moi

{26} ---- [27] - [45] - [7] - [12]
RE KUA VY GUA
(rekuavé'e gua)
offrande (faite) en raison d'une contrariété

ré = contrariété
gua = suffixe indiquant l'origine

{25} ---- [27] - [44] - [8]
RE HE JU
(reheju)
venue par les chemins

rehe = par les chemins (expression)
(a) ju = venir

{24} ---- [2] - [12] - [6] - [18]
A GUA HA TA
(agua hata)
une couronne puissante

hata = puissant, rapide

{23} ---- [31] - [26] - [35]
KUI RA KA
(kui raka)
(faite de) menus rameaux.

kui = menu, démembré
raka = rameau(x)

{22} ---- [2] - [12] - [41] - [19] - [35]
A GUA HU U KA
(aguahu uka)
Je fais chanter l'hymne

(a) guahu = chanter l'hymne
uka = faire faire (suffixe)

{21} ---- [1] - [41] - [40] - [7] pa = beaucoup
PA HU PY VY hu'ai = viennent (seulement au pluriel)
(pa hu'ai py vy'a) py = large, grand
Beaucoup viennent. Une grande allégresse vy'a = allégresse

{20}{19}- [2] - [12] - [32] - [23] - [38] - [39] - [11] -ko = (explètif)
A GUA KO SO RO VO GUY -vo = (gérondif)
(aguako sorovo guy) (i) guy = est possible
se manifeste quand cette couronne est rompue. (a) soro = éclater

{18} ---- [2]- [27] - [25] - [10] - [23] - [18] arete = fête
A RE TE TY SO TA -ty = beaucoup
(arete ty so.ta) (a) so = rompre
elle sera rompue en grande fête -ta = suff. futur immédiat

{17} ---- [28] - [1] po'a = la chance
PO PA pa = beaucoup de
(po'a pa)
beaucoup de chance

{16} ---- [2] - [12] - [31] - [26] kui = réduit en morceaux
A GUA KUI RA - ra = suffixe de futur
(agua kuira) (peut accompagner un subsantif ou un verbe)
Couronne qui sera réduite en morceaux

{15} ---- [2] - [12] - [27] - [27] - [35] - [37] - [21] ka = sec
A GUA RE RE KA I NA re+...+.ina = indique une
(aguaré rekaina) action en cours (encadre un verbe ou un nom verbal)
vieille couronne en train de sècher

{14} ---- [33] - [23] (o) pi = terminer
PI SO (a) so = rompre
(piso)
se termine la destruction

Là, l'inspiration semble faire défaut à l'artiste, et pourtant il lui reste un espace à remplir : les quatre ensembles suivants seront une répétion de précédents : {13} = {16} - {12} = {18} - {11} = {17} - {10} = {16} à moins qu'il ne s'agisse d'une forme incantatoire de répétition.

{9} ---- [2] - [12] - [27] - [14] - [32] - 18] - [27] rehe'y = sans
A GUA RE HE'Y KO TA RE (ai) ko'o = irriter
(agua rehe'y ko'ota re) - ta =suff. de futur immediat
Sans la couronne ré = du passé
la capacité d'irriter est chose du passé.

Constatons la complexité de l'idée et la simplicité de l'expression : trois syllabes *ko, ta, ré* suffisent à construire la phrase

{8} ---- [6] - [18] - [17] - [19]
HA TA XU U
(hata xu' u)
Réduire rapidement en petits morceaux

hata = rapide
xu'u = réduit en petits morceaux

KUI RA GUA
(kui ragua)
pour s'en débarrasser
La couronne semblerait donc avoir la capacité d'absorber des influences négatives, qui disparaissent avec sa destruction, d'où sa puissance.

(a) kui = se débarasser de

{6} ---- [2[- [12] - [13] - [1]
A GUA NU PA
(agua nupa)
couronne puissante

(ai) nupa = avoir du pouvoir

{5} ---- [23] - [19] - [35]
SO U KA
(so uka)
qui fait disparaitre

- uka = faire faire
(a) so = rompre

{4} ---- [10] - [3] - [38]
TY AI RO
(ty ai ro)
l'amertume de beaucoup de blessures

ty = beaucoup
ai = blessure(s)
ro = rancoeur, amertume
(forme au génitif)

{3}+ {2} ---- idem {15} + {2}
vieille et puissante couronne en train de sècher

{1} ---- idem {4}
l'amertume de beaucoup de blessure/(s)

(1) Antonis VASILAKIS - *Phaistos* . Héraklion. 2002.

(2) "POÊLES A FRIRE" (Fig. 29)

Si l'on observe les supposés "navires " qui apparaissent sur les "poêles à frire" avec l'idée qu'ils puissent représenter d'*antiques métiers à tisser,* on constate certains détails qui confortent cette hypothèse.

Ainsi, du bras oblique pend un faisceau qui peut représenter des *fils de lin ou de laine* qui vont être utilisés pour *la trame* et à la partie haute du bras apparait une *navette* de forme ovoïde ou parfois en forme de poisson qui sera utilisée pour incorporer ces fils. Les avirons qui semblent apparaitre de part et d'autre des "navires" seraient en fait la représentation des multiples *fils de chaîne* tendus sur le métier, la ligne de points noirs régulièrement espacés qui apparaît sur certains dessins étant des fichets servant à guider les fils de chaîne. Quant aux innombrables *spirales* qui toutes s'unissent entre voisines par un trait rectiligne, elles symbolisent les *bobines* de fils utilisées en ligne pour la nappe de fils de chaîne, et non des vagues qui amenèrent à penser que flottait sur elles un navire... *Nous avons peut-être là la représentation d'un des premiers métiers à tisser qui aient existé.* Il semble que le corps était constitué par un tronc de bois équarri et partiellement évidé à sa partie supérieure, le bras qui s'élève en oblique pouvant à l'origine avoir été une branche maitresse conservée pour y suspendre les écheveaux et les mettre ainsi à portée de main d'une tisseuse. Un orifice devait exister à la partie inférieure de ce bras pour permettre l'introduction de la navette placée au bout d'une lance. Les zig-zags qui apparaissent sur certains de ces objets peuvent représenter des *séparateurs* dont les positions alternées seront facilitées par des appuis sur le bras oblique.

Il nous semble que les "poêles à frire" étaient en fait des *plateaux utilisés lors du filage.* Placé à plat sur un support à côté de la fileuse, le plateau contenait à l'intérieur du mince rebord périphérique *un liquide* permettant d'humecter la pointe des doigts de la fileuse qui torsionnait les fils. Ces instruments de tissage existaient certainement dans l'Égée quand arrivèrent les Danaens.

(3) Lithographie publiée à Nuremberg en 1599 dans l'ouvrage *Vera Historia* d'Ulrich Schmidt, reproduite dans l'ouvrage de Bartomeu Meliá : *La langue guarani du Paraguay.* Madrid. 1992.

Chapitre 19

LE LINÉAIRE A

De nombreux chercheurs essayaient sans succès de déchiffrer le linéaire A lorsqu'en 1952 Ventris annonça qu'il avait déchiffré le linéaire B. La nouvelle les remplit d'espoir car de nombreux signes étaient identiques entre les deux écritures, et l'on pouvait penser que le syllabaire de Ventris permettrait de comprendre les inscriptions en linéaire A ; mais ils durent rapidement déchanter : on pouvait "lire" le linéaire A dans l'hypothèse qu'aux mêmes signes correspondaient les mêmes sons, mais les textes restaient incompréhensibles. Il fallut donc se rendre à l'évidence : c'était une langue différente qu'exprimait le linéaire A ; à l'exception éventuelle de quelques signes par ailleurs impossibles à identifier, les signes du linéaire A exprimaient d'autres sons que les signes semblables du linéaire B : *il fallait donc trouver un syllabaire spécifique du linéaire A.*

Les travaux de Ventris et Chadwick avaient cependant ranimé l'espérance d'une lecture de ce linéaire : Godart et Olivier estimèrent qu'il était essentiel de rassembler en un Corpus toutes les inscriptions connues en linéaire A, que ce soit sur tablettes d'argile, tables de pierre où s'effectuaient des offrandes, vases, bijoux etc. Entre 1976 et 1985, ils publièrent un *relevé des inscriptions existantes*, offrant ainsi aux chercheurs une base essentielle pour une nouvelle étape (1). Il existe une numérotation officielle des signes des deux linéaires :

- Les chiffres de 1 à 200 sont réservés aux signes communs aux 2 linéaires.
- Ceux de 200 à 300 sont réservés aux signes n'existant qu'en linéaire B.
- Ceux de 300 à 400 sont réservés aux signes n'existant qu'en linéaire A.
- Ceux supérieurs à 400 sont réservés aux signes complexes et aux fractions.

Godart fait part dans *"Le pouvoir de l'écrit"* (1990) de ses tentatives pour essayer d'avancer dans le déchiffrement du linéaire A. Il constate que le signe [8] identifié comme étant la voyelle A en linéaire B semble avoir la même signification en linéaire A, car elle apparaît fréquemment au début des mots de ce linéaire. Il se penche sur huit groupes de signes communs entre les deux linéaires, mais doute qu'ils puissent se lire de la même manière. Il observe les signes les uns après les autres pour constater l'évolution graphique de certains comme le signe [80] qui, dans les premières inscriptions, a nettement la forme d'une tête d'animal vu de face, pour se styliser par la suite.

Il fait une observation dont nous verrons l'intérêt plus loin : il constate que *"les signes [78] et [80] que l'on lit respectivement* qe *et* ma *en linéaire B sont fréquents en linéaire A. Or à plusieurs reprises, tant à La Canée qu'à Zakros* (donc aux deux extrémités de l'île), *le signe [80] avait été écrit sur le signe [78] effacé".* Certes, dit-il, c'est une correction d'erreur banale que l'on retrouve en linéaire B, mais toujours *"lorsqu'il y a une parenté réelle entre le signe effacé et celui qui le remplace".* Or il constate qu'il n'y en a aucune entre *qe* et *ma,* et il arrive à la conclusion que, au moins un des deux signes se lit d'une autre manière en linéaire A.

On saisit la difficulté qu'il y a à aborder un déchiffrement sans aucun repère sûr. D'ailleurs, Godart conclut : *"Après avoir insisté sur ces points, il est temps d'avouer que la recherche piétine à l'heure actuelle aussi bien en ce qui concerne la lecture qu'à fortiori le déchiffrement du linéaire A".*

Un fait important retient son attention : il constate que les textes des tablettes et les inscriptions des vases d'argile, d'allure économique, semblent n'avoir aucun point commun avec les textes gravés sur la pierre dans les sanctuaires et sur les métaux, bronze, or, ou argent et il se demande : *"Est-ce parce que les sujets traités sont si différents qu'aucun groupe de signes ne se rencontre de part et d'autre, ou au contraire est-ce parce que les Minoens ont utilisé dans leurs sanctuaires et leurs grottes une langue sacrée différente de la langue profane dont ils usaient dans leurs documents comptables ?"*

Par ailleurs, il souligne que les Minoens connaissaient une forme d'écriture hiéroglyphique qu'ils utilisaient dans leurs documents comptables à Cnossos et à Malia, et que *"malgré cela, ils vont éprouver à Phaistos le besoin d'utiliser une nouvelle forme d'écriture, le linéaire A",* qui coexistera un temps avec l'écriture hiéroglyphique, puis la supplantera.

Il envisage donc la possible existence de *"deux populations différentes, parlant deux langues différentes et par là, utilisant deux systèmes graphiques différents,"* ceux qui usaient l'écriture hiéroglyphique étant les descendants des premières populations minoennes, *"tandis que les gens pratiquant le linéaire A seraient, pourquoi pas, de nouveaux venus (...). La lente disparition de l'écriture hiéroglyphique serait, dans ce contexte, liée à l'ascendant, sans doute plus culturel que militaire, du groupe linéaire A sur le groupe hiéroglyphique".* Cette hypothèse de Godart coïncide on ne peut mieux avec celle que nous avons exposée dans des chapitres antérieurs. Toutefois, il la rejette immédiatement, avec l'argument que des guerres ne semblent pas avoir affecté l'île, et que *"la cohabitation entre gens écrivant le linéaire A et gens écrivant l'hiéroglyphique était étroite et pacifique".*

En fait, l'apparition du linéaire A et l'utilisation simultanée des écritures linéaire et hiéroglyphique entre -1.800 et -1.700 sont *l'indication de l'arrivée pacifique des Danaens* : commerçants avisés, ils établiront des relations commerciales avec les Pélasges installés en Messara, puis avec les maîtres de Malia et de Cnossos. Au début, et selon leurs coutumes ancestrales, ils se contenteront d'opérations de troc tout en se familiarisant avec l'écriture hiéroglyphique en usage dans l'île. Puis ils sentiront la nécessité d'une écriture adaptée à leur langue et des tentatives seront faites, qui aboutiront au *disque de Phaistos* puis au *linéaire A,* écriture qui se manifestera par les inscriptions sur les tables de pierre et quelques objets d'art, ainsi que sur des tablettes d'argile.

Constatant que ces inscriptions sont de même facture dans toute la Crète, les archéologues parlent d'un fort pouvoir central qui justifierait ce fait et imaginent un roi régnant depuis Cnossos sur toute l'île. Pour notre part, nous voyons la chose d'une manière différente. Les Danaens de Phaistos avaient certainement établi en divers lieux de l'île des *comptoirs* importants pour leur commerce, dans lesquels résidaient en permanence un certain nombre d'entre eux ; ceux-ci apportaient leur langue, leur écriture et leurs pratiques rituelles, dont les *inscriptions sur les tables de libations* sont le reflet : nous aurions donc en elles le *témoignage écrit de la langue des Danaens.*

Par la suite, devant l'accélération de la croissance économique et la nécessité de substituer au troc un système plus moderne de comptabilité du flux des marchandises, cette nouvelle écriture sera utilisée dans les transactions commerciales en substitution à l'écriture hiéroglyphique. Mais il y avait un obstacle de taille : les collecteurs danaens, peu nombreux, devaient utiliser la langue des producteurs agricoles et des artisans qui étaient des Pélasges : d'où la nécessité d'ajouter de nouveaux signes au *syllabaire initial établi pour la langue des danaens* si l'on voulait que des scribes locaux enregistrent facilement les transactions sur des tablettes : c'est pour cela selon nous qu'apparurent d'autres signes simples et les *signes complexes,* de structure plus compliquée que les premiers. En conséquence comme l'observe Godart, *les signes utilisés pour les transactions commerciales et qui apparaissent sur les tablettes sont en grande partie différents de ceux des inscriptions votives ou artistiques.* On pourrait donc dire que *le linéaire A exprime en même temps deux langues : celle des Danaens, et partiellement celle des Pélasges, d'où l'abondance de signes,* près de deux cents, alors que, normalement, un syllabaire de 80 a 100 signes environ permet d'interpréter une langue. Les inscriptions votives et artistiques que nous allons étudier appartiennent à la langue des Danaens et correspondent à un *syllabaire de signes simples.*.

Si l'on observe les multiples noms de villages sur une carte de la Crète, on est frappé par le caractère étrange d'un certain nombre d'entre eux :
-Tzitazifes, Tsakistra, Tsikiari, Meskla, Psiristra, Skafi, Litsarda et autres *dans l'ouest de l'île* au pied des Monts Blancs. - Klisidi, Skardili, Tsomouri, Drokalevri, Koutsoumari et autres *dans l'est de l'île* : tous ces noms portent la marque du premier peuplement, celui des Pélasges.

Par contre, *dans le centre de l'île*, et en particulier sur l'axe Phaistos-Rhétimnon qui constitue une voie de communication facile entre le sud et le nord de la Crète, on relève *divers noms de facture guaranitique* : Camaré - Karé - Timbaki - Pombia - Melamba - Moroni - Larani - Lambini - Gerani - Gérakari... En guarani, *tymba* signifie : animal (cochon, vache, etc.) ; *pombé* : maladroit ; *karé* : boiteux ; *jéra* : libre. La double consonne *mb* est fréquente en guarani ainsi que la terminaison en *ni.*

Les Danaens dirigèrent l'île depuis Phaistos et délaissèrent Cnossos, palais qui a produit très peu de documents en linéaire A. Nous pensons que la transmission de l'information économique se faisait à l'aide de *kipus*, cordelettes de diverses couleurs portant des informations sous forme de séquences de noeuds ; des scribes spécialisés y enregistraient les informations temporaires des tablettes, et des messagers apportaient au centre commercial ces informations inscrites sur des écheveaux de cordelettes dont la plus grande qualité était la légèreté. En ce qui concerne les quantités enregistrées, les archéologues pensent que l'*écriture hiéroglyphique* utilisait un *système décimal,* et supposent qu'il en était de même en *linéaire A,* où les quantités sont indiquées par *des points et des tirets horizontaux et verticaux.*

Nous pensons que les Danaens étaient arrivés sans un système comptable, leur tradition commerciale se basant sur l*e troc* et l'évaluation visuelle des *ensembles de produits.* Mais le stockage des marchandises et la nécessité d'acquérir des quantités variables de divers produits les amenèrent selon nous à adopter partiellement le système décimal du hiéroglyphique, en en adoptant certaines données pour les incorporer à leurs propres concepts. Les archéologues font en effet une observation surprenante, que M. van Effenterre et M. Mastorakis résument ainsi : *"Les quantités de produits enregistrées en linéaire A sont souvent modestes, pour ne pas dire minimes, même dans les grands centres palatiaux et à plus forte raison sur les sites moins importants. Mais des chiffres beaucoup plus considérables apparaissent parfois et notamment sur les documents écrits en hiéroglyphique (...). En outre, en linéaire A, on lit rarement des chiffres ronds"* (c'est-a-dire, apparaissent des fractions). Ceci nous amène à penser que l'unité de mesure choisie par les Danaens et qui se manifeste en linéaire A était *plus grande* que celle qui se manifeste en hiéroglyphique et que *leur système n'était pas décimal.*

Notons à ce sujet que, pour nous, le système décimal coule de source, puisque le justifie un comptage élémentaire sur les dix doigts des deux mains, et il en fut certainement de même chez les Pélasges et les Atlantes, des *"vieux" amérindiens*. Constatons toutefois que cela correspond à une mentalité orientée vers le calcul, et qui sera par le futur très favorable au développement des mathématiques, de l'astronomie et de la construction. Mais il semble que les Danaens, des *néo-amérindiens* (récemment arrivés en Amérique en terme de millénaires), avaient une mentalité différente, qui ne privilégiait pas le calcul. On en a probablement la preuve dans le fait que, lors de la conquête de l'Amérique, alors que leur langue était d'une extrême richesse, les Guaranis avaient seulement *quatre chiffres* dans leur vocabulaire :

1, 2, 3 et 4. On s'en étonnera et se demandera comment ils n'arrivèrent jamais à pour le moins se rendre compte qu'il y avait 5 doigts dans une main (ce sont les Jésuites qui introduiront le chiffre 5, et le dénommeront *po, la main*). C'est que *leur esprit voyait la chose d'une manière différente* : ce que nous appelons *chiffres* de leur vocabulaire est en effet plus que cela : il s'agit de quatre *concepts* identifiés par les chiffres 1, 2, 3, 4 :

- Petei - Mokoi - Mbojapy - Irundy.

Un linguiste paraguayen (2) dit à leur propos que *"les valeurs de la vie ne sont pas prises en compte par le peuple guarani à l'aide de signes quantitatifs. Ce peuple n'a pas connu le système décimal, mais a créé un système que nous pourrions appeler "quadrinomique" pour la mesure simple des réalités dans un concept qualitatif",* et il explique ainsi ces quatre mots :

- *Pe-te-ï* = L'individu qui existe = Un (*unité*)
- *Mo-koï* = Séparés en conjonction = Deux (*dualité*)
- *Mbo-ja-py* = Qui résulte d'un ajout = Trois (*complémentarité*)
- *I-ru-ndy* = Unités qui se groupent = Quatre (*ensemble, plénitude*)

Pour des chiffres plus élevés, les Danaens combinaient ces quatre chiffres fondamentaux : ainsi, 7 s'exprimait : *un plus deux fois trois* (voir Chap. 26)

Il se pourrait donc que les Danaens, découvrant le système décimal et ayant quelques difficultés à le comprendre, aient choisi une unité de mesure (poids ou quantités) plus grande que l'unité décimale des Pélasges. Les inscriptions votives constituant une des premières expressions du linéaire A, il est intéressant de constater dans l'une d'elles (Chap. 20-{26}) un système de calcul qui semble prendre 4 comme unité de mesure (3), d'où des sommes nettement inférieures en linéaire A en comparaison avec le Hiéroglyphique.

Godart écrit : *"A supposer que l'on parvienne à lire le linéaire A, il resterait à le déchiffrer".* Or "*cette écriture peut dissimuler une langue connue par ailleurs comme elle peut parfaitement celer une langue inconnue et disparue à jamais."* Il semble qu'heureusement, c'est sa première hypothèse qui était la bonne, *le linéaire A correspondant selon nous à une langue proto-guaranitique dont le guarani actuel apporte la compréhension.*

Puisque cette langue était partiellement présente dans le linéaire B, nous avons d'abord cherché à vérifier si le syllabaire du linéaire B permettait une lecture compréhensible du linéaire A avec cette hypothèse linguistique, mais en vain. Il fallait donc élaborer un syllabaire différent.

Nous décidions de laisser de côté la plupart des tablettes pour nous consacrer aux *inscriptions sur vases, tables de libations, armes et bijoux* que reproduisait le Corpus établi par Godart et Olivier, une cinquantaine environ, certaines étant incomplètes en raison de brisures dues au passage du temps.

66 signes revenaient avec plus ou moins de fréquence et ces inscriptions étaient en nombre suffisant pour vérifier des hypothèses phonétiques bien mieux que pour le disque de Phaistos. Cependant pour celui-ci, certaines images parlantes constituant les signes avaient permis leur identification et l'attribution d'un son dans notre hypothèse linguistique, alors que cela n'était pas possible pour la majeure partie des signes, stylisés, du linéaire A .

Nous avons cherché en premier lieu à identifier des signes qui auraient pu passer d'un syllabaire à l'autre en gardant le même son : 6 nous parurent être passés de l'écriture du disque au linéaire A en raison de similitudes de dessin :

Le signe [10] du disque = TY devenant le signe [4] du linéaire A (le balai)
- [36] = Y [28] (l'arbre)
(on le retrouve en linéaire B avec ce même son)
- [22] = NGA [54] (le mortier)
- [26] = RA [60] (la corne)
(on le retrouve avec ce son en linéaire B)
- [12] = GUA [78] (le bouclier)
[29] = JA [80] (le jaguar)

parce que dans les premières formes de ce signe reproduites dans le Corpus, on reconnaît la tête d'un animal aux oreilles dressées vu de face.

Une confirmation en ce qui concerne ces deux derniers signes nous était fournie par l'observation de Godart citée plus haut, à savoir qu'en linéaire A, le signe [80] était souvent écrit sur le signe [78] effacé : le mot *jagua* s'appliquant au jaguar mais aussi au chien en Crète, la tête d'animal associée à ce nom était donc pour les scribes une image plus familière que le bouclier (*guarakapa*), et une confusion en découlait pour représenter le son *gua*, lequel était également présent dans le nom de l'animal (*ja-gua*). Notons que c'est peut-être une erreur d'attribuer le son *qe* au signe [78] du linéaire B et qu'il serait préférable de lui attribuer le son *gua* comme en linéaire A (4).

Il y avait 5 signes du linéaire A qui pouvaient être considérés comme des signes parlants :

- [8] (la double hache) auquel pouvait correspondre le son A [8] = A
justifié par *akua* : aigu, qui donnera en grec : *axiné* : la hache.
- [67] (la coupe) auquel pouvait correspondre le son KA [67] = KA
justifié par le guarani *kagua* (la coupe), et l'inscription solitaire
de ce signe portée justement par une coupe (voir chap. 20 - {1})
- [81] (un oiseau stylisé en vol) justifié par les plus anciens signes comme
représentant un oiseau (*guyra* ou *ry)*.Nous avons pris [81] = RY
- [70] l'éclair *(aratiri)* [70] = TI
- [76] pouvait représenter des cordes *(sa)* [76] = SA

Nous disposions donc d'un son possible pour 11 signes. A propos du signe A, nous avons été par la suite amené à envisager une autre explication, qui nous parait préférable : [8] pouvait paraître une stylisation de l'appareil génital masculin - et donc rappeler l'homme, *ava* - d'autant plus que dans les idéogrammes indiquant des animaux en linéaires A et B, le sexe masculin (bouc, par exemple) était indiqué par deux petites barres transversales qui croisent la barre verticale unique du signe générique (mouton) tandis que le sexe féminin (brebis) est indiqué par une seconde barre verticale. Mais dans ce cas, un autre signe devait styliser l'appareil génital féminin, et nous ne voyions pas lequel. Il nous apparut au cours de tentatives de traduction, et comme il ne figure pas dans le tableau officiel des signes, nous lui avons affecté le numéro [380]. C'est une barre verticale surmontée d'une courte barre horizontale, un *tau*, qui peut être considéré comme représentant la vulve féminine (qui apparaît sur les célèbres "poêles à frire" cycladiques). Nous trouvons ce signe une seule fois, dans une inscription (chap. 20 -{39}). En guarani, *sy* est la *mère génitrice*, et cette particule a le sens générique de : *source, écoulement*. Ce son nous parut être en accord avec le contexte, d'où :

{380} = SY

Il est intéressant de noter que *certains signes apparaissent isolément* sur divers objets, [28] [04] et [41] selon un relevé présenté par Emily Vermeule (op. cit. - fig. 6) : leur ayant affecté les sons : [28] = Y - [04] = TY - [41] = U, il est possible d'interpréter ainsi ces trois inscriptions :

- Y - apparaît sur un chaudron de bronze découvert à Mycènes, dans une tombe du Cercle A. Y(guttural) signifiant : *eau*, ce signe indique que ce chaudron était réservé à l'ébullition de ce liquide.
- TY - nous avons vu que ce signe dérive d'un mot qui signifie : balai. Il n'est donc pas étonnant de constater que le verbe *ty* signifie : *écarter, rejeter, faire tomber.* Ce signe apparaît à deux reprises sur des pierres taillées constituant la paroi de tholos, à Péristeia et à Mycènes, et peut avoir signifié que ces blocs étaient à retailler pour s'adapter à la construction.
- U - ce signe, *en forme de trident*, apparaît à deux reprises, à Mycènes sur une pierre taillée rectangulaire qui présente une entaille également rectangulaire dans sa partie basse, et à Hagia Triada sur un lingot de cuivre appartenant à un lot de lingots : il a donc un sens général. C'est probablement la première syllabe d'un mot : or il y a peu de mots en guarani qui commencent par *u.* Nous pensons qu'il pourrait s'agir du mot *upeixa* qui signifie : *ainsi, de cette manière.* Il s'agirait donc d'un *modèle.* Le bloc entaillé indiquait comment devaient être réalisés d'autres blocs semblables en vue d'un encastrement, et le lingot marqué de ce signe pourrait être un *lingot-étalon* de poids.

Il est notable que les signes TY et U apparaissent en linéaire A sur des monuments mycéniens : ceci indiquerait que les maîtres d'oeuvre qui édifiaient ces tholos dans le Péloponnèse ou travaillaient sur l'Acropole étaient des spécialistes venus de Crète. E. Vermeule observe (Note au chap. VIII) que ce dernier signe se retrouve à Athènes et elle se demande : *"La fameuse marque du trident de Poséidon sous l'Érechteion sur l'Acropole, ne serait-elle pas une marque de constructeur en provenance du palais de Mycènes ?* ", admettant ainsi qu'il s'agit d'un signe scriptural et non d'un souvenir du mythique Poséidon. Elle avait raison.

Un autre signe isolé est [77], qui correspond au son JU donné par le contexte des inscriptions. Ce signe apparaît sur une jarre de Thèbes. Comme *juky* signifie *sel*, la jarre pouvait être destinée à contenir ce produit, ce qui montre que, sur le continent, certains signes du linéaire A étaient connus et correctement interprétés.

Pour une deuxième étape, nous sommes partis de la constatation suivante : certains signes apparaissaient *répétés d'une manière consécutive* dans diverses inscriptions, en particulier dans la séquence fréquente : [8]-[27]-[27-[60]. Divers auteurs l'ont constaté et supposaient que ce groupe de signes se lisait : *a-sa-sa-ra*, selon la phonétique du linéaire B ; certains pensaient qu'il s'agissait d'une déesse, et d'autres d'une invocation religieuse. Cependant, nous constations que cette interprétation ne signifiait rien en guarani ; toutefois, nous pensions que *a* et *ra* étaient corrects.

Or il se trouve que *la répétition de syllabes est une caractéristique de la langue guarani*, où le phénomène se produit fréquemment. Nous avons donc pensé à établir une liste de toutes les répétitions de syllabes qui apparaissent dans le dictionnaire de la langue guarani : parmi elles, il y en a 18 qui, étant donné leur signification, avaient des chances de correspondre à des doublets du linéaire A. Ceux-ci, sur ces inscriptions, étaient au nombre de 10, mais il se pouvait que certains d'entre eux ne soient pas à lire ensemble, et fassent partie de deux mots différents consécutifs (nous en verrons un exemple au chapitre (20 -{13}). Ainsi, on trouve en guarani : *guyguy - jaja - jojo - mama - meme - momo - papa - pepe - pipi - popo - pupu - ruru - ryry - tata - titi - tyty -vava - veve - vyvy.*

Le ou les sens de ces divers doublets nous amenèrent à constater qu'un seul pouvait correspondre au mot indiqué ci-dessus, à savoir : *momo,* et qui plus est, le dictionnaire donnait le verbe *(a) momora* qui signifie *célébrer.* Donc, ce mot *a-mo-mo-ra* qui revenait fréquemment signifiait : *je célèbre, a* étant le pronom personnel de la première personne du singulier, et il était en accord avec les supports des inscriptions, généralement des tables de libations. On obtenait donc : [27] = MO

Ainsi, progressivement, nous sommes arrivés au syllabaire que nous proposons pour le linéaire A. Il permet de lire d'une manière acceptable la plupart des inscriptions ; il semble que cette écriture n'ait pas différencié les voyelles ordinaires et les nasales, probablement par souci de simplification.

Un certain nombre de signes n'apparaissent qu'une seule fois dans l'ensemble des inscriptions étudiées, et la valeur phonétique que nous leur attribuons est donc aléatoire, car elle dépend d'un seul texte.

Un exemple de la difficulté d'attribuer une valeur phonétique à un signe qui n'apparaît qu'une seule fois et dans un contexte difficile à interpréter est donné par la multiplicité de mots de sens fort différents formés à partir de *gua* comme première syllabe : - *guahé* (arrivée) - *guahu* (hymne) - *guani* (lignée, tribu) - *guapy* (tranquilité, repos) - *guari* (liqueur) - *guaru* (dégoût) - *guasu* (grand) - *guata* (marche) - *gua'u* (plaisanterie). Dans un texte court, on peut facilement arriver à un contre-sens ou à un non-sens. Donc l'accouplement de particules en langue guarani tient du *rébus*, et il faut connaître la possibilité d'existence d'un mot et son sens dans cette langue pour arriver à la compréhension d'un texte que l'on suppose lui appartenir ; dans le cas du linéaire A et du disque de Phaistos, s'ajoute la nécessité d'avoir correctement interprété le son représenté par chaque signe. Par contre, si le son est correctement interprété et si le groupe de syllabes envisagé est correct, le dictionnaire guarani indique un mot correspondant, et *souvent un seul possible* (avec parfois des sens divers) *comme si ce mot était disponible de toute éternité.*

Dans le disque de Phaistos, les mots ou éventuellement un groupe réduit de mots sont séparés par des barres verticales. La séparation est moins nette en linéaire A, généralement un point, mais pas toujours, de telle sorte qu'il existe le risque d'essayer d'interpréter un mot supposé formé par des syllabes qui appartiennent en fait à deux mots consécutifs, d'où proviendraient des non-sens ou des contresens pour l'interprétation du texte, et même pour le son attribué à un signe.

C'est dans ces limites que nous avons attribué un son à 57 signes répertoriés officiellement, et attribué un numéro [38.x] à *9 signes* qui apparaissent également dans les inscriptions étudiées mais ne figurent pas sur la liste officielle ; certains d'entre eux, malgré leur utilisation peu fréquente, ont un grand intérêt : se sont : [381] = XE - [382] = YO - [383] = NDE .

En guarani, un verbe est toujours à l'infinitif, et la conjugaison se marque par l'apposition de pronoms personnels. Les verbes se classent en deux catégories, les *areales* et les *xendales*. Les premiers sont les verbes classiques, et les pronoms personnels qui les précèdent sont, au singulier: *a, re, o = je, tu, il* (d'où : verbes "a-re-ales" dans la terminologie espagnole). Les seconds sont des substantifs qui se verbalisent par l'apposition de pronoms qui sont différents des précédents, à savoir *xe, nde, i = je, tu, il*, d'où : verbes "xe-nd-ales". Au pluriel, les pronoms sont : *ja, yo, pe, o (areales)*, et *gnande, ore, pende, i* (*xendales*) qui signifient: *nous* (global), *nous* (restrictif à ceux qui agissent), *vous, ils*. Donc ces trois signes XE, YO, NDE sont des pronoms personnels.

Notons que *je* est indiqué par le *signe de la verticalité*, l'homme debout qui s'affirme. À part quelques rares signes parlants, il est impossible de comprendre comment les Danaens décidaient de la forme des signes qu'ils attribuaient aux syllabes. Indiquons toutefois quelques similitudes entre certains d'entre eux :

- les signes [80] = JA et [45] = HA sont semblables par le son et la graphie, et le second fut pensé pour se différencier du premier par un apport de barres.

- les signes [24] = GNE (ÑE en graphie espagnole) et [423] = NDE sont également fort semblables par le son et la graphie, le second se différenciant de même du premier par une apport de barres.
- le signe [422] = YO est peut être une variation du signe [07] = PE, puisque les deux, assez semblables, expriment des pronoms voisins : *nous* et *vous*.
- notons la ressemblance entre les signes [8] = A et [30] = AE

Nous verrons que le vocabulaire des inscriptions étudiées se rapporte en grande partie à des concepts philosophiques et aborde peu les thèmes de la vie courante d'une société ; par ailleurs, nous pensons que les tablettes traitent essentiellement d'apports de produits agricoles aux magasins généraux des Palais ; qui plus est, elles correspondent à une brève période de l'année, celle qui précèda l'incendie des Palais qui durcit ces tablettes et les conserva : un pan important de connaissances relatives à la societé minoenne n'apparaît donc pas dans les inscriptions qui nous sont parvenues. C'est certainement le cas des produits issus de l'industrie, tels que les *toiles* ou les *métaux*, qui devaient être fabriqués dans les ateliers des Palais et faire l'objet d'un enregistrement particulier.

Nous pensons que des signes complexes devaient identifier les métaux et leurs manufactures ; par contre, un signe simple devait représenter *la toile*, car le mot correspondant est monosyllabique, *ao,* et son signe fut certainement un des premiers à être imaginé, symbolisant peut-être une certaine forme de tissage. Ainsi, nous avons vu que le fil tissé ou le cordage, *sa*, s'exprimait par le signe simple [76], soit plusieurs fils ondulés. De même la fermentation s'exprime par le schéma d'un pressoir [131 a].

À côté des 66 signes simples que nous avons identifiés, répertoriés pour la plupart par Godard et Olivier, c'est pour le moins 37 signes simples que nous ne connaissons pas et qui correspondent à des syllabes non utilisées dans les inscriptions étudiées mais figurant dans le dictionnaire de Guasch (voir liste en fin du Chap. 20) : *à la langue des danaens, devait donc correspondre un syllabaire de signes simples d'environ 105 à 110 signes*.

À propos des *inscriptions des tables de libations*, la lecture que nous proposons au Chap. 20 montre qu'à la différence de ce que supposaient la plupart des archéologues, *nous ne sommes pas en présence de formules religieuses relatives à des dieux ou des déesses,* formules qui apporteraient des lumières sur une religion qui se serait manifestée sur ces tables de pierre.

Elles manifestent tout au plus des *aphorismes,* souvent d'inspiration épicurienne, ainsi que des phrases montrant une certaine crainte de la mort ; apparaît aussi le respect pour *le savoir* et pour la *recherche métaphysique* des penseurs de la communauté, qui se manifeste par l'expression : *"je respecte l'inquiétude"* (intellectuelle). Nous avons là la *source de la tolérance pour les idées les plus diverses, qui amènera au foisonnement des concepts philosophiques dans la Grèce ancienne.*

Notre opinion est que *ces inscriptions sont le témoignage d'une forme de vie, celle de la classe des marchands danaens, adeptes de libations individuelles ou en groupe, à base de jus de fruits fermentés.*

L'inscription est généralement composée de deux parties, en premier lieu l'aphorisme, et ensuite des considérations pratiques.

Au début, les tables de libations devaient être de pierre nue et polie, sans décoration. Lorsque qu'apparut l'écriture en linéaire A, les personnages de la société danaenne durent demander à des scribes d'inscrire sur ces tables des phrases d'usage traditionnel, accompagnées d'autres plus personnelles qui leur venaient à l'esprit, éprouvant certainement une satisfaction enfantine à voir ainsi reproduites des expressions de leur vie courante dans un domaine particulier, celui des libations ; ces inscriptions resteront par la suite comme une décoration, mais elles ne manifestent pas des formules rituelles, mis à part quelques expressions telles que : *"il faut que je célèbre dans la solitude"*, ou *"Je respecte l'inquiétude."*

On ne trouve aucun texte d'une certaine longueur en linéaire A : à cet égard, il y aurait une certaine régression par rapport au disque de Phaistos, qui, lui, présentait un texte d'une longueur assez conséquente et racontait "une histoire", même si elle parait puérile (notons que c'est probablement l'oeuvre d'un Pélasge, et non d'un Danaen). Mais les Danaens attribuaient-ils une grande valeur à l'écriture ? A la différence d'autres civilisations voisines, Égypte et Mésopotamie, il n'existe aucune inscription qui permette de le penser, et l'*absence d'écriture sur les fresques* qui plus tard décoreront les palais semblerait au contraire montrer qu'ils faisaient peu de cas de ce moyen d'expression. Ce sont les Mycéniens qui découvriront l'intérêt de l'écriture, et encore en la limitant au seul domaine administratif. *L'oralité était de règle chez les Danaens; l'écrit ne fut qu'un accessoire.*

Le linéaire A n'est pas la manifestation d'une "langue sacrée", mais seulement celle de la *langue profane* du commun des Danaens. Cela n'exclut pas le fait qu'ait pu exister une *langue sacrée, ésotérique*, constituée par des *paroles* et des expressions que seuls les chamanes et les chefs religieux connaissaient *et se gardaient bien de confier au commun des mortels ou à l'écrit* : l'existence de nos jours d'une telle langue sacrée chez les Mbyá-guaranis pourrait venir à l'appui de cette hypothèse. Notons que cependant, même pour des profanes non-initiés à une théologie, était connu le *concept d'âme au sens chrétien du terme*, c'est-à-dire une part de l'être qui subsiste après sa mort, comme l'attestent trois inscriptions du Chap. 20 : {8}, {37} et {41}.

Elles sont du XVIe siècle a.C. et il est difficile d'envisager une influence égyptiennne sur les Danaens de Phaistos à cette haute époque, en ce qui concerne *l'âme* : cette conception appartenait donc à la culture religieuse des ancêtres des Danaens.

Au contraire, on pourrait envisager une influence de la pensée religieuse ésotérique danaenne sur celle, figée alors depuis un millénaire, de l'Égypte au temps d'Akhénaton. Nous retrouvons à notre époque cette pensée religieuse ésotérique chez les Mbyá-guaranis (voir Chap. 26).

Cette antériorité de peuples amérindiens est remarquable, car *la notion d'âme avec ce même sens n'apparaîtra que tardivement dans les textes bibliques* (*Sagesse* - 3-1, 4) au Ier siècle a.C., soit *1.500 ans plus tard* : auparavant dans la Bible, ce mot exprimait seulement l'*haleine, le souffle vital,* sans connotation de vie de l'âme postérieure à la mort de l'individu.

(1) L. GODART et J.P. OLIVIER -*Recueil des inscriptions en linéaire A* Paris. 1976.

(2) M. C. PEDROSO - *Epitome de la etimologia del idioma guarani.* Asuncion. 1985.

(3). Nous verrons l'importance du chiffre quatre dans les mythes quiché-mayas et Mbyá-guarani (Chap. 26).

(4) Le *bouclier rond apparaît sur le disque de Phaistos, dans le linéaire A et dans le linéaire B* : nous estimons qu'il correspond au son *gua* dans les trois écritures.

Il semblerait normal que le signe du bouclier ait été adopté en linéaire B avec le même son qu'en linéaire A, sauf si le son *gua* était pris par ailleurs par un autre signe mais le syllabaire de Chadwick ne fait pas apparaître l'existence du son *gua* .

Le mot *qe-ro2* apparaît sur des tablettes de Cnossos en linéaire B selon ce syllabaire, et nous pensons qu'il devrait se lire *gua-ra* : il pourrait désigner *un bouclier ou une cuirasse.*

Dans la langue guarani au XVIe siècle, la particule *gua* apparaît dans divers mots liés au combat : guerrier *(guarini),* bataille *(guasavara)* et bouclier *(guarakapa).* Il ne serait pas étonnant que, dans les anciens temps, une cuirasse de bronze telle que celle découverte à Dendra en Grèce continentale ait eu un nom où intervenait la particule *gua,* probablement *guara,* ce qui expliquerait le "signe du bouclier" gravé sur cette cuirasse, donc en fait le son *gua.*

Pausanias décrit ces cuirasses de bronze et les nomme *guala* : *"Elles étaient faites de deux pièces de bronze, dont l'une s'adaptait à la poitrine et l'autre était destinée à protéger le dos. Elles s'appelaient guala".* (E. Vermeule - Note chap. V).

Le son *l (elle)* n'existe pratiquement pas en guarani et il dut en être de même chez les Danaens Ce son existait cependant dans la langue des Mycéniens, qui purent par contre avoir quelque difficulté à capter le son *r (erre)* des Danaens, et le prononceraient : *elle*, d'où *guala* au lieu de *guara.*

Peut-être les guerriers Philistins portaient une telle armure, dont le nom, *guala,* d'usage généralisé en Méditerranée orientale à la fin de l'âge du bronze, dérivera chez les Hébreux en *golia(th)* : le combat célèbre de David armé de sa fronde l'affrontait à un homme de grande taille protégé par une armure de bronze.

Chapitre 20

INSCRIPTIONS EN LINÉAIRE A

Nous donnons ici notre interprétation d'un certain nombre d'inscriptions figurant sur divers supports tels que jarres, bijoux, tables de libations... Les séquences de chiffres qui les caractérisent et les sons correspondants sont ceux du syllabaire que nous proposons. Les mots formés figurent tous dans le dictionnaire du Père Antonio Guasch, édité à Séville en 1961, généralement dans la partie guarani-espagnol, mais parfois uniquement dans la partie espagnol-guarani, avec le sens que nous indiquons.

Nous avons déjà signalé les *similitudes grammaticales* qui existaient entre deux langues aussi distantes dans le temps et dans leur localisation géographique que sont le *grec ancien* et le *guarani moderne.* Il est intéressant de noter que *nous les retrouvons quasiment toutes dans les courtes phrases des inscriptions en linéaire A* qui précédèrent le grec ancien de près d'un millénaire :

- Verbes à l'infinitif et préfixes indiquant le sujet.
- Particules indiquant le passé (re) le futur (ra), le passif (py), le gérondif (vo) l'impératif (ta) et les autres temps.
- Agglutination du nom et de l'adjectif.
- Juxtaposition de deux noms pour indiquer la possession.
- Indication de l'ablation ('o), de l'absence ('y), de la négation ('y avec un son plus guttural que le précédent) comparables au (a) privatif du grec.
- Formation du nom verbal (ha).

Nous avons là la plus ancienne manifestation de certaines formes grammaticales qui participèrent à la formation du grec archaïque.

Les inscriptions dont nous proposons la traduction ont été ordonnées de manière à aller du simple au complexe, du texte court au texte long, et nous avons parfois regroupé les textes par thèmes.

Nous indiquons entre parenthèses ce qui selon nous serait le texte de l'inscription en guarani actuel et donnons en marge le sens que le dictionnaire du Père Guasch donne aux mots utilisés, en traduisant de l'espagnol au français. Nous indiquons également la référence de l'inscription dans le Corpus de Godart et Olivier.

SYLLABAIRE DU LINÉAIRE A
UTILISÉ DANS LES PRINCIPALES INSCRIPTIONS

01 - PA (DA)	28 - Y (Y)
02 - VO (RO)	29 - MAY
03 - KUI, KU	30 - AE
04 - TY (TE)	31- MO (MI)
05 - MBE	34 - GUE, KUE
06 - HE	37 - PY
07 - PE	38 - TU
08 - A (A)	39 - VA
09 - RE (SE)	40 - KUA
10 - MBO	41 - U
11 - NO	44 - TEI
13 - GNO	45 - HA
16 - NU	47 - JO
17 - HY	51 - NA
21 - VE	53 - KO, KOI
24 - GNÉ'É	54 - NGA (WA)
26 - JEI	55 - O
27 - MA	56 - AI

57 - TA (JA)
58 - PU (SU)
59 - PO (PO)
60 - RA (RA)
65 - VU
66 -

67 - KA (KI)
69 - TE (TU)
70 - TI
73 - NI
76 - SA
77 - JU
78 - GUA (QE)
79 - GA
80 - JA (MA)
81- RY
85 - OI
131 a - GUYNO
301- HU, RU
302 - HAI
305 - NDU
310 - KUE
319 - KE
380 - SY
381 - XE
382 - YO
383 - NDE
384 - .GNA
386 - XA
387 - XO

Nous indiquons entre parenthèses le son attribué par Ventris au même signe en linéaire B lorsqu'apparait une certaine similitude

Les syllabes soulignées sont les plus fréquemment utilisées (plus de 3 fois, hors répétition de mots)

{1} - [67] Tasse - Kea (Ke - Zb 5)

KA (signe dessiné au fond de la tasse)

kagua = coupe, tasse

{2} - [67]-[41] Fond de vase-Milos

KA U

(ka'u) Ivresse

{3} - [08]-[31]-[31]-[60] Sur diverses tables de libations

A MO MO RA

(amomora) Je célèbre

(a) momora = honorer, célèbrer

{4} - [08]-[59]-[28]-[301]-[54]-[57] Table de libations - Iouktas

A PO Y HU NG TA

(apoyhu angata)

Je respecte l'inquiétude

(a) poyhu = respecter
angata = inquiétude
(Planche Inscritions Linéaire A - III)

{5} - [08]-[59]-[28]-[301]-[54]-[38] Table de libations- Palakaistro

A PO Y HU NG TU

(apoyhu angatu)

Je respecte la bonne âme

angatu = âme bonne

{6} - [57]-[59]-[28]-[301]-[10]-[57]

TA PO Y HU MBO TA

(tapoyhu mbota)

Il faut respecter la souffrance

ta (en préfixe verbal) = il faut
mbota = la souffrance

{7} - [08]-[39] Sur une tombe à tholos-Cnossos Kn ze 16

A VA

(ava) Je m'en vais

(a) va (intransitif) = se retirer
(nous avons vu un tout autre sens en linéaire B)

{8} - [54]-[39] -[37]-[06] [76] Pithos-Phaistos-Ph zb 5

NG VA PY HE SA

(anga vapy hesa)

py (suffixe verbal) indique le passif
tesa = les yeux - hesa = a des yeux
(a) va = se retirer anga = âme, esprit

L'âme qui est retirée continue à voir (a des yeux)

Cette phrase témoigne de la croyance selon laquelle l'âme continuait à exister après la mort, et *était retirée* par une volonté supérieure. Les pithos étaient de grandes jarres destinées à recevoir des provisions ou des liquides, mais aussi servaient parfois de jarres funéraires, le corps étant attaché en position fétale.

{9} - [69]-[O] Hache en bronze-Kania

TE O

(te'o) La mort

te'o = la mort

{10} - [28] [01] [80] [04] Haches en argent et en or-Arkalokori

Y PA JA TY

(ipa jaty) Fin. Enterrer

(a) pa = mourir - ipa = la fin
(a) jaty = couvrir de terre

{11} - [28] [01] - [57] [57] - [... Table de libations-Palakastro
Y PA - TA TA - [tata = le feu
(ipa. tata.) Fin. Le feu. [... (incomplet)

{12} - [08]-[60]-[70]-[81]-[16]-[54] Bol en bronze-Kophinos
A RA TI RY NU NG ara = - le temps qu'il fait
(ara tiri nunga) le temps qui passe
Le temps détruit un peu tiri = brisure, fêlure
nunga = un peu (adverbe)
[31]-[05]-[80]-[02]-[85] (a) mombe = faire ployer
MO MBE JA VO OI javo'oi = confusion
(mombe javo'oi)
réduit la confusion
[59]-[45]-[11]-[30]-[17] (ai) pohano = améliorer, guérir
PO HA NO AE HY pohanoha = médecin, guérisseur
(pohano a'e'y) (xe) a'e = sympatiser, être ami
guérit l'hostilité 'y (en suffixe) = indique la négation
d'où : a'e'y = hostilité

{13} - [08]-[65]--[06]-[80]-[80]-[37]-[37]-[319] Sur stuc-Hagia Triada -HT zd 155
A VU - HE JA JA PY PY KE (a) vu = s'impatienter
(avu - heja. japypyke) (a) heja = abandonner, laisser
Je m'impatiente. Il faut cesser d'insister (a) japypy = insister
ke = il faut (suff.impératif)

{14} - [351]-[40]-[57]-[58]-[80]-[37]-[37]-[319] Hagia Triada - HT - Zd-157
XE KUA TA PU JA PY PY KE xe = pron pers 1ère pers.
(xekuata. pu.japypyke) avec les verbes xendales (noms verbaux)
J'ai une mauvaise prononciation pu = le son
Il faut que j'insiste sur le son kuata = mauvaise prononciation
Cette phrase montre le souci pour l'exacte prononciation, caractéristique *sine qua non* de l'actuelle langue garani, exigence semble-t-il transmise depuis des millénaires, d'où le maintien inaltéré de cette langue.

{15} - [08]-[80]-[60]-[24] -- [x - x] Fragment de pithos-Skinia
A JA RA GNE [RU PI ?] ra = suffixe de futur
(ajara gné'é (rupi) (a) ja = s'approcher, s'unir
Je m'unirai (par) la parole gne'é = parole(s)
rupi (en postposition) = grâce à

{16} - [07]-[07]-[77]-[09]--[08]-[31]-[426]-[24] Haut de vase-Zakros - Za Zb 5
PE PE JU RE A MO MBU GNE pepeju = souffle
(pepejure . amombugné'é) re (suffixe) = du passé
(a) mombu = faire éclater, déflorer
Un souffle venu du passé. Je déflore (je crée) des paroles
La aussi apparait déjà cette caractéristique unique de la langue guarani : la possibilité, dans un moment d'inspiration, de créer de nouvelles paroles à partir de l'union de particules, des *"belles paroles"*.

{17} - [08]-[06]-[55]-[41]-[57]-[09]-[... } Vase d'argile - Hagia Triada - HT Zb 159
A E O U TA RE [HE VE] a'e = ami(s)
(a'e outa (reheve ?) reheve = avec
ou = 3ème pers. sing. ou plur. de (a) ju =venir (irrég.)
Des amis viendront avec........

{18} - [69] [09] [58] [67] Vase d'argile-Hagia Triada-HT Zb 158 a
TE RE PU KA te, tere = préfixe impératif,
tere puka) entre permisif et optatif
Il faut rire puka = le rire

{19} - [58]-[67]-[53]-[04]-[28]-[57] Vase d'argile-Hagia Triada-HT Zb 158 b
TA PU KA KO TY I
(puka koty'i ta) ta = suff futur optatif
Le rire sera ton ami koty'i = ami

Nous avons vu (chap.17-Agriculture) le sens fort différent qui peut être donné à cette inscription si elle est interprétée en linéaire B : (*récipient à saumure)*
(Planche - Inscriptions en linéaire A - I)

{20} - [78]-[41]-[04] Sur pierre - Palais de Malia - Ma Za I
GUA HU TY ty = beaucoup de
(gua'u ty) gua'u = plaisanterie(s)
Beaucoup de plaisanteries

{21} - [08]-[80]-[54]-[41--[77]-[30]-[57]-[73 + 53] Épingle en or Gournia - Gr Zf 1
A JA NG U -- JU AE TA NIKO
(aja anga' u - ju a'eta niko) (a) ja = s'unir anga'u =souvenir
Je m'unis au souvenir. L'épingle ju = épingle ta = suff. futur
sera certainement votre amie (xe) a'e = être ami niko = certainement
[28]-[57] - [16]-[67]-[09]-[55]-[37]-[08]-[59]-[45] . yta = origine
Y TA - NU KA RE O PY A PO HA .
(yta - nukare opy apoha apoha = fabricant, artisan
Provenance : Nucare - artisan d'Opy

Nucare est le nom de l'artisan (proche de celui d'Icare de la légende crétoise) *karé* signifie *boiteux*, donc *Nukare = Nu le boiteux.* Si Icare voulut se donner des ailes, c'était peut-être pour prouver qu'il pouvai dépasser sa malformation, car *i kare* signifie : *est boiteux.* Une antique légende ?
L'inscription minuscule témoigne de l'habileté des artisans d'Opy.

{22} - [08]-[27]-[31]-[06] Cruche-Théra-Th Zb 2
A MA MO HE ama = pluie mohé = agréable
(ama mohé) Pluie agréable

{23} - [08]-[69]-[53]-[41]-[37] Haut de vase à deux anses -Cnossos - Kn Zb 5
A TE KO U PY
(a teko upy) a =ici upy = aliment
Ici se trouve un aliment teko, reko = nature, condition

Vase servant peut-être à offrir des aliments au visiteur.

{24} - [08]-[03]-[67]-- [10]-[06]-[08] Jarre pithoïde - Cnossos -Kn Zb 40
A KUI KA MBO HE A
(aku'i ka mboheha) aku'i = moulu ka = sec
Condiment moulu sec mboheha = condiment

{25} [03]-[59]-[01]-[51]-[29]-[27] [ ] Vase d'argile-Hagia Triada HT Zb 160
KUI PO PA NA MAY MA [RU ?].) (a) ru = apporter
(kuipo pa na mayma ru) kui = cochon d'inde
Il faudrait que tous (apportent po = patte d'animal coupée
des pattes de cochon d'inde mayma = tous sans exception
na = impératif modéré (suffixe ou préfixe)

Peut-être l'imposition d'apporter les pattes de cochons d'inde pour fabriquer par cuisson une gélatine destinée à des apprêts.

{26} - [07]-[06]-[10]-[131] ---- Haut de vase à deux anses
PE HE MBO GUYNO Cnossos- Kn Zb 25
(pehe. mboguyno.------) puis l'indication d'un chiffre
Défectueux. Faire fermenter (x jours) guyno = ferment
pehe = défectueux mboguyno = faire fermenter

Le chiffre se présentent sous forme de *deux ensembles,*, le premier constitué par *un tiret horizontal et au dessous un point*, le second, par *sept batonnets verticaux*, quatre et trois au dessous. Chaque batonnet vertical est une fraction de l'unité de mesure, le 8, représenté par le premier ensemble dans un système non décimal, en fait quadrigésimal (deux fois quatre).
Ces signes signifieraient donc : 8 + 7 = 15 (jours)

{27} - [10]-[03]-[59]-[02] Bonbonne en argile avec anse et goulot étroit
MBO KU PO VO Tyrinthe (Argolide)
(mboku povo) (a) mbokua = percer vo = ouverture
Percer l'ouverture du goulot po = saillant (ici, goulot)
. (Figure 42-Vermeule-op. cit.)

{28} - [57]-[37]-[69]-[[81] Fragment de pithos-Larani
TA PY TE RY (ai) pyte = boire
(tapyte ry) -ry = avec de l'eau
A boire avec de l'eau ta = impératif

{29} - [41]-[80]--[28]-[57]-[04] Pithos-Phaistos-PH Zb 4
U JA Y TA TY (u) : racine du verbe ha' u = boire
(uja itaty) (i) ja = il convient de itaty = colline de pierrailles
Il convient de boire - Colline de pierrailles

Il se peut que ce pithos, contenant une boisson, ait été placé à la sortie de Phaistos, sur le chemin d'accès aux monts Astérousia.

{30} -- Tasse - Cnossos - Ze 6

peint à l'intérieur en trois couronnes concentriques. Il doit s'agir d'un onguent

- 1) - [34] [37] [53] (au centre)

GUE PY KO — guepiko = attention

(guepiko) Attention !

- 2) - [08]-[07]-[01]-[67]-[37]-[03]-[81]--[30]-[57]-[55] .

A PE PA KA PY KUI RY AE TA O

(apepa ka pikui ry ae ta'o) — (a) pé = rompre

Je romps complétement, sèche, élimine par lavage avec de l'eau spontanément les nécroses

(a) ka = sécher
ry = avec de l'eau
pa =indique l'épuisement
(ai) pikui = éliminer
ae = spontanément
ta'o = nécrose(s)

- 3) - [387]-[81]-[05]-[03]-[81]-[55]-[10] [.]

XO RY MBE KUI RY O MBO [JA ?]

(xory mbe kui ry'o mboja) — xory = bouillie = onguent

onguent écrasé trituré appliquer sans eau

mbe = écrasé kui = trituré
(a) mboja = coller ry'o = sans eau

. [28-[79] .

Y GA — (o) yga = perdre son eau

(yga) laisser) sécher

L'onguent devait être une préparation à base de plantes, à appliquer sur les plaies. Ensuite était recommandé un lavage à l'eau après dessication des nécroses.

{31} - [08]-[77]-[55]-[17]-[37]--[51]-[60]-[27] Coupe-Cnossos - Kn Zc 7

A JU O HY PY NA RA MA

(ajua'o hypy- na rae.ma) — hypy = profond, grand

(J'entreprend) une grande lutte D'abord s'enduire d'huile

(a) jua'o = affronter
(a) na = enduire d'huile, peindre
rae = d'abord ma = passé immédiat (suf.)

[08]-[79]-[60]--[57]-[31]-[60]-[08]-[06]-[24]

A GA RA TA MO RA A HE GNE — agara = bientôt

Bientôt, il faudra accepter (comprendre} les paroles pratiques

ra = suff. de futur
(ai) mo'a = comprendre
gné'é = parole(s) ae = habile, pratique

[40]-[39] [....]

KUA VA -----. — kuave'e = offrande

(kuave'e (-----)

(faire) une offrande (……)

Les lutteurs enduisaient leur corps d'un huile présentée dans une coupe comme celle où apparait cette inscription, qui leur rappelait de faire une offrande et ... d'accepter les décisions d'un arbitre !

{33} - .] [06]-[41]--[28]-[39]-[06]-[80]-[...] Jarre cylindrique-Aptera - AP Za 2

.] HE U . Y VA HE JA [...] .

(...heu . yva heja ....) — u = boisson (autre que de l'eau)

..].boisson agréable. Laisser les fruits [ ] — hé = agréable

(a) heja = laisser yva = fruit(s)

[81] [56] [06] [69] [06] [04] [..texte incomplet) (xe) ry'ai = transpirer
RY AI HE TE HE TY hete = le corps
(ry'ai hete hety) hety = jambe(s)
transpirer corps et jambes. (Il doit s'agir du foulage aux pieds de raisins)

{34} -] [57]-[07]-[67]-[04]-[04]-[51]-[29]-[27] [.... Table de libations Palakaistro - Za 15
TA PE KA TY TY NA MAY MA
(tapeka tytyi na mayma) tytyi = battements du coeur
Il faut écarter toutes les impulsions sans exception ta = pref. impératif
na = renforce l'impératif mayma = tous sans exception

{35} - [08]-[01]-[67]-[41]-[77]--[08]-[53]-[10]-[01] Tablette - Khania - KH- 5
A PA KA U JU A KOI MBO PA (Planche- Inscriptions L.A- II)
(apa. ka'u ju. akoi mbopa) (a) pa = mourir ju = venue
Je meurs. Vient l'ivresse. On finit toujours. ka'u = ivresse
akoi = toujours (a) mbopa = terminer
[40]-[31]-[31]-[24]-[28] (…) [388]-[05]-[51]-[21]-[05] y = suffixe de négation
KUA MO MO GNE Y (…) MBA HE NA VE HE mo = suff. impératif
(kuaamo mogne'e'y) (…) (mba'e he na ve'e) (a) kuaa = comprendre
Il faut comprendre et ne pas questionner (a) mogné'é = questionner

Dans cette inscription, le deux sons *mo* successifs appartiennent à des mots différents. Diverses inscriptions montrent l'angoisse devant la mort.

{36} Table de libations - Palakaistro- Pk.Za 11
- [08]-[59]-[28]-[301]-[54]-[38]--[08]-[07]-[67]-[04]-[04]
A PO Y HU NG TU . A PE KA TY TY
(apoyhu angatu . apeka tytyi) tyty'i = battement (s) de coeur
Je respecte la bonne âme. J'écarte les impulsions
(a)peka = séparer
] [01]--[39]-[04]-[53] . pa = fin ty =beaucoup
PA VA TY KO (a) va = se retirer
(pa . va ty ko'o)
] fin. beaucoup d'irritations se retirent ko'o = irritation(s)
[08]-[70]-[08]-[24]-[386] (a) ti = avoir honte de
A TI A GNÉ XA a = ce, ces
(ati a gné'é xae) gné'é = parole(s)
J'ai honte de ces paroles imparfaites. xae = primitif
[08]-[31]-[31]-[60]-[13]
A MO MO RA GNO gno = seul, sans amis
(amomora gno)
Je célèbre dans la solitude
[10]-[06]-[26]-[77]-[06]-[37] (a) mbohé = donner de la saveur
MBO HE JEI JU HE PY (a) jei = se retirer, partir
(mbohe jeiju hepy) ju = la venue
Est savoureux le coût de la venue du départ hepy = le prix

[28]-[39]-[06]-[73]-[06]-[...]-[41]-[26] . [. .
Y VA HE NY HE U JEI ..
(yva henye) [.......]. ujei. [
Abondance de fruits.[...].il y a longtemps

yva = fruit(s)
henye = abondance
ujei = il y a longtemps

[28]-[06]-[57]-[04]-[16]
Y HE TA KU NU
(y heta kunu'u)
Manque l'affection du peuple.

kunu'u = caresses, affection
y (son guttural) = carence
heta = la foule

Cette table de libations de Palakastro et la tablette de Kania{35},lieux situés aux deux extrémités de l'île, semblent montrer la *possibilité de suicides* accomplis dans la solitude. Celle-ci pèse à cet homme, un personnage important peut-être, habitué au bain de foule. Mais il savoure le fait que ce geste ne soit pas facile à accomplir.

{37} -]-[17]-[24]-[310]
Épingle en argent - Cnossos - Zf.31
HY GNE KUE
(hyegné'é kue)
Ancien ventriloque

kue (suff. de passé) = qui fut
hye = ventre gné'e = parole
hyegné'é = ventriloque

[01]-[51]-[73]-[24]-[16]-[73]-[47]-[06]-[60]--[08-[54]-[39]
PA NA NI GNE NU NI JO HE RA . A NG VA
(pa nanigné'é nune joheira angava)
A la fin, la parole sans attaches, qui sait, illuminera l'âme qui se retire

pa = à la fin
nani = libre
nune = qui sait
(a) johei = illuminer anga = âme (a) va = se retirer

[04]-[58]-[45]-[302]-[44]-[28]
TY PU HA HAI TEI Y
(typu ha rotei 'y)
Beaucoup de sons s'en vont enfin sans aigreur

ty = beaucoup pu = son(s)
(a) ha = s'en aller
hai - aigreur
tei =enfin
'y = négation

[08-[01]-[60]--[37]-[07]-[04]-[16]-[37]
A PA RA PY PE TY NU PY
(apara pype ty nu py)
Je mourai avec beaucoup de palpitations en moi

pype = avec
ty = beaucoup de nu = palpitation(s)
py = à l'intérieur(suff.)

[59] [04] [28] [44] [17] [27].
PO TY Y TEI HY MA
(poti'y tei hye ma).
Il est garanti que, en définitive, le ventre n'échoue pas

(a) poti = échouer
'y = suff. négation
tei = en définitive hye = le ventre
ma = garanti

C'était un homme manifestement content de sa profession.

Nous verrons au Chap. 26 le lien que les croyances religieuses des Sages guaranis faisaient entre *le Créateur, l'âme et la parole,* qui apparaît dans la seconde phrase de cette inscription.

{38}
Épingle en argent - Platanos - Pl Zf 1
--- - [40]-[04]-[57]-[13]--[10]-[78]-[37]
KUA TY TA GNO MBO GUA.PY
(kuaaty tagno mboguapy)
Au début, beaucoup de connaissances sont critiquées

kuaa = connaissance
-ty = beaucoup de
tagno = inauguration
a) mbogua = critiquer py = suff. pres. passif

[57]-[31]-[31]-[60]-[13] . ta = préfixe impératif
TA MO MO RA GNO (a) momora = célèbrer
(tamomora gno) gno = seul
Il faut que je célèbre dans la solitude

[59]-[55]-[30]-[67]-[06] . (ai) po'o = offrir
PO O AE KA E ae = soi-même
(po' o ae ka'e) ka' e = viande grillée
Offrir moi-même une viande grillée

[30] [55] [30]. (xe) a'e = sympatiser
AE O AE o = suff. verbal de négation
(a'e'o ae) ae = pratique
Il est pratique de ne pas avoir d'amis

Un solitaire qui aimait les jeux de mots..

{39}----]-[28]-[39]-[06]-[79]-[06]--[41]-- Table de libations Palakaistro - PZ Za 10
Y VA HE NY HE U
(yva henye. u .) henyhe = être rassasié
Abondance de fruits. Consommer [..... u = manger

]-[57]-[10]-[03]-[80]-[28]-[01]-[.... mbo = préfixe factitif
TA MBO KUI JA Y PA (a) kui = se libérer de
(ta mbokui jai pa) jai = plaie(s)
Il faut que je me libère définitivement de mes plaies
pa = fin ta = préfixe impératif

{40} Bague en or - Cnossos - Kn Zf. 13
---- [24]-[27]-[383]-[41]-[382]-[301]-[39]-[44]-[03]
GNE MA ND U YO RU VA TEI KU
(gnemandu'a yoruva tei ku) gnemandu'a = souvenir
Ce souvenir que nous apportons enfin (a) ru = apporter
yo = 1ère pers. pluriel (verbes areales) tei = enfin
va = que (relatif, toujours après le verbe) ku = ce (démonstr.)

[57]-[59]-[53]-[09]-[04]-[53]-[384]-[08] po = vous, à vous
TA PO KO RE TY KO GNA A koé're =chaque aurore
(ta po ko'ere ty ko gna'a) (ai) ko = protèger - ty = beaucoup
autant il fait en sorte (a)gna'a = faire en sorte
de vous protéger beaucoup chaque jour

[57]-[381]-[81] ta...ta = préfixes utilisés en énumération
TA XE RY xe = négation au futur
(ta xe rei) rei = sans raison, inutile
autant il ne sera pas inutile

La bague semble être considérée comme un talisman. Le texte est gravé en signes microscopiques disposés en spirale. Un chef-d'oeuvre d'artisanat.

{41} --- [59]-[55]-[13]-[37 Table de libations - Cnossos - Kn Za 10
PO O GNO PY po = main(s)
(po ognopy) ogno = joint, uni
Les mains étant jointes py = suff.présent passif

[57]-[31-[31]-[60]-[80]-[380] -
TA MO .MO RA JA SY
(ta momora jasy) jasy = la lune
il faut que j'honore la lune. Ita = pierre
[01]-[54]--[x]-[51]-[54]-[06]--[28]-[59] [.... anga = l'âme
PA NG [I] NA NG HE I TA (a) pa = disparaître
(pa anga - i nanga hé - ita.[... . nanga = en aucune manièrei
L'âme s'en va. (ce n'est) en aucune manière agréable. La pierre…

{42} Table de libations - Prassa - PR Za 1
- [59]-[06]-[58]-[04]-[x x]-[44] pohe = habile
(pohe puty [mai] tei) pu = son musical ty = beaucoup de
deux signes effacés peuvent être MA I, car maitei = salutations
Habile musicien. salutations
[09] [05] [28] [57] rembe'y = être limité
RE MBE Y TA ta = suff. verbal futur immed.
(rembe'y ta) je me limiterai
[08] [31] [31] [60] [13]
A MO MO RA GNO
(amomora gno) je célèbre dans la solitude

{43}-]-[27]-[28]-[44 Table de libations - Psychro - PS Za 2
MA Y TEI ... maitei = salutations
(maitei)
Salutations
[59]-[06]-[28]-[301]-[37]- [x x] -[57]-[37] pohe = habile
PO HE Y RU PY [A JA?] TA PY yrupy = sur la mer
(pohe yrupy .ajatapy) (a) jatapy = allumer le feu
Habile sur la mer (bon marin). J'allume le feu
[57]-[31]-[31]-[60]-[13]
TA MO MO RA GNO
(tamomora gno)
Il faut que je célèbre dans la solitude

Godart et Olivier ont répertorié tous les signes et les mots qui apparaissent dans les textes actuellement connus en linéaire A. En étudiant certains de ces mots qui ne figurent pas dans les inscriptions précédentes, nous avons pu donner le son *ndu* au signe [305]. En effet, en guarani, *ndu = bruit*, et deux mots qui apparaissent dans ce répertoire : [16] [305] et [305] [26] ont alors un sens précis, car *(a)nundu* signifie : *bruire,* tandis que *ndujei* signifie : *le bruit s'éloigne, disparait.* Cette syllabe nous intéressait, car on la trouve dans deux mots du dictionnaire de Guasch, signifiant *le souvenir : mandu'a,* et *gnémandu'a* rencontré en {40}. (Un autre mot déjà rencontré en {21}, *anga'u,* sigifie également : *souvenir*).

Le sens acceptable que nous avons obtenu pour ces inscriptions semble confirmer dans une grande mesure les options de sons que nous avons faites pour 66 signes dans notre syllabaire du linéaire A. Un certain nombre de syllabes ne figurent pas dans les inscriptions que nous avons traduites, mais elles apparaissent dans des mots figurant dans le dictionnaire du Père Guasch ; ce sont *pour le moins* : AO, AY, E, I, GI, GNU, GUI, GUY, HAI, HEI, HO, JE, JY, KY, ME, MI, MU, MY, MBI, MBY, MBU, NDA, NDI, NE, NTE, PI, RI, SE, SO, SU, TO, OY, SU, VY, XI, XU, XY soit 37 syllabes. *Une centaine de signes* doivent donc correspondre aux syllabes de cette langue, dont nous n'avons au demeurant que peu de textes qui sont en outre relativement spécialisés.

Beaucoup de signes relevés par Godart et Olivier semblent identifier directement un produit commercialisé. *Les tablettes* indiquent en général des listes et quantités de produits recueillis en divers lieux de l'île, et certains mots en danaen y apparaissent, aux côtés d'autres de difficile compréhension, donc en pélasge.

{44} Ainsi, sur la Tablette d'Hagia Triada - HT 1
apparaissent 6 items, et nous pouvons comprendre :
[78]-[76]-[10] sambo = flexible
GUA SA MBO guaho = jonc
(guasambo)
Il s'agit certainement d'osier, tige de saules, utilisé en vannerie.
[67]-[02]
KA VO ka' avo = légumes
(ka'avo) légumes.

{45} Tables de libations - Symi - SY Za 1 et 2
Symi est un village situé dans l'est de l'île, au pied méridional du mont Dikté. Dans cette région de la Crète résidaient la majorité des Pélasges étéo-crétois. Ces deux tables comportent chacune l'expression classique : *apoyhu angata (je respecte l'inquiétude)*, suivies d'un texte en pélasge.
Mais la seconde porte en outre *une inscription d'une grande importance*.
On y lit en effet :
[08]-[59]-[28]-[301]-[54]-[57]--[57]-[58]-[80]-[69]-[28] .
A PO Y HU NG TA --- TA PU JA TE Y
(apoyhu angata. tapuja te'yi)
Je respecte l'inquiétude. Tribu de Tapuyas.

Les syllabes TA, PU, JA, TE, Y sont attestées avec un sens acceptable un nombre suffisant de fois dans les inscriptions pour qu'on ne puisse mettre en doute le texte qu'elles composent ici. Or *te'yi* signifie: *tribu, race,* et nous avons déja rencontré au Chap. 6 le nom de *Tapuyas* que les populations de langue tupi du Brésil attribuaient aux peuples soumis. *Tapuya te'yi* signifie : *tribu des Tapuyas.*

Cette inscription est une *signature*, qui montre que *ces Pélasges acceptaient le nom que leur donnaient les Danaens.* Elle prouve l'intégration culturelle qui s'était réalisée entre les deux ethnies, et constitue une *confirmation supplémentaire de l'origine américaine des Danaens.*

CINQUIÈME PARTIE

OLYMPE

Cette cinquième partie est placée sous le signe de *l'Olympe*, séjour des dieux grecs. L'invasion des Peuples de la mer va porter un coup fatal à la civilisation mycénienne, et parmi ses conséquences, on assistera à l'éclosion en Grèce d'une religion polythéiste, celle des dieux de l'Olympe.
Nous considérons également les mythes relatifs à la création du Monde qui ont appartenu à divers peuples d'Amérique et de la Méditerranée.

Chapitre 21

L'INVASION DES PEUPLES DE LA MER

Les Mycéniens avaient-ils pressenti que le climat de paix et de commerce qui régnait en Méditerranée orientale depuis un demi millénaire était en train de changer ? Jusque là, c'étaient eux les maîtres de l'Égée, et orgueilleusement, ils s'étaient abstenus de fortifier leurs villes. Mais leur commerce régional les mettait en contact avec l'Égypte et la Palestine, et ils sentaient venir un conflit entre l'Égypte et le Hatti pour la domination de la Syrie. D'autres nouvelles alarmantes parvenaient également d'Europe Centrale : toujours est-il qu'au XIIIe siècle a.C. ils entourèrent leurs villes de murailles.

Les Hittites étaient un peuple d'origine indo-européenne dont les ancêtres avaient franchi le Bosphore vers -2.000 et s'étaient installés sur la rive méridionale de la mer Noire, au contact direct de peuples plus civilisés que le leur vivant sur le plateau anatolien et connaissant la métallurgie depuis plus d'un millénaire : un royaume prospère y existait, *le Hatti*, qui avait adopté l'écriture cunéiforme, et sa capitale était la ville d'*Hattousa.* Il est probable que la richesse de cette ville rendaient envieux leurs nouveaux voisins, qui s'emparèrent d'Hattousa vers -1.900, devenant les maîtres du Hatti. Les peuples de la région leur donnèrent le nom de *Hittites.* Ils se désintéressèrent de la côte égéenne et étendirent leur domination vers le sud-est de l'Anatolie, riche en ressources minières.

Les relations entre Hittites et Égyptiens se dégradèrent, et vers -1.290, leurs armées s'affrontèrent sur les rives de l'Oronte : ce fut la *bataille de Kadesh*, qui tourna à l'avantage des Hittites. La paix établie vers -1.270 leur laissait la Syrie, tandis que les Égyptiens restaient maîtres de la Palestine.

Mais à la mort de Ramsès II en -1.224 le moment semble venu pour les voisins occidentaux de l'Égypte, les *Téhénous* de Libye, d'entreprendre une guerre contre le nouveau pharaon *Merneptah* : ils forment une coalition avec les peuples d'autres régions de la Méditerranée occidentale, Sicile, Sardaigne et Berbérie (anciennes possessions Atlantes), mais aussi avec des navigateurs venus de l'Atlantique Nord. C'est une foule compacte de combattants et de populations civiles qui apparaissent en -1.221 à la frontière de l'Égypte, qui se situait à une quinzaine de km à l'ouest du Nil aux portes du désert.

Il est possible qu'une longue sécheresse en Afrique du Nord ait poussé des populations affamées vers une Égypte traditionnellement riche en grains et des pillards se joignaient à l'expédition. L'Égypte elle-même semble avoir souffert de divers maux à cette époque, les *"plaies d'Egypte"* dont parle la Bible. De longues inscriptions du temple de Karnak font part de cette attaque des Téhénous, et évoquent ceux qui leur portaient aide :*"Les Ekweshs, Téreshs, Shardans, Shekeleshs étaient des errants qui parcouraient tous les pays. Les Téhénous les avaient fait venir comme alliés (...). Ils habitaient les pays étrangers de la mer",* d'où l'appellation qui resterait dans l'Histoire, s'appliquant à des invasions qui allaient s'étendre sur une trentaine d'années et dont celle-ci était la première, *"l'invasion des Peuples de la Mer"*.

Les historiens ont longuement spéculé sur les noms de ces mercenaires : les deux derniers paraissent indubitablement s'appliquer aux Sardons, de l'île de *Sardaigne* et aux Sicules, de l'île de *Sicile*. Jusque là, tout le monde est d'accord, d'autant plus que des mercenaires de ces deux pays s'étaient enrôlés dans les deux camps lors de la bataille de Kadesh. On a voulu identifier les Ekweshs avec les Achéens de Grèce : c'est peu vraisemblable car les Achéens étaient un peuple de terriens qui vivait dans une Grèce mycénienne prospère et participait largement à ses activités économiques : on ne voit pas de raison pour qu'ils soient devenus des pillards marins. D'ailleurs s'il s'agissait d'eux, les Égyptiens les auraient certainement qualifiés d'une autre manière, étant donné leurs relations étroites avec les Mycéniens.

Les Égyptiens n'avaient pas une forte marine, mais les espions du Pharaon le tenaient bien informé sur les peuples étrangers : les deux noms de *Ekweshs* et de *Téreshs*, cités en premier lieu, correspondent donc à des pirates issus de peuples bien identifiés par les Égyptiens, et ils étaient probablement plus redoutables que les Shardans et les Shekeleshs, vu l'ordre de préséance. Nous pensons qu'ils venaient d'au-delà des colonnes d'Hercule : des pirates venant de l'Atlantique Nord étaient coutumiers d'incursions en Méditerranée.

Claire Lalouette fait état d'une attaque de marins blonds contre la Libye vers -1.300, soit un siècle auparavant, au temps de Ramsès II (1). D'autres inscriptions égyptiennes qualifient les envahisseurs de -1.200 de *"peuples étrangers qui viennent de la terre et des îles qui sont au milieu de la mer"* : il s'agit selon nous de l'Atlantique, car d'autres textes font venir ces pillards de la *"grande verte,"* expression qui convient mieux à cet océan qu'à la Méditerranée.

Les envahisseurs qui se pressaient à la frontière occidentale semblent être entrés dans Memphis mais Merneptah leur livra bataille en -1.221 et obtint la victoire. Après sa mort, une période de calme s'établit jusqu'à l'accession au pouvoir de *Ramsès III* en -1.195, mais le répit fut de courte durée, car des dangers encore plus graves venaient d'apparaître au Nord : depuis l'Europe Centrale, des populations venaient de se mettre en marche vers le sud en quête de nouvelles terres, marée lente et pacifique, mais qui s'avérera irrésistible.

Lorsque se compléta le *peuplement de l'Europe* après le dégel, la migration dominante fut celle de peuples de langue indo-européenne en provenance des plaines de l'Ukraine, qui s'établirent jusqu'à l'Atlantique, de la Méditerranée à la Baltique, entre autres les *Celtes* et les *Saxons.* Les *Goths* qui peuplaient le sud de la Suède (Gotland) et les *Vikings* qui peuplaient la Norvège et le Danemark nous paraissent par contre avoir une origine boréide ; les rives de la mer Baltique devinrent une région de rencontre de ces peuples, qui expulsera de temps à autre les excès de population qu'elle ne pouvait nourrir, particulièrement lorsque se produisait un refroidissement cyclique. Ainsi au IIIe siècle, les Wisigoths, Goths installés sur la rive méridionale de la mer Baltique, descendirent le long des fleuves jusqu'à la mer Noire et Constantinople, puis poursuivirent leur marche vers l'Italie, la France et l'Espagne tandis qu'au VIe siècle, les Vikings s'adonneront à des conquêtes par voie de mer et à des pillages jusqu'en Méditerranée.

Il est donc possible qu'au début du XIIe siècle a.C. par suite d'un refroidissement temporaire du climat, des populations indo-européennes originaires d'Europe Centrale se soient mises en mouvement en direction du sud. Les Mycéniens seront conscients du risque que pouvaient présenter de tels mouvements de populations, et ayant déjà cerné de murailles leurs principales villes, *ils barrèrent l'isthme de Corinthe par une muraille* longue de 6 km.

L'archéologie montre qu'elle date du début du XI siècle a.C. Donc, dans un cas extrême, les populations de l'Attique et de la Béotie pourraient se replier dans la presqu'île du Péloponnèse, protégées par la muraille et l'étroitesse de l'isthme : c'est dire la grandeur du danger qu'ils pressentaient ; par contre, aucune crainte ne semble les avoir effleuré quant à une possible attaque maritime : la preuve en est que le florissant palais de Pylos sur la côte occidentale du Péloponnèse ne fut pas fortifié. Mais ce fut l'inverse qui arriva.

Nous avons évoqué l'influence des grands changements climatiques sur les migrations humaines, mais *il y eut toujours des variations de faible amplitude et de courte durée*, quelques siècles, autour de la moyenne climatique du moment. En particulier, on a étudié les variations de température en Europe continentale depuis que le niveau de la mer s'est stabilisé (2). Il en résulte que, depuis quatre mille ans, des *oscillations thermiques* qui durent de trois à cinq cent ans se produisent de part et d'autre de la température moyenne actuelle, des périodes plus froides alternant ainsi avec des périodes plus chaudes ; l'amplitude est en général d'un degré, mais peut en atteindre deux.

Un abaissement de deux degrés durant une centaine d'années entraîne d'importantes conséquences, telles que le gel de fleuves et une diminution des productions agricoles. Or on constate qu'un refroidissement de deux degrés, donc de forte amplitude, dit *mini-glaciation de Moorstauch*, se produisit au IIe millénaire a.C. et fut de longue durée, de -1.500 à -1.100.

Le froid s'installa donc à nouveau sur les bords de la mer Baltique. Un indice significatif est donné par le commerce de l'*ambre*. Traditionnellement, les seigneurs mycéniens aimaient ce produit, car on le trouve en abondance dans leurs sépultures. Or, l'archéologie constate que l'ambre se raréfie dans la Grèce mycénienne vers -1.400 : ce n'est certainement pas par suite d'une brusque désaffection, mais c'est plutôt le signe que sa collecte n'était plus possible sur les bords de la mer Baltique, qui devait être prise par les glaces.

Une dégradation des conditions de vie en Europe Centrale fut donc probablement à l'origine de migrations de populations et l'une d'elles atteignit les rives du Bosphore vers -1.200 : le flot humain franchit le détroit et déferla sur l'Asie Mineure, bousculant l'empire Hittite et épargnant la Grèce.

C'est probablement un phénomène climatique semblable qui frappa la région des Grands Lacs en Amérique du Nord à cette même époque ; elle dût voir son système fluvial gelé, particulièrement dans sa partie continentale autour du lac Supérieur, paralysant les transports de cuivre natif vers le sud pendant une longue période. Le déclin de l'Old Copper Culture à partir de -1.500 décelé par l'archéologie (Alwin Josephy) et la brusque raréfaction du cuivre en Méditerranée orientale vers cette même époque seraient la conséquence de ce changement climatique.

L'empire Hittite succomba sans lutter à l'invasion des peuples venus d'Europe Centrale ; la ville d'Hatoussa fut ravagée par un incendie en -1.190 et *"le peuple des chariots"* poursuivit sa marche jusqu'en Syrie et en Palestine : l'Égypte se sentit menacée par cette invasion. Certains virent là une magnifique occasion de fructueux pillages, et commença alors une seconde phase d'invasion de "Peuples de la mer". Une inscription du temple funéraire de Ramsès III à Médinet-Habou déclare : *"Aucun pays ne leur résista, à commencer par le Hatti",* car des attaques maritimes en Cilicie et en Syrie lui portèrent le coup de grâce. On a beaucoup spéculé sur l'origine des peuples marins qui participèrent à cette *seconde invasion*. Les inscriptions du temple de Médinet-Habou disent : *"Les pays étrangers firent une conjuration dans leurs îles. Ils se mirent tous en mouvement en même temps, guerroyant dans toutes les directions".* Ces inscriptions citent les noms de ces nouveaux envahisseurs, parmi lesquels figurent les *Téreshs* (déjà cités lors de la première invasion) et les *Péleshs* ; tout le monde est d'accord pour reconnaître en ces derniers ceux que la Bible appellera les *Philistins*.

Un état de guerre s'installa dans une région déstabilisée, où une grande puissance, le Hatti, était en train de disparaître, où une autre, l'Égypte, essayait de résister, et où une troisième, la Grèce mycénienne, voyait progressivement se détruire les réseaux commerciaux qui lui donnaient vie. La nouvelle courut les mers, et les pirates affluèrent pour participer à la curée. Toutes les rives de la Méditerranée Orientale furent affectées par de violentes destructions venant de la mer : Troie, les Cyclades et la Grèce, Chypre, la Syrie, la Palestine et l'Égypte...

Un phénomène semblable d'invasions étalées sur une longue période et d'origine à la fois terrestre et maritime se produira deux millénaires plus tard, quand des populations se mettront en marche depuis l'Europe Occidentale vers l'Empire d'Orient et la Palestine : ce seront *les Croisades*. Après l'invasion, les Francs conservèrent leur royaume de Jérusalem pendant une centaine d'années et leurs seigneuries de Grèce dans le Péloponnèse pendant deux cent ans. De même, *après les batailles de -1.180, des guerriers Philistins s'établirent en Palestine*, pays qui leur doit son nom, *et d'autres guerriers s'installèrent en Grèce* : les Égyptiens nommaient les premiers *Péleshs*, d'où le nom de Philistins, et nous pensons que les seconds étaient les *Téreshs*. Nous avons vu que des tablettes de Pylos, en Péloponnèse, faisait allusion à des *Teoi* dont les navires menaçaient le Palais.

Les pirates venant de Sicile ou de Sardaigne retournèrent dans leur île après avoir participé aux razzias en Méditerranée Orientale, tandis que ceux qui venaient de bien plus loin, les Péleshs et les Téreshs, guerriers redoutables mais en petit nombre, choisirent de rester en s'installant dans les régions qui leur paraissaient attrayantes, comme d'autres envahisseurs maritimes l'avaient fait mille ans auparavant. Si l'on est disposé à admettre une identification des *Shardans* avec les *Sardons* (Sardaigne) et des *Shekeleshs* avec les *Sicules* (Sicile) en raison d'une similitude auditive, on devrait également pouvoir admettre une identification des *Péleshs* avec les *Appalaches* : les contacts probables des Mycéniens avec les tribus Colques de la Nouvelle-Angleterre avaient fait connaître aux populations de ces régions l'existence de riches contrées en Méditerranée, et avertis des luttes qui s'y produisaient, ils venaient participer à la curée. Le détroit de Gibraltar était à moins d'un mois de navigation des côtes de Floride et non loin de celles-ci vivait la tribu iroquoise des *Appalachees.*

D'Amérique du Nord pourraient donc provenir Péleshs et Téreshs. Un bas-relief du temple de Médinet-Habou fait apparaître une différenciation tribale entre les envahisseurs de grande taille, certains portant une coiffure de plumes maintenue par un bandeau (Peleshs et Tereshs) tandis que d'autres portent un casque à cornes (Vikings). Certains navires de ces pirates ressemblent fort aux pirogues monoxyles des Amériques. Il est notable que les poteries des Philistins porteront des décorations *de style géométrique*, style alors en usage en Amérique du Nord dans les régions de la façade atlantique (*Woodlands*) et qui apparaîtront également en Grèce à cette même époque.

Ces pirates attaquèrent les côtes du Hatti. Le roi d'Ougarit, en Syrie, écrivait à celui de Chypre : *"Les navires ennemis sont déjà là. Ils ont brûlé mes villes et semé le malheur dans les campagnes (...). Il y en a déjà sept qui font des ravages. Dis-moi s'il y en a d'autres"* (3). Ils n'étaient donc pas très nombreux, deux cents guerriers dans ce cas, mais en nombre suffisant pour semer la terreur chez des populations côtières pacifiques.

L'Égypte fut assaillie de toutes parts : à l'ouest, les Téhénous étaient revenus à la charge ; à l'est, le *Peuple des chariots* était en train de brûler des villes en pays cananéen soumis à l'Égypte ; et dans le Delta, des flottes de pirates brûlaient et pillaient. Les inscriptions de Médinet-Habou disent que Ramsès III écrasa à nouveau les Téhénous et leurs alliés terrestres, puis rassembla toutes les troupes et bateaux disponibles pour affronter les flottes ennemies. Ces inscriptions affirment que Ramsès III vainquit ses assaillants en -1.184 et que les pirates durent se retirer.

Nous pensons que les *Tereshs* s'en furent attaquer la Grèce mycénienne tandis que les *Peleshs,* donc les Philistins, tentèrent de s'installer dans le nord de la Palestine et occupèrent un temps Megiddo, comme le montre l'archéologie (Finkelstein-4-Appendice D). Mais ils ne purent s'y maintenir, probablement en raison de la pression des Cananéens, et revinrent vers le sud où ils s'emparèrent des places fortes égyptiennes de Gaza, Ashkelon et Ashdod vers -1.170 et s'y installèrent définitivement. L'archéologie a montré récemment, par la datation de poteries philistines, que *les premières occupations philistines ont succédé aux forteresses égyptiennes de l'époque de Ramsès III* (Finkelstein - 4 -D). Le *Deutéronome* dit que *"les Javéens qui vivaient dans la région de Gaza furent expulsés par les Caphtoriens qui, partis de Caphtor, les anéantirent et occupèrent leur pays"*. Caphtor était la Crète, le pays des *Keftiou*, et la Bible indique ainsi que les *Philistins* qui avaient attaqué la région venaient de Crète. La Genèse parle également de *"Caphtor, d'où vinrent les Philistins"*(les Javéens pouvaient être les descendants des Hyksos expulsés d'Égypte).

Le massif des Montagnes Blanches, à l'ouest de la Crète, tombe d'une manière abrupte dans la mer de Libye, ne laissant que quelques plaines fort étroites, espace propice à l'installation d'un petit groupe qui pourra vivre isolé des autres populations de l'île. Nous pensons que, lors de l'invasion des Peuples de la Mer, les *Péleshs* établirent une base arrière au pied de ces montagnes autour du port de *Sfakia*, d'où partiraient leurs incursions dans le Delta égyptien ; puis certains d'entre eux s'établirent dans la région de Gaza, qui disposait, dit la Bible, de bonnes terres agricoles ou ils formèrent *"cinq petits royaumes"* (Josué -13,3). Les descendants crétois de ces marins Boréides sont sans nul doute les *Sfakiotes* qui conservent encore de nos jours les caractéristiques initiales de leur race : grande taille des hommes et des femmes et chevelures blondes ; ils restent fortement attachés à leurs anciennes coutumes belliqueuses. Ils se prétendent descendants des anciens *Kourites* qui, selon les mythes, étaient ces *guerriers qui avaient protégé l'enfance de Zeus dans une caverne des montagnes de la Crète*.

Ramsés III laissait à sa mort en -1.166 une Egypte où régnait le désordre politique et le marasme économique, preuve que ses structures avaient été profondément affectées par les tentatives d'invasion : c'est probablement vers

-1.160 que se produisit l'*Exode*, au cours duquel des Hébreux qui vivaient dans le Delta du Nil, employés nous dit la Bible à des travaux de construction pour le compte du Pharaon, quittèrent l'Égypte pour retourner en Judée.

La Grèce Mycénienne ne put se relever du désastre, à cause surtout de la perte des marchés régionaux et de la désorganisation d'un système commercial qui avait fonctionné efficacement pendant des siècles. Aucune de ses villes n'avait longtemps résisté : toutes avaient été incendiées malgré leurs puissantes murailles, les Mycéniens étant plus commerçants que guerriers.

Les deux grandes places marchandes, Pylos en Messénie et Cnossos en Crète, furent brûlées dès l'arrivée des pirates, sans le moindre siège, probablement vers -1.184, après l'échec de la seconde tentative des pirates dans le Delta du Nil. Ces pirates seront selon nous les *Tereshs.* Les tablettes d'argile portant des inscriptions en linéaire B et que l'incendie permit de conserver en les cuisant, montrent la similitude des écritures des tablettes de Cnossos et de Pylos, qui plaide en faveur d'une destruction simultanée de ces deux villes.

Un changement se manifeste alors en Grèce dans les coutumes funéraires : on cesse d'enterrer les morts, et dorénavant se pratique l'*incinération*. Ceci surprend les archéologues, car il n'y avait pas d'antécédents dans les époques antérieures, tant en Grèce continentale qu'en Crète et dans les Cyclades. Le fait est que vers le milieu du XIe siècle a.C., l'incinération est de règle à Athènes. Il est probable que cette pratique est liée à de nouvelles coutumes apportée par les *Téreshs* qui s'établirent en Grèce et, quoique peu nombreux, exercèrent comme tout vainqueur une forte influence sur la vie sociale. Selon Josephy (5), lorsque commença à décliner l'Old Copper Culture au sud des Grands Lacs, ira croissant la coutume d'enterrer les morts, et ensuite apparaîtra *la crémation,* qui atteindra son apogée vers -1.000, ce que l'on retrouve en Grèce.

Y a t-il des traces physiques d'un tel établissement des Téreshs en Grèce ? Certes, si la coutume des nouveaux venus était de brûler leurs morts, il est difficile de connaître les caractéristiques physiques de leur race autrement que par les légendes. Et si chez eux ils n'avaient pas de villes construites avec la pierre, on ne voit pas pourquoi ils modifieraient l'urbanisme de celles qu'ils venaient d'incendier, et donc introduiraient un nouveau style de construction.

Restent les indices apportés par la céramique et les coutumes funéraires. En outre, on peut admettre que ces *Téreshs* étaient frères d'armes et d'origine des *Péleshs*, les Philistins, caractérisés par la Bible comme étant d'une très grande taille, et il put exister au Ier millénaire a.C. des ossements de certains de ces envahisseurs : E. Vermeule cite Hérodote et Pausanias qui font allusion à des ossements de *"géants"* trouvés en divers lieux de la Grèce. Si donc ces Téreshs étaient des Boréides venus participer à un extraordinaire pillage, ils devaient être *grands et blonds* : on aurait là le type humain qui aurait inspiré les sculpteurs des statues des "dieux" quatre cent ans plus tard, Apollon,

Athéna et autres,, et qui se perpétuera pendant quelques générations dans les *"demi-dieux"* issus de l'union de ces envahisseurs avec des femmes autochtones. Sinon, on ne voit pas d'où serait venu ce type humain manifesté dans la littérature et la sculpture, différent de celui des grecs indo-européens qui étaient de taille moyenne et avaient les cheveux bruns, et plus encore des grecs d'origine danaenne. Pausanias écrit au IIe siècle après J.C. que Dicéarque, un historien du IVe siècle a.C., s'étonnait de rencontrer des *Thébaines blondes et des Spartiates blonds* ; nous avons vu un cas semblable en Crète avec les Sfakiotes. On pourrait en conclure que quelques groupes repliés dans des régions montagneuses (Crète, Laconie, Béotie) purent conserver pendant des siècles les caractéristiques de leur race : grande taille et cheveux blonds, et aussi certaines coutumes qui les différencieraient des autres Grecs au milieu du Ier millénaire a.C. Il est curieux de constater, alors qu'une tribu de la confédération iroquoise s'appelait les *Onéides,* qu'ait existé au milieu du 1er millénaire a.C. une tribu du même nom en Grèce : dans une Note à la comédie d'Aristophane *"Les Acarniens",* est indiqué qu'*"une tribu nommée Onéide vivait dans le démos attique de Philé"* non loin du mont Parnasse. Ces conquérants laissèrent certainement quelques traces linguistiques dans le grec de la fin du Ier millénaire a.C. : Nous pensons qu'on leur doit l'un des mots les plus célèbres de la langue grecque : *thalassa* (6).

Nul ne doute du fait que les Égyptiens aient possédé de fortes connaissances en astronomie, et il existe des preuves de contacts directs ou indirects, maintenus secrets, entre l'ancienne Égypte et l'Amérique (c'est peut-être là qu'était le mystérieux *Pays de Punt* vers lequel la reine Hatshepsout envoya une expédition vers -1.480). Si donc on prend au sérieux l'affirmation qui apparaît sur un bas-relief égyptien, selon laquelle certains des envahisseurs de -1.190 provenaient du *"neuvième arc"*, on a une piste pour situer leur pays d'origine selon les Égyptiens eux-mêmes.

Supposons que ces derniers aient divisé la sphère terrestre en 24 arcs de 15 degrés, que le *premier arc* soit celui qui couvre l'Égypte, son milieu étant situé aux Pyramides (situées à 31 degrés Est de Greenwich) et que les arcs se désignent en suivant la course du soleil.

Dans ce cas, la fin du huitième arc, où commence le neuvième, serait à : 7° 30' + (7 x 15°) = 112° 30' comptés depuis les Pyramides. Il s'agit du *méridien 81° 30' Ouest* (= 112° 30' - 31°), et c'est celui de la côte atlantique de la Géorgie : *le neuvième arc couvrait donc un secteur allant des monts Appalaches au Mississippi ;* on peut en conclure que pour les Égyptiens, certains envahisseurs venaient d'Amérique du Nord.

Dans *"La raison grecque et la cité"*, Pierre Vidal-Naquet cite Lewis Morgan qui, dans *"Ancient Society",* voyait dans les structures politiques athéniennes du VIe siècle des similitudes avec celles de la *"démocratie iroquoise"*, pouvoir basé sur l'assemblée du peuple et non sur un roi absolu.

Etant donné l'existence dans la Grèce du Ier millénaire a.C. d'une *religion des dieux de l'Olympe*, les archéologues en ont cherché les antécédents dans la Grèce Mycénienne. Le résultat s'avéra profondément décevant : aucune trace de culte, aucun temple, aucune statue d'un de ces dieux, lesquelles abonderont quelques centaines d'années plus tard, aucun texte d'allure religieuse dans les écrits en linéaire B... Emily Vermeule observe que *"les preuves physiques de la religion mycénienne sont rares"*. Les fresques mycéniennes montrent une société multiraciale, et ce sont les groupes danaen ou pélasge qui semblent les plus influents dans le domaine de la religion quand celle-ci se manifeste : on observe alors une similitude avec la Crète et ses *prêtresses* liées aux manifestations de la vie courante. Il est surprenant de ne déceler aucun des traits religieux que l'on penserait pouvoir attribuer aux indo-européens. Il faut se garder de voir dans le texte de certaines tablettes de Pylos et de Cnossos la preuve de l'existence de la religion des dieux de l'Olympe à l'époque mycénienne : ce serait d'ailleurs la seule preuve qu'on en aurait. Nous revenons sur ce point au Chap. 23.

Ce n'est donc pas dans la civilisation mycénienne qu'il faut chercher l'origine des "dieux de l'Olympe". En fait, c'est la chute de cette civilisation sous les coups des Téreshs qui, paradoxalement, amènera à diviniser ces envahisseurs, que les Grecs du ler millénaire a. C. appelleront *Théoi*.

(1) Claire LALOUETTE - *L'empire de Ramsès*. Paris. 1985.
(2) Jean CHALINE - *Le climat, du néolithique à nos jours* Histoire et Archéologie. Avril. 1985.
3) Henri van EFFENTERRE - *La seconde fin du monde*. Toulouse
(4) Israël FINKELSTEIN et N. ASHER SILBERMAN -*La Bible dévoilée*. Paris 2002
(5) Alwin M. JOSEPHY - *The indian heritage of America*. New York. 1973
(6) THALASSA

En consultant un dictionnaire Toba-Espagnol établi par des missionnaires Évangélistes du Chaco argentin (Alberto BUCKWALTER - *Vocabulario Toba*), nous avions été surpris de rencontrer le mot *imalak*, qui indiquait la couleur *bleu-mauve*. Or c'est pratiquement celle de la *malachite*, le premier minerai de cuivre exploité.

Nous avions donc cherché d'autres similitudes avec le grec ancien : il y en avait, mais la liste nous avait parut un peu courte et donc sans intérêt. Cependant en la considérant a nouveau, il nous apparut que ces quelques mots avaient en commun une surprenante particularité : *ils se rapportaient presque tous à la guerre et ses séquelles.* Étaient-ils un témoignage linguistique de l'invasion guerrière des Tereshs, qui étaient des Boréides comme les Tobas ? Nous avons donc décidé de la communiquer ici,à toutes fins utiles.

Mais voyons d'abord *thalassa,* mot qui en grec signifie *la mer.* C'est un mot non indo-européen selon les linguistes ; il est selon nous d'origine boréide. Chez les Tobas, qui appartiennent à ce groupe (voir Chap. 8), *tala* signifie *fleuve,* et *aso auaxai, la mer.* Pour les Téreshs et les Péleshs, Boréides vivant dans les monts Appalaches, *tala aso auaxai* aurait pu être *le fleuve-mer, le fleuve dans la mer,* donc le Gulf stream. Les Grecs entendirent ce mot, le comprirent mal, et le simplifièrent en *tala asa, talassa* pour désigner la mer (écrivant le son *té* avec un *theta,* signe d'un phonème non indo-européen).

CORRESPONDANCES LINGUISTIQUES ENTRE TOBA ET GREC ANCIEN

Radical	TOBA		GREC ANCIEN	
AL	alaataxac	= bataille	alala	= cri de guerre
			alapadso	= piller
			alaké	= la force
	alé	= soldat	alés	= rassembler
			laos	= soldat
	alaxa	= bande	alkter	= qui protège de
		(pour blessure)	alé	= douleur
			alastrofos	= qui souffre
	alam	= maléfice	alampés	= sombre
DAM	damaxasoson	= ordonner	damatso	= soumettre,
	damogtasan	= pulvériser		dompter, faire périr
DA	da	= rupture	daios	= destructeur
			daio	= déchirer, détruire
	dachipi	= éclater	daitso	= séparer, diviser
	dacho	= gémir	dakno	= ronger de chagrin
	dagat	= angoisse	daikter	= gémissement
LA	lap	= bouche	radical LA	= engloutir, dévorer
			lapto	= lècher, laper
	lalac	= chant	laimos	= gorge
			lasko	= crier, proclamer
			lalé	= bavardage
LAK	lagtasan	= rompre, détruire	lakis	= déchirure
COL	colaq	= blessé, se coupe	kolatso	= tronquer, mutiler
	colen	= circoncision	kolos	= tronqué, écourté
			kolobos	= circoncis
MAT	mataxalaic	= envieux, mesquin	matios	= vain, frivole
NAM	namaglo	= grandes pluies	nama	= qui coule
NA	nai'ini	= s'établir en un lieu	naio	= habiter
NOM	nomenaxanac	= répartition	nomé	= répartition
	nomaxa	= nom (d'une plante)	onomakso	= nommer
PAL	pal	= disparaître, mourir	palaio	= mourir au combat

Chez les Tobas-Enchet du Paraguay :

	ema	= sang	aima	= sang

Chapitre 22

LES SIÈCLES OBSCURS

Les historiens adoptent l'expression de *siècles obscurs* pour se référer à une période de quatre siècles de l'histoire de la Grèce qui va du début du XIIe siècle (-1.200) au début du VIIIe siècle (-800) a.C. car ils constatent que l'archéologie n'apporte sur elle que très peu de connaissances. La mythologie peut selon nous y suppléer et permettre de mieux connaître cette période fondatrice de la civilisation de la Grèce ancienne qui s'épanouira du VIe au Ier siècle a.C.

Le choc social provoqué par l'invasion des Peuples de la mer dût être profond, si l'on en juge par les changements qui apparaissent dans les domaines de l'art et des coutumes. L'archéologie montrait pour les périodes antérieures des changements modérés et lents, par exemple dans les styles de céramiques. Cette fois, les changements sont considérables, et montrent une nette rupture avec la civilisation mycénienne, qui sombrera dans l'oubli avec son art et son écriture. Ainsi, *l'art figuratif* qui caractérisait l'époque mycénienne disparaît pour faire place à un art absolument nouveau, un *art abstrait* fait de lignes parallèles ou entrecroisées, *le style géométrique.* Notons que la décoration des céramiques des *Woodlands* (région forestière des Appalaches) était aussi de style géométrique. Autre révolution, l'enterrement de morts fait place à l'*incinération*, elle aussi alors en usage outre-atlantique. Nous avons là la preuve que *la présence des envahisseurs sur le sol grec se maintiendra* après le court temps des destructions de cités : ils ne se retirèrent pas comme le faisaient d'habitude des pirates, mais ils s'établirent, et c'est manifestement à eux que sont dues de telles modifications.

On constate qu'un *art proto-géométrique* apparaît d'abord au XII siècle a.C. dans l'île d'Ithaque puis se propage vers l'est le long du golfe de Corinthe et l'*art géométrique* se manifestera fortement dans l'Attique au XIe siècle. Quant à l'incinération des morts, elle apparaît également en premier lieu à l'ouest du golfe de Corinthe, et ne sera nettement présente à Athènes qu'à partir de -1.050 : il semblerait donc que les nouveaux venus aient préféré se tailler des fiefs dans les régions riveraines du golfe de Corinthe jusqu'à Mycènes, laissant Athènes à son triste sort. La Grèce, unifiée sous l'État Mycénien, va se diviser en *petites seigneuries autonomes.*

Le choc économique va de pair : le pays sombre dans la prostration et se replie sur l'agriculture. L'artisanat raffiné caractéristique de l'époque mycénienne disparaît, et il semble que les nouveaux maîtres ne se soucient guère de redresser l'économie, sinon de *piller et lutter entre eux pour résoudre des disputes* : c'est le climat social qu'indiquent les légendes. L'Iliade évoque la guerre contre Thèbes au cours de laquelle Achille, Ulysse et Agamemnon sont alliés et se partagent le butin. Cette Grèce de seigneurs frustes, belliqueux et jaloux de leur indépendance sera celle du XIe siècle a.C., marqué par la *Guerre de Troie*. Peut-être celle-ci sera-t-elle une conséquence de ces disputes entre membres de tribus descendant des troupes des premiers chefs ou supposés tels, Arès, Athéna, Apollon, Poséidon, que la légende considérera comme *"protecteurs"* de l'un ou l'autre camp.

Au Xe siècle, l'économie reprend une certaine vigueur, et a lieu une croissance démographique, qui aura pour conséquence l'*émigration*, car le sol grec, pauvre en terres fertiles, ne pouvait nourrir tant de monde. Des petits groupes d'agriculteurs quittent l'Attique pour s'installer sur la côte asiatique de la mer Égée, *l'Ionie,* où se développera le dialecte ionien, légèrement différent de celui de l'Attique. D'autres iront s'installer en Crète, comme en témoigne l'Odyssée. Ce flux ira croissant au cours des siècles suivants, et s'étendra à des régions plus lointaines, rives de la mer Noire et sud de l'Italie.

La ville appelée Troie VII par les archéologues avait été détruite par un incendie entre -1.050 et -1.000 : elle ne fut ni reconstruite, ni occupée par les Grecs : ceux-ci émigraient plus loin, vers les terres fertiles des rives de la mer Noire, preuve que le commerce n'était plus leur affaire et que la préférence était donnée à l'agriculture.

Pour les historiens, tout commence à s'éclairer au VIIIe siècle quand, selon l'opinion généralisée, apparaissent Homère et Hésiode, et quand la Grèce adopte l'écriture empruntée aux Phéniciens. Notre opinion est différente : *si la période des quatre siècles antérieurs paraît obscure, c'est qu'on l'a involontairement vidée de son contenu,* en situant le règne de Minos, la guerre de Troie et les expéditions Argonautiques *en amont*, dans la période Mycénienne, et l'existence d'Homère ainsi que l'apparition de l'écriture *en aval*, au VIIIe siècle a.C.

Dans *Les Travaux et les Jours,* Hésiode imagine que l'Histoire de l'Homme est passée par diverses périodes, comme aujourd'hui nous parlons de Moyen-âge, Renaissance et Temps modernes. Il donne à ces périodes des noms de métaux, *l'âge d'or, l'âge d'argent, l'âge de bronze et l'âge de fer*, s'attachant surtout à souligner des valeurs morales que, selon lui, symbolisent ces métaux. Il ne parle donc pas de l'âge *du* fer ou de l'âge *du* bronze, mais la comparaison avec l'évolution de l'utilisation prépondérante des métaux dût certainement influer sur sa pensée.

L'*avènement de la métallurgie du bronze* avait déclanché une course à l'obtention de ses matières premières et à l'appropriation pacifique ou non des lieux privilégiés pour les traiter ou pour en dominer le trafic, comme par exemple la colline de Troie qui commandait l'accès aux minerais de cuivre de Bulgarie. Le IIe millénaire fut donc marqué en Méditerranée orientale par de nombreuses luttes dont témoignent les destructions de villes et de palais. Les légendes apporteront à Hésiode des informations sur les siècles antérieurs, car il qualifiera son *âge de bronze* comme une période où l'homme *"allait de guerres en guerres"*.

L'âge de fer, période dans laquelle il vit, lui paraît bien triste et dure, car l'homme doit alors s'efforcer beaucoup pour gagner sa maigre subsistance : la destruction du tissu économico-social de la Grèce occasionnée par l'invasion des Peuples de la Mer faisait encore sentir ses effets.

L'âge d'or correspond selon lui à une époque ancienne où l'homme vivait heureux sans avoir besoin de travailler, recueillant les fruits de la terre. Il est probable que cette description de la facilité de la vie dans les temps reculés faisait partie des légendes apportées par les immigrants à la peau brune venus par mer des *pays du soleil,* pays caractérisés par l'abondance d'aliments accessibles sans grand effort, ce qui ne fut jamais le cas en Grèce pour des raisons géographiques.

L'âge d'argent prenait la suite, marquant une certaine dégradation dans l'excellence de vie (1).

Cependant, Hésiode introduit un *âge des Héros* entre l'âge de bronze et l'âge de fer ; la chose surprend les mythologues car, souligne J-P. Vernant : *"Cette cinquième race n'a pas de correspondant métallique, et détruit le parallélisme entre races et métaux, interrompant en outre le mouvement de décadence continu, symbolisé par une échelle métallique à valeur régulièrement décroissante : le mythe précise en effet que la race des Héros est supérieure à celle de bronze, qui l'a précédée"*.

Nous ne pensons pas qu'Hésiode ait eu dans l'esprit une telle échelle de valeurs décroissantes pour les métaux comme celle que nous aurions aujourd'hui, car le bronze et le fer furent des métaux très prisés à son époque : ils apportaient en effet une solution à l'amélioration des armes et des outils de travail. Et s'il introduit la race des Héros, c'est qu'il a conscience du fait que, pendant la période de transition entre l'âge *du* bronze et celui *du* fer vers la fin du IIe millénaire, ces *Héros*, issus selon lui de l'union entre les Théoi et les Hommes (en fait entre les envahisseurs Théreshs et des femmes "autochtones") vont jouer un rôle fondamental grâce à leurs voyages et à leurs exploits.

Les destructions provoquées par l'invasion des Peuples de la Mer sont présentes d'une manière diffuse dans certains mythes, comme le bruit sourd d'un tonnerre lointain. Hésiode les évoque dans *Les Travaux et les Jours :*

"Zeus le père créa une troisième race d'hommes à la voie articulée, celle de bronze (..), terrible et vigoureuse. Seules les intéressaient les tristes oeuvres d'Arès et les gestes de colère ; ils ne mangeaient pas de pain (...). Ils étaient terribles : une grande force et des mains invincibles naissaient de leurs épaules sur leurs corps robustes. Leurs armes étaient de bronze, et le fer n'existait pas. Mais eux aussi allèrent chez Hadès, dans l'anonymat : bien que terribles, la mort s'empara d'eux".

Nous avons là une description confuse de l'irruption des Téreshs sur le sol grec et de quelques-unes de leurs caractéristiques : - ils sont belliqueux - leur corps est robuste et doté d'une grande force - et ils ne mangent pas de pain : notons que ce dernier trait sera dans les mythes ultérieurs considéré comme une caractéristique des Théoi. Ce texte d'Hésiode confirmerait l'équation que nous avons proposée : *Théoi = envahisseurs guerriers.* De même que l'on parle d'Achéens ou de Troyens, il serait opportun de les appeler *Théens* pour éviter des confusions religieuses car ils n'étaient pas encore immortels, si l'on en croit Hésiode lui-même qui leur attribuera cette qualité par la suite.

Nous ne pensons pas que cette troupe de guerriers ait été très nombreuse : ils sont quelques centaines tout au plus ; mais après avoir détruit et saccagé, ils s'apaisent, s'installent et se marient, adoptant la langue du pays. Les divers chefs se tailleront des fiefs, et les populations locales feront allégeance. Ainsi naîtront les dynasties locales de seigneurs qui régneront sur les domaines de leurs prédécesseurs mycéniens à Céphalonie, Mycènes, Sparte, Corinthe, Thèbes et Athènes, sans trop se soucier de reconstruire, car ce n'était pas dans leurs moeurs. Ils auront des enfants avec des femmes autochtones, et ce sera la race des *Hémiteoi (demi-théoi),* surnommée *les Héros,* qui dans un premier temps héritera de leurs caractéristiques physiques.

Hésiode écrit : *"Ensuite, après que la terre ait enseveli cette race de bronze, Zeus chronien créa une quatrième plus juste et vertueuse, la race divine des Héros qu'on appelle Hémithéoi, race qui nous précéda sur la terre. La guerre funeste et le terrible combat entraîna la mort de certains d'entre eux, soit contre Thèbes en pays Cadméen, soit après les avoir conduit à Troie dans leurs vaisseaux sur l'immense abîme de la mer, à cause d'Hélène à la belle chevelure. Aux autres, Zeus chronien décida d'accorder vie et résidence loin des hommes, vers les confins de la terre : ceux-là vivent sans douleurs dans l'île des Bienheureux, près de l'Océan aux cours profonds".*

Chronologiquement, Hésiode place donc la Guerre de Troie *après* l'âge du bronze et l'invasion des Peuples de la Mer.

La disparition de l'État mycénien favorisa une reprise d'indépendance de la *Crète.* C'est alors que, parmi les chefs de l'île, surgira le roi *Minos.* Son nom, dans la langue des Danaens, signifie *le petit.* Evans a voulu faire de lui un synonyme de *roi* en Crète, et cela pendant tout le IIe millénaire a.C, estimant que l'île avait été gouvernée par une sucession de rois qui portaient ce titre. Aussi a-t-il donné à cette période le nom de *"Crète Minoenne"*. Mais ce n'était qu'une spéculation intellectuelle, à un moment où rien de la Crète du IIe millénaire n'était connu. Le nom n'en resta pas moins. *En fait, un seul roi nommé Minos exista en Crète* : il régna vers la fin du IIe millénaire et les légendes égéennes feront suffisamment allusion a lui pour que divers historiens grecs du 1er millénaire comme Thucydide s'intéressent à son règne.

Nous pensons que certains historiens contemporains se sont trompés en ce qui concerne l'interprétation d'une phrase de cet auteur dans son *"Histoire de la guerre du Péloponnèse"* où il écrit ceci : *"Minos est en effet le plus ancien personnage connu par la tradition qui ait eu une flotte, et il conquit pour sa plus grande partie la maîtrise de la mer aujourd'hui grecque. Il établit sa domination sur les Cyclades et installa dans la plupart les premières colonies Il en chassa les Cariens puis y institua comme chefs ses propres fils. Par une suite naturelle, il travailla, dans toute l'étendue de son pouvoir, à purger la mer des pirates, pour mieux assurer la rentrée de ses revenus"*.

Il est évident que Thucydide se réfère à une période assez courte de l'Histoire et à une seule personne, un roi qui aurait donc vécu six ou sept siècles avant lui et dont il pouvait retrouver les "traces" : une douzaine de ports égéens en effet, en Crète, dans les îles, sur le continent et jusqu'en Palestine portaient le nom de *Minoa* que leur avait donné la tradition et Thucydide semble penser que c'est ce roi qui les avait fondés. Mais divers auteurs parlent d'une *"thalassocratie Minoenne"* en appliquant ce concept à la *"Crète minoenne"* imaginée par Evans, soit une période antérieure au roi Minos d'un demi millénaire, et considèrent les *Minoa* comme une preuve de l'expansion commerciale de la Crète en mer Égée dans la première moitié du IIe millénaire. Nous ne pensons pas que tel ait été le propos de Thucydide, car comme ses contemporains, il ignorait *absolument tout* de l'histoire de la Crète au IIe millénaire a.C. jusqu'à la chute de Mycènes.

Les ports de l'Egée nommés *Minoa* occupent des positions stratégiques qui montrent qu'ils eurent une fonction militaire plus que commerciale étant pour la plupart organisés comme une place forte en hauteur et non comme un port marchand au ras des flots (2).

R. Roux (voir Chap. 5-Note 4) cite Phèdre, fabuliste latin d'origine grecque et dit : *"Une curieuse fable de Phèdre (IV, 7) dirigée contre les archéologues anachroniques de son temps leur reproche d'ignorer que la nef Argô, loin d'être le premier des bateaux, succédait au contraire aux armements maritimes du roi Minos"*. Cette phrase est en accord avec l'affirmation de Thucydide selon lequel Minos fut le premier des armateurs *connus* ; elle est à replacer dans le débat des anciens sur le thème des premières navigations, la majorité d'entre eux affirmant que le premier grand navire construit avait été la nef Argô, et cela dans des temps lointains. Phèdre rétablit ce qui nous semble être plus exact, à savoir que *les expéditions argonautiques sont postérieures au règne du roi Minos* de Crète et ce règne semble se situer dans la seconde moitié du XIIe siècle a.C., disons de -1.150 à -1.100. Constatons que Phèdre comme Thucydide parle de Minos comme d'un roi qui avait régné à une époque relativement récente. Homère précise qu'il *"régna à Cnossos dès l'âge de 9 ans"* (Odyssée - XIX).

Les "Hémiteoi" de la Grèce continentale reconnaîtront Minos et sa famille comme étant des leurs, car la mythologie faisait de Minos un fils de Zeus ; il avait déplacé du pouvoir son frère *Rhadamanthe* qui régnait à Phaistos, et selon Homère ce dernier était parti gouverner la *Terre des Bienheureux* au-delà de l'Égyptos. Devenu roi de Crète, Minos tenta de devenir le maître de l'Égée. Il semble s'être appuyé sur les Thessaliens et les Corinthiens pour soumettre l'Attique, et, en échange de leur autonomie, les Athéniens durent lui faire parvenir un tribut en jeunes gens qui, dit la légende, seraient sacrifiés au *Minotaure*. Mais il se peut que ce monstre mi-homme et mi-taureau ait été inventé par les Athéniens pour justifier un humiliant tribut. De toute manière, *Thésée* y mettra bon ordre et, grâce à Ariane et à sa pelote de laine, vengera l'honneur bafoué. Malgré ces conflits sporadiques, des liens étroits semblent avoir existé entre le royaume Minoen et les seigneuries de la Grèce continentale. Ainsi, Apollonios de Rhodes signale la Crète comme ultime étape des Argonautes sur le chemin du retour.

Les légendes relatives au roi Minos prennent un éclairage particulier dans la perspective de l'irruption de Boréides dans l'espace égéen vers la fin du IIe millénaire a.C. Selon l'une d'elles, *Minos était fils de Zeus et d'Europé, fille du roi des Phéniciens* : Zeus avait aperçu Europé jouant avec ses compagnes au bord de la mer et était tombé amoureux d'elle ; prenant la forme d'un *taureau blanc,* il se mêla aux jeunes filles, joua avec elles, et Europé étant monté sur son dos, il s'élança sur la mer et rejoignit la Crète. Zeus reprit alors sa forme humaine et s'unit à Europé. Ils eurent trois fils, *Minos, Rhadamanthe* et *Sarpédon*. Le roi de Crète *Astérios* épousa par la suite Europé, dont il adopta les fils et fit de Minos son héritier. Astérios et Europé eurent une fille, *Crété*, qui donna son nom à l'île, tandis que sa mère donnait son nom à l'Europe.

Ce mythe se complète par celui selon lequel Zeus, nouveau-né, avait été amené en Crète par sa mère *Rhéa*, pour le soustraire à son père Chronos qui sinon l'aurait avalé. Rhéa l'avait caché dans une caverne des montagnes et les *Kourites* dansaient devant la grotte en choquant leurs armes pour couvrir les cris du nouveau-né. Nous allons essayer d'interpréter les fait historiques que ces deux mythes pourraient traduire.

La Bible nous dit que des Philistins, hommes de très haute stature, étaient établis dans la région de Gaza, tandis qu'au voisinage vivaient les Cananéens, dont les descendants seront les Phéniciens ; elle précise que ces Philistins venaient de l'île de Crète : on peut donc imaginer un chef de guerre crétois appartenant à cette ethnie se rendant en visite chez ses cousins Philistins de Gaza, puis prendre femme dans une puissante famille cananéenne. Le rapt des femmes était à l'honneur à cette époque, mais le mythe laisse entendre qu'il y eut une part de consentement. Zeus est dit apparaître comme *un beau taureau blanc qui venait de la mer,* ce qui résume les caractéristiques ethniques de ce pirate : c'est un *Boréide* (symbole du taureau), bel homme à la peau blanche, qui séduira certainement la petite et gracieuse Cananéenne à la peau brune.

Si Rhadamanthe ressemblait au père par sa chevelure rousse et peut-être sa grande taille, Minos ressemblera à sa mère par sa petite taille. Devenu roi après avoir chassé ses frères, il maintiendra des contacts avec la Palestine et la Phénicie, puisque l'histoire cite un *port nommé Minoa proche de Gaza* (2) tandis que l'archéologie fait état d'un *établissement portuaire phénicien dans la baie de Plakias* sur la côte sud de la Crète, à l'est de Sfakia : La *Géographie* de Ptolémée fait état en ce lieu d'une *"Phoenix civitas et portum"*.

Peut-être les Phéniciens l'aideront-ils à former une marine et en contrepartie il assurera grâce à ses *Minoa* la sécurité de leur commerce dans l'Égée en pourchassant les pirates Cariens. Homère manifeste une certaine hostilité à l'égard des Phéniciens : il devait appartenir à une région de la Grèce dont les marins étaient en concurrence avec eux pour le commerce maritime.

Lorque les Argonautes s'apprêtent à débarquer sur la côte sud de la Crète, Apollonios dit qu'ils en seront empêchés dans un premier temps par *Thalos*, un *géant* qui protégeait l'île du haut des falaises qui bordaient la mer : *"Thalos l'homme de bronze, avec des blocs détachés d'une solide falaise, les empêchait d'attacher les amarres à la terre au moment où ils arrivaient au mouillage abrité du Dikté. C'était un survivant de la race de bronze, demeuré parmi les demi-dieux (...). Zeus l'avait donné à Europé pour garder son île"* (Argonautiques - chant IV). Cependant Médée, par ses incantations, réussira à le faire tomber du haut de sa falaise. Nous sommes dans la période postérieure au règne de Minos, et ce mythe doit certainement faire allusion aux Péleshs de grande taille qui devaient encore occuper Sfakia dans le sud de l'île.

Quant à l'enfance de Zeus dans une caverne des montagnes de Crète, il est notable que les guerriers Kourites qui le protégeaient aient été revendiqués par les Sfakiotes au cours de l'Histoire comme étant leurs ancêtres. Ce mythe pourrait être lu ainsi, dans la perspective que nous avons présentée dans cet ouvrage : *des guerriers blonds de grande taille quittent leur patrie d'outre-atlantique par suite de conflits avec le roi Chronos, et vont guerroyer au loin Ils s'installent en Crète, avec un fils de la race royale dont ils protégeront l'enfance, et participent à des entreprises de pillages dans la région. Cet enfant deviendra leur chef et il épousera la Phénicienne Europé : leur fils Minos règnera sur la Crète et dominera l'Égée.*

Mais le règne de Minos et de ses fils ne semble pas avoir duré plus de deux ou trois générations. Il se peut qu'*Héraclès*, qui était un Danaen, ait entrepris une lutte contre les héritiers de Minos pour libérer de leur joug ses frères de race de l'île. Avec une troupe venue du Péloponnèse, il mettra fin à la domination éphémère des *hommes du taureau,* les Péleshs boréides qui avaient porté Minos au pouvoir : *ce serait le sens de l'un des "travaux d'Hercule", la capture du taureau de Crète.* Quelques troupes éparses devaient encore rester dans la zone montagneuse du sud de l'île quand arrivèrent les Argonautes, et Thalos était leur symbole.

En Grèce continentale, dorénavant fractionnée en diverses seigneuries, l'activité économique reprend peu à peu, mais certainement à un niveau bien inférieur à celui qui avait marqué les temps mycéniens ; également se font jour des tentatives de reprendre les voyages commerciaux du passé vers les Amériques : ce seront les aventures océaniques d'*Héraclès* et les expéditions des *Argonautes.* Nous avons vu qu'Aiétés, le roi de Colchide, était un Grec de Corinthe. Il s'était rendu en Hyperborée chez les Colques dont il était devenu roi. Il était donc normal que la jeunesse aristocratique grecque conduite par Jason s'embarque vers ces destinations dont provenaient leurs ancêtres Théreshs. *Les Argonautes seraient donc postérieurs d'une génération à Minos.*

Héraclès sera un aventurier solitaire, renommé pour sa force, sa bravoure et ses exploits. Il est en quelque sorte un inspirateur de l'expédition argonautique par l'exemple de ses voyages, et les temps héracléens précèdent de peu les temps argonautiques. Quant à Thésée, les mythes font de lui un contemporain et un ami d'Héraclès. Avec ces valeureux prédécesseurs comme exemple, Jason armera la nef Argô et recrutera ses compagnons parmi la jeunesse aristocratique des diverses seigneuries de la Grèce. À la différence d'Héraclès, Thésée et Jason sont des métis issus de femmes hellènes et de conquérants Théreshs : Apollonios dit que *"Jason est blond, fort comme Arès et beau comme Apollon"* (Livre III). Ainsi, dans les temps qui suivent la tourmente, la Grèce se ressaisit grâce à l'action d'individus tels qu'Héraclès et Jason, qui, *sur des traces anciennes* entraînent leurs compagnons dans de *lointaines aventures maritimes qui pourraient se situer vers -1.080.*

Nous avons considéré au Chap. 5 l'aspect géographique de la légende des Argonautes, mais les récits argonautiques montrent également que l'expédition était empreinte de fortes valeurs religieuses, en commençant par la construction de la nef Argo. Dans *"Le problème des Argonautes"*, R. Roux étudie cet aspect religieux. La construction du navire est accompagnée de rites magiques, et il sera considéré comme un *être vivant capable de parler aux navigateurs dans les moments difficiles.* Nous sommes là dans une époque de transition entre l'ancienne religion des Pélasges, d'inspiration marine, et la nouvelle, terrienne, qui va naître et la supplanter, celle des dieux de l'Olympe.

Le navire est construit en Thessalie sur les rives du golfe de Pagassa à proximité duquel se situaient les établissements les plus anciens connus en Grèce, ceux de Sesklo et de Dimini, donc, *région pélasge par excellence, où plus qu'ailleurs persistaient les vieilles croyances*. Les bois nécessaires à la construction du navire seront coupés dans la montagne qui domine le golfe et descendront lentement vers la mer, accompagnés par le chant du magicien Orphée. Celui-ci dira plus tard à la nef : *"Structure de pins et de chênes, écoute ma voix, car tu l'as déjà entendue quand je charmais les arbres sur la colline boisée, et quand tu descendais vers la mer, glissant du haut de la montagne"* (Argonautiques Orphiques - v 259-265).

C'est *Athéna* qui selon la légende, avait donné le premier coup de hache. R. Roux écrit : *"Ce qu'il convient de retenir pour l'intelligence de la nef Argo c'est que sa construction et sa conservation dépendent d'une divinité qui, sous le nom de l'Athéna classique, correspond à une puissance primitive de la navigation et de la magie"*. Athéna avait également taillé un fragment d'un chêne de Dodone, sanctuaire dédié à *Zeus pélasgique*, pour l'incorporer à la nef Argo, qui renfermera ainsi une *"volonté d'arbre divin"*.

Apollon sera le protecteur de l'expédition : les légendes le présentent comme un "dieu" blond, fils de Zeus et de Léto, laquelle ira accoucher en cachette d'Héra sur l'île désolée de Délos, où sera construit par la suite un sanctuaire à sa mémoire. C'est donc l'un des premiers métis, de père Boréide et mère Pélasge, mais son statut sera divin, supérieur à celui des Héros. Il régnera par la suite sur l'oracle de Delphes, et selon la légende, il se rendait chaque hiver depuis la Grèce passer trois mois chez les Hyperboréens. Les récits argonautiques parlent de l'*anax Apollo* : c'est donc *un chamane*, selon notre interprétation linguistique (voir Chap. 17).

On a longuement discuté sur le sens du nom *Argo,* qui pouvait signifier *la blancheur* : cette hypothèse est écartée par la plupart des auteurs, qui ont dans l'esprit les *noirs vaisseaux* des textes homériques. Pourtant, nous penchons pour cette interprétation : *Argo était une blanche nef, construite exceptionnellement selon des critères antiques qui faisait d'elle un vaisseau rapide comme ceux qui figurent sur les fresques de Théra, ou presque comme eux en raison de qualités de bois et de techniques de construction différentes* : Apolonios de Rhodes écrit (*Argonautiques* - chant IV - v. 314) que, dans une poursuite, les navires des Colques s'avérent plus rapides qu'*Argo* (cette constatation est un sérieux indice de la réalité de l'expédition).

La nef *Argo* était peinte en blanc, et la peinture facilitait la glisse dans la mer d'une coque de bois de chêne déjà soigneusement polie. R. Roux indique qu'une tradition présentait Athéna ornant le navire de peintures de Néréides (comme les navires de Théra, peints en blanc avec parfois une bande azur, et qui étaient décorés avec des représentations d'animaux rapides). Orphée dit que la proue de l'Argo est *"cyanée"* (*bleue)* (Arg. Orph. - v. 1203).

La tradition place cinquante argonautes à bord de la nef, mais il y eut certainement inflation avec le temps, pour satisfaire un clientèle distinguée d'auditeurs de marque des poèmes, qui voulaient qu'un de leurs ancêtres ait participé à la célèbre expédition : nous croyons plus probable que l'équipage ait été limité à vingt-huit jeunes aristocrates, outre le chef de l'expédition Jason, le pilote Tiphys et le magicien Orphée, chiffre semblable à l'armement des navires de Théra. De même Thésée arme un navire portant un équipage de trente hommes.

La guerre de Troie est manifestement un événement historique. La ville de Troie s'enrichissait à nouveau grâce à la reprise des activités commerciales entre la mer Egée et la mer Noire, et devait exciter l'envie et la convoitise des nouveaux seigneurs de la Grèce continentale : seul manquait un prétexte et un chef pour l'attaquer. Il est peut-être exact que le prétexte vint de l'enlèvement d'Hélène, femme de Ménélas, par un prince troyen (peut-être pendant l'un des longs voyages de Ménélas, et avec le consentement d'Hélène) et que le chef de l'expédition fut Agamemnon, le seigneur de Mycènes, dont la richesse devait provenir de trouvailles opportunes dans le périmètre de la forteresse mycénienne à demi détruite. Au début, certains chefs, Achille et Ulysse, n'étaient pas d'accord pour se joindre à cette expédition

Les recherches archéologiques de Korpfmann ont montré que Troie VII fut construite en -1.250 après un séisme qui avait détruit Troie VI, et fut détruite par un incendie à la fin du IIe millénaire, soit entre -1.050 et -1.000 : *peut-être cet incendie marque-t-il la prise de la ville par les Grecs*. Les aèdes du Xe siècle s'emparèrent de l'événement, vieux de tout au plus un siècle, et qui venait à point nommé pour remonter le moral des Grecs, toujours plongés dans le marasme économique : nul doute que les faits réels seront largement enjolivés. Une précision sur l'époque de la guerre est apportée par l'Iliade, qui fait d'*Idoménée* le chef du contingent crétois, et dit que c'était le plus âgé des chefs de guerre. Or c'était, dit la légende, un petit-fils de Minos : il pourrait donc être né au début du XIe siècle a.C, ce qui placerait la *guerre de Troie vers -1.040.*

Au début du IXe siècle, trois cents ans après la tourmente, les Grecs ont repris confiance, mais la vie reste difficile dans une Grèce appauvrie, car le bronze a perdu sa prédominance et ils ne pourront dominer les circuits du fer. Avec intelligence, ils dériveront leurs excédents d'énergie et de population vers la colonisation des côtes égéennes de l'Asie Mineure et celles du sud de l'Italie ; ils établiront aussi des colonies en mer Noire et en Méditerranée Occidentale, et penseront trouver sur ces rivages les lieux des exploits maritimes de leurs illustres compatriotes, Ulysse et les Argonautes, n'imaginant pas qu'ils aient pu se situer ailleurs et plus loin.

Également flottera dans les esprits pendant des siècles l'idée d'un passé encore plus lointain, un *âge d'or* lié aux *pays du soleil* (mythes d'Io, de Persée, d'Héraclès, des Danaïdes) et de relations avec une lointaine *Hyperborée.*

Les Grecs du Ier millénaire a.C. croyaient certainement à la réalité de leurs mythes, mais ils admettaient la quasi-impossibilité de contempler le cadre géographique de certains d'entre eux. Ainsi Pindare, dans la Xe Pythique, évoque le voyage de Persée chez les Hyperboréens et s'écrie : *"Mais, ni en bateau ni cheminant pourrait-on retrouver l'étrange chemin qui mène aux Hyperboréens".* Et dans la IIIe Olympique, à propos des Colonnes d'Hercule qui, au couchant, marquaient le passage de la Méditerranée à l'Atlantique, il décide : *"Au delà, le chemin est inaccessible aux sages comme aux téméraires. Je ne le suivrai pas ; stupide serait celui qui le tenterait".* Le chemin était *inaccessible*, mais Pindare savait qu'il existait. C'est Christophe Colomb qui le retrouvera deux millénaires plus tard.

On ignore à quelle époque vécut Hésiode, fin du IXe ou début du VIIIe siècle a.C. Il estime que c'est une époque triste et la situe dans *l'âge de fer* qui succède à *l'âge des Héros* : on peut donc admettre que l'âge des Héros aura duré 150 ans, de -1.150 à -1.000 pour fixer les idées, englobant la Guerre de Troie et l'expédition des Argonautes. *L'âge du fer* technologique commence historiquement vers -1.100 dans l'Égée, avant la guerre de Troie, tandis que *l'âge de fer* hésiodique commence vers -1.000, après cette guerre qui laissa une impression à la fois amère et glorieuse dans la pensée des Grecs du début du 1er millénaire a.C.

Hésiode écrit : *"Et maintenant, existe une cinquième génération, la race de fer. Jamais pendant le jour, ils seront libres de fatigues et de misères et les dieux leur causeront de graves inquiétudes ; cependant, la joie se mêlera à leurs maux".* Et il a une vision assez pessimiste sur l'évolution de l'Homme : *"Puis viendra une nouvelle race, quand les enfants naîtront avec les connaissances des adultes. Pères et fils ne se ressembleront pas. Les fils, dès qu'ils croîtront en âge, mépriseront leurs parents et les insulteront, sans se rendre compte que les dieux les surveillent. La justice résidera dans la force, et la considération ira au malfaiteur et au violent".* Hésiode dépeint en fait *l'époque sans lois* qui dût caractériser les temps postérieurs à la guerre de Troie, et qui peut-être, plus que la pression démographique, incita de nombreux Grecs à *l'émigration*, pour se libérer de leurs seigneurs qui devaient les accabler de contraintes.

P. Chantraine, un spécialiste du grec ancien, dit que l'étymologie de *théos* - mot que l'on traduit par *dieu* - est inconnue, et il semble que pas davantage ne la connaissaient les anciens Grecs : il dit que, pour Hérodote, *théos* était lié à *tithemi* qui signifie : *placer en un lieu approprié.* Cette opinion était peut-être en rapport avec les statues des dieux qui abondaient à son époque, mais elle n'apporte aucun renseignement sur leur genèse.

Hésiode s'était déjà préoccupé de combler cette lacune en composant la *Théogonie,* mot qui signifie *la naissance des Théoi.* Dans notre hypothèse, *théoi* est l'hellénisation du nom d'un peuple, les *Téreshs,* les *Tés*, et il se produira avec le temps une *divinisation progressive*, à laquelle Hésiode ne doit pas être étranger. En effet, il continue son récit de la sorte : *"Contre ceux qui s'intéressent seulement à la violence néfaste et aux mauvaises actions, Zeus qui voit tout décrète sa justice. Ô rois, tenez compte vous aussi de cette justice ; car près de vous et mêlés aux hommes, les Immortels surveillent ceux qui, par des décisions tortueuses, se dévorent entre eux sans se préoccuper de la vengeance divine. Ils sont trente mille les Immortels mis par Zeus sur la terre féconde comme gardiens des mortels".* Avec cette première version des *anges gardiens*, Hésiode apparaît comme un moraliste plus que comme un aède qui rapporte des mythes antérieurs. Et il attribue aux Théoi une immortalité nécessaire à ce que cette surveillance n'ait pas de fin. *La nouvelle religion apparaît donc comme un frein mis aux actions néfastes des Hommes.*

Les quelques siècles qui précèdent Homère et Hésiode furent l'époque d'une transmission orale de nombreux récits qui touchaient au passé, rapportant des faits alors reconnus historiques ou déjà légendaires. Un grand respect fut accordé à la retransmission du cadre géographique des mythes, comme si les aèdes avaient l'intuition qu'il contenait l'indispensable *fil d'Ariane* qui devait permettre de les interpréter correctement : on en a vu le résultat pour la description de lieux situés dans l'Atlantique ou aux Amériques.

C'est donc un *extraordinaire vivier* que trouvent à leur disposition Homère et Hésiode d'abord, et ensuite poètes, tragédiens et historiens, tels que Timée, Eschyle et Pindare (3) : chacun y puisera selon ses origines ethniques ou ses orientations intellectuelles, ne pouvant en assumer à lui seul l'énorme masse et étant amené à effectuer un choix.

Pour l'*Odyssée*, Homère acceptera les informations géographiques des récits argonautiques, et y ajoutera sa propre connaissance de la frange maritime de la Grèce occidentale et peut-être des accès au grand large, l'Irlande et les Açores. Mais à quelle époque vécut-il ? Nous avons indiqué quelques raisons pour lesquelles il nous paraît convenable d'accepter *l'opinion d'Hérodote selon laquelle Homère aurait vécu quatre cents ans avant lui, donc vers -850*, au milieu du IXe siècle a.C. Certes, de nombreux auteurs modernes le font vivre à une époque plus tardive, au VIIIe siècle a.C. Ils le considèrent comme l'aboutissement d'une *longue tradition orale séculaire* puisqu'ils placent la guerre de Troie à l'époque Mycénienne, et ils rechercheront dans l'Iliade un reflet de la vie des les palais mycéniens. Notre position est diamétralement opposée, puisqu'elle place la guerre de Troie et les expéditions argonautiques *deux siècles seulement avant Homère*.

Homère eut-il connaissance de *l'écriture* ? Il savait sans nul doute que les Phéniciens en possédaient une, et lui-même comme les autres aèdes purent envier ce procédé qui leur aurait permis de rédiger de brefs aide-mémoire pour mieux mémoriser leurs chants poétiques : nous pensons que si l'écriture phénicienne fut adaptée à la langue grecque, ce fut certainement pour la mettre au service, non pas du commerce, mais de ce qui allait devenir *la littérature.* Les écrits en grec les plus anciens que l'on connaisse, trouvés en Italie et en Béotie, datent du milieu du VIIIe siècle a.C. et l'on peut penser que c'est le moment où l'écriture se vulgarise dans l'ensemble des régions où vivaient des Grecs, ce qui laisserait supposer que son apparition doit remonter au siècle antérieur. Après quelques tâtonnements, une écriture alphabétique dût apparaître vers le milieu du IXe siècle, et rester un temps l'apanage des aèdes : il est possible qu'Homère ait participé à son élaboration.

À la sortie des "siècles obscurs", la Grèce n'est pas encore unifiée et il lui reste à surmonter deux épreuves : *la guerre contre un ennemi extérieur*, les Perses (*guerres Médiques*) puis la longue *lutte pour l'hégémonie entre deux grandes cités rivales*, Sparte et Athènes (*guerres du Péloponnèse*).

Au début du Ve siècle a.C. les monarques perses, Darius puis Xerxès, tentent de se rendre maître de la Grèce. Leur puissance en hommes et en richesses était énorme, face à une Grèce pauvre dans ces deux domaines, et, qui plus est, divisée entre cités concurrentes dont certaines semblaient préférer l'alliance perse. Darius tentera une invasion maritime, mais sera repoussé à *Marathon* en -490 ; Xerxès, franchissant le Bosphore à la tête d'une armée innombrable, tentera ensuite une invasion terrestre, mais contre toute attente, il sera contenu aux *Thermopyles* en -479. Vaincu à la bataille de Platée, il se retirera définitivement vers l'Asie où le poursuivront les Grecs confédérés, qui libèreront l'Ionie du joug perse.

Ces guerres avaient amené les cités grecques à s'unir contre l'envahisseur asiatique, mais, le danger disparu, survinrent à nouveau les dissensions. Les deux plus importantes cités-états étaient Sparte et Athènes : à la différence des autres, leur territoire était relativement important et chacune crut pouvoir dominer l'ensemble de la Grèce : pendant les guerres Médiques, les Athéniens avaient brillé par leur puissance maritime, et les Spartiates par leur puissance militaire terrestre. Mais en fait c'était *deux conceptions du pouvoir qui s'affrontaient,* et peut-être faut-il remonter aux "siècles obscurs" pour mieux les comprendre.

Au IIe millénaire a.C., l'Attique (Athènes) et la Laconie (Sparte) avaient fait partie de l'Etat mycénien, et avaient donc vécu sous les mêmes lois et avec les mêmes coutumes. Certes, leurs populations étaient différentes :

- *L'Attique* était majoritairement peuplée par des *Achéens* indo-européens venus de la Grèce centrale et des *Danaens* venus de la proche Argolide ; la position *maritime* d'Athènes faisait d'elle une cité importante ouverte au *com-*

merce et aux contacts avec d'autres peuples ; la ville existait depuis de nombreux siècles et s'y manifestait une longue tradition de vie urbaine.

- *La Laconie* par contre était une province *terrienne* enserrée dans les montagnes du Péloponnèse avec seulement une étroite façade utile sur la mer (golfe Laconique, où se situait le port de Gythion). Sa terre était riche, célèbre pour ses *élevages de chevaux*, et y vivait de longue date une population rurale de *Pélasges*. Nous avons émis l'hypothèse qu'après la catastrophe qui détruisit Théra au milieu du IIe millénaire a.C., sa population de *Danaens* avait émigré vers la proche Laconie et s'était installé à Gythion où elle recréerait son style de vie basé sur le commerce maritime.

L'invasion des Peuples de la mer ne changera pas le profil racial de ces provinces ; les conquérants Théreshs, peu nombreux, se transformeront en seigneurs dominant les anciennes populations. Dans la plaine de Laconie apparaît la ville de *Sparte*, et, selon les légendes, y règne au XIe siècle a.C. le roi *Tyndare.* Ce nom a un sens en danaen, *tenda* signifiant *cheval de selle, coursier,* et le suffixe *ré* indiquant le passé : donc, *tendaré = le vieux coursier.* Sparte était célèbre pour ses élevages de chevaux.

Cependant, régnait à *Mycènes* un seigneur qui descendait lui aussi des envahisseurs théreshs, *Atrée, le* père légendaire d'*Agamemnon* et de *Ménélas*. Tyndare, pour sa part, avait deux filles, *Clytemnestre* et *Hélène* : Agamemnon épousa Clytemnestre, et son frère cadet Ménélas épousa Hélène. *C'est dire que, jusqu'à la fin du IIe millénaire, rien ne différencie les coutumes de la Laconie de celles des autres provinces de la Grèce : la guerre de Troie les verra unies dans l'entreprise militaire.*

Que se passa-t-il donc en Laconie au début du Ier millénaire a.C. pour qu'y apparaisse une *conception du pouvoir fondamentalement différente de celle existant à Athènes,* et qui se manifeste au VI siècle a.C. ?

- *Dans l'Attique,* les *hommes libres* - qu'ils habitent la ville ou la campagne - étaient tous considérés comme *Athéniens*, les distinctions entre eux n'étant pas ethniques mais *économiques* : les *lois de Solon* divisaient ces citoyens en *quatre classes* selon leur richesse, et le Pouvoir Éxécutif, d'une durée d'un an, était réservé aux hommes de la classe la plus riche. Les deux classes suivantes étaient éligibles pour des charges de moindre importance et la quatrième, la classe pauvre, ne participait qu'aux assemblées (Finley).

C'était donc une *démocratie*, imparfaite certes, le pouvoir étant détenu à des degrés divers par l'ensemble des citoyens (*demos*), le passage d'une classe à l'autre étant possible en fonction de l'évolution de la richesse personnelle. Il y avait à Athènes des *esclaves*, provenant en général de pays étrangers, qui pouvaient légalement être achetés ou vendus. Le pouvoir était en fait détenu par une *aristocratie bourgeoise*, appelée les *Eupatrides*, ce qui signifie *les personnes bien nées.* Cette structure politique provenait des Danaens plus que des Indo-européens, tandis que la descendance des seigneurs du début des siècles obscurs s'était progressivement diluée dans la masse.

- En *Laconie*, par contre, le critère séparant les classes était *ethnique*, et aucun passage de l'une à l'autre n'était possible. Il existait *trois classes* :

Les Spartiates proprement dits, groupe très peu nombreux qui détenait la totalité du pouvoir, et était structuré selon des *critères militaires.*

Les Périèques, qui vivaient dans des petites communautés villageoises (telles que Gythion). C'étaient des hommes libres, mais ils ne participaient pas au pouvoir et avaient l'obligation de fournir des hommes à l'armée sous les ordres des Spartiates s'ils étaient convoqués ; ils détenaient en fait les rênes du commerce, car les Spartiates se consacraient à temps plein à l'entraînement militaire et à la surveillance de la troisième classe, celles des Hilotes, pour éviter une quelconque rébellion.

Les Hilotes étaient une population esclavagisée, fort nombreuse, vivant dans les campagnes : c'était en fait des *serfs*, au sens médiéval du terme, qui devaient travailler la terre sur laquelle ils vivaient, au bénéfice des Spartiates. C'était donc un peuple autochtone maintenu en esclavage, sans possibilité de se libérer. Il n'y avait pas d'esclaves provenant de l'extérieur.

Finley écrit: *"Notre ignorance au sujet de la Sparte des siècles obscurs est totale : nous ne savons rien de son développement institutionnel primitif".* Les historiens anciens affirmaient seulement que Spartiates et Périèques parlaient le *dorien* et les Hilotes leur propre langue. Nous allons avancer une hypothèse susceptible d'expliquer cette étrange situation. Les *Hilotes* étaient selon nous la population rurale et agricole *Pélasge*, et les *Périéques* la population d'origine *danaenne*. Les *Spartiates* ne pouvaient être qu'un *corps social étranger* qui avait surgi soudainement et s'était *imposé par les armes* aux populations autochtones de Pélasges et de Danaens ; peu nombreux, ils avaient adopté leur langue qui était alors un dialecte mycénien que les grecs anciens appelleront *le dorien*. Une possibilité pourrait être la suivante :

Lors de sa lutte pour la suprématie dans l'Égée, le roi Minos de Crète avait créé une base militaire sur le continent à proximité de Gythion (2) ; s'il avait comme alliés les Péleshs de Sfakia et de Gaza, on pourrait envisager qu'il ait établi une troupe de ces Péleshs dans ce "Minoa" laconien. Ceux-ci vivront isolés du reste de la population, cultivant le métier des armes, jusqu'au jour où *une occasion favorable leur permettra de prendre le pouvoir en Laconie* : cette occasion se présentera peut-être vers la fin du VIIIe siècle a.C, grâce à un afflux de Philistins qui viendront renforcer leurs rangs en provenance de Palestine, peut-être l'*un des cinq royaumes* philistins confédérés dont parle la Bible. Les Assyriens, déjà maîtres du nord de la Palestine (l'ancien royaume d'Israël), avaient vers -720 mis sans succès le siège devant le port d'Ascalon défendu par les Philistins. Une partie de ces derniers, se rendant compte de la puissance des Assyriens, jugèrent peut-être plus prudent d'émigrer sous la conduite de leur roi et rejoignirent leurs frères de race déjà installés autour du Minoa de Laconie.

Nous pensons que ces Philistins prendront le pouvoir en Laconie et imposeront leur modèle de gouvernement, avec un Roi à sa tête et une Assemblée de chefs. Ils respecteront toutefois la monarchie antérieure d'origine théresh (les Atrides) en lesquels ils devaient voir de lointains cousins, tout en ajoutant la leur de sorte que parmi les structures de l'Etat spartiate apparaîtra l'étrange figure de la *double royauté*. Finley écrit : *"au sommet de la structure gouvernementale étaient deux rois héréditaires (...). La coexistence de deux maisons royales défie n'importe quelle explication"*.

À leur côté, siégeait une Assemblée, le *Conseil des Anciens,* doté pour la première fois en Grèce d'un pouvoir effectif, comme le souligne Finley : c'était la mise en place sur le sol grec de la *"démocratie à l'iroquoise"*. Rappelons que Dicéarque signalait l'existence de spartiates blonds au IVe siècle.

La rivalité entre Sparte et Athènes s'amplifia après les guerres Médiques et aboutit aux *Guerres du Péloponnèse* : Sparte vainquit militairement Athènes, mais politiquement, c'est Athènes qui gagna. *L'oligarchie spartiate* succomba à une révolte des Hilotes, et c'est le *modèle athénien de démocratie* qui triompha en Grèce. Il ne faut toutefois pas oublier que la vaillance des Spartiates avait sauvé Athènes lors de la bataille des Thermopyles et de celle de Platée.

(1) Age d'or, âge d'argent : un demi millénaire plus tard, Platon dira la même chose qu'Hésiode à propos de l'Atlantide, et Diodore de Sicile montrera par la suite à propos de celle-ci sa connaissance de sources différentes de celles de Platon.

Il semblerait donc qu'il y ait eu en Grèce un mythe, perdu, évoquant l'Atlantide : *"Vous autres, les Grecs, ne savez pas garder la connaissance des faits du passé"* disait à Solon le vieux prêtre de Saïs.

(2) MINOA

- Hors de Grèce, un *Minoa* existait sur la côte de Palestine. probablement situé sur le port de Jaffa.
- En Crète, deux *Minoa* apparaissent dans la *Géographie* de Ptolémée : L'un sur la côte orientale (*Minoa portus*), apparemment dans le golfe d'Ambelos, et l'autre à l'ouest sur la baie de la Souda (*Minoa*). Ce dernier n'est pas sur la péninsule d'Akrotiki où le situent les cartes modernes, mais, selon Ptolémée, au sud du golfe, entre le cap Drépané (*Drepanus promont.*) et l'embouchure de la rivière Kiliaris (*Picnus flumen ostium*), donc à Almirida. Notons que ces deux *Minoa* de Crète donnaient accès, le premier au Minoa Palestinien, et le second, au Minoa situé au sud de Gythion, sur le golfe de Laconie (*in argolico sinus laconiae regio : Minoa portus*). La séquence des lieux signalés par Ptolémée indique en effet à l'est de ce Minoa : *Dios soteros portus* (Gythion), puis *Malea prom.* (le cap Malée).

(3) Au VIIe et VIe siècles a.C, la *poésie lyrique* remplace peu à peu la *poésie épique.* C'est donc une littérature encore proche des antiques légendes appartenant aux différentes ethnies fondatrices de la Grèce ancienne, d'où son intérêt pour nous rapprocher des sources des mythes grecs.

PINDARE en est l'un des plus illustres représentants. Né en Béotie en -522, il composa une quarantaine d'*Odes triomphales* rangées en quatre catégories selon les *Jeux* auxquels elles se rapportent : *Olympiques, Pythiques, Isthmiques* et *Néméens.*

On a fait observer que Pindare était caractérisé par la *hauteur morale* et l'*enthousiasme lyrique* : *"il a des conceptions religieuses beaucoup plus élevées qu'Homère (...) et permet de mesurer le progrès des idées religieuses en Grèce du Xe au Ve siècle a.C. (...). Le style de Pindare unit volontiers l'abstraction à l'image la plus concrète"* (H. Petitmangin). Il manie en fait avec un art consommé et parfois déroutant la langue grecque, qui se stabilise à cette époque. Ceci nous amène à penser qu'il était *d'origine danaenne, et dût appartenir à son élite religieuse ;* son nom, d'ailleurs, l'indiquerait puisqu'il signifie : *l'ancien pécheur (pinda - re)* en langue guaranitique, ainsi que le choix de ses thèmes poétiques :

- 4ème Pythique : expédition des Argonautes - Égyptos et Nilos - légende de Théra.
- 9ème Pythique : légende des Danaïdes.
- 2ème Olympique : l'île des Bienheureux.
- 3ème Olympique : Hercule rapporte l'olivier et la biche du pays des Hyperboréens, et : *"l'inaccessible chemin au delà des colonnes d'Hercule."*
- 10ème Pythique : Persée – et : *"Ni en bateau, ni cheminant, on pourra trouver l'étrange chemin mène aux Hyperboréens".*

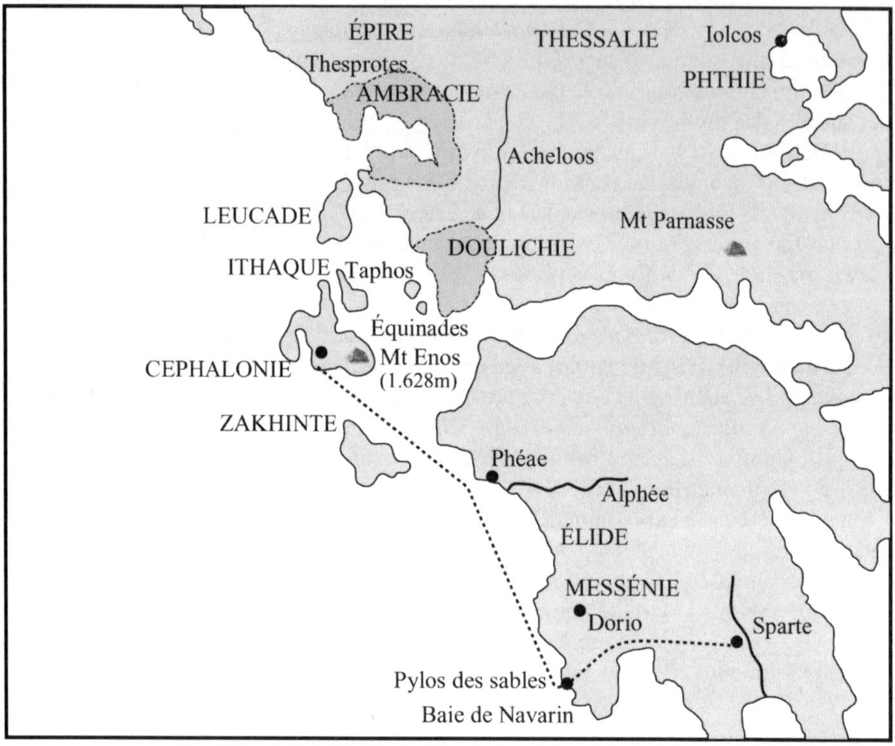

Carte 17 - Côtes de la mer Ionienne
.... : itinéraire de Télémaque

(pour le Chap. 24)

Chapitre 23

LES DIEUX DE L'OLYMPE

Vers la fin du VIIe siècle a.C. Athènes était gouvernée par une "haute société" qui se donnait le nom d'*Eupatrides*, les *personnes bien nées.* Il y avait une tradition aristocratique liée à l'exercice du pouvoir, d'où l'intérêt de ces familles de faire apparaître, grâce à la complaisance d'un poète, tel ou tel grand ancêtre d'origine *divine* ; d'où également l'intérêt de cette haute société de voir *s'affirmer une religion populaire* qui honorerait les *dieux de l'Olympe* car ce groupe restreint souvent issu des Hémiteoi bénéficierait de cette ascendance divine. Les *Theoi* feront progressivement leur apparition dans le panorama religieux de la Grèce : vers -500 sera construit sur l'Acropole un *temple à Athéna* détruit en -480 par les Perses, et sur ses ruines sera construit le *Parthénon*, au voisinage duquel sera édifié un temple à *Zeus olympien.*

Finley note qu'à partir de -450, *"les lieux de culte furent encouragés et embellis, et la récitation de textes homériques fut introduite dans le festival panathénien qui célébrait la naissance d'Athéna"* : la religion des "dieux de l'Olympe" recevait droit de cité. L'Ionie était devenu entre-temps le foyer intellectuel de la Grèce, et au VIe siècle, y était apparu un groupe de poètes appelé *les Homérides* parce qu'ils portaient un culte à Homère et se donnaient comme les continuateurs de son oeuvre. Mais ils s'occupaient également de maintenir vive la flamme du passé, en composant à partir d'anciens mythes des *hymnes à la gloire des dieux de l'Olympe*, appelés *Hymnes Homériques ;* Homère n'eut toutefois aucun rôle dans leur rédaction.

Avec les *Théoi*, Homère nous pose un problème : il parle d'eux d'une manière ambiguë. D'une part, ils ont toutes les caractéristiques physiques d'un peuple homogène, comme les *Aithiopéoi* chez qui ils se rendent pour participer à des banquets : ils tiennent conseil, discutent et se disputent, et pratiquent l'adultère. Donc si l'on traduit Aithiopéoi par *Ethiopiens* et Achéoi par *Achéens*, on devrait en toute rigueur traduire Théoi par *Théens*. Pourtant, les traducteurs ont pris la coutume de traduire théos par *dieu* et théoi par *les dieux*. Certes, Homère leur donne un statut spécial les distinguant des autres hommes, en leur attribuant un don de déplacement rapide dans les airs. Il les qualifie également d'*immortels* mais pensait-il pour autant qu'ils étaient *de nature divine* au sens actuel du terme ? Rien n'est moins sûr, car il est possible que pour donner un caractère merveilleux à son poème, il ait attribué un rôle particulier à des êtres déjà légendaires à son époque, mais fortement présents dans la mémoire collective des Grecs.

Homère dit par ailleurs : *"Athéna attacha sous ses pieds ses belles sandales d'or immortelles, qui la porteraient sur l'immensité de la terre et des eaux aussi vite que les souffles du vent"*. Cela amène à penser qu'il emploie le terme au sens poétique pour tout ce qui touchait aux illustres Théoi, que ce soit eux-mêmes, leurs chevaux ou leurs sandales, un qualificatif d'excellence.

Il attribue d'ailleurs aux Théoi un lieu *géographique* de résidence, quand il dit que les Phéaciens sont *"antitheoi"* c'est-à-dire vivent *"en face"* des Théoi ou qu'ils sont *"agkitheoi"*, c'est-à-dire *"proches"* d'eux : on ne peut mieux exprimer la position relative de l'*Irlande* et des *monts Appalaches,* vue depuis la Grèce. Traduire donc théos par *dieu* est peut-être une pétition de principe lourde de conséquences, car ce dernier terme ne laisse pas saisir le caractère humain des Théoi. Mais il se trouve que les poèmes homériques eurent un profond impact sur la pensée des Grecs et ceux-ci *divinisèrent* ces Théoi. Ce fut la base de la nouvelle religion dont ils avaient besoin, de sorte que par la suite il y eut identification entre les mots *théoi* et *dieux*.

Ces Théoi, d'ailleurs, n'existent pas de toute éternité : Hésiode nous propose une succession d'événements mythiques au terme desquels apparaîtra la *"la race sacrée des immortels éternels"*, celle des *Théoi* dont Zeus est le roi :
- En premier lieu, celui de l'accouplement du Ciel et de la Terre, *Ouranos et Gaïa*. Au début des temps, n'existait que le *Chaos*, puis se forma *la Terre*, laquelle donna naissance au *Ciel*, aux *montagnes* et à la *mer* en les séparant de son vaste corps. Ensuite elle s'unit avec le Ciel pour donner naissance en premier lieu au *fleuve Océan*, puis à divers êtres et enfin aux *Titans*.
- Vient ensuite le mythe de *Chronos*, le plus jeune des Titans, qui, à la demande de sa mère Gaïa, châtre son père Ouranos avec une faucille d'acier que lui avait remise celle-ci, qui ne pouvait supporter que le ciel la couvre sans arrêt de ses élans amoureux, l'empêchant de donner le jour aux enfants qu'elle portait dans son sein ; le Ciel se sépara alors de la Terre.

Chronos sera à l'origine de la race des Théoi. Donc ceux-ci ne sont pas des dieux créateurs, mais des êtres crées, certes exceptionnels. Enfin arrive *Zeus* : Chronos, qui régnait dans l'Olympe, épouse sa soeur Rhéa. Mais il avait la fâcheuse habitude d'avaler ses enfants (ou du moins la plupart d'entre eux) sitôt après leur naissance. Pour soustraire Zeus à ce funeste sort, sa mère décide de se rendre en Crète où elle accouchera dans une caverne du mont Ida, et présentera à Chronos une pierre emmaillotée qu'il avalera sans sourciller. Ainsi, Zeus fut sauvé de son père. Il accédera au pouvoir suprême, après avoir vaincu les Titans et exilé le plus célèbre d'entre eux, *Prométhée*.

Homère et Hésiode se complètent pour nous apporter les plus anciens témoignages sur ces Théoi, avec une telle abondance de précisions que l'on peut sans difficulté les imaginer comme un groupe humain de caractéristiques bien définies. On sait à quoi ils ressemblent, comment ils vivent, comment ils se nourrissent, comment ils se comportent dans leurs rapports entre eux ou avec les populations de l'Égée. Il existe d'ailleurs un livre intitulé : *"La vie quotidienne des Dieux Grecs"* (1) où les auteurs ont eu l'heureuse idée de montrer leur vie à partir des textes homériques et hésiodiques.

On peut y lire que les Théoi se distinguent par leur *"vitalité"* et qu'ils sont donnés pour *"immortels"*, mais ils sont *"sensibles à la douleur et peuvent être blessés au combat"*. Ils ont des capacités extraordinaires, telles que celles *de "voler et de se rendre invisibles"*. Ils parlent la langue des Grecs, mais *"utilisent une langue qui leur est propre"* (nous avons là un des signes les plus sûrs de la réalité physique des Théoi dans un passé plus ou moins éloigné des temps homériques). *Ils ont une forte tendance à se disputer entre eux*, sont *de grande taille et leur chevelure est blonde.*

Ce qui frappe le plus les Grecs quand ils partagent leurs banquets, c'est leur *manière fort particulière de se nourrir* : ils aiment les viandes, ne consomment ni pain ni vin, mais par contre deux mets que les Grecs n'arrivent pas à bien identifier, *le nectar et l'ambroisie*. Il s'agit de *deux produits solides rougeâtres* qu'ils consomment dilués dans l'eau dans des *tasses* qu'ils se passent de main à main.

Une des grandes questions que l'on peut se poser à propos d'Homère et d'Hésiode est de savoir quelle est la part de fonds mythique préexistant qu'ils transmettent dans leurs oeuvres, et la part d'invention personnelle avec laquelle ils modifient éventuellement ce fonds antérieur. Il n'y a, en effet, aucun autre auteur de leur époque qui permette de recouper leurs affirmations.

Chez Homère, l'intervention des dieux n'est jamais *nécessaire* au déroulement de l'action : ainsi, par exemple, l'intervention d'Athéna pour qu'une brume - fréquente en fin de journée sur les côtes de l'Atlantique Nord - favorise l'arrivée d'Ulysse chez les Phéaciens. Il s'agit donc d'un simple recours poétique, un appel à la sensibilité du peuple, qui en tous temps et sous toutes les latitudes, semble croire aux êtres d'allure surnaturelle : Homère chargera les Théoi de jouer ce rôle.

Hésiode, lui, se complaît dans l'ordonnancement des anciens mythes, et nous le soupçonnons d'avoir été entraîné à couronner son oeuvre en créant son propre mythe, celui des *"dieux de l'Olympe"* qui prennent la relève des anciennes divinités telluriques que les peuples Pélasges et Indo-européens avaient apportées dans leur corbeille de mariage avec le monde Égéen.

Au début de la *Théogonie,* en évoquant les Muses, il déclare : *"Ce sont elles* (les Muses) *qui jadis, à Hésiode enseignèrent un beau chant, quand il était berger d'agneaux au pied du mont Hélicon. Elles soufflèrent en moi la parole inspirée, pour que je glorifie ce qui sera comme ce qui était, m'invitant à célébrer de mes hymnes la race des bienheureux éternels".*

Hésiode, certes, s'appuie sur les récits transmis par les aèdes, mais il dit nettement qu'il apporte quelque chose de nouveau, se présentant comme un *être inspiré* qui dit *"ce qui sera"*, un prophète en quelque sorte. *Il apporte une religion peu contraignante,* celles des dieux de l'Olympe, que les Grecs adopteront, reléguant dans l'oubli leurs vieilles croyances souvent sanguinaires. Il tempère toutefois son affirmation du caractère surnaturel des Théoi quand il écrit à son frère dans *"Les Travaux et les Jours"* : *"Mets-toi bien dans l'esprit que Théoi et hommes mortels ont une même origine".*

Mais d'où proviennent les informations sur les Théoi qu'Hésiode accumule tout au long de sa *Théogonie* ? Au delà du caractère désordonné de son récit, on sent une trame historique, provenant certainement des récits à mi-chemin entre l'histoire et la légende recueillis par les aèdes qui les avaient écoutés des propres Théreshs ou de leurs descendants. Ces récits fascineront particulièrement Hésiode, et ils serviront son propos de poète, qui ira jusqu'à *diviniser* ces ultimes conquérants de la Grèce, ce qui ne ressortait probablement pas des récits des aèdes.

Hésiode aurait été en quelque sorte le chantre des Théreshs, qu'il divinise, tandis qu'Homère, comme nous le verrons, semble avoir été celui des Pélasges, ne s'intéressant ni l'un ni l'autre aux Danaens et à leurs légendes, ce que feront plus tard tragédiens et poètes tels qu'Eschyle et Pindare : certainement une question d'origine ethnique. Hésiode était probablement d'origine indo-européenne, Homère, d'origine pélasge, et Pindare et Eschyle d'origine danaenne.

Chronos est le chef mythique d'une dynastie qui régnera sur les Théens Apparaissent les luttes internes pour le pouvoir, le partage du royaume entre ses trois fils, les assauts des Titans pour s'emparer de l'Olympe, l'exil de Prométhée, chef des Titans vaincus, et enfin le pouvoir sans limites de Zeus.

Hésiode décrit avec une attention particulière la lutte pour l'Olympe avec l'*embrasement des forêts qui le couvrent* pendant que se déroule le combat, ainsi que les régions du Septentrion où règne Hadès, avec ses troupeaux de bovins, ses chutes d'eau et ses colonnes de glace. En fait, et paradoxalement, *ce qui apparaît dans un récit grec du début du Ier millénaire a.C. c'est l'histoire légendaire d'un peuple d'outre-atlantique au milieu du IIe millénaire a.C.* : les Théreshs sont un groupe ethnique issu des Boréides, installé de longue date sur les contreforts montagneux orientaux des grandes plaines de l'Amérique du Nord, les Appalaches, quand arrivent les Boréo-mongoloïdes, les Titans de cette histoire. Dans leurs récits, ces *Théreshs habitent une région montagneuse qu'ils appellent Olympe* et dont les Titans cherchent à s'emparer. Au milieu du IIe millénaire, il y eut en Amérique du Nord de grandes sécheresses, disent les archéologues, d'où les déplacements de populations et la lutte pour les terrains de chasse. Les Tereshs furent-ils vraiment vainqueurs, ou perdirent-il la bataille et dûrent s'exiler, se lançant sur les mers vers l'Europe et la Méditerranée ? Nous pencherions pour cette deuxième hypothèse. *Chaque peuple raconte son histoire comme il lui convient* et les Grecs devaient constituer un magnifique et peu critique auditoire pour les Théreshs qui achevaient de les conquérir.

Chadwick (2), observe que parmi les noms des "dieux", Zeus est le seul qui ait selon lui une origine indo-européenne. Il écrit : *"Traditionnellement, il y a douze dieux olympiques, Zeus, Poséidon, Hermès, Apollon, Dionysos, Arès, Héphaïstos et les déesses Héra, Artémis, Aphrodite, Athéna et Déméter. Seul un de ces noms se rencontre en d'autres endroits, celui de Zeus, qui est la forme grecque d'une autre forme qu'on peut reconstruire comme* Dyeus, *conçu* (chez les indo-européens) *comme le* "dieu du ciel diaphane" (...). *Mais c'est presque une commotion que de constater qu'aucun des noms des autres olympiens ne partage une telle ascendance car, quel que soit le lieu où ces noms apparaissent* (dans des langues indo-européennes), *c'est sous la forme d'un apport du grec".* Si l'on suit cette interprétation, le panthéon des dieux de l'Olympe serait fourni dans sa quasi-totalité par de personnages appartenant aux mythes des peuples non indo-européens de la Grèce, et nous rejoignons cette opinion.

Nous avons par contre quelque doute sur l'origine indo-européenne de Zeus, et pensons qu'il pourrait être une *divinité d'origine pélasge* : la lettre *Zeta* par laquelle débute son nom est peu fréquente en grec, et la plupart de noms qui commencent par cette lettre n'ont pas, selon les linguistes, une origine indo-européenne, ni danaenne selon nous ; ils appartiendraient donc au fonds pélasge, et ce pourrait être le cas de Zeus. Celui-ci était honoré à Dodone dès les temps les plus anciens, et au chant XVI de l'Iliade (v. 200) Achille l'invoque ainsi : *"Zeus souverain, pélasgien, qui réside à Dodone".* Or Achille est originaire de Thessalie, haut lieu des premières immigrations pélasges, et connaît bien les légendes de ce peuple.

Mais que savons-nous des Théoi dans les temps antérieurs à Homère et Hésiode ? S'ils étaient des dieux au sens moderne du terme, dieux révérés par les habitants de la Grèce du IIe millénaire, a-t-on découvert au cours des fouilles des autels qui puissent les concerner ? Apparemment, non. Les rares autels qui aient été identifiés semblent plutôt se rapporter à d'antiques cultes où interviennent parfois des sacrifices humains, et n'ont rien en commun avec le culte des dieux Olympiens. Chadwick constate : *"Il n'existe* (en linéaire B) *aucun texte théologique, et pas davantage d'hymnes ou d'inscriptions dans des temples (...). Les dieux apparaissent seulement comme destinataires de produits retirés des magasins par décision des administrateurs. Ceux-ci n'écrivent pas le nom d'un dieu d'une manière particulière de sorte que nous doutons parfois si le nom appartient à un mortel ou à un dieu".*

Il constate en effet une expression qui se répète sur plusieurs tablettes : *pa-si-te-o-i* suivie de l'indication de produits divers, tels que : *"une jarre de miel",* et il la traduit : *"pour tous les dieux."* Il croit reconnaître sur certaines tablettes les noms d'Athéna (a-ta-na) et de Poséidon (po-se-da). Il constate l'offrande d'un vase en or à *Zeus et Héra*, des offrandes à une *"mère divine"* et d'autres à la *"prêtresse des vents".* Donc, à part l'indication d'un culte à Zeus, à Héra et à des divinités telluriques, n'apparaît dans ces tablettes de Pylos aucun culte à tel ou tel "dieu de l'Olympe".

Nous pensons qu'il faut traduire *pa-si-te-o-i* par : *"pour tous les Théoi",* et que ces Théoi sont tout simplement des hommes. Les circonstances montrent qu'une flotte de guerriers met en danger le palais de Cnossos, et ce pourraient être les *Tereshs.* Les maîtres du palais veulent obtenir d'eux une attitude bienveillante en leur accordant rapidement les produits qu'ils ont dû exiger, ce qui n'empêchera pas ces pirates le jour suivant d'incendier le palais de Cnossos.

Ainsi, vers -1.200, apparaissent les Tereshs dans l'Égée, comme un millénaire plus tôt étaient apparus les Atlantes : les Grecs les nommeront Théoi ; nous avons émis l'hypothèse que c'étaient des Hyperboréens. Les mythes grecs lient d'ailleurs Apollon à ces peuples *"chez lesquels il retournait une fois l'an".* Ce sont de toute manière des guerriers peu nombreux mais redoutables qui déplaceront le pouvoir mycénien. Ils impressionneront les populations locales qui observeront avec attention puis se transmettront de génération en génération les faits et gestes de ces envahisseurs si différents des populations "autochtones" de la Grèce. Nous avons vu qu'Homère situe géographiquement le pays des Théoi en face de l'Irlande : pour lui, ce sont donc des personnages en chair et en os au même titre que les Phéaciens. Le roi Alcinoos affirme qu'ils viennent parfois participer à leurs banquets.

Les Théens auront des enfants avec les femmes autochtones : ces enfants posséderont en grande partie les caractéristiques physiques de leurs pères, haute taille et chevelure blonde, et joueront un rôle décisif au moment où se forme "la Grèce" ; ils seront appelés *Hémi-théoi, "à demi théoi"* et aussi les *"Héros".* Hésiode leur attribue une chance exceptionnelle : à leur mort, grâce à une décision de Zeus, ils vont aux *"îles des Bienheureux"* poursuivre une vie semblable à celle des Théoi. Homère se borne à souligner leur caractère de métis. Quand Télémaque arrive chez *"le blond Ménélas",* roi de Sparte, son serviteur lui dit : *"Ménélas, issu de Zeus, il y a là deux étrangers qui, à les voir, semblent de la race du grand Zeus".* Ménélas les invite à sa table et leur dit : *"Régalez-vous. Puis votre repas achevé, je vous demanderai qui vous êtes. Le sang de vos parents n'a pas en vous dégénéré; vous êtes de la race des rois issus de Zeus et porteurs de sceptre ; car des vilains n'auraient pas de si nobles enfants"*. Et quand Ulysse adresse la parole à Nausicaa *aux bras blancs,* il lui dit : *"Tu ressembles fort, ce me semble, à Artémis, la fille du grand Zeus pour l'aspect, la taille et l'allure.* Donc, les descendants des Théreshs se reconnaissent à leur aspect physique, certainement différent de celui du commun des Grecs. Et ils s'organisent en une caste qui détient le pouvoir. Peu à peu, ces *Hémitheoi* se fondront dans le creuset grec ; toutefois, dans la Grèce du IVe siècle a.C., Dicéarque notait avec surprise l'existence de *"Spartiates blonds et de Thébaines blondes"*.

Les coutumes alimentaires des Théens seront observées avec attention par les autochtones, et apparaissent dans divers mythes :
- Ils sont *mangeurs de viande*, alors qu'ils arrivent dans une région ou elle n'abonde pas ; ils durent exiger la livraison de bétail, et un premier trait restera dans les mémoires grecques, leurs festins et leurs disputes autour du boeuf grillé (légende de Prométhée). Il est certain que si les Théens étaient habitués chez eux à dépecer le bison quotidien, la viande devait leur manquer terriblement en Grèce, et ce sera peut-être la raison d'un retour de certains d'entre eux chaque année (légende d'Apollon) vers leur Hyperborée natale, aux grandes prairies où paissaient d'innombrables troupeaux. Aussi, quand les Théoi ne seront plus présents physiquement sinon dans l'esprit des Grecs, le "sacrifice" aux dieux consistera, puisqu'ils vivent dorénavant dans les cieux, à leur envoyer le léger fumet des viandes grillées, réservant le reste, la viande, pour les pauvres mortels...
- Le *Nectar et l'Ambroisie* seront par contre deux aliments mystérieux que consomment ces Théens. Les Grecs, qui ne peuvent les consommer et croient qu'ils confèrent l'immortalité (Pindare - *1ère Olympique*) seront fort curieux de connaître leur nature. Il est donc probable qu'il existe une étymologie grecque de ces deux mots. Les Théens buvaient dans des "tasses", délayés dans de l'eau, ces deux produits certainement apportés de leur Amérique natale : parmi les produits secs alimentaires originaires d'Amérique, intéressants pour leur faible volume et leur capacité d'être hydratés, il y a le sucre et le cacao : nous avons pensé que ces deux produits pouvaient correspondre au nectar et à l'ambroisie. Si les Théens étaient des Hyperboréens, donc étaient originaires d'une région s'étendant des forêts du Canada au golfe du Mexique, deux produits pouvaient faire partie de leur alimentation traditionnelle, outre la viande (et justement pour compenser une excessive mono-alimentation carnée) : *le cacao*, extrait du fruit d'un arbuste qui croit naturellement du Venezuela au Mexique, et le *sucre d'érable*, obtenu par incision du tronc de cet arbre des forêts du Canada et de la Nouvelle-Angleterre.

On peut trouver dans ce cas une explication linguistique a ces deux mots : En grec, *catareo* signifie *couler depuis en haut* (d'où : *ktar*), et *néos* signifie *nouveau* (d'où : *né*). Le produit en question, selon l'explication des Théens, devait être *"nouvellement écoulé"* (d'une incision dans le tronc des érables) et les Grecs l'appelèrent *né-ktar.*

Quant à l'ambroisie, notons qu'en grec, *brosis,* comme *broma* signifie : *nourriture, et amao* signifie *récolter, cueillir : am-brosis* était donc, à la différence du premier, une *nourriture cueillie*, provenant d'un fruit. Nous pensons qu'il s'agissait du fruit du cacaoyer.

Dans *"La vie quotidienne des Dieux Grecs"*, les auteurs résument ainsi les caractéristiques et propriétés du nectar et de l'ambroisie : - ils sont solides et de couleur rougeâtre (sucre d'érable non raffiné) - ils éliminent la faim et la soif - ils donnent aux dieux beauté et énergie - ils se boivent dissous dans l'eau. N'est-il pas surprenant de constater que le nom scientifique qui fut donné au cacao en 1735 par le botaniste suédois Linné est *"Théobroma"* qui signifie *nourriture des dieux* ? Lorsque Cortés arriva au Mexique, il constata que les Atzéques broyaient les fruits du cacaoyer et buvaient ce produit dilué dans de l'eau : c'était une boisson réservée à l'aristocratie.

Dans les mythes, quand les dieux vivaient encore au sommet de l'Olympe de Thessalie, c'étaient des colombes qui leur apportaient ces deux aliments essentiels : elles traversaient le fleuve Océan en un parcours fantastique où elles risquaient de perdre leur vie - ou quelques plumes de leur queue - en passant *"entre les roches flottantes qui bougent et s'entrechoquent"*, les ice-bergs. Elles venaient d'Hyperborée.

Certains mythes grecs s'intègrent fort bien dans un cadre nord-américain. Si Chronos régnait sur un territoire qui allait du Labrador à la mer des Antilles le long de l'océan Atlantique, il est plausible que son empire ait été partagé entre ses trois fils, comme celui de Charlemagne en Europe :

- L'aîné, *Poséidon*, aura la région côtière du golfe du Mexique et les Antilles jusqu'à la Colombie (le Sud) : il sera considéré par les Grecs comme le *dieu de la mer et des tremblements de terre.*
- Le second, *Hadès*, aura les terres d'élevage et de forêts de la région des Grands Lacs (le Nord). En raison de quelque mauvaise expérience due à la rigueur du climat et l'obscurité des longs hivers, il sera considéré par les Grecs comme le *dieu des enfers,* même s'il possédait *"de magnifiques trou-peaux de boeufs"* non loin de *l'étroite Erythie.*
- Le dernier aura la région montagneuse des Appalaches (le centre) et il établira son "château" en un lieu appelé *Olympe ;* il deviendra le plus fort d'entre eux. Après avoir mâté les Titans qui le menaçaient depuis les grandes plaines du nord-ouest, *"il étendra son règne et sera appelé Zeus"*. Hésiode recueillera des aèdes le récit épique de son combat contre les Titans, qu'ils avaient eux-mêmes écouté des Théreshs ou leurs descendants, et l'immor-talisera dans la *Théogonie.*

Une possible interprétation du nom *Olympe* pourrait être donnée par la langue algonquine dans laquelle *ullum* signifie “rouge” : *Ullum-pé* serait *la montagne rouge* dont les Théreshs parlaient sans cesse aux Grecs, lesquels transformèrent ce mot en *Olympe.* Mais peut-on déterminer le lieu où elle se situait exactement ? Les mythes grecs les plus anciens parlent du *“vaste Olympe”, “montagne aux multiples replis”* : ce n’est que plus tard qu’il sera appelé *“l’Olympe neigeux”* quand les Grecs le situeront sur un sommet montagneux du nord de la Grèce. Le récit de la lutte contre les Titans indique que ce territoire ondulé était *couvert de forêts.* On peut donc penser que, dans leur contrée d’origine, les Théreshs vivaient dans des collines boisées et giboyeuses. Il existe une région *au sud des monts Appalaches dans l’Etat d’Alabama*, non loin du golfe du Mexique, qui nous parait parfaitement convenir : c’est une région boisée et ondulée de *terres rouges*, en raison de l’extrême abondance de minerais de fer. Ce fut peut-être *l’exploitation de l’ocre rouge* qui y fixa ses premiers habitants amérindiens. La ville de Birmingham, qui fut au XIXe siècle le siège d’une puissante industrie sidérurgique, est dominée par une colline nommée *“red mountain”, la montagne rouge.* Le *Fodors’ Guide* du Sud des Etats-Unis indique : *“Depuis le fleuve Tennessee jusqu’à Birmingham, vous trouverez des collines ondulées (rolling hills), paysage d’une grande beauté naturelle”.* Il signale aussi, non loin du fleuve Tennessee, des sites préhistoriques (Russel Caves) occupés dès -6.500.

Les monts Appalaches furent, dans les temps historiques, habités par des Algonquins et des Iroquois ; ces derniers constituaient en fait une confédération de tribus des monts Appalaches. C’étaient de farouches guerriers, les Algonquins étant par contre plus pacifiques. Mais tous révéraient les animaux, et leurs ancêtres Péleshs et Téreshs devaient faire de même.

Lewis Spencer écrit (3) : *“Vivant au contact des animaux de la forêt et de la prairie, les indiens pensaient que ceux-ci possédaient des qualités supérieures aux leurs pour la chasse et la survie, et ils les convoitaient (...). Ainsi le renard pour son habileté proverbiale, le puma pour son caractère furtif, la chouette pour sa sagesse cryptique, le daim pour sa rapidité (...). Les dépouilles d’animaux étaient fréquemment utilisées comme fétiches, peau du renard et du loup endossées, têtes de bisons que l’on amenait dans les chasses et les expéditions guerrières”.*

Chez les Argonautes, Ancée portait la peau d’*ours,* Lycos celle du *loup,* et Argos celle du *taureau* évoquant le bison, donc des symboles hyperboréens. On ne voit pas apparaître le port de peaux emblématiques en Crète et à Mycènes ; la mode est donc venue avec les Téreshs. Mais tous s’y plieront, revendiquant ainsi une origine ou un projet : Héraclès portait la peau de *puma* et Jason la peau de *jaguar*, affirmant ainsi leur origine américaine.

Pour *Homère* et *Hésiode*, les Théoi étaient des *Olympiens*, fils de Chronos, lui-même fils d'Ouranos ainsi que les Titans ; voyons le point de vue de *Diodore de Sicile*. Nous avons cité une partie de son récit où il traite de combats entre Amazones, Atlantes et Gorgones dans lesquels interviendra Héraclès : donc, en cas de réalité historique, combats qui auraient pu avoir lieu vers -1.100. Diodore aborde ensuite le thème de l'origine des *Atlantes*. Il écrit au livre LVI :

- 1 - *"Les Atlantes, donc, qui habitent les régions qui bordent l'Océan et qui possèdent une terre prospère, passent pour différer de leurs voisins par une grande piété et une grande bienveillance envers les étrangers, et ils affirment que les Tthéoi sont nés chez eux (...)*

- 3 - *Ils racontent qu'Ouranos fut le premier à régner chez eux, qu'il rassembla dans l'enceinte d'une ville des hommes qui jusqu'alors vivaient dispersés et qu'il mit un terme à l'ignorance de toute légalité (...). Il conquit presque toute la terre habitée et en particulier les régions du Couchant et du Nord"* (la "terre habitée" est ici l'Amérique du Nord).

- 4 - *Devenu un observateur attentif des astres, il prédit beaucoup d'événements qui allaient arriver, et enseigna aux gens à mesurer l'année par le cours du soleil et les mois de la lune"* (ce deviendra une tradition chez les Mayas).

Diodore continue ainsi au livre LX :

- 1 -*"La légende raconte que le royaume fut partagé entre les fils d'Ouranos, dont les plus illustres furent Atlas et Kronos. Atlas reçut en partage la région proche de l'Océan, et non seulement il appela ses habitants Atlantes, mais il nomma Atlas la plus haute montagne du pays.*

- 2 - *On raconte qu'il était expert en astrologie, et qu'il fut le premier à répandre chez les hommes la doctrine de la sphère. C'est pour cette raison que l'on croit que l'Univers entier repose sur les épaules d'Atlas, cette légende signifiant la découverte et la description de la sphère. Il eut un grand nombre de fils ; l'un d'eux se distingua par sa piété, sa justice et sa bonté. Il eut pour nom Hespéros* (nom qui signifie *le couchant*). *Il eut également sept filles, appelées les Atlantides".*

Puis au livre LXI:

- 1 - *"Quant à Kronos, frère d'Atlas, qui se faisait remarquer par son impiété et sa cupidité, la légende rapporte qu'il épousa sa soeur Rhéa et mit au monde Zeus, qui plus tard fut appelé l'Olympien"* (4)

- 4 - *Cependant Zeus s'efforça de vivre à l'opposé de son père, et comme il se montrait rempli d'équité et de bonté pour tous, le peuple lui donna le nom de Père. Selon certains, il fut élu roi par la foule qui haïssait son père. Alors, comme Kronos avait fait une expédition contre lui avec l'aide des Titans, Zeus remporta la victoire et devint le maître suprême ; il parcourut la terre habitée en bienfaiteur du genre humain, mettant tout son zèle à châtier les méchants et combler la foule de bienfaits.*

- 6 - *C'est ce qui lui valut, après qu'il eut quitté les hommes, d'être appelé Zeus, parce qu'il semblait que les hommes lui devaient de vivre bien, et d'être installé dans l'Univers pour la vénération de ses obligés, qui tous l'invoquent sous le nom de dieu (théos) et de maître de tout l'Univers pour l'éternité.*
Tel est le récit que font les Atlantes au sujet des Théoi".

Ce récit put parvenir en Grèce par l'intermédiaire de Pélasges dont les ancêtres avaient vécu au voisinage de ces Atlantes. Il est intéressant de comparer les deux légendes, la première (Homère et Hésiode) datant du début du Ier millénaire a.C., et la seconde (Diodore) datant de sa fin : huit cents ans les séparent. Notons qu'elles se complètent : la seconde évoque la période antérieure à Chronos et apporte en outre (LXI - 6) une version conforme à notre hypothèse, la divinisation des Théreshs.

Diodore indique que Chronos et Atlas sont frères, fils d'Ouranos : *Atlantes, Olympiens et Titans seraient donc des descendants d'Ouranos, des rameaux d'un même tronc initial.* Hésiode et Diodore situent *au Couchant* les lieux où ce produisirent les événements relatés, au pays des Hespérides.

On voit se dessiner l'une des *grandes migrations* abordées au Chap. 8 sur le peuplement de l'Amérique, celle des *Boréides et des Boreo-mongoloïdes.* D'une commune origine *terrienne (la Sibérie)* proviennent trois peuples qui se partageront l'espace américain et luttent entre eux pour la suprématie :
- Ceux des régions maritimes tropicales (les *Atlantes*) - Ceux des régions occidentales (les *Olympiens*) - et derniers arrivés, ceux du nord-ouest (les *Titans*).

Les diverses populations arrivées à tour de rôle sur le sol de la Grèce du VIIe au IIe millénaire a.C, *Pélasges, Danubiens, Atlantes* et *Danaens,* avaient su établir entre elles une coexistence pacifique et fructifère qui produisit les remarquables civilisations crétoise et mycénienne. L'inconscient collectif des Grecs du Ier millénaire a.C dut en garder la mémoire alors qu'ils souffraient des pénuries économiques et culturelles provoquées par la première destruction massive que subissait leur pays due à l'invasion des *Théreshs*. Les anciennes valeurs étaient détruites, les croyances millénaires chancelaient. Une nouvelle religion, simple et unificatrice, était nécessaire pour panser les blessures de leur âme collective ; elle naquit progressivement après la tourmente, et *le paradoxe est que les destructeurs de la Grèce ancienne deviendront les dieux de la nouvelle*.

En fait, ils n'apporteront que quelques légendes fondatrices et fourniront un cadre, l'Olympe. Son aréopage de divinités sera par contre emprunté aux divers panthéons des peuples qui avaient contribué à former la Grèce :
- Certains dieux comme *Arès*, dieu de la *guerre* et *Artémis*, déesse des *forêts* et de *la chasse*, peuvent provenir de *croyances indo-européenne*s.
- *Zeus* proviendra de *croyances pélasges*, ainsi que *Poséidon*, dieu de la mer et des tremblements de terre, *Déméter,* déesse des moissons (donc la femme

traditionnelle, celle qui travaille aux champs), *et Athéna*, que la légende fera naître de la tête même de Zeus, portant un casque, sur les bords du lac Triton où se trouvait *la capitale des Amazones*. Athéna pourrait donc être la personnification d'une divinité symbolisant la *femme protectrice de cités* : elle sera la protectrice d'Athènes. Le nom de la reine des Amazones, *Mirina,* signifie *la petite* dans les langues guaranitiques et pourrait être le nom primitif de l'ancienne *désse-mère* amérindienne.
- *Héra*, symbole de l*'épouse, Aphrodite,* déesse de *l'amour* (5), *Hermès,* dieu du *commerce* et de *la ruse*, *Dionysos* (le *Bacchus* des Romains) (5) provenaient certainement des formes de vie sociale des *Danaens*, plus que de leurs croyances religieuses. En guarani, *herakua* signifie *la renommée.*
- Quant à *Apollon*, nous serions portés à croire que c'est un personnage qui exista vraiment à l'aube des siècles obscurs, comme Héraclès et Dionysos, et que c'était *un chamane, un grand-prêtre.*

Un certain nombre d'anciens dieux *marins* furent relégués dans l'oubli, dieux pélasges tels que *Nérée, Phorcys, Thétis*, *Ino* et les *déesses des vents...*

En fait, on constate que le panthéon des dieu de l'Olympe, présente une *palette complète des situations sociales et des ressorts de l'âme humaine* : *le père, l'épouse, la mère, la guerre, le commerce, la chasse, l'amour, la fête, la religion, la protection tutélaire.* Il deviendrait facile à chaque Grec d'honorer l'un ou l'autre de ces dieux quelles que soient ses origines raciales et suivant ses convenances, de sorte que cette nouvelle religion, même superficielle, sera un facteur d'union.

Nous avons vu que la mythologie grecque est initialement basée sur des *légendes qui exaltent le groupe danaen* (Persée, Io, les Danaïdes, Héraclès), laissant dans l'ombre les éventuels exploits du groupe indo-européen ; une réaction se produira toutefois quand ce groupe ira croissant en nombre et en influence dans l'espace grec, et ses membres sentiront la *nécessité de rééquilibrer la balance en faveur des Danubiens* : ce seront les récits des exploits de l'athénien Thésée qui lui aussi, quoique tardivement, ira lutter contre des Amazones supposées exister sur les rives de la mer Noire, et réalisera des exploits semblables à ceux de l'argien Héraclès.

En outre, la réputation d'Héraclès sera telle que le groupe hellène se l'appropriera, de sorte qu'il deviendra le *héros de tous les Grecs* : pour avoir accès aux Enfers, son douzième et dernier travail, il doit au préalable être initié aux mystères d'Eleusis, et pour cela être *adopté par un Athénien*, car les étrangers n'étaient pas admis à ces mystères. Adopté par Eumélos et ayant été initié, *c'est en Athénien qu'il part vers l'Hadès* où il maîtrise le chien *Cerbère* qui en gardait l'accès et d'où il revient victorieux.

Il y aurait ainsi *quatre strates* dans la mythologie grecque :
- D'abord celle des *Pélasges* (Ouranos, Gaia, Thétys, Nérée, Phorcys, Zeus, Déméter, Athéna)
- Puis celle des *Danaens* (Persée, Io, Héra, Héraclès)
- Ensuite celle des Hellènes *danubiens* (Deucalion, Thésée)
- Enfin, celle des *Théens* venus d'Hyperborée (Chronos, les Titans, Apollon)

Ces légendes qui provenaient d'un lointain passé, ces lieux évoqués que ne pouvaient connaître les Grecs du Ier millénaire a. C., ces personnages extraordinaires et souvent inexplicables selon la logique de l'époque, aboutiront à la formation de cet ensemble foisonnant et unique que constitue la *mythologie grecque*, laquelle peut sans nul doute être considérée comme un splendide monument à l'*incompréhension créatrice.*

(1) Giulia SISSA - M. DETIENNE -*La vie quotidienne des dieux Grecs*. Paris. 1989.
(2) John CHADWICK - *Le monde Mycénien*. op. cit.
(3) Lewis SPENCER - *North american indians- Myths and legends.* Londres. 1994.
(4) Chronos et Atlas sont frères. Nous avons vu à la fin du Chap. 6 que selon un mythe rapporté par Pindare, il y avait une *tour de Chronos* dans *l'île des Bienheureux,* la péninsule de Paraguaná au Venezuela. Cette tour était donc au voisinage de la *montagne* que surveillait son frère *Atlas,* le pic Cristobal Colón en Colombie.

(5) Aphrodite et Dionysos ont manifestement une origine *éthiopienne*, alors qu'Apollon avait une origine *hyperboréenne* :

APHRODITE

Dans *Les suppliantes,* Eschyle écrit en parlant d'Io : *"Elle atteignit les fleuves intarissables et l'illustre terre d'Aphrodite fertile en froment".* Aphrodite serait donc originaire d'outre-Atlantique et aurait été une belle sud-américaine suscitant l'admiration des méditerranéens. Cette hypothèse cadrerait avec les précisions apportées par les *Hymnes Homériques.* Chuvin précise qu'elle *"porte un nom qui indubitablement n'est pas grec".* Son caractère *non-grec* et *exotique* est souligné par tous les mythologues, qui lui attribuent de ce fait une origine asiatique. Aphrodite avait un sanctuaire à Paphos dans l'île de Chypre, et est appelée *Cypris* dans l'Iliade. Mais dans l'Odyssée, elle est appelée *Cythérée* en référence à Cythère, île située au sud du Péloponnèse. C'est là, selon Hésiode, que la déesse serait d'abord arrivée en surgissant de la mer.

Voyons le texte des Hymnes :
- Hymne VI - *"Je chanterai celle à la couronne d'or, la belle et vénérée Aphrodite, à qui l'on attribue toutes les cités de la maritime Chypre, où l'humide souffle du Zéphyr l'amena sur les ondes de la mer mugissante au milieu de la blanche écume".* Zéphyr était le vent d'ouest : le mythe indique donc qu'Aphrodite arrive de l'ouest et non de l'Asie.
- Hymne VI: *"Je te salue, déesse aux sourcils curvilignes, douce comme le miel"* .
C'est le seul détail anatomique donné par les Hymnes et on pourrait penser à des yeux en amande. Pas d'indication sur la couleur de la peau, ce qui montre qu'elle devait appartenir à une race australoïde au teint clair et au corps gracile, comme les dames des fresques minoennes, et non au groupe des bruns danaens.
- Hymne V: *"Muse, conte-moi les oeuvres d'Aphrodite cyprienne couverte d'or, qui induit les dieux à de doux désirs, et subjugue les hommes mortels, les oiseaux messagers de Zeus et toutes les bêtes sauvages, qu'elles soient de la terre ou de la mer. Que tous s'intéressent aux oeuvres de Cythérée à la magnifique couronne".*

Les Hymnes insistent sur les bijoux et les ornements en or qu'elle porte :
"Les Heures mirent sur sa tête immortelle une belle couronne d'or bien ciselée, et à ses oreilles percées, des fleurs d'orichalque et d'or précieux". C'est donc l'or qui caractérise cette déesse, qui en est littéralement couverte, alors que ce métal était rare en Crète comme à Chypre. La référence à l'orichalque évoque les pays du Couchant, et Aphrodite pouvait être une déesse traditionnelle des amérindiens de Colombie, d'où la profusion de ses parures en or.

Dans l'île d'Egine avaient lieu selon Plutarque la fête de Poséidon qui se terminait par des *Aphrodisies* : Plutarque précise que les marins avaient coutume de célébrer ces fêtes au retour d'une heureuse navigation, dans un débordement de réjouissances, car Aphrodite née de l'écume était la déesse de la navigation.

On a découvert dans cette île un magnifique bijou en or exposé au British Museum dont la facture fait penser à ceux du Musée de l'or de Bogota. Selon nous, il représentait Aphrodite (Fig.19) : seins menus et yeux en amande, elle porte une imposante couronne d'or, de multiples bracelets, et d'extraordinaires pendants d'oreilles qui sont fréquents dans la bijouterie précolombienne d'Amérique Centrale, où ils sont appelés *orejones*. Elle saisit deux oiseaux semblables à des canards sauvages (*"les oiseaux messagers de Zeus"*) et semble dominer des serpents (*"bêtes sauvages de la terre et de la mer"*). Enfin, elle semble prendre appui sur le trident de Poséidon-Neptune : selon un mythe, Aphrodite née de l'écume marine s'était unie à ce dieu pour engendrer l'île de Rhodes.

DIONYSOS

Une mosaïque de Délos le montre assis sur un *jaguar*. Son nom signifie *théos nysios, le Théen de Nysie*. La Nysie est une région montagneuse difficilement localisable. Euripide s'écrie, dans *Les Bacchantes* :
"Où vas-tu Dionysos, porteur du tyrse ? A Nysie, terre d'animaux sauvages".

Hérodote écrit (Livre II) : *"Les Grecs racontent de Dionysos qu'aussitôt né, Zeus l'a cousu dans sa cuisse et transporté à Nysa qui est au delà de l'Égyptos, en Éthiopie".* Les *Hymnes Homériques* font diverses allusions à ce dieu :
- Hymne I - "*Certains disent que Sémélé, t'ayant conçu de Zeus qui se complaît dans la foudre, t'a donné le jour à Dracane ; d'autres, dans Icare battue par les vents ;*

d'autres à Naxos et d'autres sur les bords du fleuve Alphée, et d'autres affirment, Ô souverain, que tu es né à Thèbes (on voit comment dès une époque reculée, chaque cité cherchait à s'approprier la naissance d'un personnage illustre). *Mais ils mentent tous, car celui qui t'a donné le jour est le père des hommes et des dieux, loin des humains, en se cachant d'Héra, celle aux bras de neige (...). Il y a une montagne, Nysa, très haute et couverte de forêts, située loin de la Phénicie et proche du courant de l'Égyptos".*

- Hymne VII - Il est dit dans cet hymne que Dionysos avait une*"magnifique chevelure noire"* : il était donc en cela différent des autres Théens, toujours décrits comme ayant une chevelure blonde. Sa mère Sémélé est dite*"cadméenne"*, c'est-à-dire Phénicienne, donc a la peau brune.

Cet hymne raconte comment le jeune Dionysos, qui se trouvait sur un promontoire au bord de la mer, fut enlevé par des pirates grecs, et apporta le vin et la vigne aux Grecs : les pirates l'attachent fortement, mais ces liens sont insuffisants ; Dionysos s'en débarrasse et s'assoit en souriant *"de ses yeux noirs",* et ensuite ont lieu *"deux faits admirables : d'abord, un vin doux et parfumé se répandit dans le navire puis une treille poussa le long des voiles, portant de nombreuses grappes".*

- Hymne XXVI -.- Cet hymne dit qu'il passa son enfance dans les vallons de Nysie, qu'il parcourait les escarpements de la montagne, couronné de lierre et de laurier, et que les nymphes le suivaient, leurs cris emplissant *"l'immense forêt".*

On pourrait conclure de ces divers fragments que Dionysos était *un métis* de Théens et de Danaens, supposé né dans une Nysie qui semble être la même région qui réapparaît toujours sous divers noms, le piémont couvert de forêts du domaine montagneux d'Atlas non loin des rives du lac Tritonis.

Dionysos aimait la fête, et les mythes affirment qu'il fit connaître aux Grecs la vigne et le vin : les premières vignes de Grèce seraient-elles issues des vignes vierges d'Amérique ?

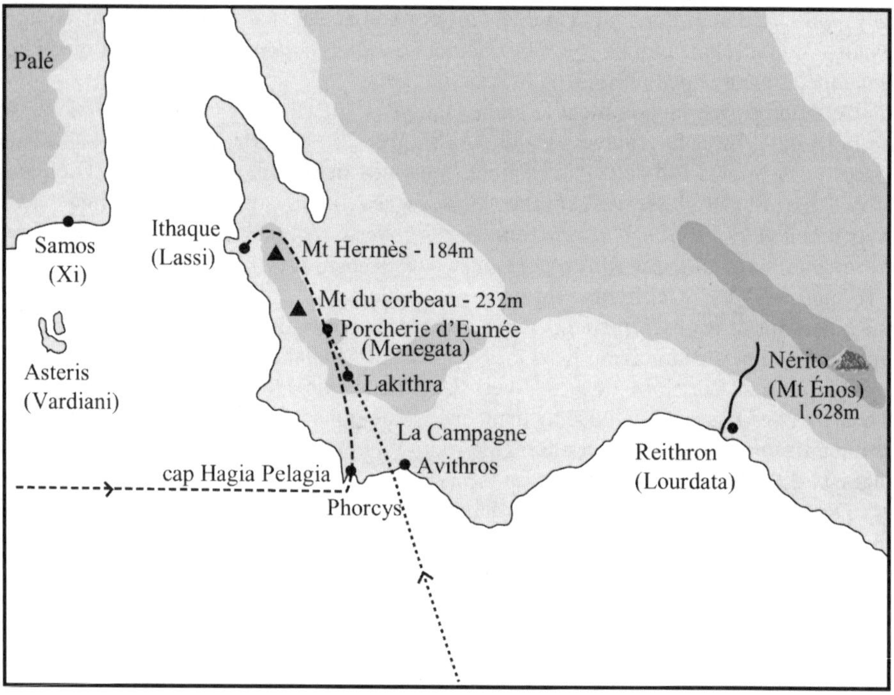

Carte 18 - Ulysse et Télémaque à Ithaque

(venant de l'ouest : Ulysse)
(venant du sud :Télémaque)

Chapitre 24

SUR LES PAS D'HOMÈRE

De nombreux débats ont eu lieu dans le passé et continuent de nos jours sur l'existence même d'Homère, certains prétendant que l'Iliade et l'Odyssée étaient des recueils de légendes assemblés par divers aèdes et qu'Homère n'a pas existé tandis que d'autres affirment qu'il y eut deux "Homères", l'un étant l'auteur de l'Iliade et l'autre de l'Odyssée. Pour notre part, nous pensons qu'il y eut un et un seul Homère. Était-il aveugle et né en Ionie sur les côtes d'Asie Mineure selon la légende la plus acceptée ? Et à quelle époque est-il né ? En fait, on ne sait pratiquement rien sur ce que fut son existence, et chacun peut l'imaginer à sa manière.

Tous les auteurs concordent sur le fait que *les deux poèmes présentent de nombreux archaïsmes* qui furent conservés par les rhapsodes du VIIe siècle a.C., certainement comme preuve de l'authenticité des textes qu'ils récitaient. Ceux qui nous sont parvenus sont écrits en *dialecte ionien* mais cela ne peut apporter aucune information sur le lieu de sa naissance, puisque tous les poètes grecs avaient choisi de s'exprimer en ionien. Les poètes *Homérides* eurent tout intérêt à proclamer sa naissance dans l'Ionie où ils vivaient, ce qui renforcerait leur autorité comme.héritiers du grand poète, et certains s'y sont employés activement, comme *Kynaitos de Chios,* à la fin du VIe siècle : Ballabriga lui attribue l'*Hymne à Apollon*, mais par contre Kynaitos attribue implicitement cet hymne à Homère lui-même quand il s'écrie : *"Ô vierges (de Délos), si l'on vous demande quel est l'aède qui vous plaît le plus, répondez en parlant de moi : un homme aveugle, qui habite Chios l'escarpée. Tous ses chants seront les plus importants dans le futur".* La légende d'un Homère aveugle originaire des côtes d'Asie Mineure venait de naître, mais d'autres régions de la Grèce revendiquèrent également cette naissance illustre.

Les textes homériques reçurent de toute évidence des apports effectués par divers aèdes ; on peut penser qu'à ce point de vue, le texte de l'Odyssée que nous connaissons est proche du texte original. C'était un texte assez déroutant pour eux car il évoquait des lieux qu'ils ne connaissaient pas, et qui plus est, il était structuré d'une manière telle qu'il était difficile d'y faire des ajouts.

On peut toutefois en constater un au chant XIV. Ulysse est de retour, et la déesse Athéna l'a transformé en un mendiant pour qu'il puisse donner le change avant de se faire reconnaître. Il se présente d'abord chez Eumée, son fidèle porcher, et se fait passer pour un Crétois. En conséquence, il lui raconte des aventures imaginaires qui lui seraient arrivées avant d'être déposé dans l'île d'Ithaque par des marins phéniciens, et en particulier un séjour dans un Égyptos qui, cette fois, ne peut être que le pays des Pharaons : il dit en effet que, partant de Crète avec ses vaisseaux, *"au cinquième jour, nous atteignîmes l'Égyptos au beau cours"*. Une lutte s'engage avec l'armée du Pharaon. Le Crétois que prétend être Ulysse est fait prisonnier, mais il pourra quitter l'Égypte avec l'aide d'un Phénicien.

Cet intermède égyptien (vers 245 à 302) a été sans nul doute ajouté au texte initial, car sinon ce serait le seul moment de l'Odyssée où Homère serait en contradiction avec lui-même *dans le domaine de la géographie* : en effet, la localisation de l'Égyptos au chant IV est tout autre. L'ajout est dû probablement à un *Homéride* qui, sans vouloir modifier le texte du chant IV, estimait qu'il contenait une erreur géographique, l'Égypte étant alors bien connue des Grecs. *Il rétablira ce qu'il croît être la vérité géographique* en incorporant ce paragraphe du chant XIV. Observons que si on le supprime, le texte devient plus cohérent, car le vers 303 enchaîne parfaitement avec le vers 244.

En effet, les vers 243 et 244 disent : *"Nous retournions chez nous avec nos vaisseaux, mais un dieu dispersa les Achéens"*. Et les vers 303 à 307 continuent : *"Alors qu'on ne voyait plus aucune terre (...), le fils de Chronos arrêta au-dessus du vaisseau creux une sombre nuée qui obscurcit la mer. Zeus tonna et en même temps lança sa foudre sur le vaisseau"* (1). Par contre, le paragraphe des vers 245 à 302 interrompt brusquement le récit de la tempête et parle d'un thème sans rapport avec la situation de la flotte en danger.

Il était plus facile par contre d'amplifier le texte initial de l'Iliade par des digressions qu'il plaisait aux aèdes d'ajouter, les thèmes de combats et de noblesse leurs étant familiers. Il ne faut pas non plus négliger le contexte politique au milieu du VIe siècle : la menace des Perses se précise ; Athènes se sent en danger, car la Grèce est fractionnée en de nombreuses cités-états dont certaines montrent de la sympathie pour le monarque perse : il devient urgent de dépasser les disputes et de former une alliance des peuples de la Grèce. Et quoi de mieux pour exalter le sentiment d'appartenance à une communauté nationale que le poème de l'Iliade, qui montre que dans le passé, les Grecs s'étaient unis pour punir d'autres Asiates qui les avaient offensés ?

Dans l'Iliade, *Ulysse et Nestor* sont des personnages importants souvent cités aux côtés d'Agamemnon : Nestor, chef des Messéniens, est présenté comme un seigneur d'âge avancé, éloquent et de bon conseil. Ulysse est à la fois vaillant, rusé et prudent, mais plus orateur que guerrier. Malgré la différence d'âges, une grande amitié les unit : ils appartiennent de fait à un même monde, *celui des marins de la mer Ionienne, d'origine pélasge.* Le seul étranger à ce monde et dont Homère chante les louanges est *Achille*, mais ce dernier est un *Pélasge par excellence*, originaire d' *"Argos pélasgique"* en Thessalie, fils de Nélée, roi de Phthie, et de Téthys, antique déesse de la mer : on a même écrit que le thème de l'Iliade était : *la colère d'Achille.*

L'Odyssée sera en partie construite sur cette amitié entre Nestor et Ulysse puisque Télémaque ira en premier lieu à *Pylos des Sables* rendre visite à Nestor pour s'enquérir du sort de son père ; le voyage à Sparte n'aura d'autre but que de parler des richesses de Ménélas et de son voyage dans l'Égyptos.

Homère situe divers événements de son récit odysséen tout au long des rivages de la mer Ionienne (Carte 17) : Pylos en Messénie, la côte de l'Élide, les îles Équinades, l'Épire... ; il évoque les antiques populations de ces lieux, Taphiens et Thesprotes et il parle longuement de l'île d'Ithaque sous le prétexte que c'est la patrie d'Ulysse, mais c'est peut-être aussi la sienne, car Homère semble appartenir à ce monde de marins de la mer Ionienne : *il montre à tout moment une affection certaine pour les Pélasges, et un intérêt pour les régions qui bordent cette mer.*

Certains auteurs ont prétendu que les descriptions qu'Homère donne d'Ithaque et de Pylos sont incorrectes, et mettent cela au compte du fait qu'il n'avait pas visité ces lieux, vivant selon eux sur la côte d'Asie Mineure. Nous verrons que ces descriptions sont en fait remarquablement exactes, et confirment sa parfaite connaissance des lieux. *Peut-être le problème consistait-il pour ces auteurs à loger correctement Pylos et Ithaque.*

Nombre d'historiens placent la guerre de Troie et le roi Nestor à l'époque mycénienne. Or un palais mycénien situé sur la colline d'Englianos au nord de la baie de Navarin fut mis à jour en 1939 par les archéologues Blegen et Rawson : ceux-ci pensèrent qu'il s'agissait du palais de Nestor qui selon l'Odyssée était à Pylos, et en conséquence ils publièrent les résultats de leurs fouilles sous le titre : *"Le palais de Nestor à Pylos en Messénie occidentale"* (voir Chap. 14 - Note 3). En fait, Homère associe toujours Pylos à un rivage sablonneux, disant souvent *Pylos des dunes,* ou *Pylos des sables.* Il évoque ainsi *un port* - puisque Télémaque y débarque - qui a pour nom *"la porte des sables",* car *pylos* en grec signifie *la porte.* Il n'y avait donc aucune raison pour attribuer ce nom de Pylos à un palais situé loin du rivage et au sommet d'une colline. Dans notre hypothèse, à l'époque de la guerre de Troie, ce palais était détruit depuis 140 ans et l'archéologie montre qu'il ne fut jamais reconstruit.

Le texte souligne que la résidence de Nestor était une ville portuaire, probablement située sur la *baie de Voidokoilia* (Fig. 43), laquelle est située au nord de l'immense baie de Navarin. Cette petite baie est bordée par une plage sablonneuse en forme de demi-lune et l'accès à la mer se fait par un passage entre deux promontoires rocheux, figurant on ne peut mieux *une porte.* Au pied du promontoire méridional sur la plage existent les ruines de Coryphasion, ville construite à la fin de l'époque mycénienne. Le palais de Nestor était certainement situé sur la colline rocheuse qui la dominait, entre la baie et la mer, ou existent les ruines d'un château. Quand Télémaque revient à Pylos depuis Sparte, il arrive *"à l'acropole escarpée de Pylos"*, donc, un escarpement rocheux et non une colline vallonnée comme celle d'Englianos.

À l'aller, sur son vaisseau, Télémaque avait atteint Pylos au petit matin ; en quelques mots, Homère situe le lieu sans équivoque : *"Quand le soleil levant monta du lac splendide (...), Pylos leur apparut, la ville aux solides murailles. Sur la plage, on offrait de noirs taureaux en l'honneur de Poséidon".* Certains traducteurs écrivent : *"Le soleil se leva, quittant la mer splendide".* Mais on peut objecter ceci : le texte d'Homère parle de *limné*, qui signifie *lac*, et non de *thalassa* ou de *pontos.* Or il n'y a pas de lieu sur la côte occidentale du Péloponnèse où le soleil puisse se lever au dessus de la mer; par contre, il en est un où il puisse paraître se lever au dessus d'un "lac" et c'est l'entrée de la baie de Voidokoilia : en hiver, quand le soleil se lève au sud-est, la configuration des lieux montre que pour un navire qui se présente dans la passe, il semble se lever sur le golfe de Navarin, grande baie aux eaux calmes, *"lac splendide"* séparé de la baie de Voidokoilia par un plat cordon de sable et donc brillant au loin.

Justement ce jour-là, peut-être au solstice d'hiver, en décembre, était offert un sacrifice à Poséidon sur la plage de Pylos, car *Homère situe au début de l'hiver le retour d'Ulysse dans sa patrie* : quand il arrive chez Eumée, *"commença une mauvaise nuit, sans lune ; Zeus fit tomber la pluie, sans répit ; il souffla un violent Zéphyr, vent qui toujours amène l'eau" (XIV -v.456)* : or c'est l'hiver qui est la saison des pluies sur les côtes occidentales de la Grèce.

Le lendemain matin, alors qu'Ulysse va partir à la ville, il dit à Eumée : *"Je partirai quand je me serai chauffé près du feu et que le soleil se fera sentir, car je crains que la gelée matinale ne me glace" (VII -v.23).* Et c'est une forte tempête d'hiver qui avait rejeté Ulysse sur la côte d'Irlande quelques semaines auparavant.

Les *îles Ioniennes* constituent un chapelet qui s'étend le long de la côte occidentale de la Grèce, les plus importantes étant : Corfou - Leucade - Ithaque - Céphalonie - et Zante (Zakinthe). Ces îles durent, à l'origine, avoir une population de Pélasges, car c'étaient les premières terres que touchaient des navigateurs venus de la Méditerranée occidentale (Carte 17).

Dans l'Iliade, au *Catalogue des vaisseaux* qui énumère les Grecs qui iront combattre à Troie, Homère cite *"les Céphaléniens magnanimes : - ceux d'Ithaque et son Nérito boisé - ceux qui cultivaient les champs de Crocilée et d'Égilipe l'escarpée - ceux qui habitaient Zakinthe - ceux qui vivaient à Samos et dans ses environs - ceux qui étaient sur le continent et occupaient la rive opposée - : tous obéissaient à Ulysse, dont la prudence égalait celle de Zeus. Douze navires à la proue rouge le suivaient".* Notons que les navires des Céphaléniens ne sont pas de *noirs vaisseaux.*

Un groupe de voisins est cité à part : *"Ceux de Douliquie et des îles sacrées Équinades situées de l'autre côté de la mer face à l'Elide étaient commandés par Mégés Filida, égal à Arès, engendré par le cavalier Filée, cher à Zeus qui, pour s'être opposé à son père, émigra en Douliquie. Quarante navires noirs le suivaient".* Homère connaît donc bien les légendes de tous les peuples de cette région, et semble se complaire à les rappeler. Les Équinades sont un petit archipel face aux basses terres de l'embouchure du fleuve Achéloos, et une de ses îles était *Taphos,* patrie des *Taphiens "amis de la rame",* gouvernés par *Mentés* sous les traits duquel, au Chant I, la déesse Athéna apparaît à Télémaque. C'était un peuple typiquement pélasge.

Les historiens n'ont pas su où placer *Douliquie*, et certains la situèrent dans la presqu'île de Palé qui constitue la partie occidentale de l'île de Céphalonie, mais cette terre pauvre et sèche ne pouvait être celle *"riche en blé et en prés"* dont parle l'Odyssée à propos de Doulichie (XVI - v. 297). Nous la plaçons quant à nous dans le *delta de l'Achéloos*, sur le continent face à Céphalonie. (nous venons de voir que le texte homérique unit la Douliquie et les îles Équinades). Ce dût être une *grande île deltaïque*, que l'on voit facilement se dessiner sur la carte en raison des collines existant de nos jours dans ce delta, et elle dût progressivement être reliée à la terre ferme par l'apport de sédiments du fleuve. Grâce à ses sols alluvionaires et à l'effort de ses habitants, elle pouvait être devenue cette terre prospère dont parle l'Odyssée, propice à l'élevage et à la culture des céréales : c'était donc alors une terre plus riche en hommes et en biens que les îles d'Ithaque et de Céphalonie.

Les Taphiens, qui vivaient à Douliquie et dans les îles Équinades, semblent avoir eu toute la sympathie d'Homère. C'était certainement un antique groupe de Pélasges qui avait dû se réfugier dans ces basses terres initialement insalubres, repoussé par de nouveaux arrivants (les Achéens, d'origine danubienne), mais ils les avaient assainies et transformées. Les mythes font état de campagnes entreprises par les Argiens ou les Thébains contre les Taphiens.

L'Iliade fait d'eux des guerriers, disant que leur chef était *"égal à Arès"*, le dieu de la guerre : nous pensons qu'ils purent être un temps des supplétifs au service des seigneurs mycéniens, et que ce pourraient être eux que représente le *vase des guerriers* (Fig. 3) : leur aspect gracile et leur profil *"en tête d'oiseau"* font penser à certaines populations australoïdes d'Amérique du sud (voir chap. 8). Les Tupi-guaranis soumettaient ces populations à l'esclavage et les appelaient *Tapuyas* ou *Tapîi,* ce qui signifiait dans leur langue *génération d'esclaves.* Le nom de *Taphiens,* fort proche de ces deux noms, peut leur avoir été attribué par les Mycéniens, dont la langue était partiellement celle des Danaens d'Argolide. Par la suite, une "traduction" de ce vocable apparut en proto-grec chez les Achéens qui les faisaient habiter à *Douliquie,* car dans ce mot on retrouve *doulos,* qui en grec, signifie *esclave.*

Apparaît donc chez Homère une communauté de peuples des rivages de la mer Ionienne, pour laquelle il manifeste un intérêt certain, ainsi que pour ses légendes ; il pourrait donc en être originaire, et né dans une famille aristocratique qui lui donnera une *solide éducation.* Il recevra d'un aède l'enseignement nécessaire pour savoir versifier et acquérir tant de connaissances qui se manifestent dans ses poèmes ; il faut ajouter que, de toute évidence, c'était un élève très doué. On peut donc se demander quelle est la part d'autobiographie qui pourrait apparaître dans l'Odyssée, évocation de son vieux précepteur, aveugle peut-être comme l'aède Démodocos et souvenirs de ses voyages maritimes. Il est peut-être né dans l'île dont il fait la patrie d'Ulysse et qu'il nomme Ithaque : il en connaît à fond la topographie et les chemins pierreux, et nous retrouverons ceux-ci quand il décrit les itinéraires d'Ulysse et de Télémaque à leur retour dans l'île.

Homère décrit dans l'Iliade l'aspect physique d'Ulysse (III -v. 192). Sur les remparts de Troie, Hélène s'entretient avec le vieux roi Priam, qui observe l'armée des Grecs et lui demande: *"Qui est celui-là, plus petit qu'Agamemnon pour la taille, mais plus large d'épaules et de poitrine ? Hélène répondit : c'est le fils de Laerte, l'ingénieux Ulysse, qui a grandi dans la rocheuse Ithaque, aussi habile à tramer des tromperies de tout genre que de donner de prudents conseils".* C'est un hémithéos, *"le descendant de Zeus, Ulysse aux mille ruses"*, dit Homère ; *il descend donc des envahisseurs Théreshs*, ce qui donnera à son fils Télémaque la possibilité de régner comme lui sur Ithaque malgré l'hostilité manifeste des nobles Achéens installés dans l'île.

Mais il est aussi de sang pélasge, comme semble l'indiquer Homère en quelques touches : taille moyenne bien qu'hémitéos, forte carrure, et rappel des origines familiales maternelles. Son fils Télémaque aura un physique plus "boréide". Homère mentionne une cicatrice au pied qu'Ulysse avait depuis sa jeunesse, *"laissée par un coup porté jadis par la blanche défense d'un sanglier, à l'époque où il alla sur le Parnasse visiter Autolycos et ses fils : c'était l'illustre père de sa mère, qui l'emportait sur tous en piraterie et en parjure. Un dieu lui avait donné cette supériorité, Hermès" (XIX -v.395)* : Homère semble trouver cela fort bien. Le Parnasse, qui domine le golfe de Corinthe, devait être un dernier refuge de Pélasges repoussés par les Achéens, qui s'adonnaient dès lors à la piraterie comme ceux de Taphos, tandis que ceux de Douliquie étaient devenus des agriculteurs

Il est difficile de penser que tous les renseignements dont fourmille l'Odyssée étaient transmis d'aèdes en aèdes au cours de générations, comme on l'a tellement affirmé à propos des poèmes d'Homère. Il est évident que c'est ce dernier qui les invente ou les choisit dans des anecdotes de sa famille ou de sa propre existence pour les incorporer à son poème, qui est en fait un *magnifique roman d'aventures partiellement autobiographique.*

Manifestement, Homère aimait la géographie et devait sentir une grande attraction pour les voyages, qu'il dût satisfaire en naviguant avec les Taphiens en Méditerranée et jusque dans l'Atlantique. Un commerce avec les îles Britanniques, florissant à l'époque mycénienne, avait dû reprendre comme le montre au chant I la référence au navire taphien portant *"une cargaison de fer brillant"* : ce métal ne pouvait provenir que d'un port d'Angleterre. Le fait qu'il évoque ce commerce indique qu'il put aller avec les Taphiens jusque dans cette île et, au passage, faire escale en l'Irlande. Connaissant toutes les légendes du passé grâce à son précepteur, celle de Argonautes comme celles de la guerre de Troie, il aura peut-être l'occasion de visiter les ruines d'Ilion au cours d'un voyage vers la mer Noire avec les Taphiens et aura alors l'idée de l'Iliade. Il eut certainement connaissance du fait que le voyage Argonautique avait eu lieu au-delà des îles Britanniques et utilisera certaines références géographiques de cette légende pour élaborer l'Odyssée.

Familiarisé à l'écriture des Phéniciens qu'il dût renconter dans les ports méditerranéens, *il pourrait avoir mis au point une ébauche d'alphabet grec à partir de l'alphabet phénicien*, pour mieux conserver par des notes les multiples épisodes qui s'incorporeraient à ses poèmes. Ceux-ci marquent en effet par leur longueur une *nouvelle époque* par rapport aux récits des aèdes, qui devaient être bien plus courts.

De nombreux auteurs par le passé ont essayé d'interpréter son nom, en fait un surnom, chose fréquente dans l'Antiquité. Certains, croyant qu'Homère était aveugle, ont prétendu que c'était la déformation d'un mot d'un dialecte ionien, *o péros*, qui aurait signifié *aveugle* ; cependant en grec, *o meros* signifie *la cuisse,* mais aucun auteur n'a proposé ce surnom, l'estimant certainement trop vulgaire. D'autres enfin prétendent que l'origine est *o omeros* qui signifie *l'otage*, mais on n'en voit pas la raison.

Peu satisfait par ces diverses propositions, nous en avons recherché une autre, que voici : en grec ancien, *oimé* était le *chant poétique* (Homère utilise ce mot à plusieurs reprises) et *reo* est la première personne de l'indicatif d'un verbe qui a deux sens : *couler* et *verser.* On peut donc imaginer que le jeune poète avait choisi, pour attirer l'attention de son auditoire au moment où il allait commencer son chant, de dire : *"Oimé reo", je verse le chant,* et l'habitude se prendra de le désigner par cette petite phrase originale, en unissant les deux mots en un seul : *Oiméreo,* qui par la suite deviendrait *Homère.*

On a longuement discuté sur la capacité des aèdes de conserver dans leur mémoire et réciter d'un seul tenant des poèmes aussi longs que l'Iliade et l'Odyssée. Certes, la structure en vers hexamétriques (c'est-à-dire de six syllabes) aidait le travail de la mémoire, mais nous pensons que chacun de ces deux poèmes était *équilibré en trois parties,* permettant de le chanter en trois journées successives lors des fêtes. Chaque partie devait comporter environ 4.000 vers, qui pouvaient donc être chantés d'une traite sans lasser l'auditoire, en ménageant quelques arrêts opportuns.

L'Odyssée comporte 12.110 vers dans sa version définitive, et l'Iliade 15.623; mais il se pourrait que la version initiale de l'Iliade ait été plus courte, chacun des poèmes étant constitué d'environ 12.000 vers. Il est dit que la division en *chants* est tardive.

Pour l'*Odyssée*, une *première partie* aurait comporté les chants I à VIII : Télémaque part à la recherche d'informations sur le sort subi par son père Entre-temps, celui-ci quitte l'île de la déesse Calypso et arrive chez les Phéaciens. Une *seconde partie*, les chants IX à XVI : Ulysse raconte ses aventures à l'assemblée des nobles Phéaciens, puis se rend à Ithaque et arrive chez son fidèle porcher Eumée sous les traits d'un mendiant ; son fils Télémaque revient à son tour dans l'île et se rend, lui aussi, chez Eumée où il rencontre son père et ils se reconnaissent. La *troisième partie* aurait comporté les chants XVII à XXIV : Ulysse retrouve Pénélope et châtie les prétendants.

L'île d'*Ithaque* jouit d'un maximum de précisions géographiques dans l'Odyssée. Dorpfeld, l'archéologue qui explora le site de Troie, estimait que l'Ithaque d'Homère n'était pas l'île qui actuellement porte ce nom ; Schliemann pensait de même après y avoir effectué des fouilles infructueuses.

L'Odyssée parle d'*"Ithaque cernée des flots"* : il s'agit donc d'une île et non d'une portion de continent. Lorsque Ulysse se présente à l'assemblée des Phéaciens, il déclare : *"J'habite Ithaque, qui s'aperçoit de loin ; un mont s'y dresse, le Nériton, dont le vent agite les feuillages et dont la cime se découvre au large ; tout autour sont situées des îles très proches entre elles, Douliquie, Samé, Zakinthe couverte de forêts. Elle-même est basse et la plus reculée dans la mer vers les ténèbres du Couchant ; les autres sont à l'écart, du côté de l'aurore et du soleil. L'île est rocheuse, mais c'est une bonne nourrice de jeunes hommes".* Voici donc une description typique d'Homère : tout est clair, concis, et rien ne manque :

- Ithaque est une île pauvre, et ses jeunes gens devront émigrer ou devenir marins - Elle fait partie d'un groupe de *quatre îles* (*trois* si l'on excepte Douliquie, qui est pratiquement une partie du continent : nous l'avons en effet située dans le delta de l'Achéloos). Puisque Zakinthe est la grande île située au sud de Céphalonie, *les deux autres îles* nommées dans l'Odyssée, *Ithaque* et *Samé,* correspondent aux îles appelées de nos jours *Ithaque* et *Céphalonie* : essayons de les départager pour retrouver l'Ithaque d'Homère.

Celle-ci *s'aperçoit de loin*, ce qui signifie qu'elle possède une *montagne élevée* qu'il nomme le *Nériton*, couverte de forêts (*"Ithaque et son Nériton touffu"*). Cette montagne haute et boisée est donc la *caractéristique principale de l'île* mais celle-ci n'est pas montagneuse dans sa totalité : au pied de sa montagne se trouvent des *basses* plaines aptes à l'agriculture; et pour compléter l'identification, Homère déclare que c'est *la plus occidentale* des quatre îles nommées. Donc, il n'y a aucune hésitation à avoir : *l'Ithaque d'Ulysse est l'île de Céphalonie*, qui est la plus occidentale des quatre, est dominée par le *mont Énos* qui culmine à 1.628 m. et est couvert d'une remarquable forêt de pins ; la partie occidentale de l'île (la presqu'île de Palé) et la moitié de sa partie orientale sont formées de *basses* collines.

Les autres îles ont des sommets bien moins hauts. Dans ce cas, l'Ithaque homérique étant Céphalonie, *Samé serait l'actuelle Ithaque.*

Voyons maintenant le texte de l'Iliade. Le *Catalogue des Vaisseaux* dit que l'alliance des *Céphaléniens* autour d'Ulysse est faite de : -*"Ceux d'Ithaque et son Nérito touffu - Ceux qui cultivaient les champs de Crocilée - et de l'escarpée Égilipe - Ceux qui habitaient Zakinthe - Ceux qui vivaient à Samos et ses environs - Ceux qui étaient sur le continent et la rive opposée".*

Nous pensons que les territoires sont ici nommés par ordre d'importance décroissante, le premier étant évidemment celui dont Ulysse est le seigneur, Ithaque. Puis vient Crocilée qui serait l'île de Leucade toute proche du continent. Ensuite Égilipe : *Aegiliph* signifie en grec *nourricière de chèvres*, donc une terre pauvre et *escarpée*. Puis vient Zakinthe, et ensuite Samos, qui dans le texte apparaît comme un village, et enfin *"le continent et la rive opposée"*, qui est selon nous *l'Ambracie*, voisine de Leucade et située de part et d'autre du golfe d'Ambracie.

Si on écarte Leucade et l'Ambracie, il reste *quatre* territoires : - Ithaque - Zakinthe - Égilipe - Samos. Cette contradiction apparente avec l'Odyssée ne peut se résoudre qu'en admettant qu'une des trois îles de l'archipel Ionien (Zakinthe, Céphalonie, Ithaque) est constituée par *deux* territoires nommés dans l'Iliade : or seule Céphalonie, en raison de sa grandeur et de sa forme particulière, permet une telle division. Le texte de l'Iliade rend bien une réalité de cette île qui est constituée par *deux terres de dimensions et d'importance inégales unies par un isthme* :

- La principale est celle de l'est, où se trouvent le *mont Énos* (l'ancien Nérito) ainsi que la capitale actuelle de l'île, *Argostoli ;* elle dispose de forêts et de bonnes terres agricoles fertiles car le climat y est pluvieux.
- L'autre, celle de l'ouest, est plus petite ; elle est pauvre et sèche, car ses basses collines n'arrêtent pas les nuages de pluie : c'est la *presqu'île de Palé.*

À l'époque de la guerre de Troie, elle devait être considérée comme une entité différente de l'autre partie de l'île et abriter une communauté de marins vivant dans le port de Samos situé dans le sud de la presqu'île, probablement l'actuel village de *Xi*, bordé de *hautes falaises blanches* (Fig. 44).

La partie principale de l'île, où se trouvait le bourg d'*Ithaque,* était peuplée d'agriculteurs et de bûcherons. Selon la légende, Ulysse labourait sa terre quand des émissaires d'Agamemnon vinrent lui demander de se joindre à eux pour attaquer Troie. L'Iliade différenciera donc *"ceux d'Ithaque"* et *"ceux qui vivaient à Samos et ses environs,"* et de là vint la confusion, qui créait deux terres là où il n'y avait qu'une seule île. Notons que *Samos* est un nom pélasge lié aux *falaises* : l'île de Samos dans la mer Égée est entourée de falaises ; la presque'île de Palé est également bordée de falaises, celles de Xi étant bien visibles depuis l'autre partie de l'île. L'*Égilipe* de l'Iliade serait donc l'*actuelle île d'Ithaque.* L'Odyssée la nomme *Samé*, car elle apparaît bordée de falaises quand on l'observe depuis Céphalonie.

Céphalonie avait fait partie de l'Etat mycénien : on a découvert de nombreuses tombes mycéniennes dans le sud-ouest de l'île. Si les Mycéniens commerçaient avec les îles Britanniques, il est probable que Céphalonie dut jouer un rôle important dans cette relation, étant donné sa *position stratégique à l'entrée du golfe de Corinthe qui donnait accès à Mycènes* ; l'île offrait en outre du bois pour construire des navires et des marins pour les armer.

Tout nom de lieu dans l'Antiquité avait un sens généralement lié à une singularité géographique, et nous nous sommes demandé d'où pourrait provenir celui d'Ithaque. Or, *la grande particularité de l'île de Céphalonie est l'existence de nombreuses cavernes* crées par les eaux de ruissellement dans le massif montagneux calcaire, tandis que les autres îles en sont dépourvues. Les Mycéniens avaient une langue fortement influencée par celle des Danaens : or en guarani, *itacua* signifie *la* (ou *les) cavernes* : ce pourrait donc avoir été le nom mycénien de l'île, et nous aurions ainsi une autre confirmation du fait que l'Ithaque d'Ulysse était Céphalonie.

Voyons maintenant comment les mouvements des divers acteurs de l'Odyssée s'inscrivent dans la géographie de cette île, et plus exactement dans sa partie centrale située à l'ouest du massif montagneux de l'Énos (Carte 18). Ils nous permettent de situer :

- Le *port de Rheitron* où Mentés a ancré son navire.
- La *campagne* où Télémaque va inspecter ses champs au retour de Pylos.
- Le *havre de Phorcys* où les marins Phéaciens débarquent Ulysse.
- La *porcherie d'Eumée.*
- L'îlot *Asteris* où les ennemis de Télémaque vont se poster pour l'attaquer à son retour de Pylos.
- L'emplacement de *la ville d'Ithaque* et sa configuration.

Au chant I, Athéna a pris les traits de Mentés, qui dit à Télémaque: *"Je suis Mentés et règne sur les Taphiens amis de la rame (...). Mon vaisseau est ancré près de la campagne, à l'écart de la ville, dans le port de Rheitron sous le Néion boisé".* Et au chant III, Télémaque, arrivant à Pylos, dit au roi Nestor : *"Nous venons d'Ithaque, que domine le Neion"* (Néion est donc un autre nom du Nérito) (2). Le port de Rheitron pourrait être *Lourdata.*

Rheitron signifie en grec *lit de rivière,* et Lourdata est traversé par une petite rivière intermittente qui descend du mont Énos ; c'est en ce lieu que devaient aboutir les *troncs de sapins* coupés sur les hauteurs de la montagne, que les Taphiens achetaient pour construire leurs noirs vaisseaux (enduits du bitume de Zakinthe) et les radeaux qui transportaient les animaux du continent vers les îles. Eumée évoque les richesses dont disposait Ulysse, et entre autres, *des troupeaux de boeufs, de moutons et de porcs sur le continent* (XIV -v.100).

La campagne est proche : c'est la plaine agricole parsemée de nombreux villages située à l'ouest du mont Énos, entre la mer et une barre de collines calcaires orientée d'est en ouest haute de 150 m. sur laquelle étaient situés les villages mycéniens dont témoignent diverses tombes, et actuellement occupée par plusieurs gros villages : Lakithra, Metaxata, Peratata ; il est évident que cette partie de l'île fut toujours la plus habitée, en raison de ses avantages : riches terres agricoles bien arrosées par les pluies d'hiver ; côte maritime orientée au sud, donc abritée des redoutables vents du nord ; proximité du mont Énos et de ses forêts. Elle fut certainement disputée entre les premiers habitants Pélasges et les envahisseurs successifs tels que les Achéens *"au longs cheveux"* à l'époque de Mycènes. Ulysse y possédait un champs, qu'il labourait lorsqu'on vint le solliciter de participer à l'expédition vers Troie.

La capitale actuelle de l'île, *Argostoli*, fut établie tardivement au bord intérieur d'une grande baie. *Le palais d'Ulysse et le bourg d'Ithaque* n'étaient pas en ce lieu mais ils n'en étaient pas très éloignés, car ils étaient situés sur un *petit plateau qui dominait la mer* au sud-ouest d'Argostoli dans le district de *Lassi* ; le port était situé au nord de la ville, dans la *baie de Paliostafida.*

Télémaque se rend à Pylos à l'insu de ses ennemis qui, apprenant trop tard son départ, vont *"s'embusquer pour l'attendre* (à son retour) *au passage entre Ithaque et la rocheuse Samos"* (IV -v.672), donc le détroit entre la terre orientale et la terre occidentale (Palé). *"Dans leur esprit, ils méditaient un meurtre prompt. Au milieu de la mer, est une île rocheuse, à mi-chemin d'Ithaque et de Samos aux falaises escarpées : c'est Astéris; elle n'est point grande, mais a un port à double goulet, pour abriter les vaisseaux. C'est là que les Achéens se cachèrent en embuscade"* (IV -v 845). *Astéris* est *Vardiani,* une île dont la forme évoque une *étoile* et ses rayons lumineux (*aster* signifie *étoile*). Elle est à moins de 5 km. de la presqu'île de Lassi, et au sud-ouest de celle-ci : c'était donc un lieu approprié pour attendre Télémaque à son retour.

Celui-ci, après avoir quitté Pylos, naviguait sur la route traditionnelle qui reliait Pylos à Ithaque : les navires allaient d'abord en droite ligne jusqu'aux approches du cap situé au nord de l'embouchure du fleuve *Alphée* et à l'abri duquel se trouvait la ville de *Phéae*, puis ils orientaient leur route vers le nord-ouest et se guidaient sur les montagnes de Zakinthe puis de Céphalonie *dont les sommets émergeaient de la mer*. Homère dit : *"le soleil se coucha ; la nef avançait rapidement sur Phéae grâce au bon vent de Zeus ; elle longeait la brillante Élide, où règnent les Épéens. De là, Télémaque se dirigea vers les îles pointues. Une idée occupait son esprit : pourrait-il éviter la mort ? Serait-il pris ?"* Il se doute du lieu où pourrait être tendue une embuscade et prend des dispositions pour l'éviter.

À l'aube, arrivant en vue de la Campagne, il décide de débarquer seul (probablement dans la *baie d'Avithos*) de manière à se rendre par la terre à la ville d'Ithaque, pendant que son navire, ayant abattu voiles et mât, rejoindrait le port d'Ithaque *à la rame*, en longeant la côte au plus près. S'ils avaient navigué à la voile, ils auraient dû passer plus au large, où, supposait Télémaque, ses ennemis surveillaient le passage. *"Ils dégagèrent le mât promptement et poussèrent la nef à l'aviron jusqu'à un mouillage. Télémaque leur dit : vous, maintenant, poussez vers la ville le noir vaisseau. Moi, cependant, j'irai vers les champs et les pâtres. Au soir, quand j'aurai vu mes cultures, je descendrai en ville"* (XV -v.495). Le trajet de Télémaque l'amènera à traverser la campagne (villages actuels de Kaligata et Svorotata) pour visiter ses champs, puis à gravir la colline pour passer au col de Lakithra.

La topographie est particulièrement originale entre *"la campagne"* et *"la ville "* : un *éperon calcaire* s'allonge du sud au nord en suivant la côte entre le *col de Lakithra*, haut de 150 m. environ, et la ville d'Argostoli, avec *deux points culminants*, l'un à 232 m. et l'autre, qui domine la presqu'île occidentale de Lassi (et donc, l'emplacement de la ville d'Ithaque) à 134 m. Son flanc oriental descend vers une large vallée; il est couvert d'une végétation de chênes-verts, et quelques sources affleurent du massif calcaire. Un chemin à mi-coteau devait unir la campagne et la ville en passant par le col de Lakithra : c'est lui qu'emprunteront Ulysse puis Télémaque car l'un et l'autre, avant d'aller à la ville, voulaient passer chez le fidèle porcher Eumée.

La veille de l'arrivée de Télémaque, Ulysse était arrivé lui aussi dans le sud de l'île : au petit matin, les marins Phéaciens l'avaient débarqué dans le port de Phorcys, qu'Homère décrit ainsi (XIII - v. 96) :*"Dans la terre d'Ithaque est un port de Phorcys, le vieillard de la mer ; deux promontoires escarpés s'inclinent vers le havre et l'abritent de la grande houle que soulève la violence des vents. À l'intérieur, les vaisseaux peuvent rester sans amarre, quand ils ont atteint le point où se jette l'ancre. À l'entrée du port, un olivier déploie son feuillage, et tout près s'ouvre une grotte aimable et sombre consacrée aux nymphes qu'on appelle Naïades"*. Les Phéaciens *"placèrent sur le sable Ulysse encore dompté par le sommeil, débarquèrent les richesses dont l'avaient pourvu les nobles Phéaciens et les mirent en tas au pied de l'olivier, hors du chemin, puis repartirent"*. Il existe une baie étroite et profonde orientée au sud, située à l'extrémité sud-ouest de l'île : elle est bordée de hautes falaises calcaires creusées par les vagues et semble convenir parfaitement pour être ce port de Phorcys (3). Sa pointe occidentale est le cap *Hagios Pélagias*. D'autres indications fournies par Homère le confirment :

"Cependant se réveilla l'illustre Ulysse. Il dormait sur la terre de ses pères, mais il ne la reconnut pas après sa longue absence. Car une divinité avait répandu un brouillard autour de lui (...). Tout s'offrait sous un autre aspect" (v.187). Ulysse se plaint amèrement croyant que les Phéaciens l'ont trompé et amené vers une autre terre : *"Ils m'avaient pourtant dit qu'ils me conduiraient en Ithaque visible de toute part. Est-ce ici une île où est-ce le cap d'un continent aux glèbes épaisses ?"*. Il souligne ainsi la configuration du lieu et sa position à l'extrémité de *la campagne* aux riches terres agricoles : il y avait une complicité certaine entre Homère et son auditoire d'Ithaque, qui reconnaissait au passage des lieux connus... Athéna lui apparaît sous forme d'un jeune pâtre, et Ulysse continue sa plainte. La déesse se transforme alors et *"prend la stature d'une femme belle et grande"*, qui lui dit (v.344) : *"Je veux te montrer le site d'Ithaque : ici est le port de Phorcys, et voici le Nérite, le mont couvert d'une forêt. Alors la déesse dissipa la nuée et la terre apparut"*. Du cap sur lequel se trouvait Ulysse, on domine la baie et l'on peut voir le mont Énos qui, à 10 km. à l'est, dresse sa masse imposante haute de 1.630 m., quand il n'est pas caché par les nuages, ce qui est fréquent en hiver à la saison des pluies où se produisent d'épaisses brumes.

La déesse lui dit ensuite : *"Je vais te rendre méconnaissable à tous les mortels. Je riderai ta belle peau sur tes membres souples ; je ferai tomber de ta tête tes cheveux blonds ; je te vêtirai de haillons (...). Va tout d'abord chez le porcher qui t'a gardé tes bêtes (...). Tu le trouvera près de ses porcs qui paissent près de la roche du Corbeau, au bord de la fontaine Aréthuse où ils mangent le gland et boivent l'eau noire"* (XIII -v.396) (...). *"Ulysse gagne par un sentier rocailleux sur les hauteurs, à travers le paysage boisé, le lieu où Athéna lui avait indiqué la demeure de l'excellent porcher"* (XIV -v.1).

Depuis le cap, il y a 8 km. de *chemin rocailleux* jusqu'à la porcherie, en montant d'abord au col de Lakithra au travers des champs puis des broussailles, et ensuite *en suivant un chemin qui existe toujours* (actuellement goudronné) et qui descend jusqu'au *hameau de Ménégata,* perché sur une petite éminence au pied de la montagne qui culmine à 232 m. : *là était la porcherie d'Eumée*, et cette montagne était la *"roche du Corbeau"*. Le terrain, rocailleux, est parsemé de chênes-verts capables de bien alimenter des porcs. Entre la colline et la montagne, une source alimente en eau un petit vallon où l'on voit de nos jours quelques cultures irriguées : c'était jadis *"la fontaine d'Aréthuse*

On peut même voir encore, presque trois mille ans plus tard, l'emplacement de la porcherie : *"Ulysse trouva Eumée assis devant l'entrée de la cabane, là où il s'était construit une cour entourée d'un haut mur en un lieu découvert grand et beau en forme de cercle. Lui-même l'avait bâtie pour ses porcs, après le départ du maître, sans consulter sa maîtresse ni le vieux Laerte"*, le père d'Ulysse (XIV). La colline de Ménégata est unie à la montagne par un col arrondi, sur lequel furent édifiées avec le temps quelques maisons isolées. L'une d'entre elles est entourée partiellement d'un *mur en forme de cercle* qui dût être construit à l'emplacement d'un mur antérieur, et l'étroite route goudronnée qui passe là a respecté la forme circulaire du mur !

Par comble de coïncidences, cette route, qui commence au pied de l'église de Ménégata a pour nom *Odos Gueraki,* selon une plaque apposée sur l'église. Or, en dialecte de Céphalonie, *gueraki* est le corbeau, *korax* en grec. Un voisin consulté nous informa que cette rue portait le nom d'un personnage célèbre de l'île né dans ce village au siècle dernier, et que d'ailleurs les habitants de l'île nommés *Gueraki* étaient généralement originaires de ce lieu : c'était une coutume locale à Céphalonie que de donner aux gens le nom du village dont ils provenaient. Ce village, dans le temps, s'appelait donc *Le Corbeau.*

Le lendemain, Télémaque, *"marchant d'un pas rapide, parvint promptement à l'étable. Dans la cabane, Ulysse et l'excellent porcher préparaient le repas du matin"*. Eumée embrasse Télémaque avec effusion, et lui donne des nouvelles de sa mère et de la situation au Palais. Télémaque lui demande de se rendre à la ville pour porter à sa mère la nouvelle de son retour. La déesse redonne à Ulysse sa véritable apparence, pour que son fils le reconnaisse.

Homère complète ici sa description d'Ulysse : on savait déjà qu'il *était de taille plutôt petite*, et que *sa chevelure était blonde* ; on apprend maintenant *"qu'il reprit sa peau brune, et qu'une barbe d'un beau noir encadrait son menton"* : est ainsi confirmée la caractéristique de *sang-mêlé,* de Théresh et de Pélasge, avec un peu de sang Danaen pour expliquer la couleur brune. L'éloquence d'Ulysse (et celle d'Homère) pouvaient provenir de ce fonds danaen, et Homère indique peut-être ainsi ses propres origines familiales.

Quand revint Eumée, Athéna avait redonné à Ulysse son aspect de mendiant, de peur que le porcher, reconnaissant son maître, soit *"incapable de tenir le secret, et aille porter la nouvelle à Pénélope"*. Eumée raconte le retour des ennemis partis en embuscade : *"j'étais déjà au dessus de la ville, là où est la colline d'Hermès, quand j'aperçus un vaisseau rapide qui entrait dans notre port, portant de nombreux hommes armés"*. Homère indique ainsi que le second sommet dont nous avons parlé, haut de 134 m., dominait la ville d'Ithaque, ce qui confirme la situation de celle-ci sur la presqu'île de Lassi, et que ce sommet était dédié à *Hermès*.

Curieusement, cette *presqu'île de Lassi* resta longtemps déserte. Au Ier millénaire a.C., Céphalonie avait perdu son importance dans une Grèce centrée dorénavant sur Athènes ; sa faible population élevait quelques maigres troupeaux, cultivait les champs ou se consacrait à la pêche. La ville d'Argostoli fut créée tardivement et devint la capitale de l'île au XVIIIe siècle.

Les ruines de la partie noble de la ville d'Ithaque, construites en pierre calcaire extraite de la montagne voisine, devaient joncher le sol au milieu d'une abondante végétation favorisée par les pluies d'hiver lorsque se développa Argostoli, et leurs pierres de taille furent certainement utilisées dans des constructions de cette ville au cours des siècles derniers. Le site devait donc paraître vierge quand, vers 1980, il fut progressivement débroussaillé pour recevoir des villas et quelques hôtels.

Une vue aérienne (Fig. 45) montre qu'il était encore peu construit vers 1980. Une observation des sols dans la presqu'île indique que certaines surfaces, situées à des niveaux différents, sont *remarquablement planes*, et peuvent correspondre au manoir d'Ulysse et sa grande cour, à l'agora et à l'acropole. Ainsi, pour construire la demeure d'Ulysse, Homère laisse entendre que le sol fut aplani :*"Les prétendants jouaient à lancer le disque et le javelot sur une carrière aplanie devant la demeure d'Ulysse"* (XVII -v.168). Lorsqu'Eumée et le mendiant (Ulysse) arrivent au palais, ce dernier observe : *"Certainement, voilà la belle demeure d'Ulysse (...). Quelle suite de bâtiments ! La cour a de belles proportions, avec son mur et sa corniche".* Ce n'était donc pas un château imposant, sinon une vaste demeure bourgeoise : les constructions s'alignaient le long de cette cour.

Il semblerait que son orientation générale ait été d'est en ouest et que *la corniche* surplombait au nord la baie du port ; *"le mur"* devait être une paroi de soutènement située au fond de la cour, à l'ouest, pour retenir le sol après que le terrain ait été aplani, tandis que la porte d'entrée devait être à l'est, donnant sur l'esplanade où jouaient les prétendants. La demeure était située au sud de la cour, et son mur extérieur servait aussi de soutènement. Homère dit au chant XXII : *"Il y avait dans la muraille solide une porte surélevée, et par le haut seuil on pouvait gagner la ruelle"* : celle-ci longeait le palais et était donc plus haute que le niveau de la salle, de deux mètres environ, preuve qu'on avait taillé le sol de l'emplacement du palais.

On peut voir ainsi se dessiner un plan possible de la ville, que l'on peut reconnaître sur la vue aérienne :

- La colline boisée qui apparaît au premier plan devait porter un *poste d'observation* permettant de surveiller la haute mer et de communiquer avec Samos, dont les blanches falaises brillaient au soleil levant (Homère parle de *"Samos la brillante"*)
- À mi-hauteur de cette colline sur son flanc oriental protégé du vent d'ouest devait se situer *"l'acropole des Ithaciens"* : une surface relativement plane retenue par endroits par un ancien mur est encore visible.
- Le *port* était situé au fond de la baie située au nord, et un ravin y aboutit de nos jours (peut-être un ancien chemin d'accès depuis le plateau).
- Une grande place, *l'agora*, dominait ce port, probablement là où l'on discerne sur la photo un mur d'enceinte moderne de forme légèrement ovale.

Depuis la mer (ferry d'Argostoli à Lixouri), apparaît nettement le profil de la presqu'île et la forme plane artificielle de certains lieux.
- Le *"manoir d'Ulysse"*devait se situer entre l'agora et l'acropole : on peut voir un emplacement possible au sud-ouest d'un chemin qui descend à la plage, que domine un moderne mur de soutènement, correspondant peut-être à une ancienne corniche. Les demeures des nobles personnages devaient se situer au sud du manoir, de l'autre côté de la ruelle, et les maisons du peuple, plus à l'est. Depuis l'agora, Télémaque et les nobles rassemblés observent le vol de deux aigles qui se combattent, puis *"s'élancent à droite au dessus des maisons et de l'acropole des Ithaciens"* (II -v.155) ce qui confirme le plan général suggéré. L'eau douce provenait d'une fontaine : quand Eumée et Ulysse descendent de la colline, *"après avoir suivi le chemin pierreux, ils arrivèrent près de la ville, à la fontaine dont on avait capté les belles eaux (...). L'eau fraîche coulait du haut d'un rocher, au pied d'un autel dédié aux Nymphes"* (XVII -v. 204).

L'Odyssée est imprégnée de connaissances marines qui n'ont rien à voir avec la transmission de mythes par des aèdes, sinon avec l'expérience de peuples marins. Une océanographe biologiste (4) écrit : *"L'Odyssée reflète les longues observations d'une civilisation tournée vers la mer, d'où une profusion de détails sur les vents, les vagues, les courants, la couleur de l'eau, donnés toujours à bon escient et trop précis pour avoir été inventés dans le seul souci d'enjoliver le récit. Homère fournit dans l'Odyssée de nombreuses indications sur la biologie marine".* L'Odyssée porte en outre le témoignage d'une *ancienne religion* pratiquée par les Pélasges, *celle des dieux et déesses de la mer* dont Homère se complaît à rappeler l'existence. Les lieux sacrés des rivages de la mer Ionienne sont dédiés à ces divinités marines :
- Fleuves *Alphée* et *Achéloos* sur le continent.
- Montagne de *Nérée* (Nérito), port de *Phorcys* et fontaine d'*Aréthuse* dans l'île de Céphalonie.

La grotte de Phorcys est consacrée aux *"Nymphes qu'on appelle Naïades"* : Homère la décrit en insistant sur le caractère archaïque des ex-voto qui s'y amoncellent (3) : c'est peut-être elle qui avait donné son nom à l'île, *Itacua,*
- *Zeus* et *Athéna*, souvent cités dans l'Odyssée, ainsi qu'*Hermès* peuvent avoir appartenu à cette ancienne religion avant d'être adoptés par celle des dieux de l'Olympe : Zeus pélasgien honoré à Dodone avait un sanctuaire proche du sommet du Nérito.

Ces divinités marines sont en fait *présentes sur tous les rivages que connurent les Pélasges dans leur migration transatlantique* :
- La nymphe *Calypso* vit à l'autre bout du monde, dans l'île *primordiale,* Ogygie *"au nombril de la mer" (les Bermudes)* (I -v. 50).
- La nymphe *Ino,* qui vit *au fond de la mer,* vient au secours d'Ulysse dans la tempête face à l'Irlande, en lui prêtant son voile qui le mènera à bon port.

- *Athéna*, fille de Zeus, était née sur les rives du lac Triton, et *Protée*, dieu des profondeurs sorti de l'onde dans la mer des Antilles, indiquera à Ménélas le chemin du retour en Grèce

Alors que, dans son chant, Homère évoque ces divinités marines sans grands commentaires sur leurs origines (comme si leur connaissance allait de soi pour son auditoire céphalénien), le terrien qu'est Hésiode éprouvera le besoin de bien les situer dans les lignées divines primordiales pour les porter à la connaissance des autres Grecs. On sait donc grâce à lui que :

- *Gaïa*, la Terre, sépare de son propre corps *Ouranos*, le ciel, puis *Ourea*, les montagnes, et *Pontos, le flot marin*. Ceci est le commencement.

Puis, s'unissant d'amour, Gaïa et Ouranos engendreront *le fleuve Océan* (qui est, nous l'avons vu, d'origine terrestre), tandis que *Gaîa et Pontos enfanteront les dieux marins Nérée et Phorcys.*

- Nérée épouse Doris, fille du fleuve Océan et de leur union naîtront les cinquante *Néréides,* parmi lesquelles *Téthys,* déesse des profondeurs marines et mère d'Achille... De Phorcys, par contre, naîtront les *Gorgones*, qui vivront hors de la mer, sur les rives du fleuve Océan, honorées à Corfou.
- Les fleuves *Achéloos* et *Alphée* étaient fils d'Océan et de Téthys. Alphée tomba amoureux de la nymphe *Aréthuse* qui se baignait dans le fleuve, et, jalouse, Artémis fit d'elle une source.
- Les *Océanides* étaient filles d'Océan et de Téthys, et soeurs des fleuves : c'étaient des *"nymphes de la mer, au nombre de trois mille",* chargées de veiller sur les eaux qui couvrent la terre. *Calypso* était l'une d'elles ; les légendes postérieures en feront une fille d'Atlas. En outre, elle était considérée comme la mère des Céphaléniens selon une légende rapportée par le pseudo-Hésiode (*"Catalogue des femmes"*) et Hermès était leur père.

Notons qu'*Hermès*, protecteur des voyageurs et des commerçants, était lui aussi originaire d'outre-atlantique, puisque fils de Zeus et d'une fille d'Atlas, nommée ... *Maya* : un autre clin d'oeil des légendes, qui nous renvoie à la tête de terre cuite trouvée dans la presqu'île de Palé (Fig. 9 et 10).

Hésiode amplifiera les légendes primordiales en disant que la Terre, unie d'amour au Ciel, enfantera *Chronos* et la race sacrée des *immortels, qui vivent dans l'Olympe. La nouvelle religion* oubliera les anciens dieux de la mer, car elle sera *terrienne* en raison de l'importance prise en Grèce par les *Danubiens indo-européens.* Hésiode rappellera cependant les vieux mythes d'Ouranos, Gaïa et Pontos avant d'aborder les nouveaux : *Le début du Ier millénaire est l'époque de clivage entre les deux religions.*

La langue utilisé par Homère pour construire ses poèmes peut donc être évaluée dans la perspective d'une origine céphalénienne. Les îles Ioniennes devaient à son époque utiliser un dialecte qui s'était formé en trois étapes :

- En premier lieu, les langues des Pélasges, premiers habitants des îles.
- Ensuite, les apports de la langue mycénienne, imprégnée de danaen.

- Enfin, l'apport indo-européen des Achéens installés dans le îles, soit dans les temps mycéniens, soit après l'invasion des Peuples de la Mer.

Ce *grec* des îles Céphaléniennes devait donc se distinguer de celui de l'Attique par une profonde influence du fonds pélasge, ne serait-ce que dans la *difficulté de prononcer* les mots grecs comme dans l'Attique. On a attiré l'attention sur l'absence du *digamma* dans la langue d'Homère. Cette lettre s'exprimait par le son *ou* et la lettre *w*. C'est une caractéristique sonore attribuée à l'indo-européen, mais on la trouvait également en danaen : elle était donc présente dans le grec ancien en général, mais peut-être pas dans les régions à forte présence de Pélasges comme l'île de Céphalonie, pour une simple difficulté de captation auditive. Cela expliquerait que le mot *wanax* attesté dans le proto-grec mycénien selon Chadwick et prononcé *ouanax,* devienne *anax* chez Homère.

Celui-ci pourrait être né à Céphalonie au sein d'une famille de la noblesse locale, un aède assurant son éducation et lui contant les légendes du passé dont sans nul doute il sut profiter pour créer son oeuvre immortelle.

(1) HOMÈRE - *L'Odyssée* Trad. M. DUFOUR et J. RAISON . Paris 1934.

(2) NEION - On constate que, dans la langue des Pélasges, *ito* ou *iton* était lié aux montagnes : mont *Itomi* en Messénie, mont *Iton* en Thessalie ; le Nérito aurait donc été la *montagne de Nérée*. l'Odyssée parle également à son propos du *Neion.*

Mais *Neion* serait selon nous une contraction de *Céphaleneion,* nom qui aurait été donné par les Achéens à cette montagne couverte de pins. *Céphalé* signifie en grec : la tête, mais aussi la partie dominante, *le sommet*, et *neios, neion* signifie : naval, *propre à la construction d'un navire.* Donc, cette montagne aurait reçu des Achéens un nom lié à son utilité :*"le sommet qui permet de construire les navires",* qui, à son tour, donnera un nom à l'île : Céphalonie. Homère connaît ce nom de *Céphaléneion*, en usage de son temps, mais n'aime guère l'utiliser, préférant le nom ancien qui évoquait le dieu marin. Au temps de la guerre de Troie, *les Céphaléniens* étaient ceux qui vivaient à l'ombre de cette montagne, donc les habitants des îles nommées de nos jours Ithaque et Céphalonie.

(3) GROTTE DES NAÏADES - Le promontoire calcaire à l'abri duquel se situait le havre de Phorcys est taraudé par l'infiltration des eaux de pluie, et put donc présenter jadis des grottes accessibles depuis l'étroite plage du port. Le golfe est bordé de falaises que le choc incessant des vagues fait s'effondrer par endroits, et la grotte des Naïades dont parle Homère fût certainement ensevelie sous un éboulement avec le temps. Il dit : *"On y voit des cratères, des amphores et de longs métiers de pierre où les nymphes tissent des étoffes teintes au pourpre de mer"*. C'était donc un sanctuaire où les Pélasges honoraient les divinités marines.

(4) Jacqueline GOY - "L'Histoire". Mars 2001. Paris

Chapitre 25

LA CRÉATION SELON LA BIBLE, LES MAYAS ET HÉSIODE

De nombreux peuples de l'Antiquité eurent un mythe se rapportant à la création du Monde, et les mythologues constatent des analogies entre certains d'entre eux, ce qui les amène à penser que des peuples purent emprunter leur mythe de la Création à d'autres peuples au contact desquels ils avaient vécu. Selon Jean Bottéro (1), le mythe de la Création de *la Genèse* évoquant le Paradis terrestre aurait comme origine un mythe cananéen. Si l'on considère quelques mythes primordiaux dans le monde occidental, on constate que la Création est attribuée :
- À *un groupe de dieux* dans les mythologies cananéenne et quiché-maya.
- À *un dieu unique* dans les mythologies hébraïque et mbyá-guarani.
- Cependant, il y a *absence apparente de référence à un ou à des créateurs* dans la mythologie grecque.

Voyons d'abord la mythologie hébraïque. Les spécialistes des textes bibliques sont arrivés à la conclusion que, des deux récits de la Création qui figurent au livre de *la Genèse*, *le plus ancien est le second*, celui qui parle du "Paradis terrestre" et date du IXe siècle a.C. tandis que *le premier aurait été incorporé deux siècles plus tard lors d'une refonte de la Genèse.*

Les Hébreux, à la suite de Moïse, croyaient en un Dieu unique alors que les Cananéens adoraient de nombreux dieux, comme le faisaient auparavant les Hébreux eux-mêmes. Un prêtre de la cour du roi Salomon va entreprendre au IXe siècle a.C. d'écrire l'histoire du peuple hébreu en rassemblant ses légendes depuis l'époque du patriarche Abraham, avec la ferme intention de montrer qu'à tous moments, Dieu est présent et protège son peuple élu. Cet auteur est appelé *le Yahviste* car il se réfère à Dieu sous le nom de *Yahvé*. C'est à lui que l'on doit le *"second récit de la Création"*:

"Le jour où Yahvé Dieu fit la terre et les cieux, il n'y avait sur la terre aucune plante car il n'avait pas fait pleuvoir, ni d'hommes pour cultiver le sol. Cependant, surgirent des eaux souterraines qui irriguèrent toute la terre. Alors, Yahvé modela l'homme avec de la glaise, et par son souffle lui donna vie. Puis il planta un jardin en un lieu de l'Orient appelé Éden, et y plaça l'homme qu'il avait formé" Ensuite, *"Yahvé fit tomber l'homme dans un profond sommeil et lui ôta une côte, avec laquelle il forma une femme"* qu'il

donna à l'homme pour compagne. Commentant ce texte, Bottéro, spécialiste de Sumer, dit qu'on n'en trouve aucun antécédent parmi les mythes sumériens, et donc le suppose cananéen ; il s'interroge également sur l'origine de l'idée de *la côte d'Adam* qu'il ne retrouve dans aucun texte mésopotamien.

Quelques siècles plus tard, un autre prêtre, l'*Élohiste* (ainsi appelé parce qu'il se réfère à Dieu sous le nom d'*Élohim*) remanie le livre de la Genèse et place en premier lieu un récit qui, lui, évoque vraiment la création du Monde. C'est le *"premier récit de la Création"* :

"Au début, Dieu (Élohim) créa le ciel et la terre. La terre était déserte et vide, et les ténèbres couvraient les abîmes pendant que l'esprit de Dieu volait à la surface des eaux". Dieu créa *la lumière*, la séparant des ténèbres et le lendemain se leva le premier jour. Alors *il créa le firmament au milieu des eaux*, et *"il sépara les eaux d'en haut de celles d'en bas".* Le second jour, il fit que les eaux d'en bas se rassemblent en un seul lieu et qu'apparaisse *le sol sec* : il l'appela "terre" et la masse des eaux, "mer" (...). Et le cinquième jour, il *"créa l'homme à son image".*

Constatons tout d'abord que les cadres géographiques de ces deux mythes diffèrent profondément : le récit du Yahviste propose à son début pour la Création un *cadre "terrien"* qui correspond aux *grandes plaines désertiques du Proche-Orient où vivaient les pasteurs sémites au cours des millénaires antérieurs* ; il évoque uniquement la terre et les cieux, tandis que la mer est absente. En outre, la terre restera sèche tant que la pluie ne la fécondera pas, et de toute manière les cultures à venir nécessiteront l'usage de puits (les eaux souterraines) ; donc les pluies sont insuffisantes, ce qui est une caractéristique de cette région. Sur ce substrat assurément autochtone, le Yahviste greffera un mythe emprunté aux Cananéens racontant les origines de ce peuple dans les montagnes de Colombie (voir Chap. 10 et sa note 3) : apparaît le *Paradis terrestre* situé dans de *hautes montagnes*, puisque de lui s'écoulent quatre fleuves (voir Chap. 10, p. 133-134, et Carte 23, p. 469)

Le plus ancien récit amalgame donc deux mythes, l'un autochtone et l'autre emprunté aux Cananéens, ce dernier convenant fort bien au Yahviste pour être placé en tête de son Histoire du *peuple élu* après avoir remplacé "les dieux" par "Yahvé Dieu", comme un antécédent dont il informe le peuple Hébreu en guise d'avertissement : voilà ce qui arrive à l'Homme quand il désobéit à Yahvé ; il est chassé du jardin d'Éden, et le peuple Hébreu pourrait à son tour perdre *la Terre promise* s'il ne se comporte pas selon les commandements du Seigneur. Le Yahviste semble opérer comme son contemporain Hésiode, mettant en place une religion nouvelle pour son peuple.

Ajoutons que la légende de la côte d'Adam rappelle un mythe centre-américain selon lequel le premier homme descendit du ciel et par la suite les autres hommes *naquirent de son nombril et de la blessure d'une de ses jambes* (Chap. 13).

Le récit de l'Élohiste, postérieur, évoque par contre pour la création du Monde non pas un cadre "terrien" mais un *cadre "marin"*, aquatique au plus haut degré : les ténèbres couvrent les *abîmes marins*, certainement en raison des *nuées* qui occultent la lumière venue des cieux, *eaux d'en haut et eaux d'en bas* qu'Elohim séparera, *et ensuite* apparaîtra la terre, plus précisément le sol sec. Ce cadre correspond fort bien au *cordon étroit de terres de l'Amérique Centrale, qui dût donner à ses premiers habitants l'impression que ces terres avaient émergé de l'immensité des eaux.* Nous sommes là devant un mythe plus ancien dont l'origine pourrait être centre-américaine, *apporté par les premiers immigrants Pélasges,* antérieurs aux Cananéens. Les points forts de la *somme* des deux récit bibliques sont : (issus du premier) :
- *Un Dieu unique créateur.*
- *Les ténèbres.*
- *L'immensité des eaux qui couvrent le monde.*
- *L'esprit de Dieu qui plane sur les eaux.*
- *La création de la lumière.*
- *La création du firmament et la séparation des eaux : celles d'en haut, les nuées, et celles d'en bas, les mers et les rivières.*
- *L'apparition de la terre sèche.*

(issus du second) :
- *La formation de l'homme à partir d'une poignée de terre humide.*
- *La formation de la femme à partir d'une côte de l'homme, pendant le sommeil de celui-ci.*

On connaît un *mythe cananéen tardif* relatif à la création du Monde : il apparaît dans un texte de Philon de Byblos, au IIe siècle, qui écrivit une *Histoire Phénicienne* inspiré des écrits d'un antique mythographe, Sanchouniaton (2). Selon ce récit, à l'origine se trouvent *le chaos* et *le souffle primordial*, qui donnèrent vie à une entité appelée *môt,* la "boue", le "limon" qui serait à l'origine de toute création.

Avant d'aborder les textes grecs, donnons un aperçu du *mythe quiché-maya* relatif à la création du Monde : il apparaît au début du *Popol-Vuh* (3), texte qui rassemble les anciens mythes mayas, et fut écrit au XVIe siècle en langue quiché et caractères latins par un indien guatémaltèque. Son manuscrit fut découvert au XVIIIe siècle par le curé du village de Chichicastenango, qui le traduisit à l'espagnol tout en conservant en parallèle le texte original quiché, pour prouver l'authenticité de sa traduction. Le Popol-Vuh lui aussi parle des *ténèbres* et de l'*immensité des eaux* initiales, et c'est une *assemblée de dieux* qui préside à la Création ; y apparaît également la notion de *terre en suspension dans l'eau,* qui rappelle la boue du mythe cananéen et la glaise ("poussière de terre humidifiée") du texte hébraïque. Et il évoque les dieux qui, dans les ténèbres, étaient *au-dessus de l'eau, comme une lumière éparse.*

Donc, boue, limon ou glaise, c'est-à-dire un mélange de terre et d'eau, jouent un rôle essentiel dans les mythologies cananéenne, maya et hébraïque comme étape de la Création. Et dans la première intervient *le souffle primordial,* dans la seconde *une assemblée de dieux*, tandis que dans la dernière, intervient un *Dieu unique.*

Voyons quelques fragments du mythe quiché-maya : *"Voici l'histoire du moment où furent achevé de mesurer tous les angles du ciel, de la terre, la quadrangulation, sa mesure, la mesure des lignes, dans le ciel, sur la terre, aux quatre angles des quatre coins* (notons le chiffre *quatre,* celui de la plénitude pour divers peuples amérindiens) *comme l'avaient ordonné les Constructeurs, les Formateurs, les Mères, les Pères de la vie et de l'existence (...) Voici le récit de comme tout était en suspension, tout tranquille, tout paisible, tout silencieux, tout vide, dans le ciel, sur la terre. Voici la première histoire, la première description. Il n'y avait pas un seul homme, un seul animal, poisson, oiseau, crabe, bois, pierre, caverne, falaise, herbe, forêt.*

Seul le ciel existait ; la face de la terre n'apparaissait pas : seule existait la mer limitée et tout l'espace du ciel. Rien n'était réuni, rassemblé. Rien n'existait. Seulement l'immobilité, le silence, dans les ténèbres, dans la nuit. (le traducteur dit là qu'avant la création, qui n'est pas *ex nihilo,* c'est-à-dire à partir de rien, la matière préexistante était en suspension dans l'eau). *Seuls les Constructeurs, les Formateurs, les Dominateurs, les Puissants du ciel, les Procréateurs étaient sur l'eau, lumière éparse.*

Alors vint la Parole ; elle vint des Dominateurs, des Puissants du ciel, dans les ténèbres, dans la nuit. Ils parlèrent, célébrèrent conseil, se comprirent, unirent leurs parole, leurs sagesses". Ils décident alors de créer l'Homme et la vie sur la Terre :

"Que l'eau se sépare, se retire, que la terre naisse, s'affirme, dirent-ils, que la germination se fasse, que l'aube se fasse au ciel, sur la terre, car sinon personne ne nous adorera jusqu'à ce que l'homme existe. "Terre" dirent-ils, et immédiatement la terre exista. Seulement une brume fut la naissance de la matière. Alors les montagnes sortirent de l'eau, et les forêts naquirent immédiatement à la surface de la terre (...). Puis se formèrent les plaines et les rivières. Ainsi fut la naissance de la terre, lorsqu'elle naquit sur ordre des Esprits du Ciel et des Esprits de la Terre, car ainsi se nomment ceux qui fécondèrent en premier lieu, alors que le ciel était en suspension, alors que la terre était en suspension dans l'eau. Alors ils méditèrent sur leur oeuvre".

Notons le rôle primordial donné à la Construction et à la Géométrie, apanage et fondement de civilisations amérindiennes, ainsi que l'attitude "collégiale" des dieux : c'est une *assemblée* qui délibère, qui réfléchit, qui décide. Ces dieux eurent toutefois quelques déboires quand ils se mirent à créer l'Homme. Ils firent d'abord des hommes *de terre* : ce fut un échec ; ceux-ci *"parlaient à peine, et d'une manière insensée,"* et d'ailleurs, ils s'effondrèrent. Alors ils firent des mannequins, des hommes *en bois* : c'était déjà mieux ; ils se reproduisaient, mais n'avaient aucune intelligence, aucune sagesse et ne se rappelaient pas de leurs créateurs : *"Ce ne fut qu'un essai, qu'une tentative d'humanité. Ce furent les premiers hommes qui vécurent sur la terre mais immédiatement arriva leur fin, leur destruction : les Esprits du Ciel provoquèrent une grande inondation (...). La face de la terre s'obscurcit, commença la pluie ténébreuse, pluie durant le jour, pluie durant la nuit..."*.

Leur fin est originale : ils ne moururent pas noyés comme on pourrait le supposer, mais ils furent attaqués par leurs animaux domestiques et leurs ustensiles qui se révoltèrent et les détruisirent. *"On dit que leur descendance sont ces singes qui vivent dans les forêts,"* conclut le texte en guise d'épitaphe. Notons que *l'arche salvatrice* n'apparaît pas dans ce mythe qui puise à des sources primordiales : c'est donc un apport postérieur.

Puis le Popol-Vuh aborde la création de *la nouvelle humanité* : Les dieux forment seulement quatre hommes (à nouveau le chiffre quatre) en fait *quatre chamanes*. Ils sont *"bons et beaux"*, mais il y a un problème : *"ils voient tout jusqu'aux limites du ciel et de la terre, et devinent tout en un instant"*. En outre, ils remercient effusivement les dieux de les avoir créés. C'en est trop : ceux-ci s'inquiètent, craignant que *"ces formés"* puissent devenir égaux aux *Formateurs* ; toutefois. ils ne veulent pas perdre le bénéfice d'une si belle oeuvre, et décident de la corriger, en réduisant les capacités exceptionnelles de voyance de ces quatre chamanes. Pour cela, *"ils soufflèrent sur leurs yeux comme une brume"* qui opacifia leur clairvoyance. Et ce paragraphe conclut :*"Ainsi furent formés nos aïeux (...). Pendant leur sommeil, les dieux créèrent quatre femmes, vraiment belles (...), et quand ils se réveillèrent, leurs coeurs se réjouirent à cause de leurs épouses"*.

Certaines ressemblances avec les textes bibliques sont troublantes, comme la création de la femme pendant le sommeil de l'homme, l'existence d'êtres supérieurs, *Puissances* et *Dominations* dans la Bible, et le fait que dans celle-ci comme dans le Popol-Vuh, *Dieu* ou *les dieux* craignent d'avoir accordé trop de facultés aux hommes et s'emploient à les restreindre : *"Yahvé dit : voyez comme l'homme est devenu comme l'un de nous* (noter le pluriel) *car il s'est fait juge de ce qui est bon et de ce qui est mal. Qu'il n'arrive pas que, à son tour, il se nourrisse de l'Arbre de Vie, car alors il vivrait éternellement. C'est pour cela qu'il l'expulsa du jardin"* (Genèse - 3 - 22)

Voyons maintenant la *Mythologie grecque*. Au VIIIe siècle a.C., Hésiode aborde dans la *Théogonie* le thème de la Création (v.116), disant :

- *"En vérité, en premier lieu, se fit Chaos"*(protista Kaos geneto), et ensuite
- *"Gaia* (la Terre) *aux larges flancs, universel séjour à jamais stable des immortels maîtres de l'Olympe neigeux,*
- *"Les étendues brumeuses du Tartare, au fin fond du sol aux larges routes,*

- et Éros, celui qui est le plus beau d'entre les dieux immortels, celui qui libère le chant (lusimeles) *et dompte au fond des poitrines, l'esprit et le sage vouloir" (...).*

La Terre *"fit naître, égal à elle-même, Ouranos, le ciel étoilé",* puis les *montagnes* et le *flot marin. Elle s'unit alors d'amour au Ciel et enfanta le fleuve Océan",* puis divers êtres mythiques (Nux, Ereb, etc). Alors seront créés les dieux (theoi). Dans la suite du récit d'Hésiode, le ciel sera soutenu par Atlas, tandis que dans l'Odyssée, Atlas *"veille à lui seul sur les hautes colonnes qui gardent, écarté de la terre, le ciel"* : nous allons voir plus loin que *la sustentation du ciel par quatre colonnes apparaît dans le mythe mbyá-guarani de la Création,* que les Danaens apporteront en Grèce.

Hésiode n'envisage pas qu'une *assemblée de dieux* ou un *dieu unique* aient pu créer le Ciel et la Terre, mais il y a dans son récit une ambiguïté de taille : *Éros* est dit *"celui qui est le plus beau entre les dieux immortels".* Ce doit être un dieu échappé d'un panthéon primitif de Créateurs qu'Hésiode ne veut pas reconnaître, car les dieux (theoi) ne seront crées que plus tard, après la création de la Terre et du Ciel..

Donc, *quatre éléments naissent en premier lieu : Chaos, Gaia, Tartare et Éros.* Là encore, notons le chiffre quatre, toujours dans son sens de plénitude. Et si nous reprenons le texte hésiodique, nous constatons que *seul le premier, Chaos, n'a pas de qualification.* Serait-ce qu'Hésiode ne comprend pas le sens exact de ce nom venu du passé, et se borne à le reproduire ?

Le fait est que tous les exégètes des textes mythiques grecs, de l'Antiquité à nos jours, butteront les uns après les autres sur ce mot, et en proposeront des sens fort différents. Certes, l'un d'entre eux est devenu populaire au point de passer dans le langage universel : le mot *chaos* est devenu synonyme de *désordre absolu,* car certains philosophes l'interprétèrent ainsi, pour l'opposer à *l'ordre* qui régnera après la Création. Mais cette acceptation ne fait pas l'unanimité : ainsi, certains mythologues interprètent ce mystérieux *chaos* comme étant *l'abîme primordial,* car le terme viendrait du verbe *kaino* qui signifie *être ouvert,* dit Georges Méautis (4), qui nous rappelle que toutefois, pour Aristote, *chaos* était *l'espace vide,* tandis que pour Ovide c'était *la matière primitive.* Jean-Pierre Vernant, dans un essai intitulé *"Cosmographie et mythes de souveraineté"* (5) s'interroge : *"Comment faut-il entendre ce Chaos qu'Hésiode fait naître en tout premier ? On l'a interprété - et les Anciens déjà - en termes de philosophie. On y a vu, soit le vide, l'espace comme pur réceptacle, l'abstraction du lieu privé de corps, soit, comme les Stoïciens, un état de confusion, une masse où se trouveraient indistinctement mêlés tous les éléments constitutifs de l'univers (...). Certains ont fait de chaos l'équivalent de aer : la brume (...). Mais Hésiode distingue lui-même aer de chaos (...). Ne faut-il pas plutôt se représenter Chaos comme un gouffre sans fond, un espace d'errance indéfinie... ?"*

Donc, que choisir : désordre absolu, gouffre sans fond, abîme primordial, espace vide, matière primitive, ou masse confuse ? On voit que les interprétations les plus diverses ne manquent pas, sans apporter d'explication satisfaisante. Notons que le rôle de *gouffre sans fond* ou d'*abîme* est déjà assumé par le Tartare, dont Hésiode donne une description (v. 720 et suivants) parlant à son propos de *gôuffre immense* (mega kasma). En nous basant sur la linguistique, nous allons proposer une autre interprétation, qui nous rapprocherait de celle des Stoïciens et d'Ovide : *Chaos serait un certain état de la matière initiale.*

Notons que les noms qui apparaissent dans le récit hésiodique semblent appartenir à deux familles linguistiques différentes, ce qui indiquerait un amalgame de mythes primordiaux provenant d'ethnies différentes :

- NUX (N-X), EREB (R-B) et TARTAR (TR-TR) semblent provenir d'une langue consonantique comme put l'être une langue primitive de Pélasges.
- GAIA, ÉROS et KAOS semblent appartenir par contre à une langue incorporant des voyelles, telle que celle des Danaens. Cela pourrait signifier qu'il y eut tardivement une appropriation d'un ancien mythe pélasge par les Danaens et ceux-ci jugeront utile de traduire dans leur propre langue ces trois derniers concepts du mythe primordial qu'ils estiment essentiels, négligeant de traduire les autres concepts secondaires.

Si l'on interprète le mot *chaos* à la lumière de la langue guarani, on constate qu'il faut lire : KA'O, mot caractéristique de cette langue puisque formé d'un substantif, KA, qui signifie : *le sec, ce qui est sec,* et du suffixe : apostrophe + O, qui est *privatif.* KA'O serait donc : *le non-sec,* et pourrait être interprété comme désignant un *magma initial*, une *bouillie*, un *état pâteux* (non-sec) *de la matière primordiale*, d'où naîtrait tout le reste. Nous serions alors proches du *limon*, de la *boue* du mythe cananéen, et de la *terre en suspension dans l'eau* du mythe quiché-maya, et de l'expression biblique selon laquelle Dieu sépara les eaux et fit apparaître *le sol sec.*

On pourrait admettre que le concept que retransmet Hésiode sans bien le comprendre et en modifiant l'ordre des facteurs serait : *Au début, dans le gouffre sans fond de l'espace (le Tartare), existait un magma initial, une boue, le non-sec (le Chaos), état intermédiaire de la matière d'où naîtra tout le reste. Une première ségrégation fait apparaître le sec, la terre, et intervient alors le principe d'action (Eros) qui va mettre tout le reste en mouvement créatif.* Là encore, on est proche du concept cananéen rappelé par Sanchouniation qui place à l'origine *la boue* et *le souffle* primordial.

Ce seraient les Stoïciens qui auraient le mieux interprété le mot *chaos* (peut-être en connaissaient-ils le sens étymologique dans la langue des Danaens) tandis que des philosophes seraient arrivés au *contresens* de l'interpréter comme *le désordre absolu,* puisque en fait, la bouillie initiale était un corps parfaitement homogène, donc *parfaitement ordonné*, qui attendait une incitation primordiale pour commencer à se différencier.

Cette incitation viendra d'*Éros* ; mais nous pensons avec J. P. Vernant que c'est une erreur que d'accepter le mot *Éros* avec sa signification classique, *l'amour,* comme partenaire de ce grand acte primordial. Ce dernier fait remarquer que l'intervention d'*Éros* en tant qu'amour, avec sa connotation sexuelle, n'existe pas dans le temps primordial hésiodique : *"Chaos et Gaia sont liés, mais ne s'unissent pas (...). La présence d'Éros (l'amour) à côté de Chaos et Gaia dans la triade initiale ne va pas sans poser des problèmes. Éros ne peut figurer la puissance d'attraction qui conjoint les contraires, qui unit le mâle et la femelle dans la procréation d'un nouvel être différent de ceux qui l'ont engendré. Chaos et Gaia ne s'unissent pas l'un à l'autre et les enfantements que chacun d'eux produira, au début de la genèse, s'effectuent sans union sexuelle : Chaos et Gaia tirent d'eux-mêmes les enfants qu'ils font venir à l'être".* Et constatant que les règles de l'union sexuelle s'établiront à partir d'Aphrodite et que s'ajustent alors *Himeros (le désir)* et *Éros (l'amour),* Vernant observe : *"Plus vieux qu'Aphrodite à laquelle il s'adapte et s'associe le moment venu, Éros représente une puissance génératrice antérieure à la division des sexes et à l'union des contraires".*

Présent à l'origine, c'est qu'il a un rôle à jouer dans la Création, et si ce n'est pas celui de l'amour, ce peut être celui que pressent Vernant, d'une *puissance génératrice,* nous dirions pour notre part *un facteur d'impulsion* qui déclenchera *les processus d'évolution dans le Monde*, chez les êtres et dans la matière, dès l'instant de la Création : Dieu, en quelque sorte.

On constatera que le récit biblique de la Création du monde est proche du récit maya, en ce sens qu'*un ou des Créateurs préexistent à la formation du Monde,* tandis que, *dans le récit hésiodique, Dieu, qui apparaît indirectement n'est pas préexistant mais concomitant,* son rôle devenant essentiel à une certaine étape du processus : il y a là une probable influence du mythe "danaen" mbya-guarani que nous évoquerons au prochain chapitre, dans lequel Dieu se crée lui-même, puis crée le Cosmos *à l'évolution duquel il participe en permanence.*

Nous nous sommes demandé si, derrière le mot *éros*, ne s'en cacherait pas un autre, de sonorité voisine, qui, dans la langue des Danaens, aurait eu non pas le sens d'amour, mais de ce que nous achevons de définir. Il se trouve que, selon les critères de formation de *belles paroles* dans la langue guarani (voir chap. 16), ce mot aurait fort bien pu exister, et serait selon nous : *jérosa* (prononcer : *iérosa),* qui put facilement évoluer vers *iéros* puis *éros.* Ce mot est formé de : *jéro* (sauvage, puissant) + *sa* (la vie) ; il signifierait littéralement : *vie sauvage, vie puissante,* et pourrait donc s'interpréter comme : *impulsion existentielle.* Le dictionnaire de Guasch indique un verbe recueilli dans le guarani ancien par le Père Montoya, *(a) jerojy,* qui signifie *adorer, révérencier,* donc donnant à *jero* un sens religieux. Le mot grec, *hieros,* qui signifie *saint*, *sacré*, en dérive probablement.

On comprendrait alors le sens exact des qualificatifs qui accompagnent *Éros* dans le texte hésiodique :
- *"Celui qui libère le chant", lusimeles = lusis* (libération) + *melos* (chant).
Il faut prendre acte de cette *impulsion atavique*, cette force interne et imparable qui, dans les tribus amérindiennes, pousse l'individu et le groupe à entonner *le chant sacré* : nous allons voir la place de ce chant sacré dans le mythe mbyá-guarani de la Création. C'est à cette impulsion que se réfère le mot *jérosa.* (Nous avons déjà rencontré le chant de l'hymne dans le disque de Phaistos (Chap. 18- A-{22})
- *"Celui qui dompte, au fond des poitrines, l'esprit et le sage vouloir".*
Là encore, l'accent est mis sur une force impérieuse qui transcende la raison et la volonté.

Il est probable que ce *sens fort* primitif laissa progressivement la place au sens aimable et bien plus faible que prit par la suite le mot *Éros*. Les temps avaient changé, et c'est alors qu'apparut *Aphrodite.* Notons que chez Hésiode, la plupart des noms ont un sens facilement compréhensible en grec : les Hespérides sont les nymphes *du soir, du couchant (hespera)*, Aphrodite est née de *l'écume (aphros)*, la déesse Iris est *l'arc-en-ciel (iris)* etc... Il faut donc admettre que tous les noms propres eurent chez cet auteur une signification, bien ou mal comprise selon leur langue d'origine.

Si notre interprétation de *chaos* et d'*éros* était correcte, ce serait une autre confirmation de l'énorme influence que la langue et la culture des Danaens eurent sur la formation de la langue et de la pensée de la Grèce archaïque. Nous avons évoqué l'influence de cette culture sur le goût des anciens Grecs pour *le beau langage*, sur la préférence donnée à *l'expression orale* face à l'expression écrite, et sur l'adoption d'attitudes sociales de *décisions collégiales, "démocratiques",* avec éventuellement délégation temporaire de l'autorité (le *tyran*).

Peut-être faudrait-il voir aussi dans l'influence de la culture danaenne un certain *détachement* montré par les Grecs anciens face aux sciences et aux mathématiques appliquées, que souligne Pierre Vidal-Naquet dans *"La raison grecque et la cité"* (5) :

"Un siècle d'hellénisme moderne a abouti, dans une large mesure, à éloigner plus qu'a rapprocher la Grèce de nous. La question se pose donc de savoir si l'esprit grec fonctionnait avec les mêmes modèles et les mêmes motivations que le nôtre ; en particulier, la recherche contemporaine se heurte constamment au problème suivant : pourquoi la raison grecque, qui a découvert les mathématiques, n'a-t-elle pas découvert leurs applications à la science ? Certains aujourd'hui vont jusqu'à se demander si la raison grecque relève bien de ce que nous appelons aujourd'hui le rationnel.

Depuis Nietzsche, la philologie moderne a été conduite à explorer de façon préférentielle les zones dites obscures de l'âme grecque, à opposer Dionysos à Apollon. Dodds montre ces aspects non rationnels de la pensée grecque, du chamanisme, du ménadisme et les efforts de cette pensée pour dominer les forces obscures".

Au Chap. 19, nous avons cité l'observation d'un linguiste paraguayen sur la *différence des concepts mathématiques* entre les cultures guarani et indo-européenne, la première ne s'intéressant qu'à leur aspect philosophique : *"Les valeurs de la vie ne sont pas prises en compte par le peuple guarani à l'aide de signes quantitatifs. Ce peuple n'a pas connu le système décimal, mais a créé un système que nous pourrions appeler quadrinomique, pour la mesure simple des réalités dans un concept qualitatif,"* et il explique ainsi l'éthymologie des quatre seuls "chiffres" que les guaranis avaient dans leur vocabulaire lors de la Conquête: Un = *unité*
Deux = *dualité* -
Trois = *complémentarité*
Quatre = *ensemble, plénitude.*

Nous avons vu que les guaranis authentiques rejettent encore de nos jours l'écriture pour des raisons philosophiques, et les Danaens semblent l'avoir aceptée à contre-cœur. Ces concepts eurent certainement une influence sur la formation de la pensée grecque, au moins jusqu'au VIe siècle a.C. Nous pouvons par ailleurs constater une certaine *nonchalance* des Grecs anciens probablement héritée des Danaens, fils des pays du soleil, qui les aurait prédisposés à ne pas tellement rechercher le progrès technique.

Un exemple en est donné par Socrate, le philosophe qui, encore au Ve siècle a.C., se refusait à écrire (même s'il lisait avidement les écrits des autres), et une comédie d'Aristophane le montre couché dans un hamac et expliquant à un visiteur surpris par ce lit étrange : *"Je me balance dans les airs et je regarde le soleil".* Donc, l'éloge du *farniente*...: le hamac propice à la sieste bienfaisante avait-il déjà été importé de l'Amérique tropicale?...

(1) Jean BOTTÉRO - *Mésopotamie.* Paris. 1987.
- *Naissance de Dieu.* Paris. 1992.

(2) Claude BAURAIN et Corinne BONNET - *Les Phéniciens.* Paris. 1992.

(3) Miguel Angel ASTURIAS et J.M. GONZALEZ de MENDOZA - *Popol-Vuh* . Buenos-Aires. 1965. Texte en espagnol adapté du texte français du professeur Georges Raynaud (1920)

(4) Georges MEAUTIS - *Mythologie grecque.* Paris. 1960

(5) Jean-Pierre VERNANT et Pierre VIDAL-NAQUET - *La Grèce ancienne. 1 - Du mythe à la raison.* Paris. 1990.

Chapitre 26

LA CRÉATION SELON LES MBYÁ-GUARANIS

Il existe au Paraguay des tribus indiennes appartenant au tronc guarani qui survivent encore dans le plus grand isolement au coeur des forêts. Un ethnologue paraguayen, Léon Cadogan, passa de nombreuses années parmi l'une d'elles, les Mbyá-Guaranis, et publia en 1946 un ouvrage sur leurs croyances religieuses, en particulier celles qui concernent Dieu et la Création du Monde.

Une réédition eut lieu en 1992 et une autre en 1997 (1) avec pour titre : *"Ayvu rapita - Textes mythiques des Mbyá-Guaranis du Guaira"*. Ce livre présente les récits originaux recueillis dans leur langue qui diffère parfois du guarani classique, avec une traduction en espagnol proposée par Cadogan, ainsi que d'abondantes notes linguistiques. Dans la langue ésotérique des Sages Mbyá, *Ayvu rapita* signifie : *"le fondement du langage humain"*

Le père Bartomeu Méliá, S.J., l'un des plus grands connaisseurs actuels de la langue guarani, écrit ceci en préface à l'édition de 1992 : *"Après le déluge colonial, qui fit table rase de tant de langues, de tant de manières de dire, de chanter, de prophétiser, et alors qu'on donnait pour perdue l'espérance de rencontrer encore une voix authentique dans laquelle résonneraient les échos de l'antique tradition, surgissait une "nouvelle terre" et son fondement était "la parole". Les Mbyá - et les Guaranis en général - entrent grâce à ces textes dans la catégorie de personnes dont on peut dire que, sans elles, le monde de l'esprit serait plus pauvre et moins lumineux"*.

À propos de l'ouvrage de Cadogan, l'ethnologue brésilien Égon Schaden écrivait en 1958 : *"Ce travail contient les textes mythiques et l'enseignement religieux des Mbyá-Guaranis, que les prêtres de la tribu gardent en secret face à tout étranger, mais que l'auteur a obtenu dans la langue originale, en raison de la confiance qu'il mérita de la part de ces Indiens, en rétribution de services qu'il leur avait rendus. En opposition à ce qui se vérifie dans la religion et la mythologie des autres populations guaranies du Paraguay et des pays voisins, les Indiens Mbyá-Guaranis du Guairá qui dictèrent les textes ici reproduits semblent conserver les traditions dans leur pureté originale, c'est-à-dire sans modifications dues à l'influence chrétienne, soit du temps des missions jésuitiques soit à des époques plus récentes"*. Le Guairá est la région d'épaisses forêts tropicales où se trouvent les chutes de l'Iguazu.

On pourrait résumer ainsi le mythe de la Création des Mbyá-Guarani :
Il existe un Père éternel, Gnamandu, qui d'abord se créa lui-même, puis créa son propre paradis et la première terre au milieu des ténèbres et des vents originaires. Puis il créa le langage humain, et donna des instructions aux compagnons de sa divinité qu'il crée alors, pour qu'ils soient ses envoyés et l'apportent aux hommes qu'il va mettre sur la terre, chaque fois que l'un d'entre eux naîtra : le langage est donc conçu comme un lien direct entre l'homme et le Créateur. Nous sommes ainsi face à *deux conceptions radicalement différentes du Dieu unique et de la Création*, où s'opposent :
- le *fixisme* du concept hébraïque d'un Dieu *"qui est"* de toute éternité, sans changements, et qui créa en un temps limité un monde définitif.
- l'*évolutionnisme* du concept amérindien guarani, dans lequel la formation du Créateur lui-même est le fruit d'une évolution, en harmonie avec celle du Monde qu'il crée, évolution toujours en cours. Notons que la théorie de l'évolution s'inscrit parfaitement dans le concept amérindien d'un dieu créateur en évolution avec l'Univers qu'il crée et qui se modifie en permanence.

Nous donnons ci-dessous quelques fragments du mythe amérindien que nous traduisons du texte en espagnol de Cadogan. Nous indiquons en note (2) la traduction de deux strophes particulières proposée par l'ethnologue Pierre Clastres, qui séjourna en 1975 chez les Mbyá-Guarani.

Du Chap. I - *Dieu se crée lui-même.*

"Notre Père dernier-dernier premier, (2 -1)
à partir des ténèbres originaires, créa pour son propre corps
ses pieds divins, le reflet de la divine sagesse (ses yeux)
ses oreilles qui entendent tout, ses doigts divins,
il les créa, au cours de son évolution (2-2)
au milieu des ténèbres originaires.
Sa tête, dominante, portait une couronne de plume ornée de gouttes de rosée
parmi lesquelles l'oiseau originaire, Maino le colibri, voltigeait sans cesse.
Pendant que notre premier Père
créait son corps divin au cours de son évolution,
il existait au milieu des vents originaires".

Donc, pour les initiés des ethnies guaranitiques, il y eut un *Dieu unique*, qui, avant de créer le Monde, se créa lui-même au cours d'une *évolution*.

"Il ne vit pas les ténèbres :
alors que le soleil n'existait pas encore,
son être était illuminé par son propre coeur,
car il faisait que lui serve de soleil
le savoir contenu dans sa propre divinité".

Les caractéristiques essentielles du Créateur, appelé non pas Dieu mais *Père,* sont : *coeur lumineux* et *divin savoir.*

Du Chap. 2 - *Le fondement du langage humain.*\
"En raison de son savoir créateur,
notre Père conçut le fondement du langage humain
et l'incorpora à sa propre divinité.
Il conçut également le fondement de l'amour
avant que n'existe la Terre,
au milieu des ténèbres originaires.
Il créa alors dans sa solitude l'origine d'un hymne sacré.
Il réfléchit profondément
pour savoir qui il ferait participer
au fondement du langage humain, à la parcelle d'amour,
et aux paroles qui composaient l'hymne sacré.
Ayant profondément réfléchi
et en vertu de son savoir créateur,
il créa ceux qui seraient les compagnons de sa divinité.
(...)
Ayant profondément réfléchi,
en raison du savoir contenu dans sa propre divinité
et en vertu de son savoir créateur,
il créa le Gnamandu au grand coeur.
Il le créa simultanément au reflet de son savoir (le soleil).
Avant que n'existe la Terre, au milieu des ténèbres originaires,
il créa le Gnamandu au grand coeur,
qui serait le père de ses futurs nombreux enfants,
véritable père des âmes de ses futurs nombreux enfants.
Ensuite, il créa le vrai père des futurs Karai,
le vrai père des futurs Jakaira,
et le vrai père des futurs Tupa.
Il leur impartit la conscience du divin.
pour qu'ils soient les véritables pères
des paroles-âmes de ses futurs nombreux fils".

Il semble apparaître là une *hiérarchie trinitaire*: - le Père créateur, *Gnamandu le premier* - le Père des âmes humaines, le *Gnamandu au grand coeur, créé simultanément au soleil* - et un groupe de Pères qui apporteront *l'esprit*, les "paroles-âmes". Selon les sages consultés par Cadogan, chaque être humain reçoit au moment où Dieu décide sa conception une "parole-âme", un nom secret qui le liera au Père éternel, et qui sera différent du nom social que lui donneront ses parents. Le texte insiste sur *"le fondement de l'amour"* et sur la *"parcelle d'amour"* qui accompagneront son oeuvre.

"Ensuite, pour situer face à son coeur,
il apporta la connaissance de la divinité
à la future vraie Mère des Gnamandu,

à la future vraie Mère des Karai,
à la future vraie mère des Jakaira,
à la future vraie Mère des Tupa".

A la différence des mythes mayas et cananéens et de la religion hébraïque, *la femme, comme mère, a sa place auprès du Créateur dès avant la création de la Terre et des Hommes.*

Cadogan transcrit la prière quotidienne d'un sage Mbyá, qui évoque :
"Les paroles sans mal qui, à aucune époque sans exception, ne s'affaibliront,
et que nous autres, un peu orphelins du paradis,
nous prononcerons chaque fois que nous nous levons,
et qu'en vertu desquelles il nous soit permis de nous lever
un nombre répété de fois, ô vrai Père Gnamandu, le Premier".

Donc, *les paroles sans mal* sont des *paroles de vie* que la tradition orale enseigne aux initiés depuis un lointain passé, paroles qui, souligne Cadogan, appartiennent à un *vocabulaire religieux ésotérique,* et qui lorsqu'elles existent dans la langue ordinaire des guaranis, ont souvent un sens différent et parfois même contraire à celui qu'elles ont dans la langue ésotérique.

Du Chap. III - *La première Terre.*

(Dieu crée alors une première Terre)

"Le véritable Père Gnamandu, le premier,
ayant conçu dans sa pensée sa future demeure terrestre,
de la connaissance contenue dans sa propre divinité
et en vertu de sa capacité de création,
fit que, à l'extrémité de son baton-insigne, s'engendre la Terre.
(...)
Il existe sept paradis. (littéralement : un après deux fois trois)
Le firmament repose sur quatre colonnes : (toujours le chiffre *quatre*)
Le firmament qui s'étend au gré des vents,
notre Père le repoussa et l'envoya à sa place.
Il l'avait d'abord fait reposer sur trois colonnes,
mais il continuait à se mouvoir.
Pour cela, il l'appuya sur quatre colonnes :
seulement alors il se trouva à l'emplacement convenable,
et cessa de se mouvoir".

Donc, un Monde en évolution, sous l'impulsion de Dieu.

Puis le texte aborde d'une manière poétique la création des divers animaux qui entourent les Mbyá dans les savanes et les forêts :
"Le premier être qui chanta
dans la demeure terrestre de notre premier Père
fut la petite cigale colorée (...)

Quand notre Père fit la Terre,
il n'y avait ici que des bois et pas de champs.
C'est pour cela et pour qu'ils contribuent à la formation des prairies
qu'il envoya la sauterelle verte (...). Quand les champs apparurent,
le premier à célébrer leur apparition
et à y entonner son chant est la perdrix rouge,
et le premier à en remuer la terre est le tatou"(...).

Ensuite, Gnamandu donne des instructions aux divins compagnons qu'il a créé pour apporter la Parole aux hommes et femmes qui vont naître, car :
"Notre vrai père, Gnamandu, le premier
est sur le point de faire descendre à la résidence terrestre la bonne science
pour les générations de ceux qui portent l'insigne de la masculinité,
et l'emblème de la féminité (...).
Après cela, il inspira le chant sacré de l'homme
aux véritables premiers pères de ses fils,
il inspira le chant sacré de la femme aux premières mères de ses filles,
pour qu'ensuite en vérité, prospèrent
ceux qui naîtraient en grand nombre sur la Terre".

Donc, pas de soumission de la femme à l'homme, et pas d'antériorité de celui-ci. En outre, *la Création de l'Homme apparaît comme marque de bonté du Créateur, et non de sa toute-puissance.*

Mais *cette première terre sera détruite par un déluge* (Chap. 6), *après que Dieu ait fait monter tous les hommes dans les divers paradis,* les vertueux sous leur forme humaine, et les pécheurs, métamorphosés en êtres irrationnels (donc, une différence fondamentale avec le mythe maya : Dieu *sauve les hommes* de la destruction de la première Terre, en les amenant aux Paradis).

Il créera alors une *Nouvelle Terre* (Chap. 7) qui est celle que nous habitons ; elle sera peuplée par les *images* des habitants de la première Terre (chaque homme aurait donc un double dans l'un des paradis, un ange gardien en quelque sorte).

Les Mbyá-Guaranis croient tous que l'âme (*ang*) a *une portion divine* indivisiblement associée au *langage humain* ; en outre ceux de la région du Guaira croient à la *dualité de l'âme* : à la mort de l'individu, *la portion divine* (*ang*), le langage, retourne dans la demeure du Père, tandis que la *portion impure* (*angue*), produit des passions et imperfections humaines, reste sur la Terre, convertie en *esprit*. Nous avons vu apparaître ce terme *angue* dans la lecture que nous avons proposée du Disque de Phaistos, et le terme *anga* dans les inscriptions en linéaire A de certaines tables de libations en Crète.

L'une d'entre elles {37} lie l'âme et la Parole au moment de la mort : *"Enfin, la Parole sans attaches, qui sait, illuminera l'âme qui se retire".*

Ayant crée la *Nouvelle Terre, le Créateur retourne au Paradis,* et dorénavant il déléguera l'action vis-à-vis des Hommes au *Gnamandu au grand coeur* et à des dieux subalternes. Le Chap. VIII amorce la seconde partie des annales religieuses des Mbyá, avec l'apparition de *Pa'i Rete Kuary,* le *Père au corps resplendissant comme le soleil,* "l'homme-Dieu", souligne Cadogan. Ce Dieu semble assimilé au Soleil, qui préside quotidiennement et pour toujours aux destinées des Hommes.

Hymne splendide à la Création et au Dieu créateur, ce mythe est le seul, parmi ceux évoqués dans cet ouvrage, qui apporte l'idée de *la Parole, don de Dieu et son lien avec les Hommes,* et la notion de *Père éternel.*

On a l'impression qu'il s'agit d'un très vieux mythe, puisqu'il semble que les Sages Danaens l'aient amené en Grèce il y a quatre mille ans : on retrouve dans la mythologie grecque ces *colonnes qui soutiennent le ciel*, et nous avons vu, dans le texte hésiodique, une allusion au *chant sacré primordial.* Nous verrons également des coïncidences avec ce mythe chez Platon.

À propos des mythes de la Création appartenant aux diverses ethnies guaranies disséminées en Amérique du sud, Cadogan constate qu'apparaissent peu de différences, et *"qu'ils suggèrent l'idée d'avoir été transmis au travers des siècles sans variations".* Toutefois, il précise qu'il ne s'agit pas de récits quelconques , *"mais de ceux qui sont énoncés dans la langue religieuse, alors que l'Indien se trouve sous l'influence d'une ferveur frôlant parfois l'extase qui toujours les domine quand ils traitent de choses sacrées".*

Cadogan souligne par ailleurs : *"L'attention est attirée par le contraste qu'offre le contenu de deux séries de traditions. Les profonds concepts philosophico-religieux, la hauteur d'un langage exempt du moindre signe de vulgarité de la première pourraient fort bien avoir été extraits des annales d'une race bien plus cultivée que la Mbyá* (il fait allusion en particulier au poème partiellement reproduit ci-dessus) *; la seconde, bien qu'agrémentée par l'ingéniosité, la poésie et la philosophie inséparables de toutes les légendes guaranies, ne pourrait en aucune manière être confondue avec une religion".* Cadogan observe donc une *dualité de pensée et d'expression* entre *"le peuple"* et une *"élite"* religieuse, à la pensée ésotérique, qui gardera pour elle et transmettra à quelques rares personnes, de son ethnie ou d'autres choisies avec discernement, la connaissance profonde des choses de ce monde et de l'au-delà. Il souligne que c'est seulement après huit ans de relations amicales et à la suite d'un important service qu'il rendit à la communauté, que les Sages décideront de répondre aux questions qu'il leur posait sans cesse sur leurs croyances, mais auxquelles ils ne répondaient jamais...

Léon Cadogan était un Sage aux yeux des initiés Mbyá, et il est possible qu'ils l'aient choisi pour faire connaître au Monde leur Foi, avant que leur ethnie ne disparaisse dans l'indifférence généralisée de notre "civilisation".

La dichotomie observée dans ces ethnies guaranitiques entre les choses profanes et celles de l'esprit provenait sans nul doute de temps immémoriaux, et devait déjà exister à l'époque où les Danaens s'installaient en Crète au début du IIe millénaire a.C. : Nous avons vu au Chap. 20 dans les traductions que nous proposons des *inscriptions en linéaire A*, des exemples de la *seconde* tradition ; à part quelques allusions à l'âme, rien n'apparaît qui puisse laisser soupçonner *la première*, la tradition religieuse ésotérique.

Celle-ci dût pourtant exister, et peut-être passa-t-elle dans les concepts de certains philosophes grecs, et en particulier *Platon*, comme nous le verrons plus loin. Flavius Josephe observe à propos de ces concepts religieux ésotériques : *"Platon lui-même reconnaît qu'il serait dangereux d'apporter la véritable idée de Dieu aux foules ignorantes"*. (*Sur l'antiquité des Juifs* - XXX - 224). Nous pensons que les Sages Danaens appliquèrent ce principe en Grèce comme en Amérique...

Constatons sur un exemple l'existence d'un vocabulaire religieux chez les Danaens de Crète au début du IIe millénaire, et la persistance de ce vocabulaire ésotérique jusqu'à nos jours dans la langue des Mbyá-Guaranis, soit près de quatre mille ans plus tard. Nous avons vu apparaître sur le *Disque de Phaistos* (A {30}-Chap. 18) et dans *une inscription en linéaire A* ({21}-Chap. 20) le nom d'un lieu proche du palais de Phaistos où travaillaient des artisans de céramique et d'orfèvrerie. Ce lieu est nommé *Opy*. En raison du contexte du disque de Phaistos, nous l'avons situé sur une colline isolée située à quelques kms. au sud de ce palais occupée par l'actuel village de Sivas (voir Chap. 13) ; le vocable *opy* n'existe pas dans le dictionnaire de Guasch (quoique le mot *opyri* y figure avec le sens : *avec soi-même,* donc synonyme d'introspection)

Or, nous avons constaté dans les notes linguistiques qui accompagnent les texte sacrés dans l'ouvrage de Cadogan, que *opy* est un *terme du vocabulaire religieux* des Mbyá-Guaranis, et il signifie : *lieu de prière et de cérémonies religieuses, oratoire.* La colline de Sivas portait donc un oratoire, un opy. Peut-être cet opy jouait-il le rôle d'un *monastère* qui accueillait des Sages initiés qui voulaient vivre à l'écart de Phaistos, mais qui acceptaient que des artisans se regroupent autour d'eux, comme cela aura lieu dans le Moyen-âge européen autour des abbayes bénédictines.

Dans l'inscription {40} apparaît le mot *gnemandu,* que nous retrouvons dans les dictionnaires de Montoya et de Guasch, soit donc trois millénaires plus tard, comme : *"gnemandu'a = mandu'a = souvenir, rappel, mémoire"*. Ce fut donc toujours un mot du langage populaire, lequel par contre semble avoir ignoré le terme que les initiés utilisaient lorsqu'ils parlaient de *Dieu* : *Gnamandu*. Ce mot ne figure pas dans les dictionnaires cités, mais nous avons vu qu'on le rencontre dans les récits sacrés. Or son étymologie pourrait être : *Gné'é mandua,* une forme au génitif signifiant : *la mémoire de la Parole,* expression qui situe Dieu dans le processus de la Création.

Cadogan écrit que *"gné'e pora tenonde"* signifie *"les belles paroles primordiales"*. Dans le *Cratyle,* Platon affirme que *les langues ne sont pas des inventions humaines, sinon un don singulier accordé par Dieu aux Hommes*, donc une concordance parfaite avec ce mythe amérindien, mais il y a mieux.

Dans le *Timée,* il fait le point des connaissances acquises à son époque en Grèce en matière de mathématiques, d'astronomie, de médecine etc... ; mais il est un thème qui lui tient particulièrement à coeur, et c'est celui de *la création du Monde* : il semble avoir des vues fort personnelles à ce sujet et les expose longuement. On ne peut qu'être frappé par leur concordance avec la conception de Dieu exprimée dans le mythe mbyá-guarani de la Création. Platon était le disciple préféré de Socrate et c'est peut-être des idées chères à son Maître qu'il met dans la bouche de Timée et qu'approuve virtuellement celui-ci au cours du *dialogue* quand ce dernier déclare : *"C'est parfait, Timée, et il faut absolument entendre la chose comme vous la présentez" (29 d).* Socrate, dont la hauteur d'âme était reconnue par tous les grands esprits de la Grèce du Ve siècle a.C et qui passa sa vie à dialoguer avec les uns et les autres sur l'Agora, eut certainement des entretiens avec *des Grecs d'origine danaenne initiés dans la connaissance de leurs antiques croyances* : il ne serait pas impossible qu'ils l'aient convaincu, et que Socrate ait adhéré à celles-ci et en ait fait participer Platon (sans que celui-ci en fasse participer Aristote)

H. Petitmangin observe : *"Platon arrive au spiritualisme le plus élevé que le paganisme ait pu connaître. Il affirme l'existence d'un Dieu unique (..) et l'immortalité de l'âme"*. Albert Rivaud fait les commentaires suivants dans la préface à sa traduction du *Timée* (3) : *"On a l'impression que parfois Platon a de la peine à exprimer complètement sa pensée (...) et malgré ses efforts pour être compris exactement, le Timée n'en reste pas moins un des livres les plus obscurs de l'Antiquité (...). Le Timée n'était pas destiné à des profanes, mais à des hommes déjà versés dans les diverses sciences, et préparés à comprendre, même à demi-mot, les allusions à de savantes théories"*.

Alors que tous les Grecs à son époque sont polythéistes, Platon pense qu'il y eut au commencement un *dieu unique, le Démiurge (l'artisan)* qui façonna l'Univers. Il croit qu'il y eut comme *"cause"* de la création du Monde *"un pouvoir d'action capable de produire des mouvements"* et comme cause de la formation des êtres vivants, un petit nombre de *"dieux subalternes"* issus du Démiurge, mais il ne s'agit dans aucun des deux cas d'une puissance créatrice : *Les formes nouvelles sont obtenues par la combinaison harmonieuse d'éléments préexistants"*. Rivaud note que dans le *Timée*, Platon *"insiste constamment sur la bonté divine, qui seule permet de comprendre les opérations de la cause première" (29 e).*

La première production du Démiurge est *"l'âme du Monde"*, divine elle aussi : elle sera *"le principe des mouvements ordonnés de l'Univers" (34 c).* Nous retrouvons là des *notions déjà présentes chez Hésiode* : une matière initiale (et non le vide aristotélicien) sur laquelle agira un facteur d'impulsion (l'âme du Monde) ; mais aussi d'autres concepts qui purent provenir directement d'un fonds ésotérique danaen : *un dieu unique aidé de dieux subalternes, et la bonté divine comme mobile primordial.* Notons le clivage sur ce point fondamental entre les pensées de Platon et d'Aristote.

Rivaud fait observer que Platon n'utilise pas le mot typiquement grec de *mythos* à propos de récits provenant du passé, mais utilise dans ce sens le mot *eikos,* bien plus rare. Or ce mot nous parait être d'origine danaenne :
hé'i (ce que l'on dit) + *ko*, particule explétive, ou *ko'a* (ces choses). Donc *heikos* aurait signifié : *ces choses que l'on dit.*

Notons quelques phrases de l'exposé platonicien. Dès le début, Platon fait dire par Timée à ses interlocuteurs supposés, Socrate et Critias :
"Découvrir l'auteur et le Père de cet Univers est un grand exploit, et quand on l'a découvert, il est impossible de le divulguer à tous" (28 c). Donc, une position intellectuelle proche de celle des initiés du groupe guarani, réticents à divulguer leurs concepts religieux. Il continue ainsi :*"Disons pour quelle cause celui qui a formé le Devenir et le Monde les a formés. Il était bon, et en ce qui est bon, nulle envie ne naît jamais à nul sujet. Exempt d'envie, il a voulu que toutes choses naquissent le plus possible semblables à lui (29 e).*

Ayant réfléchi, il s'est aperçu (...) que l'intellect ne peut naître en nulle chose si on le sépare de son âme... En vertu de ces réflexions, c'est après avoir mis l'intellect dans l'âme et l'âme dans le corps, qu'il a façonné le Monde, afin d'en faire une oeuvre qui fut, par nature, la plus belle et la meilleure" (30 b). Constatons la similitude de l'énoncé platonicien avec celui du mythe guarani, où apparaît de forme récurrente : *ayant réfléchi... en vertu de ces réflexions...* , indication d'une influence prédicative de Sages Danaens : *il est manifeste que les Initiés transmettaient avec la plus grande précision et d'une manière immuable les "belles paroles primordiales".*

Le Père va donc *façonner* les éléments préexistants, formant *l'air, l'eau, la terre et le feu* : *"A l'aide des corps ainsi définis et au nombre de quatre, a été engendré le corps du Monde" (32 c). "Ensuite, il abandonna aux Dieux jeunes la tâche de façonner les corps périssables, d'y ajouter ce qui pourrait encore y manquer d'âme humaine et de tout ce qui s'en suivrait, et de gouverner ce vivant mortel" (42 e).* Donc, une Humanité en évolution. Là encore, on retrouve les dieux secondaires du mythe guarani, qui seront chargés par Gnamandu, *"la Mémoire de la Parole",* d'apporter celle-ci aux hommes pour les améliorer.

Ainsi, la pensée religieuse des Sages danaens semble avoir exercé une influence sur la formation de la pensée philosophique de la Grèce ancienne : *C'est en définitive un apport aussi important qu'insoupçonné, qu'une population amérindienne aura fait à la Grèce dans les domaines de la langue et de la pensée universelle, contribuant ainsi largement à l'essor de sa civilisation et par conséquence, à celle de l'Europe.*

Les concepts religieux de ces Sages étaient réservés à une élite choisie avec prudence, ce qui amène à un *paradoxe* : dans leur continent d'origine comme en Grèce, les peuples guaranitiques et par suite les Danaens semblent avoir vécu sans guère se préoccuper de religion. En conséquence, aucune croyance danaenne n'aura eu d'incidence en Grèce en matière de religion et n'aura créé d'obstacle à l'avènement de celle des "Dieux de l'Olympe".

Lorsque Cadogan recueillit le mythe mbyá-guarani de la Création, il fut frappé par les similitudes qu'il présentait avec la doctrine chrétienne et il se demanda si cela pouvait provenir de l'influence évangélisatrice des missionnaires, d'autant plus que certains thèmes que lui faisaient connaître les initiés se rapportaient manifestement à la *résurrection des corps*. Cependant, il arriva à la conclusion qu'une telle influence n'avait pas eu lieu pour ce mythe car dans les traditions les plus anciennes des indiens Guaranis rapportées par les chroniqueurs de la Conquête, donc *avant toute évangélisation, il est dit qu'ils croyaient à l'immortalité de l'âme et à la résurrection.* L'ethnologue Égon Schaden arriva à la même conclusion.

On pourrait donc renverser la proposition, et se demander s'il n'y aurait pas eu au Ier millénaire a.C. une influence de penseurs religieux danaens en Palestine qui aurait progressivement amené aux concepts du Christianisme. Nous allons souligner quelques similitudes entre l'enseignement des Initiés Mbyá-guaranis et celui du Christ tel qu'il apparaît dans le Nouveau Testament

- Le Père céleste

"Notre Père le premier se créa lui-même
au milieu des ténèbres originelles." (mythe Mbyá-Guarani)

Le Christ parle lui aussi du Créateur comme : *"le Père,"* qualification inconnue dans les textes bibliques primordiaux (Torah), où Dieu est défini seulement comme : *"Yahvé, celui qui est"* (Exode -3, 14).

"Quant à vous, soyez parfaits, comme l'est votre Père qui est au ciel".
(Mathieu -5, 48)

"Quand vous adressez une demande à Dieu, dit le Christ, n'imitez pas les païens avec leurs litanies interminables (...) car avant que vous ayez demandé, votre Père sait ce dont vous avez besoin". (Mathieu -6, 8-9)

- La Parole.

"Il ne vit pas les ténèbres :
Alors que le soleil n'existait pas encore,
son être était illuminé par son propre coeur,
car il faisait que lui serve de soleil
le savoir contenu dans sa propre divinité ...
En raison de son savoir créateur,
notre Père conçut le fondement du langage humain (la parole)
et l'incorpora à sa propre divinité". (mythe Mbyá-Guarani)

"Au début était la Parole,
et la Parole était avant Dieu, et la Parole était Dieu.
Par elle, tout se fit,
et rien n'arriva à être sans elle.
Ce qui fut fait avait vie en elle.
La lumière brilla dans les ténèbres,
et les ténèbres ne l'en empêchèrent point". (Jean -1, 1-5)

-.L'âmc.

Chaque être humain reçoit au moment de sa conception une "parole-âme" qui retournera auprès du Père au moment de la mort. (mythe Mbyá-guarani)

La notion d'âme immortelle, différente du corps, apparaît tardivement dans la Bible, dans le *Livre de la Sagesse*, écrit au 1er siècle a.C., comme une critique aux croyances judaïques relatives à l'âme : *"Partant de faux raisonnements, ils arrivent à la conclusion que nous aurons une fin sans remède, car jamais personne n'est revenu du royaume des morts. Notre souffle vital, disent-ils, n'est que la vapeur de notre haleine ; quand il s'arrête, le corps redevient poussière, et l'esprit se disperse comme une bouffée d'air (...). Mais ils se trompent"* (c'est une critique de certains textes de la Torah)

(Sagesse -2)

L'immortalité de l'âme s'affirme dans le Nouveau Testament :
"Ne craignez pas ceux qui ne peuvent tuer que le corps, car ils ne peuvent tuer l'âme". (Mathieu -10, 28)

Ces concepts d'Âme et de Parole divine étant présents chez Platon au IVe siècle a.C., certains théologiens ont envisagé une possible influence des croyances philosophiques grecques sur la pensée judaïque après la conquête d'Alexandre. L'Hellénisme sera certes très présent en Palestine dans les quelques siècles précédant l'ère chrétienne et de nombreux Grecs s'installeront dans les régions proches de la Syrie gouvernée par les Séleucides, descendants d'un général d'Alexandre, particulièrement en *Galilée* et en *Pérée* sur la rive orientale du Jourdain, et dans les ports d'*Idumée* tels que Ascalon, tandis que de nombreux juifs s'installeront en Grèce.

Cependant, il existe dans la Bible les traces d'une influence danaenne au Ve siècle a.C., donc *antérieure à Platon*, ce qui amène à une autre hypothèse que nous proposons plus loin. Cette influence apparaît en particulier dans l'allusion aux *colonnes qui soutiennent le ciel*, thème présent dans le mythe mbya-guarani, déjà introduit par les Danaens dans la mythologie grecque. Ce thème ne pouvait avoir été conçu dans un Proche-Orient dont la principale caractéristique est son immense pénéplaine dépourvue de très hauts sommets pouvant inspirer un tel mythe, à la différence de l'Amérique tropicale où de nombreux sommets culminent à plus de 5.000 m.

Le *Livre de Job*, écrit au Ve siècle a.C., les évoque en parlant de la puissance de Yahvé : *"Les colonnes du ciel se meuvent et se remplissent de peur quand Il menace"* (Job -26, 11). On trouve également une allusion à ces colonnes dans le *Livre des Proverbes* (IVe siècle a.C.). Ce Livre évoque en outre une notion inconnue dans le Pentateuque (Torah) et les Livres des Prophètes : *la Connaissance, le Savoir divin* qui est l'un des éléments fondamentaux du mythe guarani.

"Dieu m'a créé (la Connaissance) : *ce fut le début de son oeuvre,*
avant toute la Création, depuis toujours.
Avant les siècles je fut formée,
depuis le commencement, bien avant la Terre.
Les océans n'existaient pas encore quand je suis née (...)
Dieu n'avait même pas fait la poussière primitive du Monde.
Moi j'étais là quand il mit le Ciel à sa place.
(on retrouve cette expression dans le mythe mbya- guarani)
Quand Il posa les ciments de la Terre,
j'étais à ses côtés, apportant l'harmonie". *(Proverbes - 8, 22.30)*

Nous verrons plus loin d'autres écrits bibliques tardifs faisant allusion à la Création dans des termes semblables au mythe mbya-Guarani.

(1) Léon CADOGAN - *Ayvu Rapyta. Textos míticos de los Mbyá-Guarani del Guaira* . Asuncion. 1997.

(2) Pierre CLASTRES -*Le grand parler - Mythes et chants sacrés des indiens Guaranis* - Paris. 1974.

(2-1) *"Gnande Ru Papa Tenonde"* : Clastres propose une traduction plus littéraire : : *"Notre Père le premier, notre père le dernier".*

(2-2) *"Oguerojera"* : Ce terme renferme l'image que *Dieu se déploie en créant.*

Dans ses notes explicatives, Cadogan signale que le radical RA renferme le concept d'ouvrir, de développer et donne comme exemple : *ojera yvoty,* les fleurs s'ouvrent, s'epanouissent. Clastres traduit : *"Il les déploie, se déployant lui-même".*

(3) Albert RIVAUD - *Platon. Oeuvres complètes. Tome 10 - Timée - Critias.* Paris. 1985.

SIXIÈME PARTIE

TERRE SAINTE

Comment fut créé le Monde et qui étaient le ou les créateurs ? Les mythes les plus anciens nous ont apporté leurs réponses : mythes quiché-maya, mbyá-guarani, cananéen, grec, hébraïque…

Mais comment était Dieu, et quel était son projet ? Deux conceptions vont s'affronter en Palestine à partir du VIe siècle a.C. entre penseurs religieux, Hébreux d'une part et Édomites de l'autre, chacun proposant une vision différente du Dieu unique, et la confluence de ces deux courants sera à l'origine du Christianisme.

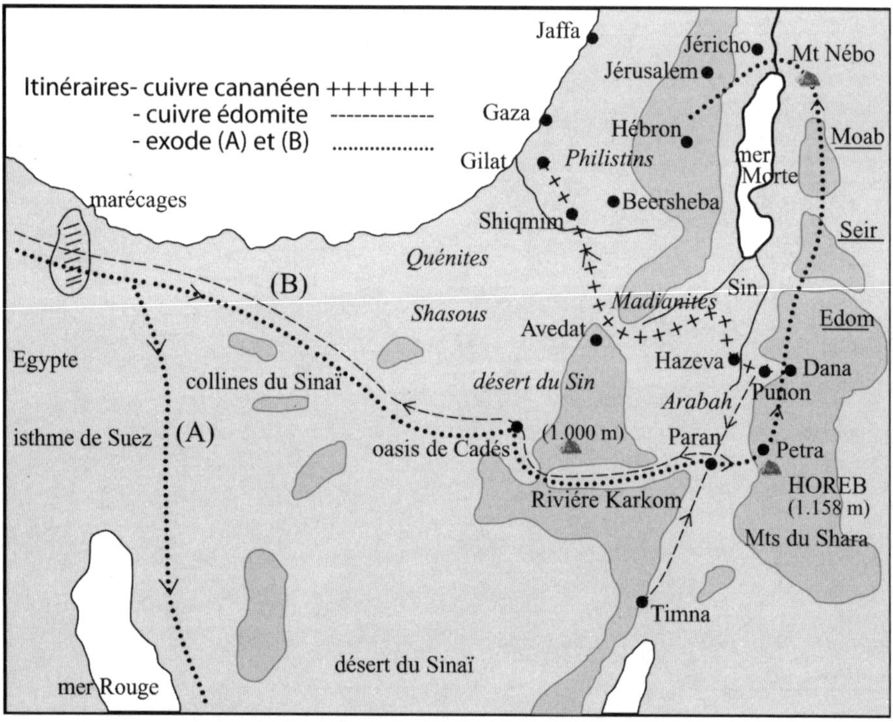

Carte 19 - Les chemins du cuivre et de l'Exode

Chapitre 27

LA MONTAGNE DE DIEU

L'Exode est un événement qui eut lieu vers la fin du Ier millénaire a.C. au cours duquel Moïse apporta au peuple Hébreu la révélation du Dieu unique : il est donc important d'en connaître le cadre et les circonstances.

Notons d'abord deux différences qui apparaissent entre la formation de la Grèce et celle de la Palestine :

- La Grèce fit l'objet d'un *peuplement tardif* et les diverses ethnies immigrantes se fondront dans le creuset grec pour arriver à l'unité physique et culturelle qui aboutira à la Grèce classique. Par contre, la Palestine était habitée depuis des millénaires par une *population autochtone de Sémites* au sein de laquelle se produira progressivement la ségrégation du peuple Hébreu, et elle verra arriver entre le Ve et le milieu du IIe millénaires des *populations allogènes non-sémites,* en particulier les *Cananéens* et les *Édomites*, que les historiens considérent à tort comme des Sémites. Chaque ethnie gardera ses caractéristiques propres, d'autant plus que les Hébreux, comme le relate la Bible, feront preuve d' hostilité envers ces deux dernières et considéreront avec dédain les autres populations sémites, *filles de l'esclave* : il n'y eut donc pas comme en Grèce de fusion des diverses ethnies dans un creuset commun.
- La Grèce put évoluer jusqu'à la fin du Ier millénaire a.C. sans être soumise à l'influence de puissants voisins tels que les Perses et les Romains, tandis que, dès le milieu du IIe millénaire a.C., l'Égypte et les états Mésopotamiens se disputeront la Palestine qu'ils occuperont à tour de rôle.

Par contre, on peut noter quelques similitudes :

- Autant la Grèce que le Proche-Orient reçurent des vagues successives d'*immigrants maritimes originaires d'Amérique*, depuis des *Pélasges* de races diverses (dont les *Cananéens*) jusqu'aux *Peuples de la Mer,* les *Tereshs* et les *Peleshs (Philistins).* Au Proche-0rient, les premiers Pélasges se manifestèrent par l'érection de *dolmens* sur le Golan et en Jordanie ; ensuite arrrtvèrent les Cananéens, et plus tardivement des *Danaens* provenant de Crète, qui se fixèrent en Palestine ou ils seront appelé *Édomites.*
- Autant la Grèce que la Palestine reçurent par voie de terre des immigrants *indo-européens*, mais le groupe qui arriva en Palestine après avoir détruit l'empire Hittite (le *"peuple des chariots"*) fut moins nombreux et plus tardif

- L'écriture apparut simultanément au IXe siècle a.C chez les Grecs et chez les Hébreux en formes dérivées de celle des Cananéens : ces deux peuples vont donc pouvoir, à partir du Yahviste et d'Hésiode, fixer par l'écrit leurs légendes religieuses, *Genèse* et *Théogonie.* Elles seront à l'origine de deux religions du Ier millénaire a.C., le *Judaïsme* et celle des *Dieux de l'Olympe.*

Nous avons évoqué au Chap. 10 l'arrivée des Cananéens et leurs activités minières et métallurgiques (voir Carte 19). Lorsque l'exploitation des mines de cuivre du sud de la mer Morte sera reprise vers -1.400, ce ne sont plus les Cananéens qui interviendront dans cette exploitation, mais une population assez mystérieuse que la Bible nomme les *Édomites.* Ce peuple n'a laissé aucun écrit alors que la Bible dit qu'il possédait un *niveau élevé de connaissances*, et il réussira l'exploit de vivre pendant un millénaire sur le même territoire au sud de la mer Morte alors qu'il était entouré de voisins tels que l'Égypte et l'Assyrie, lesquels par contre asserviront à tour de rôle le peuple hébreu et même le déporteront. C'est donc que ce peuple édomite sut entretenir en permanence de bons rapports avec les élites de ses puissants voisins, ainsi qu'avec les tribus nabatéennes d'Arabie. La preuve en est que lorsque au Xe siècle a.C. le roi David occupa le pays d'Édom, le fils du chef de ce pays se réfugia en Égypte où le Pharaon l'accueillit avec tous les honneurs, lui donna pour épouse la soeur de la reine, puis l'aida à reconquérir Édom (I - Livre des Rois -14, 11-22). Par contre, un conflit permanent s'établira entre les Hébreux et les Édomites, et nous essaierons d'en découvrir la raison.

Alors que les Hébreux et les Arabes étaient des peuples sémites *à la peau claire, les Cananéens et les Édomites étaient des peuples caractérisés par la couleur brun-rougeâtre de leur peau* ; ils s'étaient installés dans cette région, les premiers au Ve millénaire a.C. et les seconds au milieu du IIe : ces derniers étaient selon nous des *Danaens de Phaistos,* spécialistes de la métallurgie du cuivre. Ils étaient *peu nombreux* mais *hautement qualifiés,* et ils recrutèrent la main-d'oeuvre pour l'extraction minière dans les tribus voisines, les Madianites et les Quénites, arabes de langue araméenne.

Les Édomites parleront donc l'araméen, mais garderont également la langue danaenne. Il est même probable que leurs Sages maintiendront la connaissance de l'écriture linéaire A, mais d'une manière ésotérique, sans l'utiliser dans les actes de leur vie publique.

Aux XVIe et XVe siècles a.C., les Danaens de Phaistos avaient commercé avec l'Égypte ou ils vendaient leur cuivre, et semblent avoir eu une forte présence à la cour des Pharaons, qui appréciaient leur art : les archéologues voient une influence crétoise dans la décoration des palais de la nouvelle capitale, Al Amarna, et des documents égyptiens disent que *leurs scribes s'entrainaient à l'écriture keftiou* (le linéaire A). Crétois et Mycéniens furent donc bien reçus en Égypte, et l'on pourrait se demander si Nefertiti, l'épouse d'Akhénaton, n'était pas d'origine crétoise ou mycénienne. Au XIVe siècle a.C. sous Aménophis III (-1.402/-1.364) et son fils Aménophis IV-Akhénaton (-1.364/-1.347), les Égyptiens sont maitres de la Palestine et il est probable qu'ils encourageront l'installation dans la région minière du sud de celle-ci de Danaens résidant à Phaistos ou en Égypte et spécialisés dans la fonderie des métaux. On comprendrait mieux ainsi la qualité de l'accueil évoqué plus haut réservé par un Pharaon à un exilé édomite.

Les Édomites n'étaient pas des Cananéens, car sinon la Bible les aurait reconnus comme tels. L'explication qu'elle donne au sujet de leur origine n'a aucune vraisemblance. Elle en fait des Hébreux descendants d'Esaü, le fils aîné du patriarche Isaac, qui aurait échangé avec son frère cadet Jacob son droit d'aînesse contre un plat de lentilles : *"Esaü demanda à son frère un peu de ce mets rougeâtre, et pour cela il fut appelé Édom, c'est-à-dire le rouge"* (Genèse - 25, 29). *Adom* signifie en effet : *rouge* en hébreu.

Mais au VIIe siècle a.C., les prêtres juifs qui rédigeaient les livres sacrés qui deviendraient la base de la foi judaïque et de l'Histoire officielle du peuple Hébreu savaient très bien que les Édomites comme les Cananéens n'étaient pas des Sémites, sinon des *allogènes* dont ils durent se préoccuper de rechercher les origines. Il fut facile de déterminer l'origine crétoise des Édomites à cause de leur langue, connue en Méditerranée Orientale. Quant aux Cananéens, il est surprenant de constater que les prêtres juifs connaissaient parfaitement leur origine exotique, si l'on en juge par la *Prophétie contre Tyr* d'Ezéchiel (voir Chap. 10 - note 3). Mais les Cananéens n'étaient pas des rivaux dans la Foi, tandis que l'étaient les Édomites : dire d'eux qu'ils descendaient d'Ésaü, fils d'Isaac qui aurait perdu ses droits d'aînesse au profit de son frère cadet Jacob, était une manière de les déprécier aux yeux du peuple Juif, descendant de Jacob et qui ne devait pas dévier de l'enseignement des prêtres du culte de Yahvé. Nous pensons que *l'hostilité des Hébreux à l'égard des Édomites était de nature religieuse et elle avait trait à la conception du Dieu unique.* Nous reviendrons sur ce thème au Chap. 28.

Des discussions ont lieu depuis deux millénaires entre historiens et analystes bibliques, moins sur la réalité de l'Exode que sur *le nombre* de participants, *l'époque* où il eut lieu, *le temps passé dans le désert* et *l'itinéraire* suivi entre l'Égypte et la Terre de Canaan. L'étude des mythes grecs nous a montré qu'au VIIe siècle a.C. quand l'écriture fixe les mythes, qu'ils soient grecs ou hébraïques, le concept d'Histoire était différent de celui que nous avons de nos jours. On ne se souciait guère de faire apparaître une "vérité historique", et en outre l'*exagération* et l'*incorporation du merveilleux* étaient de mise.

Nul dans le royaume de Juda ne se surprendrait de ce que l'Exode ait été le fait de six cent mille ancêtres alors que la population du royaume ne dépassait guère quelques dizaines de milliers d'individus, ou qu'ils aient survécu quarante ans dans un désert des plus inhospitaliers de la planète, ni que la mer se soit retirée pour leur laisser passage en un lieu où elle n'existait pas, l'isthme de 120 km. de large entre la mer Rouge et la Méditerranée. Le surprenant, c'est qu'il y ait de nos jours des gens pour le croire, en faisant à tort de ces affirmations des articles de Foi, qu'elle soit juive ou chrétienne...

Selon la Bible, les Hébreux résidaient contre leur gré en Égypte *"depuis 430 ans"* (*Exode - 12, 40)* : en fait, ils venaient régulièrement participer aux travaux qu'entreprenaient en permanence les Pharaons, soit comme volontaires, soit comme prisonniers, et certains d'entre eux auraient tenu des charges importantes auprès des Pharaons. Mais les temps avaient changé : la nouvelle l'administration égyptienne se comportait durement envers eux, dit la Bible, d'où leur désir de fuite qui se réaliserait grâce à *Moïse*.

On peut également penser qu'après la mort de Ramsès III, les grands ouvrages de construction étaient paralysés et que cette main-d'oeuvre restait sans travail. La Bible dit que *"six cent mille hommes, sans compter les enfants"* participèrent à l'Exode (*Exode- 12, 37*), et elle fait de ces Hébreux le noyau des *"douze tribus d'Israël"* qui, conduites par Moïse puis par *Josué,* partiront à la *conquête du pays de Canaan* et se le répartiront (*Josué - 13* et suivants). Pour notre part, nous pensons que les Hébreux vivant en Égypte au XIIe siècle a.C. étaient moins d'un millier de travailleurs volontaires venus un siècle plus tôt sous Ramsès II depuis la voisine Judée, située à 300 km. à peine du Delta du Nil.

Un certain nombre d'analystes bibliques ont placé le départ d'Égypte au XIIIe siècle a.C. vers -1.250, donc *avant* la première attaque des Peuples de la Mer contre ce pays, qui eut lieu en -1.221. Mais à cette époque-là, l'Égypte de Ramsès II était puissante et aucune *fuite à travers l'isthme de Suez* n'aurait été possible : les fuyards auraient été rattrapés et massacrés par l'armée égyptienne, qui disposait en outre de nombreux fortins sur la voie menant du Delta à Gaza. Par contre, lors de la deuxième attaque des Peuples de la Mer en -1.184, Ramsès III avait pu repousser les Philistins mais l'Égypte en était ressortie affaiblie, et après sa mort en -1.166, la situation se dégradera, politiquement et économiquement : *on peut penser que c'est alors que les Hébreux choisiront de quitter l'Égypte, vers -1.160*, au XIIe siècle.

Quel fut le chemin de l'Exode ? Comme dans les récits Argonautiques, des noms de lieu parsèment les écrits bibliques et ils seront essentiels pour découvrir cet itinéraire, *désert de Sin, oasis de Cadés et de Paran, Néguev, pays d'Édom et de Moab...* Mais les textes se rapportant à l'Exode, que l'on trouve dans quatre livres : *Exode, Nombres, Deutéronome* et *Juges,* furent écrits quatre cents ans après l'événement, et les scribes n'avaient aucune connaissance personnelle des lieux qu'ils évoquent, de sorte que les versions sont fort différentes suivant l'auteur. Pour notre part, nous écarterons la pérégrination de quarante ans dans le désert du Sinaï comme par trop invraisemblable, voire impossible, et rechercherons un *itinéraire possible en fonction du projet* que nous supposons avoir été celui de Moïse. D'ailleurs, l'important dans la géographie de l'Exode, ce n'est pas l'itinéraire, mais *l'emplacement de la "montagne de Dieu" où il reçut le message divin.* Les exégètes ont situé cette montagne, appelée *Horeb* ou *Sinaï* suivant les textes bibliques, en trois lieux différents : - Le sud de la péninsule du Sinaï - Le désert du Sin au sud du Néguev - La région volcanique du nord-ouest de l'Arabie où selon certains vivait la tribu des Madianites qui accueillit Moïse avant l'Exode. Nous estimons que cette montagne sacrée n'était en aucun de ces trois lieux et allons proposer une autre localisation : outre les données contradictoires de la Bible, ce sont la géologie et la linguistique qui nous aideront à la situer.

Voyons en premier lieu les données qui se dégagent des textes bibliques. Du texte de l'*Exode* - qui dit qu'après avoir "passé la mer Rouge", les Hébreux s'en furent au "désert du sud" -, surgissent *deux itinéraires possibles* suivant que l'on considère qu'ils longent en premier lieu la côte de la mer Rouge vers le *sud de la péninsule du Sinaï* (et dans ce cas, c'est là que se situait l'Horeb - Itinéraire A), ou qu'ils progressent d'abord vers l'est jusqu'à l'*oasis de Cadés-Barné* et de là descendront vers le sud (et dans ce cas, ils entrent dans le *"désert du Sin"*, dont l'un des innombrables sommets serait cette montagne - Itinéraire B) (Carte 19). Quoiqu'il en soit, *Moïse recevra les Tables de la Loi sur l'Horeb* puis construira l'Arche d'Alliance et organisera le culte de Yahvé : pour les auteurs de l'*Exode*, c'est la partie essentielle du Livre et on n'y trouve aucune information précise sur l'itinéraire.

C'est le Livre des *Nombres* qui prend la relève pour l'indiquer : Les Hébreux progressent jusqu'au *"désert de Paran"* où ils établissent un campement, et de là, Moïse envoie des espions observer le pays de Canaan avant d'entreprendre la marche vers cette *Terre promise.* Une *oasis de Paran est située dans l'Arabah face à la montagne de Pétra,* et nous pensons que c'est d'elle qu'il s'agit, même si un autre texte parle de *"Cadés, dans le désert de Paran"*. Cette mission de reconnaissance reçoit de Moïse l'instruction :
"Remontez par le Néguev, puis passez à la montagne (qui mène à Hébron). *Observez bien qui sont les gens qui vivent là-bas, s'ils sont forts ou faibles, nombreux ou non (...) et si les villes sont fortifiées* (*Nombre-13*). *Ils partirent donc pour réaliser leur exploration depuis le désert du Sin (...) puis ils montèrent à la montagne d'Hébron (...) et allèrent jusqu'à la vallée d'Escol"*.

À leur retour, ils annoncent que les Cananéens vivent dans des villes fortifiées, et que dans les terres qu'ils ont explorées, il en est une *"où les hommes sont très grands et parfois gigantesques"*. Il ne peut s'agir que des *Philistins*, récemment arrivés, *ce qui date l'Exode avec certitude* : le milieu du XIIe siècle. Les Hébreux n'étaient pas très nombreux et, face à ce danger imprévu, Moïse décide de se rendre au pays de Canaan en contournant la mer Morte par sa rive orientale ; mais *son objectif est manifestement la Judée*, à l'ouest de celle-ci.

Nous estimons qu'ils suivirent l'itinéraire B, en le faisant également aboutir à la même oasis de Paran, avec la différence que *la montagne de l'Horeb* ne se rencontre pas selon nous sur cet itinéraire B, mais *au-delà.* Voici nos arguments, basés sur une étude géographique des lieux.

Disons d'abord qu'après la sortie d'Égypte, les Hébreux vont se trouver dans un *milieu désertique hostile*, où il est essentiel, si on le traverse, de bien connaître les bons chemins parmi les innombrables vallées de rivières desséchées qui serpentent entre des montagnes arides, et les lieux où se trouvent les points d'eau nécessaires à la survie. Moïse, qui connaît en partie la région puisqu'il a vécu chez les Madianites, dit à l'un d'entre eux : *"Je t'en prie, ne nous laisses pas. Tu connais les lieux où nous devrons camper dans le désert. Tu seras nos yeux"* (*Nombre -10, 31*).

Les habitants du *Néguev* et de l'*Arabah* jusqu'à la montagne d'Édom avaient une relation privilégiée avec l'Égypte : c'étaient des éleveurs sémites semi-nomades et leur faible nombre ne mettait pas en danger la sécurité de ce puissant voisin. Les Égyptiens les nommaient *Shasous* et les considéraient comme des *frontaliers*. A l'origine, ces pasteurs devaient constituer une seule communauté, les *Madianites,* qui nomadisaient dans l'*Arabah* où existaient de nombreux points d'eau, soit à l'est de cette dépression au pied de la *montagne du Shara* qui sera appelée plus tard la *montagne d'Édom,* soit à l'ouest au pied des collines du *désert du Sin.* Vers l'Arabah, au travers de ces collines, coulait la *rivière Sin* dont la vallée encaissée permettait, depuis l'Arabah, l'accès au Néguev occidental puis à la Méditerranée, en descendant ensuite le long de la *vallée du Besor* qui aboutissait dans la région de Gaza.

Le passage d'un versant à l'autre avait lieu à *Avedad,* à 600 m. d'altitude, où existaient d'abondantes sources. C'est la voie qu'empruntait le *minerai de cuivre extrait dans l'Arabah par les Cananéens au IVe millénaire a.C,* jusqu'aux vallées du Besor et du Beersheba où ils avaient leurs fonderies (Gilat, Shiquim et Beersheba).

Il est probable que les Cananéens faisaient appel à une main-d'oeuvre locale madianite, qui deviendra experte dans le travail du cuivre et du bronze, et qui restera sur place après leur départ vers le Nord : ce seront les *Quénites,* ou Quanites (KAN). Au temps de Moïse, les Quénites vivaient certainement au sud-ouest de Beersheba, et les Madianites dans le désert du Sin sur le bord occidental de l'Arabah, leur centre social se situant probablement dans l'oasis d'*Haseva,* face au wadi Dan. Lorsque la sécheresse sévissait fortement, Quénites, Madianites et tribus vivant sur le bord oriental de l'Arabah au pied des montagnes de Seir et de Shara se rendaient jusqu'aux rives du Nil, distantes de 200 km. pour abreuver et faire paître leurs troupeaux, et un certain nombre d'entre eux y effectuaient des travaux dans les villes, où les Pharaons entreprenaient toujours quelque construction. D'autres travaillaient en permanence dans les mines de cuivre de l'Arabah sous la surveillance des Édomites. Pour les Égyptiens, le *pays d'Édom* était certainement cette plaine de l'Arabah d'où provenait le cuivre, et non les montagnes qui la dominaient à l'orient, que les Hébreux par contre appelaient les *montagnes d'Édom.*

On a retrouvé divers rapports d'officiers égyptiens chargés de surveiller la frontière, qui parlent d'autorisations de passage données, soit à des *Shasous* sans plus de précision, probablement des Quénites, soit à des *Shasous d'Édom* probablement des Madianites. Sous Merneptah, des listes égyptiennes mentionnent en outre deux groupes : les *Shasous de Seir* et les *Shasous de YHW,* qui sont toujours cités ensemble (1). Michaud se demande :*"Que dire des Shasous de YHW ? Vraisemblablement, ce pays se situe comme Édom et Seir au sud de la mer Morte. Le mot correspond-t-il au tétragramme sacré YHWH* (Yahvé) *? C'est probable, mais la démonstration n'est pas encore faite. La Bible, étrangement, fait venir YAHVEH de cette région* : "Yahvé, quand tu sortis de Seir, quand tu t'avanças des campagnes d'Édom" (Juges - 5, 4).

Nous pensons que les *Shasous de Seir* vivaient au pied occidental des montagnes de Seir proches de la mer Morte, tandis que les *Shasous de YHW* vivaient au pied des monts du Shara plus au sud, et dans ce cas, *YHW serait, pour les Égyptiens, le massif du Shara ou l'une de ses montagnes*.

Les historiens ont remarqué que les textes officiels égyptiens, quelle que soit l'époque, ne parlent jamais des *Hébreux* qui travaillaient en Égypte, comme si leur présence était naturelle ou peu importante. C'est donc aux seuls textes bibliques que l'on doit de la connaître, et en particulier celle des Hébreux qui participeront à l'Exode : *"Les Israélites édifièrent les villes de Pitom et de Ramsès. Les Égyptiens les traitaient avec brutalité et les obligeaient à fabriquer des briques"* (*Exode -1, 11 à 14*). Si ces Hébreux venaient du pays d'Hébron, proche du Néguev, ils peuvent avoir été considérés par les Égyptiens comme des *Shasous*, peut-être des *Shasous d'HBR* (Hébron). Notons le même radical BR dans Hébron, Hébreux et Abraham.

Moïse, selon la Bible, naquit en Égypte, et la qualité de l'éducation qu'il reçut dans l'entourage du Pharaon en fit l'intermédiaire entre les Hébreux et la Cour. Mais il eut quelques problèmes et jugea prudent de s'exiler un temps chez les *Madianites*, où il épousa la fille de Jétro, un *prêtre du culte de Madian*. Selon les légendes, Hébreux et Madianites descendaient d'un ancêtre commun, Abraham. Nous situons le pays de Madian dans les collines au sud de la mer Morte, *à l'occident de l'Arabah*, et Moïse menait paître les troupeaux de son beau-père dans cette dépression, que dominaient les montagnes du Shara. Le Jourdain, la mer Morte et l'Arabah sont situés sur une *faille géologique* due à la pression de la plaque africaine sur la plaque asiatique. Les mouvements de ces plaques au cours des âges ont relevé les *couches sédimentaires calcaires* pour former la ligne de montagnes située à l'est de la mer Morte, et en particulier sa région la plus élevée, celle des *monts du Shara* qui dominent en forme abrupte et de 1.200 à 1.500 mètres la dépression de l'Arabah. Son point culminant est à 1.650 m., au sud de Pétra.

Un autre effet du mouvement des plaques est la formation de fissures par lesquelles se produisent des *remontées d'asphalte,* particulièrement dans le sud de la mer Morte, où le bitume qui flottait sur l'eau était commercialisé dans l'antiquité. Le niveau de cette mer, dans les millénaires passés, était de 300 à 400 mètres plus haut que l'actuel, et des effleurements d'asphalte peuvent être trouvés au pied des collines dans la dépression de l'Arabah.

Moïse, donc, *"menant paître les brebis de Jétro, son beau-père, les amena loin dans le désert* (il traverse l'Arabah depuis le village d'Haseva). *C'est alors que l'ange du Seigneur se présenta à lui, comme une flamme ardente au milieu d'un buisson. Moïse observait le buisson qui brûlait sans se consumer (...). Yahvé appela Moïse depuis le buisson ardent et lui dit : "enlève tes sandales car la terre que tu foules est sacrée (...). Je suis le Dieu de tes Pères, le Dieu d'Abraham, d'Isaac et de Jacob"* (*Exode-3, 1*). Notons qu'il n'est pas question de *Dieu d'Israël.* Et Moïse vit Dieu dans la flamme permanente que la foudre avait probablement allumée dans les broussailles et qui persistait sur un effleurement d'asphalte. Cet épisode situe l'événement au pied des montagnes d'Édom.

Yahvé lui dit ensuite : *"Va. Je t'envoie en Égypte pour que tu en retires mon peuple (...). Je descends pour le faire monter depuis ici à un pays grand et fertile, la terre où coule le lait et le miel, le territoire des Cananéens (..). Quand tu auras fait sortir les Hébreux d'Égypte, vous viendrez à cette montagne et me rendrez un culte ici".* Moïse reçoit donc pour *première mission* celle d'amener les Hébreux à cette montagne *avant* de continuer le voyage vers Canaan. Moïse demande à Dieu : *"Si je leur dis que le dieu de leur pères m'envoie à eux et qu'ils me demandent :"quel est son nom ?", que dois-je répondre ?".* Dieu lui dit : *"JE SUIS - JE SUIS. Tu leur diras: JE SUIS m'a envoyé. Tu leur diras également : YAHVÉ : ce sera mon nom pour toujours".*

On peut conclure de cette phrase de la Genèse que, jusqu'à Moïse, les Hébreux ne pratiquaient aucune religion particulière, et avaient, comme les divers peuples sémites, des croyances idolâtres en de multiples dieux qui étaient propres à leur communauté. Les exégètes bibliques font observer qu'en ajoutant une consonne H aux trois qui forment le mot YHW, qui ne signifie rien en hébreu mais est attesté dans les textes égyptiens, également consonantiques, qui parlent des *Shasous de YHW*, on obtient le tétragramme YHWH, qui, lui, signifie en hébreu : *"Je suis".*

Michaud pense que, depuis l'époque de Moïse, fut transmis oralement YHW en relation avec la *"Montagne de Dieu"*, et que le rédacteur du Livre de l'Exode au VIIe siècle, ajoutant la consonne H et les voyelles *a* et *é,* apporta le nom YHWH, YaHWéH. On voit ici comment un texte hébraique, dont l'alphabet ne contient que 22 consonnes, permet des interprétations multiples de séquences de signes, suivant le nombre de consonnes considérées comme formant un mot et les voyelles que l'on incorpore…

La chaîne de montagnes qui, à l'est de la mer Morte, va du *mont Nébo* où mourut Moïse au *monts du Shara* qui dominent l'Arabah, possède des sommets qui atteignent généralement de 800 à 1.200 m. ; les plus élevés, à 40 km. au sud de Pétra, s'élèvent jusqu'à 1.650 m. Ces montagnes interceptent en hiver les vents d'ouest qui apportent les pluies de la Méditerranée. La Bible distingue du nord au sud trois régions, *Moab, Seir, Édom,* et nous plaçons au sud d'Édom une quatrième, celle du *Shara* dans laquelle se trouve le site de *Pétra.* Selon nous, *Pétra* et ses environs immédiats étaient *l'Horeb.* Le mot *horeb,* en araméen, évoque des *ruines* ou un paysage désolé et chaotique, et c'est bien ce qu'observe le voyageur quand il accède au cirque rocheux de Pétra, au voisinage duquel était *la montagne de Dieu* où celui-ci apparut à Moïse et lui fit connaître ses Comandements.

Moïse connaissait l'Horeb, où il avait dû se rendre avec Jétro. Il est probable que les Madianites et les populations du désert oriental, les Kushites cités par la Bible, rendaient là-haut un culte au *dieu de la Montagne,* et le nom de ce dieu était peut-être *Du-Shara.*(car plus tard, les Nabatéens, à Pétra, auront un culte au dieu *Du-Shara*). Michaud fait remarquer qu'*Horeb* est un territoirc et non une montagne particulière, laquelle serait *Hor.* Peut-être rendaient-ils aussi sur cette montagne un culte au *dieu de l'eau,* élément de première nécessité dans les déserts où ils vivaient : *Haddad* était ce dieu pour les Cananéens, qui avaient jadis vécu dans ces mêmes régions. Or, cette partie de la chaîne de montagnes est un véritable *"château d'eau"* car les pluies reçues pendant l'hiver s'infiltrent dans le massif calcaire et ressortent en de multiples sources d'altitude ou au pied de la montagne.

Le territoire ou vivaient les Édomites était assez restreint, en fait la *vallée du wadi Dan* (au bas de laquelle se situent des mines de malachite déjà exploitées par les Cananéens, en un lieu nommé *Punon* dans la Bible), ainsi que *les hautes terres* situées à l'ouest de la vallée, région agricole que la Bible appelle *la campagne d'Édom.* Nous pensons que la petite communauté Édomite avait choisi initialement d'habiter dans la *haute vallée du wadi Dan, région boisée au climat agréable*, et leurs demeures, selon la tradition ancestrale, devaient être construites en bois et non en pierre. Il est possible que leur village-capitale, que la Bible nomme *Bosra,* ait occupé le site où se trouve de nos jours le village de *Dana,* dont le nom évoquait peut-être pour la population arabe locale les premiers habitants de ce lieu, des *Danaoi* (des Grecs).

Le minerai de cuivre provenant des diverses mines de l'Arabah, depuis Timna jusqu'au wadi Dan, était extrait par les populations locales de Madianites sous la direction des Édomites, puis grillé sur place pour produire les *lingots de cuivre brut* qui seraient transportés à dos d'âne jusqu'à Pi-Ramsès en Égypte, où *on a retrouvé des vestiges de fonderies servant à raffiner le cuivre destiné aux armureries de Ramsès* (2 - Chap. 5) : c'est dire que les Édomites et les Hébreux d'Égypte devaient bien se connaître.

L'itinéraire B décrit plus loin était manifestement le plus court chemin et dût être régulièrement emprunté par ces caravanes du XIVe au VIIe siècles a.C, le temps que dura la deuxième période d'exploitation selon les archéologues. Tylecote, qui étudia l'exploitation du site de Timna, souligne qu'au XIIe siècle a.C., les minerais y étaient réduits d'une manière très performante pour l'époque, *"en raison d'un système de tuyères qui permettait grâce à l'air soufflé, d'élever la température jusqu'à 1.350 ° C"* (2 - Chap. 5). L'affirmation biblique selon laquelle c'est le roi Salomon qui entreprit l'exploitation des mines de Timna est donc contredite par l'archéologie.

Moïse revient en Égypte et prépare le départ des Hébreux. Ceux-ci lui font confiance, y compris ceux qui étaient proches des prêtres d'Amon tels que Aaron et sa soeur Myriam. Moïse voulait justement soustraire ses compatriotes à ce culte et les amener au *dieu de leurs pères*. Il laissera certainement passer les chaleurs de l'été et le départ aura donc lieu à l'automne. S'ils furent poursuivis par une troupe de cavalerie égyptienne, celle-ci n'ira pas plus loin que les *marécages couverts de roseaux* que traverseront les Hébreux dans la région de l'actuel canal de Suez, où s'enliseront leurs chevaux.

Passés les marécages, les Hébreux selon nous partiront, non pas vers le sud, mais *vers l'est* en longeant les collines septentrionales du Sinaï (itinéraire B). Ils arriveront ainsi à l'oasis de *Cadés-Barné.* Mais *Moïse est pressé d'atteindre l'Horeb*, et la halte y fut de courte durée, donc ne laissa pas de traces (ce qui intrigue les archéologues qui croient qu'ils y séjournèrent plusieurs années, pour expliquer une partie des *quarante ans* passés dans le désert...). En suivant certainement un chemin traditionnel de caravanes, *les Hébreux se dirigeront d'abord vers le sud.* Cette direction, surprenante pour des gens dont l'objectif, Canaan, se situait au nord, dût rester dans la mémoire collective et *amènera à situer l'Horeb (ou Sinaï) dans les montagnes du sud de l'actuelle péninsule du Sinaï.* Le but était en fait d'atteindre la haute vallée du *Karkom* qui, au sud de l'oasis de Cadès-Barné, *coule vers l'es*t et se jette dans l'Arabah. En la suivant, les Hébreux arrivèrent à l'*oasis de Paran.* En face de Paran, de l'autre côté de l'Arabah, se dressaient *les montagnes de l'Horeb,* et parmi elles *l'Hor, le Sinaï, qui était l'objectif premier de Moïse.*

Les Hébreux installèrent leur campement et Moïse envoya les observateurs vers Canaan. Le groupe avait besoin de repos après une marche difficile qui avait duré *deux mois* car *"le jour ou commençait le troisième mois depuis la sortie d'Égypte, les Israélites arrivèrent au désert du Sinaï et installèrent leur campement face à la montagne"* (*Exode - 19. 1, 2*).

Le Livre des *Nombres* indique : *"Etant partis de Cadés, ils campèrent au pied du mont Hor aux derniers confins du pays d'Édom"* (*Nombres -33, 37*), ce qui confirme l'itinéraire que nous suggérons. Les quarante ans passés dans le désert sont certainement un apport tardif à un récit légendaire mais passablement historique jusque-là, les prêtres du VIIe siècle a.C. voulant introduire une *longue période initiatique* pendant laquelle se seraient établies les règles de la religion mosaïque.

Les Hébreux avaient parcouru 300 km. environ de Pi-Ramsès à l'oasis de Aïn-Quadesh (Cadés), et 150 km. environ de Cadés à l'oasis de Paran. Ils devaient être partis à fin octobre, cheminant quelques heures au début de chaque journée de marche pour éviter les fortes chaleurs ; ils marchèrent ainsi *40 jours environ*, accomplissant 10 à 12 km. par jour, et arriveront vers la fin décembre au pied de la montagne de Pétra. Jétro, beau-père de Moïse et prêtre de Madian, vivait non loin de Paran et vint rendre visite à Moïse ; il offrira un sacrifice sur la montagne sacrée (*Exode - 18, 12*).

Les pluies d'hiver n'allaient pas tarder à commencer, et les hautes montagnes du Shara se couvraient de nuages. Une étroite vallée descend de Pétra, se frayant un chemin dans le massif calcaire, et Moïse saura où frapper la roche pour que surgisse l'eau, quand il fera monter les Hébreux jusqu'à Pétra.

Le site de Pétra, l'Horeb, est à l'altitude de 850 m., dominé par la masse imposante de l'*Umm-el-Biyarah,* montagne en forme de dôme qui culmine à 1.158 m. ; son sommet est difficile à atteindre, mais offre un paysage unique s'étendant à l'infini : ce fut certainement un mont où les nomades de toute les tribus du désert venaient de loin pour offrir, sur la plate-forme qui le couronne, des sacrifices *au dieu de la montagne,* ou peut-être *au dieu de l'eau :* c'était une montagne que les scribes hébreux situèrent dans le *désert de Sin, le Sinaï*, également appelée *mont Hor* : Ce sera *la Montagne de Dieu*.

L'orage enfin arriva, avec la pluie et les brouillards, dans un déchaînement d'éclairs et de grondements de tonnerre qui s'amplifiaient dans le cirque de montagne : la Bible évoque ce moment dramatique où Moïse monte sur la montagne et recevra les Tables de la Loi (*Exode - 19. 14*). Au XIIe siècle, les Croisés construisirent plusieurs forts en Jordanie dont celui de *Habees,* à Pétra. Ils faisaient visiter le site aux pèlerins européens qui venaient en Terre Sainte et leur montraient le *"Val Moïse", la vallée de Moïse* et la montagne où avait eu lieu sa rencontre avec Dieu : ils avaient, eux, lu avec attention les textes bibliques...

Les observateurs envoyés en mission de reconnaissance étant revenus avec des informations alarmantes, Moïse décida de ne pas se rendre à Hébron par le plus court chemin qui passait à l'ouest de la mer Morte, mais de choisir un itinéraire à l'est de celle-ci, qui éviterait les Philistins. Notons que, pour cet itinéraire, le chemin le plus convenable depuis l'oasis de Paran aurait été de suivre l'Arabah jusqu'au pays des Édomites, le wadi Dan, le remonter jusqu'à Bosra puis aller vers le pays de Moab. Mais comment l'auteur des *Nombres* pouvait-il expliquer la montée à Pétra qui allongeait inutilement le trajet, mais devait s'appuyer sur une forte tradition ? Sera donc imaginé l'argument de *l'opposition des Édomites* à une traversée de leur territoire par les Hébreux (*Nombres - 20, 14 à 20*), ce qui aurait amené ces derniers à contourner par le sud la montagne d'Édom (*Nombres - 21. 4)* en passant par Pétra.

Le *Deutéronome*, par contre, ne fait pas état d'un refus des Édomites et indique lui aussi un itinéraire passant à l'est de la mer Morte. Les Hébreux quitteront l'Horeb (Pétra) et marcheront vers le nord par le chemin des sommets, traversant la campagne d'Édom et le pays de Seir, puis ils contourneront le pays de Moab et arriveront au mont Nébo.

Le *Cantique de Deborah* (*Juges - 5, 4)* évoque cette marche :

"Ô Yahvé, quand tu sortis de Seir,
Traversant les champs d'Édom,
La terre trembla, les cieux se déchirèrent,
Les nuées se transformèrent en pluie,
Les montagnes tremblèrent sous ton pas".

Les eaux du ciel accompagnent donc Yahvé dans sa marche triomphale : ne vient-il pas de leur montagne, la *montagne des eaux ?* C'est en effet le nom, semble-t-il, que les Édomites avaient donné aux monts du Shara, si l'on interprète l'YHW des textes égyptiens avec la langue danaenne, dans laquelle *Y (*prononcer *u*) signifie *eau,* et *HUA (HWA)* signifie *sommet.* YHUA (donc YHWA) signifiait : *le sommet des eaux.*

D'autres noms de cette région peuvent s'expliquer par cette langue :

- *Bosra* peut dériver de *vosara,* signifiant *le bois de la gorge (vo = la gorge + sara = le bois),* la haute vallée boisée ou se trouvait la ville édomite.
- *Pétra* ne dérive pas d'un mot grec (*le rocher)* comme on l'affirme généralement, car *ce nom existe dans deux textes bibliques du VIe siècle a.C.*, donc antérieurs à la conquête d'Alexandre : un anathème du prophète Abdias contre Édom qui déclare : *"l'orgueil de ton coeur t'a trompé, toi qui habites dans les gorges de Pétra et t'accroches à la muraille rocheuse"* et, à l'opposé, un passage d'Isaïe II (42 - 11) : *"Que les habitants de Pétra lancent des cris, et que leurs acclamations résonnent jusque dans les cimes"* (donc, des cris de joie : Isaie II était probablement édomite…). Ce nom pourrait être lu : *Péhé (disloqué) + tyra (les crêtes) = Pehé tyra, les crêtes disloquées, Pétra.* C'était une excellente description d'un paysage que pour leur part, les Madianites appelaient l'*Horeb, les ruines...*

(1) Robert MICHAUD (Université du Québec) - *Moïse.* Paris. 1988.
(2) J.P. MOHEN - *Métallurgie préhistorique.* Paris. 1990.

Chapitre 28

LES ROYAUMES DE JUDA, D'ISRAËL ET DE TYR

Vers 1.600 a.C., deux peuples habitent la Palestine : - au sud, une population autochtone d'*éleveurs sémites semi-nomades, les Hébreux et les Madianites,* qui font paître leurs troupeaux de moutons et de chèvres dans les régions arides de la *Judée* et du *Neguev* - au nord, une population d'*agriculteurs Cananéens* qui se sont établis dans le corridor qui va de Jaffa à Jéricho entre la Judée et la Samarie, et dans la large vallée du fleuve Yizréel au nord de celle-ci, deux régions propices à l'agriculture.

Les villes cananénnes sont fortifiées par crainte des pillards établis dans les *"montagnes boisées et dépeuplées"* de la Samarie, comme l'indique un papyrus égyptien du XIIIe siècle a.C. à propos de la géographie de Canaan. Ces villes sont alignées de part et d'autre du massif de Samarie : Jéricho, Ayallon, Gezer et Lakish au sud ; Beth Shean, Tanak et Mégiddo au nord. Les Cananéens qui ont depuis un millénaire abandonné le Néguev pour s'établir plus au nord, sont également installés sur la côte, de Haïfa jusqu'à Tyr, cette ville n'étant encore qu'une bourgade sans importance maritime.

Les Égyptiens contrôlent la Palestine, d'où ils retirent le cuivre du sud de la mer Morte et le blé de la plaine de *l'Yizréel* ; ils assurent la protection de leur route caravanière vers la Mésopotamie, route qui passe par Gaza, Mégiddo, Hazor, Laïs et le Golan. Ils protégent les villes cananéennes contre les pillards en échange d'un tribut, comme le montrent les *Lettres d'Al Amarna.*

Ils sont également soucieux de freiner une avance des Hittites, et les deux pays s'affronteront dans des batailles livées en Syrie du XVe au XIIe siècles a.C. Le *Litani,* fleuve situé au nord de Tyr, marque la limite entre les zones d'influence égyptienne et hittite après la bataille de Kadesh (-1.290). Au nord du Litani, ce sont des populations Pélasges qui habitent Sidon, Byblos et Arados. Au IIIe millénaire a.C., les Égyptiens avaient maintenu des relations maritimes avec les rois de Byblos auxquels ils achetaient le *bois de cèdre*, arbre qui ne se trouve qu'en haute montagne au-dessus de ce port. Le Litani restera frontière après que l'Assyrie se soit rendu maître de la Syrie et de la région maritime : un document assyrien de la fin du XIIe siècle a.C. fait état de *"tributs perçus par le roi d'Assyrie à Arados, Byblos et Sidon, et ne mentionne pas Tyr"* (1).

Les Égyptiens introduiront dans le sud de la Palestine vers -1.400 une population peu nombreuse de Crétois danaens spécialisés dans l'exploitation du cuivre que la Bible nommera les *Édomites*.

L'*Invasion des Peuples de la Mer* va amener deux nouvelles populations :
- Les *Philistins,* qui s'installent dans la région de Gaza tout en respectant l'enclave mycénienne de Jaffa (Minoa) proche de l'actuel Tel-Aviv.
- Le *"peuple des chariots"* venant d'Europe Centrale qui, après avoir incendié Hatoussa, la capitale des Hittites, arrive jusqu'en Palestine.

Contrairement à ce que l'on pense généralement, la Palestine abritera une *mosaïque de populations* de diverses origines : Sémites autochtones, Cananéens, Danaens édomites, Philistins, Indo-Européens originaires d'Europe Centrale, auxquelles s'ajouteront des Grecs après la conquête d'Alexandre.

Les stèles et les bas-reliefs des temples égyptiens sont, avec les *"Lettres d'Al Amarna"*, les seuls documents apportant quelque information fiable sur cette époque, auxquels, pour la période finale, s'ajoutent les résultats de l'archéologie, particulièrement la datation des destructions de villes. Une *stèle du Pharaon Merneptah* évoque une campagne militaire en Palestine juste après l'échec de la première tentative d'invasion du Delta vers -1.220 :

Canaan est dépouillé de sa malfaisance (...)
On s'est emparé de Gezer (...)
Israël est anéanti et n'a plus de semences".

Merneptah voulait reprendre en main une Palestine bouleversée par les *attaques maritimes* des pirates Philistins et il craignait une possible alliance de ceux-ci avec les Cananéens de Gezer, ville qu'ils n'avaient pas incendiée. Il châtie donc des agriculteurs cananéens (qui durent vouloir éviter de lui payer l'impôt traditionnel) en détruisant leurs biens, et il désigne le territoire où ils habitent, une lecture possible des hiéroglyphes de ce nom pouvant être *Israël* ; ce serait dans ce cas la seule fois où ce nom apparaitrait dans un écrit du IIe millénaire a.C. et certains historiens ont voulu voir là la preuve que des *proto-israélites* vivaient déjà dans cette région (2).

Nous pensons que cette population d'agriculteurs n'a rien à voir avec le *"peuple d'Israël"* dont parle la Bible en l'assimilant toujours au peuple hébreu : ce nom pourrait aussi bien être *Hazaraël* car les hiéroglyphes égyptiens n'indiquent pas les voyelles, et il ferait penser à *Hazaël,* un roi d'*Aram-Damas,* ainsi qu'à la ville d'*Arados,* ces divers noms pouvaient avoir une ancienne oririgine pélasge : *Hazaraël* devait selon nous se rapporter à la riche plaine où coule le fleuve *Yisréel* qui a gardé un nom voisin, et Merneptah a détruit les semences et brûlé les demeures des agriculteurs cananéens.

Un bas relief décorant le temple de Ramsès III montre celui-ci sur son char affrontant les *envahisseurs terrestres* de Canaan, qui apparaissent comme s'enfuyant devant lui *dans des chariots tirés par des boeufs et portant femmes et enfants*, ce qui situe l'événement peu après -1.190 : ils se retireront probablement dans le massif boisé de Samarie ; ils avaient dû détruire au passage les villes de *Laïs* (ravagée par un incendie daté du XIIe siècle a.C) et d'*Hazor*, car une destruction de cette ville par le feu (strate XIII) est datée de la fin du XIIIe siècle ou du début du XIIe. Ces gens-là n'aimaient manifestement pas les villes et préféraient la campagne : *ils durent donc s'établir définitivement dans les montagnes désertes du nord de la Galilée et celles de la Samarie.* Ils étaient habitués aux régions forestières pluvieuses d'Europe Centrale, alors que ce type de région était délaissé en Méditerranée orientale - Crète et Palestine - car les Minoens et les Cananéens n'avaient pas les instruments adéquats pour les déboiser. Ces populations centre-européennes disposaient par contre d'un instrument nouveau, *la hache en fer* qui permettrait le défrichage des forêts, et de *charrues* qui, tirées par leurs boeufs, faciliteraient une petite agriculture autour de leurs villages dispersés dans les collines.

L'archéologie israélienne (Aharoni) a montré que les collines boisées de la Haute Galilée étaient quasiment vides d'habitants à la fin de l'âge du bronze, mais qu'à l'âge du Fer I, vers -1.150, étaient occupés une vingtaine de sites, pauvres et de dimensions réduites.

Dans le centre de la Samarie, par contre, furent découverts *"les vestiges d'un réseau très dense de villages de montagne, établis aux alentours de -1.200 (...). Les fouilles entreprises ont révélé l'uniformité surprenante de cette vague soudaine d'occupation des hautes terres (...). Le plus surprenant était la dimension réduite des hameaux : les plus gros villages couvraient au maximum deux hectares et abritaient quelques centaines d'individus (...). Aucune trace de bâtiments administratifs ou de temples (...). Un grand nombre de fosses près des maisons servaient de silos à grains, et l'agriculture céréalière présentait l'essentiel de l'activité du village (...). L'élevage de petits animaux, chèvres et moutons, parqués la nuit dans des enclos, était important mais il n'y a aucune trace d'élevage de porcs (...). Des boeufs assuraient les labours"* (Finkelstein et Silberman- 3 - Chap. 4). Nous avons là un panorama typique de l'habitat des paysans des régions forestières d'Europe Centrale.

Certains ont vu dans ces populations les premiers agriculteurs sémites Hébreux du futur royaume d'Israël, l'*absence d'élevage de porcs* leur paraissant significative, car les Hébreux rejetaient la consommation de viande de porc. On peut toutefois considérer cette absence d'une autre manière : dans ces petites exploitations agricoles, les porcs, laissés en liberté pour pouvoir se nourrir, sont *nuisibles aux cultures céréalières,* car, dans leurs déplacements incessants, ils détruisent plantes et récoltes, et on devait éviter leur élevage. Par contre, moutons et chèvres pouvaient de jour quitter leur enclos nocturne et suivre un berger dans les collines voisines. Notons que le tabou des peuples sémites relatif aux porcs était fondé sur un autre motif, la rareté dans les régions semi-désertiques de points d'eau que les porcins risquaient de polluer.

Notre hypothèse permettrait de comprendre pourquoi, dans la Palestine du XIe siècle a.C., le nord, *Israël*, peuplé d'*agriculteurs issus d'immigrants cananéens et indo-européens*, et le sud, *Juda,* peuplé de *pasteurs sémites autochtones,* étaient foncièrement différents, tant sur le plan des pratiques religieuses que des attitudes sociales, les Édomites vivant à part enclavés dans leurs montagnes, et les Philistins dans leur enclave maritime.

On peut donc douter du fait qu'une union politique ait existé entre un "royaume de Juda" et un "royaume d'Israël" au début du Ier millénaire a.C. comme l'affirme le *Livre des Rois*. Israël Finkelstein qui fut directeur de l'Institut d'Archéologie de Tel-Aviv, affirme dans un récent ouvrage (3) que les derniers résultats de l'archéologie contredisent *de nombreuses affirmations bibliques sur la manière dont se passa la conquête de Canaan, ainsi que l'étendue territoriale et le pouvoir réel des monarchies de David et de Salomon.*

Entre leur arrivée dans *le pays de Canaan* vers -1.150 (en fait seulement la région située *au sud* du massif de Samarie) et la prise de Jérusalem vers -1.000, les Hébreux avaient rétabli leur domination sur leur ancienne patrie, les territoires qui deviendraient le *"royaume de Juda"* à l'exception des zones tenues par les Philistins. La Bible dit que le roi David avait ensuite attaqué les Édomites, et que son fils Salomon avait continué la lutte et étendu sa domination sur la plaine du Néguev, disposant ainsi de mines de cuivre et d'un accès à la mer Rouge. Nous avons mis en doute cette dernière affirmation car les Égyptiens n'auraient pas permis qu'un roitelet d'un pays soumis à leur influence s'empare de leurs mines de cuivre de l'Arabah, essentielles à leur économie, et particulièrement du site de *Timna* qui contrôlait un accès à la mer Rouge : l'archéologie a monté une exploitation permanente de Timna sous direction égyptienne du XIVe au Xe siècle a.C., manifestée par des temples à la déesse Hator et les monogrammes des Pharaons Ramsès III, IV et V. Il est possible par contre que David puis Salomon aient attaqué *la montagne* d'Édom et aient occupé ce pays.

L'écriture se répandit dans le royaume de Juda au IXe siècle a.C. Les événements du passé faisaient l'objet de *récits légendaires que les prêtres incorporèrent à l'Histoire du peuple juif, en les interprétant à leur manière et en les modifiant parfois* pour appuyer leur projet d'une *théocratie* à l'image de celle que les Hébreux avair observée en Égypte et qui avait fait la force de ce pays, tout en substituant *Yahvé-Dieu unique* au panthéon des anciens dieux. Un historien juif, Flavius Josèphe, constatera au Ier siècle : *"Certains confient le pouvoir politique à la monarchie, d'autres à l'oligarchie, et d'autres au peuple. Notre législateur n'a pris en considération aucune de ces formes de gouvernement, sinon qu'il a donné le jour à un état théocratique si on peut l'appeler ainsi en faisant quelque violence à la langue* (Josèphe est le premier historien à employer ce terme). *Il consiste à attribuer à Dieu l'autorité et le pouvoir"* (4 - Livre 2-XVI-164).

Flavius Josèphe lutta d'abord contre les Romains, puis se rallia à l'empereur Vespasien et devint citoyen romain. Il écrivait en araméen. Le problème était bien posé : les prêtres vont utiliser l'outil que constitue l'écriture et le mettre au service d'une vision théocratique qu'ils vont imposer aux Hébreux, et dans laquelle ils détiennent le Pouvoir :

- *Un Dieu unique*, le "dieu de leurs Pères" apporté par Moïse, qui supplantera les dieux païens que révéraient Sémites et Cananéens.
- *Le temple de Jérusalem*, qu'ils dirigent et qui doit rester le seul temple élevé au Très-Haut : ses considérables revenus provenant des dons des fidèles leur donneront un grand pouvoir économique.
- *Un roi descendant de David,* qu'ils contrôlent et à qui, au nom de Dieu, ils imposeront leurs décisions. Celles-ci sont en accord avec une *vision hégémonique régionale,"de Dan à Beersheba*"(des montagnes du Liban au Neguev) qu'ils promeuvent alors que, manifestement, le royaume de Juda n'a pas les moyens de l'appliquer en raison de la faiblesse numérique des Hébreux et de l'existence de puissants voisins qui vont s'irriter de ces ambitions territoriales, démesurées a leurs yeux.

Ce *manque de réalisme* sera peut-être la source des malheurs des Hébreux car elle amènera les Égyptiens et les Assyriens à intervenir tour à tour pour garantir leurs intérêts stratégiques, au lieu de laisser tranquille le petit royaume de Juda, comme ils le faisaient avec les Édomites.

Nous pensons que *les Hébreux de l'Exode* n'étaient pas représentatifs de *"douze tribus d'Israël"* mais seulement d'un nombre restreint de tribus originaires du sud de la Palestine, la principale étant celle de *Juda,* autour de laquelle gravitaient celles de *Benjamin*, *Siméon* et *Éphraïm.* Une lecture attentive du *Livre de Josué* montre que la tribu de *Juda* s'installera sans difficultés dans la terre du grand ancêtre *Abraham* (la région environnant *Hébron*) et qu'un traitement de faveur sera accordé aux deux tribus de Benjamin et de Siméon (peut-être nées en Égypte) dans le *"tirage au sort"* qui attribuera aux tribus les espaces à conquérir. Cette méthode d'attribution prouve que les tribus, à part celle de Juda, n'avaient pas de territoire propre avant le départ en Égypte (*Josué - 18, 19),* et elles auraient eu en outre de grandes difficultés à s'installer dans le Nord en raison de la forte présence des Cananéens, comme le souligne la Bible. Cependant, le texte de l'*Exode* rédigé au VIIe siècle parlera beaucoup d'*Israëlites* et peu d'*Hébreux*, pour renforcer le concept d'une unité ethnique hébraïque entre les royaumes de Juda et d'Israël qui avaient été créés l'un et l'autre trois siècles plus tôt, au Xe siècle a.C.

Simultanément, le livre de la *Genèse* fera savoir que Dieu lui-même avait changé le nom de Jacob en celui d'Israël (*Genèse- 32, 25),* événement qui se serait passé huit siècles avant la rédaction de ce livre sacré : ainsi se justifiera l'appellation d'*Israélites* donnée à la descendance de Jacob dans la Bible. Et puisque, selon la Bible, la *"tribu des Danites"* qui *n'avait pu se rendre maître du territoire côtier* qui lui aurait été assigné par Josué aux environs de Jaffa, s'en était allé au loin conquérir Laïs à l'extrême nord du pays (!), la *revendication territoriale future* du royaume de Juda pourra s'étendre *"de Dan (Laïs) à Beersheba"* : un chef-d'œuvre de dialectique géopolitique car, à la fin du VIII siècle a.C., les Assyriens s'étaient emparé du royaume d'Israël et avaient déporté sa population en Mésopotamie. On pouvait donc espérer dans le royaume de Juda, *qui avait été épargné*, que si un jour les Assyriens se retiraient du royaume d'Israël, éventuellement sous la pression de l'Égypte, Jérusalem pourrait réclamer ce territoire comme appartenant historiquement aux Hébreux.

Selon les Annales assyriennes, la population déportée s'éleva à 13.500 personnes, et la Bible parle à leur propos des *"dix tribus"* exilées ; mais on n'entendra plus parler d'elles, et elles ne manifesteront jamais à leurs frères de Juda la douloureuse attente d'un retour au pays que n'auraient pas manqué de signaler avec ferveur les écrits bibliques du VIIe siècle. Ceci serait surprenant si ces déportés appartenaient à un peuple dont une caractéristique permanente au cours des siècles fut l'attachement à sa terre d'origine : ainsi, les habitants du royaume de Juda déportés plus tard à Babylone pleureront pendant 70 ans sur leur exil jusqu'à ce qu'un nouveau roi leur permette de revenir dans leur patrie, ce qui nous amène à penser que *les tribus perdues n'ont jamais existé. Certainement, lors de l'invasion assyrienne, les Hébreux et les Cananéens vivant dans le royaume d'Israël se réfugièrent, les premiers dans le royaume de Juda, et les seconds, en Phénicie.* Seule furent déportées les populations d'origine centre-européenne vivant dans les montagnes de Samarie, et elles s'intégreront à la population assyrienne, tandis qu'elles étaient remplacées en Samarie par des colons assyriens.

L'invasion des Peuples de la mer avait amené une partie des Cananéens à quitter la Palestine pour s'installer dans la région de Tyr : en Palestine, ils avaient été métallurgistes dans le Néguev aux Ve et IVe millénaires a.C. puis agriculteurs et commerçants dans le centre et le nord du pays ; à Tyr, leur activité principale sera le *commerce maritime.* Ce peuple avait l'avantage d'avoir déjà longuement navigué dans le passé et allait mettre son atavisme à profit pour dominer commercialement les mers et océans de l'hémisphère Nord, comme il apparaît dans l'Épilogue de cet ouvrage. Devenus *Phéniciens* selon le nom que leur donnèrent les Grecs, ils occuperont la place laissée libre par les Mycéniens en Méditerranée, en particulier à Chypre.

Leur activité maritime sera importante aux IXe et VIIIe siècles a.C, et ils établiront des liens étroits avec deux pays voisins, le royaume d'Israël et l'île de Chypre sans jamais manifester la moindre velléité de domination : ils avaient les mers pour domaine, et pour armes, le commerce. Les textes bibliques du VIIe siècle a.C. laissent apparaître une surprenante hostilité à leur égard dans les sphères dirigeantes du royaume de Juda, et Ezéchiel les blâme depuis son exil à Babylone, alors même que le *Livre des Rois* exalte l'alliance d'Hiram et de Salomon deux siècles plus tôt. Qu'est-ce donc qui pouvait justifier cette hostilité ? serait-ce que l'affirmation du *Livre des Rois* ne correspondait pas à la réalité ?

Les Phéniciens avaient observé les tentatives grecques de renouer des relations avec les Amériques (expédition des Argonautes) et avaient pris acte de leur échec. Il est donc possible qu'après quelques expéditions vers ces régions au Xe siècle a.C. en traversant eux aussi l'Atlantique (comme pourraient le montrer certaines inscriptions de facture cananéenne découvertes au Brésil et en Amérique du Nord), ils se soient désintéressés des relations maritimes vers l'Atlantique, du moins au début du Ier millénaire a.C. (5), pour consacrer leurs efforts à une région plus prometteuse, celle de l'*océan Indien*.

Leurs ancêtres cananéens avaient contribué au *commerce de l'étain* au IIe millénaire a.C. et connaissaient les richesses de la Malaisie ainsi que les voies maritimes qui conduisaient du golfe Persique à ce pays. Mais l'ancienne et longue route des caravanes de la Palestine au golfe Persique passant par la Mésopotamie dominée par l'Assyrie ne les intéressait plus, et la route du Nil obligeait à payer un fort tribut aux Pharaons : en effet, le chemin maritime le plus rapide entre la Méditerranée et l'océan Indien consistait alors à remonter le Nil jusqu'à Thèbes, effectuer un portage jusqu'à la mer Rouge, puis prendre d'autres navires vers les Indes. *Les Phéniciens étaient donc à la recherche d'une route terrestre menant à l'océan Indien sans passer ni par l'Égypte ni par la Mésopotamie : ils la trouveront grâce à leurs alliés du royaume d'Israël au IXe siècle a.C.*

Certes, le *Livre des Rois* affirme que c'est à Salomon et à Hiram - qui régnaient au Xe siècle - que revient le mérite d'une entreprise qui va bouleverser la géopolitique mondiale (le voyage à Tharsis et Ophir) mais nous pensons qu'il revient à *Achab, roi d'Israël* et à son beau-père *Ithobaal, roi de Tyr* un siècle plus tard. *Le IXe siècle a.C. paraît en effet plus convenable que le Xe pour situer l'expédition maritime vers Tharsis et Ophir,* selon nous respectivement la Malaisie et l'Amérique, car c'est alors seulement que les Phéniciens développent fortement leurs capacités maritimes et leurs relations avec Chypre : or nous verrons (Épilogue) les constatations que fait l'archéologue argentin Ibarra Grasso sur les *surprenantes similitudes entre l'art Mochica de la côte péruvienne et l'art cypriote.*

Ajoutons que la construction de quatre ou cinq navires de petit tonnage sur le golfe d'Akaba pouvait se faire sans difficulté avec des *bois régionaux de Moab ou d'Édom* : le transport jusqu'à la mer Rouge de cèdres du Liban dont parle le Livre des Rois aurait été par contre une entreprise inutile et presque impossible à réaliser en raison de la distance et de l'état des chemins. Qui plus est, Tyr ne disposait pas de cèdres dans sa montagne, ces arbres n'existant que bien plus au nord au-delà du Litani et dans un autre royaume, celui de Byblos, sous domination assyrienne. Cette affirmation est donc une vue de l'esprit.

En Malaisie, les Phéniciens disposeraient de nombreux arbres tropicaux pour construire d'autres navires selon le modèle amérindien, afin de continuer le périple sur le grand océan. L'accès au golfe d'Akaba depuis la Samarie se faisait certainement par la rive *orientale* du Jourdain et de la mer Morte, le *pays de Moab* alors sous tutelle du royaume d'Israël. En témoigne la stèle de *Mosha, roi de Moab,* où on lit : *"Omri était roi d'Israël et opprima Moab durant de nombreux jours (...). Omri prit possession de la terre de Médéba et la gardèrent les rois qui lui succédèrent, pendant 40 ans"* (Carte 20).

Il est possible que les Édomites aient également participé à l'entreprise maritime, sur laquelle nous reviendrons plus loin. N'avaient-ils par eux aussi pour ancêtres des marins amérindiens ? Lors de la construction de l'aéroport d'*Amman* en Jordanie, on a trouvé dans des édifices datant du *Fer II,* soit donc le VIIIe siècle a.C., un *coquillage (tridacne) originaire de l'océan Pacifique sculpté en forme de faucon ; d'*autres semblables ont été découverts en Phénicie, et un autre, également sculpté en forme de faucon, *dans les ruines de Buseirat en pays d'Édom,* ville qui exista du VIIIe au Ve siècle a.C. et qui put être alors la capitale des Édomites. Mais revenons à la formation des royaumes de Juda et d'Israël.

Jérusalem devint la capitale du roi David : les archéologues soulignent que la ville ne fut longtemps qu'une petite bourgade sans constructions importantes, et son fils Salomon n'aura certainement pas les forces militaires suffisantes pour aller s'emparer des villes cananéennes septentrionales de Mégiddo et d'Hazor, ni les moyens financiers pour y réaliser les imposantes constructions qu'on lui attribue ; celles-ci seront plus tardives et dues certainement à Omri, roi d'Israël : l'archéologue Israël Finkelstein est formel sur ce point et appuie sa thèse sur de solides arguments (3 - Chap. 5). De nombreux historiens doutent du fait que Salomon, roi de Juda, ait également régné sur la Samarie. Quoi qu'il en soit, après sa mort en -950, son royaume, dit la Bible, se divisera en deux entités qui, pendant deux cents ans, seront rarement alliées et souvent hostiles, le royaume de Juda et le royaume d'Israël, les prêtres de Jérusalem reprochant aux rois d'Israël de préférer le culte de Baal, le dieu cananéen, à celui de Yahvé.

Au IXe siècle a.C., *Omri,* un chef militaire, s'empare du pouvoir dans le royaume d'Israël et règne de -885 à -874 : ce fut un grand roi, que font connaître les Annales des pays voisins, mais les écrits bibliques le mentionnent à peine ; il construisit une imposante capitale pour son royaume à *Samarie*, et s'empara de la Jordanie et du pays de Moab. Il protégea les Phéniciens de l'emprise assyrienne, et maria son fils Achab à la fille du roi de Tyr, Jézabel.

Achab régna pendant 22 ans, de -874 à -852, et il s'attira la colère des prêtres de Juda pour son attitude favorable à l'idolâtrie cananéenne : *"Achab fit ce qui déplaît à Yahvé, et fut pire que ses prédécesseurs (...). Il se mit au service de Baal et se prosterna devant lui ; il lui éleva un autel dans le temple qu'il construisit à Samarie"* (1- Rois - 16, 30).

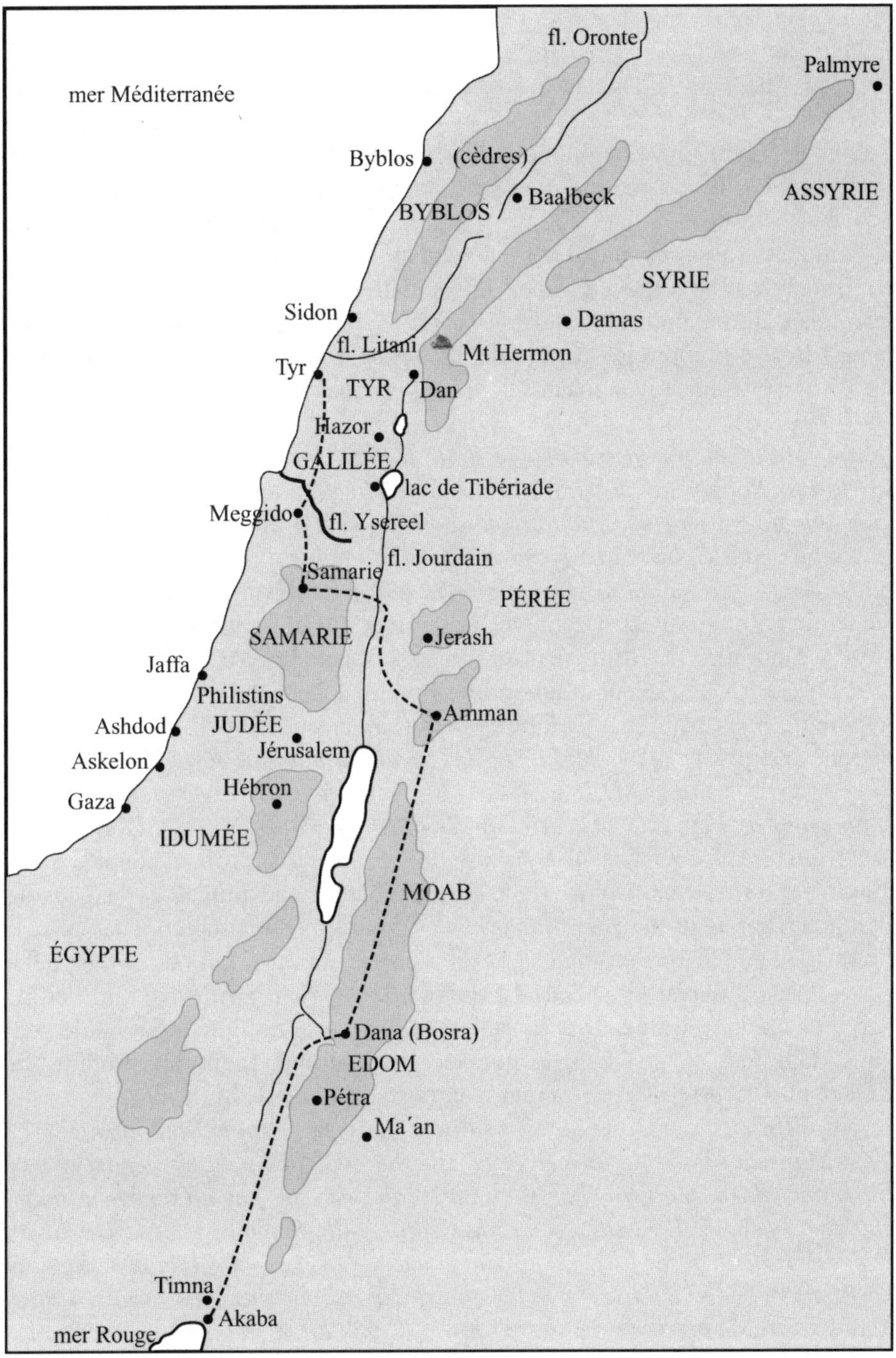

Carte 20 - Le Proche-Orient au 1er millénaire a.C

Cependant, son alliance avec les Phéniciens allait porter ses fruits : l'expédition commune vers Tharsis et Ophir. C'est le *Livre des Rois (I- Rois - 9)* qui fait connaître cette entreprise qu'il attribue à Hiram et Salomon.

Nous identifions Tharsis avec la Malaisie et Ophir avec l'Amérique du Sud (voir : *Épilogue*) : les ressources mirifiques des *"îles de la mer"* feront l'objet de récits dithyrambiques dans la Bible ; c'étaient, selon nous, les innombrables îles du sud-est Asiatique et dans cette région se situait *Tharsis*.

Mais, dira-t-on, Tharsis n'a-t-elle pas été identifiée avec un mystérieux royaume de Tartessos qui aurait jadis existé dans le sud de l'Espagne, ce que confirmerait le voyage de *Jonas* qui s'était *embarqué dans un port méditerranéen* (Jaffa) pour se rendre à Tharsis ? En fait, les archéologues n'ont jamais trouvé le moindre vestige de Tartessos et, pour ce qui est de Jonas et du voyage à Ophir, revenons aux sources bibliques.

"Le roi Salomon construisit une flotte à Hésion Geber qui est près d'Elat sur la mer Rouge, sur le territoire d'Édom. Hiram envoya à cette flotte quelques uns de ses marins, qui connaissaient la mer, avec les gens de Salomon. Ils arrivèrent à Ophir, et en rapportèrent 420 talents d'or (environ 16 tonnes) *qu'ils remirent à Salomon"* (1-Rois- 9-26 à 28). Si Hésion Geber est construit sur la mer Rouge, c'est parce que les navires qui en partiront vont naviguer sur l'océan Indien. La flotte peut se diriger soit vers le sud, en longeant la côte africaine, soit vers l'est pour atteindre l'Inde puis la Malaisie : cette deuxième hypothèse nous paraît préférable. En effet, alors qu'il est dit que l'or venait d'Ophir, est précisé peu après : *"le Roi avait en mer une flotte de navires de Tharsis avec la flotte d'Hiram, et tous les trois ans, elles revenaient de là-bas rapportant de l'or, de l'argent et de l'ivoire"* (1-Rois - 10, 22). Donc, sur la route qui mène à Ophir, Tharsis est une étape d'où probablement partent d'autres navires vers Ophir. Ceci serait cohérent si Ophir était la côte du Pérou et Tharsis un lieu de Malaisie. Par contre, où se situerait Tharsis si la flotte allait en Afrique orientale ? Et dans ce cas, aurait-il fallu un si long délai de trois ans ? Quant au sud de l'Espagne, il n'a rien à voir avec un périple partant de la mer Rouge. *Tharsis* était donc un pays de l'Orient, probablement un certain lieu de la *Malaisie* qui servait d'entrepôt pour les produits de l'Extrême-Orient, *épices* de Sumatra, et *ivoire* et *étain* de Malaisie.

Au VIIe siècle a.C, *Ezéchiel* souligne dans sa "*Prophétie contre Tyr"* : *"Toi qui es au bord de la mer et commerce avec des peuples répartis dans d'innombrables îles, (...) Tharsis commerçait avec toi, payant tes riches marchandises avec de l'argent, du fer, de l'étain et du plomb (...). Vedan et Javan te pourvoyaient en fer forgé, cannelle et sucre (...). Les marchands de Saba et de Rama échangeaient tes articles contre les arômes les plus exquis, l'or et toutes sortes de pierres précieuses. Jaran, Cané, Éden, Séba apportaient à tes marchés des habits de luxe, des tapis multicolores, et des câbles tressés. Les navires de Tharsis transportaient tes marchandises"*.

Il est difficile de situer cet ensemble de lieux et d'îles riches en épices, parfums, tapis, tissus brodés et pierres précieuses dans la fruste péninsule Ibérique du VIIIe siècle a.C. ; par contre, les innombrables îles qui constituent les archipels de l'Indonésie semblent convenir parfaitement : *Java* existe encore, Sumatra figure comme *Al Sabah* sur les cartes arabes médiévales et *Rama* figure sur la carte de Ptolémée de l'Extrême-Orient. Ce texte d'Ézéchiel, écrit à l'époque de la captivité a Babylone, *confirme en outre que le royaume de Juda n'avait tiré aucun bénéfice de ce commerce, à l'encontre de ce qui est affirmé au Livre des Rois, car sinon, il en serait fait état*...

Mais alors, comment interpréter le voyage de Jonas ? Yahvé lui avait ordonné d'aller prêcher à Ninive, ville de Mésopotamie *"dominée par la méchanceté"* (Jonas - 1), et il aurait dû se joindre à une caravane qui partait vers cette ville, mais il eut peur d'accomplir cette mission et décida *"de fuir à Tharsis, loin de la présence de Yahvé. Il descendit à Jaffa où il trouva un bateau qui partait pour Tharsis"*. Au cours du voyage, alors qu'il dormait, s'élève une forte tempête ; l'équipage tire au sort pour savoir qui était le coupable du malheur qui leur arrivait. Le sort désigne Jonas, et les marins lui demandent : *"Dis-nous d'où tu viens, quel est ton pays, de quel peuple es-tu ? Et Jonas répond : je suis Hébreu, et crains Yahvé, Dieu du Ciel"*.

Pour conjurer le mauvais sort, les marins décident de le déposer sur la terre qui était toute proche, mais la tempête les en empêche, et ils décident de le jeter à la mer. Jonas est avalé par un grand poisson, reste trois jours dans son ventre, et alors *"Yahvé ordonna au poisson de le vomir sur la terre"* et c'est ainsi que Jonas arriva à Ninive ! Car Yahvé dit à Jonas, échoué sur le rivage : *"Lève-toi et va annoncer ce que je te dirai. Jonas entra dans la ville, prêcha, et les habitants se repentirent de leurs péchés"*...

Ce texte montre que Tharsis était dans l'Océan indien : d'une part, il y eut transbordement et changement de navire, certainement en Égypte car sinon (dans l'hypothèse de la localisation méditerranéenne de Tharsis) les marins auraient su de quel pays venait Jonas, puisqu'ils l'auraient embarqué eux-mêmes à Jaffa. D'autre part, le navire en route vers la Malaisie longe la côte du sud de l'Arabie : la tempête se lève lorsqu'il arrive en vue des côtes d'Oman à l'entrée du golfe Persique, puisqu'en trois jours, le gros poisson remontera le golfe et le fleuve *jusqu'à Ninive*. La part géographique, même enveloppée de merveilleux. est remarquablement cohérente et précise.

C'est donc selon nous Achab et non Salomon qui s'enrichira grâce à ces relations commerciales avec Tharsis. Finkelstein souligne *"la bonne fortune de la dynastie des Omrides, dont l'ascension coïncidait avec le renouveau du commerce en Méditerranée orientale : les cités portuaires de la Grèce, de Chypre et de Phénicie étaient de nouveau engagées dans le commerce maritime"* et il note *"la soudaine apparition de grandes quantités de vases de style cyprio-phénicien dans les cités du royaume d'Israël"*.

L'ivoire plaisait aux princes du Proche-Orient, comme l'ambre aux princes Mycéniens. Traditionnellement, des artisans égyptiens sculptaient les ivoires apportés par les caravanes, mais ce produit restait rare et cher. Or *Achab et ses successeurs disposeront de quantités considérables d'ivoire*, qui dût provenir de Malaisie, ainsi que des bois précieux tels que l'*ébène*, et ces richesses, avec l'*or* et l'*étain,* s'accumulaient dans le magnifique palais royal de Samarie.

Le *Livre des Rois* (1 - 22, 39) parle du *"palais d'ivoire édifié par Achab"* : de fait, les fouilles firent apparaître *"plus de deux cent plaques d'ivoires ciselé de motifs phéniciens et égyptiens datant du VIIIe siècle a.C. qui ornaient vraisemblablement les murs du palais ou son luxueux mobilier"* (Finkelstein). Il est possible que des artisans égyptiens et phéniciens aient été installés à demeure dans ce palais, et que les Phéniciens se soient réservé une partie de leurs oeuvres pour leur commerce méditerranéen. La période la plus fastueuse pour les arts et le commerce dans le royaume d'Israël semble avoir été le long règne de Jéroboam II au VIIIe siècle a.C. (-788 -747), quand le palais fut complété par des magasins où devaient s'entreposer les produits en provenance de l'Orient et ceux qui y partaient, tels que des céramiques cypriotes : on a retrouvé de nombreux vases cypriotes dans ces magasins. *Ceci tendrait à montrer que les échanges maritimes avec Tharsis durèrent cent ans, du milieu du IXe au milieu du VIII siècle a.C.* Le *Livre des Rois (2-14,35)* dit que sous Jéroboam II le royaume d'Israël s'étendait *"jusqu'à la mer de l'Arabah"*, c'est-à-dire la mer Rouge : donc, les communications avec cette mer furent toujours assurées *à l'orient* de la mer Morte.

Les Assyriens ne devaient pas voir d'un bon oeil cette montée en puissance des indo-européens du royaume d'Israël, mais ils ne pouvaient l'empêcher en raison de la puissance militaire qu'avaient acquise les rois d'Israël, probablement grâce à l'or d'Ophir et à l'étain de Malaisie qui leur permettait, avec le cuivre des Édomites, de disposer de fonderies de bronze. Selon une stèle assyrienne, en -853 (donc à la fin du règne d'Achab), le roi d'Assyrie Salmanasar III prend la tête d'une puissante armée avec l'intention manifeste de conquérir Israël, et il se vante d'avoir remporté une éclatante victoire contre la coalition de ses ennemis, parmi lesquels il cite *"les 2.000 chars et les 10.000 guerriers du roi Achab, l'Israélite",* qui apparaît comme le plus puissant des coalisés.

En fait, le monarque assyrien perdit la bataille et se retira sur ses terres, les Assyriens remettant leur projet à plus tard. Il fallait qu'Achab disposât de moyens financiers extraordinaires pour équiper une forte armée, sans oublier une importante cavalerie, ce que les ressources locales de la Samarie auraient difficilement justifié. Mais vers -730, le roi Teglat-Phalasar III attaque Israël, conquiert pratiquement tout son territoire qu'il annexe à l'Assyrie, et déporte une grande partie de sa population. Par contre, il *épargne le royaume de Juda*, et occupe la Phénicie ainsi que le royaume d'Édom où, pour la première fois, apparaissent des “rois”, certainement des personnages nommés par l’Assyrie : il semblerait que les Assyriens châtiaient ceux qui, pendant cent ans, s’étaient enrichis avec le commerce oriental sans leur participation…

Le royaume de Juda se retrouve alors dans une position confortable : son ennemi, le royaume d’Israël, vient de disparaître et dans un premier temps il sera bénéficiaire de la nouvelle situation. *On constate une soudaine et importante croissance de la population de Jérusalem,* probablement en raison de l’afflux des Juifs qui vivaient en Samarie. En outre les Judéens, du temps du roi Achaz, se rapprochent des Assyriens, ce qui aura une incidence positive sur l’essor économique du royaume : se souciaient-ils alors d’autres tribus juives “captives” en Assyrie ? Apparemment non. Une effervescence intellectuelle s’installe à Jérusalem dans les milieux sacerdotaux, avec un intérêt croissant pour une réforme religieuse amplifiant le rôle du Temple et la refonte des textes religieux, qui s’accomplira au VIIe siècle a.C.

Les Assyriens, entre temps, étendent leur influence sur la région en s’emparant de l’Égypte. Mais la tentation est grande en Judée d’accélérer les temps pour que l’ancien royaume d’Israël, dorénavant dépourvu de sa population cananéenne et indo-européenne, passe sous la tutelle de Jérusalem : aussi, quand à la mort de Sargon II en -705, des révoltes éclatent dans l’empire Assyrien, le roi Ézéchias pense que le moment et venu de se libérer de la tutelle assyrienne ; mais le nouveau roi assyrien Sennachérib le punit en dévastant son royaume. Le roi Manassé revient à l’alliance avec l’Assyrie, et la prospérité s’installe à nouveau dans le royaume de Juda.

Cependant, en -655, l’Égypte se libère des Assyriens, dont le pouvoir décline rapidement en Mésopotamie sous la pression des Babyloniens, Le Pharaon Nekko II reprend les anciens territoires côtiers que l’Égypte possédait en Palestine jusqu’à Mégiddo ; il est probable que Josias, roi de Juda, tentera alors de profiter de la nouvelle situation pour essayer d’annexer la Samarie car il se rendit à Mégiddo, non pour le combattre le Pharaon comme le suggère le *Livre des Rois,* mais certainement pour se présenter comme son alllié et faire reconnaître l’autorité de Jérusalem sur la Samarie. Mais *“le Pharaon donna l’ordre de le tuer quand il le vit”* (2- Rois -23-29), ne pardonnant pas l’antérieure alliance de Manassé avec les Assyriens. La phrase antérieure confirme que Josias visitait le Pharaon sans chercher à le combattre.

L’empire assyrien s’effondre en -612 quand Ninive est prise par les Babyloniens, et, à nouveau, Egyptiens et Mésopotamiens vont s’affronter en Syrie ; en -605, *Nabuchodonosor* écrase l’armée égyptienne à *Karkemish* et descend vers le sud, dévastant le pays des Philistins. Puis il envahit le royaume de Juda et en -587 s’empare de Jérusalem et déporte ses habitants en Mésopotamie : ce sera *la captivité à Babylone,* qui durera 70 ans jusqu’à ce que les Perses s’emparent de Babylone et que le roi Cyrus renvoie les captifs hébreux dans leur pays.

(1) Claude BAURAIN et Corinne BONNET - *Les Phéniciens, marins de trois continents* - Paris. 1992.
(2) William DEVER - *Aux origines d'Israël. Quand la Bible dit vrai.* Paris. 2002.
(3) Israël FINKELSTEIN et Neil ASHER SILBERMAN - *La Bible dévoilée.* Paris. 2002. *The Bible unveiled* – New York. 2001.
(4) Flavius JOSÈPHE - *Sur l'antiquité des Juifs.*

(5) À partir de la fin du VIIIe siècle a..C. les Phéniciens délaissent les chemins de l'Orient et s'intéressent aux destinations occidentales, d'où la création de *comptoirs à Cadix et à Mogador* sur l'Atlantique. Il est probable que l'étain de Malaisie avait cessé d'arriver en raison de l'expansion assyrienne, ce qui amena les Phéniciens à s'intéresser aux *sources occidentales de l'étain.*

L'étain était extrait en petites quantités en Bretagne et dans les îles Britanniques, mais étant donné la demande de l'Europe occidentale (car l'usage du bronze continuait, malgré la présence croissante du fer), les quantités offertes devaient s'avérer insuffisantes, et il convenait de trouver d'autres sources. Il faut donc considérer avec circonspection le célèbre *mythe grec* qui évoque les *îles Cassitérides*, datant du 1er millénaire a.C. selon lequel l'étain provenait d'îles situées au large de la Grande-Bretagne, car aucune île de cette région ne peut expliquer ce mythe.

Celui-ci se nourrissait de récits tel que le suivant (Strabon 3-5) : *"Une flotte carthaginoise qui allait s'approvisionner en étain dans ces îles fut suivie depuis la Méditerranée par une flotte romaine, qui cherchait à savoir le lieu exact d'où les Carthaginois retiraient l'étain. Passé les colonnes d'Hercule, les Romains suivirent cette flotte jusqu'à proximité des îles Britanniques, mais les Carthaginois préférèrent échouer leurs navires sur des récifs, que de montrer le lieu d'où ils extrayaient l'étain".* Ce texte est toujours cité comme preuve de la localisation des îles Cassitérites au voisinage des îles Britanniques. Nous pensons que, bien au contraire, il amène à penser qu'elles étaient situées ailleurs : les Carthaginois, héritiers des Phéniciens, étaient des commerçants suffisamment avisés pour ne pas signaler à leurs concurrents les sources occidentales de l'étain, et s'ils entraînèrent les Romains vers le nord des colonnes d'Hercule, c'est que l'étain était au Sud.

Il existait un lieu tout indiqué pour effectuer le troc de leurs verroteries et céramiques cypriotes avec la *cassitérite* déposée par les indigènes comme ils le faisaient avec l'or sur la côte d'Afrique, et ce lieu est *l'île de Marajo, à l'embouchure de l'Amazone* (d'où venaient leurs ancêtres…). Ce minerai d'étain était recueilli dans les rivières du massif guyanais et entreposé dans l'île. Les navires phéniciens devaient couvrir le trajet de Mogador à Marajo et retour en trois mois. Dans son errance, Io était passée par *Kisthène*, au pays des Gorgones : Kisthène évoque justement l'*étain* (cassitéros: K-ST), et pouvait donc être cette île de Marajo.

Hérodote écrit (3 -115): *"Je ne crois guère au fleuve Éridan qui se jetterait dans la mer septentrionale et d'où viendrait l'ambre ni à ces îles Cassitérides d'où viendrait l'étain. Mais c'est en tous cas des confins du monde que viennent l'ambre et l'étain".* Et Denys le Périégète au IIe siècle a.C. écrivait dans son *"Tour du Monde"* : *"Au sud du cap Sacré* (le cap Saint-Vincent, à l'extrémité du Portugal), *une tribu opulente d'Ibères renommés habite les îles Hespérides d'où provient l'étain".*

Les Ibères avaient donc selon lui une origine amérindienne.

Chapitre 29

LES COLONNES DU CIEL

Nous avons envisagé une influence de la pensée religieuse ésotérique danaenne en Palestine au Ier millénaire a.C. et pensons qu'elle aurait pu avoir lieu à partir du Ve siècle a.C. quand les Hébreux sont désorientés après la *destruction du premier Temple* et la *captivité à Babylone.* Au retour de celle-ci, il semble qu'une réflexion profonde est entreprise par certains penseurs religieux dans un royaume de Juda qui se relève de ses ruines ; sa population, à l'exception des prêtres, a oublié l'hébreu et parle l'araméen. Pour un certain nombre d'Hébreux,Yahvé n'a pas tenu les engagements promis en son nom par Moïse selon ce que leur avaient affirmé leurs prêtres au siècle précédent, et la prophétie d'Isaïe, selon laquelle viendrait un Messie qui les mènerait à la victoire contre les Mésopotamiens, ne s'est pas accomplie. D'autres pensent que ce Messie n'est pas encore venu, que Yahvé les a puni pour leurs péchés et rêvent de réformes religieuses dans l'attente de ce Messie. Commencent à apparaître des courants de pensée divers, qui amèneront en quelques siècles aux sectes saducéennes, zélotes, pharisiennes, et esséniennes...

La croyance en *Yahvé Dieu unique* était récente chez les Hébreux ; bien plus enracinée dans le temps était la croyance amérindienne en un Dieu créateur Père de tous les Hommes : quelques penseurs juifs accueilleront peut-être avec espoir la pensée des Sages Édomites, venant d'un peuple dont la Bible soulignait la sagesse, malgré les différends et souvent les guerres qui opposaient en permanence ces deux peuples. Pour leur part, *les Sages Édomites semblent avoir considéré que le moment était propice pour faire connaître leurs croyances millénaires au seul peuple qui, comme eux, croyait en un Dieu unique,* bien que conçu de manière différente, et nous pensons qu'on en trouve la trace dans le *Livre de Job* et le *Livre des Proverbes* ainsi que dans les écrits de *deux auteurs anonymes* du Ve siècle a.C. que la Bible place dans le *Livre d'Isaïe* : mais ces deux auteurs écrivent *après* le retour des Juifs de leur captivité à Babylone, alors qu'Isaïe prophétisait au VIIe siècle a.C. *avan*t cette captivité, soit deux cents ans auparavant, au début de l'invasion assyrienne. Or on constate *une nouvelle orientation dans les écrits bibliques après le retour de la Captivité* : il serait donc cohérent de placer ces deux auteurs anonymes parmi les *Livres de Sagesse,* postérieurs à celle-ci.

Les Édomites étaient un petit groupe de Danaens de haut niveau intellectuel venus de Crète ou d'Égypte qui, selon nous, s'étaient établis au XIVe siècle a.C. dans les montagnes du sud-est de la mer Morte à la demande des Egyptiens pour en exploiter le cuivre (voir Chap. 15- p. 222) ; au cours de l'Exode, les Hébreux avaient traversé pacifiquement leur territoire : rien ne laissait donc pressentir les relations troublées par une confrontation permanente qui existeront entre Hébreux et Édomites, comme il ressort autant de la Bible que de l'Histoire :

- Après que les Hébreux aient affermi leur pouvoir territorial en Judée, *le roi David attaqua le pays d'Edom,* dit la Bible, mais nous ne croyons pas qu'il ait eu les forces militaires suffisantes pour occuper longuement leur pays, ni lui ni son fils Salomon. D'ailleurs en -700, Isaïe proposait une nouvelle attaque : *"Mon épée dans les cieux était dans l'attente, dit Yahvé, et maintenant elle tombe sur Édom, sur un peuple que je veux châtier"* (Isaïe - 34 -5)
- Lorsqu'en -586 les Babyloniens occuperont Jérusalem, détruiront le Temple et amèneront sa population en captivité, les Édomites se vengeront de la guerre que leur avait infligé David en s'emparant d'Hébron et du sud de la Judée. La confrontation entre les deux peuples sera permanente puisqu'elle durera jusqu'à l'occupation romaine, et nombreux sont dans la Bible les anathèmes contre Édom : Vers -560, Ézéchiel affirme depuis son exil à Babylone, : *"Voici ce que dit Yahvé : Édom s'est vengé des gens de Juda, mais cette vengeance lui coûtera cher. Je lèverai ma main contre Édom, et j'en achèverai avec ses hommes et ses animaux. Je convertirai ce pays en un désert (...). Je mettrai entre les mains de mon peuple d'Israël ma vengeance contre Édom. Il traitera Édom en accord avec ma colère et ma fureur".* (Ezéchiel - 25). À leur retour d'exil en -538, les Hébreux reconstruisent le Temple et, vers -500, Abdias prophétise : *"Yahvé nous ordonne d'attaquer Êdom (...) Dorénavant tu seras petite entre les nations. L'orgueil de ton coeur t'a trompé, toi qui habites dans les ravins de Pétra, qui t'accroches à la muraille rocheuse (...) Un jour, dit Yahvé, je ferai disparaître les Sages d'Édom"* (Abdias -1 - 3, 8). Édom est donc l'*ennemi.*

Qu'avait fait ce petit peuple édomite isolé dans ses montagnes pour mériter de tels anathèmes ? Ces textes soulignent l'hostilité profonde manifestée par les dirigeants religieux hébreux envers les Édomites avant et après l'exil, qui va jusqu'au point de prôner *l'anéantissement de leurs Sages* et pas seulement la conquête de leur territoire : nous pensons qu'il y eut entre leurs prêtres *un conflit religieux permanent lié à la conception du Dieu unique.* Deux points essentiels marquaient en effet des différences incompatibles :

- *La nature de Dieu* : pour les Juifs, un être indéfinissable (*"Je suis"*), autoritaire et jaloux de cette autorité ; pour les Édomites, un être défini comme étant un *Père* bénévole - *Sa relation avec les Hommes* : pour les Juifs, le dieu unique est un *dieu exclusif de leur peuple*, *"le peuple élu"* ; pour les Édomites, Dieu était le Père de *tous* les Hommes.

Mais les fulminantes prophéties sont loin de s'être accomplies car, à partir du milieu du Ier millénaire a.C., les Édomites possèdent un pays vaste et puissant appelé *Idumée* par les Grecs, tandis que les Juifs habitent un territoire exigu, ce qui reste du royaume de Juda autour de Jérusalem : au nord, l'ancien royaume d'Israël est occupé par les Perses, et Hébron l'est au sud par les Édomites. Ceux-ci semblent avoir abandonné leurs montagnes où la production de cuivre n'était plus rentable, peut-être en raison de l'épuisement des filons de minerais, et être devenu un peuple de plaines s'adonnant à l'élevage de moutons et à l'agriculture. Ils sont présents à Hébron, ville proche de Jérusalem, ce qui facilite leurs contacts avec les Juifs. *L'Idumée* est un État qui exista pendant près de 450 ans, de -580 à -134 lorsque le roi de Judée Jean Hyrcan s'en empara, puis elle fut occupée par les Romains en - 66 mais nous ne savons rien de ce pays, car il n'a pas laissé de documents.

On connaît beaucoup mieux l'histoire de leurs voisins *Nabatéens,* de langue araméenne et qui utilisaient une écriture. C'était un peuple du sud de l'Arabie, enrichi par le commerce de l'encens ; dans *Hégra,* leur capitale, se rassemblaient l'*encens* récolté dans le sud de la péninsule, l'*or* provenant de Nubie et la *myrrhe* d'Éthiopie à travers la mer Rouge. Leurs caravanes apportaient ces produits à Jérusalem et à Damas. Leur richesse avait permis de faire de Hégra une ville opulente dotée de splendides monuments construits par des artisans venus de Mésopotamie et de Grèce, d'où un style composite qui se retrouvera plus tard à *Pétra.* Leurs caravanes traversaient le désert puis longeaient le piémont du Shara où se trouvaient de nombreux points d'eau : des relations pacifiques et amicales durent s'établir au cours des siècles entre Nabatéens et Édomites. Nous verrons plus loin que la langue de ces derniers semble avoir apporté des mots à l'araméen, particulièrement dans le domaine religieux. Les Nabatéens, après le départ des Édomites, feront de Pétra leur capitale et y construiront de superbes monuments.

Les Sages Édomites semblent donc entreprendre au Ve siècle a.C. des tentatives de rapprochement envers les Hébreux pour les faire participer à leur croyance que *Dieu est le Père de tous les hommes, et qu'il appartient à toutes les Nations* : nous pensons que c'est dans cette perspective qu'il faut considérer plusieurs textes bibliques postérieurs à l'exil tels que le *Livre de Job et ceux des "prophètes inconnus" classifiés comme Isaïe II et Isaïe III.*

En effet et paradoxalement, c'est un Édomite, Job, qui tout en adressant des reproches à Dieu - une manière de s'identifier à de nombreux juifs de son époque - montrera la grandeur de celui-ci et sa bonté envers les hommes, en des termes empreints d'une poésie peu fréquente dans la Bible. Parlant de Dieu, qu'il nomme *El* et non *Yahvé,* Job déclare :*"Son coeur est rempli de savoir"* (Job - 9, 4). C'est la première fois que, dans la Bible, on parle du *coeur* et du *savoir* de Dieu. Etait-ce un écho du mythe amérindien qui dit :

"Pendant que notre premier Père créait son corps divin au cours de son évolution (...), son être était illuminé par son propre coeur, *car il faisait que lui serve de soleil le* savoir *contenu dans sa propre divinité"* ? On trouve également dans ce Livre une évocation poétique des animaux et des plantes qui n'est pas sans rappeler un passage cité plus haut du mythe amérindien.

Le Livre de Job présente des caractéristiques très particulières qui en feront *l'un des plus surprenants de l'Ancien Testament* selon tous ses exégètes :

- Il est écrit sous forme d'un *dialogue* entre *quatre* interlocuteurs, tous chefs de tribus arabes et édomites du sud de la Palestine, Job étant le plus important d'entre eux. C'est une forme littéraire unique dans la Bible, semblable à celle que Platon utilisera plus tard dans ses Dialogues.
- Pour la première fois, un personnage important, Job, qui n'est pas juif mais croit comme eux en un Dieu unique, se permet de le critiquer et Dieu accepte le dialogue, autre fait unique dans la Bible. Mais Job fera amende honorable et sera pardonné... Apparaît ainsi *une nouvelle vision du Créateur dans laquelle celui-ci se montre compréhensif et bénévole envers les Hommes et dialogue avec eux au lieu de leur impartir des ordres* : on est là plus près du mythe mbyá-guarani que de la Torah.
- Le texte, en langue hébraïque (donc destiné aux prêtres du Judaïsme), avec une forte influence de l'araméen, est d'un *haut niveau intellectuel* ; son fond et sa forme ont été étudiés par de nombreux spécialistes. Les linguistes constatent un vocabulaire très particulier et archaïque, peut-être influencé par la langue des Édomites. Selon Dhorme, le texte est très sobre et son vocabulaire possède une caractéristique très rare, car *"y abondent les hapaxlégomènes",* c'est-à-dire *des mots ou des expressions qu'on ne rencontre qu'une seule fois.*

Donc, une grande maîtrise de la langue, accompagnée de la *création de "belles paroles",* outre la profondeur de la pensée : on est certainement en présence d'un "maître de la parole" comme le furent ses ancêtres Danaens.

Ce texte fait une allusion à l'exploitation des métaux : *"Le fer s'extrait de la terre, une pierre fondue se transforme en cuivre, un peuple étranger ouvre des galeries en des lieux où personne n'a pénétré"* (Job - 28, 2). Il confirme ainsi que ces mineurs sont des *étrangers*, des Danaens originaires de Crète selon nous, et non des Sémites autochtones, Hébreux ou Arabes.

On distingue trois périodes historiques dans *les Écritures* :

- *Le Pentateuque (Torah)* et *Les Prophètes* écrits aux VIIIe et VIIe siècles a.C
- *Les Hagiographes (Livres de Sagesse),* écrits après le retour de la captivité à Babylone, du VIe au Ier siècle a.C.

Ces Livres constituent l'*Ancien Testament.* Selon les exégètes, les textes de la première période, à fond mythique et historique, furent *remaniés* après le retour de Captivité, et incorporent dès lors de nombreux vocables araméens. (le *Talmud*, datant du IIIe siècle A.D., est rédigé en araméen)

- *Le Nouveau Testament* écrit au Ier siècle A.D.

Certaines Bibles *classent à tort sans les distinguer* dans le Livre d'*Isaïe*, lequel vécut *avant* l'Exil et à qui en sont dus les Chapitres 1 à 39 de ce Livre, les textes des *deux auteurs inconnus* qui vécurent *après* le retour de Babylone et devraient donc être classés parmi les *Livres de Sagesse*, comme le sont le Livre de Job ou l'Ecclésiaste. Ces textes portent dans certaines Bibles les noms de :
- *Messages de consolation.* (Isaïe - Chap. 40 à 55), nous dirions Isaïe II, et
- *Troisième partie du Livre d'Isaïe* (Isaïe - Chap. 56 à 66), disons Isaïe III.

Ils semblent être imprégnés à la fois de la pensée judaïque et de la pensée édomite, et vouloir en faire un amalgame.

L'auteur anonyme d'Isaïe III pense que le peuple élu est tombé dans le péché, cause de ses tribulations et de l'exil à Babylone, et s'adresse ainsi à Yahvé : *"Ne continue pas à ne pas avoir pitié de nous car tu es notre Père. Abraham ne sait rien plus de nous et Israël n'en aura plus le souvenir, mais toi, Yahvé, tu es notre Père, notre Rédempteur"* (Isaïe III - 63 - 16). Apparaît ainsi dans la Bible le concept de Dieu *le Père,* et un certain détachement à l'égard des Pères fondateurs de la Nation hébraïque.

Il critique l'édification d'un temple unique, en fait celui de Jérusalem : *"Yahvé s'exprime ainsi : le Ciel est mon trône et la Terre mon piédestal. Quelle maison pourriez-vous me construire, où fixeriez-vous le lieu de mon repos, si tout a été fait de ma main et tout m'appartient" ?* (66 - 1) :
C'est l'idée, très amérindienne, que *toute la nature est la maison de Dieu.*

Il dit que Yahvé ne doit pas rester le dieu exclusif des Juifs : *"Je viens, dit Yahvé, réunir les païens de tous les peuples et de toutes les langues"*. Ce sont des propos que Jésus reprendra, révolutionnaires face à la tradition mosaïque.

Selon Luc (4, 17), Jésus citera un passage de l'auteur anonyme "Isaïe III" (et non "du prophète Isaïe" comme il est souvent écrit), disant : *"L'esprit de l'Éternel est sur moi, car il m'a donné son onction pour porter de bonnes nouvelles aux malheureux*" (61 - 1). Cette phrase sera à l'origine de confusions, certains en concluant que Jésus était le *Messie historique* attendu par les Juifs pour les délivrer, alors que le terme de *messie* signifiait simplement en hébreu : *celui qui a reçu l'onction,* comme *christos* en grec.

Il y a dans Isaïe III un passage prophétique (63 - 1):

"Qui est celui qui vient d'Édom, qui vient de Bosra, vêtu de rouge ?
Qui est ce personnage au vêtement splendide
et dont la démarche est majestueuse ?
C'est moi qui parle de justice et je suis puissant pour sauver" (1)

Bosra était la capitale du pays d'Édom et le rouge la couleur royale.
On pourrait voir dans ce texte *la prophétie de la venue d'un prince de justice issu d'Édom* et non celle du Messie qu'attendaient les Hébreux, lequel devait être un roi guerrier qui les rassemblerait pour exterminer leurs ennemis.

C'était en fait *la prophétie édomite, pacifique* en alternative à *la prophétie hébraïque, guerrière,* faite deux cent ans plus tôt par le Prophète Isaïe : celui-ci annonçait que le Messie serait un descendant du roi David et qu'il naîtrait en Judée ; mais selon le prophète inconnu "Isaïe III", cette personne exceptionnelle viendrait d'Édom, avec un tout autre objectif .

Quant à l'auteur d' "Isaïe II", *ce pourrait être un Édomite comme Job*, car sa langue contient des mots étranges que les philologues n'identifient ni avec l'hébreu, ni avec l'araméen. Ainsi le mot : *qara,* qui, nous allons le voir, pourrait appartenir au vocabulaire ésotérique danaen.

Selon le père Théophane Chary (2), Isaïe II propose une "théologie de la Création" plus développée que celle de la Genèse, et originale, dont les caractéristiques sont : - qu'elle obéit à la Parole - qu'elle proclame la sainteté de Dieu - qu'elle est bonne. Il souligne que c'est une *"création continue, conception originale qui évite de figer l'acte créateur dans un lointain passé, ou, pire encore, un concept abstrait. Au contraire, la Création se réalise à mesure que les générations font l'histoire, le dessein de Dieu"*. Il cite les versets 48- 6,7 : *"Les choses secrètes et inconnues qui viennent d'être crées à l'instant"* (donc selon l'auteur d'Isaïe II, *la Création est continue dans le temps*) et il commente : "*La Création est insérée dans une histoire dont Dieu tient les deux bouts et qu'il anime de part en part"*. Il cite également les versets 41- 4 : *"Qui a réalisé et exécuté ?*

Celui qui appelle les générations depuis l'origine,
Moi, Je suis, Yahvé, le premier, et auprès des derniers, je suis"

Nous retrouvons, amalgamés au concept hébraïque "je suis", *deux* concepts du mythe mbyá-guarani de la Création : Dieu "nomme" les hommes qui vont naître, et son énigmatique début : *"Notre Père, dernier-dernier premier"* (ou *"Notre Père le premier, notre Père le dernier"*) (voir Chap. 26 -note 2-1)

Le mot *qara* attire son attention, et il écrit : *"cette double oeuvre, salut créateur et création première, le prophète l'exprime mainte fois par un terme caractéristique, le verbe* qara : créer. *Ce mot est tout à fait original, désignant toujours une oeuvre de caractère particulier, sans commune mesure avec les autres réalisations humaines ou divines. Il a exclusivement Dieu pour sujet.*

Sur la quarantaine de fois que ce mot est utilisé dans la Bible, une vingtaine reviennent au Second et au Troisième Isaïe ; on le retrouve dans Genèse-1, et son usage est très peu attesté avant l'exil" (notons que les Livres antérieurs à l'Exil tels que la Genèse ont été remaniés au retour de celui-ci, et ce terme put alors y être introduit : *qara* est donc vraisemblablement un terme qui n'apparaît dans la Bible qu'au Ve siècle a.C. Nous avons recherché ses possibles antécédents dans la langue guarani. Phonétiquement, *qara* se prononce *quara, kuara* en guarani. Ce pouvait être un terme ésotérique des sages danaens. Dans l'ouvrage de Cadogan sur le *Mythe Mbyá-guarani de la Création*, nous relevons dans les *Notes explicatives* aux Chapitres 1 et 2 :

Chap. 1 - *"Le radical* RA *renferme le concept d'*ouvrir, délier, développer (*le guarani actuel a conservé ce sens dans :* ojera yvoty, la fleur s'épanouit)

On le trouve dans les mots : jera *et* ombojera, *qui traduisent le concept de* créer, *et signifient, non pas produire à partir de rien, mais faire en sorte que surgisse, se développe...".* Ombojera, *dans la première strophe de l'hymne, se traduit par* : "se créa lui-même".

Chap. 2 - *"*KUARARA *est une parole sacrée pour les Mbyá, composée de* Kuaa, le Savoir, *et du radical* RA, créer. *Sa signification littérale est : "Pouvoir créateur".* Okuararavyma, dans la première strophe du chapitre, *se* traduit par : *"en raison de son pouvoir créateur".* "Kuarara" est un mot fort proche de "qara", et tout porte à croire que le prophète inconnu d'Isaïe II était un Édomite qui connaissait parfaitement le mythe amérindien de la Création.

Force est de constater qu'il y a dans l'Ancien Testament *deux concepts fondamentalement différents* relatifs à la Création :

- celui exprimé dans le Livre de la Genèse selon lequel Dieu crée le Monde *en un moment précis* (il y a près de 6.000 ans dit le Judaïsme, en spéculant sur la durée des générations qui se seraient succédées depuis Adam) et *en un temps limité* (symbolisé par les *sept jours* de la Création) et ceci d'une manière définitive : cette œuvre divine pourrait être qualifiée de *fixiste.*
- celui exprimé par le *prophète inconnu* Isaïe II", selon lequel Dieu crée le monde d'une *manière continue depuis le commencement de la Création jusqu'à la fin des temps*, œuvre qui pourrait être qualifiée d'*évolutionniste.*

Rien ne justifie donc que depuis quelques décennies on brandisse la théorie du *Créationnisme* (nom horrible, au demeurant) pour l'opposer à celle de *l'Évolution*, la première étant, selon ses tenants, celle de ceux qui croient en un Dieu créateur, et la seconde celle de ceux qui nient son rôle dans la Création du Monde : les chrétiens *créationnistes* d'Amérique du Nord donnent l'impression d'avoir limité leur lecture de la Bible à la Genèse et au Pentateuque... En s'appuyant sur une lecture biblique plus complète, et en particulier celle d'Isaïe II, un croyant peut parfaitement admettre que l'évolution des êtres que constate la Science s'incrit dans le dessein d'un Dieu créateur : *il n'y a pas d'opposition entre Science et Foi.*

Notons que l'Islam partage ce concept de Création évolutive : peut-être est-ce un héritage venu des Édomites et transmis par les Nabatéens. Selon le sociologue Reda Benkirane : *"En Islam, l'évolution n'a jusqu'ici jamais été pensée comme incompatible avec une création d'ordre divin"* .

Le mot *Shara,* attaché aux montagnes du pays d'Édom pourrait avoir eu en danaen un sens lié à la Création. En guarani écrit, la lettre *x* se prononce *ch,* comme *sh* dans Shara. Ce mot pourrait avoir été à l'origine : *hexara*, venant du verbe *(a) hexa = observer + ra = la Création.* Ce chaos de montagnes inspirait peut-être aux Sages Édomites la vision du commencement du Monde.

Le nom actuel d'un sommet, l'*Umm al Biyara,* pourrait également rappeler son ancien nom, *vyara,* mot venant de : *(a) vya = jouir de + ra, la création = la jouissance* (de contempler) *la Création.* Il semble qu'un important oratoire édomite ait existé en ce lieu au VIIe siècle a.C. Édom était alors vassal des Assyriens, qui lui avaient imposé un roi, dont on a retrouvé le sceau dans les ruines de l'établissement, certainement lié à un message adressé à ces ermites.

Une célèbre expression araméenne - *Mâran'atâ* - est rapportée sans commentaire par saint Paul (1 - Co -16, 22) qui dit : *"Si quelqu'un n'aime pas le Seigneur, qu'il soit anathème ! Maranatha ! ".* Les exégètes bibliques ont buté sur le sens de cette expression, apparemment familière pour saint Paul.

C'était peut-être une expression introduite par les Édomites, car en guarani, *mara* signifie : *le mal,* et *ta'angara* : *le tentateur, le Diable,* et *na* exprime la négation. Ce pourrait être l'abréviation de : *Mara na ta'angara,* signifiant : *Le Mal, non, Diable tentateur.* Peut-être une phrase attribuée à Jésus lorsque le Diable le tente dans le désert (Luc, 4)

Le concept d'*âme immortelle* qui apparaît dans la Bible aux approches de l'ère chrétienne est sans nul doute le plus transcendant en ce qui concerne la condition humaine. Des divisions se manifesteront à l'époque de l'occupation romaine entre les penseurs religieux juifs à propos de ce concept, les *Pharisiens* et les *Esséniens* croyant à l'immortalité de l'âme, ce que rejettent les *Saducéens* (la Torah montre que les premiers adeptes du Judaïsme ne croyaient pas à une âme immortelle liée temporairement à l'être humain).

L'évolution dans la Bible de la conception du Dieu unique et l'acceptation progressive de l'existence d'une âme immortelle témoignent d'un amalgame de cultures religieuses, et dans ce cas, *il n'y aurait pas que des racines sémites dans le Christianisme : il y aurait également des racines amérindiennes, plaçant cette religion à la confluence de deux courants de haute spiritualité qui se réunissaient en Palestine.*

Certains historiens bibliques pensent que le Christ a emprunté ses idées à la secte juive des *Esséniens*. Les manuscrits découverts entre 1947 et 1956 dans des grottes voisines de Qum-Ran sur la rive occidentale de la Mer Morte et attribués à la secte des Esséniens font apparaître en effet de nombreuses similitudes avec le message du Christ ; ces manuscrits, écrits en hébreu et en araméen, sont datés avec certitude des *deux siècles antérieurs au Christianisme.* Mais *ces Esséniens trouvent leur inspiration dans les Livres de Job, d'Isaïe II et d'Isaïe III*, et plusieurs manuscrits en retranscrivent le texte original. Ainsi ils appliquent l'idée de *retraite dans le désert* : "*Console, dit Yahvé, mon peuple ; dis-lui que son épreuve est terminée et qu'il a payé ses fautes (...). Une voix clame : ouvrez le chemin à Yahvé dans le désert*"(Isaïe II- 40- 1, 7). En effet, ils se comportent comme une collectivité d'ermites qui s'isolent dans une région inhospitalière, vivent de manière ascétique et recopient les écrits sacrés. Cependant, ils croient fermement en la venue du

Messie traditionnel, un guerrier qui sauvera son peuple, et se préparent pour des temps de fin du Monde. En fait, les *Manuscrits de la Mer morte* montrent l'influence que ces trois Livres eurent sur des penseurs juifs qui n'en restent pas moins fidèles à la ligne traditionnelle du Judaïsme. Mais ces livres appartenaient au domaine public et le Christ n'avait pas besoin des Esséniens pour les connaître et, lui aussi, s'en inspirer .

Outre l'interprétation du divin - le concept du Père bénévole - deux caractéristiques lient le Christianisme au fonds amérindien :
- La première est le concept d'*assemblée* de croyants. Nous avons vu que le grand apport des Amérindiens au monde méditerranéen fut celui d'*assemblée délibérative, la démocratie*, face au despotisme qui régnait alors en Égypte et en Mésopotamie. Le mot grec *ecclésia* signifie *assemblée* et de lui dérive le mot : *église.* Certes, toute assemblée nécessite un chef, et le Christ indiquera le premier de ceux-ci en la personne de l'apôtre Pierre : *"Tu es Pierre, et sur ce roc j'édifierai mon assemblée",* laquelle nommera par la suite les successeurs de Pierre, donc *sans transmission héréditaire* du pouvoir.
- La seconde est le concept d*'évolution* et de *libre arbitre (la parole)* présents dans le mythe amérindien. *L'évolution des croyances religieuses chez les Chrétiens* doit *se débattre dans l'Assemblée des fidèles,* ce que montrera le *premier Concile,* tenu au 1er siècle à Jérusalem. Ces croyances, dans l'esprit du Christ, ne doivent pas rester figées selon des textes immuables : il prévoit leur évolution en fonction de l'évolution du Monde et de celle de la Connaissance, comme étant inscrite dans le projet du Père céleste, car il ajoute :*"Tout ce que tu lieras sur la Terre sera lié dans le Ciel*", suggérant ainsi à l'Assemblée présidée par Pierre et à celles qui lui succéderont de codifier ces croyances lorsque cela apparaîtra souhaitable (les *dogmes*) mais il continue disant : *"Tout ce que tu délieras sur la Terre sera délié dans le Ciel",* ce qui implique que *les dogmes ne sont pas immuables* une fois établis, et peuvent (et doivent) être modifiés en fonction de l'évolution des connaissances ; et c'est l'Assemblée des fidèles qui est chargée de montrer *la voie,* le chemin. En fait, une coopération permanente entre Dieu et les Hommes.

L'évolution des concepts sur lesquels se base la Foi est donc *le critère essentiel* donné par le Christ à son Église, comme un moyen d'accompagner l'évolution des Hommes vers la connaissance parfaite du Divin. Le père jésuite Pierre Teilhard de Chardin écrivait : *"Je crois que l'Univers est une évolution et je crois que l'évolution va vers l'Esprit".* Dans *"Le monde des religions"* de mai 2005, Serge Lafitte écrivait à son propos : "*Selon lui, le phénomène humain est le résultat d'une évolution dirigée, un processus voulu par le projet divin".* C'est le concept de l'auteur inconnu d'Isaïe II énoncé dans la Bible il y a 2.500 ans.

L'enseignement du Christ fut certainement difficile à capter par ceux qui l'écoutaient, et ceux-ci transmettront le message comme ils l'auront compris à d'autres disciples qui à leur tour, au cours du Ier siècle, le comprendront à leur manière. Le passage de l'araméen au grec n'arrangera pas les choses.

Par la suite, les *Pères de l'Église* et les divers théologiens, du IIe au IVe siècle, discuteront et s'opposeront parfois âprement sur le message et la nature divine du Christ. De nombreux *évangiles* existèrent dans l'Église primitive du Proche-Orient aux premiers siècles du Christianisme. Le Christ n'a pas laissé d'écrits, mais il semble qu'il ait conçu son *enseignement à deux niveaux* :

- L'un, adressé au peuple, où il dit des choses simples mais fondamentales, en s'exprimant par *paraboles* (exemples tirés de la vie courante) pour se faire mieux comprendre. Ce sont les textes qui rapportaient cet enseignement populaire, ceux des troisévangélistes *Mathieu, Marc*, *Luc*, que la première Église de Rome sélectionnera à juste titre avec celui attribué à *Jean* pour promouvoir le Christianisme en Europe occidentale : ces textes avaient l'avantage de décrire la vie et les actes du Christ, de la naissance à la Résurrection, témoignages essentiels pour la propagation de la Foi parmi des populations frustes.
- L'autre, adressé à un nombre restreint de disciples capables de le comprendre, donc un *enseignement ésotérique* : *Marie de Magdala* et les apôtres *Thomas* et *Philippe* furent certainement de ces personnes, ainsi que *Jean*, dont l'évangile commence par cet enseignement d'un autre niveau : *"Au début était la Parole, et la Parole était avant Dieu, et la Parole était Dieu"*, réminiscence du mythe amérindien.

Au Moyen-âge en France vers l'an mille, un certain nombre de membres d'ordres monastiques tels que Bénédictins et Cisterciens, en se penchant sur les nombreux textes en leur possession provenant des premiers siècles de l'Église, prirent conscience de l'existence de cet enseignement ésotérique du Christ : *ils comprirent la nature spirituelle de la relation entre le Christ et Marie de Magdala* (à l'opposé de l'enseignement alors en vigueur dans l'Église catholique romaine, pour qui celle-ci n'était qu'une pécheresse à qui Jésus avait pardonné ses fautes) et la portée particulière de l'évangile de Jean, d'où la dévotion à celle-ci et à saint Jean, qui se manifestera dans la France médiévale : Ordre des *Hospitaliers de Saint-Jean de Jérusalem*, et *nombreuses églises dédiées à sainte Marie-Magdeleine* dans le midi de la France. Notons toutefois que la légende médiévale qui faisait venir en Provence depuis l'Egypte *deux* saintes Femmes nommées Marie et qui avaient connu le Christ, *Marie Jacobé* et *Marie Salomé,* ne parle pas de *Marie de Magdala,* n'en déplaise à certains romanciers anglo-saxons à grand succès médiatique...

Il faudra attendre mille ans de plus, le XXe siècle, pour qu'apparaissent en haute-Égypte les documents de Nag-Hammadi rédigés en *copte* traduit du grec datant du IIIe siècle, dont l'authenticité ne fait aucun doute et dont le texte original en grec était, semble-t-il, connu de nombreux *Pères de l'Eglise* : Ils apportent une lumière nouvelle sur ce second niveau d'enseignement du Christ. Ce sont les évangiles de *Marie* (Magdeleine) (3), de *Philippe* (4) *et de Thomas* (5), que l'on devrait prendre en compte pour comprendre l'enseignement du Christ dans toute son ampleur.

À l'*Évangile de Marie* manquent de nombreuses pages. Nous en citons deux extraits rapportant ses dialogues avec le Christ, qui montrent l'*exceptionnel niveau intellectuel de Marie de Magdala* et témoignent de sa relation privilégiée avec le Christ, que jalousèrent certains apôtres tels que Pierre.

Les pages 1 à 6 manquent. En page 7, on lit :

[...] "Qu'est-ce que la matière ? Durera-t-elle toujours ?"
L'Enseigneur répondit : "Tout ce qui est né, tout ce qui est créé,
tous les éléments de la nature, sont imbriqués et unis entre eux.
Tout ce qui est composé sera décomposé ; tout reviendra à ses racines.
la matière retournera aux origines de la matière".

En page 10 : Marie a une vision du Christ, et elle lui demande :

"Seigneur, dans l'Instant, celui qui contemple Ton apparition,
est-ce par la Psyché (l'âme) *qu'il voit,*
ou est-ce par le Pneuma (l'esprit, le Souffle) *? "*
L'Enseigneur répondit : "Ni par la Psyché, ni par le Pneuma ;
mais le Noüs qui est entre les deux, c'est lui qui voit et c'est lui qui [...]

Les pages 11 à 14 manquent. J-L Leloup (3) observe qu'une autre phrase de cet évangile : *"Là où est le Noüs, là est le trésor"* est souvent citée par les Pères de l'Église, tels que Clément d'Alexandrie, ce qui prouve que cet évangile circulait aux premiers temps du Christianisme. Le *Noüs* pourrait être la *partie divine* que chaque homme porte en lui, selon le concept amérindien.

On observe d'ailleurs de nombreuses concordances entre ces trois évangiles apocryphes (ce mot signifiant *cachés*) ainsi que celui de Jean et le mythe amérindien de la Création, de sorte que l'on pourrait dire qu'ils expriment peut-être une *facette édomite de l'enseignement du Christ méconnue jusqu'à ce jour* :

- Ainsi, de même que le mythe amérindien parle de *sept* paradis qui sont des niveaux intermédiaires entre l'Homme et le Créateur (voir Chap. 26 / Chap. III - La première Terre), dans lesquels Dieu fera monter les Hommes suivant leurs mérites lors de la destruction de cette première Terre (Chap. VI), de même *l'Évangile de Marie* parle (page 15) de *l'âme qui s'élève* de "climats en climats" en se libérant de l'un après l'autre, *sept au total,* qui sont : - *Ténèbre - Convoitise - Ignorance - Jalousie mortelle - Emprise charnelle - Sagesse ivre - Sagesse rusée.* En fait, des niveaux d'évolution de l'âme vers le Divin.

Par ailleurs, l'*Évangile de Philippe* dit (sentence 63) : *"Pendant que nous sommes dans ce monde, il serait juste d'acquérir la résurrection afin que, libres à l'égard de la chair, nous connaissions le repos, et que nous ne deve-*

nions pas des esprits errants dans le monde intermédiaire". Nous avons souligné (Chap. 26) que les Mbyá-Guaranis croient que l'âme (*ang*) possède *une portion divine* et certains croient à sa *dualité* : à la mort de l'individu, *la portion divine* (*ang*), retourne dans la demeure du Père, tandis que la *portion impure* (*angue*), produit des passions et des imperfections humaines, erre, convertie en *esprit*, et cela faisait certainement partie de la croyance édomite.

Notons dans ces deux évangiles *une même idée* : "l'emprise charnelle" est une étape à dépasser dans l'évolution vers le Divin (Marie de Magdala) , et la nécessité d'être "libres à l'égard de la chair" (Philippe). Ceci devrait attirer l'attention de ceux qui s'appuient sur une certaine phrase de l'évangile de Philippe (sentence 55, que nous citons plus loin) pour suggérer des relations charnelles entre le Christ et Marie de Magdala.

Également dans cet évangile de Philippe, on lit (sentence 53) : *"Yeshoua est appelé en syriaque* (araméen du nord) *: "celui qui se déploie".* Cette appellation présente une nette similitude avec la description du Créateur que nous trouvons dans le mythe Mbyá-Guarani (voir Chap. 26 - Note 2-2) : *Dieu se déploie en créant.*

Thomas avait pour surnom *Didyme*, ce qui signifiait en grec : *le jumeau* (de *duo = deux*). Certains auteurs ont pris ce terme au pied de la lettre et en concluent que Thomas était le frère jumeau du Christ. Mais ce terme doit être pris au figuré, et il s'agissait d'un *jumelage intellectuel*, soulignant un accord de pensées avec le Christ, supérieur à celui d'autres apôtres. Nous en voyons la preuve dans le terme grec d'origine danaenne et non indo-européenne qu'emploie Philippe à propos de Marie en relation à Jésus (sentence 32) : *"Myriam de Magdala, qui était connue comme sa compagne* (koïnonos). ". En grec, *koinonos* signifiait *compagnon ou compagne* au sens social du terme, sans la connotation amoureuse que l'on donne de nos jours au mot *compagne,* mais nous pensons que ce mot provenait du danaen et doit se lire :
koï (jumeaux) + *no'o* (union, ensemble) = *union de jumeaux.* Il a donc un sens plus fort que celui du simple compagnonnage, qui justifie son utilisation par Philippe et indique une *forte union intellectuelle.* Autant Marie de Magdala que Thomas ont fait connaître des *paroles de Jésus inconnues des autres Apôtres* : ils étaient des *"jumeaux"* (*koi*) du Christ.

Dans l'Évangile de Marie, on lit (page 17) : *"Après avoir dit cela, Marie se tut. C'est ainsi que l'Enseigneur s'entretenait avec elle (...) Pierre dit : est-il possible que l'Enseigneur se soit ainsi entretenu avec une femme sur des secrets que nous, nous ignorons ? Devons-nous changer nos habitudes, écouter tous cette femme ?(...) Lévi prit la parole : "Pierre, tu as toujours été un emporté. Je te vois maintenant t'acharner contre La Femme, comme le font nos adversaires. Pourtant, si l'Enseigneur l'a rendue digne, qui es-tu pour la rejeter ?"*

L'Evangile de Luc dit que, dans sa prédication, Jésus allait accompagné des douze apôtres et de femmes de bonne position sociale dont certaines contribuaient aux frais du groupe, Jésus ayant chassé les esprits malins qui les tourmentaient, ou guéri leurs maux (8 - 1, 3). Parmi elles, se trouvait *"Marie, dite de Magdala, de qui étaient sortis sept démons"*. Luc était un médecin d'origine syrienne : il ne connut pas le Christ, mais décida d'écrire sur sa vie et ses actes après en avoir recueilli de nombreux témoignages en Palestine.

Or, il ne dit pas que Jésus *expulsa* les démons qui *habitaient* Marie de Magdala mais simplement que ceux-ci *étaient sortis*. On a donc souvent mal interprété ce passage en faisant de Marie de Magdala une pécheresse au plus haut degré (imaginez, sept démons !) que Jésus aurait chassé de son corps. Luc était médecin, et avait certainement dû analyser cette information avant de la transcrire. Notre interprétation de ce texte est que l'enseignement du Christ (et celui des Sages édomites) avait permis à Marie de Magdala, disciple exceptionnel, de *franchir les sept niveaux* évoqués plus haut et de devenir sa jumelle intellectuelle, et la rumeur s'en était répandue parmi les disciples.

Mais venons-en à l'évolution historique de la Palestine dans les siècles qui précèdent le Christianisme. Le rabbin J. Klausner (6) constate qu'à leur retour d'exil, les juifs ne purent édifier qu'une *"petite Judée, séparée de la Samarie, de la Galilée et des cités du littoral qui étaient helléniques"*. Et après les conquêtes d'Alexandre, il y eut une émigration massive de Grecs vers la Palestine, particulièrement la Galilée, où se répandirent la culture hellénique et la langue grecque, la Judée devenant une *Hyparquie* où le peuple parlait l'araméen et, de plus en plus, le grec ; l'hébreu ne retrouvera la faveur des juifs qu'à partir du Ier siècle : *l'hébreu et le Talmud deviendront le refuge d'une identité qu'ils ne voulaient pas perdre*, alors qu'ils émigraient massivement en Grèce et à Rome, régions plus prospères de l'empire Romain, la révolte des années 70 contre l'occupant romain ayant détruit le tissu économique de la Palestine.

En -203 la Palestine tombe sous le pouvoir des Grecs Séleucides de Syrie : les Iduméens, peuple formé d'Arabes dans l'intérieur du pays et de Grecs sur le littoral (Ascalon, Ashdod) avec une minorité Édomite (qui toutefois donnera son nom à ce pays), s'étaient alliés aux Séleucides ; du port hellénique d'Ascalon sera originaire la famille du roi Hérode. En -165, apparaissent en Judée les *Macchabées,* qui délivrent Jérusalem et fondent une dynastie royale juive (notons que ces nouveaux rois de Judée ne descendaient pas de David, dont la dynastie, bien évidemment, était éteinte depuis des siècles).

En -134, le roi Jean Hyrcan s'empare de l'Idumée, et *considérant que les Édomites étaient des Hébreux puisque selon la Bible ils descendaient d'Esaü, il leur impose la religion judaïque et les oblige à la circoncision*. Les Sages Édomites refuseront certainement de se plier à cette obligation contraire à leurs coutumes et à leur foi, et nous pensons qu'ils émigreront en *Pérée,* sur la rive orientale du Jourdain. Cette région prendra de l'importance au Ier siècle a.C. Sa ville principale, *Jerash,* dont l'ancien nom était *Gérasa,* fut fondée par des Grecs vers -160. Il est possible que ces Édomites l'aient choisi comme lieu de refuge et aient participé à sa première expansion, lui donnant son nom de *Gerasa* qui, en danaen, signifierait *la vie libre (jéra = libre + sa = la vie).*

Jean Hyrcan envahit également la *Samarie* en -134 et y impose de même la circoncision, estimant que les habitants de l'ancien royaume d'Israël étaient d'origine hébraïque : de nombreux samaritains émigrèrent vers l'Égypte et la Syrie. Il n'envahira que 30 ans plus tard la *Galilée* en -104, et meurt.

Il se peut que les Édomites de Gerasa soient alors allés s'installer en Galilée. Quels sont les lieux qui purent les attirer ? La basse Galilée était parsemée de petits villages agricoles en raison de la fertilité de ses vallées, et des pêcheurs de diverses origines étaient installés sur les rives du lac de Tibériade, particulièrement dans sa partie nord là où débouchait le Jourdain : les villages de *Beth Saida* sur la rive orientale, et *Capharnaüm* sur la rive occidentale, devaient rassembler ces pêcheurs ; plus au sud, la côte était moins attrayante : *Tibériade* sera construit tardivement, ainsi que *Majdal.*

Ces édomites étaient peu nombreux et aimaient l'isolement : ils cherchèrent des lieux dépeuplés, donc *des terres pauvres* où ils pourraient continuer leur mode de vie plutôt austère. Ils avaient certainement pratiqué l'*élevage de moutons* en Idumée, et durent rechercher des lieux propices à cette activité et à la *production de laine.* Un site désert proche du lac, au pied du mont Arbel, fut probablement leur premier établissement, qu'ils nommèrent *Magdala.* Un siècle plus tard, Magdala était célèbre pour ses laines qui se vendaient à Jérusalem. Les Sages édomites avaient peut-être construit un monastère, un *opy,* au sommet du mont Arbel, d'où peut-être la confusion des mots *magdala* et *migdal,* lequel signifie *tour, batiment important* en hébreu. *Magdala* était déjà un village prospère quand Hérode Antipas, roi de Galilée et de Pérée, y établira sa résidence. Notons que sa femme Myriam sera disciple du Christ.

Un autre établissement put être créé dans la région également déserte du *mont Tabor,* propice à l'élevage de moutons, à 20 km. au sud-ouest de Magdala : ces pasteurs s'établiront à son voisinage près d'une source dans les collines, formant un petit village qu'ils nommeront *Nasaré.* À l'époque du Christ, Nazareth n'avait guère plus de trois cents habitants et il semble que les Juifs avaient des préventions contre eux, ainsi qu'en témoigne l'évangile de Jean : Philippe, disciple de Jésus, rencontre Nathanael, un ami juif auquel il dit, pensant l'intéresser : *"Nous avons trouvé celui à propos duquel écrivit Moïse dans la Loi, et également les Prophètes : c'est Jésus, le fils de Joseph de Nazareth".* Et Nathanael de répliquer : *"Peut-il sortir quelque chose de bon de Nazareth ?"(Jean - 1 - 43, 49).*

Lazare, homme riche et respecté de Magdala qui vivait avec ses jeunes soeurs *Marthe* et *Marie,* gérait peut-être le négoce communautaire édomite de laines avec un dépôt à *Béthanie*, à l'entrée de Jérusalem sur la route qui venait de Galilée. Magdala avait un quasi-monopole du tissage en Palestine à l'époque du Christ. Plusieurs textes montrent que Lazare n'était pas le *chef de famille*, comme cela aurait dû être s'il avait été juif, mais qu'il vivait sur un pied d'égalité avec ses soeurs, qui prenaient leurs repas avec lui à la même table, autre caractéristique non-juive. Ils possédaient une demeure à Bethanie où ils recevaient le Christ lors de ses voyages à Jérusalem. *Joseph d'Arimathie, un autre important commerçant de Jérusalem, pourrait également avoir été édomite* ; après la crucifixion du Christ, il obtint des Romains que le corps de celui-ci lui soit confié pour recevoir une sépulture,.

Comme *Bosra, Pétra, Biyara* et *Gerasa*, les noms de *Magdala* et de *Nasaré* nous paraissent de facture danaenne, et les Édomites nous auraient ainsi laissé une piste linguistique de leurs établissements : le site de Nazareth était proche *Mégiddo,* ancienne ville cananéenne sur la route commerciale qui unissait l'Égypte à la Syrie. Il est possible qu'un commerçant de cette ville ait fait bâtir sa *villa* sur la colline de Nazareth à proximité des sources et qu'en soient restées les ruines, qui laissaient apparaître sur le sol des *mosaïques représentant des scènes de la vie cananéenne.* Les Édomites s'en seraient inspirés pour nommer le lieu : *Na-saré = na (peintures) + sa ré (de la vie passée).*

De même *Magdala* a un sens en danaen. Son étymologie pourrait être : *Ma'eguaha'a,* et, dans le nom, déformé par l'usage galiléen, resteront les sons : Mag -ua (da) -ha (la). La signification serait : *Ma'é (contemplation)* + *gua,* suffixe indiquant l'origine + *ha'a* (substantif du verbe *(a) ha'a* qui signifie : *essayer*. Donc : *La tentative issue de la contemplation.*

Il est possible que les Sages édomites, *"ayant profondément réfléchi"*, aient estimé que le moment était venu de passer à une nouvelle étape dans l'affirmation de leur Foi : *en convaincre la totalité du peuple Hébreu*, en un moment crucial où une nouvelle occupation de leur pays, cette fois par les Romains, amenait de nombreuses tribulations à ce peuple, et cette tentative aurait lieu depuis la Galilée...

En -63, les Romains avaient occupé cette province et en avaient nommé gouverneur *Hérode,* un *Iduméen* d'origine grecque né à Ascalon. Son père, *Antipater*, avait été nommé gouverneur d'Idumée par les rois de Judée, puis les Romains, lors de la conquête de la Palestine, l'avaient nommé *proconsul de Judée* : cette famille avait donc la confiance des Romains. Avec leur aide, il s'emparera de Jérusalem et le Sénat, en -37, le nommera *"roi ami et associé au peuple romain"*. Il aura comme les Grecs un goût prononcé pour la construction de grands édifices. Il régnera sur l'ensemble de la Palestine, qui rassemblera l'Idumée, la Judée, la Samarie et la Galilée. Les Grecs l'appelleront *Hérode le Grand*, en raison des travaux qu'il entreprit, tels que le port de Césarée et la reconstruction du Temple de Jérusalem, dont le soubassement cyclopéen qu'il fit construire survivra à la destruction du temple en l'an 70, et constitue l'actuel *Mur des lamentation* : il voulait ainsi s'attirer la bienveillance de ses sujets Juifs, qui le détestaient. Paradoxalement, sans Hérode, il n'y aurait de nos jours aucune ruine rappelant le Temple de Jérusalem, aucun Mur des lamentations…

Le roi Hérode eut des moeurs sanguinaires : craignant de perdre son royaume aux mains de membres de sa famille ou de factions adverses, il fit exécuter deux de ses fils. A sa mort, en l'an 4, les Romains nommeront *Tétrarque de Galilée et de Pérée* son fils *Hérode Antipas,* tandis qu'ils administreront directement la Judée-Idumée et la Samarie.

Considérons maintenant les deux problèmes majeurs qui apparaissent dans les nombreux textes consacrés à Jésus, que leurs auteurs soient chrétiens ou juifs : *ses origines ethniques*, et *la nature de ses relations avec Marie de Magdala.* D'une manière générale, les auteurs chrétiens ne mettent pas en doute l'origine juive de Christ ; il y a par contre divergences d'opinions chez les auteurs juifs. Pour certains d'entre eux, le Christ ne serait pas juif mais *gentil*, c'est-à-dire non-juif ; ils s'appuient sur sa non-observance de nombreux préceptes du Judaïsme, en particulier le respect du Sabbat, sa fréquentation des publicains, collecteurs d'impôts méprisés par les Juifs, ainsi que sur le fait qu'il était originaire de Galilée, où vivaient surtout des "Gentils". Pour d'autres tels que le rabbin Joseph Klausner (6), Jésus était juif en raison de sa profonde connaissance de la Loi judaïque. Notons cependant qu'à l'époque du Christ, les docteurs de la Loi estimaient que Jésus avait des idées hérétiques : ils lui reprochaient de ne pas respecter le Sabbat et de pratiquer fort peu les préceptes de la vie sociale des Juifs ; ils auront donc à son égard une hostilité manifeste.

Il y dans le Nouveau Testament des passages qui montreraient la possible appartenance du Christ à une population non hébraïque. La femme samaritaine, à qui Jésus demande à boire, lui dit : *"Comment, toi qui es juif, me demandes à boire, moi qui suis une femme samaritaine (on sait que les Juifs ne traitaient pas avec les Samaritains)"* (Jean-4, 9). Donc, la samaritaine s'étonne de l'attitude non-juive de quelqu'un qu'elle prend pour un juif. Mais dans le même évangile, quand Jésus discute avec les prêtres du Temple, ceux-ci lui disent : *"Nous avons raison de dire que tu es un samaritain et que tu es possédé par un démon"* (Jean- 8, 48). Donc, *ces prêtres ne considèrent pas Jésus comme étant juif.* Il existerait un passage du Talmud cité par Robert Graves en épigraphe de son roman *"Le roi Jésus",* affirmant que le Christ était Édomite : *"Les commentateurs, en se référant à Jeshu-ha-Notzri* (Jésus le Nazaréen) *mentionnent le royaume pervers d'Édom, car il était de cette nation"* (Talmud-Abarnabel). Il se peut que la naissance du Christianisme se comprendrait mieux si l'on considérait la *possibilité que le Christ ait été d'origine édomite*.

Notons que l'affirmation selon laquelle Jésus descendait du roi David, ce qui supposait une origine juive, n'est pas attestée dans le Judaïsme : *"Sous l'Empire romain, l'espoir de rédemption future, qui ne se rattachait plus à la dynastie terrestre et défunte de David, continuait à vivre dans les attentes prophétiques et messianiques du Judaïsme et dans la croyance chrétienne de l'appartenance de Jésus à la lignée davidique"* écrivent Finkelstein et Silbermann. Notre hypothèse est que *Marie, mère de Jésus, aurait appartenu à une famille de Sages édomites réfugiée en Galilée* : *Jésus aurait donc été non pas Juif mais un descendant de Crétois, lesquels avaient pour lointaine origine divers groupes ethniques amérindiens.*

Deux Évangiles, celui *selon* Saint Mathieu et celui *selon* Saint Luc, évoquent l'enfance du Christ. Ils ne précisent pas les origines ethniques de Marie et préféreront insister sur celles de Joseph, disant que c'était un juif originaire de Bethléem en Judée (dont le roi David aurait été originaire) et même un descendant de ce roi. Mais quelle importance cela aurait-il eu, puisque selon ces mêmes Évangiles, Joseph n'était que le *"père adoptif"* de Jésus ? Cette affirmation tendait à maintenir un pont entre les nombreux Juifs convertis au Christianisme et leurs traditions ancestrales auxquelles beaucoup voulaient rester fidèles : les auteurs de ces deux évangiles semblent puiser à une même source d'information, probablement une communauté judéo-chrétienne de la fin du Ier siècle, comme le montrent les *généalogies* qu'ils présentent l'un et l'autre, l'une remontant à Abraham (Mathieu) et l'autre à Adam lui-même (Luc) !

Il y eut de nombreuses discussions entre chrétiens au début du Christianisme au sujet des traditions à respecter. La plupart de ceux d'origine juive voulaient que les préceptes sociaux de la religion judaïque soient *imposés* aux nouveaux chrétiens non-juifs, mais d'autres tels que Pierre et Jacques ainsi que les chrétiens d'origine grecque s'y opposaient avec force : *les premiers voyaient dans le Christianisme un prolongement du Judaïsme alors que les seconds y voyaient une religion nouvelle, universelle et sans distinction de races.* C'est cette seconde attitude qui fut adoptée à la fin du Ier siècle par l'Assemblée des Chrétiens au *Concile de Jérusalem* (Actes des Apôtres - 15)

Si Jésus avait été un juif élevé dans un milieu pratiquant et éduqué par des *rabbis,* l'hébreu aurait été sa langue naturelle, mais le fait est qu'il s'exprimait en *araméen* et dans cette langue seront ses dernières paroles sur la croix.

S'il était d'origine édomite, il aurait pu quitter sa famille dès son jeune âge pour aller recevoir un *enseignement ésotérique que lui auraient donné les Sages édomites* vivant à Magdala (d'où une certaine distance qui se produira avec sa mère et ses demi-frères, fils d'un premier mariage de Joseph, que signalent les Évangiles) ; ce sont ces Sages qui, outre leurs propres croyances, *lui auraient fait connaître en profondeur la langue et la religion juives,* de sorte Jésus sera capable dès l'âge de douze ans de discuter avec les prêtres du

Temple : ceci amène à penser que ses parents l'avaient confié dès son plus jeune âge, six ans probablement, à des maîtres chargés de son éducation hors de Nazareth et du milieu familial, dans lequel toutefois on le replongea régulièrement jusqu'à son adolescence ; nombre d'historiens bibliques ont douté qu'il ait pu recevoir du *charpentier* Joseph un tel enseignement du Judaïsme à Nazareth. Ces historiens se posent en outre des questions sur *l'absence du Christ de la vie publique en Palestine pendant de nombreuses années* (puisqu'il ne réapparait que lors de son baptême dans le Jourdain par Jean le Baptiste, alors qu'il a près de trente ans) : c'est que le temps de la formation se termine, et il va entrer dans celui de la prédication. Certains imaginent même un séjour initiatique aux Indes : tout simplement, il vivait selon nous dans l'isolement chez les Sages Édomites de Magdala, dans leur *opy* du mont Arbel.

Le Christ aurait donc été au confluent de deux cultures religieuses, la sémite et l'amérindienne, l'hébraïque et l'édomite. L'objectif prioritaire des Sages édomites était certainement de *convaincre de leur idée de Dieu en premier lieu les Juifs*, qui comme eux croyaient en un Dieu unique mais imaginé différemment. Jésus confirmera cette ligne de conduite quand il demandera à ses apôtres d'apporter d'abord son message *"aux brebis perdues du peuple d'Israël"* (Mathieu - 10, 5), et quand il affirmait : *"Ne croyez pas que je sois venu pour écarter la Loi. Je suis venu, non pour défaire, mais pour apporter le définitif"* (Mathieu - 5, 17). Il était imprégné du message des *prophètes inconnus* et dût certainement transmettre ses convictions à ses apôtres ; il devait donc penser qu'une fois accomplie cette première étape, ceux-ci, juifs pour la plupart, aborderaient la suivante, faire connaître le Dieu véritable à toutes les Nations, selon les dernières paroles d'Isaïe III (66-18) *"Maintenant, je viens réunir les païens de tous les peuples et de toutes les langues"*. C'est ce que comprendra le juif *Saül de Tarse,* saint Paul.

Dans l'iconogaphie catholique médiévale de l'Europe occidentale, la Vierge Marie apparaît généralement comme étant de race blanche ; mais alors, quelle explication peut-on donner au grand nombre de *vierges brunes* qui furent vénérées dès le haut Moyen-âge en divers lieux de l'Europe occidentale et orientale : n'y eut-il pas une ancienne tradition connue de groupes restreints selon laquelle la Vierge Marie, à la différence des Hébreux, aurait eu la peau brune ? Or il s'agit toujours de haut-lieux du Christianisme tels que Montserrat en Catalogne dès le IXe siècle, Chartres, Rocamadour et Le Puy en France, la Crète et bien d'autres lieux. La plus célèbre de ces vierges est celle *de Czestochowa* en Pologne qui date du Xe siècle, quand fut christianisé ce pays par Gerbert d'Aurillac. Celui-ci était un religieux bénédictin français, homme de sciences et érudit qui avait étudié en Espagne l'enseignement des savants musulmans et juifs, avant de devenir *Pape* en l'an 999 sous le nom de *Sylvestre II*, et *c'est lui qui apporta la vierge brune à la blanche Pologne* : sa dévotion devait donc aller à une vierge brune.

On peut aussi se demander, dans l'hypothèse où Marie était édomite et non juive, si les circonstances de la naissance de Jésus n'ont pas été considérées à tort par les auteurs de Évangiles à la fin du Ier siècle dans l'optique de la loi judaîque, Marie n'étant pas mariée selon cette loi. Il y a un passage (sentence 17) de l'évangile apocryphe de Philippe qui montre que, pour ce dernier, qui était un grec de Galilée, Jésus était à la fois fils de Dieu et fils de l'homme : *"Certains disent que Marie a été fécondée par la grâce de l'Esprit-Saint. Ils ne savent pas ce qu'ils disent. Marie est le silence immaculé qu'aucune puissance mauvaise ne souille et ne distrait. Elle demeure incompréhensible aux Hébreux et aux apôtres (...). L'Enseigneur n'aurait pas dit : « Mon Père qui est dans les cieux » s'il n'avait pas été engendré d'une autre paternité que celle qui Lui vient de son père de la Terre"*.

Également, plaide en faveur d'une origine non-juive mais édomite le fait que Jésus n'ait laissé aucun écrit, alors que *depuis près d'un millénaire, tout prêtre ou tout personnage important du Judaïsme s'attachait à affirmer par écrit sa foi ou ses injonctions au peuple d'Israël :* Pour le Christ comme pour les Sages danaens, l'essentiel était *La Parole ;* de même, le fait qu'il semble avoir laissé, à côté d'un message populaire, un message ésotérique qui apparaît dans les évangiles apocryphes et celui de Jean. En grec, *évangile* signifie : *"la bonne parole" (eu-angaelia).* Dans *angaelia, la parole, le message*, se retrouve le mot danaen *anga, l'âme* : donc, *à l'origine de la langue grecque,* âme *et* parole *sont intimement liées, comme dans le mythe amérindien.*

Notons le rôle prépondérant donné à la femme dans le Christianisme primitif, puisque c'est par une femme que le Christ s'incarnera sur la Terre : là encore, on est proche du mythe amérindien où la femme n'est en rien subordonnée à l'homme et où elle existe auprès de Dieu avant que ne soient créés les êtres humains. On est par contre en rupture avec le concept de dépendance de la femme par rapport à l'homme, dérivant d'antiques coutumes tribales chez les peuples sémites et qui seront inscrites dans les textes bibliques comme étant un mandat divin : *"Yahvé dit à la femme : Tu auras toujours besoin d'un homme et il te dominera" (Genèse - 3, 16).* Il s'agit là d'un apport autochtone sémite au mythe cananéen du Paradis terrestre, car celui-ci indique seulement que *la femme prit l'initiative* (ce qui était normal dans une civilisation de matriarcat) mais qu'autant Ève qu'Adam mangèrent du fruit défendu, donc *une responsabilité partagée.*

L'Église chrétienne primitive au Proche-Orient ne tiendra d'ailleurs aucun compte de cette affirmation biblique. La théologienne Laura Swann, supérieure du monastère bénédictin féminin de St-Placid aux USA, a écrit un ouvrage : *"Les Mères oubliées du désert"* (7), qui retrace la vie de femmes chrétiennes des premiers temps du Christianisme qui faisaient retraite dans le désert égyptien. Elle écrit que, dans les églises chrétiennes d'Orient, *"de nombreuses femmes furent prêtresses ou diacres. Elles prêchaient, enseignaient, ou vivaient en ascètes".* Mais lorsqu'au IVe siècle, le Christianisme devint la religion officielle de l'Empire romain, *"malgré Galates 3,28, commença à croître la pression pour que les femmes soient destituées du ministère public, conformément aux coutumes".* Les traditions ancestrales sémites, vivaces dans la première Église de Rome, s'unirent aux traditions indo-européennnes appartenant à la société romaine pour balayer ce qu'il pouvait y avoir de traditions danaennes dans l'Eglise en faveur de l'égalité entre hommes et femmes, malgré ce qu'avait proclamé saint Paul :

"Dorénavant, il n'y a plus de différences entre un Juif et un Grec, entre un esclave et un homme libre, entre un homme et une femme, puisque tous sont Un dans le Christ Jésus" (Galates - 3, 28).

Les Édomites - dont la vie sociale reste mystérieuse puisque la Bible évite soigneusement de parler d'eux sinon pour les maudire - avaient probablement une conception du *rôle de la femme dans la communauté civile et religieuse* différente de celle des Juifs : on sait qu'en Crète, les femmes avaient un rôle dans la religion populaire comme prêtresses. Elles eurent certainement un rôle actif dans la société édomite, comme le montre la présence permanente auprès du Christ des "Saintes femmes", particulièrement au moment de la crucifixion. *Marie de Magdala,* jeune femme de bonne position sociale, aurait pu être une *initiée féminine édomite* qui apportera son adhésion et son soutien permanent à Jésus et non la femme publique qu'ont voulu voir en elle divers commentateurs des Écritures. On ne peut interpréter ses attitudes et celles du Christ selon les critères sociaux des Hébreux ou ceux de notre temps : la société édomite était certainement régie par d'autres critères dans les relations sociales entre hommes et femmes. On peut verser deux faits au débat :

- Ceux pour qui Jésus était juif affirment qu'étant donné sa connaissance des Écritures, c'était un *rabbi et que, selon l'une des multiples règles de la Loi, un rabbi devait absolument être marié* ; mais cet argument, utilisé par ceux qui affirment que Jésus et Marie de Magdala étaient mariés, est sans valeur si Jésus n'était pas juif.
- L'évangile de Philippe dit (sentence 55) : *"La compagne* (koïnonos) *du Fils est Myriam. L'Enseigneur* (le Christ) *aimait Myriam plus que tous les disciples ; il l'embrassait souvent sur la bouche".* Il est stupéfiant de constater l'ignorance de certains auteurs modernes, qui appliquent à des faits datant de deux mille ans dans un cadre ethnique et religieux qu'ils méconnaissent totalement, des critères puisés dans notre civilisation moderne occidentale : si le Christ et Myriam s'embrassaient sur la bouche, déclarent-ils triomphalement, c'est qu'ils étaient amants au sens moderne du terme ! ce sont des ignorants, le plus souvent mal intentionnés ; mais *le baiser sur la bouche* était certainement une pratique entre initiés édomites, la transmission du *Souffle*, symbole de l'*Esprit.* Marie de Magdala se comporte en fait comme un

disciple féminin du Christ, plus apprécié peut-être que les autres, ce qui suscitera d'humaines jalousies. Lorsque seront rédigés les Évangiles canoniques, on parlera de "douze apôtres" *tous masculins*, en raison de la forte influence qu'aura sur les juifs convertis au Christianisme le Judaïsme traditionnel, où les femmes n'avaient pas voix au chapitre. Il est probable que Marie de Magdala terminera paisiblement ses jours sur les bords du lac de Tibériade, où son enseignement sera recueilli par une communauté de femmes chrétiennes qui le transcriront dans *"L'évangile de Marie"*, avec peut-être quelque dérivation vers *"L'évangile de Jean"*, le plus tardif des évangiles canoniques. Cet évangile, au mystérieux prologue qui semble inspiré des mythes amérindiens de la Création, affirme : *"Ceci a été écrit pour que vous croyiez que Jésus est le fils de Dieu"* (20 - 31) et : *"Dieu n'a pas envoyé son fils au Monde pour le condamner mais pour qu'il se sauve grâce à lui"* (3-17) donc un Monde capable d'évolution...

Si le nom de Marie était d'origine danaenne, il aurait le sens de *mirim, la petite.* Ce nom pouvait exister chez les Danaens et donc chez les Édomites. Nous avons évoqué (Chap.15 - N. 5) la présence d'une colonie danaenne en Égypte qui put mettre à la mode certains noms danaens comme celui de Mirim, qui dérivera en Miri : le Pharaon Akhenaton et la reine Néfertiti donneront le nom de *Miri-Aton (ou Mari-Aton)* à leur fille aînée. À l'exception de la soeur de Moïse, née comme lui en Égypte dans l'entourage du Pharaon et nommée *Maryam*, ce prénom n'apparaîtra pas dans l'Ancien Testament, mais il réapparaîtra dans le Nouveau, où de nombreuses Maries entourent le Christ.

Le *Coran*, qui considère le Christ comme un prophète, fait montre d'affection pour sa mère *Myriam* à laquelle est entièrement consacrée une très belle *sourate.* On peut voir là une influence nabatéenne qui prend origine dans l'ancienne relation de ce peuple arabe avec les Édomites (sinon, on n'en verrait pas la raison) : ce sont peut-être les musulmans d'Andalousie qui apporteront en Europe occidentale la connaissance de l'origine édomite de Marie et de la couleur brune de sa peau, et ils convaincront Gerbert d'Aurillac. Les *"Rois Mages"* dont parle l'Évangile de Mathieu étaient selon nous des commerçants arabes *nabatéens* dont les caravanes se rendaient à Damas en longeant la rive orientale du Jourdain : ils venaient donc de l'Orient *lorsqu'ils entrent en Palestine,* mais en fait ils venaient du Sud lointain. Leurs présents sont caractéristiques des produits transportés par leurs caravanes : *encens, or et myrrhe,* dont ils retirent une partie pour l'offrir à l'enfant Jésus. Ils ont quitté leur route caravanière pour faire un geste envers les Édomites, ce qui indiquerait que cette communauté fêtait cet événement et l'avait porté à la connaissance de ses amis Nabatéens. Peut-être les Sages Édomites se préparaient-ils depuis longtemps à cet *avènement* : la prophétie d'Isaïe III (63- 1) citée plus haut en serait l'indice, et ils en reconnurent peut-être les signes ... dans le ciel : une "étoile" de grandeur exceptionnelle ?

La *fuite en Égypte* de la Sainte famille (*Mathieu - 2, 13*), donc une fuite vers le sud pour échapper à la folie du sanguinaire roi Hérode, influencé par quelque légende sur le risque que présenterait un nouveau-né pour sa dynastie, nous paraît avoir été en fait une *mise à l'abri temporaire chez les Nabatéens* : leurs chefs caravaniers, qui pressentaient un danger de mort pour le nouveau-né, offrirent leur hospitalité ; ainsi, la Sainte famille aurait vécu pendant quatre ans jusqu'à la mort d'Hérode, non pas dans une Égypte difficile d'accès où elle ne disposerait d'aucun appui, mais chez les arabes nabatéens à Pétra (ville où les Romains ne s'installeront qu'en l'an 106). Raison de plus pour que le Christ parle l'araméen... La *connaissance personnelle de Marie* qu'auront les Nabatéens donnera lieu à une tradition arabe qui apparaîtra dans le Coran, lequel parle de Marie comme d'un *modèle de foi et de vertu.*

Certains historiens affirment que le Bethléem où serait né Jésus ne serait pas celui de Judée mais un petit village ainsi nommé proche de Nazareth. Cela ne nous paraît pas convaincant, car si Marie et Joseph étaient restés en Galilée, l'accouchement aurait certainement eu lieu à Nazareth et non dans un village voisin : une raison que nous ignorons les amena à se rendre en Judée au village d'origine de Joseph (ce dernier n'en étant pas pour autant descendant du roi David). Nous pensons en outre que les sages édomites, dans un geste œcuménique, avaient favorisé le mariage de l'édomite Marie et du juif Joseph.

Les premiers Chrétiens, y compris les Apôtres, interpréteront-ils correctement le message du Christ ? Les fortes tensions qui se manifestent entre eux au cours du Ier siècle permettent d'en douter. Elles sont dues à des différences ethniques et culturelles difficiles à dépasser sur le moment. Et les autorités ecclésiastiques catholiques au Moyen-âge interpréteront-elles correctement *les circonstances qui amenèrent à la condamnation à mort du Christ par le tribunal romain* ? On peut également en douter : elles lancèrent l'anathème contre le peuple juif dans son ensemble en le qualifiant de *"peuple déicide",* oubliant que cette mort était *nécessaire* pour que s'établisse le Christianisme, et qu'il aurait donc fallu plutôt en remercier les auteurs, puisque c'était le dessein de Dieu... Dans une Judée occupée par Rome, les Juifs n'avaient aucun pouvoir de décision et nous pensons que leurs autorités religieuses n'eurent rien à voir avec cette condamnation décidée par le Pouvoir romain, même si celle-ci pouvait remplir de satisfaction quelques grands-prêtres du Sanhédrin. A qui bénéficiait cette mort, sinon à *Hérode Antipas,* gouverneur de Galilée par la grâce des Romains et qui devait avoir hérité la phobie sanguinaire de son père, lequel voyait en tout personnage qui émergeait un danger potentiel pour le maintien de son pouvoir ? Or, depuis l'entrée triomphale du Christ dans Jérusalem lors de la Pâque juive, celui-ci devait lui apparaître comme un dangereux concurrent, et en outre, Hérode ne devait guère apprécier le fait que sa femme Myriam soit une de ses adeptes. Les Romains ne durent voir aucune difficulté à accorder à leur protégé le service que discrétement il leur demandait, condamner à mort Jésus de Nazareth : ne s'agissait-il pas d'*un de ses sujets galiléens* qui risquait de prétendre à la royauté ? D'où l'inscription dépréciative, INRI, qui apparaîtra sur le croix du Christ, signifiant : *Jésus de Nazareth Roi des Juifs.* Elle marquait la victoire d'Hérode sur celui qu'il considérait comme un dangereux concurrent, et ne pouvait avoir été conçue, ni par un juif, ni par un romain.

Un autre personnage fut, au cours de l'Histoire, rendu responsable de la mort du Christ, le scandale étant qu'il s'agissait de l'apôtre qui semble avoir été le plus proche de lui, *Judas Iscariote,* celui qui le "trahit" en le désignant aux soldats envoyés par le Procureur romain pour l'arrêter. L'un des manuscrits trouvés à Nag-Hamadi et appelé *l'Évangile de Judas* relança récemment la polémique au sujet de cet apôtre. Le père J. P. Leloup, qui traduisit ce texte, pense qu'il fut rédigé par des membres d'une secte religieuse, les *barbelo-gnostiques*, qui considéraient que *le monde dans lequel nous vivons n'était pas l'oeuvre de Dieu, mais d'un démiurge mauvais, Barbelos,* étant donné tout le Mal qui existait dans le Monde. Il est possible que *ces gnostiques se soient emparés du personnage de Judas pour lui attribuer un enseignement de Jésus, ainsi annexé a leur cause.* D'ailleurs, comment Judas aurait-il pu transmettre ce récit puisqu'il s'était suicidé peu après son acte selon plusieurs témoignages ? Le texte de *l'Evangile de Judas*, en copte, semble avoir comme origine un texte en grec datant des années 160/180, donc rédigé plus d'un siècle après la mort de l'auteur présumé.

Mais qui donc était Judas ? Les Évangiles canoniques lui donnent une place importante aux côtés de Jésus qui, selon l'évangile de saint Jean, parle de lui comme étant *"son ami", "titre qu'il ne donne à aucun autre disciple"* (Leloup). Judas aurait donc été très proche de Jésus, un confident, ce qui n'en rendrait que plus grave sa trahison si, comme le suggère Leloup, le Christ ne lui avait au contraire confié une mission, celle de le "faire connaître" aux soldats qui le recherchaient, afin que s'accomplissent les temps de sa présence physique sur la Terre ; mais Judas, un homme simple, n'aurait pu supporter le fait, lui l'ami, d'avoir livré Jésus à ses bourreaux, et se serait suicidé, accablé par l'opprobe des premiers disciples.

D'où provenait l'étroite relation qui semble avoir existé entre Judas et Jésus ? *A la différence des autres apôtres, tous originaires de Galilée, Judas était le seul originaire de la Judée.* Son nom était fréquent dans la région et pour mieux l'identifier, il était dit *Iscariote* car il était originaire du petit village de *Keriot*, proche d'Hébron, d'où le nom de *Juda ish Kériot,* et il avait quitté son village pour rejoindre Jésus en Galilée, alors que les autres apôtres avaient été recrutés directement par Jésus dans cette province. Hébron avait, pendant quatre cents cinquante ans, fait partie de l'Idumée : ne pourrait-on pas penser que *Judas était un iduméen d'origine édomite,* et non un juif ?

Pour Jésus, ce nouveau venu - qu'il n'avait certainement pas choisi mais qui, lui, l'avait choisi en venant à lui et devait lui rappeler ses origines - devint l'ami, le confident... Il se peut que les autres apôtres l'aient considéré comme un intrus dans leur groupe de galiléens car il n'était ni juif, ni grec mais iduméen : d'où une attitude d'hostilité latente qui transparaîtra dans les évangiles rédigés vers la fin du Ier siècle, et qui déchargera peut-être sur lui un *sentiment de responsabilité collective envers le Christ* : tous les apôtres, à des degrés divers, avaient abandonné Jésus entre les mains de Pilate

Nous donnons en Notes notre interprétation de certains faits relatifs au Christ, car nous pensons que la langue danaenne pourrait apporter de nouvelles lumières sur leur compréhension. Ce sont :

- *Le sens du nom de Jésus en danaen* (9)
- *L'inscription portée en araméen par un ossuaire* (10)

Le Christianisme apporta une véritable révolution culturelle dans les divers pays de la Méditerranée orientale où il se répandait entre les Ier et IIIe siècles, particulièrement en Égypte et en Asie Mineure : ce fut l'*époque de grandes controverses sur la nature même du Christ, un envoyé de Dieu d'une nature particulière ou Dieu lui-même sous une forme distincte,* selon les points de vue... Les querelles idéologiques atteignirent même des degrés excessifs, souvent dûs au caractère des personnages d'Église qui les soutenaient, tel le long conflit entre Arius, prêtre égyptien, et l'évêque Athanase au début du IVe siècle. Arius écrivait qu'*"il y eut un temps où Jésus n'existait pas",* ce qui signifie que, selon lui, Jésus n'était pas éternel comme Dieu. Cependant, il acceptait l'idée que le Christ était *préexistant*, c'est-à-dire que Dieu l'avait créé avant le commencement des Temps et s'en était servi pour guider l'Homme (8). *On retrouve là le concept exprimé dans le mythe Mbyá-guarani de la Création* qui, selon nous, inspira le message du Christ et est parfaitement explicite dans l'évangile de Jean, où il dit dit que *le Christ est le fils unique de Dieu, envoyé pour sauver le Monde.* Le Concile de Nicée, convoqué en 325 par l'empereur Constantin pour apaiser ces querelles théologiques, proposa comme terrain d'entente, un Credo qui commençait par une profession de foi en l'existence d'*"un seul Dieu, le Père tout-puissant, créateur de toutes choses visibles et invisibles"* et d'*"un seul Seigneur Jésus-Christ, le Verbe (la Parole) de Dieu, Dieu issu de Dieu (...) engendré avant le commencement des siècles par le Père, par lequel toute chose vient à l'existence"*. Là encore, on retrouve l'empreinte de la foi amérindienne. La querelle entre évêques ariens et catholiques ne s'apaisa pas pour autant...

Le Christianisme se répandra d'abord au Moyen-Orient, puis sur les deux rives de la Méditerranée et dans toute l'Europe. Après la "Découverte", il s'implantera profondément en Amérique latine. Un retour aux sources ? Et les Edomites qui avaient apporté cette nouvelle vision de Dieu s'effacèrent, dépourvus d'orgueil, et se fondirent dans le creuset de l'Humanité.

(1) La suite du texte détonne, parlant de vengeances, et semble avoir été ajouté par un copiste qui, selon la vieille tradition, était mû par l'hostilité envers Édom.
(2) Théophane CHARY. o.f.m - *La Création chez le second Isaïe.*
Le monde de la Bible. Paris (mai 1979)
(3) Jean-Yves LELOUP - *L'Évangile de Marie, Myriam de Magdala* Paris. 1997.
(4) " " - *L'Évangile de Philippe.* Paris. 2003.
(5) " " - *L'Évangile de Thomas.* Paris. 1986.
(6) Joseph KLAUSNER - *Jésus of Nazareth.* New York.
(7) Laura SWANN - *The forgotten desert mothers.* St Placid Priory - USA. 2001.
- *Las madres del desierto.* Buenos-Aires. 2003. Nous n'avons pas rencontré de traduction française de cet ouvrage sur *Les mères oubliées du désert.*
(8) Richard E. RUBENSTEIN - *When Jesus became God. New-York.* 1999
Le jour où Jésus devint Dieu. Paris. 2004

(9) Saint Thomas d'Aquin, dans sa "*Somme théologique",* donne une étrange définition de Dieu quand il écrit : *"Ainsi, Dieu sera celui qui retourne à son essence, et se comprend le plus à lui-même" (I -14).* Dans l'évangile de Philippe, était déjà dit : *"Yeshoua ne s'est pas révélé tel qu'il est en réalité, mais il s'est révélé selon la capacité de ceux qui veulent Le voir (...). Quelques uns qui se connaissent eux-mêmes l'ont connu"* (sentence 26). Et l'évangile de Thomas affirme à son début :

"Voici les Paroles du Secret : Jésus le Vivant les a révélées.
Didyme Jude Thomas les a transcrites (...). Jésus disait :
Le Royaume, il est à l'intérieur de vous, il est à l'extérieur de vous.
Quand vous vous connaîtrez vous-mêmes,
vous connaîtrez que vous êtes les fils du Père, le Vivant ;
mais si vous ne vous connaissez pas vous-mêmes, vous êtes Vanité"

Thomas d'Aquin reprend donc la tradition des évangiles apocryphes.

Or l'évangile de Luc dit que le nom de Jésus fut *choisi par sa mère.* Si ce nom était édomite, on pourrait lui trouver un sens en danaen : en guarani, *jé* est un préfixe réflexif verbal signifiant : *à soi-même*, et *(ai)su'u* un verbe qui signifie *connaître, comprendre* Donc, dans le langage des Édomites, *Jésus* (*Jésu'u)* signifiait : *"Celui qui se connaît, celui qui se comprend lui-même".*

Ce devait être un nom utilisé par les initiés édomites. et le fait est qu'il n'apparaît pas dans le Pentateuque où il ne peut être confondu avec Josué, qui y apparaît comme *Yehoshoua.* Par contre, il apparaîtra à partir du IVe siècle a.C. dans Esdras sous la forme *Yeshoua*, quand s'étend l'influence édomite. Selon les historiens, ce nom de Jésus sera fréquemment porté en Palestine à la fin du Ier siècle, ce qui est l'indice de l'impact que le Christ eut sur la société palestinienne de son époque. Les Grecs disaient *Iesous,* fort proche du danaen *Jesu'u.*

Nous avons déjà rencontré le verbe *(ai) su'u* dans le disque de Phaïstos, en A-{4}).

(10) À la fin du Ier siècle, il était d'usage dans les milieux fortunés de Jérusalem de disposer les ossements de défunts dans des caissons de petite dimension (nommés *ossuaires*) creusés dans la pierre calcaire de la région, et parfois de les regrouper dans des *caveaux souterrains*, rassemblant ainsi ceux d'une même famille ou d'un groupe particulièrement uni tels que des chrétiens, donc dans ce cas au-delà des liens de famille : ces derniers caveaux peuvent se reconnaître au fait que les noms gravés sur les ossuaires qu'ils contenaient étaient des noms qu'affectionnaient les chrétiens car

ils étaient liés au début du Christianisme : Jésus, Marie, Joseph, les noms des Apôtres tels que Jacques (Jacob) ou Judas, ou ceux des saintes femmes, telles que Mariame (Marie de Magdala). Le service archéologique de l'État d'Israel conserve en dépôt plusieurs centaines de tels ossuaires. Il y a quelques années apparut un ossuaire, propriété d'un collectionneur, dont l'inscription, en araméen, attira l'attention des historiens. Cet ossuaire datant du Ier siècle provenait de Jérusalem et a été authentifié par les experts de diverses disciplines. Il porte l'inscription suivante :

ya'akov bar yosue
ak'huui di yeshua

André Lemaire, spécialiste de l'araméen à la Sorbonne, constate que le mot dont l'interprétation peut être discutée, *ak'huui,* est caractéristique de *l'araméen de Galilée* et signifie : *frère.* Donc l'inscription dirait :

Jacob fils de Joseph
frère de Jésus

Vers la fin du Ier siècle, sur 100 prénoms masculins portés à Jérusalem, on rencontre : 21 Simon - 14 Josué (Joseph) - 19 Juda - 9 Jésus - 5 Mathieu - 2 Jacob (selon *"Israël Exploration Society"- 1984*). Trouver ensemble sur une inscription indiquant une parenté les trois prénoms : Jacob, Joseph et Jésus ne serait pas fréquent, sans être un cas unique, et elle *pouvait se rapporter à une famille chrétienne sans que ce soit celle de Jésus-Christ,* comme l'ont imaginé certains.

Nous avons toutefois été intrigué par la sonorité guarani du mot *ak'huui.* Or les édomites de Galilée parlaient certainement entre eux leur langue danaenne dans sa pureté initiale, mais, dans leurs contacts avec leurs voisins d'Idumée puis de Galilée, ils devaient parler un araméen dans lequel avaient dû se glisser des mots de leur propre langue : *ak'huui* pourrait en être un, et dans ce cas, le mot signifierait : *disciple, frère spirituel* et non frère charnel. En effet, on rencontre en guarani : *hakykue* qui signifie : *suivre, être situé derrière,* avec le sens de *disciple* selon les exemples du dictionnaire du père Guasch, et *ak'huui* pourrait en être une déformation. Il pourrait donc s'agir du *Jacob disciple de Jésus* dont parle saint Paul : *"Selon les Écritures, le Christ ressuscita au troisième jour, et il apparut, d'abord à Pierre, puis aux Douze (*apôtres*). Ensuite il se laissa voir par plus de cinq cents* frères *réunis, dont la majorité vit encore. Ensuite il apparut à Jacob, et immédiatement ensuite à tous les autres apôtres* (ce mot signifie ici : *disciples*)*".*

Ce *Jacob* devait être un disciple particulièrement notable puisque saint Paul le cite expressément, et c'est peut-être ce que revendique avec orgueil l'auteur de l'inscription, probablement un chrétien de Jérusalem originaire de Galilée : *dans ce cas, le Yeshua de l'inscription serait Jésus-Christ.* Dans le cas contraire, la première ligne de l'inscription aurait suffi pour identifier les restes d'un *Jacob,* selon la coutume locale où était souvent cité le père. Cet ossuaire provenait d'un caveau chrétien.

Chapitre 30

LE LINCEUL DE TURIN

On conserve dans la cathédrale de Turin un *linceul.*qui porte l'empreinte d'un corps et, selon la tradition chrétienne, ce drap mortuaire est celui qui fut utilisé par Joseph d'Arimathie pour couvrir le corps du Christ lors de sa mise au tombeau après la crucifixion. Il serait parvenu en France depuis Constantinople en 1204 à l'époque des Croisades. Il mesure 111 x 436 cm, ce qui correspond à 2 x 8 *coudées assyriennes* , cette coudée mesurant 54, 5 cm.

Divers textes grecs datant du Ier millénaire font allusion à ce type de linceul, où il est nommé *tetradiplon.* Ce mot signifie *plié quatre fois* et devait être le terme générique pour désigner un *linceul mortuaire* dont le pliage obéissait à une méthode traditionelle : la toile était d'abord pliée en deux dans le sens de la longueur, soit 436 : 2 = 218 cm dans le cas du *linceul de Turin.* Puis en deux mouvements, elle était ramenée sur elle-même de manière à réduire au tiers la nouvelle dimension longitudinale, soit 218 : 3 = 72, 6 cm.

La pièce ainsi obtenue, de 111 x 72 cm., était enfin pliée en deux dans le sens de la largeur. Pour le linceul de Turin, on aurait ainsi obtenu une pièce de 55,5 x 72 cm. Ce mode de pliage permettait une facile utilisation : une moitié du linceul était déployée sur une table et recevait le corps du défunt après le lavage du corps ; l'autre moitié entourait la tête puis venait recouvrir le corps ; une pièce de toile plus petite, appelé *suaire,* était utilisée pour protéger la tête. Le corps serait ensuite déposé dans une tombe.

Selon les Évangiles, le sépulcre où fut déposé le corps du Christ était une chambre souterraine creusée dans la colline calcaire qui bordait un jardin appartenant à Joseph d'Arimathie, à proximité du calvaire. Le lendemain du Sabbat, au petit matin, Marie de Magdala et Marie Jacobé vinrent au sépulcre pour enduire d'aromates le corps du Christ ; mais la pierre qui en obturait l'entrée avait été déplacée et le Christ n'était plus dans le sépulcre.

Bouleversées par cette disparition, elles plièrent certainement le linceul afin de pouvoir le conserver, et ceci de manière à ce que soient visibles les traces de sang laissées par le corps, "l'intérieur" devenant donc "l'extérieur". Selon les textes évangéliques, c'est plus tard dans la matinée que le Christ ressuscité se manifestera aux Apôtres et à Marie de Magdala. Ce linceul ainsi plié sera par la suite connu dans le monde grec sous le nom de *Mandulion,* nom qui devint en français : *Mandylion,* la lettre *u* (upsilon) du grec devenant *y grec* en français. Le Mandylion fut vénéré au VIe siècle à Édesse au nord de la Syrie, puis, lorsque les musulmans prirent la ville en 639, ils l'emportèrent dans leur capitale, Constantinople, et le Mandylion fut conservé dans une église : diverses gravures anciennes le représentent montrant la tête d'un homme portant la barbe et une abondante chevelure, semblable à celle que montre le linceul de Turin. Ne comprenant pas le sens de ce mot qui paraissait grec mais ne l'était pas, on appela le *Mandylion* : *"La sainte face"*. Nous verrons plus loin son vrai sens.

Les Wisigoths d'Espagne, qui avaient vécu un temps à proximité de Constantinople et avaient gardé des relations commerciales avec les Byzantins, eurent connaissance de cette relique. Braulion, évêque de Saragosse (585-651) y fait allusion quand il écrit : *"Mais en ces temps on a su qu'arrivaient bien des choses qu'on ne possédait pas par écrit, comme c'est le cas des linges et du sudorium par lequel le corps du Seigneur a été enveloppé. On lit qu'il a été retrouvé, et on ne lit pas qu'il a été conservé"*.

Parvenu en France, ce linceul apparut publiquement en Champagne en 1353 quand Geoffroy de Charny le donna aux chanoines de Livrey. À cette époque-là où le culte des reliques était à son apogée, ce linceul était souvent monté *déployé* aux fidèles lors de cérémonies d'*ostentation* dans des chapelles ou des cryptes. En raison des guerres franco-anglaises, il fut mis à l'abri dans le château des ducs de Savoie à Chambéry, où il fut endommagé par un incendie ; confié à un couvent de Clarisses qui le répara, il parvint au château ducal de Turin en 1578.

L'homme dont la figure et le corps apparaissent sur le linceul de Turin (Fig. 48) était de forte carrure et de grande taille, 1,75 à 1,80 m. (cet écart de chiffres dépend de l'évaluation des variations dimensionnelles de la toile du linceul avec le temps). Il portait la barbe et une longue chevelure bouclée. Son nez était très allongé. *Un certain nombre d'observateurs font remarquer que ses traits et sa stature ne sont pas sémitiques* : les mosaïques de diverses synagogues du IIe siècle découvertes en Asie Mineure montrent en effet un type juif bien précis : figule ovale, chevelure courte, petite barbe en pointe, corps plutôt petit et frêle. Nous avons constaté au Chap. 28 que la population de la Palestine au Ier millénaire a.C. était loin d'être uniquement sémite, en raison des apports cananéens, danaens, indo-européens, philistins et grecs : c'est la lecture de la Bible, somme d'écrits d'origine hébraïque, qui en l'absence d'autres écrits locaux a amené à penser au cours des derniers siècles que la Palestine n'était pratiquement habitée que par des Hébreux.

Divers types humains, différant par la taille, l'aspect et la couleur de peau devaient donc se côtoyer à Jérusalem à l'époque du Christ et leurs différences n'attiraient pas l'attention, d'autant plus que nombre de leurs coutumes étaient identiques. Si l'on considère les critères de classification ethnique exposés au chap. 8, le corps et la face de l'homme apparaissant sur le linceul de Turin rappellent le type boréide, tandis que de longs cheveux bouclés rappellent le type danaen. Il est notable qu'aucun des Évangiles ne donne une description du Christ : celle-ci ne fut donc pas transmise aux rédacteurs des Évangiles, qui les écrivent vers la fin du Ier siècle, et semblent peu s'en soucier. Pas davantage Saint-Paul, contemporain du Christ, n'évoque l'aspect physique de celui-ci ; il est d'ailleurs probable qu'il ne le connut pas personnellement. Paul était un juif de la ville de Tarse en Asie Mineure, et citoyen romain. Par contre, de nombreux grecs de Palestine connaissaient l'aspect du Christ, et il est probable qu'on le retrouve sur les icones primitives. Ainsi, le couvent orthodoxe du Sinaï garde une *icone du IVe siècle,* le *Christ Pantocrator* : des spécialistes en images ont constaté que la structure osseuse qu'il suggère correspond exactement à celle de la figure qui apparaît sur le linceul de Turin.

Des *tâches brunes* apparaissent sur ce linceul juste à l'emplacement des blessures que le Christ aurait subies lors de la crucifixion selon les textes des Évangiles, en particulier sur la face, dues à la couronne d'épines, et sur les flancs et le dos du corps, dues à la flagellation et au coup de lance donné par le centurion romain : elles pourraient être dues au sang du supplicié.

L'*image* de celui-ci n'apparaît que sur une seule face du linceul, celle qui était au contact du corps, et elle n'a pas traversé les fibres de la toile. Elle est *tridimensionnelle* et on a tenté de l'expliquer, soit comme étant une *falsification* effectuée au Moyen-âge, soit par une *irradiation* produite par le corps du Christ au moment de la résurrection, soit par une *réaction chimique* entre les fibres de lin et les onguents utilisés lors de la mise au sépulcre : selon les coutumes locales, le corps du défunt était lavé puis enduit d'un mélange de *myrrhe* et de *suc d'aloés*.avant d'être enveloppé dans un linceul sur une table mortuaire ; cette pratique était commune à toutes les populations du Proche-Orient et n'était pas uniquement juive. L'aloés était utilisé à cette époque comme antiseptique et cicatrisant : les troupes romaines en faisaient un large usage. Les cheveux du défunt purent ensuite être enduits d'un fixateur, puis être maintenus plaqués le long de la tête avant que ne se manifeste la rigidité cadavérique : deux planchettes de part et d'autre de la tête purent être utilisées à cet effet, ce qui expliquerait son apparence rectangulaire.

Si Joseph d'Arimathie et ses amis étaient édomites et non pas juifs, ils n'avaient aucune raison de respecter le Sabbat dans leurs demeures, et purent donc pratiquer le lavage et la préparation du corps dans le sépulcre après la tombée de la nuit. Selon P. Vignon, l'image du corps apparut probablement par la suite en raison d'un phénomène au niveau microscopique d'oxydation et de deshydratation des fibrilles superficielles des fils saillants de la trame du linceul : l'aloés et la myhrre auraient modifié la couleur des fibrilles qui étaient au contact du corps. Cette image aurait donc pu se manifester peu à peu, la toile ne montrant initialement que des taches de sang. Un phénomène semblable aurait été observé sur d'autres linceuls.

Depuis un siècle, des études scientifiques se sont succédées sur le linceul de Turin, utilisant chaque fois les méthodes les plus récentes dont disposait la Science. Des centres d'études spécialisés se sont formés dans divers pays, Italie, France (CIELT), États-Unis (STURP) et des experts internationaux se rassemblent régulièrement pour analyser les résultats de ces investigations : ainsi eut lieu en 2005 un colloque réuni à Paris par le CIELT.

Résidant en Amérique latine (Argentine et Paraguay), ce n'est qu'en octobre 2007 que nous eûmes connaissance d'un comte-rendu de ce colloque : une découverte qu'il rapportait : *des inscriptions qui apparaissaient sur le linceul,* attira notre attention et fut à l'origine d'une étude linguistique qui nous amena à ajouter ce dernier chapitre à notre ouvrage. *Nous pensons que les données nouvelles qui en découlent contribueront fortement à faire accepter le linceul de Turin comme étant celui qui couvrit le corps du Christ dans le sépulcre.*

Avant de faire part du résultat de nos recherches, nous reprendrons rapidement les points principaux des arguments qui s'affrontent, en particulier sur la *nature des tâches brunes* ainsi que sur *l'époque où fut fabriquée la toile du linceul,* et nous ferons quelques remarques à leur sujet.

Divers chercheurs sont arrivés à la conclusion que c'est du *sang*, et même du *groupe AB*, qui apparaît dans les taches brunes, mais d'autres contestent ces affirmations et certains d'entre eux constatent la présence sur ces tâches de *pigments* tels que l'ocre rouge, ce qui serait une preuve de la falsification. Cependant, on pourrait envisager que, pour rehausser l'image incertaine du linceul, des pigments aient été apposés au Moyen-âge sur certaines parties du linceul amené de Constantinople, afin d'obtenir une *meilleure relique* : de nombreux tableaux de maîtres furent ainsi retouchés au cours des siècles... Mais on pourrait penser également que le sang en question est du XIIIe siècle et non du Ier. *Le sang du linceul ne nous parait donc pas en mesure de permettre une opinion décisive.* Notons toutefois qu'il s'agit d'une catégorie de sang très rare, car il possède le groupe AB qui n'apparaît à l'échelle mondiale que dans 3% des cas ; ce groupe est considéré par certains spécialistes comme indicateur de nombreux brassages ethniques.

Plus importante nous paraît la *datation* de la toile du linceul. Des analyses de *carbonne 14* effectuées en 1988 par trois laboratoires différents sur des *portions du linceul extraites de ses bords* ont amené ces laboratoires à affirmer que le linceul daterait du XIIIe siècle : la cause serait donc entendue, on aurait affaire à une falsification médiévale de haute qualité, malgré l'argument de l'impossibilité technique qu'avancent certains spécialistes de l'image en raison des caractéristiques exceptionnelles de celle-ci. On peut toutefois penser que les nombreuses ostentations qui eurent eu lieu aux XIIIe et XIVe siècles dans des chapelles ou des cryptes éclairées et enfumées par la combustion de bougies ou de torches fut à l'origine d'un apport important de particules de carbone médiéval sur le linceul ; et en particulier que le contact de ses bords pour les pliages et dépliages successifs avec des mains dont la graisse corporelle fixait également ces particules de carbone pourrait avoir amplifié le phénomène. Certains experts affirment que les moisissures accumulées dans la toile sont également susceptibles de modifier amplement les résultats, et l'on a constaté que les bords du linceul ont en certains endroits été réparés par les soeurs Clarisses, évidemment avec des fibres de lin de leur époque. *Ces datations du carbone 14 ne seraient donc pas convaincantes.*

En 2005, un chimiste américain Raymond Rogers ayant appartenu au STURP publiait un article faisant connaître le résultat d'analyses portant sur le *taux de vanilline* présent dans la lignine des fibres de lin du linceul de Turin : la vanilline se dégradant avec le temps, il mesura ce taux sur de la matière prélevée à l'aide de bande adhésive en divers endroits du linceul, et le compara aux taux d'analyses similaires faîtes sur des tissus de lin médiévaux : il arriva à la conclusion que le taux correspondant au linceul refléterait deux mille ans d'âge, mais d'autres spécialistes doutèrent de ce résultat.

En 1973, Max Frei, un botaniste suisse, effectua des recherches de *pollens* sur le linceul en captant des micro-poussières à l'aide de rubans adhésifs spéciaux. Il arriva à la conclusion que les pollens qu'il observa correspondaient à diverse espèces végétales : vingt d'entre elles ne poussaient pas en Europe, mais on les trouvait au Moyen-Orient, telles que le lys sauvage *ixolirium montanum* présent en Turquie dans la région d'Edesse, et deux autres présentes dans la région de de Jérusalem. Certains spécialistes ont fait observer qu'il était surprenant que n'apparaisse pas des pollens d'olivier, arbre amplement répandu en Palestine. Il se trouve que nous nous étions intéressé à la culture du lin en Messénie (Chap. 13-p. 236), ce qui nous permet d'apporter certaines précisions. On classe les variétés de lins cultivées ou sylvestres en deux groupes : - celles destinées à la production de *grains* utilisés dans l'alimentation ou l'huilerie : elles poussent dans des régions sèches comme la Palestine - celles destinés à la production de *fibres*, qui nécessitent un *climat humide* : on les cultive dans le nord de la France et en Europe Centrale ; le Caucase et la région d'Edesse étaient jadis connus pour leur *lin sylveste à usage textile*, et la Grèce du Ier millénaire a.C. s'approvisionnait en lin dans le Caucase. La côte humide de la Messénie était une zone de culture de variétés textiles, ainsi que le delta du Nil, où l'abondance d'eau permettait un rouissage par immersion. Nous pensons donc qu'au Ier siècle, *à la différence de l'olivier, le lin textile n'était pas cultivé en Palestine, et que les tissus de lin, produit de luxe, y provenaient d'Edesse.* On a détecté parmi les fibres de lin du linceul quelques fibres de coton sauvage de la variété *Gossypum herbaceum,* caractéristique du Moyen-Orient, ce qui écarte la possibilité que cette toile ait été tissée en Europe occidentale au XIIIe siècle, car le coton n'y sera tissé qu'au XVIIIe siècle, sans d'ailleurs y être cultivé. Le procédé du rouissage des fibres de lin en Asie Mineure consistait à les exposer un certain temps aux intempéries avant le filage : ces fibres pouvaient donc capter des pollens et des fibres d'autre espèces végétales apportées par le vent.

Le débat sur la datation du linceul de Turin reste donc ouvert. Quoiqu'il en soit, nous pensons que l'on peut douter d'une falsification médiévale :
- À une époque où l'on acceptait comme relique véritable le moindre fragment de bois comme provenant de la vraie Croix, était-il vraiment nécessaire de faire un effort de précision et de réalisme si important (au cas où des artistes de l'époque en auraient eu la capacité) pour présenter à des croyants une relique qui ne ferait l'objet d'aucune expertise sérieuse comme celles que permettent les moyens scientifiques modernes ? Mieux encore, qui se serait soucié au Moyen-âge du fait que l'image qui apparaitrait sur le linceul soit non seulement celle de la partie frontale du corps, mais également celle de sa partie dorsale ? Personne, et cela aurait donc été un travail inutile. Le Mandylion, au Ier millénaire, se bornait à exposer *"la sainte face"*.
- Et sur quel modèle se seraient appuyé ces artistes pour arriver au résultat ? Certes, quelques tableaux médiévaux présentaient le *Mandylion* comme provenant d'un antique linceul ayant enveloppé le Christ ; mais rien sur ces tableaux ne laissait pressentir la taille de celui-ci ; de même, aucun passage des Évangiles ne l'indique. Or au Moyen-âge, la taille moyenne d'un homme européen était de 1, 60 m., et les Croisades avaient montré qu'en général les habitants de la Palestine n'étaient pas de taille plus élevée : il n'y avait donc aucune raison pour que ces falsificateurs médiévaux aient donné au Christ la taille exceptionnellement élevée pour l'époque de 1, 75 à 1, 80 m.
- En outre, il est évident que des falsificateurs éventuels devraient avoir de bonnes connaissances médicales : ils n'auraient donc pas ignoré que, pour être efficace et atteindre le coeur, le coup de lance du centurion dont parlent les Évangiles devait frapper le flanc gauche de la poitrine : rien ne pouvait donc justifier que sur le faux linceul qu'ils fabriqueraient, le coup apparaisse comme étant porté au flanc droit. Or *sur le linceul de Turin, le coup de lance apparaît comme porté sur le flanc droit du corps*.

La coutume romaine était de briser les jambes d'un crucifié, mais les Évangiles indiquent que, dans le cas du Christ, ce procédé fut remplacé par un coup de lance porté rapidement à la poitrine : la raison en était l'heure tardive, car approchait celle du Sabbat à partir de laquelle toute activité était suspendue dans les rues de Jérusalem, et Pilate avait accordé à Joseph d'Arimathie l'autorisation d'amener le corps dans le sépulcre qu'il possédait à proximité du calvaire. Peu connaisseur des choses médicales, il se trouve que le centurion frappa le côté droit, si le linceul de Turin est authentique (rappelons que le coup de lance n'était pas coutumier) : aucun évangile ne précise le côté ou fut porté le coup de lance, sinon que *"de l'eau et du sang"* jaillirent, la lance ayant certainement atteint la cavité pleurale.

Des observations perfectionnées ont fait apparaître que la longue chevelure du supplicié était bouclée : il est difficile de penser que des falsificateurs se seraient attardés à reproduire ce détail compliqué que, par ailleurs, ils n'avaient aucune raison d'imaginer.

On peut considérer que l'origine crétoise des Édomites pourrait expliquer la grande taille du Christ, des unions matrimoniales ayant certainement eu lieu entre les Danaens de Phaistos, de taille moyenne, et les premiers maîtres boréides des palais de Malia et de Cnossos, de haute taille (voir Chap. 12)

Il est probable qu'à la descente de la croix, le corps ensanglanté du Christ fut transporté jusqu'au sépulcre dans une forte toile soutenue par quatre personnes, deux aux extrémités de la toile et deux dans la partie centrale en soutenant le corps grâce à une sangle dont la meurtrissure apparait sur l'image du linceul ; apparaissent également dans les marques laissées par la flagellation les caractéristiques du fouet romain, en particulier la double blessure occasionnée par les deux billes de plomb placées à l'extrémité des lanières.

En ce qui concerne la toile même du linceul, l'origine ancienne et moyen-orientale est des plus probables. Le tissage a été depuis la plus haute antiquité une technique qui permettait d'utiliser diverses fibres disponibles dans la nature, lin, coton ou laine, et des instument rudimentaires n'ont pas empéché d'obtenir des produits remarquables, comme le montrent des exemplaires anciens retrouvés en Amérique du Sud ou au Moyen-Orient. Cette toile a été longuement étudiée par des spécialistes des textiles : elle est formée de fils de lin de grosseur irrégulière et sa facture est assez primitive ; elle présente en outre une technique de tissage que l'on retrouve dans des tissus anciens du Proche-Orient dite *"en arête de poisson"* qui donne au tissu l'apparence d'être formé d'une succession de *chevrons à 45 degrés,* une partie vers le haut et l'autre vers le bas : cette apparence provient de la manière d'entrelacer les fils de trame et les fils de chaîne. Cette forme de tissage, certainement traditionnelle dans l'Antiquité en Méditerranée orientale, nous amena à penser que le signe K symbolisant ces chevrons pouvait avoir été adopté en linéaire A par les Danaens pour exprimer par un signe parlant la syllabe *ao* qui signifiait : *toile.*

Le CIELT demanda au Professeur André Marion, de l'Institut d'Optique d'Orsay, d'effectuer une étude de grande précision sur l'aspect de surface du linceul. La *numérisation des photographies à l'aide d'un microdensitomètre* permit de distinguer sur les images obtenues des inscriptions dont les *caractères*, à première vue, pouvaient paraître latins et d'autre grecs. Mais aucune lecture cohérente dans l'une de ces deux langues ne put être faite de ces inscriptions, et la question en resta là, au-delà de multiples hypothèses... :

Notre surprise fut grande à constater que ces inscriptions étaient en *écriture linéaire A,* écriture que nous venions d'étudier durant plusieurs années. Mais cette écriture syllabique, utilisée en Crète jusqu'au milieu du 2ème millénaire a.C., avait ensuite disparu. Ayant émis antérieurement l'hypothèse que Jésus était non pas juif mais édomite, l'existence de ces inscriptions nous amène à penser que l'élite édomite installée en Palestine, à laquelle selon nous appartenaient Jésus et Marie de Magdala, avait conservé pour son usage particulier et restreint la connaissance de cette écriture crétoise. *La présence sur le linceul de Turin d'une telle écriture quasi-disparue serait un argument déterminant en faveur de l'authenticité de ce linceul.*

Huit inscriptions y apparaissent, encadrant en quelque sorte ce qui avait pu être des traces de sang provenant de la tête du supplicié (Fig. 48) : quand elles furent écrites, les traits de celui-ci étaient déjà imprimés sur le linceul, mais n'apparaitraient probablement que quelque temps plus tard au terme d'un processus d'oxidation. La détermination de la forme des signes qui les composent a fait l'objet d'un long travail d'identification et d'interprétation par le professeur André Marion et de son équipe, décrits dans l'ouvrage :*"Nouvelles découvertes sur le suaire de Turin* - André Marion et Anne-Laure Courage - Paris. 1997*"*.

Avant d'en faire connaître notre traduction, nous revenons sur les *pliages successifs du linceul*, qui nous paraissent importants pour comprendre les marques accentuées de pliage qui y apparaissent, et la position des inscriptions. Nous pensons que trois pliages traditionnels permirent d'obtenir une pièce de 111 x 72 cm. où apparaissaient les taches de sang de la tête du Christ. Cependant, cette pièce ne serait pas ensuite pliée en deux mais en trois dans le sens de la largeur, comme un tryptique, deux parties latérales de 28 cm. chacunes pouvant être, soit repliées l'une et l'autre au dessous de la partie centrale large de 55 cm. pour laisser apparaître ces marques, soit au dessus pour les protéger. *La pièce ainsi obtenue présentait probablement une surface de 55 x 72 cm.* L'étude optique du laboratoire d'Orsay fait apparaître la trace de *deux pièces de bois de tailles différentes en forme de U* emboitées l'une dans l'autre qui peuvent avoir été introduites dans les plis du Mandylion pour lui donner un cadre intérieur permettant de mieux le transporter : le tanin du bois laissera sa marque sur la toile. La plus grande, dont les planchettes ont une largeur de 7, 5 cm. environ, occupe un espace de 50 x 70 cm.

Par contre, les *ostentations* à Constantinople puis en France présenteront le linceul totalement déployé de manière à ce qu'apparaissent les deux faces du corps, dont la largeur maximum est de 60 cm. à la hauteur des épaules : les marques apparentes des pliages montrent une partie centrale de 60 cm. et deux parties latérales de 25 cm. chacune, qui résultent de nombreux pliages et dépliages au cours des siècles…

Nous avons donné aux inscriptions un numéro de 1 à 8. Nous pensons que certaines furent écrites immédiatement après que Marie de Magdala et Marie Jacobé aient achevé de replier le linceul, donc sur celui-ci posé à plat sur la table mortuaire (No 1, 2 et 3). Les autres (No 4, 5, 6, 7 et 8) auraient été écrites dans un deuxième temps, car elles prennent manifestement appui sur les côtés latéraux du grand U en bois : les signes de ces inscriptions sont plus grands que les autres, et d'un tracé plus ferme.

Fig. 48 – Le linceul de Turin (image extraite du livre de Marion et Courage de 1997) (nous avons ajouté la numérotation)

Le syllabaire que nous avons présenté au Chap. 20 correspond uniquement aux inscriptions étudiées dans ce chapitre-là : elles sont en nombre relativement restreint pour une langue qui comportait des milliers de mots, et il était donc normal de constater qu'*un certain nombre de syllabes présentes dans le dictionnaire de Guasch n'étaient pas utilisées dans ces inscriptions*.

Ces syllabes étaient : AO, A, E, I, GI, GNU, GUI, GUY, HEI, HO, JE, JY, KY, ME, MI, MU, MY, MBA, MBI, MBY, MBU, NEI, NDA, NDI, NE, NTE, PI, RI, RO, SE, SO, SU, TO, OY, SU, VY, XI, XU, XY, soit 39 au total.

A. Marion et A. L. Courage exposent au Chap. VIII de leur ouvrage de 1997 les méthodes qu'ils utilisèrent pour faire apparaître les inscriptions, tâche d'autant plus difficile que seule la partie supérieure des fibres de lin était impressionnée. Ils montrent par des photographies les étapes du traitement des images, qui amènent à ce qu'ils nomment une *"interprétation de fantômes d'écriture",* interprétation qui apparait sur la fig. 48, les inscriptions étant rehaussées et entourées d'un cadre par le Dr Marion.. En étudiant les photographies originelles des inscriptions, nous avons été amené à effectuer quelques corrections, à savoir :

- Inscript. No 4 : le 3ème signe n'est pas un Z mais un autre signe [390]
  Le 4ème signe n'est pas un E, mais un autre signe [392]
- Inscript. No 5 : elle comporte non pas 5 mais 6 signes, car après le signe en forme de E figure sur la photographie un signe plus discret faisant penser à la lettre *mu* grecque en minuscule [09]. Le 3ème signe n'a pas la forme d'un *sigma* majuscule, mais d'un *êpsilon* minuscule [395]
- Inscript. No 7 : le dernier signe apparait sur la photographie sous une forme très voisine d'un A, mais il s'agit d'un autre signe [394]
- Inscript. No 8 : la 2ème lettre parait être un autre signe [398] que *sigma*

Il y aurait donc 39 signes sur le linceul, correspondant à 26 signes différents dont 7 étaient déjà identifiés dans le Syllabaire du Chap. 20 :
[09] = RE - [27] = MA - [34] = KUE [53] = KO ou KOI - [80] = JA
[305] = NDU - [381] = XE. Nous les soulignons dans les inscriptions.

Restaient à identifier 19 signes : nous leur avons attribué un numéro d'ordre selon le Corpus de Godart et Olivier. Deux d'entre eux étaient déja répertoriés dans ce Corpus : [20] et [309], et nous avons attribué aux 16 autres des nombres de la série 300 encore non utilisés dans ce Corpus.

Nous pouvions essayer d'identifier ces 19 signes grâce à la liste des 39 *syllabes non utilisées*, car il était facile de vérifier les hypothèses linguistiques en les *confrontant aux mots existants dans le dictionnaire de Guasch.* Nous sommes ainsi arrivés au syllabaire suivant, sous toutes reserves, car nombreux sont les signes qui n'apparaissent qu'une seule fois, donc sans recoupement possible ; ils permettent cependant d'arriver à une interprétation cohérente des inscriptions.

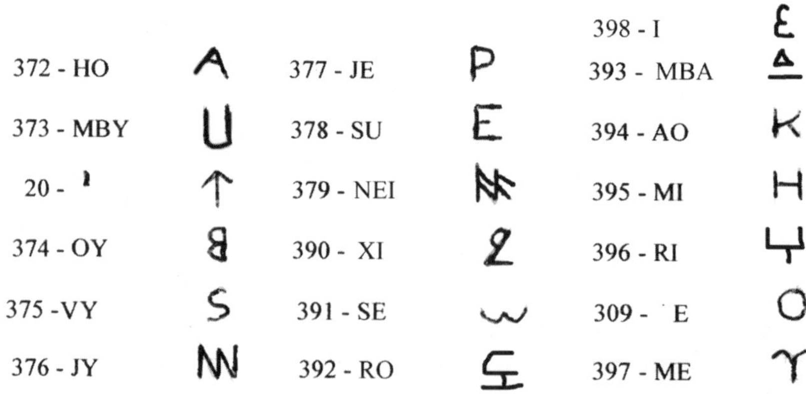

INSCRIPTIONS

Au fur et à mesure qu'une inscription nous paraissait correctement traduite en utilisant des syllabes disponibles, le nombre des syllabes restantes s'amenuisait, facilitant les choix ultérieurs ; certaines syllabes correspondaient en outre à des mots monosyllabiques ayant un sens précis dans le dictionnaire.

No 1 - [HO] [JA] ['] [HO] [MBY] [ ] [ ] [ ]['] [OY] [VY]
[372] [80] [20] [372] [373]........... ..[20] [374] [375]
(ho'ja'ho mby ıta. jo'oyvy)
(a) hoja'o = enlever ce qui obstrue ('o = négation)
mby = suffixe indicant le passé. Il semble que trois signes, illisibles, pouvaient suivre. Or, (a) jo'oyvy = marcher rapidement. Si ces trois signes étaient :
[I] [TA] [JO], et puisque : ita = pierre, on obtenait :
(La pierre) est enlevée. Nous marchons rapidement

L'évangile de Marc dit : *Marie de Magdala, Marie mère de Jacques, et Salomé (...) se rendirent au sépulcre* (pour enduire d'aromates le corps du Christ). *Elles disaient entre elles : qui nous roulera la pierre de l'entrée du tombeau ? (...) Elles virent que la pierre, qui était très grande, avait été roulée. Elles entrèrent dans le sépulcre"*

No 2 - [XE] [KUE]
[381] [34]
(xe kue) expression idiomatique du dict. de Guasch
Je suis démoralisé(e)

No 3 - [JE] [SU] [KOI] [SE]
[377] [378] [53] [391]
(Je su'u koi se) koi = jumeau
Jésus le jumeau s'en va (au présent) (a) se = sortir, s'en aller
Nous avons évoqué au Chap. 29-p.424 la notion de jumelage intellectuel entre Jésus et certains de ses disciples : Thomas et Marie de Magdala

Les inscription suivantes furent certainement écrites plus tard, quand le Mandylion devient un témoignage soigneusement gardé :

No 4 - [JY] [HO] [XI] [HO] [JE] [RO] [JY] [MA][NDU]
[376] [372] [390] [372] [377] [392] [376] [27] [305]
(jy ho xi ho jerojy mandu'a) jy = irritation de la peau xi'a = sanglots
ho (en composition) = qui me quitte
(a) jerojy = adorer, révérer mandu'a - souvenir
L'irritation de ma peau se termine. Mes pleurs s'en vont
Je révère le souvenir (probablement, le mandylion)
(nous avons interprété l'avant-dernier signe de cette inscription, incomplet en raison de l'absence probable de la barre verticale)

No 5 -[XE] [JY] [I] [KUE] [SU] [RE]
[381] [376] [398] [34] [378] [09] (xe) jy = être las
(xe jy. i kue su'u re) (ai) su'u = 1) comprendre. 2) souffrir
kue, après le nom d'une personne, signifie : qui est parti
i est la 3ème personne du singulier (il) en forme "xendale"
Je suis lasse. Celui qui est parti a souffert re = suffixe de passé

No 6 – [NEI]
[379] (nei) Courage ! nei = allons, courage…

No 7 - [MA] [NDU] [AO] [XE] [MBA]
[27] [305] [394] [381] [393] mandu'a = souvenir ao = toile
(mandu ao xe mba'e) (forme classique de formation du génitif)
xe mba'e = m'appartient, est ma chose (expression idiomatique)
La toile du souvenir m'appartient

Le mot *Mandulion* dérive donc directement de cette inscription, et dès l'origine, il signifia pour les chrétiens : *la toile, le linceul du souvenir*. Nous pensons qu'il fut conservé par Marie de Magdala, qui dut finir ses jours en Galilée. Quand eut lieu la persécution des chrétiens dans l'Empire romain, il dut être mis en sécurité à Edesse où le vénéra la communauté chrétienne. Son premier nom fut peut-être *mandulinon* (*linon* signifiant *lin, toile de lin* en grec), associant ainsi un mot danaen (*mandu'a*) et un mot grec (*linon*).

Nº 8 Cette inscription comporte 4 signes qui doivent correspondre à des syllabes non encore utilisées. Nous avons essayé diverses combinaisons, mais aucune ne fit apparaître une phrase compatible. L'inscription peut correspondre à un nom, celui de Marie de Magdala que divers évangiles nomment *Myriam*.

[MI] [RI][E] [ME]
[395] [396] [309] [397]
(mirieme) Mirieme : en fait, Mirim, qui en danaen, signifiait *La petite*.

C'est certainement à Marie de Magdala que sont dues ces inscriptions : certains Apôtres la considéraient comme la jumelle intellectuelle de Jésus, et elle devait connaître l'écriture linéaire A.

La découverte d'inscriptions en linéaire A sur le linceul de Turin nous paraît constituer un tournant dans la connaissance du Christianisme, car elles confirmeraient l'origine édomite du Christ, à la fois crétoise et amérindienne, et l'authenticité du linceul.

Nous reproduisons (Fig. 47- couleur) une *Vierge et l'Enfant, peinture de l'École crétoise du XVIIIe siècle* (musée d'Argostoli-Céphalonie). Leur teint est brun et leur figure et leur nez allongés : était-ce le type d'un ancien groupe de population crétois ou l'expression d'une légende ?

ÉPILOGUE

L'AMÉRIQUE OUBLIÉE

Nous avons fait apparaître dans cet ouvrage les liens qui existèrent entre des civilisations méditerranéennes et amérindiennes au cours des millénaires précédant l'ère chrétienne, et leurs conséquences sur les cultures, les langues et les religions en Méditerranée orientale, particulièrement en Grèce et en Palestine.

Il est paradoxal de constater que le continent américain, qui semble avoir beaucoup apporté à la civilisation occidentale et au Christianisme, ait été pratiquement oublié dans l'Ancien Monde pendant plus de deux mille ans, du voyage des Argonautes à Christophe Colomb.

En épilogue à cet ouvrage où nous avons souvent évoqué la géographie, nous traitons d'un ouvrage publié à Alexandrie au début de l'ère chrétienne, la *Géographie* de Ptolémée décrivant le Monde alors connu et dans lequel ne figure pas l'Amérique, quoique...

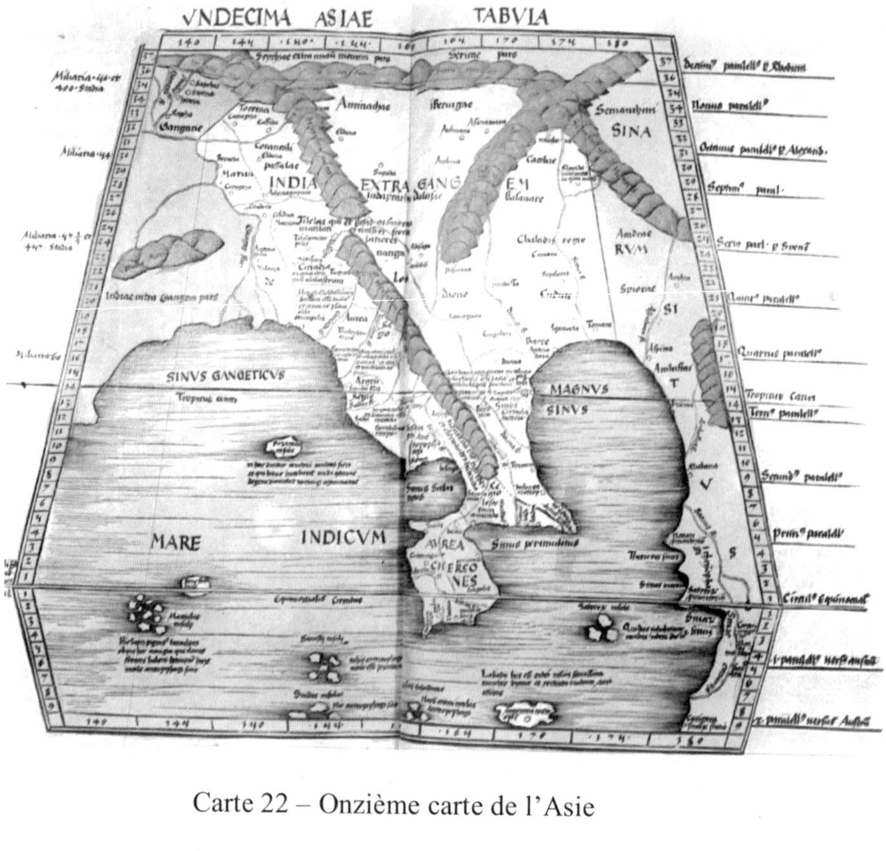

Carte 22 – Onzième carte de l'Asie

LA GÉOGRAPHIE DE PTOLÉMÉE

Si l'on admet que les Grecs du IIe millénaire a.C. connurent l'Amérique, force est de constater que l'existence de celle-ci cessa d'être perçue par leurs descendants au millénaire suivant : elle était présente dans leurs mythes, mais rien ne permettait alors de la reconnaître. Un certain nombre d'érudits purent cependant en admettre l'existence, son accès éventuel étant toutefois lié non plus aux routes maritimes de l'Ouest, mais à celles de l'Est. Parmi ces érudits, on peut citer Aristote et Ctésias, historien du IVe siècle a.C.

Après la mort d'Alexandre, ses généraux se partagèrent son empire et Ptolémée Soter s'attribua l'Egypte ; son grand mérite est certainement d'avoir fondé la *Bibliothèque d'Alexandrie,* et celle-ci posséda un nombre considérable de documents de grande importance géographique concernant le monde ancien. Malheureusement, une partie en fut détruite lors de la conquête romaine, et ce qui restait fut pillé lors de la conquête arabe, enrichissant les bibliothèques des princes de Damas et de Bagdad. Un certain nombre de ces documents parvint à Constantinople, et au XVe siècle, les Vénitiens firent l'acquisition des plus remarquables d'entre eux pour les vendre à certains princes érudits d'Europe occidentale.

La Bibliothèque d'Alexandrie accueillait diverses écoles, et Claude Ptolémée y enseignait la cosmographie au IIe siècle après JC. Il était Grec et Alexandrie faisait alors partie de l'empire Romain gouverné par Hadrien. Il avait rédigé un ouvrage intitulé : *"Geographiae"* (titre qui signifie : *de l'art de dessiner la Terre*) qui contenait une somme de conseils pour dessiner des cartes, et apportait la notion de coordonnées, latitudes et longitudes, ainsi que la projection conique. Mais le grand intérêt de cet ouvrage provient du fait qu'il comportait en annexe des *Tables de coordonnées* de divers lieux répartis à travers le Monde. Ce n'est pas Ptolémée qui les avait établies, et il disait les avoir empruntées à l'ouvrage d'un certain *Marin de Tyr* qui l'avait précédé à la Bibliothèque au siècle antérieur. Ce dernier avait extrait ces données de documents existant dans la Bibliothèque, lesquels pouvaient appartenir à un fonds où se rassemblaient tous les documents relatifs à la navigation des Phéniciens. Des milliers de coordonnées de ports, d'embouchures de fleuves et de villes, ordonnées d'ouest en est depuis la Grande-Bretagne jusqu'à la Chine apparaissent dans ces tables, groupées en *sept livres.* Ptolémée n'avait pas établi de cartes, se bornant à recopier des chiffres et des précisions géographiques.

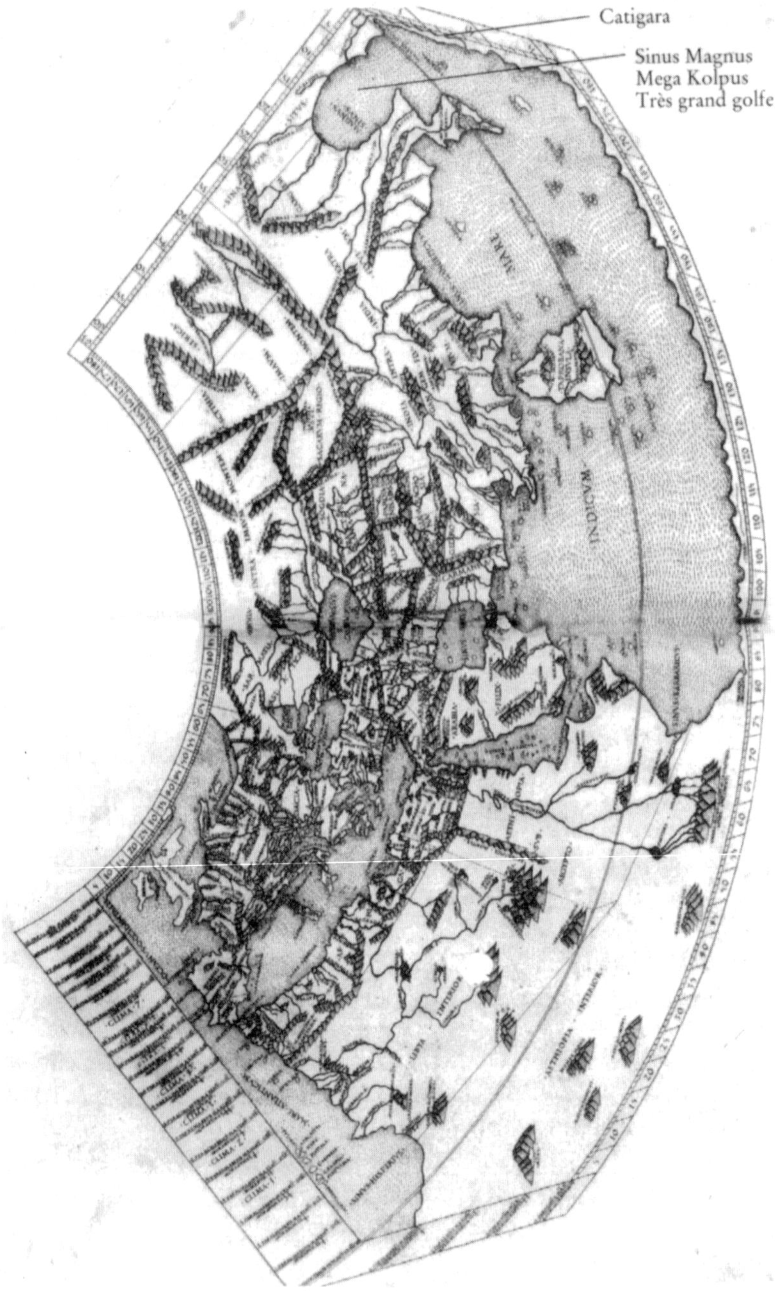

Carte 21 – Mappemonde de Ptolémée

Cependant, les géographes d'époques postérieures établirent à partir de ces données et de leurs propres connaissances une *Mappemonde* (Carte 21) et un atlas où figurait entre autres la *"Onzième carte de l'Asie"* (Carte 22).

Ptolémée dit que Marin avait établi des cartes (qu'il ne posséda pas) selon une *projection cylindrique* le long de l'équateur et fixait la limite supérieure du monde connu au parallèle 63° N qui correspond à la pointe nord de l'Islande (Thulé), et la limite inférieure au tropique du Capricorne 23° 27' S. Il restreint l'amplitude du monde habité auquel Marin donnait 225 degrés de longitude, déclarant que le monde habité se limite à 180 degrés. Selon Ptolémée, Marin prenait comme *origine des longitudes* les *"îles Fortunées"* qu'il identifie avec les *îles Canaries*. Actuellement, le méridien d'origine des longitudes est celui de l'observatoire de Greenwich, près de Londres.

Marin divisait le monde habité en deux parties, et lui aussi le divisera en *deux parties*, la première allant des îles Canaries à la Mésopotamie et la deuxième, de celle-ci aux confins habités de l'Asie orientale. *Il semble qu'il ait reproduit sans les modifier les chiffres des latitudes et longitudes données par Marin de Tyr* pour de nombreux lieux situés sur les côtes, depuis l'Atlantique Nord jusqu'au Pacifique en passant par la Méditerranée et l'océan Indien. À ces tables de coordonnées issues du passé seront ajoutées par les Romains des coordonnées souvent inexactes indiquant les principales villes des pays de l'Europe occidentale gouvernés par Hadrien.

De nombreuses éditions de la *Géographie* eurent lieu aux XVe et XVIe siècles dans divers pays d'Europe, en traductions au latin du texte en grec parvenu à Venise : elles montrent souvent des différences de chiffres pour des coordonnées relatives à un même lieu, dues à des erreurs de copistes ou à des volontés abusives de corrections. Nous adoptons ici les coordonnées qui figurent dans une édition moderne, qui chercha à dépasser ces erreurs en analysant les diverses éditions (1). Plusieurs érudits du XVe siècle tels que *Toscanelli* et *Benhaïm* acceptèrent sans la discuter l'oeuvre de Ptolémée, et considérèrent que c'étaient des ports de Chine qui figuraient à l'extrémité orientale du monde connu à 180 degrés de longitude, tels que *Catigara* (voir *11ème Carte de l'Asie* - Carte 22 - bord droit)

Christophe Colomb pour sa part fait de fréquentes allusions à Ptolémée, et *fut le seul en son temps* à émettre des doutes sur certains aspects de son ouvrage, disant : *"Ptolémée croyait avoir corrigé correctement Marin, mais il se trouve que c'est ce qu'écrit ce dernier qui est bien plus proche de la vérité. Ptolémée place Catigara à 12 lignes de son Occident ; par contre, Marin constitue la terre en 15 lignes"*. Colomb acceptait l'île de Hierro, dans les Canaries, comme méridien d'origine de Marin de Tyr et pensait donc que Catigara était à 225° à l'est de celui-ci (15 x 15) et non à 180° (12 x 15), ses *lignes* correspondant aux fuseaux horaires modernes de 15° ; il pensait que Ptolémée ne décrivait pas la totalité du monde habité, et parle du *"monde que ne connaissait pas Ptolémée"*.

Après qu'il eut découvert l'Amérique, diverses voix s'étaient élevées en Castille pour critiquer son entreprise et rabaisser ses mérites : voix de courtisans envieux qui ne pouvaient supporter son brusque accès aux honneurs et à la richesse, et voix de conseillers royaux qui cherchaient à restreindre les extraordinaires bénéfices économiques et politiques qu'il avait sollicités et que les Rois lui avaient octroyés avant son départ en cas de découvertes. Son fils Fernand écrivit après la mort de son père un ouvrage intitulé : *"Vie de l'Amiral don Cristobal Colón"* dans lequel il réfute les arguments des ennemis de son père, et au chapitre intitulé : *"De la raison principale qui poussa l'Amiral à croire qu'il pouvait découvrir les Indes"*, se trouve ce passage :

"Il savait grâce à l'autorité d'auteurs reconnus qu'une grande partie du globe avait déjà été parcourue par des navigateurs, de sorte qu'il ne restait plus à découvrir que l'espace qu'il y avait depuis l'extrémité orientale de l'Asie connue de Ptolémée et Marin de Tyr, jusqu'à arriver, en poursuivant vers l'est, aux îles des Açores qui étaient la terre la plus occidentale jusqu'alors découverte (...). Et que si Marin avait écrit qu'à 15 heures (soit 225 degrés) *vers l'orient on n'était pas encore à l'extrémité de la terre orientale, il était raisonnable de penser que ce lieu serait d'autant plus proche* (de l'Espagne). *Strabon dit au livre XV de sa Cosmographie que nul n'est arrivé avec une armée à l'extrémité orientale de l'Inde* (allusion à l'ultime expédition d'Alexandre) e*t Ctésias écrit que celle-ci est aussi grande que le reste de l'Asie. Onésicrite* (amiral d'Alexandre) *dit que c'est la troisième partie du globe. L'Amiral en concluait qu'une telle grandeur ferait qu'elle serait proche de notre Espagne par l'occident".*

Ce texte montre qu'Onésicrite et auparavant Ctésias connaissaient l'existence du continent américain, qu'ils considéraient comme une *immense terre qui prolongeait l'Asie*, et que Colomb avait parfaitement interprété un savoir oublié depuis Aristote pendant deux millénaires. On peut constater l'expression cartographique de cette opinion sur la *Mappemonde de Walsperger* établie en 1448 en Allemagne 45 ans avant la Découverte (Carte 23).

Par contre Ptolémée, quelques siècles après Aristote, ignorait l'existence de cette *"troisième partie du monde"* dont parlait Onésicrite. Cependant, nous allons constater qu'*à son insu, l'Amérique est présente dans son oeuvre*,

Pour notre part, nous sommes arrivés à la conclusion que *le méridien d'origine de Marin de Tyr était celui de l'île de Flores, la plus occidentale des Açores, et non celui de Hierro, la plus occidentale des îles Canaries* : il est à l'ouest de tous les archipels, Açores, Islande, Canaries et îles du Cap-vert : il était donc à priori le plus indiqué pour mesurer les longitudes vers l'est. En coordonnées modernes, il est à 31° 10' *Ouest* de Greenwich, tandis que celui de Hierro est à 18° *Ouest* : la différence de longitudes entre ces deux méridiens est donc de 13° 10'. Ptolémée s'étant borné à recopier les coordonnées que donnait Marin de Tyr, considérons à titre de vérification les longitudes qu'il donne pour deux villes importantes du monde ancien, *Alexandrie* et *Babylone.* Pour Alexandrie, dont la longitude moderne est 30° *Est*, il donne 60° 30' : le méridien d'origine correspondant chez Marin de Tyr est donc à : 60° 30' - 30° = 30° 30' à l'ouest de Greenwich, soit pratiquement celui de Flores. De même, il indique 78° pour Babylone, dont la longitude actuelle serait 44° Est environ, ce qui donne un méridien d'origine à : 78° - 44° = 34° à l'ouest de Greenwich, ce qui reste cohérent avec Flores.

Les autres limites de Marin de Tyr étant au sud le *Tropique du Capricorne* (23° 27' S) et au nord, certainement le *Cercle polaire* (63° 33' N), *sa mappemonde se présentait donc comme un rouleau de papyrus représentant en projection cylindrique une bande de latitudes comprises entre le Cercle polaire Arctique et le Tropique du Capricorne, avec pour méridien d'origine celui de l'île de Flores.* Si pour Ptolémée, il s'agissait de décrire la *Terre habitée, l'Oecuméné,* nous sommes certains que, pour les Phéniciens, il s'agissait de bien autre chose : recenser et loger sur la carte les ports où ils pouvaient être amenés à exercer leurs activités commerciales, la *Terre économique,* pour aussi ambitieuse que cette entreprise puisse paraître.

Les Tables sont le fruit d'observations des pilotes Grecs puis Phéniciens portant sur les distances parcourues, les orientations des routes, et les latitudes déterminées par l'astronomie au cours de navigations s'étendant sur plusieurs siècles. Ils se basaient en particulier sur l'étoile Polaire que les Grecs appelaient *phoiniké, la phénicienne,* et l'observation des éclipses.

Puisque Marin de Tyr divisait le monde habité en *deux parties* et affirmait que la terre s'étendait quelque peu au delà des 225 degrés habités, on peut admettre que l'espace qu'il considère couvre 240°, et que chacune des deux parties occupait la moitié, 120°. Il vient alors à l'esprit qu'il manque une *troisième partie* qui occuperait elle aussi 120°, l'ensemble couvrant 360°, *un triptyque* en quelque sorte ceinturant complètement la terre : ce serait la *"Troisième partie du monde"* dont parlait Onésicrite, l'Amérique.

La première partie devait décrire l'espace entre les Açores et le delta du Gange (Atlantique - Méditerranée - océan Indien). Ce delta est à 90°*Est*, soit : 90 + 31° 10' = 121° 10' depuis Flores. Cette première partie était ce que nous appellerions aujourd'hui *le Premier monde*, dont Tyr occupait le centre.

La deuxième partie devait se rapporter aux *terres exotiques de l'Orient* avec lesquelles commerçaient les Phéniciens, l'*"Inde extra-gangétique"* des érudits du Moyen-âge, c'est-à-dire les terres au-delà du Gange (péninsule Malaise - Indonésie - Indochine - Chine). C'est aux îles de l'Indonésie que faisait allusion la Bible quand elle évoquait *"les îles de la mer"*.

Cette deuxième partie s'étendait également sur 120° depuis le méridien 90° *Est* (delta du Gange) au méridien situé à 210° à l'*est* de Greenwich (que nous nommons aujourd'hui 150° *Ouest*) : celui-ci traverse l'immensité marine de l'océan Pacifique, ne rencontrant la terre ferme que dans le nord en l'Alaska, là où la côte du Pacifique s'infléchit pour redescendre vers le sud : cette inflexion se retrouve sur la *"Onzième carte de l'Asie"* (Carte 22).

Constatons qu'entre le méridien de l'île de Flores (31° *Ouest*) et celui du détroit de Behring (192° *Est*), il y a : 31° + 192° = 223 degrés. *Ce sont les 225 degrés que Marin de Tyr assignait à "la terre habitée"*, des Açores au détroit de Behring : stupéfiante précision !

Il est probable que Marin de Tyr n'ait disposé que des cartes de ces deux parties, et ait même ignoré l'existence d'une troisième, ce qui fut peut-être *le secret le mieux gardé des Phéniciens : la carte de cette terre immense qui prolongeait l'Asie à l'Orient,* et que nous appelons l'Amérique.

Alexandre s'acharna contre.la ville de Tyr en un siège qui dura sept mois. Les Phéniciens étaient alliés des Perses, mais les Sidoniens s'étaient rendus sans combattre, et les Tyriens n'étaient plus dangereux sur leur île assiégée. Voulait-il les châtier pour leur refus de lui livrer leurs *connaissances concernant la Troisième partie du monde* dont son précepteur Aristote lui avait certainement parlé ? On peut se demander si le but de son expédition dans l'Inde était moins de conquérir un autre empire, que de parvenir à Tharsis et contempler le *"grand Océan"*... Il avait amené son amiral Néarque et des marins crétois : son intention était certainement de construire une flotte sur le Gange.

À ses généraux qui refusaient d'aller plus avant lorsqu'il pénètre dans l'Inde, il déclarait : *"Vous voulez savoir quel est le terme de mon expédition ? Le voici : il nous reste à parcourir la distance qui nous sépare du Gange et de la mer orientale, et je me fais fort de prouver (...) que toutes les mers communiquent avec la mer orientale, car toutes s'ouvrent sur le grand océan qui entoure la terre entière"*. C'était le projet d'un scientifique plus que d'un conquérant : mais il ne put réaliser son rêve et mourut peu après son retour à Babylone. On peut se demander quelle était la destination de la grande flotte qu'il achevait de construire et à laquelle, la veille de sa mort, il donna l'ordre d'appareiller : Tharsis et peut-être Ophir, l'Amérique ?

Les cartes et les tables de coordonnées concernant la *"Troisième partie du monde"* ne figureront pas dans la Bibliothèque d'Alexandrie, où Marin les aurait consultées et incorporées à son ouvrage : les gouvernants de Tyr avaient certainement placé ces précieuses indications en lieu sûr hors de leur ville pour qu'elles ne tombent pas entre les mains d'Alexandre. Cependant, on peut penser que pour le moins *la carte correspondant à l'Amérique du Sud, sur laquelle ce continent devait présenter les contours caractéristiques d'un triangle irrégulier* fut un jour retrouvée et apparut à Constantinople. Elle dût parvenir à Venise au XVe siècle avec d'autres documents. On ne savait où la placer sur les cartes du monde connu, mais certains érudits comprirent qu'il s'agissait de *l'extrémité orientale de l'Inde*, ce qui expliquerait la forme des mappemondes de *Walsperger*, *Martellus* et *Benhaïm,* Paradoxalement, on la trouve également sur la *mappemonde dite de Ptolémée* (Carte 21) qui fut en fait dessinée par un géographe postérieur : le Sud-Est asiatique se termine par une péninsule qui est une *Amérique du sud en miniature* fort correcte...! Cette terre est nommée *Quersonèse doré* sur la *11ème carte de l'Asie.*

Nous avons dit que l'Amérique apparaissait *dans le texte* de la *Géographie* de Ptolémée sans que celui-ci s'en soit rendu compte : voyons comment. L'archéologue argentin Ibarra Grasso (2) fut le premier à suggérer en 1970 (le premier à notre époque car une lecture attentive des écrits de Christophe Colomb montre que celui-ci avait eu la même idée) que, si l'on considère la *Onzième carte de l'Asie,* la terre orientée nord-sud qui figure sur le bord à droite de la carte est en fait *la côte américaine de l'océan Pacifique.* Il en donne pour preuve le relief qui apparaît dans sa partie australe, qui rappelle la côte de l'Équateur, et il argumente que si l'étendue marine qui sépare ces terres du continent asiatique mérite sur cette carte le nom grec de *Mega Kolpus* et latin de *Sinus Magnus*, qui signifient : *très grand golfe*, la dimension restreinte que lui donne la carte ne correspond pas à la réalité, et qu'il s'agit en fait de l'Océan Pacifique. Donc, les divers ports signalés dans les Tables à la longitude de 180° seraient *des ports qui existaient dans l'ancien temps sur les côtes américaines de l'Océan Pacifique.*

Dans ce cas, nous supposons que la côte située à la droite de la "onzième carte" avec ses indications de ports et promontoires, était un *rappel marginal, sur la carte de la Deuxième partie du Monde,* de lieux situés plus à l'est, qui apparaîtraient à leur juste place sur la *carte, disparue, de la Troisième partie du Monde.* Ceci indiquerait que Marin de Tyr avait accompagné son texte de cartes héritées des Phéniciens ; Ptolémée fait allusion à ces cartes mais ne les eut pas en main : quelqu'un les avait certainement subtilisées, et il est probable qu'elles apparurent plus tard, ce qui justifierait le relief de la *11éme Carte* rappelant celui des côtes de l'Équateur.

La cartographie phénicienne du Monde se présentait donc comme un *triptyque,* trois rouleaux de papyrus, chaque carte couvrant 120° de longitudes la somme des trois couvrant *en projection cylindique une bande ceinturant le monde entre le Cercle polaire arctique et le Tropique du Capricorne.* Le parallèle sur lequel se situait le cylindre de projection était celui du promontoire extrême de l'Espagne sur le *détroit de Gibraltar*, 36° N.

Le Livre 7 de Ptolémée intitulé *"Parties lointaines de la Grande Asie"* est constitué par 4 chapitres :

- Le Chapitre 1 traite de *"L'Inde de ce côté du Gange"* –
- Le Chapitre 2 traite de *"l'Inde au-delà du Gange"*
- Le Chapitre 3 traite de *"Sinae, qui prolonge au nord la partie accessible de Sérica,"* et cite une série de lieux *"à partir des limites de l'Inde"* en descendant la côte du nord au sud, Acathra, Aspithra, etc. jusqu'à Catigara.

Sérica était la Chine : ce nom signifiait *le pays de la soie (seri)* et ses habitants furent appelés les *Seres,* depuis les Romains jusqu'au Moyen-âge. De nombreux géographes semblent l'avoir ignoré et décidèrent que *Sinae* était la Chine, pour des raisons de similitude auditive, alors qu'il s'agit dans le texte de Ptolémée d'une région *"qui prolonge"* la Chine, selon le titre du Chap. 3.

- Nous parlerons plus loin du Chapitre 4.

Nous avons recherché à quels lieux des côtes américaines pouvaient correspondre ceux signalés par Ptolémée au Chap. 3 en considérant leur seule latitude. Voici la liste de ces lieux et leur latitude indiquée par Ptolémée :

ACATHRA	21° 15' NORD	
ASPITHRA	16° 15' N	
RAMA	12° 30' N	
RHABANA	8° 30' N	
SINARUM SINUS	0° 40' SUD	
COCARANAGARA	2° S	(A L'INTERIEUR DES TERRES)
THERIODIS SINUS	3° S	
THINAE METROPOLI	3° S	(A L'INTERIEUR DES TERRES)
SARATA	4° 15' S	(A L'INTERIEUR DES TERRES)
CATIGARA	8° 30' S	

On va constater avec quelle précision ces latitudes correspondent à des points remarquables de la côte américaine, en particulier des golfes dans lesquels devait se situer un port.

AMÉRIQUE CENTRALE :

- *Acathra* correspond à un port qui aurait existé au Mexique au nord de la *baie de Puerto Vallarta* face à Tépic (21° 15' N) : de Tépic part la route menant aux hautes terres de Guadalajara. Notons l'existence de la ville d'*Acaponeta* au nord de Tépic, qui comporte le même préfixe *aca* que Acathra.
- *Aspithra* correspond à la *baie de Tehuantepec* d'où l'on accède au golfe du Mexique, à peine distant de 200 km., *donc un passage entre les deux océans.* Le port actuel de Salina Cruz-Tehuantepec est à 16° 15' N.
- *Rama* coïncide avec la baie de *Corinto* au Nicaragua, située à 12° 30' N. La Bible mentionne le commerce de Tyr avec Rama.
- *Rhabana* correspond à une petite baie située à 8° 30' N, à l'intérieur du vaste et bien abrité *golfe Dulce,* au sud du Costa Rica.

Acathra donnait accès aux *mines d'argent* du plateau du Mexique et Rhabana aux *mines d'or* du Véragua, dont Colomb découvrira la richesse. Ce sont les *îles Argyra (d'Argent)* et *Chrisé (d'or)* qui figurent au loin vers l'est sur les cartes médiévales, telles que celle de Walsperger (Carte 23).

AMÉRIQUE DU SUD :

- *Sinarum Sinus (le golfe des Sinae)* correspond à la baie de Caraquez dans le golfe *de Manta* en Équateur (0° 35' S). Ptolémée indique (édition de 1475) : *"ici habitent les Éthiopiens ichtyophages"* c'est-à-dire *les visages-brûlés mangeurs de poisson ;* en effet les populations de ces régions basaient leur alimentation sur le poisson qui abonde dans le courant froid qui longe la côte.
- *Theriodis Sinus* est le *golfe de Guayaquil* (3° S).
- *Cocaranagara* est un port fluvial en amont de Guayaquil.
- *Thinae* pourrait être une ville occupant l'actuel site de *Cuenca* (2° 55' S)

- *Sarata* semble correspondre au *Cerro la Brea*, 4°15' S, montagne isolée qui culmine à 1.650 m. à faible distance de la côte dans le nord du Pérou.

Il est intéressant de noter la *confusion des langues* utilisées, fruit de diverses traductions et du contact entre peuples de langues différentes :

- *sinus* signifie *golfe* en latin, et *theriodis* signifie en grec : *rempli de bêtes sauvages* (ou de *poissons dangereux*) *:* le golfe de Guayaquil était donc le *golfe des poissons dangereux*.

- Egalement en grec, *thinae* est un pluriel qui signifie *steppes : Thinae metropoli* aurait donc été une ville située sur le plateau central dépourvu de forêts.

- *Sarata* a un sens en langue tupi-guarani, *sara* signifiant *arbres*, et c'est l'indication précieuse pour des marins que des forêts existaient non loin de la côte désertique du nord du Pérou

- *Cocaranagara* a également un sens en guarani : *gara, ygara* signifie *bateau, raha* signifie *emporter, charger,* et *coca* est le nom d'une plante sud-américaine bien connue : si ce nom existait alors, *Cocaranagara* serait : *le lieu où l'on embarque la coca*, donc un dépôt sur le fleuve où se rassemblaient les ballots de feuilles de coca cueillies sur le piémont des Andes... Nous avons vu que dans le corps de momies de Pharaons avaient été décelées d'inexplicables traces de cocaïne : les Égyptiens utilisaient donc les feuilles de coca que leur fournissaient les Phéniciens, descendants des Cananéens.

- Et enfin *Catigara,* situé selon les tables de Ptolémée à 8° 30' S. Ce lieu correspond à la *baie de Puerto Marin*, sur la côte du Pérou, située à la latitude 8° 25' S., au sud de l'actuel port de Trujillo. Après avoir longé une interminable côte sèche dépourvue d'abris et de point d'eau, le navigateur arrivait enfin à un lieu où le massif des Andes rejoignait la côte, assurant ainsi la provision d'eau douce, de vivres, et de bois : la baie de Catigara représentait donc le premier havre accueillant. Elle est dominée par une colline de 250 m. isolée dans la plaine côtière, qui devait constituer un remarquable point de repère pour les navigateurs. Le mot *Catigara* a lui aussi un sens en guarani, *katu* signifiant *abondance* et *ygara* : *navires,* donc, *un grand port*.

Près de Puerto Marin se trouve dans l'intérieur la cité précolombienne de *Viru* qui appartient à l'une des plus anciennes civilisations du Pérou : l'agriculture y apparaît vers -3.000, et la céramique vers -1.200 ; dans les tombes furent trouvées des pastilles à mâcher de *coca*. Dans les montagnes voisines abondent des mines d'or. Catigara pourrait donc avoir été la destination finale des flottes qui allaient chercher l'or d'*Ophir*, et le *mont Sophora* dont parlent les textes anciens, cette colline qui dominait le port où les navires chargeaient l'or recueilli par les populations locales, en échange de manufactures.

Cette terre d'Ophir fit l'objet de nombreux commentaires d'érudits (gloses) depuis les temps anciens. Elle figure comme une petite île à située au sud-est (orientations inversées) sur la *mappemonde de Walsperger* (Carte 23)

Le nom d'Ophir est lié au *serpent* ou au *Dragon* : il est surprenant que Christophe Colomb, arrivant aux *bouches de l'Orénoque,* les nomme : *Boca del Dragon, bouche du Dragon,* et un texte portugais (3) indique en 1563 : *"l'infant don Pedro possédait* (avant la Découverte) *une mappemonde sur laquelle (...) le détroit de Magellan était nommé Queue du dragon"* : une vieille carte dût exister, donnant ce nom à ce continent dont la forme évoquait cet animal mythique.

Rappelons la glose de Pomponius Mela au chapitre 9 du Livre des Rois : *"Cette terre est appelée dorée car depuis la mer, ses montagnes paraissent toutes d'or tellement il y abonde. Les flottes du roi Salomon arrivaient etc."* De cette glose naîtra le terme de *Chersonèse doré, chersonèse* signifiant littéralement *île aride*, fort représentatif de ces côtes du Pacifique (il signifiera aussi *promontoire*). Ce terme sera appliqué d'une manière erronée à la Malaisie sur certaines mappemondes du XVe siècle. Mais la glose de Pomponius Mela s'applique parfaitement aux *montagnes sèches et de couleur blonde du Pérou* telles que les voyaient les navigateurs : celles d'Amérique Centrale ou celles de Malaisie, caractérisées par leur verte végétation tropicale, n'auraient pu provoquer un tel commentaire.

Les archéologues ont observé de surprenantes ressemblances entre certaines céramiques de la culture *Mochica* et celle des cultures antiques du bassin méditerranéen, particulièrement la *cypriote.* La zone d'expansion de cette culture est une bande côtière qui s'étend le long du Pacifique entre les parallèles 6° et 10° S de part et d'autre de Puerto Marin. A son propos, Ibarra Grasso écrit (2) : *"L'antiquité de cette culture remonte selon les chiffres actuels à -400 (Mochica I), mais il est évident que son origine devrait être largement antérieure. La céramique de Mochica I est hautement élaborée (...). Dans la céramique d'époques postérieures se développe largement la représentation de peintures copiées de fresques murales, qui n'ont de possible comparaison dans le Monde que la seule céramique grecque similaire. La majeure partie montre des scènes mythologiques de guerre, certaines, pour aussi incroyable que cela paraisse, correspondant aux travaux d'Hercule (...) On sait très peu de choses sur la culture La Tolita-Tumaco d'Équateur et de Colombie : le style de ses céramiques correspond indiscutablement à la Méditerranée antique à l'époque orientalisante, spécialement à des représentations qui existent encore à Chypre".*

Il sera objecté que le Pacifique représentait une distance bien grande pour être franchie par des navires 800 ans avant l'ère chrétienne. Mais lorsque les Castillans se lancent avec Magellan sur cet océan au début du XVIe siècle, leur expérience maritime est faible et leurs moyens techniques fort réduits. Pourtant cette flotte va réaliser un périple extraordinaire trente ans seulement après la première traversée de l'Atlantique : pendant 110 jours, sans disposer d'aliments frais, elle va naviguer de la Terre de Feu aux Philippines, longeant pendant 29 jours la côte sudaméricaine jusqu'à l'équateur, puis entreprenant une traversée du Pacifique qui durera 81 jours, sans eau et quasiment sans vivres car leur méconnaissance du trajet fit qu'ils passèrent au large de nombreuses îles sans les voir. L'exploit de ces navigateurs issus de peuples terriens sans expérience de navigations lointaines et ignorant tout de la route qu'ils allaient suivre montre qu'un peuple marin comme les Phéniciens put réaliser à diverses reprises le *périple bien moins long qui amenait de Malaisie aux Amériques* en bénéficiant de courants favorables à l'aller comme au retour et en relâchant dans certaines îles.

Du Chap. 1 du Livre I (*Iles Britanniques*) au Chap. 3 du Livre 7 (*Sinae*), la *Géographie* présente une progression constante d'ouest en est. Il est donc surprenant de constater qu'une région qui, en raison de sa position géographique indiquée par sa longitude, aurait du être traitée au chap. 2 du livre 7, fait l'objet d'un traitement spécial : en effet, un chapitre lui est entièrement consacré, le Chap. 4 du livre 7 intitulé *"Localisation de l'Ile de Taprobana"*.

La latitude indiquée pour cette île sur les Tables est de 126° : Taprobana était donc en Malaisie. C'était le *lieu de passage de la première à la deuxième partie du Monde*. Nous pensons que là se situait *Tharsis*.

Le Livre 7 intitulé : *"Parties lointaines de la grande Asie"* traite dans son Chap. 1 de *"L'Inde de ce côté du Gange"*. Deux ports apparaissent :
- *Basaca* (lat. 18° - long. 111°), certainement *Bombay* (lat. 19° N)
- *Trinesia* (lat. 12° - long.116°) probablement *Calicut* (lat. 11°N)
- Puis est signalé un cap : *Promontoire de Cory* (lat. 13° - long. 126°)

Le chiffre de la longitude est certainement erroné, une confusion de copiste avec celle du *Promontoire de Taprobana* dont nous allons parler. *Cory* est selon nous la pointe nord de l'île de Ceylan (lat. 10°N).

Un navire partant de la mer Rouge en route vers l'Extrême-Orient longeait d'abord la côte sud de l'Arabie, rejoignait ensuite la côte de l'Inde à la latitude de Bombay, descendait le long de celle-ci, doublait le cap Comorin puis remontait vers le nord entre le continent et l'île de Ceylan jusqu'à la pointe nord de cette île ; de là, il mettait le cap à l'est, en navigant sur le 10ème parallèle jusqu'à atteindre la côte de Malaisie : c'était la route la plus courte. Certains érudits au Moyen-âge affirmèrent que *Taprobana* était l'île de Ceylan ; pour notre part, nous pensons qu'il s'agit d'un lieu très précis de la *péninsule Malaise, en fait l'isthme de Kra*. Large de 50 km., il sépare le golfe du Bengale de la mer de Chine et se situe à la charnière de deux océans, l'océan Indien et l'océan Pacifique. C'était un lieu idéal pour établir un *comptoir* de grande importance, et c'est certainement ce que firent les Phéniciens, d'autant plus que le minerai d'étain y abondait.

Ptolémée écrit : *"Cory, un promontoire de l'Inde,"* est situé *"face au promontoire de Taprobana (...) appelé Boreum"*. La région de Taprobana produit *"du riz, du gingembre, des améthystes, de l'or, de l'argent ainsi que d'autres métaux* (l'étain), *des éléphants et des tigres."* Et il ajoute :

"Il y a de nombreuses îles autour de Taprobana, on dit au nombre de 1378, mais le nom de celles qui ont été atteintes est le suivant", et il donne une dizaine de noms parmi lesquels on peut identifier la pointe nord de *Sumatra* (*Promontoire d'Anarismundi* lat. 7° 45'- long. 122°) et *Bornéo* (alors appelé *Zaba*) ; Ptolémée note : *"Zaba (sous l'équateur). lat. 0° - long. 135° "*.

La *baie de Ranong*, en Thaïlande, située sur le golfe du Bengale et dominée par le *promontoire de Kawthung,* accueillit selon nous le comptoir phénicien de *Tharsis*. Ce promontoire, aboutissement d'une chaîne montagneuse orientée vers le nord (Boreum) était manifestement celui de *Taprobana* : il est en effet situé sur le même parallèle que la pointe nord de Ceylan, *ces deux promontoires se faisant face* de part et d'autre du golfe du Bengale, comme le souligne Ptolémée. Kawthung a pour coordonnées: lat. 10° N - long. 98° 30' E et le promontoire *Boreum* chez Ptolémée : lat. 12° 30' - long. 126° (soit 95 E)

Une si faible erreur sur la longitude a de quoi surprendre, étant donné l'énorme distance existant entre l'isthme de Kra et les Açores : elle semblerait indiquer que, pour des lieux importants, les longitudes étaient déterminées par *l'observation des éclipses solaires,* tandis que pour des escales intermédiaires, les longitudes étaient déduites de *l'estime* des distances parcourues.

À une vingtaine de km. au sud de Ranong, une voie carrossable traverse l'isthme. Elle suit la vallée d'une rivière qui se jette dans le golfe de Thaïlande et dans l'estuaire de celle-ci se trouve le *port de Lang Suan.* Là devaient arriver régulièrement les marchandises provenant de Chine (Serica), et chaque deux ans et demi, celles qu'apportait d'Ophir (Sinae) la *flotte de Tharsis* dont parle la Bible : or, argent et tissus chargés à *Rama, Rhabana* et *Catigara.*

Les marchandises débarquées étaient acheminées par voie de terre jusqu'à la baie de Ranong, d'où elles repartaient vers la mer Rouge. La flotte du Pacifique devait alors descendre s'abriter plus au sud, dans le *golfe de Ban Don.*

Ptolémée y indique un lieu : *"Talacori emporium" (comptoir de Talacori)* - lat. 11° 40' - long. 126° 20',: il peut s'agir de *Surat Thani,* port situé sur ce golfe et centre d'une riche plaine agricole. Le texte précise qu'un *"magnum littus" (grand littoral)* fait suite à Talacori vers le nord, ce que confirme le relief de cette région, une longue côte rectiligne orientée au nord.

Cet itinéraire au travers de l'isthme avait le double avantage d'éviter de naviguer dans le détroit de Malacca, de tous temps infesté de pirates, et de réduire le temps mis pour atteindre les côtes de Chine... et d'Amérique.

Notons que, pour les navires qui se rendaient à Ophir, un heureux concours de circonstances facilitait le voyage à travers le Pacifique, tant à l'aller qu'au retour. La flotte traversait d'abord la mer de Chine jusqu'à la pointe nord de Bornéo, pour atteindre ensuite le parallèle 9° N au sud de l'archipel des Philippines. Et là prend naissance un courant qui traverse le Pacifique d'Ouest en Est, appelé *contre-courant équatorial* car il longe l'équateur, traverse les archipels des îles Carolines et des îles Fanning, puis atteint la côte de l'Amérique Centrale à la latitude du Costa Rica, là où étaient les ports de *Rama* et de *Rhabana.* Le *courant équatorial,* qui lui aussi longe l'équateur, au sud du premier mais en direction de l'ouest, facilitait le retour depuis la côte de l'Équateur (*Sinarum sinus*) jusqu'aux Philippines, en passant par les Galapagos, l'île Christmas et l'archipel des îles Gilbert.

L'acceptation du méridien de Flores comme méridien d'origine des cartes de Marin de Tyr donnant les résultats que nous venons de voir pour les contrées de l'Orient, on serait en droit d'espérer des résultats non moins intéressants pour les contrées situées à l'Occident et en particulier la région du détroit de Gibraltar. Malheureusement, nous allons voir que les résultats sont partiellement décevants, et allons essayer d'en comprendre la raison en imaginant un scénario probable. Disons d'abord que géographes et historiens se montrent surpris de constater que la *Géographie* de Ptolémée donne des *dimensions exagérées à la Méditerranée*, alors que celles données à l'océan Indien sont relativement correctes. Selon Ptolémée, la Méditerranée s'étendait sur 54° 45', de Gibraltar (5° 45') à Alexandrie (60° 30'), alors qu'en réalité, la distance entre ces deux lieux est de 35° 20'. Voici notre hypothèse.

L'empereur Hadrien s'intéressait à la géographie ; il connut certainement les travaux de Ptolémée lorsqu'il visita Alexandrie en l'an 130. Ce dernier avait alors 30 ans, et il est probable que l'empereur lui ait confié la mission de former des géographes pour mesurer son empire. Hadrien était né dans le sud de l'Espagne dans la région de Grenade, et il demanda certainement à ses géographes de s'intéresser en priorité à celle-ci. Nous pensons que ceux-ci se trouvèrent devant un problème majeur lorsqu'ils portèrent leur attention sur les chiffres des latitudes des divers lieux du sud de l'Espagne indiqués par leur maître dans son traité. Celui-ci devait mentionner le *rocher de Gibraltar*, lieu facilement identifiable (*"promontoire où commence une baie dans laquelle se trouve un temple en l'honneur de Junon"*) auquel il donnait selon nous les coordonnées : 25° 45' de longitude et 36° 05' de latitude. Mesurant eux-mêmes cette latitude, ils purent vérifier l'exactitude du chiffre donné par Ptolémée.

Le problème était toutefois la longitude indiquée et il en allait de même pour divers lieux voisins, où revenaient certainement des chiffres passant la vingtaine pour la longitude : si l'on considère l'embouchure du *fleuve Ana* (le *Rio Tinto*), facile à identifier par sa latitude dans la séquence des fleuves côtiers (37° 30'), sa longitude dans le texte original de Ptolémée devait être 24° 20'. *Ces géographes pensèrent qu'il y avait là une erreur*, car ces lieux étaient fort proches du *méridien d'origine* situé selon le même Ptolémée aux îles Fortunées qu'il estimait être les îles Canaries, et ces chiffres de longitudes étaient manifestement trop élevés. *Mais tout s'arrangeait si on supprimait le chiffre des dizaines*, car alors des longitudes de 4° 20' pour l'embouchure du fleuve Ana, et de 5° 45' pour le promontoire de Gibraltar semblaient cohérentes avec un méridien d'origine qui passait selon eux à l'île de Hierro, la plus occidentale des Canaries, qu'ils n'avaient certainement pas visitée. *Nous pensons que c'est un tel raisonnement qui amena ces géographes à décider une modification systématique des chiffres des latitudes concernant le sud de l'Espagne, en supprimant le chiffre des dizaines* : Ainsi, la latitude de Gibraltar devint 5° 45', celle de l'embouchure du fleuve Ana, 4° 20' et ainsi de suite, sur les Tables de Ptolémée *corrigées.*

La longitude actuelle de Gibraltar est 5° 20'*Ouest* ; ce lieu est donc à : 31° 10' - 5° 20' = 25° 50' du méridien de Flores. L'embouchure actuelle du Rio Tinto (long. 6° 55'*Ouest*) est à 31° 10' - 6° 55' = 24° 15' du méridien de Flores. Nous retombons ainsi sur les chiffres qui durent figurer dans les *tables originales* : *24° 20' pour le rio Tinto, et 25° 45' pour Gibraltar, copiés sur les tables de Marin.* La modification des longitudes pour la région du détroit entraîna en cascade d'autres modifications pour les longitudes entre Gibraltar et Alexandrie et nous en donnerons deux exemples :

- La *Géographie* donne pour la région des Pyrénées Orientales : *Bouches du fleuve de Ruscino* (la Têt) : lat. 42° 45' N - long. 21° 15°. Mais ce lieu étant exactement à 3° *Est*, donc à 34° 10' du méridien de Flores, on constate que le nombre indiquant la longitude à été *réduit* (sans cette fois supprimer le chiffre des dizaines) pour être cohérent en apparence avec les 5° 45' de Gibraltar : c'est la logique de l'erreur. Notons que la latitude indiquée est correcte.
- À l'autre extrémité de la Méditerranée, prenons la côte occidentale de la *Crète* : sa longitude est, dans la *Géographie*, de 55° 30'. Or cette côte est à 23° 30'*Est*, soit 54° 40'du méridien de Flores : donc, la correction existe, mais de faible amplitude, car on est proche du méridien d'Alexandrie, accepté par ces géographes comme étant à 60° 30' de longitude.

La rectification des longitudes données par la *Géographie* pour le sud de l'Espagne fait apparaître une information intéressante concernant les mythiques *Colonnes d'Hercule.* Parmi une série de lieux manifestement situés sur la côte méditerranéenne *à l'est* du détroit apparaît :*"Montagne de Calpe et piliers de la mer intérieure dans la mer ibérique, lat. 36° 15'- long. 7° 30' ".*

De nombreux historiens ont écrit que cette montagne de Calpe était le roc de Gibraltar, *puisque sur ce détroit se trouvaient les colonnes d'Hercule, donc des piliers.* Mais si on adopte la longitude de 27° 30', cette montagne se situe à: 31° 10' - 27° 30' = 3° 40' *Ouest.* Il s'agit donc de la *Sierra Nevada* qui, au sud de Grenade, domine la Méditerranée, appelée *mer Ibérique* par Ptolémée et ces *piliers de la mer intérieure* seraient les deux pics jumeaux du *Mulhacen* et de *Veleta* qui culminent l'un et l'autre à 3.400 m., à 30 km de la mer.

Rappelons qu'il y eut des doutes dans l'Antiquité sur l'emplacement ou l'existence même des *colonnes d'Hercule.* Pindare affirme qu'Héraclès avait mis de part et d'autre du détroit deux colonnes fixant les limites du monde, *"car il n'était pas facile d'aller au delà".* Mais Strabon sème le doute quand il écrit (*Géographie* - III-5) : *"Un oracle avait ordonné à Tyr d'établir une colonie aux Colonnes d'Hercule. Ils pensèrent d'abord qu'il s'agissait de la région proche de la ville des Saxitanes* (dans la région d'Almeria), *mais le sacrifice offert aux dieux ne fut pas favorable, et ils revinrent à Tyr. Lors d'une seconde expédition, ils passèrent le détroit jusqu'à une île consacrée à Hercule près d'Onobra, en Ibérie* (dans la région du Guadalquivir, selon la séquence des lieux chez Ptolémée), *et ils pensèrent que là étaient les colonnes d'Hercule* (il pourrait s'agir de l'île sur laquelle se trouve l'actuelle ville de Cadix, dépourvue de sources et donc alors inhabitée). *Ils firent un sacrifice, mais le résultat étant défavorable, ils revinrent chez eux. Une troisième expédition fonda Gadira, et ils élevèrent un temple dans la partie orientale de l'île. Par suite, certains croient que les colonnes sont ce promontoire du détroit, d'autres qu'elles sont à Gadira, et d'autres au delà de Gadira".*

Ce texte a l'intérêt d'apporter quelques lumières sur l'emplacement de cette ville phénicienne de *Gadira*, que tous les historiens placent à Cadix.

Il nous semble que l'*île* en question pourrait correspondre à la région de *Barbate* : peu après avoir passé le détroit en venant de la Méditerranée se trouve le port de Barbate, à l'embouchure du fleuve du même nom. Ce lieu, abrité du vent du nord, disposait d'une rade, d'eau douce et de possibilités de cultures dans la vallée du fleuve : il était donc fort convenable pour un *premier établissement* des Phéniciens à l'entrée de l'Atlantique, bien mieux que le site plus déshérité et plus lointain de l'île de Cadix, qu'ils occuperont plus tard. A quelques kilomètres à l'est du port de Barbate, émergeant de la plaine et à proximité de la mer, se trouve une colline de 316 m. d'altitude qui pourrait être le *promontoire du détroit* sur lequel ils élevèrent un temple. Par contre, cette expression ne convient guère à l'emplacement de Cadix, qui était une île *plate*, et *éloignée* du détroit. Notons que les découvertes archéologiques à Cadix ne remontent pas au delà du VIe siècle a.C.

C'est le sud de l'Espagne qui, au début de l'ère chrétienne, apporta le plus d'informations sur le continent oublié, la future Amérique : elles apparaissent dans les écrits de Sénèque, Pomponius Mela et Isidore de Séville, tous originaires d'Andalousie, mais il faudra attendre plus d'un millénaire pour que Christophe Colomb, au prix d'une inlassable recherche, retrouve ce continent perdu en étudiant textes et cartes du passé, et entreprenne de convaincre les rois d'Espagne d'armer une flotte pour partir à sa découverte comme l'avaient fait les anciens Grecs. C'était un homme fort cultivé pour son époque, bien différent de l'image que veulent donner de lui tant d'ouvrages le présentant comme un génois sans instruction qui, servi par la chance, découvrira l'Amérique par erreur croyant avoir atteint la Chine : il savait parfaitement où il allait, et nous le démontrons dans un ouvrage le concernant, de prochaine réédition.

Dans ses notes de lecture, il avait recopié un fragment de *Médée,* tragédie de Sénèque s'inspirant de la légende des Argonautes :

"Venient annis, secula seris, quibus Oceanus vincula rerum laxet. Et ingens pareat tellus, Typhisque novos delegat orbes. Neo sit terris ultima Thulé"

"Un temps viendra où l'Océan relachera les liens qui attachent les choses. Apparaîtra alors une grande terre et un autre Typhis découvrira de nouveaux mondes. La dernière terre ne sera plus Thulé".

Sénèque fait allusion au voyage des Argonautes dont le pilote se nommait Typhis, et Thulé était l'Islande, considérée par les Romains comme la terre la plus occidentale du monde connu. Dire que ce ne serait plus l'ultime terre indique que Sénèque pressentait (ou connaissait) l'existence plus à l'ouest d'autres terres qui seraient un jour découvertes. Or quand Colomb inscrit sa traduction en castillan de ce texte en marge d'un livre lui appartenant, il introduit *deux modifications,* car il écrit :

(...) "et un nouveau marin comme celui qui fut guide de Jason et eut pour nom Typhis découvrira un nouveau monde"... etc.

Ce texte et l'allusion à Jason montre que Colomb connaissait bien la légende des Argonautes (ce dont pouvaient se targuer peu d'érudits de son époque), mais aussi qu'il avait correctement interprété leur destination (ce en quoi il fut certainement le seul). Vers *un unique* "nouveau monde" dont il a découvert l'existence grâce à la lecture de textes anciens et l'observation de vieilles mappemondes, il sera le "nouveau Typhis", donc, *le pilote qui connaît les chemins* plus que le chef d'une expédition. C'est du moins ce qu'il pense lorsqu'il cherche à convaincre les rois d'Espagne et leurs conseillers.

Dans son testament, il écrit à propos de ce Nouveau Monde : *"Je donnais ces terres à leurs Altesses royales comme choses m'appartenant, car elles étaient inconnues et leur chemin était caché",* manifestant ainsi que ses droits provenaient dès avant le départ, d'une *découverte intellectuelle*, le fait d'avoir retrouvé *le chemin d'un continent perdu.*

(1) Joseph FISHER (S.J.) - *Geography of Claude Ptolemy* . New York 1932.
(2) Dick IBARRA GRASSO - *America en la prehistoria mundial : difusion greco-fenicia* . Buenos Aires. 1982.
(3) Antonio GALVAO - *Traité de diverses routes tombées en désuétude.* Lisbonne. 1563.

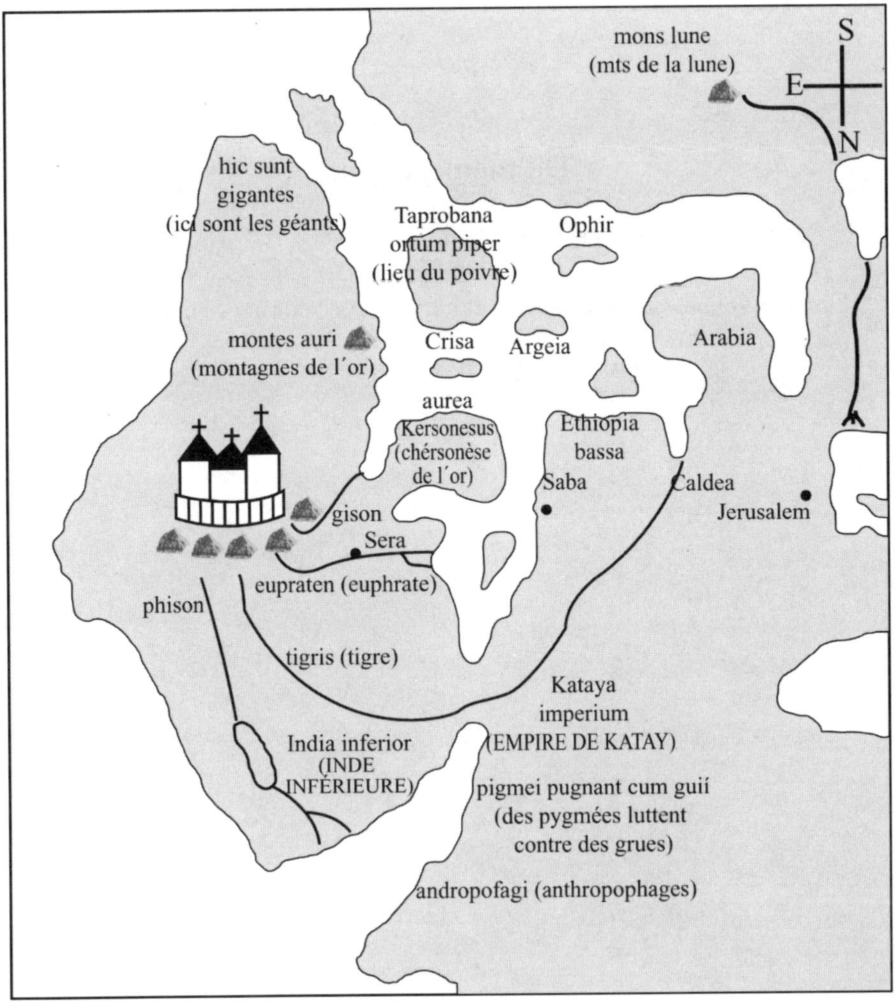

Carte 23 - Partie de la mappemonde de Walsperger de 1448 où apparaît l'Amérique du Sud et son union directe à l'Asie avec les monts du *Paradis terrestre* (l'orientation est inversée, le Sud étant vers le haut)

Le Paradis Terrestre est symbolisé par une cathédrale située au sommet d'une montagne ou naissent les quatre fleuves bibliques. Seul le Tigre, après un long parcours à travers l'Asie, aboutit au golfe Persique. L'Amérique du Nord est absente.

L'Amérique du Sud est directement unie à l'Asie (Empire de Catay), et y apparaissent la Patagonie et ses géants, ainsi que le Pérou et ses ressources en or.

Les terres de l'or (*Crisa*) et de l'argent (*Argeia*) ainsi qu'*Ophir* apparaissent comme des *iles* situées à l'ouest, entre l'Arabie et l'Amérique du Sud, nommée *Inde Inférieure.*

Du même auteur

CHRISTOPHE COLOMB LE CATALAN - Barcelone. 1992
(ouvrage épuisé)
Une nouvelle édition, modifiée et apportant des données complémentaires paraîtra en 2009.

L'auteur est membre de l'A.A.A. (Association des Auteurs Auto-édités)
Email : auteurs.independants@wanadoo.fr

Achevé d'imprimer
en Juillet 2008
dans les ateliers
des Presses Littéraires
à Saint-Estève - 66240

D. L. : 3e trimestre 2008
N° d'imprimeur : 21230
Imprimé en France